JN352524

고려대학교 정보대학
교재 시리즈

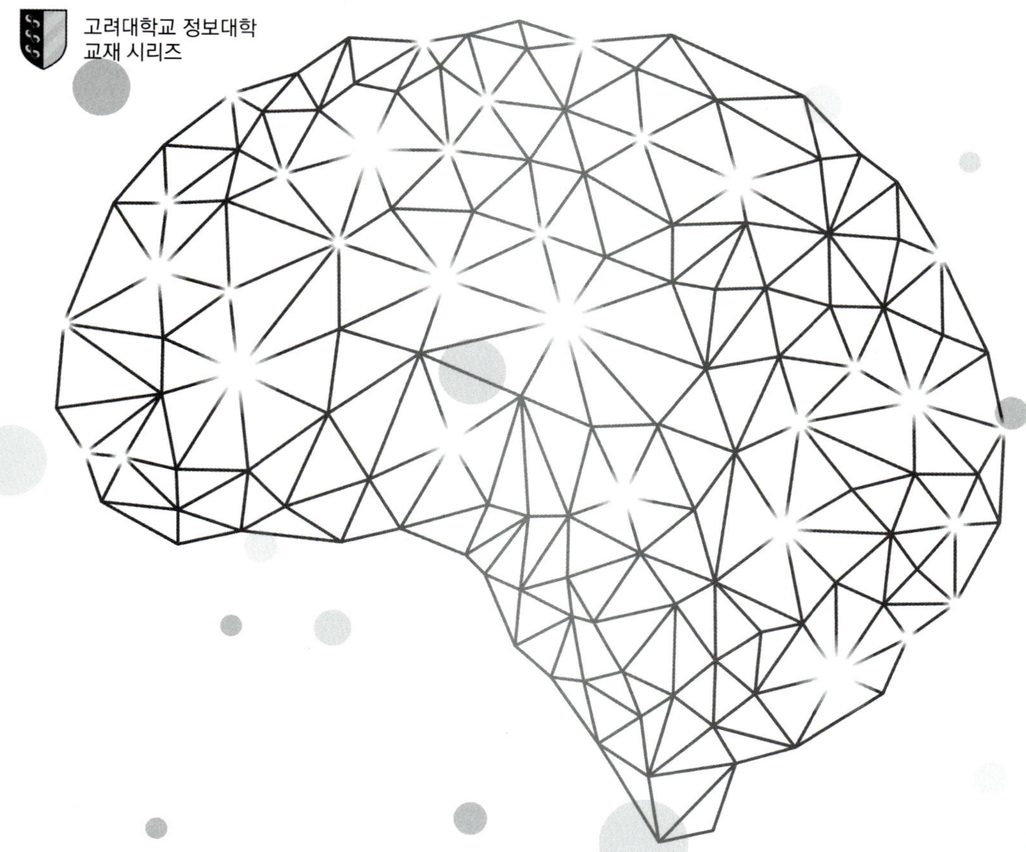

Natural language processing Bible

자연어처리 바이블

핵심이론
응용시스템
딥러닝

임희석 | 고려대학교 자연어처리연구실 저

Human Science
휴먼싸이언스

[저자약력]

• **임희석** limhseok@korea.ac.kr

2008년부터 고려대학교 컴퓨터학과 교수로 재직 중이다. 1992년 고려대학교 컴퓨터학과를 졸업하고, 97년 동대학원에서 박사학위를 받았다. 한국컴퓨터교육학회 논문지의 편집위원장을 역임하였으며, 현재 Human inspired AI 연구소장과 한국융합학회 부회장으로 활동 중이다.

주요 연구분야는 자연어처리, 인공지능, 정보검색, 뇌 신경 언어처리이다. 저서로는 알기 쉬운 컴퓨팅 사고력(Human Science, 2017년), 컴퓨팅 사고력과 일상의 빅데이터(Human Science, 2016년), 도와주세요! 아이폰이 생겼어요(시리즈)(한빛미디어, 2010년~11년), 번역서로는 검색엔진: 최신정보검색론(Human Science, 2011년), C++를 이용한 데이터 구조 및 알고리즘 분석(홍릉과학출판사, 2010년)이 있으며, 중학교 정보 교과서(천재교육, 2017년), 고등학교 정보 교과서(천재교육, 2017년), 중학교 정보 교과서(비상교육, 2018년) 그리고 고등학교 정보 교과서(비상교육, 2018년)를 집필하였다.

• **고려대학교 자연어처리연구실**

정가 35,000원

자연어처리바이블 – 핵심이론 · 응용시스템 · 딥러닝

2019년 12월 30일 초 판 발행
2020년 9월 28일 수정판2쇄 발행

저 자 : 임희석 · 고려대학교 자연어처리연구실
표지디자인 : 성 지 은
발 행 자 : 박 주 옥
발 행 처 : 휴먼싸이언스
주 소 : 서울시 도봉구 시루봉로 291 B1
(도봉동 613-14 숙진빌딩)
등록번호 : 제2008-20호
등 록 일 : 2008. 10. 13
전 화 : (02) 955-0244
팩 스 : (02) 955-0245

저자와의 협의하에 인지생략

e-mail : humansci@naver.com
ISBN : 979-11-89057-14-5 93560

* 이 책의 전체 내용이나 일부를 무단으로 복사 · 복제 · 전재하는 것은 저작권법에 저촉됩니다.
* 낙장 및 파본은 구입처나 본사에서 교환하여 드립니다.

머리말

저자는 1990년대 초 대학원에 진학해서 자연어처리에 대한 연구와 공부를 시작했다. 당시 주변 사람들에게 자연어처리를 연구한다고 하면 컴퓨터학을 연구하는 사람들조차도 바로 알아듣는 사람들이 많지 않은 실정이었다. 하지만 요즘은 학계와 산업계뿐만 아니라 일반인들 중에서도 자연어처리에 대해서 관심을 갖고 공부하고 관련 기술을 습득하기를 원하는 사람들이 늘어나고 있는 상황이다. 자연어처리가 왜 중요하게 여겨지고 관심을 받고 있는 걸까? 사람의 지능에 가깝고 또 능가하는 인공지능을 개발하기 위해서는 세상에 대한 지식(world knowledge)을 컴퓨터가 사용할 수 있도록 표현하는 기술(knowledge representation)과 세상으로부터 지식을 자동으로 획득하는 지식 획득 기술(knowledge acquisition)이 매우 중요하다. 대부분의 세상 지식은 자연어로 기술되어 있다. 따라서 자연어를 이해하여 세상 지식으로 변환하는데 필수적인 자연어처리 기술이 인공지능 개발에 있어서 대단히 중요하다. 또한 사람과 컴퓨터간의 자연스러운 사용자 인터페이스 중에서 언어를 이용한 인터페이스가 매우 중요하다. 컴퓨터가 사람이 이야기한 내용을 알아듣고 사람들이 이해하기 쉬운 자연어 구사를 가능케 하는 자연어처리 기술은 사람들이 컴퓨터 사용법을 배우거나 프로그래밍 언어를 배워야 하는 어려움을 없애줄 수 있다. 위에서 기술한 두 가지 이외에도 인공지능 시대에서의 자연어처리 기술의 역할은 매우 크다.

자연어처리 기술의 중요성과 관심이 높아지는 상황에 비해 한국인들이 쉽게 자연어처리를 배울 수 있는 한국어로 쓰여진 자연어처리 교재가 거의 전무한 상황이다. 또한 한국어 자연어처리를 위해서 알아야 할 한국어 특성을 반영한 자연어처리의 원리와 개념을 배울 수 있는 교재도 많지 않은 실정이다. 본 서는 한국의 학생, 연구원, 그리고 학자들이 좀 더 쉽게 자연어처리를 습득할 수 있고, 한국어의 특성을 반영한 자연어처리를 배울 수 있기를 희망하며 집필되었다.

본 서는 크게 세 가지 파트로 구성되었다. 첫 번째 파트에서는 자연어처리를 배우기 위하여 필요로 하는 수학, 언어학 등의 기본 지식과 파이프라인 방식의 자연어처리를 위한 각 단계들에 대한 핵심 원리를 설명한다. 두 번째 파트에서는 자연어처리 기술을 활용하여 개발될 수 있는 여러 가지 응용 시스템을 설명하고, 각 시스템의 기본 원리를 설명하였다. 이미지처리 영역에서 높은 성과를 보였던 딥러닝 기술이 최근에는 자연어처리 기술에도 활발하게 적용되고 있다. 세 번째 파트에서는 딥러닝 기술의 원리와 딥러닝 기술을 이용한 자연어처리 기술에 대하여 설명한다. 여기서는 첫 번째 파트에서 소개된 자연어처리의 각 단계의 기술들이 어떻게 딥러닝 기술을 이용하여 개발되어질 수 있는지를 중심으로 설명한다.

매우 부족하지만 본 서의 초판을 집필하면서 한국어 자연어처리 연구와 교육을 하는 사람으로서 한국어로 된 교재를 쓰지 못해 가졌던 부담과 짐을 조금은 덜 수 있을 것 같다. 방대한 양의 본 서를 출판하는 데에는 각 맡은 부분에 대한 내용을 조사하고 연구하고 집필한 고려대학교 NLP & AI Lab.의 모든 구성원의 역할이 매우 지대했음을 밝히지 않을 수 없다. 그들이 없었으면 본 서는 세상의 빛을 보지 못했을 것이다. 지면관계상 모든 사람들의 이름을 밝히지 못함에 용서를 구한다. 또한 오랫동안 우유부단하게 책 집필을 시작하지 못한 저자를 움직이게 하고, 또 후원해주신 인성 유휘성 회장님께 감사의 말씀을 전한다. 늘 남편을 응원하고 사랑해주는 아내, 삶의 기업처럼 든든한 아들과 딸에게도 무한한 감사의 마음을 전한다. 마지막으로 저자를 포함한 모든 공동 저자들에게 학문과 연구를 하고, 아는 것을 글로 잘 표현할 수 있는 지혜를 주신 하나님께 감사드리며 그 분께 모든 영광을 돌린다.

2019년 12월 30일

대표저자 임희석

책 활용하기

본 서는 자연어처리의 핵심 원리, 응용시스템, 그리고 딥러닝 기반 자연어처리까지 자연어처리의 모든 분야를 다루고자 노력하였다. 참고문헌은 쉽게 찾아볼 수 있도록 각 장의 마지막에 배치되었으며 경우에 따라 동일한 참고문헌이 다른 장 뒤에서 중복해서 기술되었다. 각 장의 마지막에는 참고문헌뿐만 아니라 연습문제도 제시하여 학습한 내용을 스스로 점검할 수 있도록 노력하였으나 연습문제가 없는 장들도 있다. 본 서는 독자들에게 이론뿐만 아니라 직접 실습하고 코드를 돌려 볼 수 있도록 소스 코드와 실행 결과를 포함하고 있는 실습 과제를 개발하여 추가하였다. 저자들은 독자들이 코드를 직접 실행시켜보고 결과를 분석하는 것이 이론을 이해하는데 큰 도움이 된다는 것을 확신하여 실습 과제 개발에도 많은 시간을 투자하였다. 본 서에서 설명하는 용어는 영어 표현이 많다. 용어들을 가능한 한국어포 번역하여 기술하였지만 한국어로 번역하는 경우 오히려 의미가 모호해지거나 이해가 어렵게 변하는 경우 영어로 기술하기도 하였다. 영어 표현을 외래어(예: 데이타)로 표현하기도 하였으며, 영어를 외래어로 표현할 때 발음상 동일한 용어가 다른 표현으로 기술(예: 데이터, 데이터) 되기도 하였다.

자연어처리는 인공지능, 기계학습 그리고 데이터분석 등 컴퓨터학의 다른 주제들과 긴밀한 관계를 갖고 있다. 따라서 독자들의 이해를 돕기 위해서 필요한 경우 각 주제들에 대해서도 간단하게 설명했다. 하지만 참고문헌을 중심으로 독자들이 부족한 부분을 추가적으로 학습할 필요가 있을 것이다. 특히 기계학습과 딥러닝의 기본적인 원리와 알고리즘은 본 서의 내용과 병행하여 학습하거나 선행 학습하기를 권장하는 바이다.

본 서는 학부생, 대학원생, 그리고 연구원들뿐만 아니라 자연어처리에 관심이 있는 누구나 활용할 수 있도록 집필되었다. 학부생을 위한 수업에서는 '파트 I: 자연어처리 핵심 이론'과 '파트 II : 자연어처리 응용시스템'만 다루어질 수 있을 것 같다. 자연어처리 응용 시스템 개발에 관심이 있는 독자들은 파트 II를 학습하고 필요하면 파트 I과 파트 III를 공부하면 좋겠다. 대학원생들은 '파트 III : 딥러닝 기반 자연어처리'를 공부하고 각 장에 해당하는 내용의 최신 모델을 설명하는 논문과 공개된 코드들을 활용하여 학습하길 권장한다. 각 장을 학습 후 모든 독자는 부록으로 제시되는 실습 과제들을 수행하길 적극 권장한다. 처음에는 책에 제시된 코드를 그대로 실행하는 것도 어려울 수 있는데, 그런 어려움을 직접 해결하는 과정을 통해서도 많은 것을 배울 수 있으리라 확신한다.

비록 자연어처리의 많은 분야에 대해서 이론, 실습, 그리고 응용시스템에 대해서 다루고자 한 본 서도 제대로 된 자연어처리를 배우기 위해서는 현저하게 부족하리라 생각한다. 하지만 본 서에서 다루는 이론과 실습 과제를 모두 독파하길 바란다. 다음은 관련 내용의 최신 논문의 이론과 코드를 찾아서 학습하고 재현 실습을 하고, 해당 내용의 문제점을 찾고 그 문제를 해결할 수 있는 방안을 고안하여 개발할 수 있는 능력을 확보하길 바란다. 그 정도의 실력을 갖추게 된 독자는 자연어처리 전문가 확보를 위하여 고심하고 있는 국내의 유수의 기업은 물론이고 글로벌 기업들에 의해서 환영받는 경쟁력 있는 인재들이 될 수 있으리라 확신한다. 부디 많은 독자들에게 그런 기회가 되는 발판이 되는 본 서가 되길 희망한다.

이 책의 모든 실습코드는 아래의 Github에서 다운로드할 수 있습니다.
https://github.com/nlpai-lab/nlp-bible-code

차례

자연어처리 핵심 이론

[자연어처리 응용시스템]

딥러닝 기반 자연어처리

PART I

자연어처리 핵심 이론

CHAPTER

1 자연어처리의 기본

1.1 자연어처리란

자연어(natural language)란 사람들이 일상생활에서 자연스럽게 사용하는 언어를 말한다. 사람들 사이에서 이루어지는 대화는 일반적으로 자연어가 사용된다. 하지만 컴퓨터와 사람 사이에서는 대부분 그렇지 않다. 사람이 컴퓨터와 의사소통을 하기 위해서는 문장을 조금 정제하거나, 요구하는 형식에 맞춰 작성해주어야 한다. 웹 사이트에 새로 회원가입 할 때 생년월일을 년, 월, 일 순으로 나누어 각 칸에 입력하는 것이나, 검색할 때 문장을 그대로 입력하지 않고 주요 단어만 따로 입력하는 것 등이 컴퓨터가 요구하는 형식에 맞추어 입력하는 방법이라고 할 수 있다. 컴퓨터에게 원하는 특정한 일을 시키고 싶을 때에는 컴퓨터에게 정해진 프로그래밍 언어로 작성해주어야 한다. 프로그램을 작성할 때 언어의 규칙이 정확히 지켜지지 않으면 오류가 발생하거나 원치 않는 결과를 받게 된다.

자연어처리(natural language processing, NLP)는 컴퓨터가 자연어를 이해하거나 생성할 수 있도록 하는 학문 분야라 할 수 있다. [그림 1-1]은 자연어처리의 두 가지 핵심 과정인 자연어 이해와 자연어 생성을 나타낸 것이다. 이는 모든 활용분야를 아울러 설명한 것으로 자연어처리를 통하여 하고자 하는 일에 따라 더욱 세부적인 정의를 내릴 수 있다. 언어학에서의 자연어처리란 전산을 통한 언어학 연구를 의미한다. 이 경우 생성은 크게 중요하지 않다. 컴퓨터공학이나 IT 산업에서는 언어 자체에 대한 연구보다 컴퓨터에게 자연어를 이해시키고 다시 사용자에게 이해 가능한 언어를 생성해내는 일련의 과정을 모두 자연어처리라고 한다. 이 책은 자연어처리를 컴퓨터공학적인 측면에서 바라보고, 실제로 코드를 작성하여 이를 처리하는데 중점을 두고 있다. 따라서 그에 맞추어 자연어처리의 정의를 좁혀보면 자연어처리는 자연어를 입·출력으로 사용하는 컴퓨터(프로그램)에 사용되는 처리 과정이라고 할 수 있다.

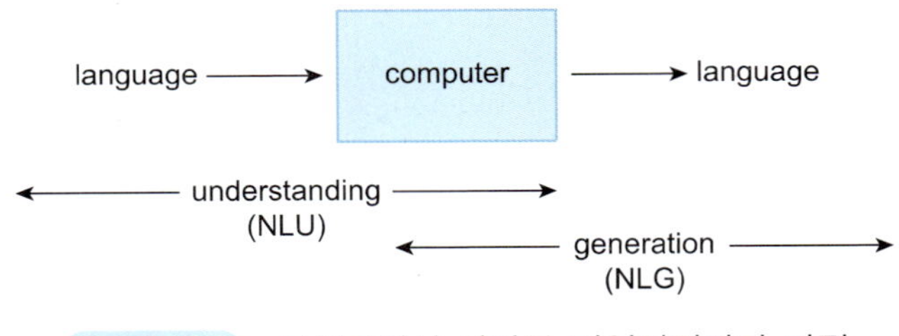

그림 1-1 전산학에서 바라본 자연어처리의 과정

입력과 출력으로 사용한다고 했으므로 이 둘을 각각 따로 생각해 볼 수 있다. 먼저 자연어를 입력으로 받아들이는 경우다. 이 과정은 자연어 이해(natural language understanding, NLU)라고 한다. 문자로 된 언어를 입력으로 직접 받아들여서, 목적에 맞게 내부적으로 처리해내는 과정을 말한다.

자연어를 입력으로 하여 다른 프로그램을 호출하는 시스템이 있다고 하면, 이는 NLU를 사용하는 가장 대표적인 예시이다. "카메라 실행해"라는 입력에 대해서 동작인 '다른 프로그램 호출'과 대상인 '카메라'라는 두 가지 핵심 요소를 파악한 후, 이것을 바탕으로 실제로 카메라 프로그램을 호출해 실행시킨다면 입력으로 들어온 자연어를 잘 처리해냈다고 할 수 있다.

반대로 자연어를 출력으로 하는 경우는 자연어 생성(natural language generation, NLG)라고 한다. 주어진 수치 등의 정보를 바탕으로 문장을 생성하여 사용자에게 자연어로 응답을 돌려주기에 '생성(generation)'이라는 표현을 사용한다. [그림 1-2]는 날씨 앱이 NLG를 사용하는 예시 중 하나이다. 날씨에 관한 정보를 알려줄 때, 지난

주와 이번 주의 온도를 숫자로만 보여줄 수도 있지만, '차츰 서늘해지는' 등과 같은 표현으로 날씨의 변화를 자연스러운 문장으로 표현해주고, 저녁 시간임을 감안하여 '귀갓길'이라는 표현을 덧붙이는 등 일기예보를 그대로 적어놓은 듯한 문장을 표시하고 있다. 사용자는 이를 통해 더 자연스럽고 직관적으로 내용을 이해할 수 있다.

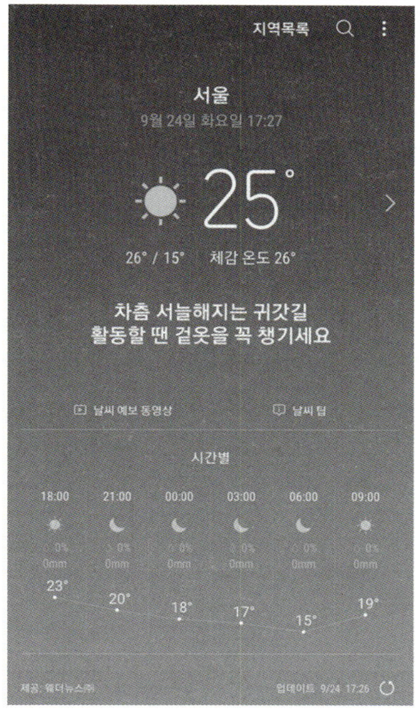

그림 1-2 자연어로 날씨를 설명하는 스마트폰의 날씨 앱

NLU와 NLG는 입출력이 서로 반대기 때문에 서로 처리 방법이 다르다. 따라서 일반적으로 연구도 부분에 대해 따로 진행되는 경우가 많다. 하지만 실제로 제품에 적용될 때에는 많은 경우 이 둘이 동시에 쓰인다. 인공지능 스피커에 대고 "에어컨을 23도로 맞춰줘"라고 하면, 에어컨이 켜짐과 동시에 "에어컨을 설정한 온도로 켜 두었어요."와 같은 응답을 돌려준다. 이 사례에서 사용자가 말하는 내용을 인식해 '에어컨'에 '23도'라는 정보를 전송하는 부분이 NLU, 사용자에게 음성으로 결과를 안내하는 부분이 NLG라고 할 수 있다.

1.2 자연어처리의 응용 분야

자연어처리를 활용하는 방안 중 하나는 실제 발화된 내역을 통계적으로 조사하는 등 언어학적인 연구에 사용하는 것이다. 이렇게 컴퓨팅 기술(전산)을 적극적으로 활용하는 언어학의 하위분야를 전산언어학(computational linguistics)이라고 한다. 주로 언어의 규칙 등을 찾기 위해 규칙 기반 혹은 통계 기반의 언어를 많이 진행하지만, 최근의 연구 트렌드에 맞추어 딥러닝을 도입하기도 한다.

구글 번역기를 중심으로 최근 네이버 등도 뛰어들고 있는 기계 번역이 우리에게 친숙하면서도 가장 유명한 자연어처리의 응용 분야이다. 특히 기계 번역은(12, 25장에서 더 자세히 다룬다) 자연어처리 기법의 발전사를 모두 겪은 산증인이기에 더욱 의미가 깊다.

최근 포털 사이트의 뉴스에서 도입한 기사 요약 서비스도 자연어처리가 사용된 서비스이다. 기사 원문을 입력으로 넣으면, 이 중에서 중요한 문장을 짧게 선별하여 출력하는 시스템이다. 이 요약 시스템은 전체 문서 안에서 어느 것이 가장 중요한 문장인지, 문장을 어떤 순서로 배열해야 하는지 등을 종합적으로 판단해야 한다.

음성인식(Speech-To-Text, STT) 역시 자연어처리에서 중요한 분야 중 하나이다. 왜냐하면 음성인식에서 동음이의어를 처리할 때 자연어처리를 필요로 하기 때문이다. 음성인식 시스템이 [무리]라는 발음을 인식한 상황이라고 하자. 이 한 단어만으로는 "무리"일지, "물이"일지 알 수 없다. 뒤의 단어가 "하지 말고"라면 "무리"이고, "맛있다"라면 "물이"라고 이해하는 것이 타당하다. 이같이 동음이의어를 구분하기 위해서는 입력된 문장 전체를 바탕으로 후보 단어들 중 문장과 연관성이 높은 단어를 선별해야 한다. 여러 경우가 발생할 수 있는 동음이의어에 대해 문장 전체를 파악하고 올바른 단어를 선택하는 과정이 바로 입력을 자연어로 하는 NLU의 한 예이다.

위에서 언급한 거의 모든 기술의 최정점에 있는 것이 바로 최근 IT 기업들이 앞다투어 개발 중인 개인비서 서비스들이다. 애플사의 Siri, 구글사의 Google Assistant, 삼성사의 빅스비, 아마존사의 Alexa, 마이크로소프트사의 Cortana 등이 해당한다. 기본적으로 이들은 음성으로 원하는 명령을 말하면 그것을 문자로 받아 적어 화면에 표시하고, 해당하는 기능을 실행시킨다. [그림 1-3]이 바로 그 예로, "에펠탑의 높이는 얼마야"라는 사용자의 음성을 인식하고 문장으로 표시한 뒤, 그에 대한 대답을 인터넷에서 검색하여 보여주고 있다. 이들의 공통적인 특징은 입력과 출력으로 사용하는 자연어가 음성이라는 점과 다양한 기능들을 처리할 수 있다는 점이다. 특정 시각에 알람을 맞춰달라고 하면 그 시간에 알람 소리를 울려주는 기능 실행부터 번역이나 환율 조사 등 다양한 작업을 음성으로 할 수 있다. 특히 최근에는 "에펠탑의 높이는 얼마야"와 같이 공개된 정보에 대해 질문하면 이에 대한 대답을 인터넷을 통해 스스로 검색하여 대답해주기도 한다. 이 사례는 대부분 음성인식이라는 받아쓰기 정도로 사람들에게 인식되어 있지만 문자화 한 문장을 통해 사용자가 의도하는 내용을 파악하고, 알맞은 기능을 실행시키거나 정보를 찾아 응답으로 재조합해내는 자연어처리의 최정점에 있는 서비스라고 할 수 있다.

그림 1-3 Apple사의 Siri가 사용자의 질문에 답변하는 모습

1.3 자연어처리는 왜 어려운가?

자연어처리가 최근 많은 관심을 받고 다양한 분야에 활용되고 있지만 그 대중성에 비해 처리 난이도는 상당히 높다. 기계 번역의 성능이 최근 매우 좋아졌지만 여전히 사람들은 번역기가 자연스럽지 않다고 여긴다. 자연어처리가 매우 어렵기 때문에 기계번역이 등장한 뒤 한참이 지난 지금도 매끄러운 번역을 제공하지 못하기 때문이다.

자연어처리가 다른 컴퓨터공학 연구에 비해 특히 어려운 것은 처리해야 하는 데이터가 어떤 수치화된 값이 아니라 인간의 언어, 즉 '자연어'이기 때문이다. 일반적인 컴퓨터 관련 연구들은 수치를 입출력으로 삼는다. 수치는 그 정의 대로 누가 보아도 항상 같은 상태를 가리키기 때문에 입출력 결과에 대한 해석의 차이는 그렇게 크지 않다. 따라서 같은 결과를 내기 위해 속도를 향상시키거나, 확장성을 늘리는 등 그 과정에 더 집중해서 연구가 이루어진다. 하지만 자연어는 아래에서 언급할 다양한 특징 때문에 다뤄야 하는 데이터 자체가 매우 복잡하고 불확실하다. 그래서 이를 바탕으로 다른 활용을 해야 하는 자연어처리는 이중고를 겪는다고 할 수 있다. 그렇다면 무엇이 자연어를 복잡하게 하는지 알아보자.[1]

1.3.1 언어의 중의성

'배'라는 한 단어에 얼마나 많은 뜻이 들어있는지 생각해 보자. 과일의 한 종류, 운송 수단, 크기 비교의 단위 등 최소한 3가지의 의미를 떠올릴 수 있다. 영어의 'read'라는 단어에는 현재와 과거 시제 두 의미가 모두 담겨 있고, 의미에 따라 발음도 달라진다. 한자 '行'은 '간다'라는 동사로도 쓰이고, 목적지라는 뜻(열차의 행선지를 표기할 때)으로도 쓰일 수 있으며, 기다리기 위한 줄(대열)이라는 의미로도 쓰인다. 이러한 단어들은 문장에서 어떠한 단어들과 어떻게 사용되었는지를 보지 않으면 무슨 의미인지 정확히 파악할 수 없다. 단어뿐 아니라 문장에서도 중의성이 발견된다. '참 잘했다'는 기본적으로는 남을 칭찬하는데 쓰이는 말이지만 앞, 뒤 문장(혹은 대화)에 따라 잘못한 행동을 비꼬는 용법으로 사용될 수도 있다. 이처럼 같은 글자에도 맥락에 따라 해석의 여지가 달라질 수 있는 것을 '중의성'이라고 하며, 이는 언어의 복잡성을 크게 하는 요인 중 하나이다.

1.3.2 규칙의 예외

언어의 규칙을 연구하는 '형태론'이라는 언어학의 하위분야가 있다(하나의 언어학적 연구 분야로 자리잡았다는 점에서 규칙의 복잡성을 짐작해볼 수 있다). 언어에서의 규칙이란 예를 들어, 여러 단어에서 같은 부분이 반복되면 비슷한 의미를 갖는다고 유추하는 것이다. 한국어 단어를 형태소로 분리했을 때, '-었-'이 들어가 있다면 과거형인 것이 그 대표적인 예이다. 하지만 모든 단어가 그런 것은 아니다. '보슬비'라는 단어의 뜻이 '바람없이 조용히 내리는 비'라는 것을 바탕으로 '보슬'에 '바람없이 조용히 내리는'이라는 의미가 내포되어 있다고 추측할 수 있다. 그렇다면 이 규칙을 바탕으로 '보슬눈'같은 단어도 만들 수 있을 것 같지만 이런 단어는 사용되지 않는다. 규칙이 발견되고 이것으로 어떤 현상을 대체로 설명할 수는 있으나 거의 항상 예외가 발생하는 것이다.

여러 단어가 모여 내포하는 뜻이 달라지는 숙어 역시 예외의 한 종류이다. 영어에서 'hit'은 때리다 라는 의미이고, 'sack'은 자루를 의미한다. 하지만 이 단어들이 모인 'hit the sack'이란 '자루를 치다'가 아니라, '잠들다'라는 의미를 갖는 숙어이다. 만약 이 숙어에 문법적으로 알맞게 형용사를 더해 'hit the brown sack'이라고 쓰면, 잠든다는 뜻으로는 더 이상 쓰일 수 없다. 위에서는 숙어로서의 의미가 없어진 것뿐이지만, 단어를 문법에 맞게 잘 조합한 결과가 아무런 의미가 없는 경우도 있다. "버섯이 구름을 신고 조개껍질에서 산을 심는다."나 "Colorless green ideas sleep furiously."와 같은 문장을 보자. 문법적으로 모두 맞는 문장이지만, 전혀 의미를 알 수 없는 문장이다.

이렇게 구절이나 문장 안에서 단어와 형태소가 구성되는 방법을 규칙으로 정리하고자 해도, 항상 예외가 존재한다. 이러한 예외 사항들은 자연어처리의 큰 어려움 중 하나이다.

1.3.3 언어의 유연성과 확장성

마지막으로 자연어처리를 어렵게 하는 요인 중 하나는 언어가 매우 유연하고 확장 가능하다는 것이다. 언어가 쉽게 확장된다는 것은 다르게 말하면 '언어가 무한하다'라고 할 수 있는데, 이는 유한한 단어와 소리를 조합하여 만들 수 있는 문장의 수와 길이가 무한하다는 것이다. 구조 문법적(문장의 구성 방법을 단순히 어순만으로는 설명할 수 없고, 문장의 여러 단어가 이루는 구조를 통해 설명할 수 있다고 보는 것. 지금은 이 구조만으로도 문장의 중의성을 완전히 설명할 수 없는 한계가 있어 새로운 문법 모델을 사용하여 문장의 구성 방법을 설명한다)으로 문장을 분해했을 때, 단어가 들어갈 자리에 구를 넣음으로써 문장의 길이를 계속해서 늘려나갈 수 있다.

[그림 1-4]는 "Old man opened the door."라는 문장을 구조문법을 이용하여 분석한 것으로, 주어부에 명사가 그대로 들어가지 않고 'old'라는 관형사가 포함된 명사구가 있다는 것을 알 수 있다. 이는 상황을 더 자세히 설명하면서도 동시에 문장의 길이를 늘린다. 이런 방법을 계속해서 늘리면 다음과 같은 극단적으로 길고 복잡한 문장도 만들어낼 수 있다. "Sierra heard that Emma said that Dan told Rebecca that Maggie was hosting a party that Henri would also attend, but it was actually Rebecca who told Dan that Molly was throwing a party and Emma was wrong, but it was so confusing that she just gave up and died." 이 문장에 여기에 구 몇 개를 더 넣으면 길이를 더 늘릴 수도 있다. 이런 확장성은 언어를 모델화하여 처리하

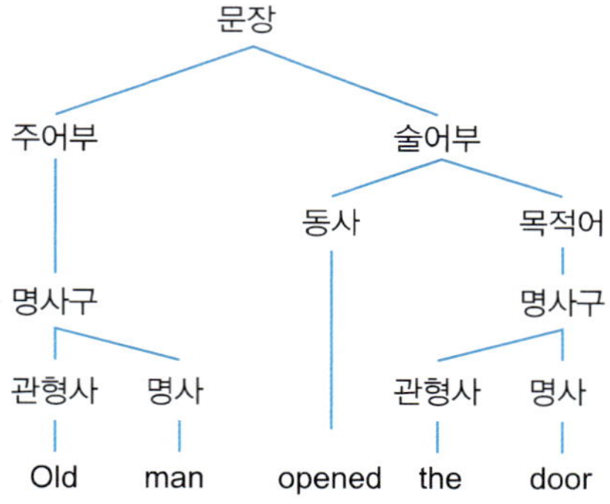

그림 1-4 구조 문법을 활용하여 영어 문장 'Old man opened the door.'를 분석한 예시

는데 있어 불확실성을 키우는 요인 중 하나가 된다.

게다가 시간이 흐르면서 더이상 쓰이지 않는 단어나, 새로 태어나는 단어도 있다. 근래에는 외래어가 많이 유입되고, 다양한 기술이 발전하면서 언어의 사회적 변화가 매우 빨라졌다. 특히 새로 만들어진 단어들은 시대에 따라 유행하는 미디어, 전파 경로, 주 사용 계층, 기술의 발달 등에 따라 그 생성 규칙이 다르다. TV가 미디어의 중심을 차지하던 시기에는 드라마나 영화 등의 인상깊은 대사, 구절 등을 중심으로 유행어가 만들어졌으며, 음성으로 전달되는 매체이기에 들리는 소리의 영향력이 크다. 하지만 인터넷이 발달한 지금은 단어의 길이를 줄이는 형태의 신조어가 많이 등장하였으며, 글자 위주로 이루어지는 통신 때문에 소리보다는 문자나 글자의 형태에 영향력이 더 세다. 이러한 언어의 유연한 변화는 마땅히 일반화해 설명할 규칙도 없고, 금방 유행한 후 다시 사장되는 등의 문제로 자연어처리에서 대응하기 매우 어렵다.

1.4 자연어처리 연구의 패러다임

1.4.1 규칙 기반

'규칙 기반'이란, 언어의 문법적인 규칙을 사전에 정의해두고 그것에 기반하여 자연어를 처리하는 방식을 말한다. 가장 전통적인 프로그래밍 방식과 가깝다고 할 수 있다. 1954년에 조지타운 대학과 IBM이 공동으로 개발한 러시아어-영어 번역기가 그 시초이다. 이 데모에서는 총 60개의 러시아어 문장을 영어로 번역해냈다. 1960년대에는 SHRDLU ELIZA와 같은 대화형 자연어 이해 시스템이 등장했다. 딥러닝이 나타나기 전까지 거의 알려지지 않았던 자연어처리의 역사는 이렇게 60년이 다 되어가고 있다. 기계번역을 규칙 기반으로 처리한다면 핵심이 되는 단어들을 사전을 통해 번역한 다음, 원본 문장에서 발견되는 문법적인 규칙을 찾아낸 후 대응하는 번역한 언어의 규칙을 불러와 이를 이용해 단어와 단어 사이를 이어주는 순서로 진행된다. 간단한 명령을 인식하는 것 역시 규칙 기반으로 처리할 수 있다. 예를 들어 "Send a message to Susan that I will be late for meeting."이라는 영어 문장을 입력으로 받는다고 하자. 우리는 문장의 첫 번째 동사를 통해 쉽게 문장의 의도를 파악할 수 있고, to나 that을 통해 명령의 대상과 그 내용을 파악할 수 있다.

규칙 기반의 자연어처리의 가장 큰 문제점은 규칙을 사전에 직접 구축해야 한다는 것이다. 위에서 언급했듯 언어를 구성하는 규칙은 매우 많을뿐더러 항상 예외가 존재하기 때문에 이를 완벽하게 파악하여 모두 규칙화시키는 것은 거의 불가능에 가깝다. 한국어처럼 어순이 바뀌어도 의사소통이 가능한 언어는 같은 내용을 담는다고 해도 이를 표현하는 문장의 개수가 매우 많아지기 때문에 규칙을 설정하는 것이 특히 더 어려워진다. "미영이한테 오늘 미팅 늦는다고 문자 보내줘"와 "오늘 미팅 늦는다고 미영이한테 문자 보내줘", "미영이한테 문자 보내, 오늘 미팅 늦는다고"는 모두 한국인이 이해할 수 있는 문장이며 모두 같은 내용을 의미한다. 이 때문에 자연히 대응할 수 있는 문장의 종류가 제한되거나 정확도가 매우 떨어진다. 따라서 규칙 기반 처리는 후술할 다른 처리법이 개발된 후 자연스럽게 뒤로 밀려났다. 다만 언어 처리를 하면서 문법적인 부분을 완전히 무시할 수는 없기에, 다른 처리 방법과 융합되는 방식으로 그 명맥을 유지하고 있다.

1.4.2 통계 기반

규칙 기반 자연어처리의 한계를 극복하기 위해 제시된 방법이 바로 통계 기반 자연어처리이다. 가장 중심이 되는 수학적 개념으로 '조건부 확률'이 있다. 어떠한 사건이 이미 일어난 것을 가정하고, 그 상황에서 다른 사건이 일어날 확률을 말한다. 자연어처리에 이 개념을 도입하여 보자. 문장을 단어(언어에 따라 형태소 등으로 나누기도 한다)별로 나눈다. 그 다음, 문장을 완성시켜 나갈 때, 앞(혹은 뒤)에 등장한 단어라는 이미 일어난 사건에 대해 다음에 어떤 단어가 나올 확률이 가장 높은지를 여러 단어들에 대해 계산해볼 수 있다. 이 중에서 가장 확률이 높은 단어를 선택하면 가장 자연스러운 문장이 될 확률이 높아진다.

통계 기반 자연어처리는 언어에 어떠한 규칙이 있다면 통계적으로 볼 때 규칙에 관여되는 단어(형태소) 사이에 유의미한 상관관계가 나타날 것이라는 아이디어에서 시작했다. 컴퓨터의 성능이 발전하면서 대량의 문장을 빠르게 분석하는 것이 가능해지면서 이 처리법의 성과가 나타나기 시작했다. 사람이 관여해야 하는 정도가 이전보다 감소한 것은 맞지만, 여전히 번거로움이 남아있는 것도 사실이다. 이러한 문제를 거의 해결한 딥러닝 기법이 개발된 이후 통계 기반 자연어처리는 딥러닝에게 그 자리를 내어주었다.

1.4.3 딥러닝 기반

기계학습

일반적으로 '알고리즘'이라고 하는 문제들은 어떤 상황에 어떻게 대응해야 하는지, 어떤 값을 어떻게 계산해야 하는지 등에 대한 정보를 사전에 다 지정해 둔다. 이는 보통 어떤 데이터가 들어오는지 예측이 충분히 가능하고, 프로그램을 작성하는 프로그래머가 그것을 처리하는 방법을 명확하게 알고 있는 상황에서의 방법이다.

하지만 점점 많은 데이터를 컴퓨터가 처리하게 되면서 모든 데이터가 정형화되어 있지 않고, 그 처리법과 가중치를 사람이 일일이 계산하는 것이 불가능에 가까워졌다. 자연어처리에서의 예를 들어 보자. 기계 번역을 한다고 하면 얼마나 긴 문장이 어떤 언어로 작성되고 무슨 단어들로 구성되어 있는지 알 수 없다. 안다고 하더라도 가능한 경우의 수가 매우 많기 때문에 이를 사람이 직접 연산의 흐름을 지정하는 것은 불가능에 가깝다.

기계학습(machine learning)은 이처럼 직접적인 알고리즘을 개발하는 것이 불가능할 때 문제 해결을 위한 프로그램을 개발하기 위한 방법이다. 입력으로 사용될 다양한 데이터를 대입시키는 것을 통해 알고리즘이 스스로 연산의 가중치를 결정하게 하는 것이다. 기계학습 기법을 사용하면, 프로그램을 작성한 이후 바로 사용하는 것이 아니라 입력 데이터 예시들을 알고리즘에 계속해서 투입시키면서 내부적으로 처리하는 데 사용되는 가중치를 계속해서 갱신시키는 작업을 해야 한다. 이러한 과정을 '훈련'이라고 하며, 이 훈련을 거친 실전에 사용 가능한 상태의 알고리즘을 '모델'이라고 한다. 이렇게 만들어진 모델은 결국 모든 가중치를 모아놓은 것으로, 필요에 따라 저장해둔 후 쉽게 다른 컴퓨터에서 작동하게 할 수 있다.

흔히 '인공 신경망'이라고 알려져 있는 것은 기계학습의 한 형태로, 입력 데이터를 처리하고 연산 가중치를 결정하며 다음 단계로 연결시키는 알고리즘의 형태가 우리 뇌의 신경계와 닮아있다고 하여 붙여진 이름이다(본서에서는 앞으로 인공 신경망을 간단히 '신경망'이라고 줄여 표기할 것이며, 특별히 대뇌의 신경망과 구분할 필요가 있는 경우에만 '인공 신경망'이라고 기술한다). 입력과 출력 사이에 있는 하나의 '뉴런'이 입력 벡터의 각 값에 적절한 가중치를 곱한 후 이를 활성 함수에 통과시키고, 그 값을 다음에 연결된 뉴런에 전달한다. 이와 같은 뉴런이 한 층에 여러 개 존재하고, 각 뉴런이 계산한 결과들을 다시 출력 뉴런에 전달하여 그 결과를 나타낸다. [그림 1-5]는 간단한 형태의 신경망으로 3차원의 입력을 받고, 2차원의 출력을 내보낸다. 중간에 입력도 출력도 아닌 내부적으로만 존재하는 4차원의 층이 있는데, 이것을 은닉층(hidden layer)이라고 부른다. 이 신경망의 은닉층은 1개이다.

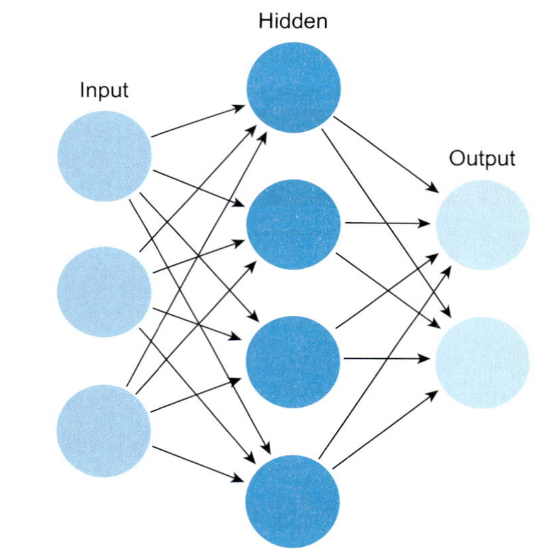

그림 1-5 한 층의 은닉층을 포함한 신경망 구조의 예시

딥러닝

딥러닝이란, 기계학습, 그 중에서도 신경망 구조에서 뉴런의 층 수를 많게는 몇 십 단계로 만든 것을 말한다. 몇 단계에서부터 이를 딥러닝이라고 부르는지 명확한 기준

은 없다. 다만 이렇게 딥러닝이라고 부를 정도의 신경망들에는 공통적인 특징이 하나 있는데, 바로 계산할 가중치의 개수가 너무 많기 때문에 해당 연산의 흐름을 디자인한 프로그래머 본인들조차 정확히 어떠한 가중치가 무엇을 의미하는지 알 수 없다는 것이다. 신경망이 입력된 정보의 어느 부분을 어떻게 보고 그러한 결정을 내렸는지 전혀 알 수 없는 블랙박스가 되어버린 셈이다. 하지만 신경망의 층이 늘어난 덕분에 복잡한 특성을 처리할 수 있게 되어 성능이 비약적으로 상승하였다. 최근 딥러닝 관련 연구는 목적에 따라 이 신경망 층 간의 연결을 여러 방법으로 연결해보며 최적의 결과를 내는 딥러닝 모델을 구축하는데 중점을 두고 있다.

딥러닝의 가장 큰 장점 중 하나는 단순히 통계적으로 분석한 것 이상의 효과를 낼 수 있다는 점이다. 통계적으로 분석하는 것은 단어들 간의 등장 빈도와 같은 일차적인 분석에 기반을 두고 있지만, 딥러닝은 여러 데이터 간에 복합적인 연결을 통해 심층적인 분석을 해낼 수 있기 때문이다. 문장이나 문단의 전체적인 맥락을 파악하는 자연어처리 모델이 만들어진 것도 딥러닝에 기반한 자연어처리가 시작된 이후이다. 모델을 디자인할 때 문장의 전체와 골고루 연결되어있는 어떠한 인공 신경망 요소를 만들어 두면, 학습을 거친 후에 이 변수가 문장 전체의 어떠한 정보를 담고 있다고 할 수 있다. 이런 식으로 목적에 맞추어 다양한 방식으로 딥러닝 모델이 디자인되고 있고, 자연어처리의 여러 하위분야에서 높은 정확도를 보이고 있다. 17장에서 딥러닝에 대해 더 자세히 배울 수 있다.

1.5 딥러닝을 사용하는 자연어처리 연구

본서는 Part III에서 딥러닝에 관한 자세한 소개와 자연어처리에서 딥러닝을 사용하여 연구하는 방법을 소개한다. 1장에서는 그에 앞서 연구의 전체적인 흐름을 간단히 소개한다. 자연어처리는 기계학습과 딥러닝이 도입된 이후 가장 큰 수혜를 받아 그 성능과 정확도가 크게 상승했다. 덕분에 최근 자연어처리와 관련한 논문들 중 딥러닝이 사용되지 않은 논문은 찾기 힘들다. 이 절에서는 이렇게 주류를 이룬 딥러닝이 자연어처리에서 어떻게 사용되는지에 대해 다룬다. 딥러닝을 사용한 자연어처리는 모델에 따라 세세한 차이는 있지만, 대부분 아래와 같은 단계를 거쳐 진행된다.

1. 먼저 어떠한 목적으로 자연어처리를 도입할 것인지 결정한다.
2. 해당 목적과 관련한 학습 데이터(코퍼스)를 구축하거나 확보한다.
3. 학습 데이터를 통해 학습시킬 모델을 작성한다.
4. 모델을 코퍼스를 이용하여 학습시킨다.
5. 학습된 모델을 검증하고 문제가 있을 경우 2~4단계로 돌아가 수정한다.
6. 완성된 모델을 실전에 투입한다.

이 중에서 1, 5, 6단계는 고정된 것으로, 특별히 변수가 없는 필수적인 단계이다. 결과의 성능은 2, 3단계의 영향을 많이 받고, 대부분의 기술 개발은 2, 3단계를 개량하는 방향으로 이루어진다. 학습시키는 단위의 크기 등을 변경하는 등 4단계에서도 개선할 방법을 찾을 수 있으나, 영향력은 2, 3단계에 비해 크지 않다.

1.5.1 단어 임베딩

단어 임베딩(word embedding)은 자연어로 되어있는 문장을 컴퓨터가 받아들일 수 있도록 하는 문장의 전처리 과정 중 하나이다. 특히 단어(형태소) 단위로 문장을 분해할 때 많이 쓰이는 방법으로, 바로 각 단어(형태소)를 벡터로 변환하는 것이다. 높은 차원의 벡터로 바꾸면서 비슷한 단어들은 벡터 간 거리가 가깝게 위치시키고, 비슷한 관계를 가진 단어쌍 간의 거리와 방향을 비슷하게 하도록 한다. [그림 1-6][2]은 단어 임베딩의 기본 특성을 표현한 것으로, 비슷한 성격을 가진 두 단어쌍이 평행하게 놓여있는 모습을 볼 수 있다. 이 단어 임베딩을 하는 것 자체도 후술할 딥러닝 기반의 자연어처리 연구가 시작되면서 급속하게 발전했기에 과거에는 중요한 논문 주제였다. 지금은 사전에 여러 단어들을 통해 학습된 임베딩 결과를 그대로 사용하는 경우가 많다. 단, 이렇게 단어를 임베딩하는 경우 보통 문법적으로만 의미가 있는 단어들(한국어의 조사나 영어의 be동사 등)을 제거하는 경우가 많기 때문에, 특수한 연구를 하는 경우 임베딩을 다시 직접 하기도 한다. 18장에서 단어 임베딩에 대해 더 자세히 배울 수 있다.

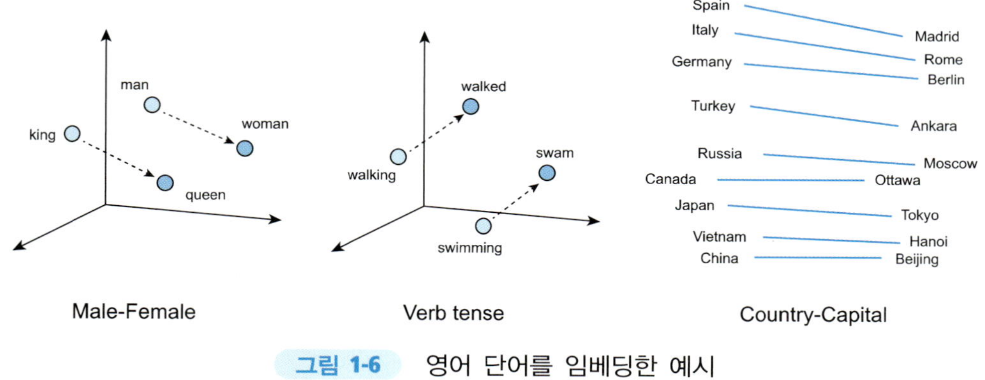

그림 1-6 영어 단어를 임베딩한 예시

1.5.2 코퍼스

코퍼스(corpus)란 우리말로 '말뭉치'라고 하는 것으로, 통계 혹은 딥러닝 기반의 자연어처리에서 사용되는 매우 많은 수의 문장의 모음이다. 아주 간단한 형태는 문장만을 담고 있는 것이지만, 목적에 따라 문장을 분석한 내역을 같이 넣기도 하며, 해당 문장의 성격이나 특성, 혹은 대응하는 다른 언어의 문장이 따라붙기도 한다. 자연어처리는 다양한 활용 방안이 있으며, 이 활용 방안은 같은 입력에 대해 요구하는 것이 다 다르다. 특히 딥러닝 기법을 이용하는 경우, 모델을 학습시킬 때 입력 문장과 쌍으로 정답을 넣어줘야 하기 때문에 말뭉치를 목적에 따라 변형시켜줄 필요가 있다. 예를 들어 기계 번역이나 맞춤법 검사기는 완성된 문장을 출력으로 요구한다. 하지만 의도 분석을 위한 모델이라면 완성된 문장이 아니라 문장의 의도가 무엇인지에 대한 정보를 가지고 있어야 한다. 문자 메시지 전송을 위한 것이라면 메시지의 내용으로 그대로 전달할 부분이 어느 부분인지에 대한 위치가 표기되어 있어야 한다.

딥러닝을 사용하면 데이터의 품질에 학습된 모델의 성능이 크게 영향받기 때문에, 코퍼스를 잘 구축하는 것도 매우 중요하다. 따라서 코퍼스를 구축할 때는 엄격한 기준에 따라 양질의 문장만을 엄선하고, 목적에 따라서는 문장에 적절히 가공이나 처리를 해 준다. 엄선된 코퍼스 안에서도 모델의 성능을 올리기 위해 다시 새로운 기준을 도입하여 문장을 걸러내는 필터링에 관한 연구 자연어처리 관련 연구의 한 분야이다. 실제로 서비스에 적용하기 위해서는 그 서비스에 알맞은 코퍼스를 직접 구축하여 모델을 학습시키는 경우가 많다. 하지만 이론적인 모델 연구에서는 다른 모델과의 성능 평가를 위해 온라인에 공개된 코퍼스를 사용하기도 한다. 이러한 코퍼스는 정확한 평가를 위해 엄선된 문장으로 구성되며, 문장의 수도 매우 많다.

1.5.2 모델

딥러닝을 활용한 자연어처리의 꽃은 3번째 단계인 모델을 구축하는 것이다. 모델을 구축한다는 것은 어떠한 학습 과정을 거치게 하는지에 대한 고민이다. 예를 들어, 어떤 단어를 처리할 때 앞, 뒤 단어들을 중점적으로 보아야 할 것 같다면 이 모델이 학습할 때 단어와 그 중심을 순차적으로 훑도록 구조를 작성하면 된다. 만약 문장 혹은 문서의 전체적인 맥락을 봐야 한다면, 전체를 아우르는 데이터 간 연결을 만들어준다. 이 모델을 어떻게 활용할 것인지에 따라 출력 형식을 지정하는 것도 모델 작성의 중요한 부분이다. 문장의 긍정·부정 여부를 파악하고 싶다면 1과 0을 출력하는 모델을 생성하면 되고, 형태소를 분석하는 모델을 만든다면 입력된 각 단어에 형태소 종류를 표기하는 라벨을 생성하게 하면 된다. 이런 데이터 간 연결고리를 잘 구성하여 모델을 훌륭하게 디자인하면, 이를 활용하여 학습된 모델은 대체로 높은 성능을 보인다. 이렇게 잘 구성된 모델은 입·출력단을 조금씩 변형하여 다른 하위분야에 적용되기도 한다.

참고문헌

[1] 1.3절의 언어학과 관련한 내용은 '언어 이론과 그 응용(김진우, 한국문화사 3판)'을 참고하였음.

[2] Deep Learning #4: Why You Need to Start Using Embedding Layers, Rutger Ruizendaal, Towards science. https://towardsdatascience.com/deep-learning-4-embedding-layers-f9a02d55ac12

연 | 습 | 문 | 제

1. 자연어처리가 다른 전산학 과제들과 비교했을 때 특히 어려운 이유는 무엇인가?

2. 통계기반과 딥러닝 기반 자연어처리에서 필요로 하는 많은 수의 문장을 모아 놓은 데이터를 부르는 말은?

3. 규칙기반 자연어처리가 외면받은 이유는 무엇인가?

4. 딥러닝에서 모델을 제안한 사람은 은닉층 안의 특정 가중치가 무엇을 왜 계산하는지 설명할 수 있는가?

5. 일상 속에서 찾아볼 수 있는 자연어처리 기술이 적용된 예시를 들고, NLU와 NLG 중 어느 부분이 사용되었는지 설명해보자.

CHAPTER

2 자연어처리를 위한 수학

2.1 확률의 기초

동전을 던지면 앞면 혹은 뒷면이 나오게 된다. 복권을 사면 당첨이 될 수도 있고 그렇지 않을 수도 있다. 우리는 일상생활에서 일어나는 정말 많은 일들의 결과가 고정되어있지 않다는 것을 알고 있다. 가령 "사과"라는 단어가 있을 때 "맛있다"라는 단어가 나올 가능성은 얼마나 될지 생각해보자. 인간의 언어 또한 불확실한 현상들로 이루어져 있고 이러한 현상들을 다루기 위해 일찍이 언어학에서는 수학적, 통계적 방법론들을 발전시켜 왔었다. 전산언어학과 자연어처리가 그 예라고 할 수 있다.

그렇다면 확률이란 무엇일까? **확률**이란 어떠한 사건(event)이 발생할 수 있는 가능성을 수치로 나타낸 것이다. 우리는 확률이라는 개념을 통해 자연어의 현상을 분석하고 연구할 수 있다. 최근 인간의 언어를 다루는 학문은 다양한 자료의 분석과 객관적인 증명이 점차 중요하게 여겨지고 있지만 이러한 수학적 방법론에 익숙하지 않은 사람들은 접근조차 어려워하고 있다. 혹은 수학적 개념을 이해하지 못한 채 아주 피상적인 연구만 진행하게 된다.

이번 장에서 우리는 이러한 불확실한 자연언어 현상들을 세련되게 처리하기 위한 가장 기초적인 확률이라는 개념을 알아볼 것이다.

2.1.1 확률 변수

앞에서 예시를 들었던 동전을 던지는 행위에 대해 생각해보자. 두 개의 동전을 던진다고 할 때, 각각의 동전은 앞면 혹은 뒷면이 나오게 된다. 앞면을 Heads(H), 뒷면을 Tails(T)라고 하면, 식(2.1)과 같이 나타낼 수 있다.

$$\Omega = \{HH, HT, TH, TT\} \tag{2.1}$$

여기서 Ω는 동전 두 개를 던지는 사건에서 발생할 수 있는 모든 경우를 나타낸다. 확률에서는 이를 표본공간(sample space)이라고 부른다. 그렇다면 이때 두 동전이 모두 앞면이 나오는 확률은 얼마나 될까? 모든 경우의 수를 모아놓은 표본공간을 보고 우리는 쉽게 식(2.2)와 같이 대답할 수 있다.

$$P(X = HH) = P(X = 2) = \frac{1}{4} \tag{2.2}$$

여기서 우리는 X를 확률 변수(random variable)라고 부른다. 즉, 확률 변수는 어떠한 사건을 실수 표현으로 매칭시키는 일종의 함수인 것이다. 여기서는 확률 변수를 앞면이 나오는 횟수로 보고 동전 두 개를 던져 앞면이 나오는 사상 HH를 숫자 2로 매칭시켰다. 앞에서 본 것처럼 확률 변수를 사용한 확률 함수의 표현은 식(2.3)과 같은 형태로 이루어진다.

$$P(X = \text{사건}) = \text{확률} \tag{2.3}$$

확률 변수를 사용한 확률 함수를 모두 더하면 어떻게 될까? 우리는 위의 예시에서 합이 1이 되는 것을 쉽게 확인할 수 있다. 이는 식(2.4)와 같이 나타낼 수 있다.

$$\sum_{i=1}^{N} P(x = x_i) = 1 (N \text{ 은 모든 사건의 갯수}) \tag{2.4}$$

2.1.2 확률 변수와 확률 분포

앞에서 우리는 확률 변수에 대해 알아보았다. 하지만 우리는 일상생활에서 동전이

나 주사위를 던지는 행위로부터 얻어지는 이산적인 확률 변수뿐만 아니라, 시간과 같은 연속적인 확률 변수도 찾아볼 수 있다. 가령 제윤이와 채연이가 10시 정각에 안암역에서 만나기로 했다면 그 둘은 9시 59분 59.99초에 만날 수도 있고 59.99999초에 만날 수도 있다. 이렇게 이산적인 사상과 연속적인 사상을 표현하기 위해 확률 변수에는 이산 확률 변수와 연속 확률 변수라는 개념이 존재한다. 우선 이산 확률 변수와 이산 확률 분포에 대해 알아보도록 하자.

이산 확률 변수(discrete random variables)란 확률 변수 X가 취할 수 있는 값들이 이산적으로 셀 수 있는 경우를 말한다. 공장에서 발생하는 불량품의 개수, 올 한해 발생한 교통사고 횟수 등이 모두 이산 확률 변수 예라고 할 수 있다.

그렇다면 이산 확률 분포는 무엇일까? **확률 분포**(probability distribution)란 확률 변수가 특정한 값을 가질 확률을 나타내는 함수를 의미한다. **이산 확률 분포**(discrete probability distribution)는 확률 변수가 이산 확률 변수인 경우를 의미한다. 예를 들어, 동전 두 개를 던지는 시행에서 나오는 앞면의 수를 이산 확률 변수 X라고 하면 이산 확률 분포는 다음과 같다.

x	0	1	2
$p(X=x)$	1/4	1/2	1/4

이산 확률 변수 X가 임의의 실수 x의 값을 취할 확률을 나타내는 함수를 확률 질량 함수(probability mass function)라고 하고 식(2.5)와 같이 나타낸다.

$$f_X(x) = P(X=x) \tag{2.5}$$

이산 확률 분포에는 대표적으로 이항 분포(binomial distribution)와 다항분포(Multinomial distribution) 등이 있다. 두 분포에 대해서는 뒤에서 자세하게 다루겠다.

연속 확률 변수(continuous random variable)란 확률 변수 X가 취할 수 있는 값들이 어떤 범위로 주어지는 경우를 의미한다. 사람의 키, 체중, 수명 등이 모두 연속 확률 변수의 예라고 할 수 있다.

그렇다면 연속 확률 분포는 무엇일까? **연속 확률 분포**(continuous probability distribution)는 확률 변수가 연속 확률 변수인 경우를 의미한다. 예를 들어 어떤 핸드폰 센터 수리기사가 고장 난 핸드폰을 고치는데 걸리는 시간을 X라고 할 때, 이 기사가 30분 안에 핸드폰을 수리할 확률이 70%인 것을 식(2.6)과 같이 나타낼 수 있다.

$$P(0 < X < 30) = \int_{0}^{30} f(x)\,dx = 0.7 \tag{2.6}$$

즉, 확률 변수 X가 a와 b 사이에 놓일 확률은 그 구간의 적분을 통해 구할 수 있다. **확률 밀도 함수**(probability density function)란 x에서의 확률이 아니라 상대적인 밀도를 나타내는 것이다. 확률 밀도 함수도 확률 분포 함수와 마찬가지로 확률의 특성을 가지고 있어야 하기 때문에 모든 확률 변수에 대한 확률의 합은 1이 되어야 한다.

$$\int_{-\infty}^{+\infty} f(x)\,dx = 1$$

연속 확률 분포에는 대표적으로 정규분포 등이 있다. 정규분포에 대해서는 뒤에서 자세하게 다루겠다.

2.1.3 조건부 확률

빨간 공 4개와 파란 공 3개가 들어있는 주머니가 있다고 해보자. 여기서 순서대로 공을 꺼낼 때, 처음 꺼낸 공이 빨간 공이었다면 두 번째 꺼낸 공이 빨간 공일 확률은 어떻게 알 수 있을까? 우리는 이러한 문제를 다루기 위해 조건부 확률이라는 개념을 도입하려고 한다. **조건부 확률**(conditional probability)이란 어떤 사상 A가 일어났다고 가정한 상태에서 사상 B가 일어날 확률을 의미하고 식(2.7)과 같이 나타낸다.

$$P(B|A) = \frac{P(A \cap B)}{P(A)} \tag{2.7}$$

[그림 2-1]은 식(2.7)을 그림으로 나타낸 것이다. $P(B|A)$는 전체 표본공간 Ω를 사상 A로 축소시킨다. 또한 조건부 확률에서는 식(2.8)과 같이 정의할 수 있다.

$$P(A \cap B) = P(A)P(B|A) = P(B)P(A|B) \tag{2.8}$$

자연어처리에서 식(2.8)에서 A는 B의 확률을 계산하기 위하여 주어진 히스토리, 문맥, 지식이라고 생각할 수 있다. 주어진 지식 A가 B의 확률을 계산하는데 영향을 미칠 수 있고, 그렇지 않을 수도 있다. 만약 A가 B의 확률 계산에 영향을 미치지 않을 경우 A와 B는 독립이라 하며 식(2.9), 식(2.10)과 같이 나타낼 수 있다.

$$P(B|A) = P(B) \tag{2.9}$$

$$P(A \cap B) = P(A)P(B) \tag{2.10}$$

또한 사건이 3개 이상인 경우에도 식(2.11), 식(2.12)과 같이 표현할 수 있다.

$$P(A \cap B \cap C) = P(A)P(B|A)P(C|A \cap B) \tag{2.11}$$

$$P(A_1 \cap \dots \cap A_n) = P(A_1)P(A_2|A_1)\dots P(A_n|A_1 \cap A_2 \cap \dots \cap A_{n-1}) \tag{2.12}$$

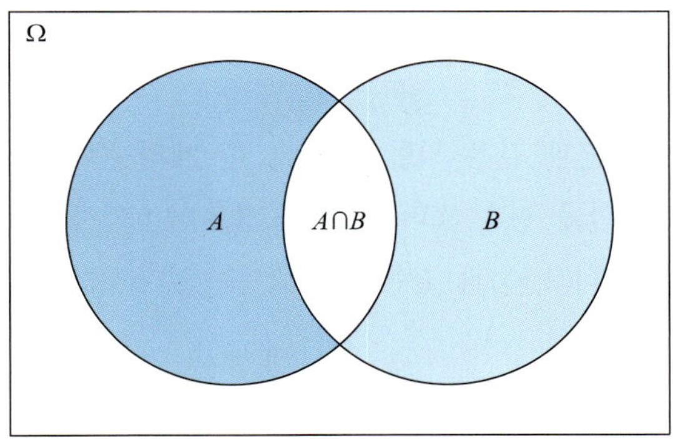

그림 2-1 조건부 확률

위와 같은 사상들의 표현을 **연쇄규칙**(chain rule)이라고 한다. 이러한 표현은 자연어처리를 위한 베이지안 네트워크(Bayesian Network) 같은 기계학습 개념 등에도 자주 등장하므로 반드시 알아둘 필요가 있다.

다음은 조건부 확률의 확장된 개념인 베이즈 정리에 대해 알아보도록 하자. 표본공간 Ω이 $B_1, \dots, B_n$의 사상들로 서로 겹치지 않게 분할되어 있을 때 어떤 사상 A를 식(2.13)과 같이 계산할 수 있다.

$$P(A) = \sum_{i=1}^{n} P(B_i)P(A|B_i) \tag{2.13}$$

이때, 베이즈 정리(Bayes theorem)란 위의 사실을 사용하여 식(2.14)와 같이 표현하는 것을 의미한다.

$$P(B_k|A) = \frac{P(A \cap B_k)}{P(A)} = \frac{P(B_k)P(A|B_k)}{\sum_{i=1}^{n} P(B_i)P(A|B_i)} \tag{2.14}$$

베이즈 정리는 Maximum Likelihood Estimation(MLE), Maximum A Posteriori (MAP) 같은 기계학습의 가장 기본적인 개념에도 등장하므로 반드시 알아두면 유용하다.

2.1.4 기댓값과 분산

기댓값이란 일종의 평균과 같은 역할을 한다. 한 개의 주사위를 던지는 사상을 가정해보자. 나오는 눈을 확률 변수 X라고 할 때, 1부터 6까지 모든 면이 동일한 확률로 나온다면 X의 값은 식(2.15)과 같이 기대할 수 있다.

$$E(X) = 1 \times \frac{1}{6} + 2 \times \frac{1}{6} + 3 \times \frac{1}{6} + 4 \times \frac{1}{6} + 5 \times \frac{1}{6} + 6 \times \frac{1}{6} = \frac{21}{6} \tag{2.15}$$

만약 모든 면이 동일한 확률로 나오지 않는다면 어떨까? 어떠한 값과 그 값이 나올 확률에 대한 가중평균(weighted average)이 될 것이다. 기댓값은 어떤 정확한 값이 아니라 나오게 될 숫자에 대한 예상이다. 확률 변수의 평균(mean)이라고 생각할 수 있고 $E(X)$로 나타낸다. 이산 확률 변수와 연속 확률 변수의 기댓값은 식(2.16), 식(2.17)과 같이 계산할 수 있다.

$$[\text{이산 확률 변수}]\ E(X) = \sum_x xp(x) \tag{2.16}$$

$$[\text{연속 확률 변수}]\ E(X) = \int_{-\infty}^{+\infty} xf(x)\,dx \tag{2.17}$$

한편, 평균은 X의 확률 분포의 중심위치에 대한 측도로 사용할 수 있다. 분산(variance)이란 확률 분포에서 확률 변수들의 퍼져있는 정도를 나타내며, 각각의 값이 그 평균값에서 얼마나 떨어져 있는지를 보여준다. 이를 편차라고 하고 분산은 다음과 같이 두 가지 방식으로 나타낼 수 있다.

- $Var(X) = E[(X - E(X))^2]$ (편차 제곱의 평균)
- $Var(X) = E(X^2) - E^2(X)$ (제곱의 평균−평균의 제곱)

표준편차(standard deviation)란 분산의 제곱근으로, 보통 평균은 μ, 분산은 σ^2, 표준편차는 σ로 나타낸다.

2.1.5 이항분포, 다항분포, 정규분포

이항분포(binomial distribution)는 확률이 p인 베르누이 시행(yes or no, Heads or Tails 등)을 n번 반복시행할 때 출현 횟수를 나타내는 확률변수 X의 분포를 의미한다. 이항분포의 확률 질량 함수는 식(2.18)과 같다.

$$f(\theta; n, p) = {}_nC_k\, p^k (1-p)^{n-k},\ \ {}_nC_k = \frac{n!}{k!(n-k!)} \tag{2.18}$$

이항분포의 표현은 $B(n,\ p)$로 하고 평균은 np 분산은 $np(1-p)$로 나타낸다.

다항분포(Multinomial Distribution)는 이항분포의 일반화라고 생각할 수 있다. Yes or no를 넘어 idk(i don't know)까지 가능한 것이다. 다항분포의 확률 질량 함수는 식(2.19)과 같다.

$$f(x_1,\ \ldots,\ x_k; n,\ p_1,\ \ldots,\ p_k) = \frac{n!}{x_1!, \ldots, x_k!} p_1^{x_1} \cdots p_k^{x_k} \tag{2.19}$$

다항분포의 표현은 $Multi(P)$, $P = < p_1, \ldots, p_k >$와 같이 나타내고 평균은 $E(x_i) = np_i$, 분산은 $Var(x_i) = np_i(1-p_i)$와 같이 나타낸다.

정규분포(Normal Distribution)는 연속 확률 분포중의 하나로 **가우시안 분포**(Gaussian distribution)이라고도 불린다. 확률론과 통계학에서 수집된 자료의 분포를 근사하는데 많이 사용된다. 기계학습에서는 이후에 다항분포와 함께 가우시안 혼합모델(Gaussian Mixture Model, GMM)을 이해하는데 사용되므로 반드시 알아두는 것이 좋다. 정규분포의 확률 밀도 함수는 식(2.20)과 같다.

$$f(x;\mu,\sigma) = \frac{1}{\sigma\sqrt{2\pi}} e^{-\frac{(x-\mu)^2}{2\sigma^2}} \tag{2.20}$$

정규분포의 표현은 $N(\mu, \sigma^2)$로 하고 평균은 μ, 분산은 σ^2로 나타낸다.

2.2 MLE와 MAP

혹시 도박을 좋아한다면 재미있는 상상을 해보자. [그림 2-2]와 같이 카지노에서 딜러가 압정을 던질 때 나오는 면을 맞추면 건 돈의 2배를 주는 도박이 있다.[1] 한 억만장자가 그 도박에 참가하기를 원했고 유능한 과학자 중의 하나인 당신을 보조로 데려갔다. 그가 물었다. "압정을 던지면 앞면이 나올 확률이 얼마나 되나요?" 당신은 어떻게 대답할 것인가? 만약 근거가 없는 대답을 한다면 당신은 아마 직장을 잃게 될 것이다.

그림 2-2 압정을 던지면 나오는 경우의 수

2.2.1 Maximum Likelihood Estimation(MLE)

당신은 이렇게 대답했다고 가정해보자. "가지고 계신 압정을 몇 번 던져보시는 건 어때요?" 그러자 억만장자가 5번을 던졌고 압정의 앞면이 3번 뒷면이 2번 나왔다. 그걸 본 당신이 말했다. "앞면이 나올 확률이 더 높으니 앞면이 나온다에 돈을 거시는 건 어때요?" 억만장자가 왜냐고 물었다. 당신은 어떻게 대답할 것인가? 과연 근거가 있는 대답이었을까? 한번 같이 알아보도록 하자. 우선 앞에서 했던 것처럼 확률변수부터 정의해보자. 앞면이 나올 확률을 θ라고 해보자. 그러면 식(2.21)과 같이 확률을 정의할 수 있다.

$$P(H)=\theta\ ,\ P(T)=1-\theta \tag{2.21}$$

위와 같이 앞면이 3번 뒷면이 2번이 앞앞뒤앞뒤 순서로 나온다면 식(2.22)과 같이 계산할 수 있을 것이다.

$$P(HHTHT)=\theta\theta(1-\theta)\theta(1-\theta) \tag{2.22}$$

이를 일반화 화면 식(2.23)과 같이 나타낼 수 있다.

$$P(D|\theta)=\theta^{a_H}(1-\theta)^{a_T} \tag{2.23}$$

여기서 a_H와 a_T는 각각 앞면과 뒷면이 나오는 횟수이다. 우리의 목적은 앞면이 나오는 확률인 θ들 중에서 최적의 후보를 뽑는 것이다. 식(2.24)으로 나타낼 수 있다.

$$\hat{\theta}=\mathrm{argmax}_\theta P(D|\theta) \tag{2.24}$$

식(2.24)의 의미를 천천히 살펴보자. $P(D|\theta)$는 θ가 주어졌을 때 D가 나올 확률들의 분포, 즉 θ들의 분포를 의미한다. 주어진 θ에 따라 결과값의 가능성(likelihood)은 달라질 것이다. 당신이 원하는 것은 데이터를 가장 잘 설명할 수 있는 θ의 값이다. 그렇다면 최적의 $\hat{\theta}$은 어떻게 찾을 수 있을까? 함수의 최댓값 또는 최솟값을 구하기 위해서는 그래프의 모양을 알아야 하고 이는 미분을 통해 구할 수 있다. 계산의 편의를 위해 계산 결과에 영향을 미치지 않는 단조증가함수인 로그함수를 이용해서

미분해보자. 계산과정은 다음과 같다.

$$\hat{\theta} = \mathrm{arg}max_\theta \ln P(D|\theta)$$
$$= \mathrm{arg}max_\theta \ln[\theta^{a_H}(1-\theta)^{a_T}]$$
$$= \mathrm{arg}max_\theta [a_H \ln\theta + a_T \ln(1-\theta)]$$
$$\frac{d}{d\theta}(a_H \ln\theta + a_T \ln(1-\theta)) = 0$$
$$\frac{a_H}{\theta} - \frac{a_T}{1-\theta} = 0$$
$$\therefore \hat{\theta} = \frac{a_H}{a_H + a_T}$$

즉, 최적의 θ 값은 앞면이 나온 횟수를 전체 시행 횟수로 나누면 된다. 당신의 생각을 Maximum Likelihood Estimation(MLE)로 증명한 것이다. 더욱 정확한 값을 얻고 싶다면 어떻게 해야 할까? 압정을 많이 던져보면 될 것이다. 즉, 데이터의 수를 증가시키면 된다.

2.2.2 Maximum a Posteriori Estimation(MAP)

당신이 보여준 증명에 억만장자는 흡족해하고 있다. 이때 같이 온 다른 과학자가 얘기한다. "뭔가 이상한데요? 앞면과 뒷면이 나올 확률이 같아야 되는 거 아닌가요?" 억만장자가 얘기했다. "확실히 그렇네요. 몇 번 던져보지 않고 결과를 예측하는 건 좀 이상한 것 같군요." 다른 과학자가 말했다. "시행을 많이 하지 않아도 기존의 정보를 사용하는 방법이 있습니다." 당신의 등에서는 식은땀이 흐른다.

이번엔 반대로 데이터가 주어졌을 때 사실일 확률에 대해 알아보자. 앞서 조건부 확률에서 베이즈 정리에 대해 알아보았다. 이를 이용하여 데이터가 주어졌을 때 사실일 확률은 식(2.25)과 같이 나타낼 수 있다.

$$P(\theta|D) = \frac{P(D|\theta)P(\theta)}{P(D)} \tag{2.25}$$

우선 $P(\theta|D)$는 데이터가 주어졌을 때 θ가 나올 확률들의 분포, 즉 D들의 분포를 의미한다. 하지만 우리는 데이터의 분포를 모르기 때문에 $P(\theta|D)$를 바로 구하기는 어렵다. 따라서 베이즈 정리를 활용해 수식의 우측과 같이 나타낼 수 있다. $P(D|\theta)$는 앞에서 보았듯이 구하는게 크게 어렵지 않다. $P(D)$는 시행을 마쳤다면 이미 주어진 것이므로 결과에 영향을 미치지 않는다. 그렇다면 아까와 무엇이 다르다는 걸까? 바로 $P(\theta)$, 즉 θ의 분포를 우리가 계산 결과에 넣어줄 수 있다. 이를 **사전 지식**(Prior Knowledge)라고 한다. 최적의 θ를 구하면서 동시에 이전에 있는 지식을 같이 넣어 계산할 수 있다는 것이다. 이를 다시 나타내보면 식(2.26)과 같다.

$$Posterior = \frac{Likelihood \times \mathrm{Prior}\, Knowledge}{Normalizing\ Constant} \tag{2.26}$$

만약 θ의 분포가 정규분포를 따른다고 생각한다면 정규분포 식을 같이 넣어서 미분하고 계산하면 될 것이다. 그렇다면 둘 중에 어느 것이 더 좋을까? 결론부터 얘기하면 MLE와 MAP 모두 데이터가 많다면 결과는 크게 다르지 않다. 하지만 데이터가 적다면 사전 지식을 활용한 MAP가 더 유용할 것이다.

2.3 정보이론과 엔트로피

정보이론(Information Theory)은 1948년 Claude Shannon이 처음 제안한 이론이다. Shannon은 임의의 정보에 대해 데이터 압축률과 전송률을 최대화할 수 있는 수학적 모델을 제시하고자 하였다. 이후에 정보이론은 데이터를 정량적으로 처리하기 위한 분야로 자리 잡았다. 내가 가진 이 데이터가 중요한지 어떻게 알 수 있을까? 데이터의 정량화는 어떻게 이루어지는 걸까? 같이 알아보도록 하자.

2.3.1 정보량

먼저 어떠한 사건에서 기대되는 **정보량**(quality of information)을 어떻게 나타낼 수 있을지 알아보자. 우선 정보량에서는 두 가지 가정을 전제로 한다.

- 중요성(significance) : 어떤 사건이 발생할 가능성이 낮을수록 그 사건은 많은 정보를 지닌다. 예를 들면, 밖에서 강아지가 돌아다니는 것을 뉴스에서 보도하지는 않는다. 하지만 밖에 티라노사우루스가 돌아다닌다면? 모든 방송사가 앞다투어 뉴스에 보도할 것이다. 발생할 가능성이 매우 희박한 확률이기 때문이다. 이를 수식으로 나타내면 식(2.27)과 같다.

$$P(x_1) > P(x_2) \Rightarrow I(x_1) < I(x_2) \tag{2.27}$$

- 가법성(additivity) : 어떤 두 사상 x_1과 x_2가 독립적이라면 식(2.28)을 만족한다.

$$I(x_1 x_2) = I(x_1) + I(x_2) \tag{2.28}$$

쉽게 말해 독립적인 두 정보량은 더하고 뺄 수 있다는 뜻이다. 우리는 위에서 가정한 것들을 통해 정보량을 식(2.29)과 같이 나타낼 수 있다.

$$I(x) = \frac{1}{P(x)} \tag{2.29}$$

예를 들어, 앞면이 나올 확률과 뒷면이 나올 확률이 다른 찌그러진 동전을 생각해보자. 믿기 어렵겠지만 이 동전은 찌그러졌기 때문에 똑바로 서는 것도 가능하다고 해보자. 두 사상의 확률이 다음과 같이 주어진다면 정보량을 계산해볼 수 있을 것이다.

$$P(H) = \frac{1}{2} \Rightarrow I(H) = 2$$

$$P(T) = \frac{1}{4} \Rightarrow I(T) = 4$$

만약 두 사상이 독립적이라면 정보량을 다음과 같이 계산해 볼 수 있을 것이다.

$$P(HT) = P(H)P(T) = \frac{1}{8}$$

$$I(HT) = \frac{1}{P(HT)} = 8$$

하지만, 이는 가법성의 조건을 충족하지 못한다. 다시 말해,

$$I(HT) = I(H) + I(T) = 2 + 4 = 6$$

두 독립 사건의 확률은 곱으로 이루어지지만, 두 사상의 결합된 정보는 가법성에 의해 더해져야만 한다. 따라서 이와 같은 기능을 하며 결과에 영향을 미치지 않는 단조 증가 함수인 밑이 2인 로그를 사용하여 정보량을 다음과 같이 표현한다.

$$\log_2(xy) = \log_2(x) + \log_2(y)$$

$$I(x) = \log_2 \frac{1}{P(x)} = -\log_2 P(x)$$

자 다시 찌그러진 동전 예제로 돌아와 보자. 로그를 도입해서 정보량을 계산해보면 다음과 같다.

$$P(H) = \frac{1}{2} \Rightarrow I(H) = -\log_2\left(\frac{1}{2}\right) = \log_2(2) = 1$$

$$P(T) = \frac{1}{4} \Rightarrow I(T) = -\log_2\left(\frac{1}{4}\right) = \log_2(4) = 2$$

$$P(HT) = P(H)P(T) = \frac{1}{8}$$

$$I(HT) = -\log_2 P(HT) = 3$$

$$I(HT) = I(H) + I(T) = 1 + 2 = 3$$

따라서 중요성과 가법성 모두 만족하는 정보량의 표현이 완성되었다.

2.3.2 엔트로피

앞에서 우리는 정보량의 개념에 대해 알아보았다. 이번에는 조금 현실적인 얘기를 해보자. 당신이 은행원으로 취직했다고 상상해보자. 어떤 고객이 문을 열고 들어와서 대출이 필요하다고 했다. 당신은 그 사람이 대출을 받을 만큼 믿을만한 사람인지 아닌지 판단해야 한다. 이때 무엇을 기준으로 판단해야 할까? 또한 당신의 시간을 절약

하기 위해 어떤 것을 가장 우선으로 판단해야 할까? 우리는 이때 엔트로피라는 개념을 사용할 수 있다. 그렇다면 엔트로피란 무엇일까?

엔트로피(Entropy)란 확률 변수 X의 표본공간에서 나타나는 모든 사상들의 정보량의 평균적인 기댓값을 의미한다. 이를 통해 엔트로피는 어떠한 정보의 불확실성이 높은지 낮은지 평가하는 지표로 사용된다. 엔트로피 값이 높을수록 불확실성이 높다고 판단할 수 있다. 던지면 무조건 앞면이 나오는 찌그러진 동전의 불확실성은 매우 낮다. 즉, 엔트로피가 낮다. 던지면 앞면이 나오는 것을 바로 알기 때문이다. 그렇지만 정상적인 동전을 던진 결과는 불확실성이 높다. 왜냐하면 앞면과 뒷면이 같은 확률로 나오기 때문에 앞면이 나올지 뒷면이 나올지 모르기 때문이다.

다시 은행으로 돌아와보자. 당신은 이 사람이 대출을 받을 자격이 있는지 빠르고 정확하게 판단하기 위해서는 불확실성이 낮은, 다시 말해 엔트로피가 낮은 기준을 사용해야 할 것이다. 엔트로피의 수식은 식(2.30)과 같다.

$$\begin{aligned} H(X) &= E[I(X)] \\ &= E[-\log_2 P(X)] \\ &= -\sum_x P(X=x)\log_2 P(X=x) \end{aligned} \tag{2.30}$$

하지만 아직 그 사람의 대출 여부를 판단하기에는 부족하다. 우리는 여기에 조건부 엔트로피(Conditional Entropy) 개념을 적용할 수 있다. 즉, 이 사람이 신용등급이 3등급일 때, 대출이 가능한지에 대한 조건부 엔트로피는 식(2.30)을 이용하여 식(2.31)과 같이 구할 수 있다.

$$\begin{aligned} H(Y|X) &= \sum_x P(X=x)\log_2 H(Y|X) \\ &= \sum_x P(X=x)\left[-\sum_y P(Y=y|X=x)\log_2 P(Y=y|X=x)\right] \end{aligned} \tag{2.31}$$

결합 엔트로피(Joint Entropy)는 두 개의 확률 변수에 대한 엔트로피이다. 사건 x_i, y_j에 대한 결합 엔트로피는 식(2.32)과 같이 구할 수 있다.

$$H(X, Y) = -\sum_{i=1}^{N}\sum_{j=1}^{M} p(x_i, y_j)\log[p(x_i, y_j)] \tag{2.32}$$

엔트로피는 최근에도 정말 다양한 분야에서 많이 쓰인다. 엔트로피는 결정 트리(Decision Tree)와 같은 규칙기반 학습(Rule-based learning), 강화 학습(Reinforcement Learning)에서 핵심적인 역할을 한다. 또한 자연어처리와 음성인식 분야에서 모델이 적합한 정보를 지니고 있는지 혹은 실제 언어에 얼마나 잘 부합하는지 등을 측정할 수 있으므로 굉장히 중요한 개념이라고 할 수 있겠다.

2.3.3 KL-divergence, Perplexity

중요한 두 가지 개념에 대하여 설명할 예정이다. 우선 Kullback-Leiber Divergence란 두 분포 P와 Q가 서로 얼마나 일치하는지 측정할 수 있는 수단이다. 가령 [그림 2-3][2]과 같이 두 분포가 있을 때 KL-divergence 값은 식(2.33)과 같이 구할 수 있다.

$$KL(P \| Q) = \sum_i P(i)\ln\left(\frac{P(i)}{Q(i)}\right) \tag{2.33}$$

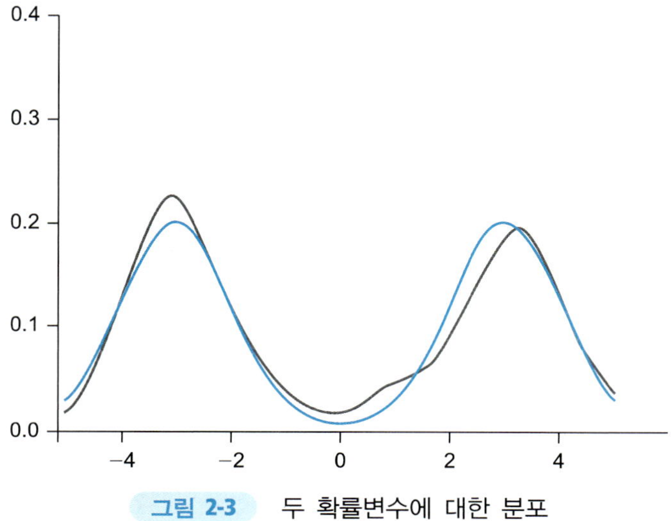

그림 2-3 두 확률변수에 대한 분포

결과값이 낮을수록 두 분포가 일치하는 정도가 높다고 생각하면 된다. KL-Divergence는 두 분포의 일치 정도를 측정하는 수단이지만 다른 한편으로는 딥러닝을 이용한 자연어처리나 강화학습에서 모델을 학습시킬 때 어떠한 두 분포를 일치하도록 하고 싶을 때 학습 지표 등으로 사용할 수 있다. 앞으로 정말 자주 등장하기 때문에 꼭 알아두는 것이 좋다.

다음으로 Perplexity에 대해 설명하겠다. Perplexity(PPL)는 두 개의 언어 모델이 있을 때 이를 평가하기 위한 지표로 사용한다. PPL은 단어의 수로 정규화된 테스트 데이터에 대한 확률의 역수로 계산할 수 있고 이는 식(2.34)와 같다.

$$PPL(W) = P(w_1, w_2, \ldots, w_N)^{-\frac{1}{N}} \tag{2.34}$$

참고문헌

[1] https://www.amazon.com/Upholstery-Nails-Furniture-Tacks-Antique/dp/B07879JTLK

[2] https://www.researchgate.net/figure/Fitting-Gaussian-Mixture-distribution_fig1_317230072

CHAPTER

3 언어학의 기본 원리

3.1 언어학 개요

자연어처리를 공부하고 관련 연구를 수행하기 위해서는 자연어에 대한 원리에 대하여 이해할 필요가 있다. 본 장에서는 언어학의 기본적인 원리에 대하여 설명한다. 먼저 언어를 이루는 여러 단위인 음절(Syllable), 형태소(Morpheme), 어절, 품사(part-of-speech, POS)에 대하여 알아보고 언어의 구조인 구구조(句構造, Phrase structure)와 의존구조(Dependency structure)에 대해 살펴볼 것이다. 또한 언어 표현과 그 지시체를 분석하는 의미론, 언어 발화자와 그 맥락을 분석하는 화용론에 대하여 설명한다.

3.2 음절, 형태소, 어절 그리고 품사

3.2.1 음절[1]

음절(音節, Syllable)은 언어를 말하고 들을 때, 하나의 덩어리로 여겨지는 가장 작은 발화의 단위이다. 한국어에서 음절은 초성(Onset), 중성(Nucleus), 종성(Coda)으로 이루어져 있는 것이 기본이다. 초성은 음절에서 가장 처음에 오는 소리로 자음(Consonant, C), 중성은 가운데 소리로 모음(Vowel, V), 종성은 마지막 소리로 자음이 해당된다. 한국어의 음절은 모음 단독으로 이루어 질 수도 있고 모음 앞, 뒤에 자음이 하나씩 붙어 V, C+V, V+C, C+V+C와 같은 형태로 구성된다. 한국어에서 음절 구성의 예시는 [그림 3-1]과 같다.

V	아, 오, 이, 에	(1)
V+C	약, 얼, 옹, 인	(2)
C+V	다, 리, 무, 서	(3)
C+V+C	말, 글, 성, 혼	(4)

그림 3-1 한국어 음절 구성의 종류

[그림 3-2]의 (1)의 문장을 소리 나는 대로 쓰면 (2)와 같다. 이 예시에서 음절의 개수는 12개로 각각의 글자의 수를 모두 센 것과 같다. 음절은 말소리의 단위이기 때문에 엄밀히 말하면 (2)와 같이 소리 나는 대로 적었을 때의 한 글자를 말한다. 하지만 텍스트를 처리할 때는 보통 (2)가 아닌 (1)과 같은 실제 문장을 다룬다. 따라서 자연어처리에서는 편의를 위해 (1)에서의 '음', '절', '은'과 같은 한 글자 단위를 음절이라고 한다.

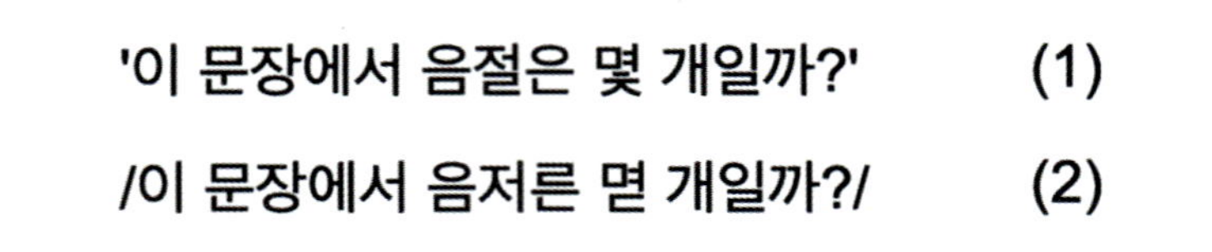

그림 3-2 음절의 개수

3.2.2 형태소

형태소(形態素, Morpheme)는 언어에서 의미를 가지는 가장 작은 단위이다. 즉, 형태소를 쪼개면 더 이상 기능이나 의미를 갖지 않게 된다. 형태소는 실질적인 의미의 유무에 따라 실질 형태소(어휘 형태소)와 형식 형태소(문법 형태소)로 나눌 수 있다. 실질 형태소는 실질적인 의미를 갖는 형태소이고, 형식 형태소는 문법적인 기능을 하는 형태소이다. 명사, 동사, 형용사, 부사는 실질 형태소에 해당하며, 조사, 어미는 형식 형태소에 해당한다.

나는 컴퓨터 공부가 좋아.

실질 형태소 : '나', '컴퓨터', '공부', '좋-'

형식 형태소 : '는', '가', '아'

자립 형태소 : '나', '컴퓨터', '공부'

의존 형태소 : '는', '가', '좋-, '-아'

그림 3-3 형태소 분석

예를 들어 [그림 3-3]의 문장에서 실질형태소는 '나', '컴퓨터', '공부', '좋-'이다. 형식형태소는 문법적인 기능과 실질형태소 간의 관계를 나타내며 한국어에서는 조사와 어미가 대표적으로 이에 해당한다. 예시 문장에서는 '나는'의 '는', '공부가'의 '가', '좋아'의 '-아'가 해당된다.

자립성의 유무에 따라서는 자립형태소와 의존형태소로 나눌 수 있다. 자립형태소는 문장에서 홀로 쓰일 수 있으나 의존형태소는 다른 형태소와 결합되어 사용될 수 있다. 명사, 대명사, 수사, 관형사, 부사, 감탄사 등이 자립형태소에 해당된다. [그림 3-3]의 예시 문장에서는 '나', '컴퓨터', '공부'가 자립형태소이다. 조사와 어미 그리고 형용사와 동사의 어간 등은 홀로 쓰일 수 없고, 다른 형태소와 결합해야 사용될 수 있기에 의존형태소에 해당한다. 위의 예시에서는 '는', '가', '좋-', '-아'가 의존형태소이다.

대부분의 형태소는 다른 형태소와 자유롭게 결합하여 사용되지만 몇몇 형태소는 적은 수의 형태소와만 결합하는 것들이 있다. 이를 유일형태소 혹은 불구형태소, 특이형태소라고 한다. 예를 들어 '오솔길'의 '오솔'은 '길'이라는 형태소와만 결합하여 사용된다. '가랑비'의 '가랑' 역시 '비'와만 결합한다. '오솔', '가랑'과 같이 오직 몇몇 형태소와만 결합하여 사용되는 형태소를 유일형태소라고 한다.

형태소의 구체적인 모습은 환경에 따라 조금씩 달라질 수 있다. 서로 다른 모습의 형태가 하나의 형태소에 속할 때 각 형태를 그 형태소의 이형태(異形態, Allomorph)라고 한다. 예를 들어 '공부는'과 '운동은'의 '는'과 '은'은 모두 주격 조사로 같은 기능을 하지만 앞에 오는 단어에 따라 '는'과 '은'으로 모양이 달라진다. '을'과 '를', '이'와 '가' 또한 한국어에서 흔하게 볼 수 있는 이형태에 해당된다. 하나의 형태소에 속한 이형태들 중 가장 본래의 형태에 가까운 것을 기본형(Basic allomorph)이라고 한다. 기본형은 그 자신으로부터 다른 이형태의 도출을 자연스러운 음운 규칙으로 설명하기 쉬운 것을 대표로 삼는 경향이 있다. 음운론적 조건으로 다른 이형태의 도출을 설명하기 어려운 경우는, 언어 사용자는 언어를 배우며 학습하게 된다.

3.2.3 어절

어절은 한 개 이상의 형태소가 모여 구성된 단위이다. 발화 시에는 어절을 중심으로 끊어서 말하고, 글을 쓸 때 어절은 띄어쓰기 단위와 거의 일치한다.

바닷가에∨왔더니

바다와∨같이∨당신이∨생각만∨나는구려

바다와∨같이∨당신을∨사랑하고만∨싶구려

백석, 바다 中

그림 3-4 어절

3.2.4 품사[2, 3]

한국어 문법에서는 문장 내에서 해당 단어가 수행하는 역할을 기준으로 체언, 수식언, 관계언, 독립언, 용언의 5언으로 나눈다. 형태에 따라서는 가변어와 불변어로 나눈다. 의미에 따라서는 명사, 대명사, 수사, 관형사, 부사, 조사, 감탄사, 동사, 형용사의 9품사로 나눈다. 먼저 단어의 형태가 변하는 것은 가변어, 변하지 않는 것을 불변어라고 한다. [그림 3-5]에서 '나무'는 문장 안에서 형태의 변화 없이 쓰이지만, '보다'는 '봐', '볼' 등의 여러 형태로 바뀐다. 5언중에서는 용언이 가변어에 해당하여 쓰이는 형태가 변화하고, 체언, 수식언, 관계언, 독립언은 항상 변화가 없는 불변어에 해당한다.

1. 불변어	2. 가변어
종이는 나무로 만들어진다.	안녕, 다음 주에 봐!
우리 동네에는 나무가 많다.	오늘 새로 나온 영화 볼 거야.

그림 3-5 불변어와 가변어

체언은 문장에서 몸통, 중심이 되는 역할을 하며 대개 조사가 뒤에 붙는다. 9품사에서는 명사, 대명사, 수사가 이에 속한다. 명사는 사람, 사물 등의 이름을 나타내는 단어이다. 예를 들어 '사과', '태양', '컴퓨터'와 같이 어떠한 존재의 이름을 나타내는 단어는 모두 명사라고 할 수 있다. 대명사는 '나', '너', '이것'과 같이 어떠한 것의 이름을 대신하여 나타내는 단어이다. 수사는 수량이나 순서를 나타내는 단어로 '하나', '첫째' 등과 같은 말이 이에 속한다.

수식언은 다른 말을 꾸며주는 역할을 하는 단어이다. 9품사에서는 관형사와 부사가 수식언에 속한다. 관형사는 체언 앞에 놓여 체언을 꾸며주는 역할을 한다. '새', '윗', '옛' 등의 관형사는 성질이나 상태를 꾸며주는 성상 관형사, '그', '다른', '무슨' 등은 어떤 대상을 가리켜 지시하는 지시 관형사이다. '한', '두', '여러' 등은 사물의 양이

명사 :

보통 명사(볼펜, 종이, 구름, 희망), 고유명사(한라산, 서울), 자립 명사, 의존 명사(것, 따름, 뿐)

대명사 :

인칭 대명사(나, 그대, 이분, 누구, 어느분), 지시 대명사(이, 그것, 아무것), 의문 대명사(누구, 무엇, 어디)

수사 :

양수사(하나, 둘, 삼, 사, 대여섯, 예닐곱), 서수사(첫째, 제일, 제이, 일호, 이호, 서너째)

그림 3-6 체언의 종류

나 수를 나타내는 수 관형사이다. 관형사는 활용형이 아니기 때문에 어간이나 어미로 나뉘지 않고, 조사가 붙지 않으며 시제도 없다. 또한 반드시 체언 앞에 놓여서 그 체언만을 꾸민다. 부사는 주로 용언, 즉 동사와 형용사 앞에서 그 내용을 꾸며주거나 혹은 문장 전체를 꾸며준다. 성상 부사는 '매우', '잘'과 같이 그 여하를 나타내며, 지시 부사는 '내일', '이리', '저리'와 같이 시간과 처소 또는 특정한 대상을 가리킨다. 부정 부사는 용언의 뜻을 부정하는 역할을 하며 '안', '못' 등이 있다. 양태 부사는 말하는 이의 태도를 표현하는데 '반드시', '아마', '꼭'과 같은 부사가 이에 해당한다. 접속 부사는 '또는', '그리고' 등과 같이 단어와 단어를 이어주거나 '왜냐하면', '즉', '그러나'와 같이 문장과 문장을 이어주는 역할을 한다.

관형사

성상 관형사 : 새, 옛, 윗, 웃, 헌, 헛

지시 관형사 : 이, 그, 다른, 무슨 등

수 관형사 : 한, 두, 열, 첫째, 몇, 모든 등

부사

성상 부사 : 잘, 매우, 출랑출랑

지시 부사 : 내일, 저리, 이미

부정 부사 : 안, 못

양태 부사 : 반드시, 제발, 글쎄

접속 부사 : 또는, 그리고, 왜냐하면, 즉

그림 3-7 수식언

관계언은 문장에서 자립형태소에 붙어 문법적 관계를 나타내는 의존형태소이다. 관계언에는 조사가 있다. 조사는 체언 또는 용언의 명사형 등의 뒤에 붙어 말의 뜻을 더해주는 품사이다. 조사에는 격조사, 접속 조사, 보조사가 있는데 격조사는 격을 나타내는 조사이다. 체언 등의 뒤에 붙어서 다른 말에 대한 그 말의 자격을 나타낸다. 주격, 서술격, 목적격, 보격, 관형격, 부사격, 호격 등이 있다. 먼저 주격 조사는 체언이 서술어의 주어임을 표시하는 격조사로, '-이', '-가' 등이 이에 해당한다. 서술격 조사는 선행하는 체언과 결합하여 서술어로 만들어 주는 조사로, '-이다' 등이 이에 해당한다. 목적격 조사는 '-을', '-를'과 같이 체언이 서술어의 목적어임을 표현하는 격조사이다. 보격 조사는 체언이 보어임을 표시하는 격조사로, '-이', '-가' 등이 이에 해당한다. 부사격 조사는 앞의 체언이 부사어가 되도록 하는 조사로 '-에게', '-에서' 등이 있다. 호격 조사는 호칭이 되게 하는 조사로, '-야', '-아', '-시여' 등이 이에 해당한다. 접속 조사는 두 단어를 이어주는 역할을 하는데 '-와', '-과' 등이 있다. 보조사는 여러 성분에 두루 붙어서 특별한 뜻을 더해주는 역할을 한다. 격조사가 올 자리에 쓰이거나 보조사 뒤에 다시 보조사가 쓰이기도 한다. '-도', '-만', '-까지' 등이 이에 해당한다.

독립언은 그 이름과 같이 독립적으로 쓰이는 품사이다. 다른 품사를 수식하지도 않고 수식을 받지도 않는다. 독립언에 해당하는 품사로는 감탄사가 있다. 화자의 감동, 놀람, 응답 등을 나타낸다. 놀람이나 감정 등을 나타내는 감정 감탄사에는 '아이고', '얼씨구' 등이 있다. 의지 감탄사는 말하는 사람의 뜻을 나타내는 말로 '에라', '옳지', '글쎄요' 등이 있다. 호응 감탄사는 부름이나 대답을 나타내는 말로 '오냐', '그래' 등이 있다. 이와 같은 감탄사는 문장에서의 위치가 비교적 자유롭고, 형태가 변하지 않고 홀로 쓰여 독립언이라 불린다.

용언은 독립된 뜻을 가지고 어미(語尾)를 활용하여 문장 성분으로서 서술어의 기능을 하는 말이다. 동작이나 성질, 상태 등을 나타내는 단어가 용언으로 동사, 형용사가 이에 해당한다. 용언은 어간(語幹)과 어미로 이루어져 있다. 어간은 하나 또는 둘 이상의 어근이 결합하여 이루어지거나 접사에 의해 파생된 어간도 있다. 이러한 어간에 여러 어미가 붙어서 형태가 바뀌는 특성이 있는데 이를 '활용'이라고 한다. 이를 통해 서법, 높임법, 시제 등의 여러 문법적 의미를 나타낸다. 용언의 활용에서 어말 어미는 맨 뒤에 오는 어미로 문장 서술을 끝맺는 종결 어미, 다음 말에 연결시켜 주는 연결 어미, 단어를 다른 품사로 바꿔주는 전성 어미로 나뉜다. 선어말 어미는 어말 어미 앞, 어간 뒤에 놓인 어미로 시제 선어말 어미와 높임 선어말 어미가 있다.

- 나는 학교에 간다. (자동사)
- 동생이 피자를 먹는다. (타동사)

- 삼촌이 나에게 아기를 맡기다. (맡다 + 접사 '-기-' : 사동사)
- 범인이 경찰에게 잡히다. (잡다 + 접사 '-히-' : 피동사)

- 접다 : 접고, 접지, 접어, 접으니 (규칙 동사)
- 묻다 : 묻고, 묻지, 물어, 물으면 (불규칙 동사)

- 꼬마가 공을 들고 간다. (보조 동사 '들다' + 본동사 '가다')
- 밥을 먹지 아니하다. (본동사 '먹다' + 보조 형용사 '아니하다')

그림 3-8 여러 종류의 동사

용언의 어간을 이루는 부분에는 동사와 형용사가 있다. 동사는 사물의 동작이나 작용을 나타내는 단어로 어미의 활용을 통해 여러 기능을 한다. 목적어가 필요한지에 따라 자동사와 타동사로, 행동의 자발성 여부에 따라 능동사와 피동사로, 행동의 주체가 누구냐에 따라 주동사와 사동사, 쓰임에 따라 본동사와 보조동사로, 활용 형태에 따라 규칙 동사와 불규칙 동사로 나뉜다. 자동사는 작용이 주어에만 그쳐 목적어가 필요 없지만 타동사는 다른 대상에 영향을 주므로 목적어가 필요한 동사이다. 사동사는 주어가 남으로 하여금 동작을 하게 하는 동사로 동사의 어간에 접사 '-이-, -히-, -리-, -기-, -우-, -구-, -추-'를, 형용사의 어간에 '-이-, -히-, -추-'를, 명사에 '-시키다'를 붙여 만들며 움직이게 할 대상이 필요하므로 타동사이기도 하다. 반면 타동사의 어간에 '-이-, -히-, -리-, -기-'를, 명사에 '-되다, -당하다, -받다'를 붙이면 피동사가 되는데 피동사는 본인이 당하는 동작이므로 대체로 자동사인 경우가 많다. 본동사는 단독으로 서술어가 되거나 보조동사, 보조 형용사의 도움을 받는 동사이고, 보조동사는 홀로 쓰이지 못하고 본동사에 기대어 도와주는 동사이다. 어간이 변하지 않고 어미만 규칙적으로 활용하는 동사를 규칙 동사, 어간이 불규칙적으로 활용하는 동사를 불규칙 동사라고 한다.

3.3 구구조와 의존구조

3.3.1 구구조[4]

구구조란 문장을 구성하고 있는 요소들이 서로 끌어당겨 한 덩어리가 됨으로써 형성되는 일정한 구조를 가리킨다. 언어학자 촘스키(Noam Chomsky)에 의해 구구조 분석이 시작되었다. 문장을 구성하는 2개 이상의 구성요소는 서로 선행관계, 지배관계를 맺고 있다. 한국어는 문장 안에서 단어의 배열이 비교적 자유롭기 때문에 구구조는 영어와 같이 단어의 배열이 정해져있는 언어를 분석할 때 많이 쓰인다. 보통 영어 문장은 크게 명사구와 그 뒤의 동사구로 이루어져있다. 이를 세분화시켜 어떤 요소가 어떤 요소의 앞, 뒤에 위치하는지, 어떤 요소의 지배를 받는지 표현할 수 있다.

문장의 구구조는 [그림 3-9]과 같이 수형도(Parse-tree)로 나타내거나 수학에서와 같이 괄호쓰기(Bracketing)로도 나타낸다. [그림 3-9]을 보면 'The puppy sleeps under the table.'이라는 문장(S)은 명사구(NP: Noun Phrase)와 동사구(VP: Verb Phrase)로 나뉜다. 명사구는 'The'(Article)와 'puppy'(Noun)으로 이루어져 있고 동사구는 'sleeps'(V: Verb)와 전치사구(PP: Preposition Phrase)로 이루어져 있다. 전치사구는 'under'라는 전치사(P)와 명사구(NP)로, 그 명사구는 다시 'the'(Article)와 'table'(Noun)으로 이루어져 있다. 그림과 같이 수형도를 통해 문장, 구에서의 선행관계와 지배관계를 보다 쉽게 파악할 수 있다.

예를 들어 'I saw the man with glasses.'라는 문장은 '나는 안경을 낀 남자를 보았다.' 혹은 '나는 안경을 끼고 남자를 보았다.'라는 두 가지 의미를 가질 수 있다. 구구조를 이용하면 이와 같이 표면적으로는 같은 언어요소와 같은 순서로 구성되어 있으나, 뜻이 다른 2개 이상의 문장을 서로 다른 구조로 기술하여 그 뜻을 파악할 수 있다.

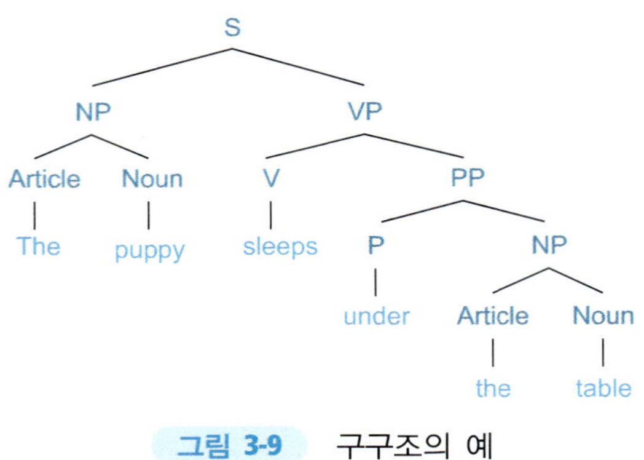

그림 3-9 구구조의 예

3.3.2 의존구조[5]

의존구조는 문장에 포함된 단어들이 서로 의존 관계를 이루어 하나의 구문을 이룬다고 본다. 문장에는 각 단어의 지배소(Head)와 의존소(Modifier)로 이루어져 있고 그 의존 관계를 분석하는 것을 의존 구문 분석이라고 한다. 한국어는 비교적 어순이 자유롭기 때문에 구문 분석 시 구구조 분석보다는 의존 구문 분석이 주로 이용된다. [그림 3-10]의 예시의 의존트리(Dependency tree)와 같이 'Scientists study whales from space.'라는 문장은 '과학자들은 우주에서 고래에 대한 공부한다'라는 의미일 수도 있고, '과학자들은 우주에 있는 고래에 대해 공부한다'라는 의미가 될 수도 있다. 화살표를 통해 그 의존 관계를 나타내면 문장에서의 의미를 보다 명확하게 파악하여 모호성을 해결할 수 있다.

의존 구문 분석에서는 크게 그래프 기반 의존 구문 분석(Graph-based dependency parsing)과 전이 기반 의존 구문 분석(Transition-based dependency parsing) 의 방법이 사용된다. 그래프 기반 의존 구문 분석은 비결정적(Non-deterministic)인 방법으로, 어떠한 문장이 가질 수 있는 모든 의존 분석 결과 중에서 가장 높은 점수의 의존트리를 선택하는 방식이다. 이를 이용하면 문장의 의존구조에 대한 가장 높은 점수의 그래프를 선택하여 표현할 수 있다. 이 방법을 컴퓨터로 수행할 경우, 모든 경우의 수를 계산하는 전역 검색을 이용하기 때문에 속도가 느리다. 반면 전이 기반 의존 구문 분석은 선형적 탐색을 하기 때문에 근거리 의존관계를 찾는데 강하고 속도가 빠르지만 문장의 의존구조를 전역적으로 확인하는 데는 약하다.

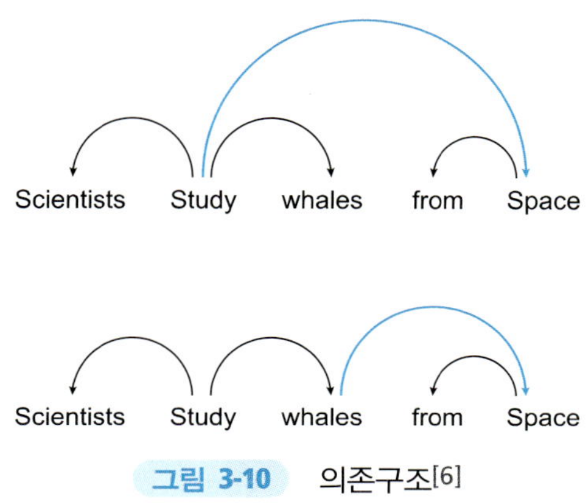

그림 3-10 의존구조[6]

3.4 의미론과 화용론

3.4.1 의미론[6]

의미론은 단어, 문장, 발화에서 그 표현이 실제로 가리키는 지시체와의 의미 관계를 파악하는 것이다. 문법적으로 옳은 문장일지라도 의미가 어색하다면 그것은 언어라고 할 수 없다. 예를 들어 '사료가 개를 먹었습니다.'라는 문장은 문법적으로는 완벽하지만 그 의미를 보면 말이 되지 않는다는 것을 알 수 있다. 의미역(Thematic relations, Semantic roles)은 명사의 다양한 역할을 설명한다. 대표적으로 어떠한 행동을 의도를 가지고 수행하는 'Agent', 어떠한 행동에 영향을 받는 'Patient', 어떠한 행동이 일어나도록 하는 데 사용되는 'Instrument', 어떠한 행동이 일어나는 장소인 'Location' 등 다양한 종류의 의미역이 어떤 단어의 의미를 설명하는 데 사용된다. 어휘적 관계(Lexical relation)로도 단어의 의미를 파악할 수 있는데, 동의관계(Synonymy), 반의관계(Antonymy), 상하관계(Hyponymy), 원형(Prototype), 동음이의어, 다의어(Polysemy), 환유어(Metonymy), 연어(Collocation) 등의 다양한 의미적 관계를 통해 그 의미를 파악할 수 있다.

3.4.2 화용론[7]

화용론은 언어 사용자와 발화 맥락(Context)을 고려하는 연구이다. 언어 자체만이 아니라 언어의 주변을 설명하는데, 말하는 이, 듣는 이, 시간, 장소 등으로 구성되는 맥락 속에서의 언어 사용을 다룬다. 언어를 해석할 때에는 직역 뿐 아니라 그 상황과 문맥을 고려한 해석을 해야 한다는 것이다. 문맥을 이해하기 위해서는 상대방이 어떠한 것을 가리켜 표현했을 때, 그것이 무엇인지 알아야 한다. 이러한 표현을 직시라고도 하는데, 특히 화자와 청자가 있는 물리적인 문맥 속에서 그것이 어떠한 것을 가리키는지 알아야 한다. 또한 대화 참여자들 사이에서는 서로가 이미 공유하고 있는 정보가 있다는 것을 가정한 채 대화가 이루어질 수도 있다. '어제 야구 경기 어땠어?'라고 묻는 발화에는 청자가 어제 야구 경기를 봤다는 전제가 깔려있다. 화행은 언어를 통해서 이루어지는 행위로 '그럼 저희는 다음 주 이 시간에 다시 봅시다.'라는 발화에는 특정한 시간에 다시 만나자는 '약속'이라는 행위가 포함되어 있다. 이러한 언어를 통해 약속, 사과, 충고, 선언 등의 행위가 이루어지는 것을 화행이라고 한다. 화행을 직접적으로 표시하면 직접 화행, 간접적으로 표시하면 간접 화행이라고 한다. 직접 화행은 '너 수영 할 줄 알아?'라는 발화를 수영을 할 줄 아는지 여부를 묻기 위해 질문으로 쓰는 것과 같고, 간접 화행은 친구에게 바다에 가자고 제안하기 위한 질문으로 쓰는 것과 같다. 일반적으로는 간접 화행이 사회적으로 더 공손한 표현으로 여겨진다.

그라이스(Paul Grice)는 언어 사용에서 협력의 원리(Cooperative Principle)를 주장하였는데 이는 대화 참여자 사이에 지킬 것으로 기대되는 격률이다. 이를 지킴으로써 대화의 목적에 맞게 성공적으로 대화가 이루어진다는 설명이다. 이러한 격률에는 크게 네 가지의 원칙이 있는데, 양의 격률(The maxim of quantity), 질의 격률(The maxim of quality), 관련성의 격률(The maxim of relevance), 태도의 격률(The maxim of manner)이다. 대화를 할 때에는 필요한 만큼의 정보, 신뢰성이 있는 정보, 관련성이 있는 정보, 모호하지 않고 정확한 정보를 주고받아야 한다는 것이다. 이러한 격률을 의도적으로 위배함으로써 화자는 함축적인 의미를 전달할 수 있다.

[그림 3-11]에서 '철수'의 질문에 대해 기대되는 대답으로는 '응' 혹은 '아니'가 있다. 그러나 '영희'는 기대되는 대답보다 더 긴 대답으로 양의 격률을, 점심 이야기를 하며 관련성의 격률을 위배하는 대답을 함으로써 본인의 함축적인 의도를 효과적으로 전달한다. 이와 같이 언어 사용에서는 표면적인 의미뿐 아니라 함축적인 의미까지 이해할 수 있어야 진정한 대화를 나눌 수 있게 된다.

철수 : 저녁 밥 먹으러 갈까?

영희 : 점심을 그렇게 먹고 또?

그림 3-11 화용론

참고문헌

[1] 신지영 외, 쉽게 읽는 한국어학의 이해(서울: 지식과교양, 2012).

[2] https://terms.naver.com/entry.nhn?docId=1189685&cid=40942&categoryId=32978

[3] https://terms.naver.com/entry.nhn?docId=1130119&&cid=40942&categoryId=32978

[4] https://terms.naver.com/entry.nhn?docId=695051&cid=60533&categoryId=60533

[5] 차다은, 이동엽, 임희석, Stack-Pointer Network를 이용한 한국어 의존 구문 분석, 한국정보과학회 언어공학연구회:학술대회논문집(한글 및 한국어 정보처리), 2018

[6] https://www.youtube.com/watch?v=PVShkZgXznc

[7] https://blog.naver.com/bcj1210/221147150551

[8] https://terms.naver.com/entry.nhn?docId=1531172&&cid=60657&categoryId=60657

CHAPTER 4

텍스트의 전처리

4.1 비정형 데이터 내의 오류

텍스트는 기본적으로 비정형 데이터로 순수 텍스트를 아무런 전처리 없이 사용하는 것에는 많은 애로사항이 따른다. 비정형 데이터는 다음과 같이 정의할 수 있다.

> 비정형 데이터(Unstructured Data)란 일정한 규격이나 형태를 지닌 숫자 데이터(Numeric data)와 달리 그림이나 영상, 문서처럼 형태와 구조가 다른 구조화 되지 않은 데이터를 가리킨다.

텍스트 외의 비정형 데이터의 예시로는 음성정보, 동영상정보, 시각정보 등이 이에 속한다. 이러한 데이터는 변칙과 모호함이 발생하므로 데이터베이스의 칸 형식의 폼에 저장되거나 문서에 주석화된 데이터에 비해 전통적인 프로그램을 사용하여 이해하는 것을 불가능하게 만든다. 분석을 위해서는 비정형 데이터의 정형화가 요구되는데, 이때 이를 정형화하는 과정을 전처리라고 지칭한다. 텍스트를 포함한 세상에 존재하는 대부분의 가공되지 않은 데이터(raw data)는 이러한 비정형 데이터의 형식을 띄기 때문에 이 과정을 수행하는 것은 필수적이다.

[그림 4-1]은 정형 데이터(Structured Data), 비정형 데이터(Unstructured Data)의 차이점을 간단한 예시로 표현한 것이다.

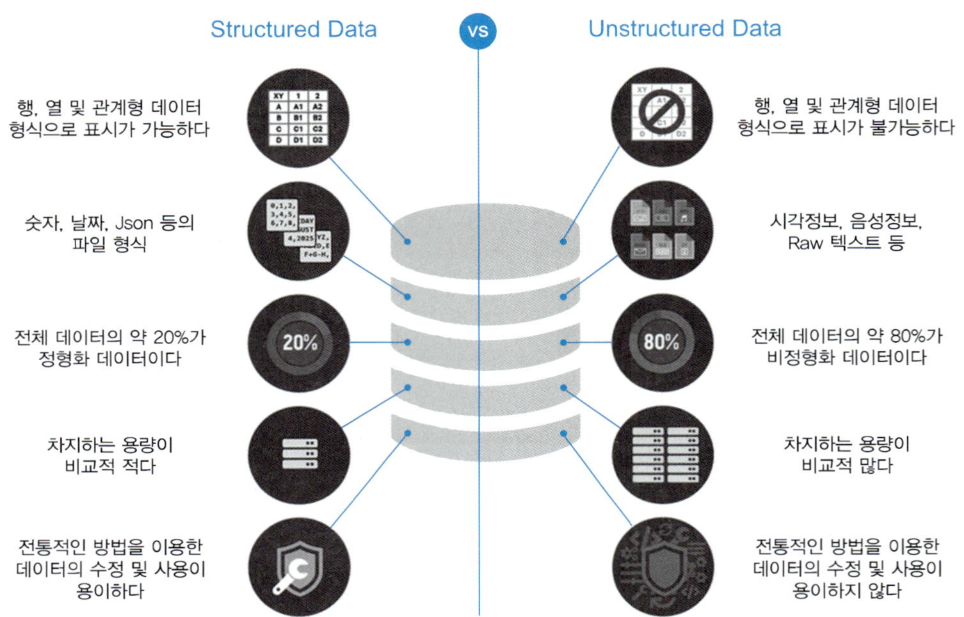

그림 4-1 정형 데이터(Structured Data)와 비정형 데이터(Unstructured Data)의 차이점

[그림 4-1]에서 확인할 수 있듯이 데이터베이스나 테이블과 같이 그 의미가 명확하게 정의될 수 있는 정형 데이터와 달리 비정형 데이터는 정의될 수 있는 확실한 기준점이 없다. 그 불규칙성과 모호성 때문에 정의를 내리고 이해하기가 어렵다. 문자, 이메일, 메신저, 소셜미디어와 같은 텍스트 데이터나 사진, 동영상, 오디오 파일과 같은 비텍스트 데이터 혹은 위치 정보, 보안 카메라 영상과 같은 기계/센서 데이터 등이 제공하는 방대한 정보는 더 효율적인 기업 경영에 활용될 수 있다. 그러려면 이 모든 데이터로부터 통찰력과 결과를 얻을 수 있는 방법을 찾아야 한다.

이러한 비정형 데이터의 전처리는 여러 단계로 이루어져 있으나, 해당 단원에서는 직접적인 정형화가 일어나는 어휘 분석 이전까지의 단계를 다루며 해당 작업을 위해 선행해야 하는 과정들을 설명한다.

4.2 텍스트 문서의 변환

텍스트 문서를 다룰 때 그 무엇보다 먼저 목적된 파일로부터 텍스트를 추출하는 것이 전처리의 첫 번째 단계에 해당된다. 일반적으로 문서들은 docs, hwp, html, pdf 등 사람이 읽기 간편한 형식으로 저장되어 있다. 그러나 이는 시스템에게는 오히려 읽기가 곤란한 경우가 많다. 각각 파일형식에 따라 다른 방법으로 저장되어 있는 경우가 많기 때문이다. [그림 4-2]는 어떠한 문서 파일을 나타낸다.

그림 4-2 문서 파일 예시

해당 그림은 한 문서 파일에 담긴 텍스트를 보여준다. 이 경우 사람은 해당 텍스트가 하나의 문장이며, 그 내용은 'Welcome to the World of Natural Language Processing.'이라는 것을 쉽게 파악할 수 있다. 그러나 시스템은 다르다. 시스템은 해당 문서 파일이 어떠한 형식이냐에 평범하게 크롤링(Crawling)하면 다음과 같이 다르게 읽히게 된다.

HTML 파일 형식의 경우

```
<center><h2 style="color: #2e6c80;">Welcome to the  
World of Natural   Language   Processing.</h2>
</center>
```

PDF 파일 형식의 경우

```
Welcome to the
World of Natural
Language
Processing.
```

그 외에 몇몇 파일 형식 같은 경우에는 해당 문서의 인코딩을 어떻게 풀어내느냐에 따라 아예 읽을 수 없는 글자로 바뀌는 경우도 잦다. 이처럼 사람이 본래 읽는 문장과 다른 형식으로 받아들이며, 사람과 다르게 어느 것이 본문이고 어느 것이 사족인지 구분할 수 없다. 이러한 문제를 해결하기 위해서는 먼저 '문서 파일'을 '문서'로 바꾸는 작업을 수행해야 한다.

이를 시행하기 위해서는 주어지는 텍스트 내의 입력문자열은 오로지 목표어휘언어의 문자만 남아있어야 한다. 이를 위해 여러 특수문자 및 불필요한 타 언어 문자의 제거가 요구된다. 이를 행하기 위해 여러 방법이 존재하는데, 1차적으로는 특수문자를 제거하는 것이며, 2차적으로는 문장과 관련이 없는 특수 커맨드 또는 코딩을 규칙적으로 제거하는 방식이다. 또한 PDF의 경우처럼 텍스트를 오로지 문장단위로 끊게 함으로써 줄 바꿈과 같은 요소를 무시하고 오로지 불용어(예: 마침표)로만 문장을 구분하도록 하는 방법도 존재한다.

이 부분을 위 예시에 적용하면

```
<center><h2 style="color: #2e6c80;">Welcome to the  
World of Natural   Language   Processing.</h2>
</center>
```

에서 코딩과 관련된 커맨드들을 모두 제거하도록 한다.

```
<><>Welcome to the &; World of Natural Language &;
Processing.</></>
```

이어서 필요하지 않은 특수문자들을 모두 제거하면

```
Welcome to the  World of Natural Language  Processing
```

순수하게 문장 단위로만 텍스트가 남는 것을 확인할 수 있다. 이때 자세히 보면 'the'와 'World'사이, 그리고 'Language'와 'Processing'사이에 띄어쓰기가 두 번씩 되어 있는 것을 관찰할 수 있다. 이러한 경우와 더불어서 앞서 PDF 파일형식에서도 엔터로 단어 간을 구분 짓는 잣대가 일정치 않은 것을 관찰할 수 있다.

```
Welcome to the
World of Natural
Language
Processing.
```

이를 방지하기 위하여 각 단어들을 모두 각각 수집하여 배열형식으로 구분 짓는다.

```
["Welcome", "to", "the", "World", "of", "Natural",
"Language", "Processing"]
```

이후 단어를 구분 짓는 잣대를 통일함으로써 차후 텍스트를 처리할 때 일관성의 부족으로 생길 수 있는 오류나 불상사를 방지할 수 있다.

```
Welcome to the World of Natural Language Processing
```

4.3 띄어쓰기 교정 방법

띄어쓰기가 사용되는 여러 언어에서 띄어쓰기의 중요성은 단어의 의미 분할 및 전달과 함께 매우 중요하다. 띄어쓰기의 용도는 사용되는 언어에 따라 다양한 역할을 지니고 있다. 그중 한국어는 크게 의미분절과 가독성 및 의미혼용 방지의 의미를 가진다. 첫 번째는 각 단어 및 조사간 구분을 명확하게 해줌으로써 더 간편한 프로세싱이 가능하게 해주며 두 번째는 문맥상 의미 파악에 대한 부담을 덜어주는 방식으로

온다. 띄어쓰기가 의미혼용 방지를 해주는 가장 대표적인 예시가 [그림 4-3]에서처럼 나오는 '아버지가방에들어가신다'로, 의미 전달이 불가능하지는 않으나, 띄어쓰기의 부재로 의미혼용의 여지가 존재하여 해당 문자열을 처리할 시 오류율이 높아지는 결과를 초래한다.

그림 4-3 띄어쓰기의 부재로 인한 의미혼용 예시

한국어의 경우 형태소 분석이나 구문 분석과 같은 언어 처리는 입력 문장이 어절 단위로 띄어쓰기가 잘 되어있음을 전제로 연구가 진행되어왔다. 그러나 실생활에서 띄어쓰기가 제대로 되어있지 않은 경우가 많으므로 이상적인 한국어 문장을 띄어쓰기를 위하여 여러 가지 방법들이 소개되어왔다.

이러한 텍스트의 전처리에 대해서는 띄어쓰기 교정은 중의성을 해소하는 매우 중요한 작업이다. 특히나 모든 단어에 띄어쓰기가 적용되어있는 영어에 비해 한국어는 띄어쓰기의 위치에 따라 텍스트의 의미가 달라지기 때문이다.

한국어 띄어쓰기 교정은 크게 3가지로 나눌 수 있다. 규칙기반 기법, 통계기반 기법 그리고 최근 딥러닝 기법을 적용하여 가능해진 딥러닝 기반 기법이다. 이 중 딥러닝 기반 기법은 딥러닝을 다루는 뒷부분에서 더 자세하게 언급하도록 하겠다.

4.3.1 규칙기반 띄어쓰기 교정 기법

한국어 자동 띄어쓰기에 대한 기존 연구는 크게 형태소 분석기를 사용하는 규칙기반의 분석적인 방법이 존재한다. 이때 규칙은 주로 어휘지식, 규칙, 오류 유형 등의 휴리스틱 규칙을 이용한다.

규칙기반 방법은 형태소 분석기 외에 여러 가지 언어학적 자원을 만들어야 하고 여러 단계의 복잡한 휴리스틱을 적용해야 하기 때문에 비교적 분석과정이 복잡하고 어휘지식 구축관리에 비용이 크다. 이는 자연스럽게 시스템의 유지 및 보수가 어려워지게 되는 문제로 이어진다. 특히나 규칙기반은 사람이 직접 손수 제작해야 하기 때문에 높은 성능을 요구할수록 개발에 들어가는 시간적, 인적 비용이 막대하게 증가한다. 반면 장점으로는 굉장히 높은 정확도를 보여주게 된다는 점이 존재한다. 이는 규칙기반의 특성과 관계되어 있는데, 규칙 기반의 정확성은 바로 특정한 상황에서 규칙에서는 100% 정확한 답변을 내놓는다. 이 말은 반대로 해당 규칙은 해당 답변에서만 사용할 수 있으며, 모든 상황에서 사용하기 위해서는 모든 경우의 규칙을 모두 만들어줘야 한다는 뜻이다. 이는 실질적으로 무한한 경우의 수를 고려해서 모든 규칙을 사람이 만들어야 한다는 뜻이기 때문에 불가능하다. 즉, 대부분 규칙기반 방법의 한계는 이 문제점의 연장선에서 생긴다.

규칙기반의 휴리스틱을 사용하는 자동 띄어쓰기 방법으로 어절 블록 양방향 알고리즘이 있다. 이 방법에서는 어절 블록 인식, 어절 블록 내의 어절 인식, 어절 인식 오류 교정의 세 단계를 거쳐 자동 띄어쓰기를 한다. 많은 어절이 조사나 어미를 동반하는데, 어절 블록 인식 단계에서는 조사나 어미로 쓰이는 음절이 극히 제한적이라는 특성을 이용하여 띄어쓰기가 되지 않은 입력 문장에서 어절 경계에 해당하는 부분을 찾는다. 다음 [그림 4-4]가 바로 이러한 규칙기반을 사용한 예시이다.

Correction Rule

들어가셨다 → 들어+space+가셨다

아버지가방에 들어가셨다 → 아버지가방에 들어 가셨다

그림 4-4 규칙기반 띄어쓰기 교정 사용 예시

그러나 단순히 문법적인 부분만 고려하도록 한 규칙기반의 경우 다음 경우를 고려하는 규칙이 존재하지 않게 될 때 다음 [그림 4-5]과 같은 의미적으로 중의성을 띄는 구간이나 오타에는 그 성능이 크게 약해지는 것을 관찰할 수 있다. 왜냐하면 이 경우 어느 쪽 교정결과가 더 좋은지 시스템은 판별할 수 없게 되기 때문이다.

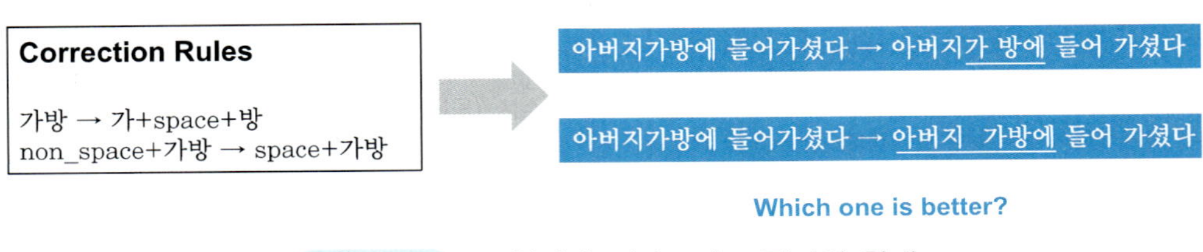

그림 4-5 규칙기반 띄어쓰기 교정기의 한계

4.3.2 통계·확률기반 띄어쓰기 교정 기법

통계 확률적인 방법은 말뭉치로부터 자동 추출된 음절 n-gram 정보를 기반으로 기계적인 계산 과정을 거쳐 띄어쓰기 오류를 교정하므로 구현이 더 용이하며, 어휘 지식 구축관리 및 미등록어에 대해서도 견고한 분석 가능하다는 장점이 존재한다. 그러나 그만큼 학습 말뭉치의 영향을 크게 받음으로써 정확도 및 오류율이 높은 경우가 많으며 그러한 정확도를 개선하기 위해서는 대량의 학습 데이터를 요구한다는 단점이 존재한다.

특히나 한국어의 경우 통계 확률적인 방법에서 신뢰할만한 n-gram 정보를 얻기 위해 띄어쓰기가 올바른 대용량의 학습 데이터, 즉 학습 말뭉치를 구하기 어렵다는 점이 부각된다. 그런데 웹에서 유통되는 문서는 띄어쓰기 규정을 엄격하게 지키지 않은 경우가 많기 때문에 웹에서 무작위로 수집한 문서를 학습 데이터로 사용하기는 곤란하다. 한국어의 띄어쓰기 규정을 보면 띄어 쓰는 것을 원칙으로 하되 경우에 따라 붙여 쓸 수도 있다고 되어 있기 때문에 잘 정제된 문서라 하더라도 일관성 있게 띄어쓰기가 된 경우가 많지 않다. 이는 비단 한국어뿐만 아니라 타국 언어의 경우에도 세계적으로 비주류 언어라면 데이터 부족, 즉 Data Sparseness 문제는 아주 커다란 문제다.

다시 예시를 보자. [그림 4-6]과 같이 '아버지가방에들어가셨다'라는 문장을 통계기반 띄어쓰기 교정기를 사용할 경우, 언어 모델링 방법을 사용하여 학습 말뭉치 내에서 옳은 수정 방향을 확률이 높은 후보들을 차례로 나열하며 이 중 가장 확률이 높은 후보로 교정을 수행한다.

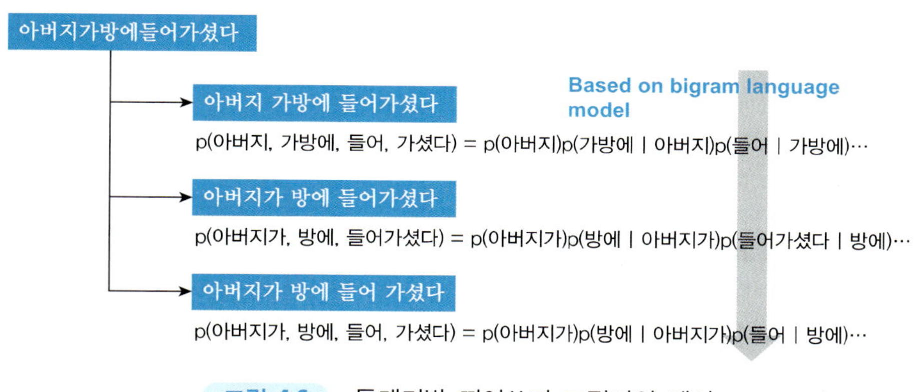

그림 4-6 통계기반 띄어쓰기 교정기의 예시

4.4 철자 및 맞춤법 교정방법

철자교정은 정확한 의미전송 및 정보교환을 위해 반드시 필요하다. 이는 위 띄어쓰기 교정의 연장선과 유사한 이유로 의미혼용의 방지 및 정보전달의 실패를 방지하기 위하여 반드시 필요하다. 이를 위하여 시행하는 것이 '맞춤법 검사'이다.

맞춤법 및 철자 교정기는 크게 다음 2가지 일을 수행해야 한다.

- 텍스트 내 오류 감지
- 오류의 수정

이때 맞춤법 및 철자 교정에서 나타날 수 있는 오류들을 감지하기 위해서는 어떠한 오류들이 나타나는지 파악한다. 이때 오타로 인하여 발생할 수 있는 오류들은 크게 다음과 같이 분류할 수 있다.

- 삽입(Insertion) : "the"를 "ther"처럼 추가적으로 문자를 입력하는 오류
- 생략(Deletion) : "the"를 "th"처럼 본래 있어야 하는 문자를 생략하는 오류
- 대체(Substitution) : "the"를 "thw"처럼 본래 넣어야 할 문자 대신 타 문자를 대입하는 오류
- 순열(Transposition) : "the"를 "hte"처럼 철자 순서를 뒤바뀌어져 있는 오류

[표 4-1]은 이러한 오류들의 종류를 보여주는 예시이다.

| 표 4-1 | 철자 오류 예시

Error	Correction	Correct Letter	Error Letter	Position (Letter #)	Type
acress	actress	t	–	2	deletion
acress	cress	–	a	0	insertion
acress	caress	c, a	a, c	0	transposition
acress	access	c	r	2	substitution
acress	across	o	e	3	substitution
acress	acres	–	s	5	insertion
acress	ares	–	c, s	1, 5	insertion

'철자 및 맞춤법 검사' 역시 크게 규칙기반, 통계기반 그리고 딥러닝 기반으로 나눌 수 있다. 이 중 딥러닝 기반 방법은 차후 단원에서 설명할 것이며 본 단원에서는 오로지 규칙기반 방법과 통계기반 방법을 소개한다.

4.4.1 규칙기반 맞춤법 교정 기법

해당 규칙기반 방법의 장단점은 앞서 설명하였던 규칙기반 띄어쓰기 교정기의 장단점과 흡사하다. 이는 규칙기반 접근 방식의 문제점은 거의 모든 규칙기반 시스템 모델이 공유하고 답습하기 때문이다.

규칙기반은 맞춤법 교정기는 바로 언어 현상의 규칙성을 추가로 응용하는 방식이

다. 언어 현상에는 규칙성이 존재하며 그러한 차원에서 한글 어절들을 잘 살펴보면, 어절은 어절보다 작은 단위들이 일정한 규칙에 따라 결합하여 이루어짐을 알 수 있다. 예를 들어, 어절 '먹었습니다'는 '먹'+ '었'+'습니다'로, '학교에서조차도'는 '학교'+'에서'+'조차'+'도'로 구성되어있다. 이러한 언어 단위를 '형태소'라 부르며, 어절을 형태소들로 분절하는 '형태소 분석기'를 사용한 방식이 존재한다.

즉 이는 [그림 4-7]과 같은 단계로 맞춤법이 이루어진다는 것을 뜻한다.

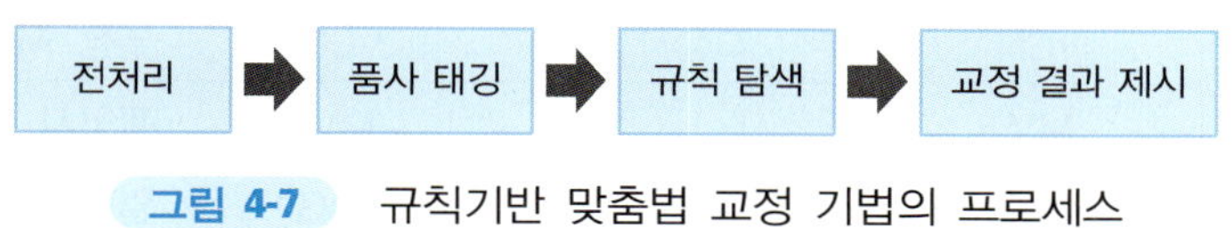

그림 4-7 규칙기반 맞춤법 교정 기법의 프로세스

이때 해당 방법을 구현하기 위해서는 체언, 용언, 어미, 조사 등으로 구성된 품질이 좋은 사전과 형태소들 간의 접속 가능 관계가 표현된 정밀한 접속정보표가 요구된다. 형태소 분석기로 하나의 어절이 입력되면 먼저 이 어절을 형태소들로 분절하고 그 분절 결과가 적합한 것인지 접속 정보표를 이용하여 확인한다. 이때 [표 4-2]에 나타난 태그 셋으로 형태소를 표현하며, 형태소 분절이 앞의 예처럼 비교적 단순한 경우도 있지만 불규칙 활용, 축약 현상 등으로 인해 복잡한 경우도 많다.

| 표 4-2 | 한국어형태소 분석기 mecab 태그셋

대분류	세종 품사 태그		mecab-ko-dic 품사 태그	
	태그	설명	태그	설명
체언	NNG	일반 명사	NNG	일반 명사
	NNP	고유 명사	NNP	고유 명사
	NNB	의존 명사	NNB	의존 명사
			NNBC	단위를 나타내는 명사
	NR	수사	NR	수사
	NP	대명사	NP	대명사

| 표 4-2 | 한국어형태소 분석기 mecab 태그셋(계속)

대분류	세종 품사 태그		mecab-ko-dic 품사 태그	
	태그	설명	태그	설명
용언	VV	동사	VV	동사
	VA	형용사	VA	형용사
	VX	보조 용언	VX	보조 용언
	VCP	긍정 지정사	VCP	긍정 지정사
	VCN	부정 지정사	VCN	부정 지정사
관형사	MM	관형사	MM	관형사
부사	MAG	일반 부사	MAG	일반 부사
	MAJ	접속 부사	MAJ	접속 부사
감탄사	IC	감탄사	IC	감탄사
조사	JKS	주격 조사	JKS	주격 조사
	JKC	보격 조사	JKC	보격 조사
	JKG	관형격 조사	JKG	관형격 조사
	JKO	목적격 조사	JKO	목적격 조사
	JKB	부사격 조사	JKB	부사격 조사
	JKV	호격 조사	JKV	호격 조사
	JKQ	인용격 조사	JKQ	인용격 조사
	JX	보조사	JX	보조사

여기서 주어진 입력 어절을 성공적으로 분석할 수 없을 경우 해당 어절은 맞춤법이 틀린 어절로 간주된다. 그리고 맞춤법에 맞지 않다고 여겨지는 어절은 조사/어미 등의 문법 형태소의 음절 정보나 대규모의 말뭉치에서 얻어진 음절간의 결합 정보를 이용하여 맞춤법 교정이 이뤄진다.

• 나는	➔ 나/대명사 + 는/조사	(나는 간다)
	➔ 날/용언 + 는/어미	(높이 나는 새)
	➔ 나/용언 + 는/어미	(피어 나는 곳)
• 고마워	➔ 고맙/용언 + 어/어미	
• 해	➔ 해/명사	(해가 뜬다)
	➔ 하/용언 + 어/어미	(해 주세요)
• 갈	➔ 갈/용언 + ㄹ/어미	(칼을 갈 사람)
	➔ 가/용언 + ㄹ/어미	(거기 갈 사람)

그림 4-8 형태소 분석 예시

4.4.2 통계·확률기반 맞춤법 교정 기법

철자 교정 역시 통계 기반의 교정방법을 적용할 수 있는데 이러한 방법 중 간단하게 Bayesian inference model이 있다. Bayesian inference model은 올바른 교정결과 $\hat{c}$를 도출하기 위하여 주어진 단어로부터 오타가 일어날 확률을 확률적으로 계산하는 방법이다. 이때 수식에 대한 설명은 [그림 4-9]와 같다.

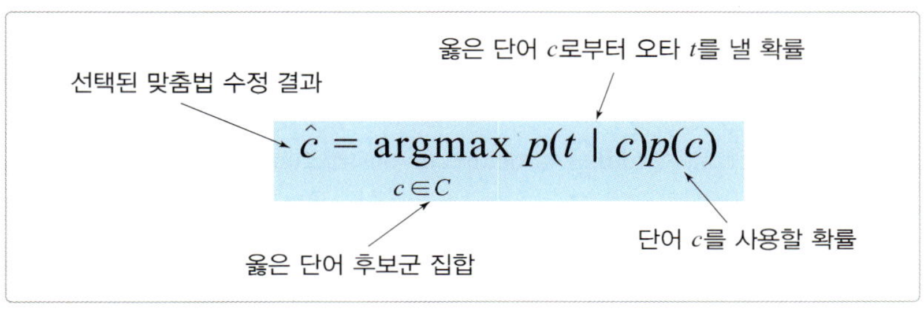

그림 4-9 Bayesian inference model 수식 설명

해당 수식과 이에 대입되는 확률들을 통하여 [표 4-3]처럼 철자 교정 확률을 관측한다. 이후 이중 가장 확률이 높은 후보군 "actress"를 선택하여 감지한 오타를 대체하도록 하여 철자 교정을 시행한다.

| 표 4-3 | Bayesian Inference Model을 통한 철자 교정 예시

Error	Correction	p(t|C)p(c)	%
acress	actress	5.41×10^{-9}	54%
acress	cress	2.02×10^{-14}	0%
acress	caress	1.64×10^{-13}	0%
acress	access	1.21×10^{-11}	1%
acress	across	1.77×10^{-9}	22%
acress	acres	2.22×10^{-9}	23%

4장에서는 시스템에서 텍스트를 사용하기에 앞서 여러 문서의 일관성 부족 또는 오타로 인하여 차후 일어날 수 있는 오류를 방지하기 위한 전처리 과정을 간략하게 다루었다. 전처리는 모든 데이터를 처리하기에 앞서 필요한 과정으로, 자연어처리를 넘어서 데이터를 사용하는 그 어떠한 작업에서 매우 중요한 작업에 해당된다. 전처리를 올바르게 하는 것만으로도 높은 성능 향상을 기대할 수 있으며, 차후 모델을 사용하여 작업을 수행할 때 많이 편리해지게 된다. 그런 만큼 비록 간단하지만, 절대적으로 중요한 절차라고 여겨진다.

참고문헌

[1] Buneman, Peter, et al. "Adding structure to unstructured data." International Conference on Database Theory. Springer, Berlin, Heidelberg, 1997.

[2] Grimes, Seth. "Unstructured data and the 80 percent rule." Carabridge Bridgepoints (2008): 10.

[3] Arasu, Arvind, and Hector Garcia-Molina. "Extracting structured data from web pages." Proceedings of the 2003 ACM SIGMOD international conference on Management of data. ACM, 2003.

[4] 노형종, 차정원, and 이근배. "띄어쓰기 및 철자 오류 동시교정을 위한 통계적 모델." 정보과학회논문지: 소프트웨어 및 응용 34.2 (2007): 131-139.

[5] 박은정, and 조성준. "KoNLPy: 쉽고 간결한 한국어 정보처리 파이썬 패키지." 제26회 한글 및 한국어 정보처리 학술대회 논문집 (2014).

CHAPTER

5 어휘 분석(Lexical Analysis)

어휘 분석(Lexical Analysis)이란 단어의 구조를 식별하고 분석함으로써 어휘의 의미와 품사에 관한 단어 수준의 연구이다. 언어의 어휘는 어휘적 의미의 기본 단위이다. 기본적인 어휘적 의미를 판단하고 처리하기 위해서는 한 문장에서 단어나 구를 식별하는 형태소 분석과 단어의 품사 정보를 갖고 품사를 결정해주는 절차인 **품사 태깅**(Part of Speech)을 통해 파악한다. 본 장에서는 어휘 분석의 기본적인 처리 단계인 형태소 분석과 품사 태깅에 대해 좀 더 자세히 알아보자.

5.1 형태소 분석(Morphological Analysis)

5.1.1 형태소 분석이란?

형태소란 더 이상 분해될 수 없는 최소한의 의미를 갖는 단위로 정의된다.[1] 예를 들어, "컴퓨터를"이라는 단어는 "컴퓨터"와 "를"로 나눌 수 있다. 컴퓨터를 "컴", "퓨", "터"로 더 나누게 되면 의미를 파악할 수 없어 "컴퓨터"는 최소 의미를 가진 단위가 된다. 형태소 분석이란 최소한의 의미를 갖는 단위인 형태소를 사용해 단어가 어떻게 형성되는지에 대해 자연어의 제약 조건과 문법 규칙에 맞춰 분석하는 것이다.

5.1.2 형태소 분석 절차

형태소 분석 절차는 크게 3가지로 기술된다. 첫 번째, 단어에서 최소 의미를 포함하는 형태소를 분리한다. 두 번째, 형태론적 변형이 일어난 형태소의 원형을 찾는다.[2] 세 번째, 단어와 사전들 사이의 결합 조건에 따라 옳은 분석 후보를 선택하는 절차로 이루어져 있다. 이에 대해 상세히 설명하겠다.

형태소 분석 절차의 첫 번째인 형태소를 분리해야 한다. 형태소 분석의 처리 대상은 어절(또는 단어)이다. 어절은 하나 이상의 형태소가 연결(Concatenation)된 것으로 볼 수 있다. 이를 편의상 형태소열(Sequence of Morphemes)이라 부르기도 한다. 예를 들어, 어절 "한국어(Korean)는"은 [그림 5-1]과 같이 5개의 형태소인 "한국어", "(", "Korean", ")", "는"이 연결된 형태소열이다.

한국어(Korean)는 = 한국어 + (+ Korean +) + 는

그림 5-1 형태소열 예시

어절 "나는"은 [그림 5-2]과 같이 2개의 형태소인 "나", "는" 이 연결된 형태소열처럼 표현할 수 있지만 [그림 5-3]과 같이 "날", "는"처럼 표현할 수 있다.

나는 = 나 + 는

그림 5-2 형태소열 예시2

나는 = 날 + 는

그림 5-3 형태소열 예시3

즉, 어절 "나는"은 2개의 형태소열이 나타날 수 있다. 이는 한국어에서 형태소가 연결될 때, 형태소의 변형(Morphological Transformation)이 일어나기 때문에 형태소

분석 절차의 두 번째인 변형된 형태소의 원형을 복원해야 한다.

형태소는 하나 이상의 품사를 가질 수 있으므로, 하나의 형태소는 하나 이상의 형태소와 품사의 쌍으로 표현된다. 형태소와 그 형태소의 품사를 쌍으로 나타낸 것을 형태소품사쌍(Morpheme-Tag Pair)이라고 한다. 예를 들면, 형태소 '한국어'의 형태소품사쌍은 '한국어_고유명사'와 같다. 하지만 형태소 '나'는 4개의 형태소품사쌍은 "'나_대명사', '나_명사', '나_동사', '나_보조용언'"와 같은 쌍이 표현된다.

따라서 어절은 하나 이상의 형태소품사쌍이 연결된 것으로 볼 수 있으며, 이하 편의상 형태소품사쌍열(Sequence of Morpheme-Tag Pairs)이라 부르기로 한다. 하나의 어절은 하나 이상의 형태소품사쌍열에 대응된다. 예를 들면, 어절 "한국어(Korean)는"은 하나의 형태소품사쌍열로 다음과 같이 표현한다.

"한국어_명사 + (_여는괄호 + Korean_영어 +)_닫는괄호 + 는_조사"

어절 "나는"은 [그림 5-4]과 같이 10개의 형태소품사쌍열로 표현된다.

"나_대명사 + 는_조사"	"나_대명사 + 는_어미"
"나_일반명사 + 는_조사"	"나_일반명사 + 는_어미"
"나_동사 + 는_조사"	"나_동사 + 는_어미"
"나_보조용언 + 는_조사"	"나_보조용언 + 는_어미"
"날_동사 + 는_조사"	"날_동사 + 는_어미"

그림 5-4 "한국어"의 형태소품사쌍열

5.1.3 영어 형태소 분석

영어는 최소 단위의 의미를 갖는 단어를 기본 단위로 한다. 예를 들면, "Computers"는 "Computer"과 "s"로 두 개의 형태소로 구성된다. 4장에서 배운 것과 같이 Stemming(어간 추출)과 Lemmatization(표제어 추출)을 사용하면 영어에서 형태소 분석은 쉽게 파악할 수 있다.[3] 아래 [표 5-1]처럼 am, are, is의 Lemmatization(표제어 추출)는 서로 다른 철자지만 근원의 단어는 be이다. 단어의 원형을 파악할 수 있다.

표 5-1 Stemming과 Lemmatization 차이

Word	Stemming	Lemmatization
am	am	be
has	ha	have
watched	watch	watch
doing	do	do

일반적으로 영어의 형태소는 접사다.[4] 이 접사는 2개의 유형으로 나누어 아래 [그림 5-5]와 같이 예로 표현할 수 있다.

unsure	접두사
careful	접미사

그림 5-5 "한국어"의 형태소품사쌍열

"unsure"의 경우 "un"은 원래 단어인 "sure" 앞에 나타나는 접두사고, "careful"은 "care" 뒤에 "ful"이 붙는 접미사이다. 이와 달리 "unlimited"가 있다면, "un"은 접두사고 "ed"는 접미사로 둘 다 접사로 간주할 수 있으므로 "unlimit"는 어간(접사가 붙어있는 단어)이 된다. 하지만 "unlimit"에서 "un"인 접미사를 제거하게 되면 의미가 변하기 때문에 사전이나 일관적인 규칙을 통해 단어가 최소한의 의미를 갖고 있는 형태소를 찾아야 한다. 이처럼 형태학적 분석은 단어를 분리하고 품사 태깅을 적용하여 형태소의 원형을 알 수 있다. 품사 태깅은 본 장의 뒷부분에서 설명하겠다.

5.1.4 한국어 형태소 분석 오픈 라이브러리

한국어 형태소 분석기의 오픈 라이브러리는 한나눔(Hannanum), 코모란(Komoran),

미캡(mecab), 꼬꼬마(Kkma), 트위터(Twitter)가 있으며, 이는 한국어 형태소분석과 품사 태깅으로 유명한 오픈 라이브러리인 KoNLPy를 통해 다룰 수 있다.[5] 최근에는 카카오에서 세종 코퍼스를 이용하여 딥러닝 기술(CNN; Convolutional Neural Network; 합성곱 신경망)을 적용해 학습한 형태소 분석기인 Khaiii(Kakao Hangul Analyzer III)가 있다.[6]

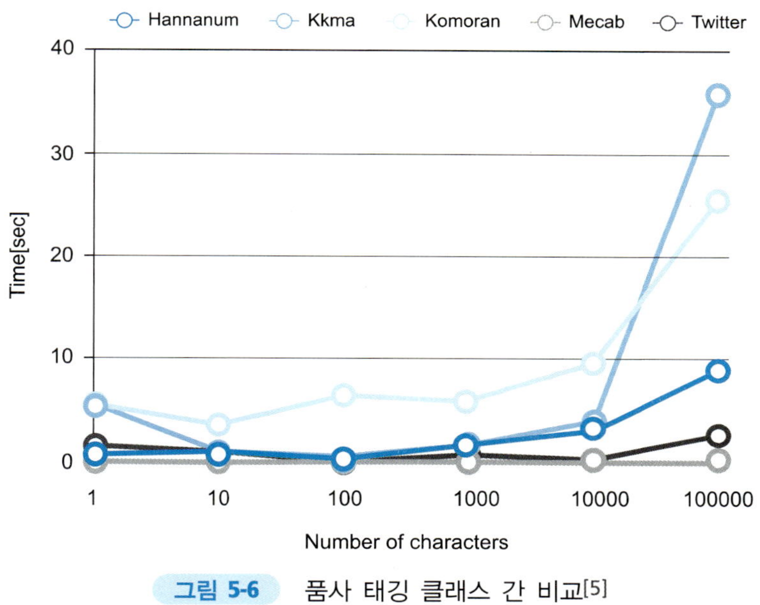

그림 5-6 품사 태깅 클래스 간 비교[5]

6가지 형태소 분석기는 동일한 기능을 제공하지만, 각각 조금씩 기준이 다르며, [그림 5-6]처럼 로딩 시간과 10만 문자의 문서 대상으로 소요되는 시간이 다를 수 있고, 성능도 조금씩 다르다. 예를 들어 가장 대표적인 예시인 "아버지가방에들어가신다."를 보았을 때, 우리가 보기에는 "아버지가 방에 들어가신다."가 맞지만, 컴퓨터가 인식하기로는 "아버지가 방에 들어가신다."와 "아버지 가방에 들어가신다." 2가지로 해석할 수 있다. 이 예시를 KoNLPy 라이브러리로 확인해보면 아래 표와 같은 결과가 나온다.

| 표 5-2 | 형태소 분석기 라이브러리 별 결과[5]

Hannanum	Kkma	Komoran	Mecab	Twitter
아버지가방에들어가/N	아버지/NNG	아버지가방에들어가신다/NNP	아버지/NNG	아버지/Noun
이/J	가방/NNG		가/JKS	가방/Noun
시ㄴ다/E	에/JKM		방/NNG	에/Josa
	들어가/VV		에/JKB	들어가신/Verb
	시/EPH		들어가/VV	다/Eomi
	ㄴ다/EFN		신다/EP+EC	

위의 표 결과와 같이 Kkma의 경우 사람이 인식하는 것과 같지만, Komoran의 경우 띄어쓰기를 하지 않은 상태로 결과가 나온 것을 확인할 수 있다. 그러므로, 각 데이터에 맞는 분석기를 잘 활용하는 것이 좋다.

5.2 품사 태깅

5.2.1 품사 태깅이란?

품사의 사전적 의미는 단어의 기능, 형태, 의미에 따라 나눈 것을 말한다.[7] 품사를 기능적으로 크게 분류하면 주체 기능을 하는 체언(명사, 대명사, 수사), 활용 기능을 하는 용언(동사, 형용사), 수식 기능을 하는 수식언(관형사, 부사), 독립 기능을 하는 독립언(감탄사), 그리고 관계 기능을 수행하는 관계언(조사)으로 나눌 수 있다. 형태소 분석기에서는 문법 범주를 벗어나지 않는 범위에서 형태소 분석에 용이한 수준으로 품사를 분류하기 위해 [표 5-3]과 같이 품사 체계를 설정하여 사용한다.

태깅(tagging)이란 같은 단어에 대해 의미가 다를 경우(중의성)를 해결하기 위해 부가적인 언어의 정보를 부착하는 것이다.

어휘 분석에서 어휘 태깅이란 흔히 품사 태깅(part-of-speech tagging)이라고 한다. 품사 태깅(문서 또는 문장에 품사 정보를 부착한다는 것)은 문서 또는 문장을 이루고

| 표 5-3 | 품사 체계

품사 분류	내용
체언	보통명사(일반명사, 동작명사, 형용명사), 의존명사, 고유명사, 대명사, 수사, 명사추정
관계언	격조사(주격, 관형격, 부사격, 호격, 서술격), 접속조사, 보조사
용어 어간	동사, 형용사, 보조동사, 보조형용사
용어 어미	어말어미(종결, 연결, 명사형전성, 관형사전성, 부사형전성), 선어말어미
수식언	관형사, 부사, 접속부사
독립언	감탄사
접사	접두사, 접미사(명사 접미사, 동사파생접미사, 형용사파생접미사)
기호	문장부호(온점(.), 물음표(?), 느낌표(!), 빗금(/), 쌍점(:), 반쌍점(;), 여는인용부호(', "), 닫는인용부호(' ,"), 여는괄호((), 닫는괄호()), 이음표(–,~), 말줄임표(...)), 기타부호, 기타문자(영어, 한자, 숫자, 단위, 화폐단위)

있는 각 단어에 정확한 하나의 품사를 부여하는 것을 말한다. 많은 단어가 형태론적 중의성을 가지기 때문에 품사 태깅은 형태론적 중의성 해결(morphological disambiguation)을 필수적으로 수반한다. 형태론적 중의성을 해결하기 위해서는 반드시 좌우에 사용된 단어들에 정보, 즉 문맥을 고려해야만 한다. 앞서 살펴본 "나는"과 같은 어절의 경우 매우 다양한 형태소 분석 결과를 가질 수 있지만 만일 "나는 학교에 간다."라는 문장을 예시로 들어보자.

"나/대명사+는/보조사"로 분석되어야만 하고 나머지 분석 결과는 옳지 않은 분석 결과가 된다.

품사 태깅은 형태론적 중의성을 해결하는 방법에 따라 매우 다양한 방법이 제시되었다. 사람이 개입하지 않는 자동 품사 태깅 방법의 경우 지식 기반 품사 태깅 방법, 통계 기반 품사 태깅 방법이 있는데 지식 기반 품사 태깅 방법에는 문맥틀(context frame) 형식으로 규칙을 기술하는 방법, 제약 문법(constraint grammar)을 이용하여 규칙을 표현한 방법, 원시 말뭉치로부터 출현 빈도가 높은 중의적 단어를 처리하는 규칙과 휴리스틱 규칙 그리고 비문맥 규칙을 사용하는 방법, 패턴-처리 형태의 부정 지식을 나타내는 규칙, Finite-state intersection grammar를 사용하는 방법 등이 있다.

그리고 통계적 품사 태깅 방법의 예로는 변형 마르코프 모형에 기반한 방법, 통계적 결정 트리에 기반한 방법, 최대 엔트로피 모형에 기반한 방법, 신경망에 기반한 방법, 베이지언 추론(Baysian inference)에 기반한 방법, 반복 알고리즘의 일종인 labelling 기법에 기반한 방법, 퍼지망에 기반한 방법, 분별 학습에 기반한 방법 등이 있다.

[그림 5-7]은 "나는 자연어처리가 재밌고 좋다."라는 문장이 입력으로 들어가게 되면, 형태소 분석과 형태소마다 품사 정보를 태깅 기법들을 적용하여 나오게 되는 결과이다. [그림 5-7]에서 부착된 태그 정보는 [표 5-4]을 참조하면 쉽게 확인할 수 있다.[8]

나는 자연어처리가 재밌고 좋다.

나/NP 는/JX 자연어처리/SH 가/JKC 재밌/VA 고/EC 좋/VA 다/EF ./SF

그림 5-7 품사 태깅의 예

5.2.2 품사 태깅 접근법

규칙 기반의 접근법

품사 태깅을 기반으로 학습하는 접근법에는 문법 규칙을 적용하여 관계를 파악할 수 있는 규칙 기반 방법이 있다. 규칙 기반 접근법이란 언어 정보에서 생성되는 규칙의 형태로 표현하고 이를 적용하여 태깅을 수행한다. 품사 태깅에서 규칙 기반을 적용하게 되면, 품사 사이 관계 외에 어절에 대해서 높은 정확도를 나타내기 때문에 통계 기반의 접근법으로 다루지 못하는 부분에 대해 교정이 가능하다는 장점이 있다.

기존의 규칙 기반 접근법에서는 대부분 긍정 정보, 부정 정보, 수정 정보를 이용하여 중의성을 해결하고 태깅을 부착하는 방법이다. 긍정 정보란 문장에서 선호되는 어휘 태그에 대한 언어 지식이다. 예를들어, 문장에서 형태소 분석된 결과의 순서가 "가 나 다 라"로 이루어져 있다고 가정할 때 규칙은 [그림 5-8]와 같이 표현된다.

표 5-4 한국어 품사 태그 집합[8]

기호(s)		1. sp(쉼표) 3. sl(여는 따옴표 및 묶음표) 5. sd(이음표) 7.su(단위 기호)	2. sf(마침표) 4. sr(닫는 따옴표 및 묶음표) 6. se(줄임표) 8. sy(기타 기호)
외국어(f)		9. f(외국어)	
체언(n)	보통 명사(nc) 서술성 명사(ncp) 비서술성 명사(ncn)	10. ncpa(동작성 명사) 12. ncn(비서술성 명사)	11. ncps(상태성 명사)
	고유명사(nq)	13. nq(고유명사)	
	의존명사(nb)	14. nbu(단위성 의존 명사)	15. nbn(비단위성 의존 명사)
	대명사(np)	16. npp(인칭 대명사)	17. npd(지시 대명사)
	수사(nn)	18. nnc(양수사)	19. nno(서수사)
용언(p)	동사(pv)	20. 일반 동사(pvg)	21. 지시 동사(pvd)
	형용사(pa)	22. 성상 형용사(paa)	23. 지시 형용사(pad)
	보조 용언(px)	24. 보조용언(px)	
수식언(m)	관형사(mm)	25. 성상 관형사(mma)	26. 지시 관형사(mmd)
	부사(ma)	27. 일반 부사(mag) 29. 접속 부사(maj)	28. 지시 부사(mad)
독립언(i)	감탄사(ii)	30. 감탄사(ii)	
관계언(j)	격조사(jc)	31. 주격 조사(jcs) 33. 보격 조사(jcc) 35. 호격 조사(jcv) 37. 접속격 조사(jcj) 39. 인용격 조사(jcr)	32. 목적격 조사(jco) 34. 관형격 조사(jcm) 36. 부사격 조사(jca) 38. 공동격 조사(jct)
	서술격 조사(jp)	40. 서술격 조사(jp)	
	보조사(jx)	41. 통용 보조사(jxc)	42. 종결 보조사(jxf)
어미(e)	종결 어미(ef)	43. 종결 어미(ef)	
	선어말 어미(ep)	44. 선어말 어미(ep)	
	연결 어미(ec)	45. 대등적 연결 어미(ecc) 47. 보조적 연결 어미(ecx)	46.종속적 연결 어미(ecs)
	전성 어미(et)	48. 명사형 어미(etn)	49. 관형사형 어미(etm)
접사(x)	접두사(xp)	50. 접두사(xp)	
	접미사(xs)	51. 명사 파생 접미사(xsn) 53. 형용사 파생 접미사(xsm)	52. 동사 파생 접미사(xsv) 54. 부사 파생 접미사(xsa)

태그 "가"와 태그 "나"에는 중의성이 있고, 뒤에 나오는 단어의 태그가 "다"나 "라"일 경우 긍정 정보 규칙을 적용했을 때, 태그 "가"가 선택된다.[1]

[가 or 나] → 가 [다 or 라]

그림 5-8 긍정 정보 규칙 표현

부정 정보는 특정 문장에서 배제되는 어휘 태그에 대한 언어 지식이다. [그림 5-9]과 같이 표현한다. 예를 들어, 해당 단어의 앞의 단어 태그가 "가"이고 뒤의 단어 태그가 "나"일 때 "?"로 표시된 단어의 태그는 "다"가 될 수 없다는 규칙 표현이다.[1]

가 ? 나 → not 다

그림 5-9 부정 정보 규칙 표현

수정 정보는 일반적으로 통계기반 접근법과 같이 다른 태깅 방법을 유발할 때 오류를 수정하기 위해 사용하는 방법이다. 즉 오류 교정이라고 할 수 있다. [그림 5-10]과 같이 표현되며, 모르는 정보나 잘못된 정보가 들어 왔을 때 태그 "가"에서 태그 "나"로 수정한다는 표현이다.

A : 가 → 나

그림 5-10 수정 정보 규칙 표현

규칙 기반의 품사 태깅은 언어 전문가가 완전히 수동으로 품사 태깅 데이터를 구축하거나 최소한의 규칙으로 자동 또는 반자동으로 구축할 수 있다. 수동으로 구축될 경우 정해진 규칙에 대해서 정확성이 비교적 높지만 시간과 노력이 많이 소요되며, 지식 병목 현상으로 큰 문제가 될 수 있다. 자동으로 구축되는 경우에는 코퍼스에 의존적인 단점이 있다. 하지만 규칙 기반 방법에서는 수동 구축 방법을 많이 사용한다. 이에 따

라 대량의 태그 부착된 코퍼스가 구축되면서 통계 기반 방법이 선호되고 있다.[1]

통계 기반 접근법

통계 기반 접근법은 태그가 부착된 대량의 코퍼스가 주어지면 태깅에 적합한 모델을 선정하고 코퍼스에서 추출된 통계정보를 이용하여 높은 정확성을 보인다. 대량의 코퍼스에 태그가 부착되어야 하는 단점이 있지만 주어지면 통계정보 추출이 용이하다. 또한 의미있는 통계정보를 추출하고 자동 추출할 수 있는 장점이 있다.

통계 기반의 접근법은 대표적으로 어휘 확률만을 이용하는 방법인 은닉 마코프 모델(HMM: Hidden Markov Model) 접근법이 있다.[9] 문장의 길이가 N일 때 $w_{1,N} = w_1, w_2, \ldots, w_N$로 표현한다. w_i는 문장에서 i번째에 나타나는 단어를 나타낸다. 가장 확률이 높은 품사열은 $c_{1,N} = c_1, c_2, \ldots, c_N$을 구하는 것으로 식(5.1)과 같이 정의할 수 있다. c_i는 i번째 단어에 할당되는 품사를 의미한다.[10]

$$T(w_{1,N}) \overset{\mathrm{def}}{=} \underset{c_{1,N}}{\mathrm{arg}max}\ P(c_{1,N} \mid w_{1,N}) \tag{5.1}$$

식(5.1)은 문장 단위에서 통계정보가 필요한 매개변수(Parameter)인 $P(c_{1,N} \mid w_{1,N})$를 가진다. 그러나 문장은 다양한 형태로 발생하기 때문에 문장 단위에서 통계정보를 획득하는 것은 거의 불가능하다.[10]

$$T(w_{1,N}) = \underset{c_{1,N}}{\mathrm{arg}max}\ \frac{P(c_{1,N}, w_{1,N})}{P(w_{1,N})} \tag{5.2}$$

$$= \underset{c_{1,N}}{\mathrm{arg}max}\ P(c_{1,N}, w_{1,N}) \tag{5.3}$$

통계정보 획득이 가능하도록 식(5.1)에 조건부 확률의 정의로 식(5.2)와 식(5.3)로 변형한 형태로 변환한다. 식(5.2)에서 분모 $P(w_{1,N})$은 모든 $C_{1,N}$에 대해 상수이기 때문에 모든 $C_{1,N}$에 상관없이 동일하게 제거됨으로 식(5.3)에서 생략되었다. 식(5.3)에 Chain Rule을 적용하여 개별 단어에 대한 확률의 곱을 나타낼 수 있다. 이때

$P(c_1)$을 먼저 분리시키느냐, $P(w_1)$을 먼저 분리시키냐에 따라 두 가지의 변환이 가능하다. $P(c_i)$을 먼저 분리할 경우, c_i의 정보가 먼저 구해지고, w_i를 구할 때 영향을 주며, $P(w_i)$을 먼저 분리할 경우, w_i의 정보가 먼저 구해지고, c_i를 구할 때 영향을 준다. $P(c_1)$을 먼저 분리할 경우 아래 식(5.4), 식(5.5), 식(5.6)과 같다.

$$P(c_{1,N}, w_{1,N}) = P(c_1)\,P(w_1 \mid c_1) \tag{5.4}$$

$$= P(c_2|w_1,\ c_1)\,P(w_2|w_1 c_{1,2})$$

$$\cdots$$

$$P(c_N|w_{1,N-1},\ c_{1,N-1})\,P(w_N|w_{1,N-1}c_{1,N})$$

$$= P(c_1)\,P(w_1|c_1)$$

$$\prod_{i=2}^{N} P(c_i|w_{1,i-1}, c_{1,i-1})P(w_i|w_{1,i-1}, c_{1,i}) \tag{5.5}$$

$$= \prod_{i=1}^{N} P(c_i|w_{1,i-1}, c_{1,i-1})\,P(w_i|w_{1,i-1}, c_{1,i}) \tag{5.6}$$

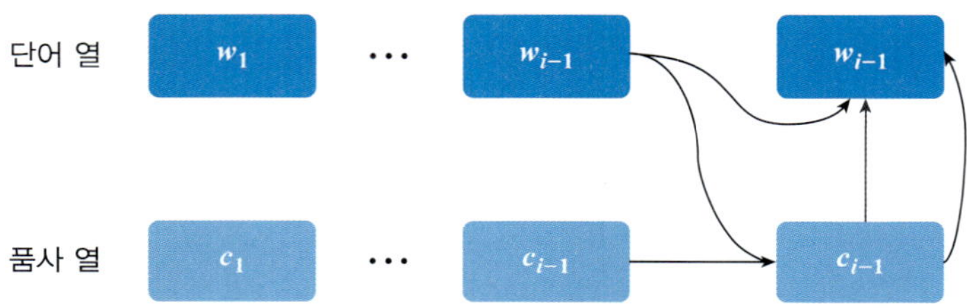

그림 5-11 chain rule에 의해 c를 먼저 분리시킬 경우

$P(c_1)$을 먼저 분리시켰을 때 식(5.5)을 식(5.6)로 단순화시키기 위해 $w_{1,0}$을 문장 시작기호로 $c_{1,0}$을 품사열의 시작 기호로 정의한다. [그림 5-11]은 식(5.6)의 마지막 결과를 표현한 것이다.[11] 또한 마찬가지로 식(5.7), 식(5.8), 식(5.9)은 $P(w_1)$을 먼저

분리시켰을 때며, 식(5.8)를 식(5.9)로 단순화시키기 위해 $w_{1,0}$을 문장 시작기호로 $c_{1,0}$을 품사열의 시작 기호로 정의한다. [그림 5-12]는 식(5.9)의 마지막 결과를 표현한 것이다.

$$P(c_{1,N}, w_{1,N}) = P(w_1)\, P(c_1 \mid w_1) \tag{5.7}$$

$$= P(w_2 | c_1, w_1)\, P(c_2 | c_1 w_{1,2})$$

$$\cdots$$

$$P(w_N | c_{1,N-1}, w_{1,N-1})\, P(c_N | c_{1,N-1} w_{1,N})$$

$$= P(w_1)\, P(c_1 | w_1)$$

$$\prod_{i=2}^{N} P(w_i | c_{1,i-1}, w_{1,i-1}) P(c_i | c_{1,i-1}, w_{1,i}) \tag{5.8}$$

$$= \prod_{i=1}^{N} P(w_i | c_{1,i-1}, w_{1,i-1})\, P(c_i | c_{1,i-1}, w_{1,i}) \tag{5.9}$$

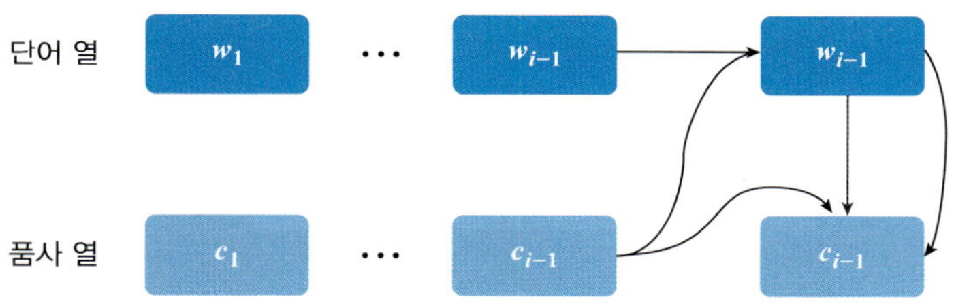

그림 5-12 chain rule에 의해 w를 먼저 분리시킬 경우

하지만 식(5.6)과 식(5.9)에서 $c_{1,i}$는 한 문장의 처음부터 i번째까지의 품사 열을 뜻하며, 이러한 품사 열이 나타내는 확률은 신뢰할 수 있는 수준의 정확도로 구하는 것은 불가능하다. 이를 기반으로 통계 획득이 가능한 형태로 만들기 위해 적합한 가정(Assumption)에 따라 여러 가지 통계 모델이 유도될 수 있다. 본 장에서는 HMM 기반 접근법을 설명하기 위해 마르코프 가정(Markov Assumption)을 도입하여 품사 태

깅 모델을 유도한다.

$$P(c_i|w_{1,i-1}, c_{1,i-1}) \cong P(c_i|c_{i-1}) \tag{5.10}$$

$$P(w_i|w_{1,i-1}, c_1) \cong P(w_i|c_i) \tag{5.11}$$

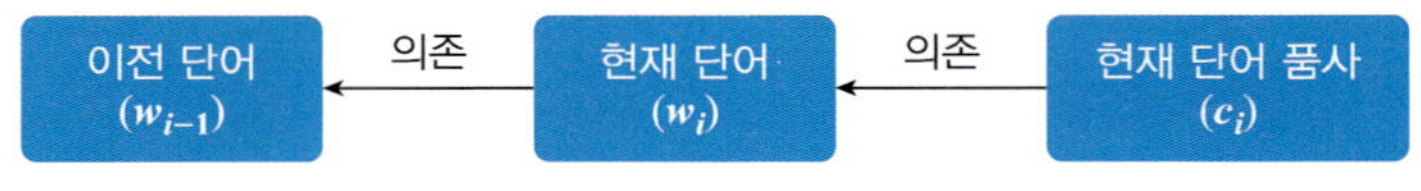

그림 5-13 마르코프 가정(Markov Assumption)

식(5.10)과 식(5.11)는 가정이다. [그림 5-13]과 같이 그림으로 표현하였다. 이를 해석해보면, 식(5.10)은 "현재 품사의 발생은 바로 이전의 품사에만 의존한다."라는 것을 가정한 것이다. 식(5.11)는 "현재 단어의 품사는 현재 단어의 품사에만 의존한다." 라는 것을 가정한 것이다. 식(5.10)과 식(5.11)를 식(5.9)에 대입하고, 그 결과를 식(5.3)에 대입하면 통계 기반의 품사태깅 모델을 얻을 수 있다. 이는 해당 단어에 가장 빈번하게 사용된 품사를 그 단어의 품사로 결정한다. 하지만 단어에 대한 품사 발생 정보만 고려할 뿐 문맥정보는 고려하지 않는다. 식(5.10)과 식(5.11)을 식(5.9)에 대입하면, 아래 식(5.12)와 같이 나타난다.

$$T(w_{1,N}) \overset{\text{def}}{=} \underset{c_{q,N}}{\text{arg}max} \prod_{i=1}^{N} P(c_i|\, c_{i-1})\, P(w_i|c_i) \tag{5.12}$$

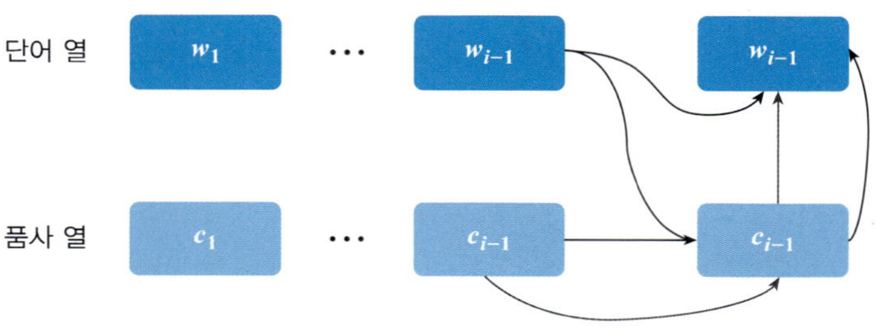

그림 5-14 품사 태깅을 수행하는 모델

[그림 5-14]는 식(5.12)를 도식화한 것으로 품사에 대한 어휘 발생 정보와 품사 문맥 정보를 사용하여 품사 태깅을 수행하는 모델이다. $P(c_i|c_{i-1})$을 상태 전이 확률(State Transition Probability)라 하고, $P(w_i|c_i)$를 관측 심볼 확률(Observation Symbol Probability)라고 한다. 본 모델은 통계 기반 접근법에서 기본 모델이 되어 왔다. 또한, 태깅되지 않은 코퍼스로부터 비지도 학습(Unsupervised Learning)을 통해 매개변수 값을 획득하는 방법을 HMM이라고 한다. [그림 5-15]는 HMM을 이용한 품사 태깅 결과 예시이다.

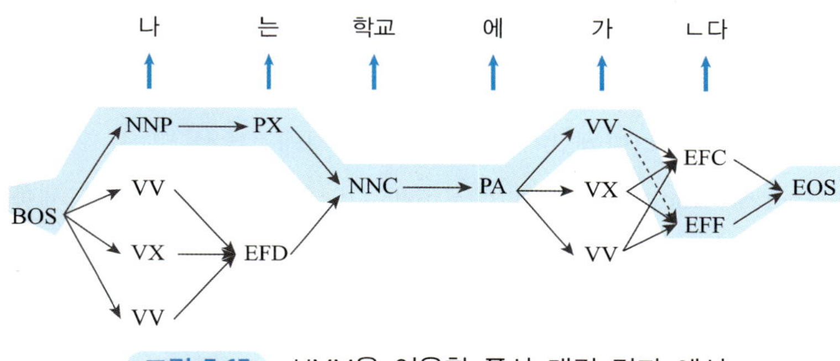

그림 5-15 HMM을 이용한 품사 태깅 결과 예시

딥러닝 기반의 품사 태깅

언어처리에 있어서 딥러닝의 효과는 무엇이 있을까? 이에 대한 답변을 아래와 같이 정리해보았다:

1. 데이터로부터 특징을 자동으로 학습한다.
2. 폭넓은 문맥정보를 다룰 수 있다.
3. 모델에 적합한 출력을 다루기가 간단하다.
4. 언어와 특성이 다른 사진이나 음성 등과 같은 모델들 간의 상호작용을 할 수 있어 멀티모달(Multi Modal) 모델 구축이 쉽다.

앞에서 설명한 규칙 기반 접근법과 통계 기반 접근법은 알고리즘을 통해 최적의 경로를 탐색하는 방법을 배웠다. 하지만 사전을 사용하지 않은 문자 단위 형태소분석은 변형 규칙의 복잡성에 대해 정확히 파악할 수 없어 불가능에 가깝다. 예를 들면, "감자 좀 쪄줄래?"의 입력에서 "쪄줄래?" 부분은 입력 어절의 분석 결과는 "찌/VV + 어/EC + 주/VX + ㄹ래/EF + ?/SF"와 같이 출력의 길이와 형태 모두 쉽게 예측하기 힘들다.

"감자 좀 쪄줄래?"의 예시를 딥러닝 접근법에 적용해보자. 딥러닝 접근법에서는 대표적으로 기계번역에 많이 사용되는 방식인 Seq2Seq(Sequence to Sequence)을 사용하면 입력에 대해 인코더(encoder)를 통해 파라미터를 생성하고 디코더(decoder)를 통해 차례대로 "찌/VV + 어/EC + 주/VX + ㄹ래/EF + ?/SF"를 출력한다.[6]

이와 같이 형태소분석은 변형 규칙의 복잡성으로 인해 사전을 사용하지 않고 문자 단위 형태소분석은 불가능하다. 이러한 한계를 극복하고자, 어떠한 언어 단위도 입력으로 사용할 수 있으며 다단계 변형을 기반으로 형태소분석 및 품사 부착을 수행하는 방법을 Andrew Matteson et al.(COLING 2018)이 제안했다.[12] 세종 말뭉치를 이용하여 문자(character) 단위 데이터로 구현하고, 이를 양방향 LSTM (Bi-LSTM) 모델에 적용하여 정량적으로 평가하였다.

한글에서 문자 단위란 "초기자음 + 모음"을 기본으로 구성되어 있으며, "초기자음 + 모음 + 마지막 자음"을 조합하여 표현할 수 있다. [표 5-5]와 같이 김을 문자 단위로 변환하면 "ㄱ(초기 자음)" + "ㅣ(모음)" + "ㅁ(마지막 자음)"으로 구성할 수 있다.

| 표 5-5 | 품사 체계

초기 자음	모음	마지막 자음
ㄱ	ㅣ	ㅁ

한국어에는 문자 "융합" 철차 규칙이 있어 문자 형태가 변형될 수 있다. 위의 예시였던, "감자 좀 쪄줄래?" 같은 경우 동사 변형 중에 한 문자의 마지막 자음이 다음 문자의 초기자음을 만나면 결과 조합 문자가 변형될 수 있다. 본 저자는 변형이 되는 부분을 파악하기 위해 3가지 주요 행동(action)을 정의하였다.

- KEEP : 수정되지 않는 문자

- NOOP : 사라지는 문자
- MOD : 수정되는 문자

한국어의 경우 형태변환이 양식 끝에서 발생하므로 변환이 전혀 발생하지 않는 일반적인 접미사는 거의 없다. [표 5-6]에서 맨 아래 행에 표시되는 것은 태그가 지정되지 않은 것이고 제안하는 규칙(주요 행동)에 의해 생성된 태그는 2번째 행과 같다. BIO 태그도 함께 부착하였는데, 형태소 경계가 필요하기 때문에 KEEP, MOD에 B-(시작)/I-(내부) 주석을 추가한다. 마지막 입력 문자 "런"의 최종 자음 하위 문자 단위 "ㄴ"가 "ㅂ"로 변환되고 결과로 융합된 전체 문자는 이전 출력된 형태소에 추가된다. "ㄴ" 하위 문자 단위는 분리되어 완전히 새로운 형태소로 표시된다. [표 5-7]에서 이러한 출력 형태소는 표준 순차 태거를 통해 배치되어 품사 태그를 한다.

| 표 5-6 | 주요 행동과 BIO를 합친 태그

고(go)	통(tong)	스(seu)	런(reon)
B-KEEP	I-KEEP	B-KEEP	I-MOD-럽, B-MOD-ㄴ
고통(go-tong)		스럽(seu-reob)	ㄴ(n)

| 표 5-7 | 주요 행동 기반 형태소분석 및 품사 태깅

고통(go-tong)	스럽(seu-reob)	ㄴ(n)
NNG	XSA	ETM

한국어를 품사 태깅하기 위해서는 두 단계가 필요하다. 첫 번째 단계로 형태소 변환, 단어 수준 형태소 분석 또는 형태소 분할과 같은 작업이 필요하다([표5-6]). 이를 기반으로 두 번째 단계에서는 형태소로 변환된 것에 따라 태그를 지정해야 한다([표 5-7]). 각 단계는 단일 입력에 대한 단일 결과를 출력한다. 단일 행동(action)은 태그처럼 간단하거나 정보에 따라 복잡할 수 있다. 결과로는 문자 형태 세그먼트와 함께 고급 다중 문자 변환이 발생한다. 모델의 파라미터는 단계마다 독립적으로 학습된다.

본 모델은 양방향 LSTM(Bidirectional Long Short-Term Memory) 네트워크를 사용하고 CRF(Conditional Random Field) 목표에 대한 최적화 실험을 했다. 이론적으로 CRF를 사용하면 주변 출력의 가능성을 고려할 수 있으므로 주어진 입력 세트에 대해 가능한 가장 높은 출력 레이블 체인을 공동으로 디코딩할 수 있다. CRF가 꼭 필요한 것은 아니지만, 모델의 전체 아키텍처는 품사 태깅 및 NER에 사용되는 표준 Bi-LSTM-CRF 시퀀스 태깅 모델(Huang et al., 2015)과 동일하다. 모델은 [그림 5-16]에 표현하고 있고, 입력 단위는 다차원 벡터로 임베딩한다. 입력 단계에서 입력 유닛(Input Unit)과 단어 속성 정보에 보조 정보(Auxiliary Attribute)를 포함하여 학

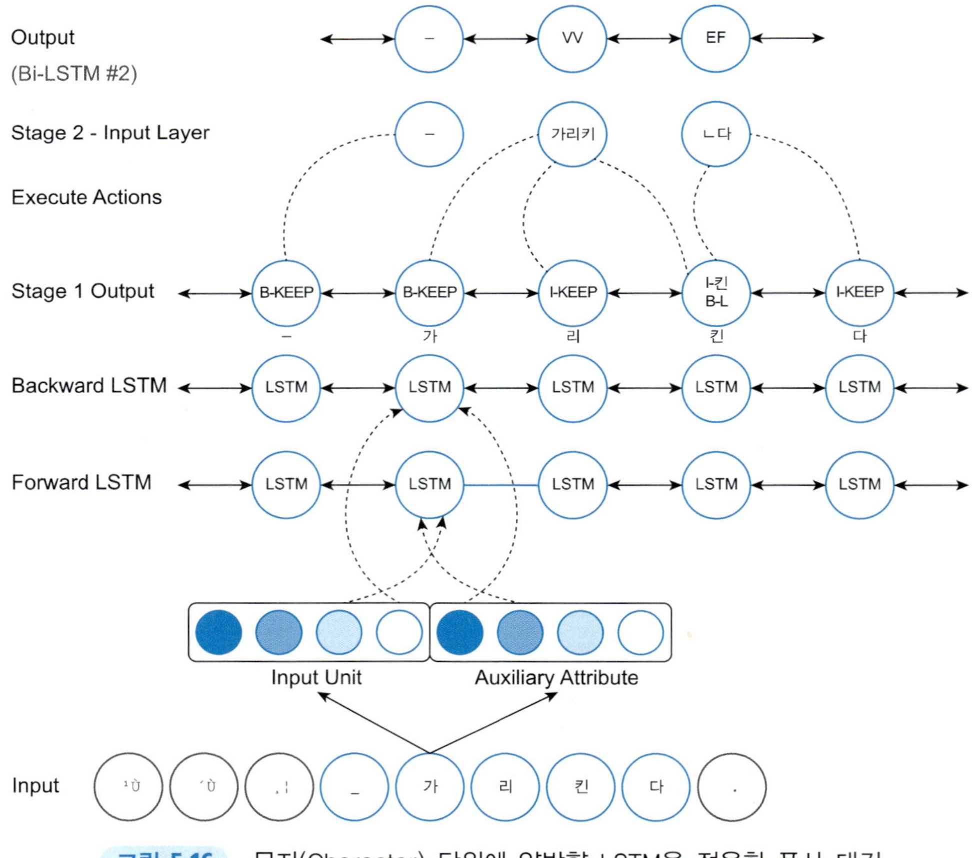

그림 5-16 문자(Character) 단위에 양방향 LSTM을 적용한 품사 태깅

습하면 입력 유닛과 연결될 수 있지만, 경험적(empirical) 발견은 입력 유닛만 사용하였을 때 모델이 가장 잘 학습된다고 한다. 또한, 공백 구분 어절은 입력 단위에서 "-"로 표시되는 것을 확인할 수 있다. 모든 임베딩이 결합되어 임베딩을 형성한 다음 기본 Bi-LSTM-CRF 네트워크로 전달되고 일련의 출력 동작에 대해 학습하여 결과가 나오게 된다. 평가 결과 언어학적 지식을 적용하지 않은 접근 방법 중 가장 높은 단어 및 문장 단위 부착 정확도를 보였다.

5.3 형태소 분석 및 품사 태깅기의 활용 분야

형태소 분석 및 품사 태깅은 구문 분석 단계의 전처리 과정으로 간주되기도 하며 정보 검색에서 높은 정확률(precision)과 재현율(recall)을 갖는 색인어와 검색어 추출을 위해 사용되기도 한다. 또한, 기계 번역(machine translation), 용례 추출(concordance extraction), 질의응답(question and answering) 시스템 및 언어 정보 획득(linguistic knowledge acquisition), 철자 검사 및 교정(spelling check & correction), 사전 구축(dictionary construction) 등 자연어처리 제반 분야에서 가장 필수적인 시스템으로 활용되고 있다. 또한 국어 연구나 교육 분야에서도 활용될 수 있다.

참고문헌

[1] wikipedia, 형태소분석, https://ko.wikipedia.org/wiki/자연어_처리

[2] 김영택 외., 자연어처리, 생능출판사

[3] Adam Geitgey, Natural Language Processing is Fun, https://medium.com/@ageitgey/natural-language-processing-is-fun-9a0bff37854e

[4] 이승준, 파이썬 자연어처리의 이론과 실제, 에이콘출판사

[5] KoNLPy, https://konlpy-ko.readthedocs.io/ko/v0.4.3/morph/

[6] Kakao(Khaiii), https://github.com/kakao/khaiii

[7] 네이버 국어사전, https://ko.dict.naver.com/#/entry/koko/943c692e39f64ea7ab2202c63fea9bbb

[8] 누리그물 한말글 모임, 국어품사태그, https://www.hanmalgeul.org

[9] NLP 형태소 분석 알고리즘, https://ra2kstar.tistory.com/170

[10] 임해창, 임희석, 이상주, 김진동, 자연어처리를 위한 품사태깅 시스템의 고찰, 정보과학회지, 14(7), pp.36-57, 1996.

[11] Len Cantu, 품사태깅 시스템 개요, https://www.slideserve.com/len-cantu/5916738

[12] MATTESON, Andrew, et al. Rich character-level information for Korean morphological analysis and part-of-speech tagging. In: Proceedings of the 27th International Conference on Computational Linguistics. 2018. p. 2482-2492.

CHAPTER

6 구문 분석

6.1 구문 분석 개요

6.1.1 구문 분석이란

구문 분석은 자연어 문장에서 구성 요소들의 문법적 구조를 분석하는 기술이다. 구문 분석은 문법적 구조 정보를 자동으로 추출함으로써, 기계 번역, 정보 검색, 전문가 시스템 등의 자연어처리 기술에서 문장 의미의 분석을 돕는 세부 기술로 활용될 수 있다.

대부분의 자연어처리 과제와 같이, 구문 분석 과제에 대해서도 규칙 기반, 통계 기반, 딥러닝 기반 방법들이 제안되어왔다. 규칙 기반 구문 분석은 인간이 직접 정의한 문법 규칙을 적용하여 구문 분석을 수행하는 접근 방법이다. 통계 기반 구문 분석은 확률적인 문법 규칙을 통계적으로 계산하여 이를 바탕으로 구문 분석을 수행하는 접근 방법이다. 딥러닝 기반 구문 분석은 인간이 구축한 구문 분석 데이터셋으로부터 딥러닝 모델을 학습하여 구문 분석을 수행하는 접근 방법이다.

본 절에서는 구구조 문법에 기반한 구구조 구문 분석(6.2절)과 의존 문법에 기반한 의존 구문 분석(6.3절)을 설명하며, 각각에 대하여 규칙 기반, 통계 기반, 딥러닝 기반 구문 분석 방법을 소개한다. 다음으로 규칙 기반, 통계 기반, 딥러닝 기반 구문 분석 방법의 장단점(6.4절)을 설명하며, 마지막으로 구와 의존 관계 유형의 예시를 제시하고 복잡한 문장의 구문 분석 예시(6.5절)를 보인다.

6.1.2 구문 문법

구문 문법(Construction Grammar)은 언어학에서 문법적 구성 요소들로부터 문장을 생성하고, 또 반대로 문장을 구성 요소들로 분석하는 문법이다. 구문 문법을 정의하는 것은 구문 분석에서 중요한 요소 중 하나이다. 구문 분석의 목표는 자연어 문장의 문법적 구조를 구문 문법에 따라 자동으로 분석하는 것이므로, 구문 문법을 정의하는 것은 곧 구문 분석을 통해 추출하고자 하는 문법 구조 정보를 정의하는 것이기 때문이다. 언어학 분야에서 자연어의 문법적 구조를 설명하는 다양한 구문 문법이 제안되어왔다.

본 장에서는 구문 분석 기술에서 대표적으로 활용되는 구구조 문법과 의존 문법을 설명한다. [그림 6-1]은 구구조 문법과 의존 문법을 비교하여 나타낸 것이다.

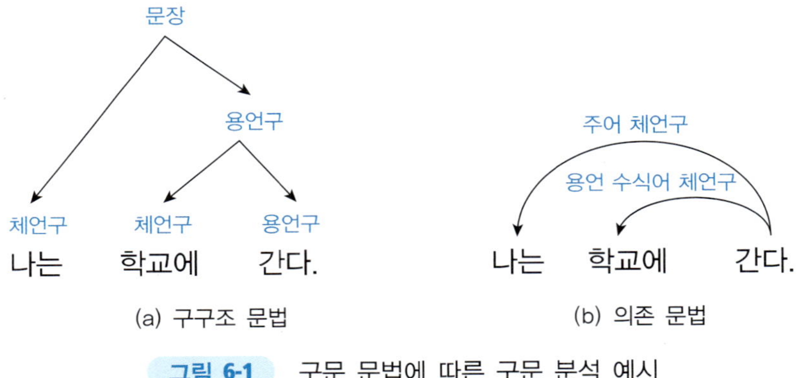

그림 6-1 구문 문법에 따른 구문 분석 예시

구구조 문법(Phrase Structure Grammar)은 노암 촘스키(Noam Chomsky)가 제안한 구문 문법으로, 구성소 관계(constituency relation)에 기반하여 문장 구조를 분석한다. 구구조 문법에서는 단어들이 모여 절을 구성하며 이러한 절과 단어들의 계층적 관계에 따라 문장이 이루어진다고 분석한다. 문장 전체를 트리 구조로 분석할 때, 절과 단어들은 각각의 노드로 표현된다. 구구조 문법에 기반한 구구조 구문 분석 방법에 대해서는 6.2절에서 구체적으로 설명한다.

의존 문법(Dependency Grammar)은 뤼시앵 테니에르(Lucien Tesnière)가 제안한 구문 문법으로, 의존 관계(dependency relation)에 기반하여 문장 구조를 분석한다. 의존 문법에서는 문장을 구성하는 단어들 간의 계층적인 의존 관계에 따라 문장이 이루어진다고 분석한다. 문장 전체를 트리 구조로 분석할 때, 단어들은 각각의 노드로 표현되며 에지는 단어 간의 의존 관계를 나타낸다. 의존 문법에 기반한 의존 구문 분석 방법에 대해서는 6.3절에서 설명한다.

6.1.3 구문 중의성

구문 분석에서 가장 도전적인 과제는 구문 중의성의 해소이다. **구문 중의성**(Syntax Ambiguity)은 자연어 문장의 구문 구조가 다양한 방식으로 분석될 수 있는 특징이다. [그림 6-2]은 구문 중의성이 발생하는 문장의 예시이다.

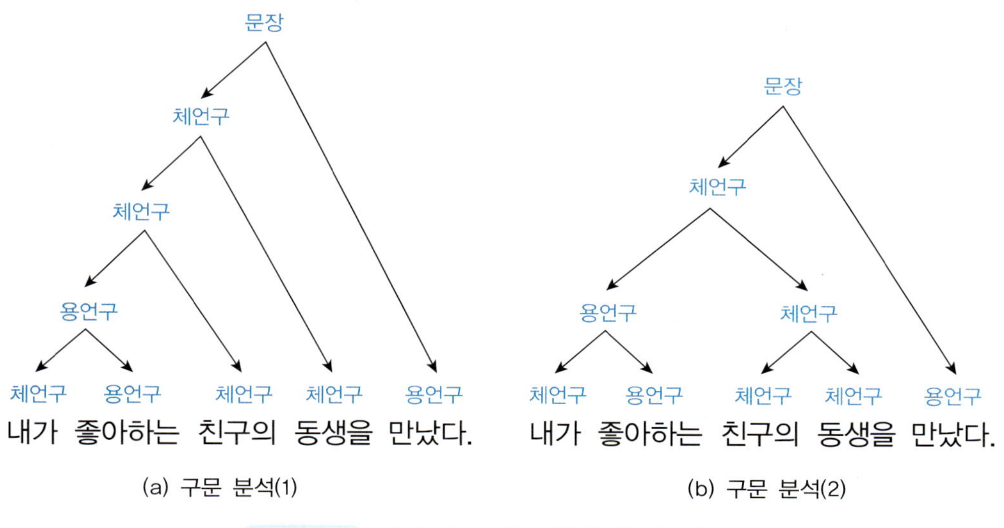

그림 6-2 구문 중의성이 발생하는 문장 예시

[그림 6-2]은 '내가 좋아하는 친구의 동생을 만났다.'라는 문장에 대한 2가지의 구문 분석 결과를 나타낸 것이다. (a)와 (b)는 동일한 문장에 대한 구문 분석 결과이지만, (a)에서 '내가 좋아하는' 대상은 '친구'가 되는 반면 (b)에서 '내가 좋아하는' 대상은 '동생'이 된다. 이와 같이 하나의 문장에서 가능한 구문 구조가 여러 개일 때 구문 중의성이 발생하며, 구문 중의성의 해소를 위해서는 의미, 문맥 등의 추가적인 정보가 필요하다. 구문 분석 기술이 자연어 이해 기술의 세부 기술로 적용될 경우 구문 분석 결과가 잘못되었을 때 이를 활용하는 이후 단계들에도 오류가 전파될 수 있다. 따라서 구문 분석 기술에는 구문 중의성 해소를 위한 방법이 요구된다.

6.2 구구조 구문 분석

6.2.1 구구조 구문 분석이란

구구조 구문 분석(Phrase Structure Parsing)은 구구조 문법에 기반한 구문 분석 기술이다. 구구조 문법은 단어들과 이들이 모여 구성한 절의 계층적 관계에 따라 문장 구조를 분석한다. 이에 따라 구구조 문법과 구구조 구문 분석은 문장 구성 요소의 구조가 비교적 고정적인 언어에 적합하다.

6.2.2 규칙 기반 구구조 구문 분석

규칙 기반 구문 분석에서는 인간이 가지고 있는 언어학적 지식을 컴퓨터가 이해할 수 있는 형태의 문법 규칙으로 미리 정의한 뒤 이를 자연어 문장에 정의함으로써 구문 분석을 수행한다. 규칙 기반 구구조 구문 분석에서는 이러한 문법 규칙의 형태로 구구조 문법을 활용한다. 구구조 문법(Phrase Structure Grammar)은 자연어 문장을 하위 구성소들로 나눔으로써 문장 구조를 나타내는 문법이다. 이때 구성소(Constituency)란 한 개의 단위같이 기능하는 일련의 단어들을 말한다.

$$A \rightarrow B\ C \tag{6.1}$$

식(6.1)은 구구조 문법의 구조를 나타낸 것이다. 이는 구성소 A가 하위 구성소 B와 C로 분석될 수 있음을 나타낸다. [표 6-1]은 구구조 문법으로 나타낸 문법 규칙과 어휘 사전의 예시이다.

표 6-1 문맥 자유 문법으로 나타낸 문법 규칙과 어휘 사전 예시

문법 규칙(The Grammar)	어휘 사전(The Lexicon)
$S \rightarrow NP\ VP$	$NN \rightarrow$ 아이 | 케이크
$NP \rightarrow NN\ XSN\ JK \mid NN\ JK$	$XSN \rightarrow$ 들
$VP \rightarrow NP\ VP \mid VV\ EP\ EF$	$JK \rightarrow$ 이 | 를
	$VV \rightarrow$ 먹
	$EP \rightarrow$ 었
	$EF \rightarrow$ 다

이때 S는 문장 전체, 대문자는 구성소를 나타내며, |는 '또는(or)'을 나타낸다. 문법 규칙은 문장의 구성소가 하위 구성소로 분석되는 규칙을, 어휘 사전은 문법적 구성 요소에 해당하는 자연어 단어를 정의한다. [그림 6-3]는 이러한 문법 규칙에 따라 문장을 생성하는 과정의 예시이다.

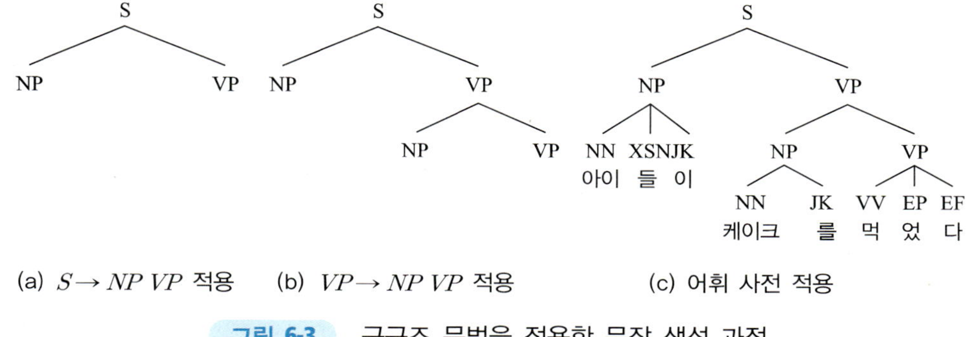

(a) $S \rightarrow NP\ VP$ 적용 (b) $VP \rightarrow NP\ VP$ 적용 (c) 어휘 사전 적용

그림 6-3 구구조 문법을 적용한 문장 생성 과정

문장 생성 과정과 반대의 과정을 거침으로써, 문법 규칙과 어휘 사전을 활용하여

주어진 문장의 구문 분석을 수행할 수 있을 것이다. [그림 6-4]은 구구조 문법을 적용한 구문 분석 과정의 예시이다.

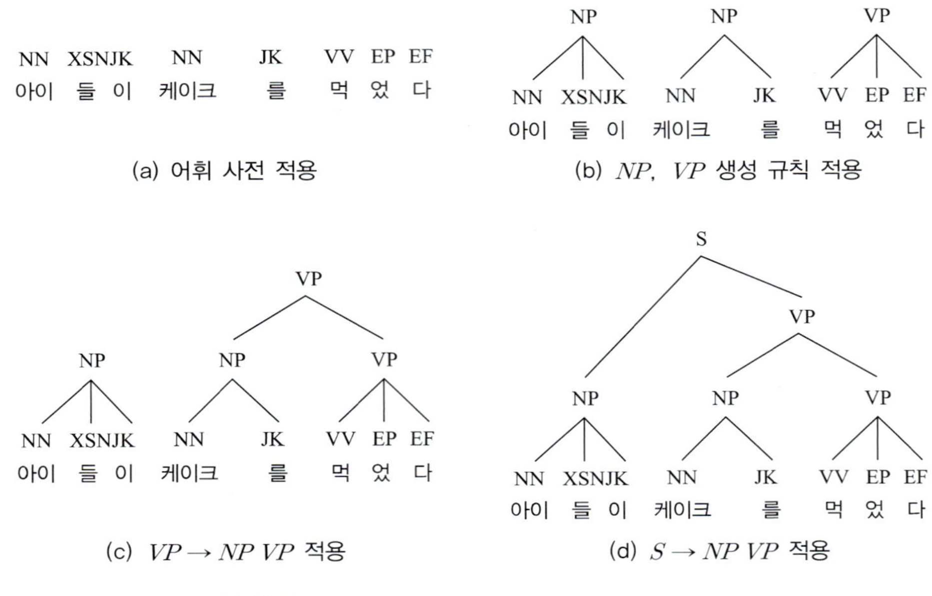

그림 6-4 구구조 문법을 적용한 의존 분석 과정

규칙 기반 구구조 구문 분석은 결정적 문맥 자유 문법을 적용한 형식 언어 분석 알고리즘으로 수행할 수 있다. 이러한 형식 언어 분석 알고리즘은 프로그래밍 언어 등의 분야에서 다양하게 제안되어 왔으며, 대표적인 알고리즘인 CYK 알고리즘(Cocke-Younger-Kasami Algorithm)은 현재 모든 문맥 자유 문법을 파싱할 수 있는 가장 효율적인 알고리즘으로 문자열의 길이가 n일 때 $\Theta(n^3)$의 시간복잡도를 갖는다.

6.2.3 통계 기반 구구조 구문 분석

통계 기반 구구조 구문 분석은 통계적으로 확률적 구구조 문법을 계산하여 이를 바탕으로 구문 분석을 수행하는 접근 방법이다. 통계 기반 구구조 구문 분석에서 문법 규칙은 확률적 구구조 문법(Probabilistic Phrase Structure Grammar)으로 표현된다.

확률적 구구조 문법에서는 각 규칙에 대한 조건부 확률이 정의된다.

$$A \rightarrow B\,C[p] \tag{6.2}$$

식(6.2)은 확률적 구구조 문법의 생성 규칙이다. 이때 p는 구성소 A가 하위 구성소 B와 C로 분석될 조건부 확률이다. [표 6-2]은 확률적 구구조 문법으로 나타낸 문법 규칙과 어휘 사전의 예시이다.

| 표 6-2 | 확률적 구구조 문법으로 나타낸 문법 규칙과 어휘 사전 예시

문법 규칙(The Grammar)	어휘 사전(The Lexicon)
$S \rightarrow NP\ VP\ [.99]$	$NN \rightarrow$ 아이[.60] | 케이크[.40]
$NP \rightarrow NN\ XSN\ JK\ [.20] \mid NN\ JK\ [.80]$	$XSN \rightarrow$ 들[.99]
$VP \rightarrow NP\ VP\ [.90] \mid VV\ EP\ EF\ [.10]$	$JK \rightarrow$ 이[.75] | 를[.25]
	$VV \rightarrow$ 먹[.99]
	$EP \rightarrow$ 었[.99]
	$EF \rightarrow$ 다[.99]

이러한 확률적 구구조 문법 규칙을 계산하는 방법은 크게 두 가지로 나뉜다. 먼저, 인간이 직접 태깅한 구구조 구문 분석 코퍼스로부터 각 규칙이 나타나는 조건부 확률을 계산할 수 있다.

$$P(\alpha \rightarrow \beta | \alpha) = \frac{Count(\alpha \rightarrow \beta)}{\Sigma_{\gamma} Count(\alpha \rightarrow \gamma)} = \frac{Count(\alpha \rightarrow \beta)}{Count(\alpha)} \tag{6.3}$$

식(6.3)은 코퍼스로부터 문법 규칙의 조건부 확률을 계산하는 식이다. 이때 $Count(\alpha \rightarrow \beta)$는 코퍼스에서 $\alpha \rightarrow \beta$라는 구구조 문법 규칙이 나타난 횟수이다.

또는 태깅되지 않은 자연어 문장들에 구구조 구문 분석을 수행함으로써 문법 규칙들의 조건부 확률을 조정할 수 있다. 문법 규칙들이 동일한 확률을 가지고 있다고 가정한 뒤, 문장의 구문 분석 결과의 확률을 계산하고 이에 따라 문법 규칙들의 조건부 확률을 조정하는 것이다. Inside-outside 알고리즘은 이러한 방식으로 확률적 구구조

문법 규칙을 계산하는 대표적인 알고리즘이다.

각 문법 규칙의 조건부 확률에 기반하여 가능한 구문 분석 결과 전체의 확률을 계산할 수 있다.

$$P(T|S) = \prod_i P(\alpha_i \rightarrow \beta_i | \alpha_i) \tag{6.4}$$

식(6.4)은 구문 분석 결과 전체의 확률을 계산하는 방법을 나타내는 수식이다. 이때 $P(T|S)$는 자연어 문장 S가 주어졌을 때 구문 분석 트리 T의 조건부 확률을, $\alpha_i \rightarrow \beta_i$는 구문 분석 트리에서 적용된 i번째 문법 규칙이다. 즉, 구문 분석 트리 전체의 확률은 적용된 문법 규칙들의 조건부 확률을 모두 곱함으로써 계산할 수 있다. [그림 6-5]은 구문 분석 결과의 확률을 계산하는 방법의 예시다.

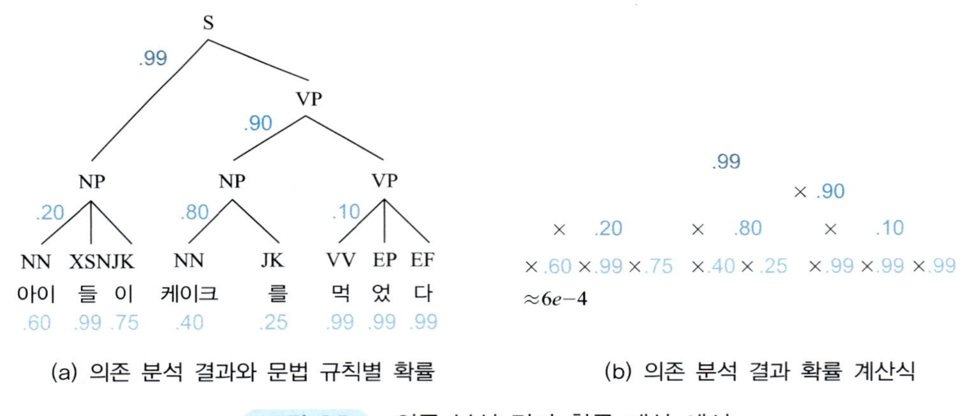

(a) 의존 분석 결과와 문법 규칙별 확률

(b) 의존 분석 결과 확률 계산식

그림 6-5 의존 분석 결과 확률 계산 예시

확률 기반 구구조 구문 분석 방법에서는 자연어 문장에 대하여 가능한 여러 구문 분석 트리 중 분석 결과의 전체 확률이 가장 높은 것을 구문 분석 결과로 제시한다.

$$T' = argmax_T P(T|S) \tag{6.5}$$

식(6.5)는 확률 기반 구구조 구문 분석 방법에서 제시하는 구문 분석 결과를 수식으로 나타낸 것이다. 이때 T는 문장 S에 대하여 가능한 구문 분석 트리들이며, T'

은 이중 최적의 구문 분석 트리이다.

6.2.4 딥러닝 기반 구구조 구문 분석

딥러닝 기반 구구조 구문 분석은 인간이 구축한 구구조 구문 분석 데이터셋으로부터 딥러닝 모델을 학습하여 구문 분석을 수행하는 접근 방법이다. 이때 딥러닝 모델은 자연어 문장의 표층 정보와 의미적 정보를 입력으로 하여 구성소들의 구조를 예측한다. 많은 딥러닝 기반 구문 분석 방법들은 규칙 기반, 통계 기반 방법들을 기반으로 딥러닝 모델을 적용하는 방법이다. 이 책에서는 이 중 대표적인 전이 기반 파싱에 대해 설명한다.

전이 기반 파싱(Transition-based Parsing)은 자연어 문장을 한 단어씩 읽으며 현재 단계에서 수행할 액션을 선택하는 방식으로 문장 전체의 구구조 구문 분석을 수행하는 방법이다. 여기에서는 전이 기반 파싱의 대표적인 방법 중 하나인 이동–감축 파싱(Shift-reduce Parsing)의 예를 들어 설명한다. [그림 6-6]은 이동-감축 파싱으로 구구조 구문 분석을 수행하는 예시이다.

이동-감축 파싱에서 각 전이 단계에 선택할 수 있는 액션은 이동(shift), 단항 감축(unary-reduce), 이항 감축(binary-reduce)의 세 가지이다. 먼저 이동 연산은 자연어 문장에 포함된 단어를 스택에 이동시키는 연산이다. 이동 연산은 자연어 문장에 포함된 단어를 순차적으로 스택에 이동시키며, 감축 연산에서는 스택에 저장된 하나 또는 두 개의 구성소를 꺼내 상위 구성소로 감축한 뒤 이 상위 구성소를 다시 스택에 이동시킨다. 이때 각 전이 단계에서 어떤 액션을 선택할 것인지를 오라클(Oracle)이 결정하며, 딥러닝 전이 기반 파싱에서는 이 오라클이 RNN 인코더로 계산한 자연어 문장 및 각 단어의 특징 벡터, 스택의 현재 상태 등을 입력으로 받는 딥러닝 모델이다.

[그림 6-6]의 예시를 한 단계씩 따라가며 이동-감축 파싱 방법을 이용한 구구조 구문 분석 과정을 살펴보자. (a) 먼저 초기 상태에서 스택은 비어있다. (b) 스택이 비어있으므로 감축 연산을 수행할 수 없기 때문에, 문장의 첫 단어인 '나는'을 스택으로 이동시키는 이동 연산을 수행한다. (c) 이후 오라클은 스택의 최상위 요소 '나는'에 단항 감축 연산을 수행하거나, 문장으로부터 다음 단어인 '학교에'를 스택으로 이동

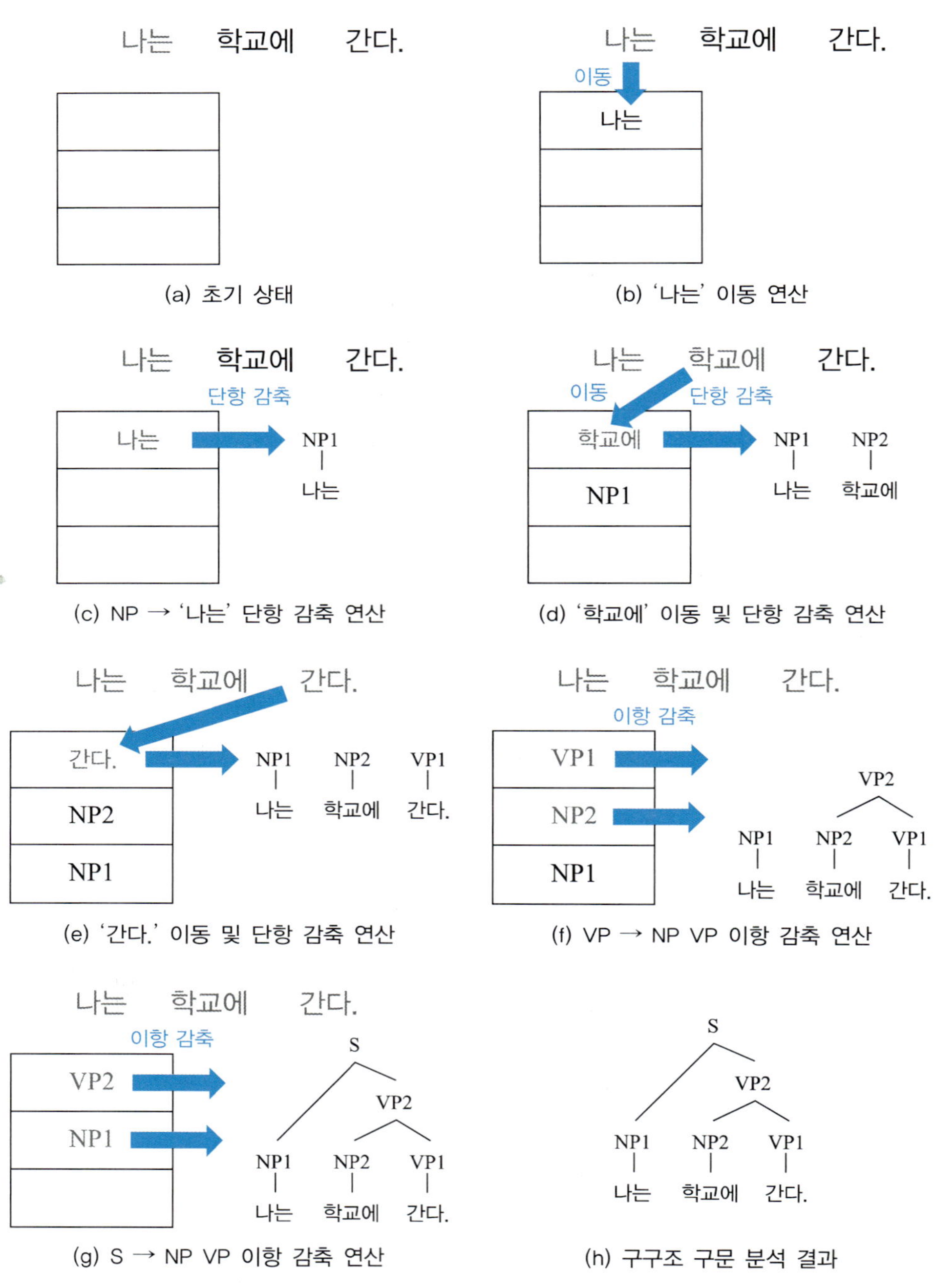

그림 6-6 이동-감축 파싱 예시(구구조 구문 분석)

시킬 수 있다. 이때 오라클이 단어 '나는'을 NP1(명사구)로 감축하는 단항 감축 연산을 선택하여 수행한다. (d) 마찬가지로, 단어 '학교에'를 스택에 이동한 뒤 NP2(명사구)로 감축하는 단항 감축 연산을 수행하였다. (e) 이 상태에서 오라클은 단어 '간다.'를 스택으로 이동시키거나 NP1과 NP2의 이항 감축 연산을 수행할 수 있다. 그러나 '나는'과 '학교에'가 결합하여 하나의 절을 구성할 수 없으므로 이항 감축 연산을 수행하는 것은 적합하지 않다. 오라클이 이를 판단하여 전이 액션을 선택함으로써, 단어 '간다.'를 스택에 이동한 뒤 VP1(동사구)으로 감축하는 단항 감축 연산을 수행한다. (f) 이후 스택의 최상위 요소 두 개를 선택하였을 때, '학교에'와 '간다.'를 결합하여 '학교에 간다.'라는 구를 구성할 수 있으므로 이항 감축 연산을 수행하며, (g) 마찬가지로 '나는'과 '학교에 간다.'를 결합하여 '나는 학교에 간다.'라는 구를 구성할 수 있으므로 이항 감축 연산을 수행한다. (h) 앞의 단계들에서 전이 액션을 통해 자연어 문장의 단어들을 모두 스택으로 이동하였으며, 스택에 하나의 요소만 남을 때까지 감축 연산을 수행하였다. 이에 따라 이동-감축 파싱에 따른 구구조 구문 분석을 완료하여 구문 분석 트리를 구축하였다.

전이 기반 파싱은 입력된 자연어 문장에 포함된 단어 수에 선형적인 전이 액션으로 구문 분석이 가능하다는 장점이 있으나, 각 전이 액션을 선택할 때 문장 전체의 문법적 구조를 고려하는 것이 어렵다는 한계를 갖는다. 이에 따라 문장 내에서 거리가 먼 단어들 간의 의존 관계를 분석하기 어려우며 구문 분석 과정에서 오류 전파에 취약하다는 문제가 발생할 수 있다.

6.3 의존 구문 분석

6.3.1 의존 구문 분석이란

의존 구문 분석은 자연어 문장에서 단어 간의 의존 관계를 분석함으로써 문장 전체의 문법적 구조를 분석하는 기술이다. 의존 분석에서 의존 관계의 표현 방식은 다양하게 제안되어왔으나, 대부분의 의존 관계 표현은 각 단어를 노드(node)로 하고 단어

간의 의존 관계를 에지(edge)로 나타내는 트리(tree) 구조를 따른다. 즉, 의존 분석은 단어 간의 의존 관계와 그 유형을 분석함으로써 문장의 문법적 구조를 적합하게 표현하는 의존 분석 트리를 구축하는 과제로 볼 수 있다. 이에 따라 의존 문법과 의존 구문 분석은 비교적 문장 구조가 유연한 언어에 적합하다.

6.3.2 규칙 및 통계 기반 의존 구문 분석

규칙 기반 구구조 구문 분석에서와 같이 **규칙 기반 의존 구문 분석**에서도 의존 문법의 형태로 문법 규칙을 저장한 뒤 이를 적용함으로써 의존 구문 분석을 수행한다. 의존 문법은 자연어 문장에서 단어 간의 의존 관계를 표현하는 구문 문법으로, 의존 관계 표현에서 절의 중심이 되는 단어를 **지배소**(Head)라 하며 절 안에서 지배소에 의존하는 단어를 **의존소**(Modifier)라 한다.

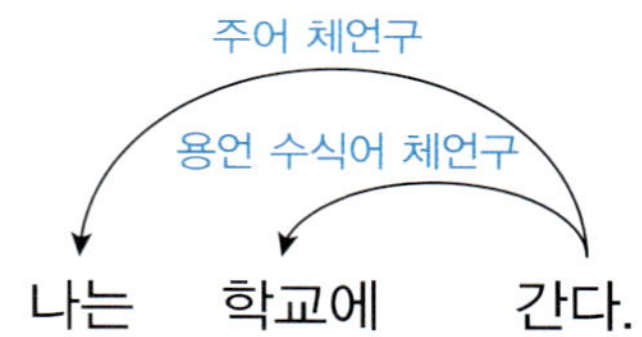

그림 6-7 의존 문법으로 표현한 구문 구조 예시

[그림 6-7]은 의존 문법으로 표현한 구문 구조의 예시이다. '나는 학교에 간다.'라는 문장은 전체가 하나의 절로 구성되어 있다. 이때 '간다'는 절의 중심이 되는 어절이므로 '나는 학교에 간다.'라는 절에서 지배소이다. 반면 '나는'과 '학교에'는 지배소 '간다'의 의존소들이다. 트리 구조의 의존 관계 표현에서 지배소는 의존소의 부모 노드로 나타내며, 문장 전체에서 중심이 되는 지배소는 루트 노드(root node)로 나타낸다.

CG(Constraint Grammar)는 이러한 규칙 기반 의존 구문 분석을 위한 문맥 의존 규칙을 정의하는 문법으로, 현재 이를 확장한 CG-3은 다양한 문맥 정보를 활용하여 대부분의 자연어를 대상으로 세부적인 문맥 의존 규칙을 정의하고 이에 따라 규칙

기반 의존 구문 분석을 수행할 수 있다. 또한, 통계 기반 구구조 구문 분석과 같이 문맥 의존 규칙의 조건부 확률을 통계적으로 계산하여 의존 구문 분석에 적용함으로써 **통계적 의존 구문 분석**을 수행할 수 있다.

6.3.3 딥러닝 기반 의존 구문 분석

딥러닝 기반 의존 구문 분석은 인간이 구축한 의존 구문 분석 데이터셋으로부터 딥러닝 모델을 학습하여 구문 분석을 수행하는 접근 방법이다. 이때 딥러닝 모델을 활용하여 입력된 자연어 문장의 표층 정보 및 의미 정보로부터 가장 적합한 의존 분석 트리를 구축한다. 딥러닝 기반 의존 구문 분석 방법은 크게 전이 기반 파싱과 그래프 기반 파싱으로 구분된다.

전이 기반 파싱(Transition-based Parsing)은 앞서 6.2.4절 딥러닝 기반 구구조 구문 분석에서 살펴본 바와 비슷하게, 자연어 문장에 포함된 단어를 하나씩 의존 분석 트리에 포함시킴으로써 의존 구문 분석을 수행하는 방식이다. [그림 6-8]은 이동-감축 파싱으로 의존 구문 분석을 수행하는 예시이다.

[그림 6-8]의 예시를 한 단계씩 따라가며 이동-감축 파싱 방법을 이용한 의존 구문 분석 과정을 살펴보자. (a) 구구조 구문 분석 과정과 비슷하게, 스택이 비어있는 초기 상태에서 시작하여 (b) 문장의 첫 단어인 '나는'을 스택으로 이동하는 이동 연산을 수행한다. (c) 의존 구문 분석 과정에서는 각 단어의 절 정보보다는 단어 간의 의존 관계를 파악하고자 하므로, 단항 감축 연산을 수행하지 않고 단어 '학교에'의 이동 연산을 수행하였다. (d) 이 상태에서 '나는'과 '학교에'의 감축 연산 또는 '간다.'의 이동 연산을 수행할 수 있다. 그러나 '나는'과 '학교에'는 서로 의존 관계를 갖지 않으므로, 오라클이 이를 판단하여 '간다.'의 이동 연산을 수행한다. (e) 이후 스택의 최상위 요소들인 '학교에'와 '간다.'에서 '학교에'가 '간다.'에 의존하므로, 지배소인 '간다.'로 감축 연산을 수행한다. (f) 마지막으로 '나는'이 '간다.'에 의존하므로 같은 방식으로 감축 연산을 수행하여 문장 전체의 의존 구문 분석을 완료한다.

그래프 기반 파싱(Graph-based Parsing)은 자연어 문장에 포함된 단어 간의 가능한 모든 의존 관계에 대한 점수(score)를 계산한 뒤, 문장 전체에서 가장 높은 점수를 갖

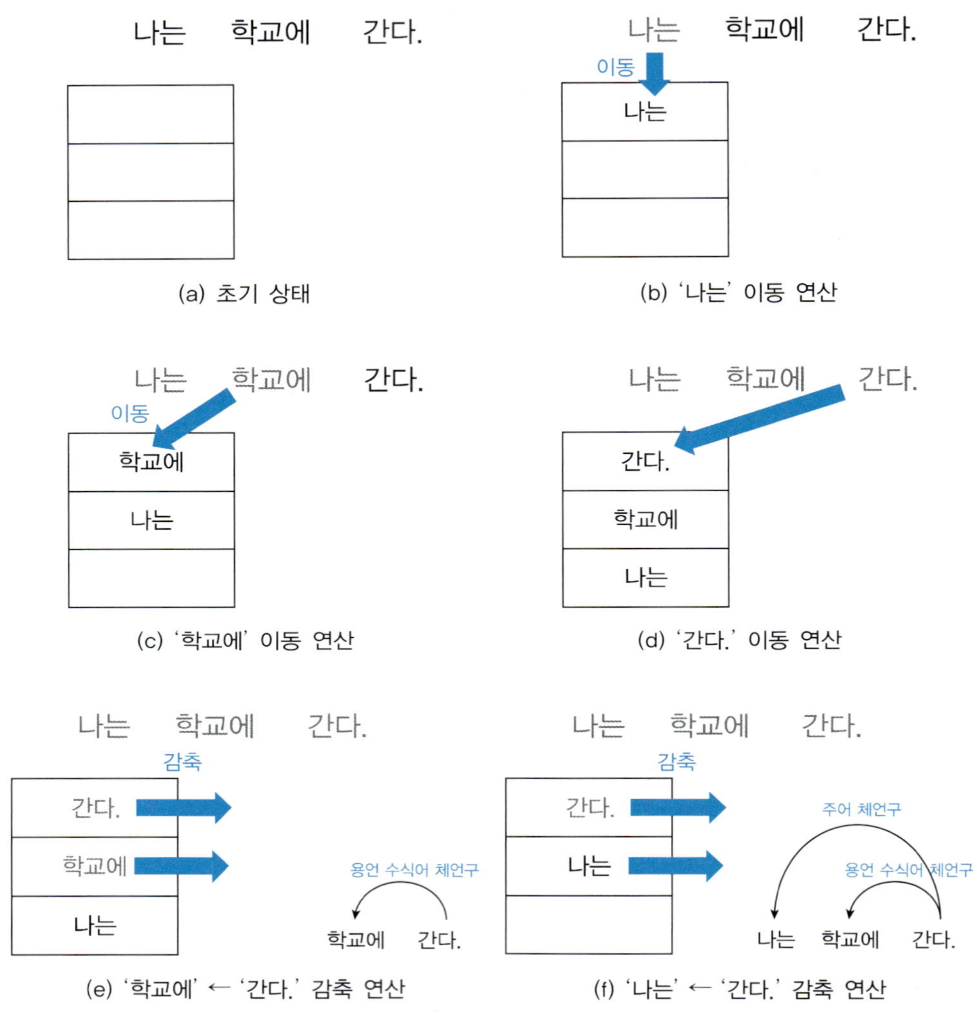

그림 6-8 이동-감축 파싱 예시 (의존 구문 분석)

는 의존 분석 트리를 선택하는 의존 분석 방법이다. 이때 딥러닝 모델을 통해 입력된 자연어 문장으로부터 각 의존 관계의 점수를 예측한다. 그래프 기반 파싱은 액션 선택에서 지역적인 정보에 국한되는 전이 기반 파싱에 비해 가능한 모든 의존 분석 트리 중 가장 높은 점수를 갖는 것을 선택함으로써 문장 전체의 문법적 구조를 고려할 수 있다는 장점을 가진다. 그러나 가능한 모든 의존 관계들의 점수로부터 유효한 최적의 의존 분석 트리를 구축하기 위한 시간복잡도가 높아 실사용 단계에서 비효율성이 발생할 수 있다는 단점을 갖는다.

6.4 구문 분석 접근 방법의 장단점

본 장에서는 구문 분석 분야의 대표적인 과제인 구구조 구문 분석과 의존 구문 분석에 대해 살펴보았으며, 각각의 규칙 기반, 통계 기반, 딥러닝 기반 접근 방법을 설명하였다. 마지막으로 구문 분석에서의 규칙 기반, 통계 기반, 딥러닝 기반 접근 방법의 장단점을 설명하며 이번 장을 마친다.

규칙 기반 구문 분석은 구문 분석 과제를 해결하기 위해 초창기에 제안된 방법으로, 자연어의 문장 구조를 컴퓨터가 이해할 수 있는 형태의 문법 규칙으로 표현함에 따라 미리 정의된 문법 규칙을 적용할 수 있는 문장에 대해서는 정확한 의존 분석을 수행할 수 있다. 그러나 규칙 기반 구문 분석은 다음과 같은 한계를 갖는다. 먼저, 적용할 문법 규칙을 미리 정의하기 위한 시간과 비용 문제가 발생한다. 인간이 가진 언어학적 지식을 직접 구구조 문법 형태로 정의해야 하므로, 언어학에 대한 전문성을 가진 노동력이 요구되며 방대한 문법 규칙을 정의하는 데에 많은 시간과 비용이 소모된다. 또한, 수동으로 정의되지 않은 문법 규칙에 대해서는 구문 분석을 수행할 수 없다. 다음으로, 자연어 문장의 중의성을 처리하는 데에 문제가 발생한다. 하나의 문장이 생성 규칙의 여러 조건을 동시에 만족하여 구문 중의성을 가지는 경우에는 가능한 여러 구문 분석 결과 중 무엇이 가장 타당한지를 판단할 수 없다.

통계 기반 구문 분석에서는 문법 규칙의 조건부 확률을 자동으로 계산한다. 이에 따라 구문 중의성을 갖는 문장에서도 여러 구문 분석 결과 각각의 확률을 계산한 뒤 가장 타당할 것으로 예상되는 구문 분석 결과를 선택할 수 있다. 반면 구문 분석 과정에서 요구되는 언어적 정보를 충분히 활용하지 못한다는 한계를 갖는다. 예를 들어 문장 전체의 문법적 구조는 부분 트리의 분석에 중요한 영향을 미칠 수 있으며, 어휘에 따른 하위 범주화 정보는 구문 분석에서 필수적이다. 때문에 구문 분석 과정에서 구문 문법 규칙만을 활용할 경우 구문 분석 수행에 문제가 발생한다.

딥러닝 기반 구문 분석에서는 딥러닝 모델을 학습하여 구문 분석을 수행함으로써, 자연어 문장에 포함된 여러 정보를 활용할 수 있다는 강점을 가진다. 규칙 기반 방법과 통계 기반 방법에서는 활용하기 어려운 문장 전체 구조 정보, 어휘의 하위 범주화 정보 등을 특징 벡터의 계산에 반영함으로써 구문 분석에 활용할 수 있다. 반면 규칙 기반 방법과 통계 기반 방법과 달리, 딥러닝 모델의 학습 결과는 대량의 실수 파라미터들로 나타나므로 학습한 문법 규칙과 구문 분석 결과의 근거가 해석 불가능하다는 문제를 갖는다. 구문 분석 기술이 자연어처리 시스템의 세부 기술로 신뢰성 있게 동작하기 위해서는, 향후 해석 가능한 구문 분석 모델에 대한 연구가 요구된다.

6.5 더 알아보기

6.5.1 구와 의존 관계 유형 예시

구문 분석 기술을 통해 문장 전체의 문법적 구조를 파악할 수 있으며, 이에 따라 문장을 구성하는 각 부분이 이러한 문법적 구조에서 어떠한 기능을 하는지 또한 분석할 수 있다. 이러한 정보는 구구조 구문 분석에서는 구의 유형으로, 의존 구문 분석에서의 의존 관계의 유형으로 정의된다. 구와 의존 관계 유형을 정의하는 방식은 구문 분석 기술의 활용 목적에 따라 다양할 수 있으며, 6.1절에서 설명한 바와 같이 이를 정의하는 것은 구문 분석 기술에서의 중요한 과제 중 하나이다.

먼저 구구조 구문 분석에서의 구의 유형 정의로는 21세기 세종계획으로 구축된 구구조 구문 분석 말뭉치에서의 정의를 제시한다. 구의 유형은 구문 표지와 기능 표지의 결합으로 표현된다. [표 6-3]은 세종 구구조 구문 분석 말뭉치에서 정의한 구문 표지들의 정의이다.

| 표 6-3 | 세종 구구조 구문 분석 말뭉치 구문 표지

	범주	사례
NP	체언구	체언(명사, 대명사, 수사)
VP	용언구	용언(동사, 형용사, 보조용언)
VNP	긍정 지정사구	긍정 지정사 '이다'와 결합한 구
AP	부사구	부사
DP	관형사구	관형사
IP	감탄사구	감탄사
X	의사 구 (pseudo phrase)	인용부호와 괄호를 제외한 나머지 부호나, 조사, 어미가 단독으로 어절을 이룰 때 그 구문표지 위치에 표시
L, R	부호	인용부호나 괄호의 구문표지에 표시. 왼쪽 부호에는 L을, 오른쪽 부호에는 R을 표시

[표 6-4]는 세종 구구조 구문 분석 말뭉치에서 정의한 기능 표지들의 정의이다.

| 표 6-4 | 세종 구구조 구문 분석 말뭉치 기능 표지

	범주	사례
SBJ	주어	주격 체언구, 명사 전성 용언구, 명사절 (NP_SBJ, VP_SBJ, VNP_SBJ, X_SBJ)
OBJ	목적어	목적격 체언구, 명사 전성 용언구, 명사절 (NP_OBJ, VP_OBJ, VNP_OBJ, X_OBJ)
CMP	보어	보격 체언구, 명사 전성 용언구, 인용절 (NP_CMP, VP_CMP, VNP_CMP, X_CMP)
MOD	체언수식어	관형격 체언구, 관형형 용언구, 관형절 (NP_MOD, VP_MOD, VNP_MOD, X_MOD)
AJT	용언 수식어	부사격 체언구, 문말어미+부사격조사 (NP_AJT, VP_AJT, VNP_AJT, X_AJT)
CNJ	접속어	접속격 체언 (NP_CNJ, VNP_CNJ, X_CNJ)
INT	독립어	체언 (NP_INT)

다음으로 의존 구문 분석에서의 의존 분석 유형 정의의 예시를 제시한다. 한국어 의존 구문 분석 공개 데이터셋으로는 세종 구구조 구문 분석 말뭉치를 의존 구문 분석 말뭉치로 변환하여 의존 관계 유형을 구의 유형과 동일하게 또는 유사하게 정의하여 사용하는 경우가 많다. 그러나 이 절에서는 비교를 위하여 다국어 의존 구문 분석 데이터셋 태깅 프레임워크인 Universal Dependencies의 의존 관계 유형 정의를 제시한다. [표 6-5]는 Universal Dependencies의 의존 관계 유형 정의이다.

| 표 6-5 | Universal Dependencies 의존 관계 유형

의존 관계	정의	의존 관계	정의
acl	형용사절	csubj	명사절
advcl	부사절 한정어	dep	명시되지 않은 의존관계
advmod	부사 한정어	det	한정사
amod	형용사 한정어	discourse	담화 요소
appos	동격 한정어	expl	허사
aux	조동사	fixed	문법적 다단어 표현
case	격 표지	flat	다단어 표현
cc	등위 접속사	iobj	간접 목적어
ccomp	종속절	list	목록
clf	분류사	mark	표지
compound	합성어	nummod	수 한정어
conj	접속	obj	목적어
cop	연결 동사	parataxis	병렬

6.5.2 복잡한 문장의 구문 분석 예시

구문 분석 과제에 대한 이해를 돕기 위하여, 보다 복잡한 문장에서의 구구조 구문 분석과 의존 구문 분석 결과 예시를 제시한다. [그림 6-9]는 '그에게는 하늘이 없는 날이 계속되었다.'라는 문장의 구구조 구문 분석 결과 예시이다.

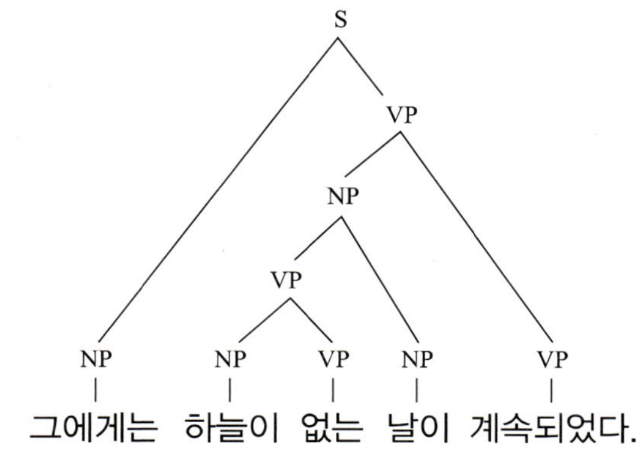

그림 6-9 복잡한 문장의 구구조 구문 분석 결과 예시

[그림 6-10]은 같은 문장의 의존 구문 분석 결과 예시이다.

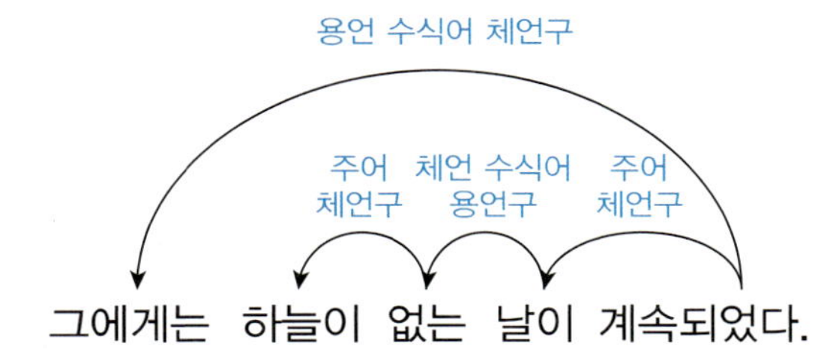

그림 6-10 복잡한 문장의 의존 구문 분석 결과 예시

참고문헌

[1] 김흥규, 21세기 세종계획 국어 기초자료 구축 (서울: 고려대학교, 2006), 49

[2] Baker, James K. “Trainable grammars for speech recognition.” The Journal of the Acoustical Society of America 65.S1 (1979): S132-S132.

[3] Daniel H. Younger, “Recognition and parsing of context-free languages in time n3”, Information and Control, 10(2): 189-208, 1967.

[4] Daniel Jurafsky, and James H. Martin. “Speech and Language Processing.” Computational Linguistics, and Speech Recognition, UK: Prentice-Hall Inc (2019).

[5] Jacob Eisenstein, “Introduction to Natural Laguage Processing”, MIT Press, 2019, 239-240pp

[6] John Cocke and Jacob T. Schwartz, “Programming languages and their compilers: Preliminary notes”, Technical report, Courant Institute of Mathematical Sciences, New York University, 1970.

[7] Karlsson, Fred. "Constraint grammar as a framework for parsing running text." COLNG 1990 Volume 3: Papers presented to the 13th International Conference on Computational Linguistics. 1990.

[8] Tadao Kasami, “An efficient recognition and syntax-analysis algorithm for context-free languages”, Coordinated Science Laboratory Report no. R-257, 1966.

[9] “Universal Dependencies”, Universal Dependencies, accessed Dec 1, 2019, https://universaldependencies.org/u/dep/all.html

CHAPTER

7 의미 분석

7.1 단어와 단어 의미 중의성

7.1.1 중의성이란

사람이 쓰는 언어 표현은 둘 이상의 의미를 가지는 표현들이 있는데 이를 중의성이라 한다. 이러한 중의성의 단어들은 적절한 문맥정보와 함께 표현하지 않으면 의사 전달을 하는 대상에게 혼동을 줄 수 있다. 텍스트에서 나타나는 중의적 표현의 종류는 어휘적 중의성, 구조적 중의성이 있다. 어휘적 중의성에는 다의어에 의한 중의성과 동음어에 의한 중의성이 있는데, 다의어에 의한 중의성은 하나의 단어가 주변 문맥이나 상황에 따라 다른 의미들로 해석되는 것을 의미한다. 예를 들어, "손 좀 보다."라는 문장은 '손'의 의미에 따라 문장의 의미가 다르게 해석된다. 앞뒤의 문장이 없고 상황도 딱히 없다면, 손이 실체 일부로써 "손이 어떻게 생겼는지 보다."라는 의미로 해석된다. 주변 문맥에 고장이 나는 제품들을 나타내는 단어들이 존재할 경우, '수리'의 의미로 해석되고, 사람이나 동물에 해당하는 단어가 존재할 경우, "혼이 나다"라고 해석이 된다. 동음어에 의한 중의성은 문장 주변의 문맥정보가 동일하지만, 상황에 따라 다른 의미로 해석되는 것을 의미한다. 예를 들어 "밤이 좋다"라는 문장이 있을 때 상황이 지칭하는 것이 '시간'을 의미한다면 '저녁'이라는 의미를 가지는 '밤'이고, 식사 자리이거나 음식을 보는 것이라면 '먹는 밤'을 의미하는 것이다. 구조적 중의성은 문장을 이루고 있는 어휘 간의 관계에 따라 여러 의미로 해석되는 중의성을 의미한다. 대표적으로 수식어에 의한 중의성과 대칭 동사에 의한 중의성이 있다. 수식어에 의한 중의성은 수식어가 수식하는 범위에 따라 문장의 해석이 달라지는 것을 의미한다. 예를 들어, "부유한 철수와 영희가 명품매장을 갔다."라는 문장이 있을 때 '부유한'이라는 수식어가 철수와 영희 둘 다 수식하는 것인지, 철수만 수식하는 것인지에 따라 문장 해석이 달리 된다. 대칭 동사에 의한 중의성은 문장의 동사가 수식하는 범위에 따라 해석이 달라지는 것을 의미한다. 예를 들어 "철수와 영희가 명품매장을 갔다."라는 문장이 있을 때 철수와 영희가 "함께 갔다"라는 의미와 "각자 갔다."의 의미로 해석이 달라진다.

이처럼 중의적 표현은 상황, 문맥에 따라 다양하게 해석할 수 있기 때문에 정확한 분석을 위해서는 중의성 표현들의 의미를 결정하는 외부 정보들을 정확하게 파악하는 것이 중요하다.

7.2 단어 의미 중의성 해소 기법

7.2.1 단어 중의성 해소

단어 의미 중의성 해소 기법(Word Sense Disambiguation)은 [그림 7-1]과 같이 문장 내 중의성을 가지는 어휘를 사전에 정의된 의미와 매칭하여 어휘적 중의성을 해결하는 문제로 문장에 표현된 단어들을 기계가 정확하게 이해하게 하는 것이다. 사람은 의사소통을 위해 많은 경험을 토대로 쌓인 지식정보들을 활용하여 문맥을 파악하고 단어를 이해한다. 기계도 이와 같은 방법으로 문장표현을 이해해야만 정확하게 단어를 이해할 수 있다. 이러한 과정을 토대로 단어 의미 중의성을 해소하기 위한 기법들이 다양하게 연구되어왔고, 대표적으로 지식기반 방법과 지도학습 방법, 지식정보와 단어의 의미가 레이블(Labeling)된 데이터를 같이 활용하는 심층학습 방법이 있다.

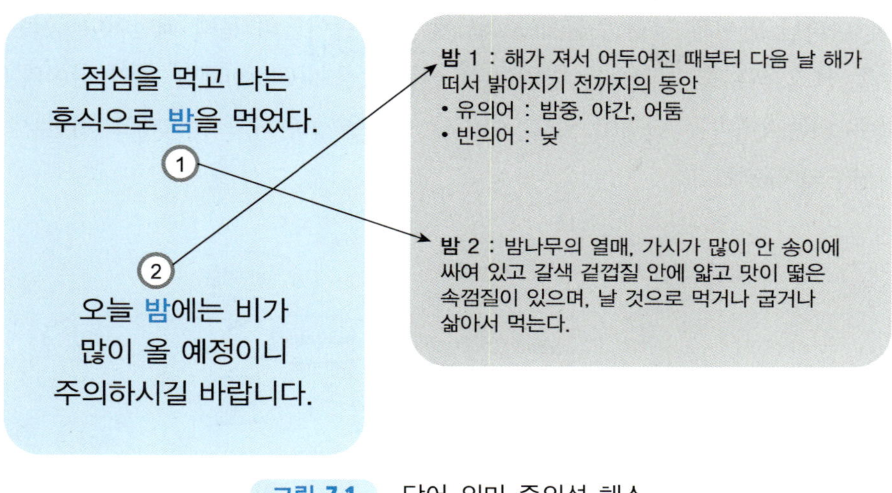

그림 7-1 단어 의미 중의성 해소

7.2.2 지식기반 방법

지식기반 방법은 문장에 등장한 단어들을 사전에 정의된 어휘 지식을 활용하여 예측하는 방법이다. 어휘지식으로는 WordNet, BabelNet, ConceptNet, Freebase 등 다양한 지식들이 정의되어있지만, 대표적으로는 프린스턴 대학교에서 구축한 WordNet에 정의된 의미를 기반으로 평가 및 학습데이터가 구축되어 있기 때문에 단어 중의성 해소 연구에서 가장 많이 사용한다. WordNet은 단어간에 어떤 관계를 가지고 있는지 정의된 온톨로지이다.[8] 영어 단어를 Synset이라는 동의어 집합으로 분류하고, 각각의 의미들은 간단한 정의와 예시를 가지고 있다. 해당 의미들은 각각 상하위어, 반의어, 동의어 개념으로 관계가 정의되어있다. 지식 기반 방법은 이러한 단어의 의미를 담고 있는 리소스(Resources)가 필요하고 이를 활용하여 사전 정의 기반 방법과[1] 그래프 기반 방법이[2, 3, 4, 13] 연구되어왔다. 사전 정의 기반 방법은 사전에 정의된 뜻풀이(Gloss)를 기반으로 의미를 추론하는 방법이고, 그래프 기반 방법은 단어의 어휘 의미망 사전(WordNet)과 같이 단어의 의미 관계 정보를 분석하여 의미를 추론하는 방법이다. 대표적인 사전 정의기반 방법은 레스크(lesk) 알고리즘이 있다.[1] 이 방법은 중의성 단어의 사전 뜻풀이(Gloss)에 쓰인 단어들과 중의성 단어와 함께 주변 문맥에 나타난 단어의 사전 뜻풀이(Gloss)에 쓰인 단어들의 문맥 패턴이나 중복된 단어 수를 보고 의미를 결정하는 방법이다. 이는 뜻풀이(Gloss)에만 쓰인 단어와 문장에 너무 의존적이라는 단점이 있다. 이러한 단점을 보완하고자 그래프 기반 방법이 많이 연구되어왔다.

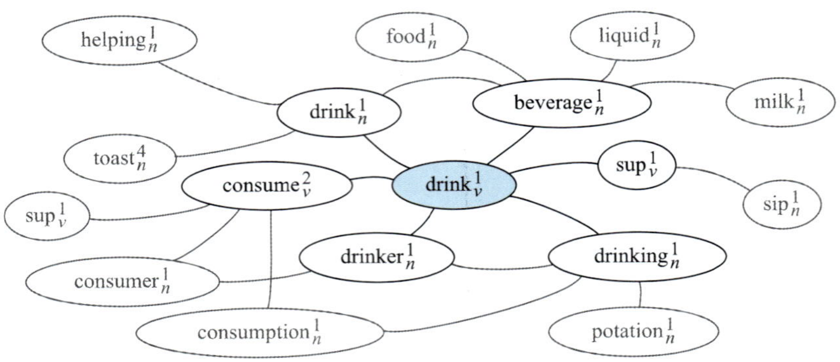

그림 7-2 '$drink^1_v$' 의미에 대한 거리 2까지의 모든 의미 그래프 추출

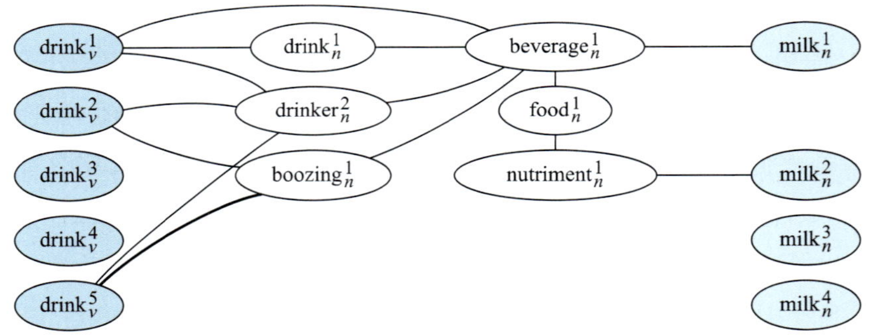

그림 7-3 DFS를 이용한 drink와 milk 간에 연결된 중의성 단어 그래프 표현

그래프 기반 방법은 어휘 의미망 사전에 정의된 의미 관계 정보 중에 중의성 단어와 주변 문맥에 나온 단어들의 부분 그래프를 새로 추출하고 그중 가장 연결성이 높은 중의성 단어의 의미를 선택하는 방법이다. 대표적인 그래프 기반 단어 중의성 해소 방법은 "She drinks some milk." 문장이 입력으로 들어왔을 때 중의성을 가지는

'drink'와 'milk'의 의미를 선택하기 위해 'drink'가 가지는 모든 의미와 'milk'가 가지는 모든 의미를 특정 거리만큼 [그림 7-2]와 같이 의미 그래프를 추출하고, [그림 7-3]과 같이 각 의미 간에 연결된 모든 간선을 탐색 알고리즘을 통해 찾아 중의성 단어 간의 그래프를 구축한다. 이 그래프의 연결성을 측정하여 가장 연결이 많이 된 의미를 선택하는 것이 그래프 기반 방법이다. 하지만, 이러한 방법도, 어휘 의미망 사전에 정의된 관계성만 고려하는 것이기 때문에 문법적 정보가 포함되어 있지 않아 정확한 의미를 분석하는데 어려움이 있다.

7.2.3 지도학습기반 방법

지도학습 방법은 문장 내 단어의 의미가 레이블(Labeling)된 데이터를 이용하여 기계학습 모델에 학습하고 단어의 의미를 예측하는 방법이다.[5, 6, 7] 지도학습 방법은 기본적으로 학습데이터에 의미정보가 레이블(Labeling)된 중의성 단어와 주변 문맥에 나타나는 단어들의 정보를 기반으로 의미를 예측한다. 많이 사용되었던 지도학습 알고리즘으로는 나이브 베이즈 분류기(Naive Bayes Classifiers, NB), kNN(k-Nearest Neighbor Classifiers), 지지벡터기(Support Vector Machine, SVM) 등이 있다. NB 분류기는 초기의 단어 중의성 해소 연구부터 많이 연구되어왔고, 특정 범주에 출현한 자질의 확률 통계를 사용한다. 중의성 단어의 의미를 결정하는 주변 문맥정보를 라할 때 중의성 단어의 의미를 결정하는 NB 분류기의 식은 식(7.1)과 같다.

$$
\begin{aligned}
c &= \arg\max_{c_k} P(c_k|\vec{x}) \qquad (7.1)\\
&= \arg\max_{c_k} \frac{P(\vec{x}\,|\,c_k)}{P(\vec{x})} P(c_k)\\
&= \arg\max_{c_k} [\log P(\vec{x}\,|\,c_K) + \log P(c_K)]\\
&= \arg\max_{c_k} [\sum_{v_j \in \vec{x}} \log P(v_j|\,c_K) + \log P(c_K)]
\end{aligned}
$$

kNN 분류기는 벡터 공간에 표현된 자질들이 정해진 k의 값에 따라서 [그림 7-4]

와 같이 가장 많이 묶이는 자질들의 의미클래스에 선택이 되기 때문에 자질의 유무에 따라 성능이 좌지우지 된다. 벡터 공간에서의 자질을 묶기 위해 가장 많이 사용하는 벡터 거리 계산은 유클리드 거리(Euclidean distance)와 코사인 유사도(Cosine Similarity)이다. 유클리드 거리(Euclidean distance)는 두 점 P, Q가 $P=(p_1, \ldots, p_n)$, $Q=(q_1, \ldots, q_n)$와 같은 좌표를 가질 때, 식(7.2)을 통해서 계산한다.

$$Euclidean\,Distance = \sqrt{\sum_{i=1}^{n}(p_i - q_i)^2} \tag{7.2}$$

코사인 유사도(Cosine Similarity)는 A, B와 같은 좌표가 있을 때, 아래의 식(7.3)을 통해서 거리를 계산한다.

$$Cosine\ \ similarity = \frac{A \cdot B}{\|A\|\|B\|} = \frac{\sum_{i=1}^{n} A_i \times B_i}{\sqrt{\sum_{i=1}^{n}(A_i)^2} \times \sqrt{\sum_{i=1}^{n}(B_i)^2}} \tag{7.3}$$

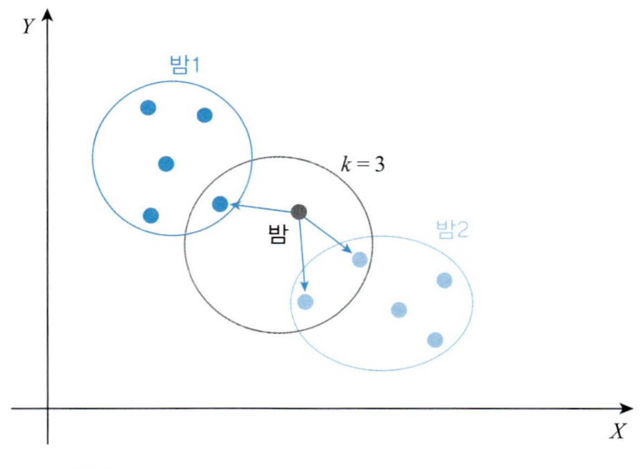

그림 7-4 kNN을 이용한 '밤' 중의성 해소 방법

일반적으로 심층학습 이전에는 커널 기반 SVM 분류기가 단어 중의성 해소 연구에서 가장 높은 성능을 보였다. SVM 분류기를 이용한 단어 중의성 해소는 [그림

7-5]과 같이 벡터 공간에 표현된 자질로부터 의미 클래스를 분류하기 위해 의미 클래스간에 가장 넓은 거리를 사용하는 방향으로 선을 그어 의미를 분류하는 방법이다. kNN이 자질 표현에 상당히 민감하게 반응하였다면, SVM은 그러한 단점이 적고, 잡음 자질이나 자질 결합의 크기가 큰 경우에도 좋은 성능을 보장해왔다.

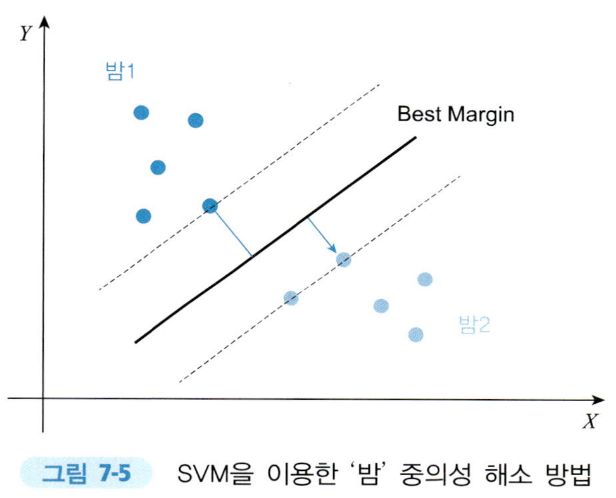

그림 7-5 SVM을 이용한 '밤' 중의성 해소 방법

어떤 자질은 분류 성능에 도움이 되지만, 어떤 자질은 성능을 저하시킨다. 따라서 불필요한 자질을 제거하거나 적절한 자질을 선택 또는 결합하여 성능을 높일 수 있다. 적절한 자질을 선택하는 것은 대표적으로 자질 하부집합 선정이 있는데, 기존의 자질 집합으로부터 좋은 분류성능을 가지는 자질들을 선택하고, 반대로 중복되거나 부가적인 자질들을 제외하는 것을 말한다. 가장 많이 사용하는 방법은 문헌빈도와 같은 단어의 출현빈도를 이용하는 방법이나 상호정보량, 정보획득량과 같은 카이제곱 통계량, 상관계수, 적합성 점수 승산비와 같은 기준을 적용할 수 있다. 자질을 결합하는 방법은 원래의 자질로부터 조합과 변형을 통해 새로운 자질을 만드는 것으로 어간이 동일한 단어들의 접사나 어미를 제거하는 스테밍(stemming), 용어 클러스터링, 잠재 의미 색인(Latent Semantic Indexing, LSI) 방법을 통해 여러 자질을 하나의 자질로 변화시킨다. 기계학습을 이용하기 때문에 지식 기반 보다 높은 성능을 보이지만, 대량의 학습데이터를 구축해야 하는 단점이 있다. 하나의 의미도 다양한 문맥 패턴을 가지기 때문에 학습데이터를 구축하기 위해서는 많은 시간이 필요하다.

7.3 의미역(Semantic Role) 분석

7.3.1 의미역이란

문장의 의미가 올바르게 해석되기 위해서는 문장의 각 단어들의 관계가 정확하게 형성되어야 한다. 의미역 분석이란 의미를 해석하기 위해 서술어가 수식하는 대상의 의미 관계를 파악하고, 그 역할을 분류하는 것이다. 수식을 받는 대상을 논항이라 하는데 논항은 문장의 구조가 바뀌어도 행위주, 피동작주는 변하지 않는다. 예를 들어, "영희가 밥을 먹었다."와 "철수가 연구실로 택배를 보냈다."에서 '영희'는 밥을 먹는 사람이고, '철수'는 택배를 보내는 사람으로서 실제로 둘이 같은 것은 아니지만, '행동주'라는 공통된 의미역을 갖는다. 또한 "1) The key opens the door"와 "2) The door opens", "3) The child opened the door"에서 각각의 주어는 '도구', '사물', '행위자'라는 의미적 역할을 한다. 여기서 'door'는 1), 3)에서 목적어, 2)에서는 주어이지만, 의미역은 세 문장 모두에서 피동작주이다. 이처럼 의미역은 문법 구조에 반영되는 의미의 측면을 파악하기 위해 고안된 것으로 상황에 대한 고정된 해석을 전제로 하기 때문에 구조적으로 중의성을 가지는 문장의 의미를 정확하게 이해할 수 있다.

7.3.2 의미역의 종류

의미역은 서술어의 의미를 구성하는 데 필수적으로 요구되는 '필수적 의미역'과 문장에서 서술어의 의미를 보충하는 '수의적 의미역'으로 나눌 수 있다. '필수적 의미역'은 대개 행동주, 도구, 피동주, 경험자, 수혜자, 출처, 도달점 등으로 분류된다.[9]

[표 7-1]은 '필수역 의미역'을 나타낸다. 행동주(agent)는 어떤 행위를 하는 주체로 대개 감정이나 의지를 가지는 사람이나 동물이며 고의성이나 의도성을 가진다. 도구(instrument)는 행위, 이동의 의미를 표현하는 동사의 수단이 된다. 피동주/수동자

(patient)는 동사가 행위를 표현하는 경우며, 그 행위에 영향을 받거나 상태 변화를 겪는 것을 말한다. 경험자(experiencer)는 인지(cognition), 지각(perception), 감정(emotion)을 나타내는 용언의 경우 그 현상의 경험 주체가 되는 논항에 의해 내적인 상태에 영향을 받는 것인데, 행동주와는 달리 의도성을 나타내는 부사(구)와 결합할 수 없다. 수혜자(benefactive)는 어떤 행위가 행해졌을 때 이익을 받는 개체이다. 출처/근원(source)은 술어가 나타내는 사건에 의해 어떤 대상이 그로부터 이동하게 된 원래의 장소를 말하는데, 장소 외에도 행동의 동기나 이유가 출처가 되기도 한다. 도달점/목표(goal)는 행위가 목적하는 곳으로 출처와 대칭적인 개념이다. 도달점은 공간적 목적지뿐만 아니라 심정적, 주관적 목적지까지 포함한다.

| 표 7-1 | 필수적 의미역

의미역	예시
행동주(agent)	철수(agent)가 돈을 낸다.
도구(instrument)	철수(agent)가 망치(instrument)로 못을 박는다.
피동주/수동자(patient)	철수가 민희(patient)를 사랑했다.
경험자(experiencer)	영희(experiencer)가 사랑에 빠졌다.
수혜자(benefactive)	내가 철수(benefactive)를 위해 밥을 사줬다.
출처/근원(source)	나는 식당(source)에서 밥을 주문했다.
도달점/목표(goal)	나는 책을 서랍(goal) 안에 보관했다.

'수의적 의미역'으로는 장소/위치(locative), 이유(reason), 목적(purpose), 경로(path), 시간(time), 방법(manner) 등이 있다. 이들 의미역은 통사적인 분석에서 의미역 기준(theta criterion)에 따라 하나의 명사구는 하나의 의미역만을 갖는다.

7.3.3 지도학습기반 방법

기계학습 기반의 의미역 분석은 CRFs, SVM 등의 분류기를 주로 사용하며, 분류기의 입력으로 다양한 자질을 사용한다. 대표적인 자질로는 형태소, 구문정보가 많이 사용된다.[10] 예를 들어, 형태소, 구문 자질은 '타다'라는 서술어가 행동주(agent)와 피동주/수동자(patient)를 갖는다면 유사한 의미인 '승차하다'도 마찬가지로 같은 의미역을 갖는다고 유추하여 학습데이터가 존재하지 않더라도 의미역을 파악할 수 있다. 그러나, '타다'의 동형이의어가 존재할 경우 '탈 것'을 의미하는 것이 아니라 '불씨가 번지거나 불꽃이 일어난다'로 해석될 수 있기 때문에 단어 그대로가 아닌 단어가 갖는 의미를 고려해야 한다. 이러한 문제를 해결하기 위해, 일반 명사에 대한 동형이의어 정보, 고유 명사에 대한 개체명 인식 정보를 자질로 활용하여 의미역 인식 성능을 개선한 방법도 제안되었다.[11] 각각의 자질을 사용해온 이유를 설명하면 동형이의어의 경우 앞서 설명한 것과 같이 '눈'이라는 단어가 '얼음 결정체'인지 '감각기관'인지를 파악되어야 하기 때문이다. 하지만, 신조어와 같이 실제 사전에 없는 단어들도 많기 때문에 한계가 있다. 이러한 문제를 보완하기 위해 개체명의 경우 고유한 의미를 가지는 인명, 지명, 기관명, 날짜, 시간, 길이 등의 표현들을 활용하여 사전에 없는 단어들도 처리할 수 있도록 확장하였다. 지금까지 의미역의 성능을 높이기 위하여 이러한 자질들을 많이 사용하였는데, 전처리에 사용되는 구문 분석, 단어 중의성 해소 분석, 개체명 분석을 하기 위한 대량의 학습데이터가 학습된 분류기들을 따로 구축해야 한다는 단점이 있다.

7.4 의미표현

7.4.1 의미표현이란

화자들은 의미 구조에 대한 지식으로 모국어의 문장을 의미와 명제 내용에 따라 논항 구조를 파악하고, 문장 사이의 모순관계, 함의관계, 중의성 등의 관계를 정확하게 파악한다. 예를 들어, "나는 사과를 먹는다."와 "나는 사과를 했다."라는 문장을 구분할 때 '사과'가 '먹는다.', '했다.'와의 관계를 통해 다른 의미로 쓰이는 것을 정확하게 파악한다. 또한, 은유적, 관용적 구성을 사용하고, 지시(reference), 가리킴말(indexicals)과 맥락, 화행 및 전제, 함축을 상황에 맞춰서 유연하게 사용한다. 예를 들어, 선생님이 "오늘 날씨가 너무 춥다."라는 말을 했을 때 학생들은 상황에 따라 창문을 닫거나 선생님을 위로할 것이다. 문장을 의미표현은 이러한 화자들의 다양한 언어적 표현을 파악하는 단계이다.

7.4.2 추상 의미 표현(Abstract Meaning Representation:AMR)

의미분석연구는 개체명, 의미역, 상호참조, 담화 연결사, 시간 및 공간 정보 등 언어 표현이 가진 여러 의미론적 측면 중 일부에 초점을 맞추어서 연구가 진행되어왔다. 하지만 언어 표현과 그 의미 사이의 복잡성을 고려해야 하기 때문에 최근에는 추상 의미 표상(Abstract Meaning Representation:AMR)이 제안되어 하나의 의미분석을 해결하기 위한 모델을 만들지 않고, 여러 의미분석 결과를 결합하여 문장의 의미를 표현하는 방식이 활발하게 연구되고 있다.[12] AMR은 문장 단위의 의미 표상을 위해 논리적인 의미를 그래프 구조로 표현한다. AMR에서의 그래프 구조는 단일 루트 기준으로 하위에 여러 개념들을 포함하는 비순환 그래프로 표현된다. 이전의 연구되었던 문법 그래프들은 형태론, 통사론적으로 표현되었다면, AMR은 논리적이고 추상적인 체계로써 사건이나 개체 성분을 담아 표현한다. 예를 들어, "소년은 소녀가 자신을 좋아한다고 생각한다"라는 문장이 존재할 때 [그림 7-6]와 같이 표현될 수 있다. 표현된 AMR은 '사건(생각-01)', '주체(:ARG0)'는 '소년'이 되고 '대상(:ARG1)'은 '좋-02'의 사건이 된다. 여기까지 "소년이~좋아한다고 생각한다"까지의 표현이고, '좋-02'의 사건의 '주체(:ARG0)'는 '소녀'가 되고 '대상(:ARG1)'은 앞서 상위에 언급되었던 '소년'이 된다. 이렇게 "소년은 소녀가 자신을 좋아한다고 생각한다."의 의미를 표현함으로써 '소년'의 역할은 (1)'생각-01', '사건의 주체(:ARG0)'와 (2)'좋-02', '사건의 대상(:ARG1)'인 두 가지가 된다. AMR은 문장의 통사 구조를 분석한 것이

```
(생 / 생각 - 01
      : ARG0 (소 / 소년)
      : ARG1 (좋 / 좋 - 02
                  : ARG0 (소2 / 소녀)
                  : ARG1 소))
```

그림 7-6 "소년은 소녀가 자신을 좋아한다고 생각한다." AMR 예시

아닌 명제적 의미에 대한 논리적인 표상으로써 "소년은 '소녀가 나를 좋아하네'라고 생각했다."라는 문장도 [그림 7-7]과 같이 표상될 수 있다.

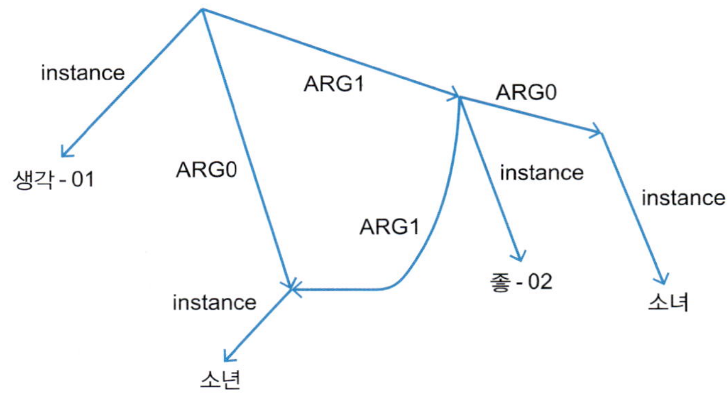

그림 7-7 "소년은 소녀가 자신을 좋아한다고 생각한다." 그래프 예시

| 표 7-2 | AMR에서 활용되는 관계(한국어 기준)

구분	역할 표지	비고
필수역	:ARGA, :ARG0, :ARG1, :ARG2, :ARG3	개별 프레임에 의존
수의역	:accompanier, :age, :beneficiary, :concession, :consist-of, :degree, :destination, :example, :extent, :frequency, :instrument, :location, :manner, :medium, :mod, :mode, :name, :ord, :part, :path, :polarity, :polite, :poss, :purpose, :quant, :range, :scale, :source, :subevent, :time, :topic, :unit, :value, :wiki 등	용언에 따라 필수역에 포함된 경우 :ARGn으로 주석
data-entity	:calendar, :century, :day, :dayperiod, :decade, :era, :month, :quarter, :session, :timezone, :weekday, :year, :year2 등	
opX 및 opN 관계	:op1, :op2, :op3, :op4 등	
특수조사	:postp-는커녕, :postp-으로-의 등	제한적 사용
접속	:conj-뿐-아니라 등	제한적 사용
역관계	:ARG0-of, :ARG1-of, :polarity-of, :location-of, :consist-of-of 등	관계화

AMR은 프레임셋(frameset)과 일반 어휘들을 활용하여 개념과 개념, 개념과 논항 간의 관계를 표현하고, 둘 이상의 관계를 잇는 간선이 역할(role)을 나타낸다. 또한, [표 7-2]와 같이 필수역과 수의역 등 일반적인 의미역을 비롯하여 부정, 접속, 명령, 소유, 양보, 수량, 시간, 위키 등의 다양한 관계들도 나타낸다.

AMR에서 개체명은 [표 7-3]와 같이 ':name'으로 정의되고 텍스트에서 정의되지 않는 개체명들은 ':wiki' 정보로 보완한다. 개체타입을 특정하기 어려운 경우에도 대처하기 위해 일반적인 개체명 타입도 같이 사용한다.

[표 7-3] AMR에서 쓰이는 개체타입

구분	개체타입
인물	person, family, animal, language, nationality, ethnic–group, regional–group, religious–group, political–movement
기관	organization, company, government–organization, military, criminal–organization, political–party, market–sector, school, university, research–institute, team, league
장소	location, city, city–district, county, state, province, territory, country, local–region, country–region, world–region, continent, ocean, sea, lake, river, gulf, bay, strait, canal, peninsula, mountain, volcano, valley, canyon, island, desert, forest, moon, planet, star, constellation
시설	facility, airport, station, port, tunnel, bridge, road, railway–line, canal, building, theater, museum, palace, hotel, worship–place, market, sports–facility, park, zoo, amusement–park
사건	event, incident, natural–disaster, earthquake, war, conference, game, festival
인공물	product, vehicle, ship, aircraft, aircraft–type, spaceship, car–make, work–of–art, picture, music, show, broadcast–program
저작물	publication, book, newspaper, magazine, journal
자연물	natural–object
기타	award, law, court–decision, treaty, music–key, musical–note, food–dish, writing–script, variable, program
의생명 도메인 특화 NE타입(BioAMR)	molecular–physical–entity, small–molecule, protein, protein–family, protein–segment, amino–acid, macro–molecular–complex, enzyme, nucleic–acid
	pathway, gene, dna–sequence, cell, cell–line, species, taxon, disease, medical–condition

참고문헌

[1] M. Lesk, "Automatic sense disambiguation using machine readable dictionaries: how to tell a pine cone froman ice cream cone", Proceedings of the 5th annual in-ternational conference on Systems documentation, pp.24-26, 1986.

[2] E. Agirre, O. L'opez de Lacalle, and A. Soroa, "Randomwalks for knowledge-based word sense disambiguation", Computational Linguistics, Vol. 40, No. 1, pp. 57-84, 2014.

[3] A. Moro, A. Raganato, and R. Navigli, "Entity linking meets word sense dis-ambiguation: a unified approach", Transactions of the Association for Computational Lin-guistics, Vol. 2, pp. 231-244, 2014.

[4] O. Dongsuk, S. Kwon, K. Kim, and Y. Ko, "Word sense disambiguation based on word similarity calculation using word vector representation from a knowledge-based graph", Proceedings of the 27th InternationalConference on Computational Linguistics, pp. 2704-2714, 2018.

[5] A. Novischi, M. Srikanth, and A. Bennett, "Lcc-wsd: System description for English coarse grained all words task at semeval 2007", in Proc. of the 4th International Workshop on Semantic Evaluations, pp. 223-226, Prague, Czech Republic, 2007.

[6] M. Ciaramita and Y. Altun, "Broad-coverage sense disambiguation and information extraction with a supersense sequence tagger", in Proc. of the 2006 Conference on Empirical Methods in Natural Language Processing, Sydney, Australia, pp. 594-602, 2006.

[7] L. M'arquez, G. Escudero, D. Martinez, and G. Rigau, "Supervised corpus-based methods for WSD", in Word Sense Disambiguation: Algorithms and Applications, E. Agirre and P. Edmonds, Eds. Springer, New York, NY, pp. 167-216, 2007

[8] G. A. Miller, "Wordnet: a lexical database for english", Communications of the ACM, Vol. 38, No. 11, pp. 39-41, 1995

[9] http://encykorea.aks.ac.kr/Contents/Index?contents_id=E0066673

[10] R. Johanssonand P. Nugues, "Dependency-based Semantic Role Labeling of Prop-Bank", Proc. ofthe EMNLP, 2008.

[11] 임수종, et al. 의미 프레임과 유의어 클러스터를 이용한 한국어 의미역 인식. 정보과학회논문지, 2016, 43.7: 773-780.

[12] https://github.com/klrl-yonsei/korean-amr-guidelines/blob/master/korean-amr-guidelines.md

[13] Navigli, Roberto; Lapata, Mirella. "An experimental study of graph connectivity for unsupervised word sense disambiguation", IEEE transactions on pattern analysis and machine intelligence, 2009, 32.4: 678-692.

PART II

자연어처리 응용시스템

CHAPTER

8 개체명 인식 (Named Entity Recognition)

8.1 개체명 인식 소개

이번 8장에서는 텍스트에서 고유한 의미의 개체(Entity)를 인식(Recognition)하는 개체명 인식(Named Entity Recognition, NER)에 대해서 학습한다. 개체명 인식이란 무엇인지 간단한 예시를 통해 이해하고 NER 시스템, 평가 척도, 태그 기법, 학습 코퍼스를 순서로 하나씩 살펴본다.

개체명 인식은 질의 답변(Question Answering), 정보 검색(Information Retrieval), 관계 추출(Relation Extraction) 등을 위한 NLP 시스템의 핵심 구성 요소이다. NER 작업은 Grishman과 Sundheim이 조직한 정보 추출(Information Extraction)의 목적으로 개최되었던 Message Understanding Conference(MUC)를 시작으로 본격적인 연구가 진행되었다.[1][2] 초기 NER 시스템은 수작업(handcrafted), 사전 및 온톨로지를 기반으로 이루어졌으며 그 후 자질 정보를 이용한 feature engineering 및 기계학습 기반 방법들이 제안되었다. 신경망 기반의 NER 시스템 모델은 일반적으로 어휘집이나 온톨로지와 같은 특정 도메인에 따른 리소스를 필요로 하지 않기 때문에 매우 매력적이며 최근에는 딥러닝 기반의 NER 시스템이 개발되고 있다. [그림 8-1]은 CoNLL-2002의 개체명 인식의 예이다.

Named entities are phrases that contain the names of persons, organizations, locations, times and quantities. Example:

> [PER Wolff] , currently a journalist in [LOC Argentina] , played with [PER Del Bosque] in the final years of the seventies in [ORG Real Madrid] .

그림 8-1 CoNLL-2002 Shared Task의 개체명 인식 소개

8.2 개체명 인식이란

개체명 인식(NER)은 사람(Person, PS), 장소(Location, LC), 기관(Organization, OG), 날짜(Date, DT), 이 외에도 분야에 따라 약물, 임상 절차, 생물학적 단백질 등과 같은 명명된(named) 개체를 텍스트로 식별하는 작업이다. NER 시스템은 종종 질의응답, 정보 검색, 공동 참조 해결, 토픽 모델링 등의 첫 번째 단계로 사용된다. 예를 들어 하나의 문서 내에서 주요 인물, 조직 및 장소에 대한 정보를 추출하고자 할 때, 미리 정의된 개체명 정의에 따라 해당 정보를 추출할 수 있다.

아래의 예시(카테고리: [사람][날짜][시간][장소][기관])를 통해 개체명 인식에 대해 좀 더 이해해보도록 한다.

[문장 1]
춘향아, 8월 15일에 강남에서 홍길동과 약속이 있으니까, 늦지 말고 오도록 해!

위 예시 문장에서 인식할 수 있는 정보는 다음과 같다.

[사람] : 춘향, 홍길동

[날짜] : 8월 15일

[장소] : 강남

좀 더 시각화를 통해 나타내보면 다음과 같다.

> **춘향**[PS]아, **8월 15일**[DT]에 **강남**[LC]에서 **홍길동**[PS]과 약속이 있으니까, 늦지 말고 오도록 해!

[문장 2]

명량 대첩은 1597년 음력 9월 16일 정유재란 때 이순신이 지휘하는 조선 수군 13척이 명량에서 일본 수군 130척 이상을 격퇴한 해전이었다.

위 예시 문장에서 인식할 수 있는 정보는 다음과 같다.

[사람] : 이순신

[날짜] : 1597년, 9월 16일, 정유재란

[장소] : 명량

좀 더 시각화를 통해 나타내보면 다음과 같다.

> 명량 대첩은 **1597년**[DT] 음력 **9월 16일**[DT] **정유재란**[DT] 때 **이순신**[PS]이 지휘하는 조선 수군 13척이 **명량**[LC]에서 일본 수군 130척 이상을 격퇴한 해전이었다.

개체명 인식을 통해 특정 명사에 해당하는 태그를 붙임으로써 위 문장 1, 2와 같이 [춘향, 홍길동, 이순신 - 사람 / 저녁 8시 - 시간 / 강남, 명량 - 장소 / 1597년, 9월 16일, 정유재란 - 날짜]의 개체명을 인식하여 분류할 수 있다. 정유재란의 경우 날짜 뿐 만이 아니라 하나의 '사건'으로 정할 수 있으나 본 내용에서는 문맥 상 '날짜'로 구분한다.

8.3 NER 시스템

8.3.1 지도학습기반 시스템

지도 방식의 머신러닝 모델은 샘플 학습 데이터의 학습을 통해 예측값을 학습할 수 있고, 그것을 기반으로 사람이 만든 규칙을 대체하는 데 사용할 수 있다. 은닉 마르코프 모델(Hidden Markov Models, HMM), 서포트 벡터 머신(Support Vector Machines, SVM), 조건부 무작위장(Conditional Random Fields, CRF) 및 의사 결정 트리는 NER에서 사용하는 일반적인 기계학습 기반 시스템이다. Zhou는 MUC-6, MUC-7 데이터에 대해 HMM 기반 NER을 사용하여 각각 96.6%, 94.1%의 f-score를 달성했다.[12]

Malouf는 여러 기능을 추가하여 HMM을 최대 엔트로피(Maximum Entropy, ME)와 비교했다. 해당 모델에는 대문자, 문장에서 첫 번째 단어인지, 단어의 출현 여부, 그리고 여러 사전에서 수집된 13281개의 이름이 포함되었다. 이 모델은 CoNLL2002의 스페인어 및 네덜란드어 데이터셋에서 각각 77.66%, 68.08의 f-score를 달성했다.[13] CoNLL에서 우승한 팀은 fixed depth 결정 트리를 결합하는 boosting 알고리즘은 Binary AdaBoost classifier를 사용했다.

간단한 이진 관계 표현을 위해 대문자, 트리거 단어, 이전 태그 예측, 단어 모음, 사전 등과 같은 자질을 사용했으며 이러한 관계는 사전에 예측된 레이블과 함께 사용됐다. 해당 팀은 CoNLL 2002 스페인 및 네덜란드 데이터셋에서 81.39%, 77.05%의 f-score를 달성했다.[14] CoNLL2003 데이터셋에서 SVM 모델을 구현한 연구에서는 다양한 윈도우 크기와 이웃한 정보들을 활용하여 가중치를 부여하고 각 클래스의 균형을 맞추기 위한 실험을 SVM 분류기를 통해 분석했다. 해당 연구는 영어 데이터셋에서 88.3% f-score를 달성했다. 메인 작업을 여러 개의 보조 작업으로 나누는 구조 학습을 구현한 2005 연구에서는 문맥을 보고 현재 단어를 마스킹하는 방법으로 레이블을 예측하도록 한다.

각 보조 작업에 가장 적합한 분류기는 신뢰도에 따라 선택되었으며, 이 모델은 영어와 독일어에서 각각 89.31%, 75.27%의 f-score를 달성했다. 2016년 준지도학습 시

| 표 8-1 | Wbi-ner 논문에서 약학 물질의 종류 식별 및 분류하는데 사용된 자질 정보[17]

	Feature Class	Description
f_C	$f_{CHEMSPOT}$ f_{IUPAC} $f_{FORMULA}$ $f_{DICTIONARY}$ f_{ABBREV}	part of a prediction by ChemSpot part of an IUPAC entity part of a chemical formula part of a dictionary match part of a chemical abbreviation
f_J	f_{JOCHEM} f_{PREFIX} f_{SUFFIX}	dictionaries in Jochem frequent chemical prefix frequent chemical suffix
f_O	f_{PHARE} $f_{CHEBDESCS}$ $f_{CHEBDEPTH}$	PHARE ontology #descendants in ChEBI ontology average depth in ChEBI ontology
f_G	$f_{KLINGER}$ f_{BANNER} f_{ABNER}	see Klinger et al. (2008) see Leaman and Gonzalez (2008) see Settles (2005)
f_f	$f_{UPPERCASESENT}$ $f_{PREVWINDOW}$ $f_{NEXTWINDOW}$	part of an upper-case sentence text of preceding four tokens test of succeeding four tokens

스템을 사용한 개체명인식 시스템이 개발되었는데, Brown corpus를 활용한 문자 단위 n-gram, 어휘, 접두사, 접미사 bi-gram, tri-gram 및 비지도학습 클러스터링 등의 자질을 활용하여 학습한 해당 모델은 CoNLL 데이터셋에서 스페인어, 네덜란드어, 영어 및 독일어에서 각각 84.16%, 85.04%, 91.36%, 76.42%의 성능으로 당시 최고의 성능을 달성했다.[15] DrugNER의 경우 FDA, DrugBank, Jochem 등의 화학 분야 어휘 자원 및 (MedLine 말뭉치로 학습된) 단어 임베딩에 CRF를 활용하여 최고 성능을 달성했다.[16] [표 8-1]은 동일한 작업(task)에서 화학 물질의 접두사 접미사 등으로 구성된 자질의 CRF를 사용한 연구를 나타낸다.[17]

8.3.2 지식 기반 시스템

지식 기반 NER 시스템은 어휘 자원 및 도메인 별 지식에 의존하기 때문에 주석이 달린 학습 데이터를 필요로 하지 않는다. 이러한 용어는 사전 정보가 철저할 때에는 효과적이지만, 예를 들어 DrugNER 데이터셋에 있는 약물 N 클래스의 모든 예시에서는 실패한다. 왜냐하면, 정의상 DrugBank 사전에는 없는 어휘가 많이 존재하기 때문이다. 어휘로 인해 지식 기반 NER 시스템의 정확도는 일반적으로 높을 수 있지만, 도메인 및 언어 별 규칙과 사전의 불완전성으로 인해 recall 값은 낮다. 지식 기반 NER 시스템의 또 다른 단점은 지식 자원을 구성하고 유지하기 위한 도메인 전문가의 필요성이다.

8.3.3 비지도 및 부트스트랩 시스템

몇몇 초기 시스템들은 최소한의 학습 데이터를 요구했는데, Collins과 Singer는 엔티티의 문맥, 개체명이 포함된 단어 등을 포함한 7가지 기능만을 사용하여 종자를 분류 및 추출하였다.[9] Etzioni는 8개의 제네릭 패턴 추출기를 적용하여 웹 텍스트를

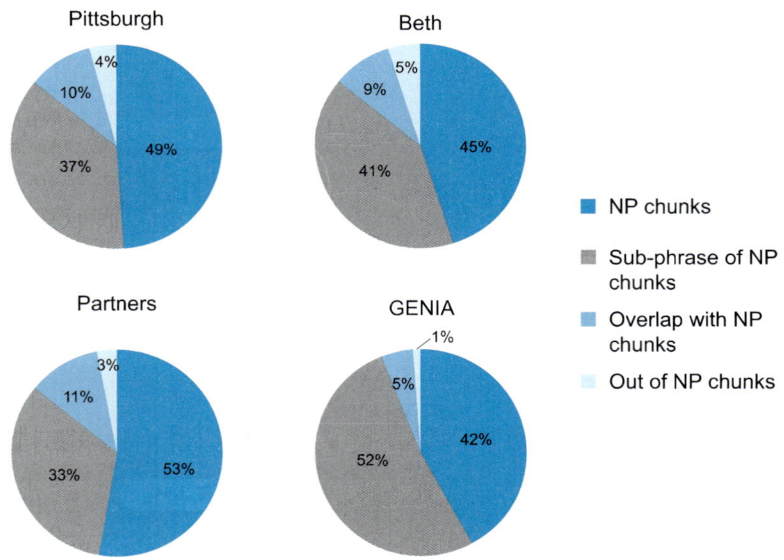

그림 8-2 말뭉치 엔티티의 비율을 나타낸다. 일반적으로 NP chunks의 개수가 가장 많고, 서브 단어를 포함하는 sub-phrase NP chunks에 대한 개체 정보가 다음으로 많은 수를 차지한다.[11]

여는 NER 시스템의 리콜을 개선하기 위해 비지도 학습 시스템을 제안했다.[10]

Nadeau는 앞선 두 연구에 기초하여 추출된 지명사전과 일반적으로 사용 가능한 지명사전을 결합하여 MUC-7에서 지명, 사람, 조직 엔티티에 대해 각각 88%, 61%, 59%의 성능을 달성했다. [그림 8-2]는 Zhang과 Elhadad이 생물학 및 의료 데이터에 비지도 NER 시스템을 적용한 말뭉치 엔티티 비율을 나타낸다. 구문 지식정보와 Inverse Document Frequency(IDF)를 사용하여 53.8%, 69.5%의 정확도를 달성했다.[11]

우리는 앞서 설명했던 내용 중 다양한 결정 경계를 그리는 규칙 기반 개념 중 하나인 SVM[18]에 대해 간단히 짚고 넘어가도록 한다.

SVM

1995년 Vapnik에 의해 발표된 SVM 개념은 서로 다른 두 그룹을 분류(classification)하기 위해 제안된 방법이다.

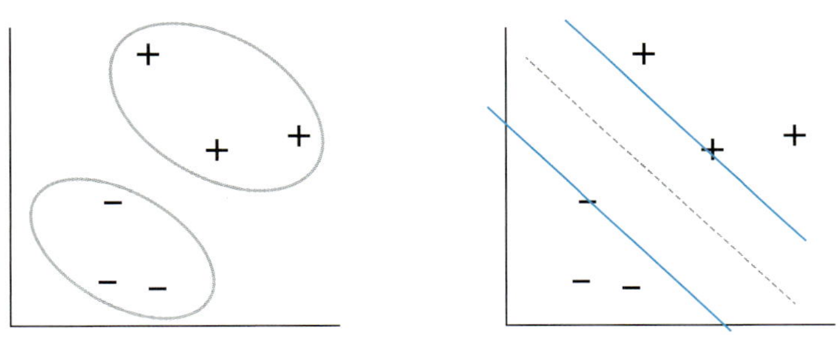

그림 8-3 긍정, 부정 그룹 및 결정 경계

[그림 8-3]과 같이 2차원 공간에 서로 다른 (긍정, +), (부정, −) 두 그룹이 존재한다고 가정할 때, 우리는 두 그룹을 분리하기 위해 하나의 직선을 긋는 방법을 생각할 수 있다. 그리고 그 직선이 긍, 부정 사이의 거리를 최대로 쓰는 중앙선(점선) 일수록 긍, 부정을 정확히 나눌 수 있을 것이다. 여기서 이것을 결정 경계(Decision boundary)라고 하며 그 결정 경계를 정하기 위한 규칙(rule)을 알아야 할 것이다.

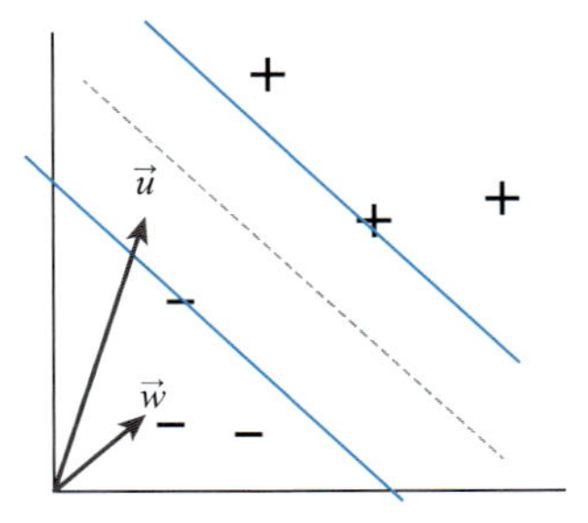

그림 8-4 결정 경계를 위한 규칙

[그림 8-4]를 통해 간단한 예시를 들어보자. 먼저 중앙선과 수직이 되는 $\vec{w}$를 나타내고 임의로 나타낸 샘플 $\vec{u}$가 있을 때, 중앙선을 기준으로 $\vec{u}$가 긍, 부정 중 어디에 속하는지 $\vec{w}$와 $\vec{u}$의 내적 한 후 그 값이 임의의 상수 c보다 큰 값인지 확인하는 것이다. 즉, $\vec{u}$를 $\vec{w}$에 projection 해서 그 길이가 특정 경계보다 길 경우 긍정, 짧을 경우 부정으로 분류 가능하다는 것이다. 이러한 결정 규칙(Decision rule)을 수식으로 표현할 경우 다음과 같다.

$$\vec{w} \cdot \vec{u} + b \geq 0 \quad then \quad '+' \tag{8.1}$$

그러나 주어진 식으로는 충분하지 않다. 단지 $\vec{w}$가 중앙선과 수직이라는 정보만 알고 있으며 b의 기준 또한 모호하기 때문이다. 따라서 $\vec{w}$ 와 b를 정할 수 있도록 추가적인 제한 조건을 넣어줄 수 있다. 우리는 위의 식(8.1)을 통해 결정을 내릴 수 있도록 이 값이 0보다 큰지 혹은 작은지에 대한 여부를 알아야 한다. 해당 식은 다음과 같다.

$$\vec{w} \cdot \overrightarrow{x_+} + b \geq 1 \tag{8.2}$$

$$\vec{w} \cdot \overrightarrow{x_-} + b \leq -1 \tag{8.3}$$

어떠한 두 벡터 $\vec{w}$와 $\overrightarrow{x_+}$를 내적해서 결정 규칙에 따라 b를 더해준 값이 1 이상의 값을 내도록 하거나 식(8.2) 반대로 −1 이하의 값을 내도록 식(8.3) 한다면, 1과 −1

의 값으로 모든 긍정과 부정을 구분할 수 있다. 위 식 양변에 y_i를 곱하면서 식을 아래와 같이 좀 더 간단히 나타낼 수 있다. 식(8.3)의 경우 −1 곱함으로써 식(8.2)와 동일하게 만들 수 있다.

$$y_i(\overrightarrow{w} \cdot \overrightarrow{x_+} + b) \geq 1 \tag{8.4}$$

조금 더 정리하면 다음과 같다.

$$y_i(\overrightarrow{w} \cdot \overrightarrow{x_+} + b) - 1 \geq 0 \tag{8.5}$$

그렇다면 위 등호가 [그림 8-5]의 양쪽 파란선에 정확히 걸쳐있을 때엔, 그 값이 0이 될 것이다. 즉, 아래와 같이 쓸 수 있다.

$$y_i(\overrightarrow{w} \cdot \overrightarrow{x_+} + b) - 1 = 0 \tag{8.6}$$

본래의 목표는 최대 거리를 갖는 결정 경계를 정하는 것이므로, 해당 거리는 다음과 같이 표현할 수 있다.

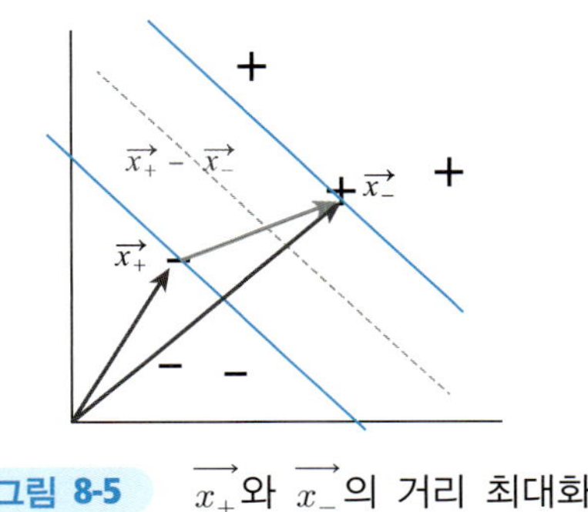

그림 8-5 $\overrightarrow{x_+}$와 $\overrightarrow{x_-}$의 거리 최대화

[그림 8-5]에서 처럼 $\overrightarrow{x_+}$과 $\overrightarrow{x_-}$의 거리를 최대로 하기 위한 $WIDTH$는 다음과 같이 표현한다.

$$WIDTH = \left(\overrightarrow{x_+} - \overrightarrow{x_-}\right) \cdot \frac{\overrightarrow{w}}{\|\overrightarrow{w}\|} \tag{8.7}$$

위 식은 식(8.6)에 의해 다음과 같이 나타낼 수 있다.

$$WIDTH = \frac{2}{\|\vec{w}\|} \tag{8.8}$$

여기서 $WIDTH$를 최대화하기 위해 다음과 같이 표현할 수 있으며, 라그랑주 승수법을 적용하여 제약조건 없이 문제를 해결할 수 있다.

$$\max\frac{1}{\|\vec{w}\|} \leftrightarrow \min\|\vec{w}\| \leftrightarrow \min\frac{1}{2}\|\vec{w}\|^2 \tag{8.9}$$

$$L(w,b,a) = \frac{1}{2}\|\vec{w}\|^2 - \sum_{i=2}^{N}\alpha_i[y_i(\vec{w})\cdot\vec{x_i}+b-1] \tag{8.10}$$

$$(\text{minimize } \vec{w} \text{ and } b,\ \text{maximize } \alpha_i \geq 0,\ \forall_i)$$

위 식에서 필요한 각 변수에 대해 미분을 진행하면 다음과 같은 결과를 얻을 수 있다.

$$\nabla_{\vec{w}}L = \vec{w} - \sum_i \alpha_i y_i \vec{x_i} = 0 \tag{8.11}$$

$$\nabla_b L = -\sum_i \alpha_i y_i = 0 \tag{8.12}$$

여기서 α값만 알면 $\vec{w}$값을 구할 수 있게 된다. 위에서 구한 식을 이용하여 다음과 같이 나타낼 수 있다.

$$\begin{aligned}\sum_{i=1}^{N}\alpha_i + \frac{1}{2}\|\vec{w}\|^2 - \sum_{i=1}^{N}\alpha_i y_i \overrightarrow{w^T}\vec{x_i} &\Leftrightarrow \sum_{i=1}^{N}\alpha_i + \frac{1}{2}\overrightarrow{w^T}\vec{w} - \overrightarrow{w^T}\vec{w} \\ &\Leftrightarrow \sum_{i=1}^{N}\alpha_i - \frac{1}{2}\overrightarrow{w^T}\vec{w} \\ &\Leftrightarrow \sum_{i=1}^{N}\alpha_i - \frac{1}{2}\sum_{i=1}^{N}\sum_{j=1}^{N}\alpha_i\alpha_j y_i y_j \overrightarrow{w_i^T}\vec{w_j} \\ &\Leftrightarrow L(\alpha)\end{aligned} \tag{8.13}$$

최종적으로 α에 대한 maximization 문제로 정리하여 식(8.11)을 통해 $\vec{w}$를 구하고 ($\vec{w} = \sum_i \alpha_i y_i \vec{x_i}$), 식(8.6)을 통해 b를 구할 수 있다. 여기서 경계선을 정하는 $\vec{x}$ 값을 SVM에서 support vector라 한다.

8.4 NER 평가 척도

1996년 Grishman과 Sundheim은 NER에서 텍스트에 따라 엔티티와 상관없이 예측된 레이블이 올바른지, 그리고 레이블과 상관없이 예측된 엔티티가 올바른지의 타당성 여부를 평가하는 방식을 제안했다.[8]

$$F_1 = \left(\frac{2}{recall^{-1} + \text{precision}^{-1}}\right) = 2 \cdot \frac{\text{precision} \cdot \text{recall}}{\text{precision} + \text{recall}}$$

각 점수 범주에 대해 정밀도(precision)는 시스템이 올바르게 예측한 엔티티 수를 시스템이 예측한 수로 나눈 값으로, 재현율(recall)은 시스템이 올바르게 예측한 개체 수를 주석을 단 사람이 직접 식별 한 수로 나눈 값으로 정의했으며 F-score는 정밀도와 재현율의 조화평균으로 정의하였다. CoNLL에 소개된 정확성(Accuracy) 척도의 경우, 전체 엔티티에 대한 예측 레이블이 해당 엔티티의 정답 레이블과 정확히 일치하는 단어의 경우에만 예측이 올바른 것으로 평가한다. CoNLL 또한 정확히 일치하는 정밀도와 리콜의 조화평균을 적용한 F-score를 사용한다. 이를 조금 완화 시킨(relaxed) f1-score 혹은 좀 더 엄격한(strict) 기준으로 평가하는 f1-score의 경우 다양한 shared task에 사용된다. relaxed f1-score의 경우 개체명 엔티티의 일부가 올바르게 식별되는 경우에도 예측이 올바른 것으로 평가한다. 이와는 조금 다르게 strict f1-score의 경우 예측된 정보와 사람의 주석 정보가 정확하게 일치해야만 올바르게 식별된 것으로 평가한다.

8.5 BIO Tagging Scheme

BIO 태깅 기법이란 개체명을 텍스트로부터 인식시키기 위한 기법 중 하나로, 정보 추출(information extraction) 작업에서 자주 이용되는 태깅 기법이다. 기본적인 태깅 방식은 다음과 같다. B는 Begin의 약자로 개체명 중 시작을 나타내는 단어에 태그한다. I는 Inside의 약자로 B 혹은 I 개체명의 뒤에 오는 단어를 태그한다. O는 Outside의 약자로 개체명이 아닌 나머지 단어에 대해 태그한다. 예를 들어 New York의 경우 (New, B-LOC), (York, I-LOC)로 태그할 수 있다.

8.6 학습 코퍼스

NER에 대한 첫 번째 Shared task (Grishman and Sundheim, 1996) 이후, NER 관련 많은 shared task 및 말뭉치가 생성되었다. CoNLL2002와 CoNLL2003 [그림 8-6]은 뉴스와이어(newswire) 기사로부터 작성된 4가지 언어(스페인어, 네덜란드어,

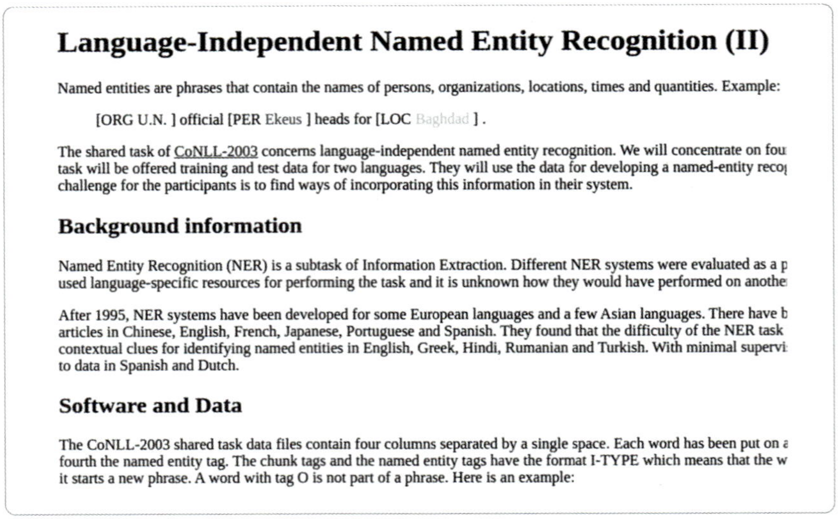

Language-Independent Named Entity Recognition (II)

Named entities are phrases that contain the names of persons, organizations, locations, times and quantities. Example:

[ORG U.N.] official [PER Ekeus] heads for [LOC Baghdad] .

The shared task of CoNLL-2003 concerns language-independent named entity recognition. We will concentrate on fou task will be offered training and test data for two languages. They will use the data for developing a named-entity reco challenge for the participants is to find ways of incorporating this information in their system.

Background information

Named Entity Recognition (NER) is a subtask of Information Extraction. Different NER systems were evaluated as a p used language-specific resources for performing the task and it is unknown how they would have performed on anothe

After 1995, NER systems have been developed for some European languages and a few Asian languages. There have b articles in Chinese, English, French, Japanese, Portuguese and Spanish. They found that the difficulty of the NER task contextual clues for identifying named entities in English, Greek, Hindi, Rumanian and Turkish. With minimal supervi to data in Spanish and Dutch.

Software and Data

The CoNLL-2003 shared task data files contain four columns separated by a single space. Each word has been put on a fourth the named entity tag. The chunk tags and the named entity tags have the format I-TYPE which means that the w it starts a new phrase. A word with tag O is not part of a phrase. Here is an example:

그림 8-6 CoNLL2003 Named Entity Recognition web sites

영어 및 독일어)에 대해 사람-PER(person), 장소-LOC(location), 조직-ORG(organization), 기타-MISC(miscellaneous)에 해당하는 4가지 개체명으로 태그된 말뭉치이다.[21]

NER shared tasks에는 위에서 언급한 언어 외에도 인도어, 아랍어, 독일어 및 슬라브어에 대한 다양한 언어에 대한 연구가 진행되는 작업(task) 또한 존재한다.[19]

개체명 인식 유형은 말뭉치와 해당 언어의 근원에 따라 크게 달라지는데, 예를 들어 동남아 언어 데이터에는 사람, 명칭, 일시적 표현, 약어, 객체 번호, 브랜드 등이 있다. 독일 위키 백과 및 온라인 뉴스를 기반으로 한 데이터는 CoNLL2002 혹은 CoNLL2003과 유사한 PERson, ORG-anization, LOCation, OTHer를 엔티티 유형으로 지정한다. Piskorski(2017)에 의해 구성된 shared task는 7개의 슬라브어(크로아티아어, 체코어, 폴란드어, 러시아어, 슬로바키아어, 슬로베니아어, 우크라이나어)를 포함하고 사람, 장소, 조직, 및 기타에 대한 엔티티를 개체명 종류로 포함하고 있다.

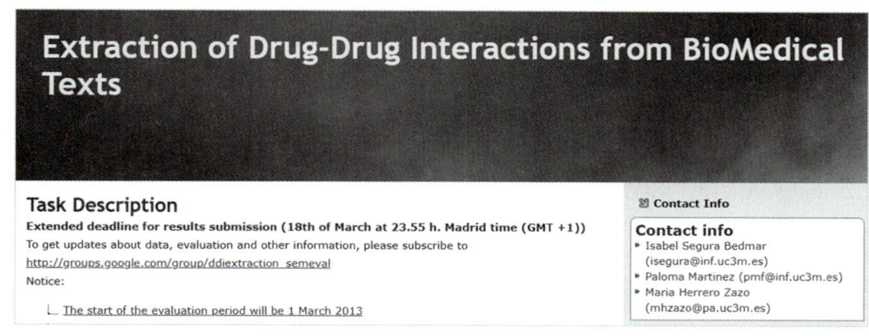

그림 8-7 SemEval 2013 task9

2007년에는 익명화된 개인 환자 데이터 문구를 찾는 임상 노트 식별화와 관련된 task가 Uzuner에 의해 제안되기도 했었고,[5] 이후에 나온 2010 I2B2 NER task는 임상 문제, 시험 및 치료와 같은 개체명에 중점을 두었다. 또한, [그림 8-7]의 SemEval 2013 Task 9의 일환으로 Drug NER shared task가 소개되었는데 이는 의약품, 브랜드 및 신약과 같은 의약품 개체명을 중점으로 진행되었다.[20]

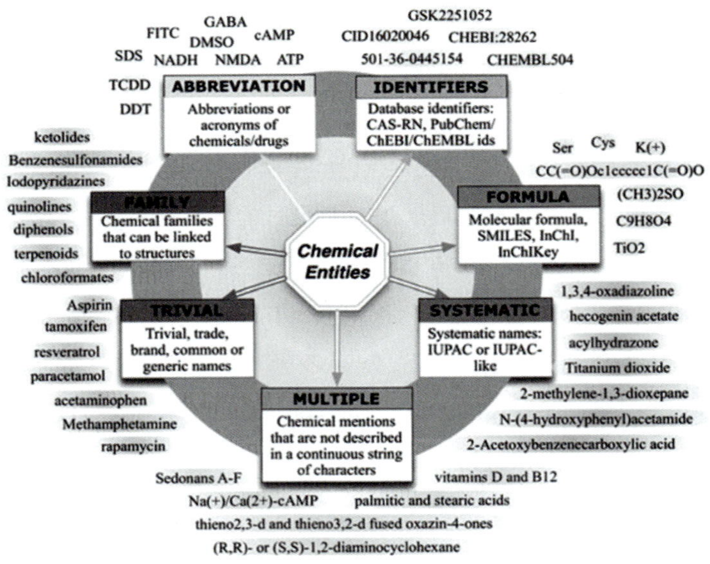

그림 8-8 CHEMDNER에서 사용한 엔티티 정보[6]

2015년 Krallinger은 이러한 개체명 정보를 화학 분야에 적용시켰으며, 해당 분야에서 사용하는 엔티티([그림 8-8] 참고)를 중점으로 CHEMDNER task를 소개했다[6]. 이 외에도 생물학, 미생물 NER 말뭉치가 PubMed and biology 웹사이트를 통해 수집되었고 해당 사이트에는 주로 박테리아, 박테리아의 서식지 및 지리적인 위치를 엔티티 정보로 수집한다.

NER task는 [그림 8-9]와 같이 Twitter와 같은 소셜 미디어 데이터로 구성되기도 한다. 엔티티 유형은 Twitter의 사용자 행동을 기반으로 생성하여 더욱 다양하다. 예를 들어 사람, 회사, 시설, 스포츠팀, 영화, TV쇼 등의 개체명이 존재할 수 있다. 그러나 이러한 데이터는 문법적으로 불완전한 문장이 존재하거나 구어체 문장을 빈번히 포함하고 있으므로 NER 시스템의 성능을 저하시키는 주된 이유로 꼽히기도 한다.[7]

본 장에서는 개체명 인식 시스템의 과거에서부터 최근 발전에 대한 전반적인 내용과 관련 연구들을 토대로 설명하였다. 그리고 NLTK 툴킷을 활용하여 간단한 개체명 인식 실습을 진행해봄으로써(NER실습 참고), NER 시스템에 대한 전반적인 흐름을

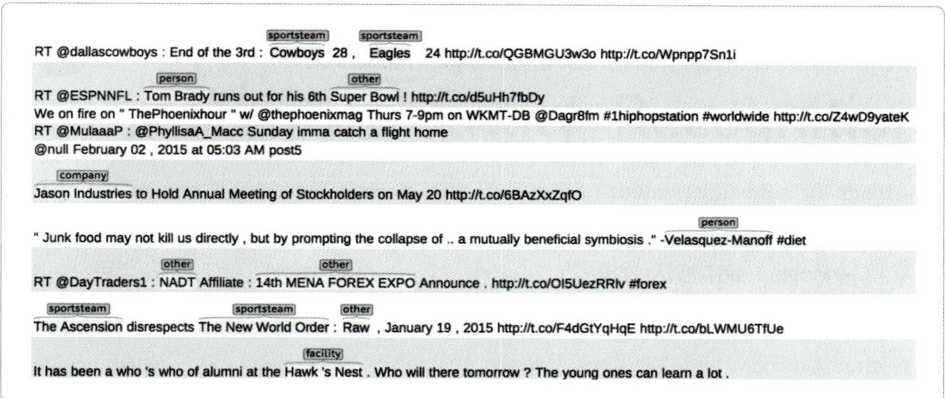

그림 8-9 트위터 문장에는 사람, 회사, 스포츠팀, 영화 등의 엔티티 정보를 포함하고 있다.

이해할 수 있었다. 개체명 인식 시스템 기법은 현재도 많이 사용되고 있는 기법으로 다른 연구의 밑바탕이 될 수 있는 자연언어 처리 분야의 중요한 하위 연구 중 한 분야이므로 반드시 숙지해야 한다.

참고문헌

[1] https://cs.nyu.edu/cs/faculty/grishman/muc6.html

[2] Introduction to the conll-2002 shared task: language-independent named entity recognition, proceedings of the 6th conference on natural language learning

[5] Evaluating the state-of-the-art in automatic de-identification. Journal of the American Medical Informatics Association

[6] The chemdner corpus of chemicals and drugs and its annotation principles

[7] Shared tasks of the 2015 workshop on noisy user-generated text: Twitter lexical normalization and named entity recognition

[8] Message understanding conference-6: A brief history

[9] Unsupervised models for named entity classification

[10] Unsupervised named-entity extraction from the web: An experimental study

[11] Unsupervised biomedical named entity recognition: Experiments with clinical and biological texts

[12] Named entity recognition using an hmm-based chunk tagger

[13] Svm based learning system for information extraction

[14] A framework for learning predictive structures from multiple tasks and unlabeled data

[15] Robust multilingual named entity recognition with shallow semi-supervised features

[16] Effects of semantic features on machine learning-based drug name recognition systems: word embeddings vs. manually constructed dictionaries

[17] Wbi-ner: The impact of domain-specific features on the performance of identifying and classifying mentions of drugs

[18] Cortes, Corinna, and Vladimir Vapnik. "Support-vector networks." Machine learning 20.3 (1995): 273-297.

[19] http://bsnlp.cs.helsinki.fi/shared_task.html

[20] https://www.cs.york.ac.uk/semeval-2013/task9/index.html

[21] https://www.clips.uantwerpen.be/conll2003/ner/

CHAPTER

9 언어 모델(Language Model)

9.1 언어 모델이란?

언어 모델(Language Model, LM)이란 언어를 이루는 구성 요소(글자, 형태소, 단어, 단어열(문장), 문단 등)에 확률값을 부여하여 이를 바탕으로 다음 구성 요소를 예측하거나 생성하는 모델을 말한다. 언어 모델은 크게 확률에 기초한 통계적 언어 모델(Statistical Language Model, SLM)과 인공 신경망에 기초한 딥러닝 언어 모델(Deep Neural Network language Model, DNN LM)로 나뉜다. 기본적으로 언어 모델은 주어진 단어를 바탕으로 다음 단어, 혹은 단어들의 조합을 예측하는 일을 하는데, 이를 바탕으로 문장 생성, 기계 번역, 음성 인식, 문서 요약과 같은 다양한 자연어처리 문제들을 해결할 수 있다. 이 장에서는 통계적 언어 모델을 다루며, 딥러닝 기반 언어 모델은 <PART III 딥러닝 기반 자연어처리>에서 다룰 것이다.

9.2 통계적 언어 모델

통계적 언어 모델(Statistical Language Model, SLM)은 단어열이 가지는 확률 분

포를 기반으로 각 단어의 조합을 예측하는 전통적인 언어 모델이다. 모델의 목표는 실제로 많이 사용하는 단어열(문장)의 분포를 정확하게 근사하는 데에 있다. 확률을 기반으로 단어의 조합을 예측한다는 것은 주어진 단어를 통해 다음 단어로 올 확률이 가장 높은 단어를 예측하는 일련의 과정을 의미한다. 이를 바탕으로 문장을 생성할 수도 있는데, 우리가 일상에서 흔히 접할 수 있는 스마트폰의 '자동 완성' 기능을 생각하면 쉽게 이해할 수 있다[그림 9-1]. 이처럼 주어진 글자 혹은 단어를 바탕으로 다음에 나올 확률이 가장 높은 글자나 단어를 예측하는 원리는 조건부 확률(Conditional probabilities)을 언어 현상에 적용해보는 데에서 출발하였다.

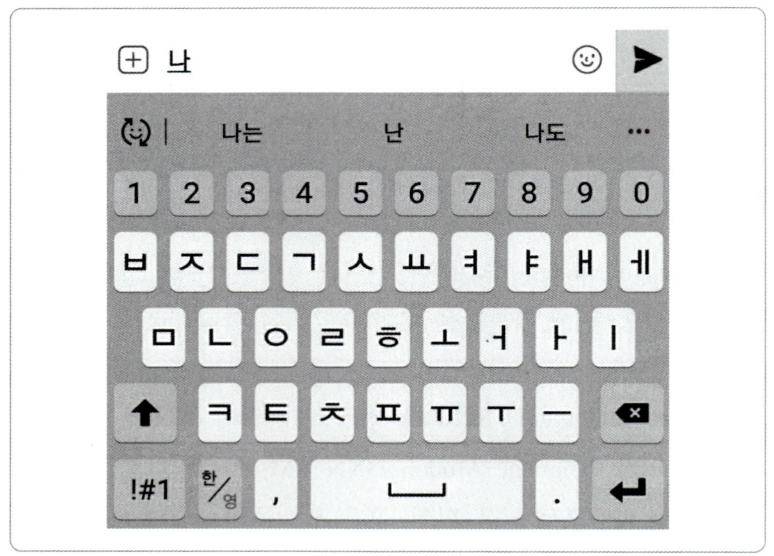

그림 9-1 이전 단어를 바탕으로 다음 단어를 예측하는 자동 완성 기능

9.2.1 조건부 확률(Conditional probabilities)과 언어 모델

문장은 여러 단어의 조합으로 구성된다. 그렇다면 여러 단어의 조합을 어떻게 예측해서 생성할 수 있을까? 조건부 확률을 이용하면 단어들의 조합 확률을 구할 수 있다. 2장에서 설명하였지만 다시 설명하면 조건부 확률은 어떤 사건 A가 일어났을 때

사건 B가 일어날 확률을 말한다. 이를 이용하여 어떤 단어 A가 등장했을 때 다음 단어 B가 등장할 확률을 예측할 수 있다. 단어 A가 나올 확률을 $P(A)$라 하고 단어 B가 나올 확률을 $P(B)$라 할 때, 단어 A가 나온 후 단어 B가 나올 확률을 표현하면 다음과 같다.

$$P(B|A) = \frac{P(A, B)}{P(A)} \tag{9.1}$$

$$P(A)P(B|A) = P(A, B) \tag{9.2}$$

$$P(A, B) = P(A)P(B|A) \tag{9.3}$$

이를 응용하면 다음과 같이 단어 A, B, C, D로 이루어진 단어의 조합(문장)의 등장 확률을 예측하는 것도 가능해진다.

$$P(A, B, C, D) = P(A)P(B|A)P(C|A, B)P(D|A, B, C) \tag{9.4}$$

이를 조건부 확률의 연쇄 법칙(chain rule)이라고 한다. 연쇄 법칙은 문장 내 단어들의 결합 확률을 계산하기 위해 적용되었다. 이를 n개 단어(w)의 결합 확률로 일반화하면 다음과 같다.

$$\begin{aligned} P(w_1, w_2, w_3, \cdots, w_n) &= P(w_1)P(w_2|w_1)P(w_3|w_1, w_2) \cdots P(w_n|w_1, \cdots, w_{n-1}) \\ &= \prod_{n=1}^{n} P(w_n|w_1, \cdots, w_{n-1}) \end{aligned} \tag{9.5}$$

이처럼 문장의 확률은 각 단어들이 이전 단어가 주어졌을 때 다음 단어로 등장할 확률의 곱으로 나타낼 수 있다. 예를 들어 "나는 사과를 먹는다"라는 문장의 확률은 다음과 같이 표현할 수 있다.

$$P(\text{나는, 사과를, 먹는다}) = P(\text{나는})P(\text{사과를} \mid \text{나는})P(\text{먹는다} \mid \text{나는, 사과를}) \tag{9.6}$$

위 식은 단어를 기준으로 작성되었지만, 같은 방식으로 글자나 형태소의 결합 확률을 구할 수도 있다. 그렇다면 '자동 완성'과 같은 통계적 언어 모델은 어떻게 이를 계

산할까? 모델은 훈련시 주어지는 데이터, 즉 코퍼스(corpus) 내에서 각 단어들의 조합이 나오는 횟수를 카운트한 후 이에 기반하여 확률을 계산한다. 가령 "나는 사과를" 다음에 "먹는다"가 나올 확률인 P(먹는다 | 나는, 사과를)을 계산하려면 식(9.7)과 같이 코퍼스 내에서 "나는 사과를"이 나오는 횟수와 "나는 사과를 먹는다"가 나오는 횟수를 모두 세어서 나누어 주어야 한다.

$$P(\text{먹는다} \mid \text{나는, 사과를}) = \frac{count(\text{나는, 사과를, 먹는다})}{count(\text{나는, 사과를})} \tag{9.7}$$

만약 코퍼스 내에서 "나는 사과를"이라는 표현이 100번 등장했는데 그 다음에 "먹는다"가 등장한 경우는 30번이라고 하면 P(먹는다 | 나는, 사과를)의 확률은 30%가 되는 것이다. 하지만 이런 연쇄 법칙의 방식으로 모든 단어 조합의 확률을 구하는 작업은 쉬운 일이 아니다. 코퍼스 내에서 모든 단어 조합의 경우의 수를 다 세어야 하므로 계산 복잡도가 높아질 뿐만 아니라, 그만큼 방대한 양의 코퍼스가 필요하기 때문이다. 인간의 언어는 창조적으로 무한히 생성될 수 있는 특징을 지니고 있다. 이러한 특징을 고려한다면 만들어질 수 있는 단어들의 조합이 무한하며, 모든 단어 조합의 경우의 수를 세어서 확률로 나타내는 것이 불가능에 가깝다는 것을 알 수 있다. 이러한 복잡성을 해결하고 기존의 연쇄 법칙을 간소화하기 위해 러시아의 수학자 안드레이 마르코프(Andrei Markov)는 미래 사건에 대한 조건부가 과거에 대해서는 독립이며 현재의 사건에만 영향을 받는다는 가정을 전제로 연쇄법칙을 설명하였다. 이를 마르코프 가정(Markov assumption)이라 한다. 언어 모델에서는 계산의 편의성을 위하여 마르코프 가정을 도입하였고, 단어 w_n이 나타날 확률이 그 앞의 단어 w_{n-1}이 나타날 확률하고만 연관이 있다고 본다. 이를 전제로 n개의 단어로 이루어진 문장의 확률을 계산하면 식(9.8)과 같다. 식(9.8)에서 "$\approx$"는 좌항과 우항이 동치가 아닌 근사치임을 의미한다.

$$P(w_1, w_2, \cdots, w_n) \approx P(w_1)P(w_2 \mid w_1) \cdots P(w_n \mid w_{n-1}) \tag{9.8}$$

이와 같은 가정을 언어 모델에 적용하면, "나는 사과를 먹는다."라는 문장을 통해서 "먹는다"의 등장 확률을 예측할 때에 앞에 놓인 "사과를"이 등장하는 횟수만을 카운트하게 된다.

$$P(\text{나는, 사과를, 먹는다}) \approx P(\text{나는})P(\text{사과를} \mid \text{나는})P(\text{먹는다} \mid \text{사과를}) \quad (9.9)$$

9.2.2 N-gram 언어 모델 (N-gram Language Model)

어떤 단어의 등장 확률이 바로 앞의 한 단어하고만 연관이 있다고 가정하면 문장 내 단어들이 멀리 떨어진 단어와도 의존관계를 가진다는 언어의 특성(장기 의존성)이 간과되고 지나치게 단순화되어서 예측의 정확도가 떨어질 수 있는 문제가 있다.

예를 들어 "The computer which I had just put into the machine room on the fifth floor crashed."라는 문장에서 'crashed'라는 단어는 바로 앞에 있는 'floor'보다는 'computer'와 의미적으로 연관이 있고 함께 등장하는 확률도 높다.

이와 같이 문장 내 단어는 주변의 여러 단어와 연관되는 경우가 많기 때문에 계산의 정확도를 위해 특정 단어가 주변에 있는 몇 개의 단어와 연관된다고 가정하는 것이 더 보편적이다. 이때 주변 몇 개의 단어를 볼 것인지 정하는 임의의 숫자를 N이라 하며, N개의 단어열을 N-gram이라 한다. 예를 들어 "The boy is looking at a pretty girl"이라는 문장이 있을 때, 각 N에 대한 N-gram을 구해보면 다음과 같다.

- 1-gram(유니그램, unigram): The, boy, is, looking, at, a, pretty, girl
- 2-gram(바이그램, bigram): The boy, boy is, is looking, looking at, at a, a pretty, pretty girl
- 3-gram(트라이그램, trigram): The boy is, boy is looking, is looking at, looking at a, at a pretty, a pretty girl
- 4-gram: The boy is looking, boy is looking at, is looking at a, looking at a pretty, at a pretty girl

N-gram 언어 모델에서는 특정 단어가 등장하는 확률을 계산할 때에 이전 N-1개의 단어가 등장하는 확률만을 고려한다. 이러한 가정을 'N-1차 마르코프 가정'이라고도 한다. 1-gram(유니그램, unigram) 모델에서는 이전 0개의 단어를 고려하므로 모든 단

어가 독립적이라고 본다. 2-gram(바이그램, bigram) 모델에서는 특정 단어의 등장 확률을 계산할 때에 이전 1개의 단어를 조건부로 고려한다. 이는 식(9.8), 식(9.9)과 같다. 3-gram(트라이그램, trigram) 모델에서는 이전 2개의 단어를 조건부로 고려하며, 4-gram 모델에서는 이전 3개의 단어를 고려한다(4-gram 이상에서는 gram 앞에 숫자를 그대로 붙여서 명명하는 것이 보편적이다). 이를 식으로 표현하면 다음과 같다.

$$\text{1-gram(유니그램, unigram):}\ \ P(w_1, w_2, \cdots, w_n) \approx \prod_{i=1}^{n} P(w_i) \tag{9.10}$$

$$\text{2-gram(바이그램, bigram):}\ \ P(w_1, w_2, \cdots, w_n) \approx \prod_{i=1}^{n} P(w_i | w_{i-1}) \tag{9.11}$$

...

$$\text{N-gram :}\ \ P(w_1, w_2, \cdots, w_n) \approx \prod_{i=1}^{n} P(w_i | w_{i-N}, \cdots, w_{i-1}) \tag{9.12}$$

실제 모델에서는 이를 어떻게 계산할까? 앞서 예시로 든 식(9.7)을 2-gram 모델의 식으로 바꾸어보면 다음과 같다.

$$P(\text{먹는다} \mid \text{나는, 사과를}) \approx P(\text{먹는다} \mid \text{사과를}) \tag{9.13}$$

$$\frac{count(\text{나는, 사과를, 먹는다})}{count(\text{나는, 사과를})} \approx \frac{count(\text{사과를, 먹는다})}{count(\text{사과를})} \tag{9.14}$$

식(9.13)과 식(9.14)에서 좌항은 연쇄 법칙만을 이용한 확률 계산식이고, 우항은 2-gram 모델에서의 확률 계산식이다. 2-gram 모델에서는 특정 단어 바로 앞에 등장하는 단어의 등장 횟수만을 카운트하며, 이전에 등장하는 모든 단어열의 등장 횟수를 카운트하는 것과 같다고 가정한다(마르코프 가정). 이제 “<s>I eat an apple</s>”, “<s>an apple I eat</s>”, “<s>I like cheese cake</s>”이라는 세 개의 문장으로 구성된 코퍼스가 있다고 가정해보자. [표 9-1]에서 확인할 수 있듯이 2-Gram 모델이라면 여기서 하나의 단어로 다른 단어의 등장 확률을 예측할 수 있다(<s>와 </s>는 각각 문장의 시작과 끝을 나타낸다).

| 표 9-1 | 짧은 코퍼스와 2-gram 모델을 이용하여 단어열의 등장 확률을 구하는 예

<s>I eat an apple</s>
<s>an apple I eat</s>
<s>I like cheese cake</s>

$$P(I|<s>) = \frac{count(<s>, I)}{count(<s>)} = \frac{2}{3} = 0.6667$$

$$P(an|<s>) = \frac{count(<s>, an)}{count(<s>)} = \frac{1}{3} = 0.3333$$

$$P(eat|I) = \frac{count(I, eat)}{count(I)} = \frac{2}{3} = 0.6667$$

$$P(</s>|apple) = \frac{count(apple, </s>)}{count(apple)} = \frac{1}{2} = 0.5$$

$$P(like|I) = \frac{count(I, like)}{count(I)} = \frac{1}{3} = 0.3333$$

$$P(cake|cheese) = \frac{count(cheese, cake)}{count(cheese)} = \frac{1}{1} = 1$$

이러한 확률값은 절대적인 것이 아니며 모델에 주어지는 코퍼스에 따라 크게 달라진다. 위의 예시에서는 문장 3개로 이루어진 매우 짧은 코퍼스를 사용했지만, 보다 방대한 양의 코퍼스를 사용하면 아마 각 단어열의 확률이 위의 예시보다 낮을 것이다.

코퍼스의 언어에 따라서도 결과가 달라질 수 있다. 만약 한국어 코퍼스라면 계산은 더욱 복잡해질 것이다. 한국어는 교착어이기 때문에 영어와 같이 띄어쓰기만으로 단어를 구분할 수가 없으며, 접사와 조사가 붙어 단어의 의미를 결정하기 때문에 하나의 어근에서 수많은 단어가 파생될 수 있다. 예를 들어서 명사 '사과'에 어떤 조사가 붙느냐에 따라 '사과가', '사과를', '사과도', '사과에' 등 다양한 단어가 만들어질 수 있다. 이때 조사를 분리하지 않는 모델은 '사과가'와 '사과도'를 다른 단어로 처리하여 결과적으로 단어열의 희소성이 높아지고 확률값이 0에 가까워지게 된다. 따라서 한국어로 언어 모델을 제작할 때에는 목적에 따라 형태소 분석 및 토큰화 등의 전처리를 우선적으로 진행할 필요가 있다.

이번에는 N-gram 모델을 이용해서 랜덤으로 문장을 생성한 예시를 보자. 아래는 스탠포드 대학교에서 공개한 셰익스피어 작품 기반 N-gram 문장 생성의 예시이다.[1] 1-gram 모델을 이용하여 랜덤으로 문장을 생성하면 다음과 같을 것이다.

1-GRAM
- To him swallowed confess hear both. Which. Of save on trail for are ay device and rote life have
- Hill he late speaks; or! a more to leg less first you enter

1-gram 모델은 단어의 열(sequence)을 고려하지 않고 모든 단어가 독립적이라고 보기 때문에 서로 무관한 단어들이 생성되는 것을 확인할 수 있다. 다음은 2-gram 모델을 이용해서 생성한 문장의 예시이다.

2-GRAM
- Why dost stand forth thy canopy, forsooth; he is this palpable hit the King Henry. Live king. Follow.
- What means, sir. I confess she? then all sorts, he is trim, captain.

2-gram 모델은 바로 앞 1개의 단어를 고려한다. 위의 문장에서도 확인할 수 있듯이 1-gram 모델과 달리 단어들이 바로 앞의 단어와 연관되는 것을 알 수 있다. 2-gram 모델에서는 바로 앞 뒤의 단어들이 함께 등장할 확률이 높은 단어들이기 때문에 1-gram 모델보다는 결과가 자연스러워 보이지만 많은 단어의 열을 고려하는 것은 아니므로 전체적으로는 자연스럽지 못하다. 마찬가지 방식으로 4-gram, 5-gram 등으로 확장하여 문장을 생성할 수 있다. 4-gram 모델로 문장을 생성하면 다음과 같다.

4-GRAM
- King Henry. What! I will go seek the traitor Gloucester. Exeunt some of the watch. A great banquet serv'd in;
- It cannot be but so.

4-gram 모델로 생성한 문장은 1-gram이나 2-gram 모델에 비해 훨씬 자연스럽지만,

코퍼스에 존재하는 텍스트에 가깝게 생성되기 때문에 새로운 문장이라고 보기 어렵다. 반면 1-gram 모델은 완전히 새로운 문장을 생성하지만 매우 부자연스럽다. 이처럼 N-gram 언어 모델에서는 N값에 따라 결과가 크게 좌지우지 되므로 데이터셋과 과제에 따라 적절한 N을 선택하는 것이 좋다.

N값은 계산 효율성 측면에서도 고려되어야 한다. 만약 N이 너무 커지면 계산에 필요한 리소스가 기하급수적으로 많아지는 반면 예측 효과는 그리 크게 상승하지 않는다. 그러므로 적당한 N-gram 사이즈를 선택하는 것이 좋다. 실제로 가장 많이 사용하는 것은 $N=3$인 트라이그램 모델이며, 5-gram 이상의 고차원 모델은 사용하지 않는다. 아래 [그림 9-2]에서도 볼 수 있듯이 $N=5$ 이상부터는 모델의 성능이 크게 좋아지지 않는다. 반면 확률 계산에 필요한 리소스는 크게 증가한다. [그림 9-2]의 y축인 PPL은 언어 모델의 성능을 나타내는 퍼플렉서티(Perplexity) 지표이며 수치가 낮을수록 좋은 성능을 의미한다. 퍼플렉서티에 대해서는 뒤에서 다시 설명한다.

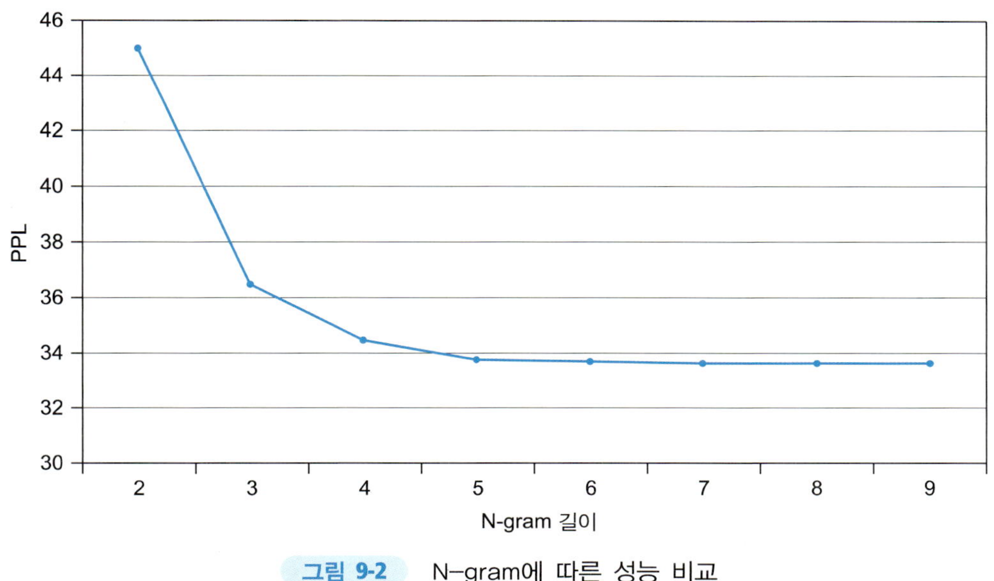

그림 9-2 N-gram에 따른 성능 비교

위 예시에서 볼 수 있듯이 N의 수를 늘리면 단어의 등장 확률을 예측하는 데에 있어 정확도가 올라가고 문장의 형태가 좀 더 자연스러운 것을 알 수 있다. 그러나 한편으로 이렇게 생성된 문장은 훈련에 사용된 코퍼스와 지나치게 유사하다는 치명적인 단점을 드러낸다. 이는 코퍼스 내에서 카운트를 기반으로 훈련되는 통계적 언어 모델(Statistical Language Model, SLM)의 한계점이기도 하다. N-gram 모델을 포함한 SLM의 또 다른 한계는 희소성 문제(Sparsity Problem)이다. 지금까지 설명한 언어 모델은 모두 카운트 기반 모델이다. 즉 코퍼스 내에서 특정 단어열이 등장하는 횟수를 카운트하여 이를 확률 계산에 반영하는 모델이다. 그런데 카운트 기반 모델은 코퍼스에 특정 단어열이 없는 경우 이에 대한 확률이 모두 0이 되면서 정확한 모델링을 하기 어렵다는 문제를 지니고 있다.

예를 들어 "The boy is looking at a pretty"라는 문장이 있을 때 다음 단어로 "girl"이 나올 확률 $P(girl|The, boy, is, looking, at, a, pretty)$을 구해야 한다고 가정해보자. 이를 계산하기 위해서는 코퍼스 내에서 "The boy is looking at a pretty girl"이 등장하는 횟수를 세어서 "The boy is looking at a pretty"가 등장하는 횟수로 나누어야 한다. 그런데 만약 코퍼스 내에 "The boy is looking at a pretty"라는 열이 존재하지 않는다면 해당 열에 대한 확률은 0이 되면서 "The boy is looking at a pretty"라는 문장 뒤에 "girl"이 나올 확률 자체가 0이 되어버린다.

N-gram 모델에서도 마찬가지 문제는 존재한다. 위의 N-gram 모델은 위의 예시와 달리 적어도 N개의 단어열만 존재하면 해당 문장의 확률을 구할 수 있다. 예를 들어 3-gram 모델은 타겟 단어 앞에 놓인 2개의 단어열만 고려하면 모든 단어의 열을 카운트하지 않아도 된다. 이는 아래 식(9.15)와 같이 표현할 수 있다.

$$P(girl|The, boy, is, looking, at, a, pretty) \approx P(girl|a, pretty) \tag{9.15}$$

그러나 이 역시 마찬가지로 희소성 문제가 발생할 수 있다. N-gram 모델 역시 코퍼스 내에 존재하는 단어를 카운트하는 방식으로 확률 계산을 하기 때문에 다양한 단어열에 대한 확률을 구하기 위해 방대한 양의 코퍼스가 필요한 것은 여전하다. 통계적 언어 모델에서 이러한 문제를 해결하기 위한 다양한 일반화(generalization) 방법들이 존재하는데, 이는 뒤에서 다루도록 한다. 다른 대안은 통계적 언어 모델이 아닌 인공 신경망을 이용한 딥러닝 기반 언어 모델을 사용하는 것이다. 딥러닝 기반 언어 모델은 N-gram 언어 모델의 한계점을 어느 정도 극복할 수 있을 뿐만 아니라 성능 면에서도 대체적으로 우수하기 때문에 다양한 NLP 테스크에서 사용된다. 딥러닝을 이용한 언어 모델에 대해서는 <PART III 딥러닝 기반 자연어처리>에서 자세히 다룬다.

9.2.3 로그 확률(Log probabilities)

실제 언어 모델의 계산은 대수 공간에서 이루어진다. 즉 언어 모델에서 확률을 계산할 때는 원래의 확률값(raw probabilities)에 로그(log)를 취하는 로그 확률(log probabilities)을 사용하는 것이 보편적이다. 로그 확률을 사용하는 주된 이유는 언더플로(underflow)를 피하기 위함이다. 언더플로란 부동 소수점 연산에서 컴퓨터가 표현할 수 있는 것보다 작은 값이 발생하여 계산 결과를 표시할 수 없는 상태를 말한다.

N-gram 모델의 확률을 계산하기 위해서는 0보다 크고 1보다 작은 확률값들을 여러 차례 곱해주어야 하는데, 그 경우 컴퓨터가 표시할 수 없을 정도로 매우 작은 값을 얻게 될 가능성이 높다. 그래서 일반적으로는 이러한 언더플로 상황을 피하기 위해 원래의 확률 $p(x)$ 대신 로그 확률 $\log p(x)$을 사용한다.

원래의 확률 계산에서는 전체 확률을 구하기 위해 각 확률값을 모두 곱한다. 그런데 로그 확률에서는 각 확률값을 곱한 것에 로그를 취하며, 이는 각 확률값에 로그를 취한 후 더하는 것과 동치이다(식(9.16)).

$$\log(p_1 \times p_2 \times p_3 \times p_4) = \log p_1 + \log p_2 + \log p_3 + \log p_4 \tag{9.16}$$

1보다 작은 값을 갖는 확률값들의 곱셈은 덧셈보다 계산 리소스가 크고 결과값이 0에 가까운 작은 값으로 계산될 가능성이 있다. 이를 로그 공간에서 계산하면 덧셈으로 환산할 수 있으므로 계산이 좀 더 간단해지고 곱셈을 취할 때만큼 작은 값이 나오지 않아서 언더플로를 피할 수 있다. 그러므로 언어 모델에서 확률을 계산할 때는 로그 공간에서 계산하는 것이 일반적이다. 로그 공간에서 n개의 단어로 이루어진 단어열의 확률을 계산하는 N-gram 모델의 식은 다음과 같이 표현할 수 있다.

$$\log P(w_1, w_2, \cdots, w_n) \approx \sum_{i=1}^{n} \log P(w_i | w_{i-N}, \cdots, w_{i-1}) \tag{9.17}$$

9.3 일반화(Generalization)

통계적 언어 모델은 코퍼스 내의 단어 출현 빈도(카운트)에 기반하여 언어를 예측하기 때문에 희소성 문제가 발생할 수 있다고 앞서 언급한 바 있다. 희소성 문제는 모델의 예측 정확도를 낮추는 요인이 되곤 한다. N-gram 언어 모델에서는 마르코프 가정을 적용하여 일반화를 했지만, 여전히 희소 문제는 존재한다. 또한 N-gram 모델은 테스트 데이터셋이 훈련 데이터셋과 유사해야만 예측 성능이 좋다는 한계가 있다. 이는 앞서 N-gram에 따른 문장 생성 예시에서도 확인할 수 있었다. N의 개수가 크면 자연스러운 문장이 완성되지만 훈련 데이터셋과 거의 똑같은 문장이 만들어진다. 이러한 모델은 이전에 보지 못했던 새로운 데이터셋에 대해서는 제대로 된 예측을 하지 못한다. 코퍼스의 크기를 키우면 이러한 문제들이 해결될 것 같지만 모든 언어 조합을 가지는 코퍼스를 만드는 것은 현실적으로 불가능하므로 이 역시 좋은 해결책이 아니다. 이에 한정된 코퍼스 내에서 모델의 일반화 능력을 향상시키기 위한 다양한 일반화 기법들이 제시되었는데, 그 중 대표적인 기법들을 소개한다.

9.3.1 스무딩(Smoothing)

스무딩(Smoothing) 기법은 코퍼스 내에 존재하지 않는 단어 조합, 즉 모델이 한번도 본 적 없는 단어 조합(unseen n-gram)에 대해 특정 값(α)을 부여하여 확률 분포에 약간의 변화를 주는 방법이다. 일반적으로 α는 0보다 크고 1보다 작거나 같은 상수로 지정한다($0 < \alpha \le 1$). 그러면 모든 단어열이 일정한 값을 가지게 되므로 코퍼스에 없는 단어열 때문에 전체 문장의 확률이 0이 되는 문제를 방지할 수 있다. 이는 식(9.18)과 같다.

$w_{<i}$는 i번째 단어 이전에 등장하는 모든 단어(N-gram이라면 이전 $N-1$개 단어)를 의미하며, V는 어휘(vocabulary) 사이즈로, 코퍼스에 등장하는 단일 단어의 개수이다. 식(9.18)은 확률값의 합이 1이 되게 하기 위해 분모의 $count(w_{<i})$에 αV를 더한 것이다.

$$P(w_i|w_{<i}) \approx \frac{count(w_{<i}, w_i)+\alpha}{count(w_{<i})+\alpha V} \tag{9.18}$$

식(9.18)에서 α 값을 1로 지정하는 방법을 라플라스 스무딩(Laplace smoothing)이라고 한다. 모든 단어열에 1을 더하면 한번도 등장하지 않은 단어열이 최소 한번은 등장했다고 가정할 수 있다. 예를 들어서 "I eat a strawberry", "I eat a blueberry", "I eat a strawberry cake" 3개의 문장으로 이루어진 코퍼스가 있을 때, "I eat a blueberry cake"라는 문장이 등장할 확률을 구한다고 가정해보자. 2-gram 모델이라면 아래의 식과 같이 구할 수 있다.

$$P(I, eat, a, blueberry, cake) \tag{9.19}$$

$$\approx P(eat|I)\,P(a|eat)\,P(blueberry|a)\,P(cake|blueberry)$$

그런데 이 경우, 코퍼스 내에 'blueberry cake'라는 단어열이 없으므로 $P(cake|blueberry)$가 0이고, 결과적으로 전체 문장의 등장 확률 또한 0이 되어버린다. 특정 단어 혹은 단어열이 하나라도 없으면 모든 확률이 0이 되는 희소성 문제가 생기는 것이다.

하지만 이를 라플라스 스무딩 처리하면 식(9.20)과 같이 $P(cake|blueberry)$가 0보다 약간 큰 값을 가지게 되면서 전체 문장의 확률이 0이 되는 문제에서 어느 정도 벗어날 수 있다.

$$P(cake|blueberry) \approx \frac{count(blueberry, cake)+1}{count(blueberry)+V} \tag{9.20}$$

$$\approx \frac{0+1}{1+6} = \frac{1}{7} \fallingdotseq 0.143$$

라플라스 스무딩은 제로 데이터(코퍼스에서 등장하지 않은 단어열)가 적은 경우에는 쉽고 유용한 기법이다. 그러나 라플라스 스무딩의 경우, N-gram과 같이 희소 문제가 큰 언어 모델에서는 계산을 거듭할수록 원래 단어의 빈도수에서 크게 벗어나는 문제를 야기하는 등의 비효율성을 보인다. 또한 제로 데이터에 특정 값을 부여한다고

하여도 N-gram 모델의 일반화 문제는 해소되지 않는다.

위의 "I eat a blueberry cake"의 예시에서도 볼 수 있듯이 N-gram 모델은 N-gram 들간의 유사도를 고려하지 않기 때문에 일반화에 어렵다는 한계를 지닌다. 사람이라면 처음 보는 단어라 하더라도 기존에 학습한 문장 구조와 비슷한 패턴일 경우 일반화를 할 수 있다. 예를 들어서 우리는 "I eat a strawberry", "I eat a blueberry", "I eat a strawberry cake"라는 문장을 보고나면 "I eat a blueberry cake"라는 문장도 가능할 수 있다고 생각한다. 훌륭한 언어 모델이라면 문장 내에 처음 보는 단어 혹은 단어열이 있다고 하더라도 다른 N-gram들간의 유사도를 고려하여 추론할 수 있는 일반화가 가능해야 한다. 그러나 라플라스 스무딩과 같이 제로 데이터에 특정 값을 더하는 기법만으로는 이러한 일반화를 달성하기가 쉽지 않다.

따라서 N-gram과 같은 언어 모델에서는 이를 보완할 다른 방법으로 Interpolation, Back off, Good-Turing Smoothing, Kneser-Ney Discounting, Witten-Bell Smoothing 등의 다양한 기법을 사용한다. 여기서는 그 중 Interpolation과 Back off을 간단히 소개하도록 하겠다.

9.3.2 보간법(Interpolation)과 백오프(Back off)

기본적인 보간법은 특정 N-gram의 확률을 이전 N-gram의 확률과 섞음으로써 일반화를 꾀한다. 예컨대 3-gram 모델이라면 특정 단어의 확률을 구할 때 이전 2개의 단어만 보는 것이 아니라, 2-gram(이전 1개 단어), 1-gram(해당 단어) 모델의 확률까지 모두 구하고 일정한 비율(λ)의 가중치를 각각 곱한 후 모두 합한다. 이를 식으로 표현하면 식(9.21)과 같다($0 < \lambda \leq 1$, $\sum_i \lambda_i = 1$).

$$\hat{P}(w_n | w_{n-1}, w_{n-2}) = \lambda_1 P(w_n | w_{n-1}, w_{n-2}) + \lambda_2 P(w_n | w_{n-1}) + \lambda_3 P(w_n) \tag{9.21}$$

라플라스 스무딩의 경우 모든 제로 데이터에 똑같은 빈도수를 부여하기 때문에 문제가 발생하는데, 이러한 보간법을 사용하면 제로 데이터들의 N-gram 정보에 따라 서로 다른 빈도를 부여할 수 있다. 이때 가중치(λ)는 검증 코퍼스에서 각 N-gram의 확률을 최대화하는 값으로 설정되며, 0보다 크고 1보다 작거나 같은 값으로 정한다.

백오프(Back off)는 보간법과 유사하게 여러 N-gram을 고려하지만, 모두 합하지 않는다는 점에서 차이가 있다. 검증 코퍼스에서 3-gram에 대한 확률이 있을 경우(빈도수가 0 이상인 경우) 3-gram의 확률을 쓰고, 3-gram에 대한 빈도는 0이지만 2-gram에 대한 빈도가 0 이상일 경우엔 2-gram을, 그마저도 아닌 경우에는 1-gram 모델의 확률을 사용하는 방식이다. 수식은 다음과 같다.

$$\hat{P}(w_i|w_{i-2},w_{i-1}) = \begin{cases} P(w_i|w_{i-2},w_{i-1}), \text{ if } count(w_{i-2},w_{i-1},w_i) > 0 \\ \alpha_1 P(w_i|w_{i-1}), \text{ if } count(w_{i-2},w_{i-1},w_i) = 0 \text{ and } count(w_{i-1},w_i) > 0 \\ \alpha_2 P(w_i), \ otherwise. \end{cases} \tag{9.22}$$

이와 같은 보간법 및 백오프 기법을 사용하면 특정 N-gram보다 작은 N-gram의 단어열을 고려할 수 있으므로 보다 나은 스무딩과 일반화가 가능해진다.

9.4 모델 평가와 퍼플렉서티(Perplexity)

언어 모델을 구축했다면, 모델의 성능이 좋은지 나쁜지를 평가하는 단계가 필요하다. 좋은 언어 모델이라면 사용 빈도가 낮거나 비문법적인 문장보다는 실제적으로 자주 쓰이는 문장에 높은 확률을 부여할 것이다. 모델의 정량적인 평가를 위해서는 훈련 데이터셋으로 모델의 파라미터를 훈련한 후, 훈련된 모델이 테스트 데이터셋에 대하여 얼마나 잘 작동하는지를 평가척도(evaluation metric)로 계산해야 한다. 일반적인 평가 방법은 모델 간 비교이다. 여러 모델에서 같은 작업(task)을 수행하고 이에 대한 정확도(accuracy)를 구한 후, 모델들 간의 정확도를 비교하는 방식으로 진행한다. 그러나 이러한 방식으로 여러 작업에서 여러 모델을 돌리는 데에는 상당한 시간이 소요된다. 시범적인 실험과 같이 짧은 시간 안에 간단히 모델을 평가할 때가 있는데, 이 경우 모델 내에서 성능을 자체적으로 평가하는 내부 평가(intrinsic evaluation) 방법을 사용한다. 언어 모델에서는 이것이 퍼플렉서티(PPL, Perplexity)이다.

퍼플렉서티는 주어진 확률 모델이 샘플을 얼마나 잘 예측하는가에 대한 측정 지표이다. 이는 언어 모델을 평가하기 위한 내부 평가 지표로 사용되며, 줄여서 PPL이라고 표현한다. 'perplexity'는 한국어로 해석하면 '헷갈리는 정도'로 의역할 수 있는데, 이는 모델이 테스트 데이터셋에 대하여 확률 분포를 얼마나 확실하게 (헷갈리지 않게) 예측할 수 있는지를 나타낸다고 할 수 있다. 그러므로 PPL 점수가 높을수록 좋은 것이 아니라, 낮을수록 (헷갈리는 경우가 적을수록) 좋다고 할 수 있다.

9.4.1 퍼플렉서티(Perplexity) 계산

퍼플렉서티는 모델이 선택할 수 있는 경우의 수를 의미하는 분기계수(branching factor)이다. 쉽게 말하면 모델이 샘플의 확률을 예측하는 시점에서 얼마나 많은 후보군을 두고 고민하는가를 나타낸다고 할 수 있다. PPL이 높다는 것은 모델이 더 많은 후보군을 두고 고민하는 것이므로, 결과적으로 예측에 대한 확실성이 낮다고 할 수 있다. 예를 들어서 0부터 9까지 총 10개의 숫자 MNIST 이미지를 두고 해당 숫자를 예측하는 모델이 있다고 가정해보자. 이에 대한 경우의 수를 트리 형태로 표현하면 [그림 9-3]과 같다.

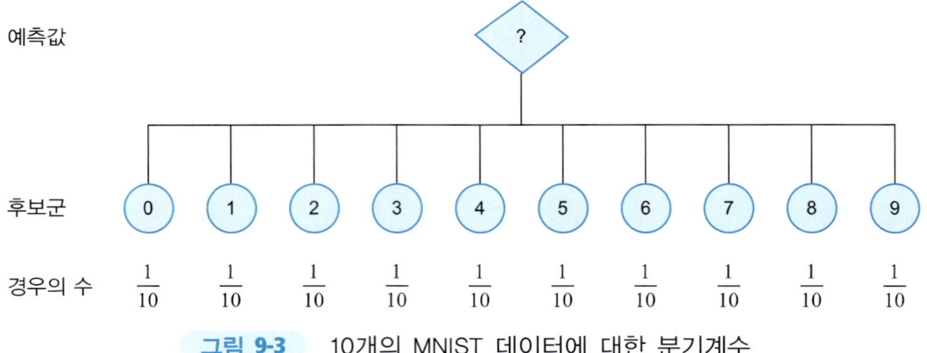

그림 9-3 10개의 MNIST 데이터에 대한 분기계수

이때 위 모델의 PPL은 10이다. 마찬가지로 어떤 언어 모델이 주어진 단어 다음에 오는 단어를 예측할 때에 30,000개의 단어들 중에서 확률이 가장 높은 것을 고른다고 가정하면 이 모델의 PPL은 30,000이다. 이를 계산하기 위해서는 후보군에 대한

확률의 역수를 후보군의 개수로 정규화(normalization)하면 된다. N개의 단어 w_N으로 이루어진 문장 W에 대하여 다음 단어를 예측하는 언어 모델이 있을 때, 이 모델의 PPL을 계산하는 식은 다음과 같다.

$$PPL(W) = P(w_1, w_2, \ldots, w_N)^{-\frac{1}{N}} \tag{9.23}$$

$$= \sqrt[N]{\frac{1}{P(w_1, w_2, \ldots, w_N)}}$$

$$= \sqrt[N]{\prod_{i=1}^{N} \frac{1}{P(w_1 | w_1, w_2, \ldots, w_{i-1})}}$$

이를 [그림 9-3]의 예시에 적용하면 식(9.23)과 같이 표현할 수 있다.

$$PPL(W) = P(w_1, w_2, \ldots, w_N)^{-\frac{1}{N}} \tag{9.24}$$

$$= \left(\frac{1}{10^N}\right)^{-\frac{1}{N}}$$

$$= \left(\frac{1}{10}\right)^{-1}$$

$$= 10$$

언어 모델에서는 다음 단어를 예측할 때 이전 단어열의 등장 확률을 함께 고려하므로 확률 계산시 앞서 설명한 연쇄법칙이 적용된다. N-gram 모델이라면 'N-1차 마르코프 가정'에 따른 연쇄법칙이 적용된다. 따라서 2-gram 모델에서 PPL을 구할 때에는 아래와 같은 계산이 이루어지게 된다.

$$PPL(W) = \sqrt[N]{\frac{1}{\prod_{i=1}^{N} P(w_i | w_{i-1})}} \tag{9.25}$$

참고로 PPL에는 평가하고자 하는 언어 모델의 확률 계산식이 들어가므로 $P(w_i)$ 부분에는 앞서 설명한 로그 확률, 일반화 기법 등이 적용된 최종 확률값이 들어간다고 이해하면 된다.

참고문헌

[1] Dan Jurafsky, https://web.stanford.edu/class/cs124/lec/languagemodeling.pdf

CHAPTER

10 정보추출(Information Extraction)

10.1 정보추출이란

정보추출은 Information Extraction의 약자로 IE라고도 불린다. 실세계의 대부분 정보는 비정형(비구조화) 텍스트이며, 비정형 텍스트로부터 유용한 정보를 자동으로 추출하기 위해서는 정보추출 작업이 필요하다. 예를 들어, 온라인 뉴스, 정부 문서, 군사 문서, 법률 행위, 의료 기록 등을 포함한 텍스트 정보의 상당 부분이 비정형 텍스트로 이루어져 있으며, 이러한 대량의 비정형 텍스트에서 중요 정보를 찾기 위해서는 시간과 비용이 많이 소요되기 때문에 정보추출이 필요하다.

자연어처리에서는 텍스트로 표현된 비정형 텍스트에서 정보를 추출하기 위해 규칙적이고 엔티티(Entity) 간의 의미적 관계를 포함하는 구조화된 데이터가 필요하다. 엔티티 간의 의미적 관계를 나타내는 관계형 튜플 형태를 통해 구조화된 정보를 추출할 수 있다. 관계형 튜플 표현은 엔티티 1과 엔티티 2에 대한 관계는 (엔티티 1, 관계, 엔티티 2)로 표현된다. 예를 들어, 의미적 관계를 나타내는 정보를 추출하기 위해 관계형 튜플 표현의 예는 [표 10-1]과 같다. 또한, [표 10-1]에 대한 실습은 [실습 10-1]에서 실습할 수 있다.[1]

| 표 10-1 | 기관 이름과 지역 이름에 대한 관계 정보 표현

기관 이름	지역 이름	관계 표현
고려대학교	서울	('고려대학교', 'In', '서울')
Naver	성남	('Naver', 'In', '성남')
KT 위즈 (야구)	수원	('KT 위즈', 'In', '수원')
한화 이글스 (야구)	대전	('한화 이글스', 'In', '대전')
NC 소프트	성남	('NC 소프트', 'In', '성남')
삼성	서울	('삼성', 'In', '서울')

정보추출의 목적은 문서 내 단어 간의 대상 관계를 파악하여 의미적 관계를 추출하고 이에 대해 응답을 하는 것에 중점을 둔다. 그러므로 추출된 부분 정보를 구조적으로 정확하게 수집하려면 도메인 지식이 필요로 하는 문제점이 있다. 이를 위해 수작업으로 추출한 패턴이나 정보를 바탕으로 데이터를 구축한다. 결과적으로, 새로운 도메인에 정보추출을 적용하기 위해서는 사용자가 해당 도메인에서 목표로 하는 관계들의 이름을 지정할 뿐만 아니라 수동으로 새로운 규칙을 적용하여 데이터에 주석을 달아야 한다.[2] 따라서 이러한 시스템은 학습 데이터를 구축하기 위해 수작업으로 진행하기 때문에 시간과 비용이 많이 소비된다. 최근에는 이러한 노력을 줄이기 위해 적은 수의 태깅된 정의로 추출 패턴을 파악하여 패턴을 추출할 수 있도록 수동 작업을 최소화하였으며, Unsupervised 방법으로 학습하는 등 정보추출 분야에서 많은 연구 방법을 제안했다.

10.2 정보추출의 학습 방법

정보추출(Information Extraction, IE)은 비정형 텍스트에서 중요 정보를 추출하여 구조화된 텍스트로 변환하는 것을 목표로 한다. 정보추출의 간단한 구조는 아래 [그림 10-1]과 같다. 먼저, 문서의 원문을 입력으로 받게 되면, 문장 단위로 분할을 하고 각 문장을 토큰화하여 품사 태깅을 통해 단어의 품사를 파악한다. 이후 정의된 정보

(패턴)를 기준으로 해당 엔티티들을 확인하기 위해 "엔티티 추출"을 진행하며, 엔티티에 대한 라벨(label)를 지정해준다. 보통 개체명 인식(Named Entity Recognition, NER)를 활용하여 인명(person), 지명(location), 기관명(organization), 시간(time) 등으로 분류하여 명확한 명사구나 지칭하는 단어에 대해 엔티티로 추출한다. 마지막으로 관계 추출에서는 술어, 주체, 객체에 대한 관계를 파악하기 위해 텍스트에서 서로 가까이 있는 엔티티 쌍 사이의 특정 패턴을 검색하고 해당 패턴을 사용하여 엔티티 간의 관계를 결과로 (엔티티1, 관계, 엔티티2) 형식의 튜플 형식으로 결과로 출력한다.[1]

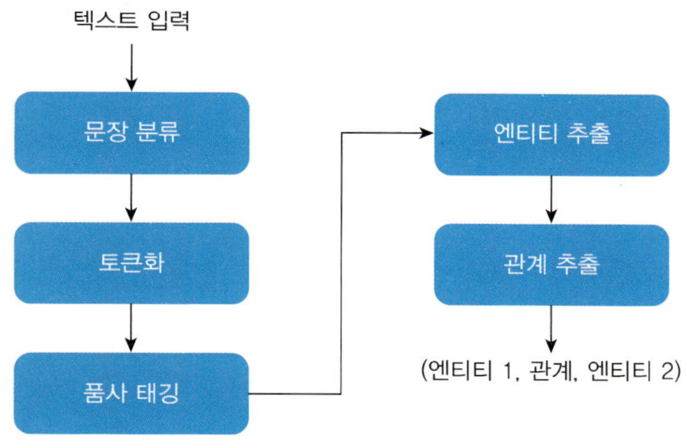

그림 10-1 정보추출 시스템을 위한 간단한 구조

즉, [그림 10-1]과 같이 정보추출 시스템 구조를 이용하면, 문서의 비정형 텍스트를 입력으로 사용하고 출력 (엔티티, 관계, 엔티티) 튜플 목록을 생성한다. 예를 들어, 고려대학교가 서울에 위치하고 있음을 나타내는 텍스트 문서가 있으면 튜플을 생성할 수 있다(`[ORG : '고려대학교'], 'in', [LOC : '서울']`).

정보추출(IE)의 주요 하위 작업에는 NER(Named Entity Recognition), 상호 참조(Co-reference Resolution), 관계 추출(Relation Extraction)이 포함되어 있다. 이에 대해 간단하게 정의하면 아래와 같다:

- NER(Named Entity Recognition) : 감지된 엔티티 이름(사람과 조직의 경우), 장

소 이름, 임시 표현 및 특정 유형의 숫자 표현 인식 등 특정 유형의 개체에 대한 참조를 식별하는 것이다.

- **상호 참조**(Co-reference Resolution) : 이전 단계에서 추출된 엔티티 유형을 기반으로 엔티티 간의 상호 참조 및 Wikipedia 링크 찾아 관련된 모든 용어를 찾는다.
- **관계 추출**(Relation Extraction) : 텍스트에서 엔티티 간의 관계를 식별하고 구조화된 정보로 나타내기 때문에 중요한 하위 작업이다.

이와 같이 추출된 정보는 사용자에 의해 정의된 객체(Object)의 형태로 제공되며, 각각은 정보추출로 발견된 속성을 포함한다.

10.3 관계 추출(Relation Extraction)

정보추출은 엔티티, 엔티티간의 관계를 식별하고 추출하는 것이 목표로 하위 작업 중에서 NER(Named Entity Recognition)와 관계 추출(Relation Extraction)을 중점으로 연구가 진행된다. 우리는 8장에서 NER에 대해 살펴보았기 때문에 이번 장에서는 정보추출에서 중요한 관계 추출에 대해 설명한다.

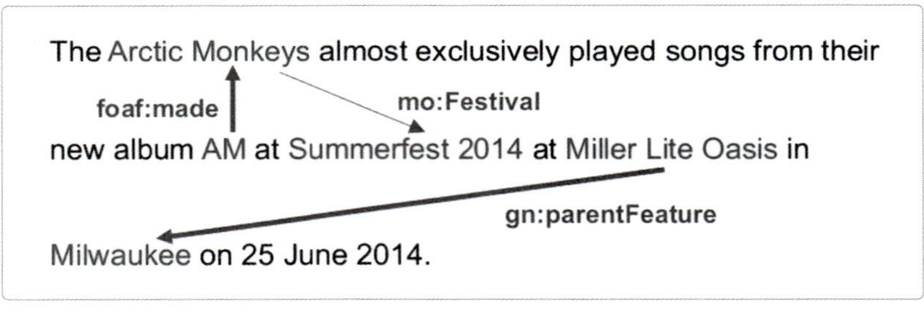

그림 10-2 비정형 텍스트에서 추출된 엔티티 간의 관계 추출[4]

[그림 10-2]는 비정형 텍스트에서 추출된 엔티티 간의 관계를 추출한 것이다. 굵은 글씨로 표시된 부분은 개체명 인식된 부분을 표시한 것이고, 화살표는 관계를 나타낸

것이다.[4] 이와 같이 관계 추출의 목표는 각각의 엔티티에 연결하는 엔티티 유형과 함께 감지하여 둘 사이의 관계 유형을 추출해야 한다. 관계 추출은 특정한 방법론이 정해져 있지 않고 코퍼스(Corpus)에 맞는 방법론을 사용한다. 관계 추출에서 최근에 주로 사용되는 데이터는 TACRED이다. TACRED는 매년 TAC KBP(Tac Knowledge Base Population) 과제에 사용되는 코퍼스의 뉴스 보도자료 및 웹 텍스트를 기반으로 구축된 106,264개의 예제가 포함된 대규모 관계 추출 데이터이다. TACRED의 예는 TAC KBP(예 : per : schools_attended 및 org : members)에 사용된 41개의 관계 유형을 다루고, 정의된 관계가 없는 경우 no_relation로 라벨로 태그한다.[5] 이를 통해 일반적으로 사용하는 관계 추출 접근법은 위에서 설명한 튜플 형식인 (엔티티 1, 관계, 엔티티 2)를 찾는 것이다.

10.4 정보추출(관계 추출)의 접근법

관계 추출에 따라 정보추출(Information Extraction, IE)은 엔티티, 관계 및 이벤트의 인스턴스를 식별하고 이들 사이의 관계를 추출하는 것이다. 정보추출 시스템의 2가지 목표가 있다. 첫 번째 목표는 비정형 텍스트에서 구조화된 정보를 추출하기 위해 모든 언급을 식별하는 것이다. 두 번째 목표는 구조화된 엔티티를 데이터베이스에 저장하는 것이다. 이에 대한 목표를 채우기 위해 정보추출의 접근 방식은 크게 2가지로 나뉘는데, 규칙기반 접근법, 기계학습기반 접근법이 있다. 규칙기반 접근법이란 컴퓨터 시스템의 지식을 통합하여 수작업으로 필요한 전문지식을 해결하고 규칙을 생성한 지식 기반 및 규칙기반 접근법이다. 또 다른 접근법인 기계 학습(Machine Learning) 접근법은 기계학습 알고리즘 결과를 통해 규칙을 자동으로 추출한다. 기계학습기반 접근법은 도메인과 시스템 기능에 능숙한 전문가가 필요하다.

10.4.1 규칙기반 접근법

정보추출은 도메인에 대해 파악하기 위해서 전문가의 개입이 필요하다. 일반적으로 높은 수준의 전문지식이 필요하며, 이를 해결하기 위해 규칙기반 접근법을 적용하여 컴퓨터 시스템에서 지식(knowledge)을 통합한다.

규칙기반 접근법은 사람이 직접 규칙을 생성하며, 비정형 텍스트에서 언어적인 분석을 통해 표현되는 형식을 찾아 관계 튜플(규칙)을 정의하고, 정의된 규칙을 사용하여 비정형 텍스트로부터 관계 튜플을 추출한다. 사람이 직접 정의하는 만큼 규칙의 질은 높을 것으로 기대할 수 있지만, 실수로 인해 놓치거나 생각하지 못한 패턴이 있을 수 있다.[6] 또한, 더 많은 패턴을 정의하기 위해서는 사람이 데이터를 분석해야 하는데 대량의 데이터에서 사람이 작업할 수 있는 양은 한정적이기 때문에 수집 및 유지 보수 작업은 어렵다. 그래서 규칙기반 접근법은 시간과 노력이 많이 소요된다는 단점이 있다.

규칙기반의 접근법을 설명하기 위해 Martin Atzmueller(2008)의 규칙기반 반자동 프로세스 모델을 통해 구조화된 데이터가 어떻게 생성하는지에 대해 설명한다. 아래 [그림 10-3]과 같이 일반적으로 지식획득 단계와 구조화된 데이터 획득하는 단계 2단계로 구성된다. 지식획득 단계는 반드시 구조화된 데이터 획득 단계보다 먼저 진행되어야 한다. 반자동 프로세스에서 텍스트를 통한 구조화된 데이터 수집하는 데 필요한 지식은 도메인 전문가에 의해 규칙을 생성(공식화)할 수 있으며, 도메인의 일반적인 문서가 포함된 학습 말뭉치(training corpus)에서 테스트할 수 있다.[9]

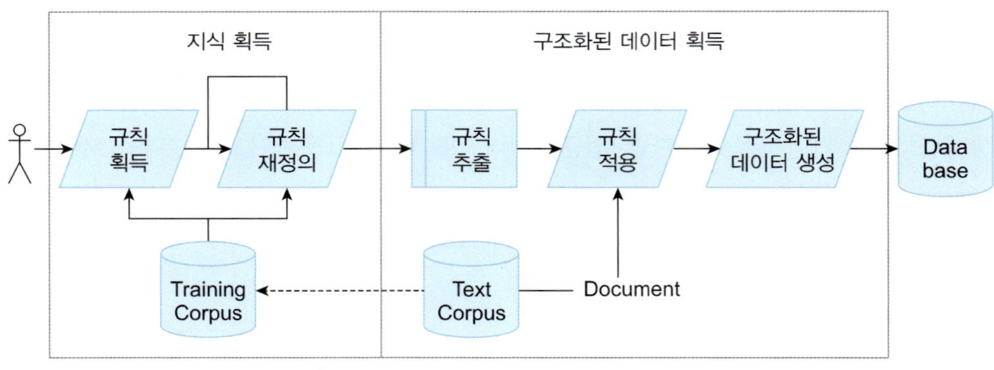

그림 10-3 텍스트에서 반자동 규칙기반 구조화된 데이터 수집

규칙기반 텍스트 추출 및 구조화된 데이터 수집 프로세스는 [그림 10-3]에 표시된 다음 단계를 고려한다.

- **규칙 획득** : 초기 추출된 규칙은 학습 말뭉치의 특징과 개념을 기반으로 도메인 전문가에 의해 공식화된 규칙을 적용한다. 이후 새로운 말뭉치가 들어왔을 때 일반적인 특징을 포착해야 한다.
- **규칙 재정의** : 주어진 규칙을 사용하여 이를 점차적으로 조정하고 세분화한다. 이러한 방식을 통해 말뭉치에 대한 확장 및 변경 사항도 쉽게 포함할 수 있다.
- **규칙 적용** : 지식 획득단계 이후 추출된 규칙을 적용한 구조화된 데이터를 생성(output)할 수 있다. 이러한 방식을 통해 수준 높고 낮은 정보추출을 구현할 수 있다. 출력(output)은 도메인별로 다르지만, 일반적으로 속성-값(attribute-value) 쌍이 추출된다.
- **구조화된 데이터 생성** : 이 단계에서는 속성-값(attribute-value) 쌍이 최종 데이터에 작성된다.

지식획득 단계는 텍스트 말뭉치는 일반적으로 시간이 지남에 따라 커지므로 학습 말뭉치의 추가 문서를 포함하여 프로세스를 반복할 수도 있다.

[그림 10-3]의 출력은 데이터베이스에 통합될 구조화된 데이터이다. 일반적으로 데이터 수집 단계의 출력은 매우 유연하게 출력되며 확장가능하다. 구조화된 데이터 출력은 일반적으로 작성된 데이터 레코드에 포함되는 속성-값 쌍으로 구성된다.

10.4.2 기계학습 기반 접근법

기계학습 기반 접근법은 기계학습 알고리즘을 적용한 구현의 결과로서 자동학습 기반 접근법이라고도 한다. 기계학습 기반 접근법은 비정형 텍스트로부터 기계학습 알고리즘을 적용하여 직접 패턴을 발견하여 학습한다. 기계학습 기반 접근법은 사람과는 비교할 수 없을 정도로 많은 데이터를 분석할 수 있기 때문에 다양한 패턴을 수집할 수 있다는 장점이 있다.[6] 따라서 이러한 규칙을 수동으로 추출하기 위해 수동으로 데이터를 구축하는 사람이 필요하지 않다. 이 접근법에서 필요한 것은 도메인과 시스템 기능에 능숙한 사람(프로그래머)이다. 자동 추출 프로세스의 경우 구현된 알고리즘에서는 시스템의 입력으로 주석이 달린 말뭉치(Corpus)와 테스트하기 위해 주석 달린 데이터가 필요하다. 이 데이터를 실행함으로써 알고리즘은 추출해야 하는 규칙을 배우고 생성시킨다. HMM(Hidden Markov Model), 최대 엔트로피 모델(Maximum Entropy model), 조건부 랜덤 필드(Conditional Random Field), 나이브 베이즈(Naive Bayes) 네트워크, 의사 결정 트리(Decision Tree)와 같은 많은 기계학습 알고리즘을 정보추출 방법에 사용할 수 있다. 관련 알고리즘이 있는 경우 이러한 알고리즘을 모든 도메인에 사용할 수 있다. 따라서 정보추출 시스템은 더 적은 도메인 독립적일 수 있다.

기계학습 접근법은 감독 학습(Supervised Learning)과 비지도 학습(Unsupervised Learning)의 두 가지 클래스로 나눌 수 있다. 지도 학습은 일련의 입력 데이터 및 원하는 결과(Output)를 포함하는 학습 데이터 세트로부터 정답을 예측하는 예측 모델을 구축하는 활동으로 정의된다. 이 개발된 예측 변수 모델은 모든 새 데이터에 대해 올바른 결과를 생성하므로 분류기(Classifier)라고 한다. 따라서 알고리즘은 입력 문서에서 정보를 추출하는 방법을 배운다.

선형 분리(linear separator) 접근 방식과 같이 문장에서 문맥을 파악하기 위해 주위의 단어 조합을 보고 패턴을 추출하는 것이 필요하다. 따라서 이 방법은 두 가지 주요 작업을 고려한다.

1. 출력(output)에 대해 가능성이 있는 모든 텍스트 세그먼트를 감지한다.
2. 후보 텍스트 세그먼트 집합에서 정보추출에 맞는 가장 유용한 세그먼트를 선택한다.

보충에서 설명하자면, [그림 10-4]는 허리케인(hurricane) 관련 뉴스에 대한 간단한 예시 문장이다. 예시 문장이 들어가면 텍스트 세그먼트(text segment) 후보를 식별한다.[10] 대부분의 IE 응용 프로그램은 단순한 사실 데이터 추출만 고려하므로 이름, 수량 및 시간 데이터를 나타내는 텍스트 세그먼트를 감지하는 데 중점을 둔다. 후보 텍스트 세그먼트를 식별하기 위해 정규 표현식을 사용한다. 입력 텍스트의 후보 텍스트 세그먼트는 대문자로 표현한다. 그다음에는 후보 텍스트 세그먼트에서 주요 정보를 추출하기 위해 관련성이 있고 관련성이 없는지 분류해야 한다. 분류는 지도 학습 기법을 기반으로 한다. 이 프레임워크에서 각 후보 텍스트 세그먼트는 어휘 문맥(lexical context)에 따라 분류된다. 이전 작업과 달리 관련 정보를 선택하여 추출하여 높은 정밀도의 결과가 필요하다. 분류자는 문맥 정보를 사용하여 출력에서 관련이 없는 텍스트 세그먼트 (ISIDORE)를 삭제하고 (YUCATAN PENINSULA) 및 (70,000)을 재해 장소 및 영향을 받는 사람들의 수를 주요 정보로 추출한다.

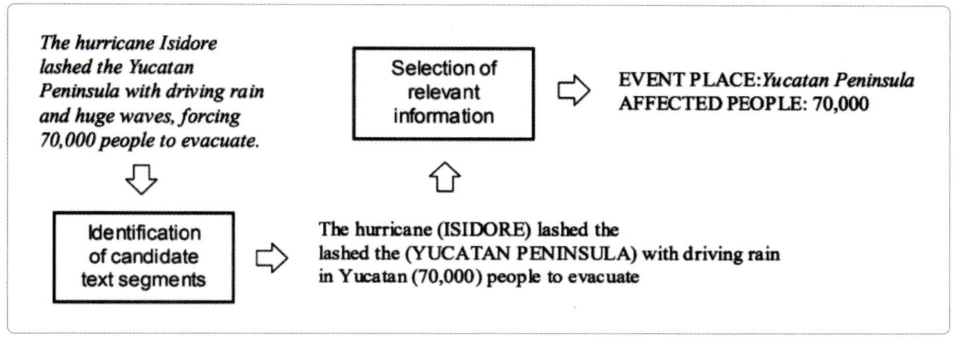

그림 10-4 텍스트 분류를 통한 정보추출[10]

이와 같이 구문 분석기가 처리하는 텍스트에 중점을 둔 감독 추출 시스템에는 'CRYSTAL'이 있다. 이 시스템은 추출 규칙을 만들기 위해 전문가가 제작한 라벨(label)이 있는 문서를 학습에 사용한다. 또한, 이전에 병합된 가장 유사한 쌍 또는 규칙을 포괄하는 제한적 제약을 얻기 위해 귀납적 학습에 의지한다.

그러나 비지도 학습은 라벨(label)이 없는 입력 데이터에서 숨겨진 구조를 찾고 결과(output)에 대해서는 정답이 없으므로 입력 패턴을 생성하는 방법을 학습한다. 비지도 학습은 많은 데이터 마이닝 기술을 사용하여 라벨(label)이 없는 데이터를 전처리한다. 많은 정보 추출 시스템이 비지도 학습을 적용하며, 휴리스틱을 사용하여 입력 데이터에 대한 추출 패턴을 제공할 학습 코퍼스를 사용했다. 그런 다음 통계를 통해 신뢰할 수 있는 패턴을 표시하고 평가한 다음 관련 통계에 따라 순위를 매긴다.

참고문헌

[1] https://www.nltk.org/book/ch07.html#tab-db-locations

[2] GOLSHAN, Parisa Naderi, et al. A Study of Recent Contributions on Information Extraction. arXiv preprint arXiv:1803.05667, 2018.

[3] Gon¸calo Simões, Helena Galhardas, Lu'ısa Coheur., Information Extraction tasks: a survey

[4] Information Extraction with Linked Data, https://www.slideshare.net/isabelleaugenstein/information-extraction-with-linked-data

[5] TACRED, Stanford University, https://nlp.stanford.edu/projects/tacred/

[6] 최규현, 남상하, 최기선, 관계추출 모델 학습을 위한 반자동 패턴 마이닝, 한글 및 한국어 정보처리(2016).

[7] https://medium.com/@brianray_7981/tutorial-write-a-finite-state-machine-to-parse-a-custom-language-in-pure-python-1c11ade9bd43

[8] http://www.ai.sri.com/natural-l anguage/projects/fastus-schabes.html

[9] Atzmueller, M., Kluegl, P., &Puppe, F. (2008). Rule-Based Information Extraction for Structured Data Acquisition using TextMarker. In LWA (pp. 1-7).

[10] Téllez-Valero, A., Montes-y-Gómez, M., & Villaseñor-Pineda, L. (2005, February). A machine learning approach to information extraction. In International Conference on Intelligent Text Processing and Computational Linguistics (pp. 539-547). Springer, Berlin, Heidelberg.

연 | 습 | 문 | 제

1. 정보 추출의 프로세스에 대해 설명하시오.

2. 정보추출의 주요 하위 작업에 대해 작성하시오.

3. 개체명인식과 관계 추출의 차이점을 작성하시오.

4. 관계추출의 규칙기반 접근법과 기계학습 기반 접근법의 장, 단점을 설명하시오.

CHAPTER

11 질의응답 (Question & Answering)

11.1 질의응답(Question & Answering)이란

최근 웹과 인터넷 기술의 발전으로 다양한 유형의 디지털 콘텐츠들이 기하급수적으로 생성 및 유통되고 있다. 범람하는 텍스트 콘텐츠와 모바일 환경의 도래가 질의응답(question answering) 기술의 중요성을 부각시키고 있다.

질의응답 기술은 사용자가 필요한 정보를 자연어 질문으로 입력하였을 때, 시스템이 사용자의 질문에 부합하는 정답을 문서로부터 찾아서 제시하는 기술이다. 질의응답 기술은 자연어처리(Natural Language Processing)와 정보추출(Information Extraction), 정보검색(Information Retreival) 기술 등이 포괄적으로 적용되는 응용기술이다. 최근 무인 상담 시스템, 자동 응답 챗봇 등의 기술로 발전을 하고 있는 상태이다. 또한 자연어처리 분야에서 뜨거운 분야인 기계독해(machine reading comprehension) 분야와 밀접한 관련이 있는 분야이기도 하다.

질의응답 기술은 다른 자연어처리 활용 분야와 비교하였을 때 역사가 깊다. 초창기에는 기술의 난이도 문제로 인해 제한된 도메인 및 문서를 대상으로 연구되어왔다. 1992년부터 시작된 TREC(Text Retrieval Conference)[1]에서 1990년대 후반 질의응답 트랙을 만들면서 질의응답에 대한 다양한 기술적 발전이 있었다. 당시 대부분은 제한된 도메인을 대상으로 한 사실 기반 질문(factoid question) 혹은 일부 서술형 질문에 국한되었다. 하지만 2000년대 후반에 들어, 자연어처리 기술, 정보 추출 기술, 의미 분석 기술 등의 발전과 더불어 오픈 도메인(open-domain)을 대상으로 한 질의응답 트랙의 등장으로 좀 더 포괄적인 질문정답 유형에 대해서도 처리할 수 있도록 발전하고 있다.

본 장에서는, 전통적인 질의응답 기술이라 할 수 있는 정보 검색 기반 질의응답(Information retrieval-based question answering)과 지식 기반 질의응답(knowledge-based question answering)에 대해서 다루도록 한다. 딥러닝을 활용한 질의응답 기술에 대해서는 추후 24장에서 다루도록 한다.

11.2 정보검색 기반 질의응답

정보검색 기반 질의응답(IR based question answering) 기술은 일반적으로 질문처리단계(question processing), 문서처리단계(document processing), 정답처리단계(answer processing)로 이루어진다. [그림 11-1]은 정보검색 기반 질의응답의 처리과정이다.

질문처리단계는 질문분석(question analysis)을 통해 질문유형 분류와 정답유형 분류를 진행한다. 질문분석은 사용자의 질문을 이해하여 사용자가 요구하는 정보(정답)가 무엇인지 파악하는 것이 핵심이다.

문서처리단계는 문서검색(document retrieval)이라 불리며, 정답을 포함하고 있는 문서나 문장을 검색하는 것으로 정답과 관련성이 높은 문서들을 찾아내는 것이 주요한 목적이다.

마지막으로 정답처리단계는 정답후보추출(answer candidate extraction)과 정답순위화(answer ranking)로 구성된다. 정답후보추출은 검색된 문서나 문장에서 정답후보(answer candidate)에 해당하는 개체(entity), 어휘(word), 구(phrase) 등을 추출하는 것이 핵심이다. 정답순위화는 추출된 정답후보를 통합하고 검증하여 최종적으로 사용자에게 제시하는 것으로 질문과 정답후보가 포함된 문장의 의미적 유사도(semantic similarity)와 정답유형과 정답후보의 의미적 연관성(semantic relation), 키워드 중복성(co-occurrence keywords)에 기반한다.

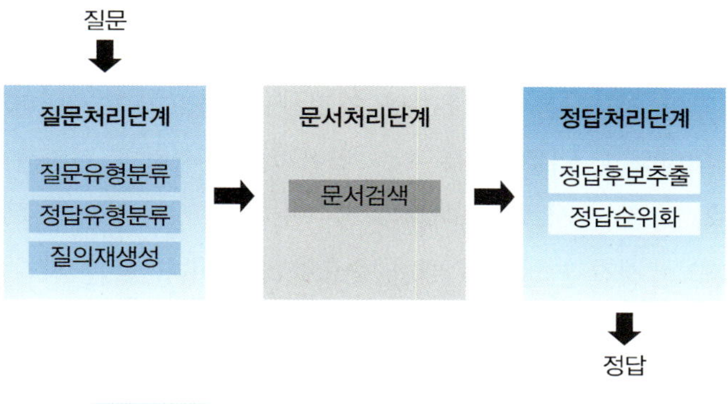

그림 11-1 정보검색 기반 질의응답 처리과정

11.2.1 질문처리단계(question processing)

수많은 문서 안에서 질문에 알맞은 정답을 찾기 위해서는 먼저 질문이 무엇인지 이해하는 단계가 선행되어야 한다. 질문처리단계에서는 질문유형 분류, 정답유형 분

표 11-1 질문유형 분류의 예

	의문사	예시
1	왜	스티븐 잡스는 왜 죽었나요?
2	누구	거북선을 만든 사람은 누구인가요?
3	어디	고려대학교는 어디 있나요?
4	무엇	에디슨이 첫 번째로 발명한 것은 무엇인가요?
5	무슨	자연어처리는 무슨 용도로 쓰이나요?
6	몇	현재 한국의 피파랭킹은 몇위 인가요?
7	언제	인공신경망은 언제부터 유명해졌나요?
8	얼마나	중국은 얼마나 큰가요?
9	어느	여름이 지나면 어느 계절이 오나요?
10	어떻게	순환신경망은 어떻게 작동하나요?

류를 수행한다.

질문유형 분류와 정답유형 분류는 서로 상호의존적인데 [표 11-1]은 질문유형 분류의 예를 나타낸다. 질문유형 분류는 사용자의 질문을 의문사에 기반하여 구분한다. 질문유형은 정답유형을 판단하기 위한 중요한 단서가 될 수 있다.

위의 예들과 같이 의문사는 정답유형을 결정할 때 중요한 단서이다. 의문사 '왜'는 대부분 이유를 의미하고, 의문사 '누구'는 일반적으로 사람과 기관을 의미하는 경우가 많다. 의문사 '몇'은 순서, 시간, 날짜, 개수와 같은 정답유형의 중요한 단서가 된다. 의문사 '언제'는 시간과 날짜에 대한 중요한 단서이다. 물론 각각의 의문사가 질문의 정확한 정답유형을 결정짓지는 못한다. 그러나 다양한 정답유형들을 대상으로 한 제약정보로써 중요하게 활용될 수 있다. [표 11-2]와 [표 11-3]은 의문사 별 정답유형 제약 정보와 예문을 한국어와 영어로 나타낸다. 각각의 패턴에 따라 주요하게 제약되는 정답유형을 표시하였다.

| 표 11-2 | 의문사 별 정답유형 제약 정보와 예문(한국어)

의문사	패턴	정답 유형	예문
누구		인물/정의	이순신은 누구인가요?
몇	몇 +(의존) 명사	날짜/시간/기타	튤립은 몇 월에 피나요?
무슨	무슨 + 명사	명사의미에 의존	딸기는 무슨 맛인가요?
어느	어느 + 명사	명사의미에 의존	불국사는 어느 시에 있나요?
무엇	명사 + 무엇 무엇 + 명사	명사의미에 의존	딥러닝이 무엇인가요?
어디		위치/정의/기타	음성인식을 개발한 회사는 어디인가요?
언제		날짜/기타	독일은 언제 통일 되었나요?
얼마		숫자/기타	백두산은 얼마나 높은가요?
왜		이유	자연어처리는 왜 어렵나요?
어떠하 어찌하		방법/정의/이유	딥러닝은 어떻게 작동하나요?

| 표 11-3 | 의문사 별 정답유형 제약 정보와 예문(영어)

의문사	패턴	정답 유형	예문
When		DATE	When did rain come yesterday?
Which	Which-Who	PERSON	Which person did invent the in-strument of aerology?
	Which-Where	LOCATION	Which city has the min temper-ature?
	Which-When	DATE	Which month has max rain?
Why		REASON	Why don't we have enough rain this year?
What	What	Money/Number/Definition/Title	What is the temperature of New York?
	What-Who	PERSON	What is the best singer in Korea?
	What-When	DATE	What year do we have max rain?
	What-Where	LOCATION	What is the capital of Korea?
Who		PERSON	Who is the first president in Korea?

'무슨', '어느', '무엇', 'which', 'what'은 공기하는 명사의 의미에 따라서 정답유형이 결정된다. 여기서 각각의 패턴은 사용자가 지정해주어야 한다. 정답유형은 사용자가 찾고자 하는 정보가 무엇인지를 의미한다. 즉, "사용자의 질문에 가장 적합한 정답이 무엇인가?"를 파악하는 기술이다. 정답유형 분류는 질문유형 분류에 사용되는 의문사 정보와 개체명 태그, 형태소 분석 결과가 활용된다.

마지막으로 질의 재생성(query reformulation) 과정이 남아있다. 수많은 정답유형 중, 사용자의 질문에 가장 적합한 정답유형을 인식하는 것은 카테고리 분류(classification) 문제로 귀결된다. 하지만, 질문은 단문의 형태를 취하기 때문에 분류를 위한 단서가 부족한 문제가 있다. 이를 보완하기 위해서 질의 재생성 단계를 거친다.

질의 재생성 단계에서는 정답이 포함되어 있는 문서를 검색하기 위해서 질문 내에 포함된 주요 키워드, 문장 패턴들을 인식하여 질의를 생성한다. 재생성된 질의는 문서처리단계에서 질의와 관련있는 문서를 검색할 때 이용된다.

요약하자면, 질문처리단계는 앞서 5장, 6장, 7장에서 설명한 형태소 분석 결과, 개체명인식 결과, 의문사 정보, 어절 정보, 어휘의미정보 등을 활용하여, 질문유형 분류와 정답유형 분류를 진행한다.

11.2.2 문서처리단계(document processing)

앞서, 질문처리단계에서 질문유형과 정답유형을 분류하고, 정답을 포함하고 있는 문서나 문장을 검색하기 위해 질의재생성 단계를 거쳤다. [그림 11-2]은 문서처리단계의 과정을 설명한다.

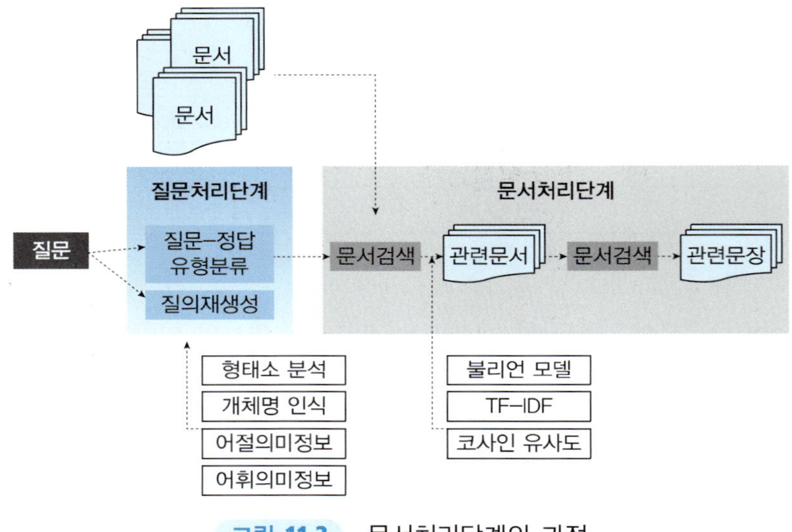

그림 11-2 문서처리단계의 과정

문서검색의 가장 기본적인 모델은 불리언(Boolean) 모델이다. 불리언 모델은 질의의 각 단어가 수집된 각 문서에서 출현 했는가의 여부를 Boolean으로 표시하는 것을 말한다. Document term matrix[2]는 불리언 모델을 위하여 구성된 매트릭스로 각 단어들이 수집된 문서들에서 출현 여부를 1 또는 0으로 표현한다. 만약 '사랑'과 '원숭이'라는 단어가 같이 출현하고, '한국'이라는 단어가 출현하지 않은 문서를 찾으려 한다면 AND와 OR 구문으로 계산한다. 불리언 모델의 특징은 해당 질의의 각 단어와 일치하거나 아니거나(1 아니면 0)로 나타난다. 따라서 어떤 문서가 더욱 중요한지, 질의어와 더욱 일치하는지 순위를 측정할 수 없다. 또한 결과 값이 너무 많아서 그 결과를 줄이려면 질의를 다듬어서 다시 물어봐야 하고, 그 과정은 매우 전문적인 능력이 필요로 한다. [표 11-4]는 Term-document matrix의 예시이다.

| 표 11-4 | Term−document matrix

	지적인	사업	고속도로	나는	집	학교	컴퓨터	딥러닝	공부하다
문서1	1	0	1	0	0	1	0	0	0
문서2	1	1	1	0	0	0	1	0	1
문서3	0	0	1	0	1	0	0	0	1

벡터 공간 모델(Vector space model)은 이러한 불리언 모델의 단점을 해소할 수 있다. 벡터 공간 모델은 각 문서에 나타나는 단어들에 대하여 가중치(weight)를 측정하고, 그 가중치에 따라서 질의어와 문서의 유사도를 측정, 각 문서의 순위를 나타낼 수 있다. 그렇다면 어떻게 각 단어에 대해서 가중치를 부여하고, 질의어와 문서의 유사도를 측정할까? 문서간의 또는 두 벡터의 유사도를 측정하는 방법에는 자카드 유사도(Jaccard similarity),[3] 코사인 유사도,[4] TF-IDF 등이 주로 사용된다.

먼저 자카드 유사도는 A와 B 두 개의 집합이 있다고 했을 때, 두 집합의 합집합에서 교집합의 비율을 구한다면 두 집합 A와 B의 유사도를 구할 수 있다는 아이디어에서 출발한다. 자카드 유사도는 0과 1사이의 값을 가지며, 만약 두 집합이 동일하다면 1의 값을 가지고, 두 집합의 공통 원소가 없다면 0의 값을 갖는다. 자카드 유사도를 구하는 함수를 J라고 하였을 때, 자카드 유사도 함수 J는 식(11.1)과 같다.

$$J(A, B) = \frac{|A \cap B|}{|A \cup B|} = \frac{|A \cap B|}{|A| + |B| - |A \cap B|} \tag{11.1}$$

문장과 비교할 문서를 각각 $Question_1$, $Docu_1$라고 했을 때, $Question_1$, $Docu_1$의 자카드 유사도는 아래 식(11.2)와 같다.

$$J(Question_1, Docu_1) = \frac{Question_1 \cap Docu_1}{Question_1 \cup Docu_1} \tag{11.2}$$

자카드 유사도는 질의어와 문서 사이의 유사도를 측정하기에 매우 간단한 방법이지만, 단어 빈도수(Term Frequency, TF)와 문서 빈도수(Document Frequency, DF)를 고려하지 않는 단점이 있다.

TF는 말 그대로 "단어가 그 문서에 나타난 횟수"를 나타낸다. 앞서 불리언 모델에서는 해당 단어가 그 문서에 나타났으면 1, 아니면 0으로 단어가 얼마나 나타났는지는 표현하지 않았다. 그러나 TF는 1이 아닌 그 문서에서 나타난 횟수를 나타냄으로써, 그 문서에서 그 단어가 얼마나 중요한지를 표현할 수 있다. [표 11-5]는 불리언 모델에서 표현한 것과 동일한 문서와 동일한 단어에 대하여 TF로 나타낸 것으로써 문서 내 에서 해당 단어의 등장 횟수를 통하여 각 단어에 대한 중요도를 알 수 있다.

| 표 11-5 | TF로 나타낸 Term-document matrix

	지적인	사업	고속도로	나는	집	학교	컴퓨터	딥러닝	공부하다
문서1	120	0	20	0	0	39	0	0	0
문서2	30	1	8	0	0	0	31	0	401
문서3	0	0	3	0	37	0	0	0	22

TF와 비슷한 개념으로써 DF는 "해당 단어가 나타난 문서의 수"이다. 따라서 각 단어가 그 문서에서 얼마나 나타났는지는 중요하지 않고, 몇 개의 문서에서 나타났는지가 중요하다. 이 정보는 만약 DF가 높은 단어는 많은 문서에서 나타나는 것이므로, 검색에서 별로 중요한 단어가 아니라는 것을 의미한다. 검색에 중요한 단어는 사용자가 찾을 문서에선 많이 나타나고, 다른 문서에선 적게 나타날수록 중요하기 때문이다. 따라서 [표 11-5]에서 '고속도로'의 DF는 3이고, '집'의 DF는 1이다.

IDF(Inverse Document Frequency)는 총 문서수를 해당 단어의 DF로 나눈 뒤 로그를 취한 값이다. DF는 값이 클수록 중요하지 않은 단어를 나타내는 것인데, 이것을 반대로 값이 클수록 중요한 단어로 나타내기 위하여 역수를 취한다고 이해하면 된다. 또한, DF의 값은 굉장히 넓게 구성되는데, 범위를 줄여주기 위하여 로그 값을 취해 주게 된다.

TF-IDF는 TF와 IDF의 곱으로 이루어지며, 두 지표를 동시에 고려하는 가중치 산출 방법이다. 모든 문서에서 자주 등장하는 단어는 중요도가 낮다고 판단하며, 특정 문서에서만 자주 등장하는 단어는 중요도가 높다고 판단한다. TF-IDF가 낮으면 중요도가 낮은 것이며, 반대로 TF-IDF값이 크면 중요도가 크다고 할 수 있다. 즉, 'the'나 'a'와 같은 불용어의 경우에는 모든 문서에서 자주 등장하기 마련이기 때문에 자연스럽게 불용어의 TF-IDF값은 다른 단어의 TF-IDF에 비해서 낮아지게 된다.

정리하자면, $tf(d, t)$는 특정 문서 d에서의 특정 단어 t의 등장 횟수를 나타내고, $df(t)$는 특정 단어 t가 등장한 문서의 수를 의미한다. $idf(d, t) = \log\left(\frac{n}{1 + df(t)}\right)$은 $df(t)$에 반비례하는 수이다. IDF에서 분모에 1을 더해주는 식은 $df(t)$ 값이 0인 경우를 처리해주기 위함이고, 총 문서의 수 n이 커질수록 IDF값은 기하급수적으로 커지게 되므로 로그를 취한다. [그림 11-3]은 TF, IDF, TF-IDF의 관계를 나타낸다.

	Doc1	Doc2	Doc3
Word1	5	0	0
Word2	1	0	0
Word3	5	5	5
Word4	3	3	3
Word5	3	0	1

→

Doc1	TF	DF	IDF	TF-IDF
Word1	5	1	log(3/2)	5log(3/2)
Word2	1	1	log(3/2)	log(3/2)
Word3	5	3	log(3/4)	5log(3/4)
Word4	3	3	log(3/4)	3log(3/4)
Word5	3	2	log(3/3)	0

그림 11-3 TF, IDF, TF-IDF의 관계

위 그림을 기준으로, doc1을 가려내는데 가장 중요한 역할을 하는 단어에 대해 알아보자. 그 후보는 word1과 word2가 될 것이다. 두 단어 모두 doc1에서만 쓰였기 때문이다. 그런데 이 중에서도 word1이 word2보다 많이 쓰였기 때문에 word1이 가장 중요한 단어가 된다. doc1의 word1에 대응하는 TF-IDF가 가장 높음을 역시 확인할 수 있다. 반대로 모든 문서에서 비슷하게 많이 쓰인 word3, word4 경우 음수를 가지

게 되며, word3, word4 모두 doc1이라는 문서를 특징짓는 데 필요한 정보를 가지고 있지 않다는 의미이다.

따라서, 문서검색에서는 불리언 모델이나 벡터 공간 모델을 활용하여 주어진 질의와 가장 관련있는 문서나 문서내의 문장을 찾아내게 된다.

11.2.3 정답처리단계

정답처리단계는 검색된 문서나 문장에서 정답후보(answer candidate)에 해당하는 개체(entity), 어휘(word) 또는 구(phrase)를 추출하는 것으로 앞서 질문처리단계에서 분류된 정답유형이 중요한 단서가 된다. [그림 11-4]은 정답처리단계의 과정을 나타낸다.

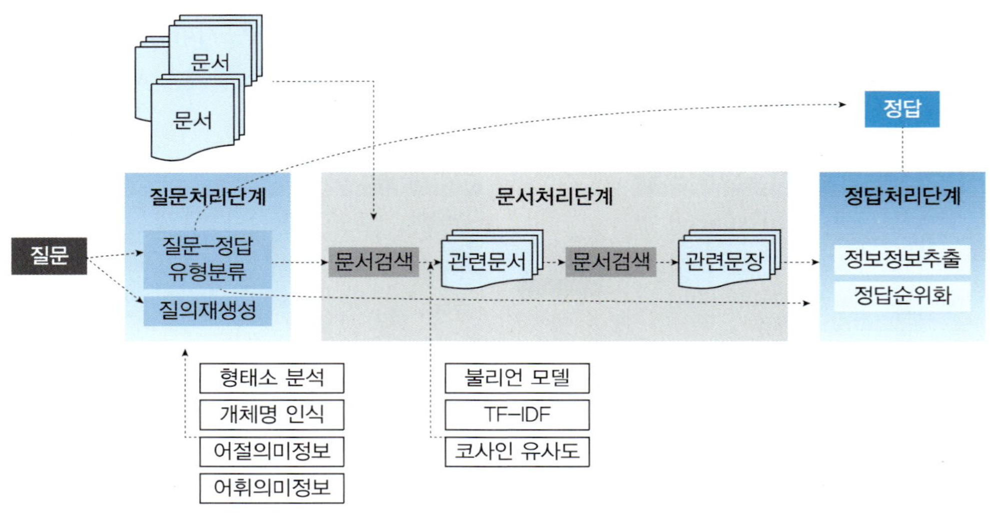

그림 11-4 정답처리단계의 과정

정답처리단계에서는 앞서 질문처리단계에서 얻은 정답유형 정보가 필요하다. 정답유형에 따른 개체명에 따라 문서처리단계에서 얻은 관련문서나 문장을 탐색한다. [그림 11-5]는 정답후보추출의 예이다.

질문	인도의 총리는 누구인가?
정답유형	인물, 정의
관련문서	간디 탄생 150주년을 맞아 인도 정부가 독립운동가 마하트마 간디의 흉상을 연세대학교에 선물한다. 간디 흉상 제막식에는 나렌드라 모디 인도 총리가 직접 참석할 예정이다.
정답후보	간디, 마하트마 간디, 나렌드라 모디

그림 11-5 정답후보추출의 예

질문은 '인도의 총리는 누구인가' 이고, 질문처리단계와 문서처리단계에 따라 정답유형은 '인물', '정의'로 주어졌고, 관련문서는 '간디 탄생 150주년을 맞아 인도 정부가 독립운동가 마하트마 간디의 흉상을 연세대학교에 선물한다. 간디 흉상 제막식에는 나렌드라 모디 인도 총리가 직접 참석할 예정이다.'로 주어졌다고 가정하자. 정답처리단계에서는 먼저, 주어진 질문에 따른 정답유형에 집중한다. 주어진 정답유형은 '인물', '정의' 이다. 이에 따라 관련문서에 대한 형태소 분석, 개체명 태그 분석 결과를 진행하고, 정답유형과 같은 개체를 갖는 정답후보를 추출한다. 추출된 정답 후보는 '간디', '마하트마 간디', '나렌드라 모디'이다. 이와 같이 정답후보는 하나가 아니라 여러개로 이루어질 수 있다. 또한 단어가 아니라 구 형태로 존재할 수도 있다.

정답후보를 순위화하는 방법은 여러 가지가 있다. 먼저, 정답 후보가 정답 유형과 일치하는지 여부를 사용할 수 있다. 추가적으로 질문분석 단계에서 얻은 키워드가 해당 정답 후보에 존재하는지 여부를 사용하거나 정답 후보와 재생성된 질의와의 유사도를 사용하기도 한다.

참고문헌

[1] https://trec.nist.gov/

[2] https://en.wikipedia.org/wiki/Document-term_matrix

[3] https://ko.wikipedia.org/wiki/%EC%9E%90%EC%B9%B4%EB%93%9C_%EC%A7%80%EC%88%98

[4] https://ko.wikipedia.org/wiki/코사인_유사도

연 | 습 | 문 | 제

1. 정보 검색기반 질의응답 시스템의 주요 처리과정 세 가지에 대해서 서술하시오.

2. TF와 DF, 그리고 TF-IDF에 대해 서술하시오.

3. 문서간의 혹은 두 벡터간의 유사도를 구하기 위한 방법에는 어떤 것들이 있으며, 해당 방법에 대해 서술하시오.

CHAPTER

12 기계 번역 (Machine Translation)

12.1 기계 번역이란

번역이란 하나의 언어로 쓰인 글을 같은 의미를 나타내는 다른 언어의 글로 변환하는 작업을 말한다. 세계의 다른 나라들과의 교류가 가능해져 다른 언어로 기록된 문학 작품이나 연구 내역, 보고서, 연설 등을 접할 수 있게 되면서 번역의 중요성은 날로 커지고 있다. 하지만 많은 수요와 높은 중요도에 비해 번역 작업은 상당히 어렵고 복잡한 작업이다. 더욱이 번역 전후의 두 언어에 매우 능숙한 사람의 수 자체가 매우 적고, 그 번역가가 해낼 수 있는 번역의 속도에도 한계가 있다는 문제가 있다. 그래서 컴퓨터가 발전함에 따라 번역 작업을 컴퓨터에게 맡기는 '기계번역'에 대한 연구가 시작되었다. 정확도가 아직 완벽하지 않다는 점은 분명한 한계점으로 남아 있지만, 텍스트가 생산되는 속도가 매우 빠른 정보사회에서 지체없이 바로바로 그 글들을 읽을 수 있게 해주는 장점이 각광받아 여전히 활발히 연구되는 분야 중 하나이다.

기계번역은 다른 자연어처리 활용분야에 비해 역사가 깊다. 1995년부터 알타비스타 사에서 '바벨피쉬'라는 이름으로 온라인 기계번역 서비스를 제공했다(이름의 유래는 소설 '은하수를 여행하는 히치하이커를 위한 안내서'에 등장하는, 귀에 꽂으면 각종 언어를 이해할 수 있게 해주는 생물이다). 영어, 프랑스어, 일본어, 한국어 등 총

14개 국어 간의 번역을 제공했다. 다만 특히 한국어 번역이 '안녕하세요'와 같은 기초적인 어구조차 제대로 번역하지 못하는 문제가 있었다. 이후 2012년경 마이크로소프트사의 빙 번역으로 흡수되었다.

지금 온라인에서 번역 서비스를 제공하는 가장 잘 알려진 회사는 구글이다. 매우 많은 수의 언어를 번역할 수 있으며, 입력된 언어를 자동으로 감지하는 기능도 가지고 있다. 특히, 일본어와 같이 같은 한자에 대해 여러 읽는 방법이 있는 언어에 대해서는 읽는 방법까지 제공해주는 특징을 가지고 있다. 구글 번역 역시 이전에는 그렇게까지 좋은 성능을 내진 못했으나, 2016년경 대대적으로 인공신경망을 기반으로 한 번역을 제공하겠다고 발표한 이후 성능이 비약적으로 향상되었다는 평가를 받고 있다.

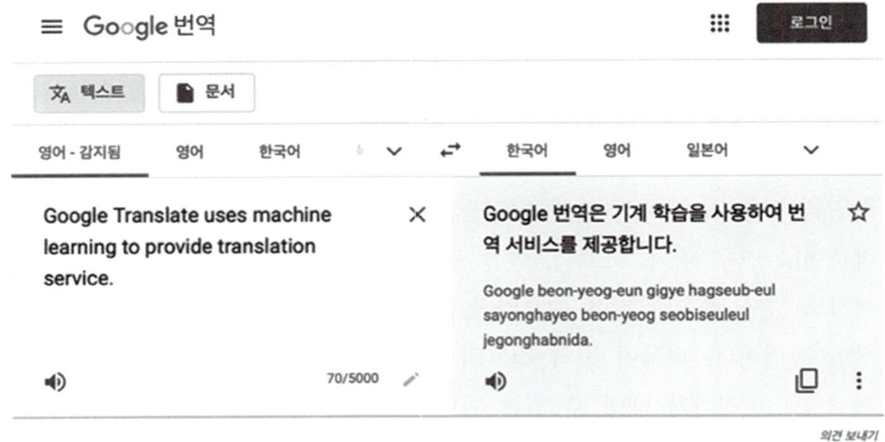

그림 12-1 Google 사가 제공하는 번역 서비스

최근 알려지기 시작한 자연어처리의 다양한 활용 예들은 딥러닝 기반 자연어처리의 활성화와 함께 시작된 것들이 많다. 과거의 사용자 명령 인식과 같은 대화 시스템은 사용자에게 적절한 입력 형식을 제공하는 것으로도 충분했고, 자연 언어 생성 역시 고정된 문장 형태에 일부 단어를 삽입하는 단순한 형태로도 그럴듯한 문장을 만들어내는 것이 가능했다. 하지만 기계번역만큼은 시작부터 자연 언어를 입력하는 형태가 아니면 성립되지 않는 연구분야이다. 그래서 규칙 기반의 자연어처리부터 딥러닝까지 자연어처리의 여러 패러다임을 모두 겪었다. 이 장에서는 이 중에서 과거에 사용되었던 규칙 기반 번역과 통계 기반 번역에 대해 알아본다.

12.2 규칙 기반 기계번역

규칙 기반 기계번역은 언어학적, 문법적인 규칙을 이용해 문장을 번역하는 것을 말한다. 원본 문장을 형태소나 구문 등으로 분석하고, 핵심 단어들을 목표로 하는 언어로 번역한 후, 목표 언어의 문법적인 규칙에 맞게 문장을 다듬는다. 규칙 기반 번역이 한창 연구될 당시에는 단순히 단어만 번역하는 것이 아니라 통사적, 혹은 의미론적 구조를 같이 분석하고자 하였다. 궁극적으로는 규칙에 기반하여 하나의 인공통합언어로 바꿔낸 후 다시 다른 언어로 규칙에 기반하여 번역을 시도하는 것이다. [그림 12-2][1]는 규칙 기반 기계번역에 관한 초창기 시도들을 표현한 것으로, 최초로 이 도표를 제시한 사람의 이름을 따 Vauquois Triangle이라고 한다. 번역을 하기 전 분석하는 수준에 따라 직접 번역, 통사구조 전달, 의미구조 전달 등으로 분류되며, 궁극적

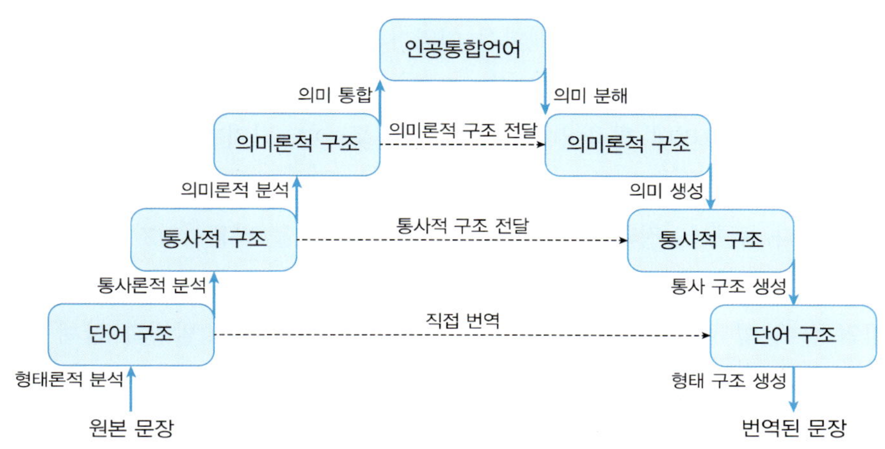

그림 12-2 규칙 기반으로 문장을 번역하는 과정을 설명한 Vauquois Triangle

으로는 모든 분석과 의미통합을 거쳐 여러 언어의 가장 근간이 되는 '인공통합언어'로 변환 후 되돌리면 번역이 된다는 것이다.

이 번역 방법의 가장 큰 문제는 시스템을 만들기 전에 필요로 하는 언어학적 지식의 양이 아주 많다는 것이다. 모든 언어마다 문장을 구성하는데 사용되는 문법을 모두 제작 시 코드로 작성해야 하는데, 각 언어마다 문법의 종류가 아주 많고, 문법에는 예외가 존재하기 때문에 시간도 오래 걸릴 뿐더러 복잡성에 의해 오류가 발생할 확률도 높다. 또한, 문법에 맞추어 1:1 대응을 통해 문장을 번역해 내므로 단어나 구 사이의 연결이 자연스럽지 않다는 문제 또한 규칙 기반 번역의 큰 문제이다. 이런 여러가지 문제로 인해 이후 통계 기반 번역과 딥러닝 기반 번역 시스템이 등장하면서 거의 사장되었다.

규칙 기반 기계번역의 가장 큰 장점은, 문법적인 부분을 반드시 지키면서 모든 과정을 진행하기 때문에, 결과적으로 번역된 문장의 문법이 꽤 정확하다는 것이다. 한 언어의 규칙에 대응하는 다른 언어의 규칙을 적용하여 그대로 문장을 옮기기 때문에, 어쩌면 너무나 당연한 특징이다. 하지만 이 장점이 번역 결과에 나타나지는 않았다. 왜냐하면 이렇게 규칙을 적용하기 위해서는 기존의 규칙을 적용할 대상을 문장에서 정확히 분리해내야 하는데, 이 단계의 정확도가 매우 낮았기 때문이다. 특히 한국어는 형태소가 결합하면서 형태가 바뀌는 경우가 있기 때문에, 이에 대한 분석이 어려웠고, 잘못된 분석에 따른 여파가 결과물까지 이어져 번역 내용이 전혀 쓸모없어지는 경우가 잦았다. 위에서 언급한 바벨피쉬 번역기의 한-영 번역은 '원어민'이라는 단어를 Circle Fishermen으로 번역했다. 원어민은 하나의 단어로, "어떤 나라의 말을 모국어로 쓰는 사람(고려대 한국어대사전)"이라는 뜻이다. 하지만 이를 잘못 분석하여 원+어민으로 분석한 다음, 각각의 단어를 번역하여 재조합한 것이 바로 Circle Fishermen이다. 규칙은 정확하게 작동하였으나 그 규칙을 적용시키기 전의 분석기의 오류 여파가 그대로 남아 문제가 된 것이다.

당시의 단어 및 형태소 분석기의 형편없는 성능은 딥러닝의 발전과 함께 크게 정확도가 향상되었다. 그래서 당시의 기술을 그대로 사용하는 번역기는 이제 거의 남아 있지 않다. 다만 규칙에 기반한 번역이라는 핵심적 요소의 가치 자체가 훼손된 것은 아니기에, 현재는 딥러닝 기반의 번역에 융합하여 같이 연구하려는 시도도 있다.

12.3 통계 기반 기계번역

통계 기반 기계번역이란, 대량의 예제 문장들(코퍼스)을 바탕으로 두 언어 사이의 상관관계를 통계적으로 분석한 모델을 생성하고, 이 모델을 바탕으로 주어진 문장에 대한 번역을 제시하는 기계번역의 한 방법이다. 규칙 기반의 기계번역과는 아주 다른 형태로 번역을 진행하며, 그 주 차이점은 다음과 같다.

첫째로, 대량의 문장을 모아둔 코퍼스(Corpus, 우리말로 말뭉치라고도 한다)를 필요로 한다(코퍼스에 관한 자세한 소개는 1장에 있다). 기계번역은 기계가 이 코퍼스를 통해 번역을 학습해야 하므로, 두 언어로 같은 내용을 의미하는 문장이 서로 쌍으로 연결되어 있다. 이와 같은 형태의 코퍼스를 병렬 코퍼스라고 한다. [표 12-1]은 국립국어원에서 구축·배포하는 '21세기 세종계획 한일병렬말뭉치'의 일부이다(실제 코퍼스는 완성된 문장뿐 아니라 형태소별로 구분된 형태로도 제공된다).

| 표 12-1 | 21세기 세종계획 한일병렬말뭉치의 일부 문장들

한국어 문장	일본어 문장
언어학의 두 흐름으로 이론적 연구와 실증적 연구가 있듯이 컴퓨터를 이용한 언어 정보화에도 두 가지 흐름이 있다.	言語学の二つの流れに理論研究と実証研究があるように、コンピューターを利用した言語情報化にも二つの流れがある。
양자 모두 컴퓨터를 이용한다는 점에서는 일치하지만 실제 결과로서 나타난 언어에 대한 기술 모델은 상이하다.	両者共にコンピューターを利用するという点では一致するが、実際の結果としてあらわれる言語に対する技術モデルは相違する。
일본의 언어 연구의 특징은 실증적 연구 중시에 있다.	日本の言語研究の特徴は、実証的な研究を重視する点にある。

통계 기반 번역과 관련한 연구가 한창 진행될 동안에는 문장을 일대일로 번역한 내역이 아니라 비슷한 주제를 다루고 있는 문장(같은 사건을 다룬 서로 다른 언어의 뉴스 기사에서 각각 가져온 문장들)을 모아둔 비교 코퍼스(Comparable Corpus)를 사용하려는 시도도 있었다. 병렬 코퍼스에 비해 코퍼스를 구축하는 것이 간단하지만,

그에 비해 정확도 등의 면에서 큰 성과를 보이지 않아 현재는 거의 사용되지 않는다.

코퍼스의 역할은 통계 기반 기계 번역에서 아주 중요하다. 왜냐하면, 코퍼스의 크기가 클수록 번역의 평가가 더 높기 때문이다. [그림 12-3]은 모델을 훈련하는데 사용되는 코퍼스의 크기에 따른 Bleu Score의 변화를 나타낸 그래프이다.

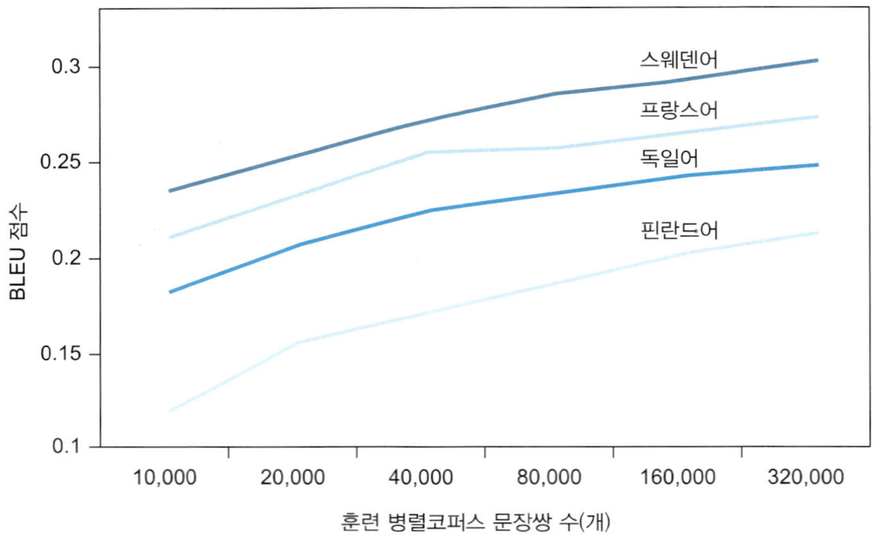

그림 12-3 코퍼스의 크기에 따라 정확도(Bleu 점수)가 상승하는 양상을 보여주는 그래프

규칙 기반 기계번역에서 크게 달라진 점 중 또 하나는 바로 '모델'이다. 모델이라는 개념은 기계학습의 등장과 함께 나타났다. 1장에서 설명한 내용을 간단하게 복습하자면, 기계학습이란 컴퓨터가 데이터를 통해 학습할 수 있도록 하는 알고리즘과 그 기술을 말한다. 이 알고리즘과 기술은 대체로 '신경망'이라고 불리는 구조를 통해 병렬적으로 계산되는 구조를 띤다. 이 신경망의 계층 수가 아주 많아지면 이것을 딥러닝이라고 부르고, 대부분 딥러닝 모델은 각 뉴런의 값이 무엇을 의미하는지 알 수 없는 수준에 이른다. 여기서 '신경망', 즉 컴퓨터가 학습할 수 있도록 하는 알고리즘의 구성 형태를 우리는 '모델' 이라 부른다. 딥러닝에서처럼 아주 심오한 의미를 담고 있는 것은 아니지만 통계 기반 기계 번역은 코퍼스를 분석하는 과정에서 여러가지

확률을 계산하여 그 정보를 내부에서 자체적으로 보관하고 있다. 넓은 의미에서 이것도 기계학습에서의 '모델'이라고 할 수 있다. 즉, 통계 기반 기계 번역은 딥러닝 기반 기계 번역의 아주 기초적인 형태 중 하나라고도 할 수 있는 셈이다.

이 두 가지 특성을 종합하면, 통계 기반 기계 번역은 규칙을 언어학자들이 직접 일일이 분석하지 않아도 대량의 예시 문장들을 통해 등장 빈도를 계산해두고, 이를 바탕으로 주어진 문장에 대한 번역을 '추측'하여 내놓는 방식으로 번역을 진행한다.

12.3.1 통계 기반 기계 번역의 수학적 접근

통계 기반 기계 번역은 기본적으로 컴퓨터가 직접 스스로 학습하는 알고리즘에 기반하기 때문에, 그에 해당하는 수학적 원리가 분명하게 존재한다. 이번 장에서는 통계 기반 기계 번역을 구현하기 위해 사용되는 수학적 개념 중 가장 핵심이 되는 몇 가지에 대해 알아본다. 영어 문장을 입력하면 프랑스어로 번역해주는 기계 번역 시스템을 만든다고 생각해보자. 입력 언어(Source)는 영어(E)이고, 출력 언어(Target)는 프랑스어(F)이다. 영어-프랑스어 병렬 코퍼스를 분석하는 것으로 해당 코퍼스의 각종 통계적 정보를 산출할 수 있다. 위와 같은 가정을 바탕으로 여러 가지 수학적 개념을 정리해보자.

통계 기반 기계 번역의 핵심 개념: 조건부 확률

입력된 영어 문장 E에 대해, 해당하는 번역된 프랑스어 문장 F를 찾는다고 하면, 가장 쉬운 방법은 코퍼스 안에서 두 문장이 쌍으로 연결되어 있는 경우를 찾는 것이다. 입력이 주어져 있는 상황이므로, 주어진 조건 하에서 확률을 찾는 '조건부 확률'로 계산할 수 있다.

$$P(F|E) = \frac{P(F \cap E)}{P(E)} = \frac{count(F,E)}{count(E)} \qquad (12.1)$$

식(12.1)의 앞은 2장에서 다룬 조건부 확률의 정의에 맞추어 수식을 적은 것이다. 우리는 모든 문장이 쌍으로 이어져 있는 병렬 코퍼스에서 통계를 내고 있으므로, 영어 문장이든 프랑스어 문장이든 총 개수는 동일하다. 따라서 확률을 다시 정의에 맞추어 풀어쓰고, 공통된 총 개수를 제거하면 문장의 개수를 세는 것만으로 주어진 영어 문장에 대한 프랑스어 문장의 확률을 구할 수 있다. 이 확률을 모든 프랑스어 문장에 대해 진행한 후, 가장 확률이 높은 문장을 선택하면 그것이 바로 우리가 찾는 번역문이다. 이는 통계 기반 번역의 중심을 꿰뚫는 가장 기본적인 논리이다.

하지만 동시에 이 수식만으로는 절대 기계번역을 할 수 없다. 왜냐하면, 우리가 세상의 모든 문장을 아는 것이 아니기 때문이다. 만약 입력된 영어 문장이 코퍼스에 존재하지 않는다면 우리는 식(12.1)을 이용해 확률을 구할 수조차 없다. 그렇다고 무작정 코퍼스를 키운다고 이 문제가 해결되지 않는다. 현실적인 이유로는 코퍼스를 구축하는데 드는 비용 문제가 있다. 번역에 사용되는 병렬 코퍼스를 만들기 위해서는 좋은 품질의 사람이 직접 번역한 문장쌍을 만들어야 하는데, 이는 많은 시간이 소요되고, 번역가를 동원하기 때문에 경제적인 비용 역시 상당히 소요된다. 따라서 어느 정도 선에서 타협하여 코퍼스를 만들게 된다. 하지만 궁극적으로 우리가 완벽한 병렬 코퍼스를 만들고자 하더라도, 언어가 무한하다는 특성(1장 참고) 때문에, 우리는 세상의 모든 문장을 담은 병렬 코퍼스를 절대 만들 수 없다.

이를 해결하기 위해 확률적으로 가장 높다고 추정되는 문장을 선택한다는 핵심 개념을 유지하면서 확률을 계산하는 방법 등을 다르게 제시하는 것으로 현실적인 코퍼스에서도 유의미한 수치를 도출하기 위한 다양한 방법이 도입되었다. 예를 들어, 문장을 통째로 보지 않고 단어 단위로 보는 것이다. 문장 단위의 확률을 단어 확률들의 곱으로 나타낼 수 있고, 식(12.1)을 식(12.2)로 다시 쓸 수 있다.

$$P(F|E) = \prod_{E_j} \mathrm{arg}max_{F_i} P(F_i|E_j) \tag{12.2}$$

수식을 문장 관점에서 다시 해석하면 입력 영어 문장의 각 단어마다 가장 적합한(확률이 높은) 프랑스어 단어를 선택하여 변환하면, 그것이 가장 적합한(확률이 높은) 번역문이 된다는 것이다. 단어가 조합된 문장은 완벽히 같은 것을 찾기 어려워도 단어 단위로 쪼개면 문장보다 0이 아닌 확률을 도출하기 쉬울 것이고, 단어 단위의 번역은 사전 등의 다른 도구를 사용할 수도 있으므로 0이라는 숫자를 피하기 좋다. 형태는 바뀌었지만, 근본적으로 통계적으로 가장 확률이 높은 것들을 취합한다는 핵심은 변하지 않았다.

수학적으로 번역의 질을 지표화하기

위의 변형된 조건부 확률을 통해 굉장히 그럴듯한 통계적 번역 방법이 제시되었으나, 이 역시 우리가 궁극적으로 원하는 기계 번역과는 거리가 많이 멀다. 그 이유는 크게 세 가지가 있다. 첫째, 단어가 항상 한 가지 의미만으로 번역되지는 않는다. 똑같은 글자라고 해도 발음이 다르거나, 의미가 여러가지 일 수 있다. 반대로, 비슷한 의미를 뜻하는 여러 단어들 중에서 어떤 문장에서 어느 위치에 등장하냐에 따라 선택의 기준이 달라질 수 있다. 둘째, 언어별로 단어의 변환(과거형, 의문형 등) 방법이 다르기 때문에 단어를 직접 변환한다 하더라도 자연스럽게 이어지지 않는다. 셋째, 언어에 따라 어순이 다르기 때문에 원본 언어의 단어 순서대로만 단어를 번역해서는 자연스러운 번역이 나올 수 없다.

이 문제를 해결하기 위해 제시된 방법은 바로 문장을 선택하는 조건을 더 주는 것이다. 위에서 언급한 문제들은 번역 자체에 관한 문제보다도 번역 후의 문장의 상태에 관한 것들이었다. 그렇다면 번역 상태를 고려하는 변수를 추가하고, 문장을 선택할 때 이 변수 역시 기준으로 삼도록 하면, 문제를 해결하는 데 도움이 될 수 있다.

이러한 변수는 우리가 아예 별도로 따로 추가해줘도 좋지만, 가급적이면 통계 기반 기계 번역의 기초가 되는 수식에서 유도할 수 있는 수식을 통해 기준을 추가할 수 있다면 더욱 좋을 것이다. 그 방법 중 하나가 조건부 확률에 베이즈 정리를 이용하는 것이다.

$$
\begin{aligned}
F_{best} &= \arg max_F P(F|E) \\
&= \arg max_F \frac{P(F)P(E|F)}{P(E)} \\
&= \arg max_F P(F)P(E|F)
\end{aligned}
\tag{12.3}
$$

식(12.3)은 베이즈 정리를 사용하여 확률을 구하는 시식을 변형시키는 과정을 나타

낸 것이다. 번역을 진행하고 있기 때문에 입력으로 주어진 문장과만 관련된 확률 $P(E)$는 고정되어 있으므로, argmax에 전혀 영향을 주지 않기 때문에 생략하여 마지막과 같이 두 확률의 곱 형태로 변형할 수 있다. 일반적으로 조건부 확률은 사전확률과 사후확률이 매우 다른 개념이다. 하지만 우리는 이 조건부 확률을 그저 서로 문장간의 관계를 표현하기 위한 수단으로 사용하고 있으므로, $P(E|F)$와 $P(F|E)$는 큰 차이가 없다. 결과적으로 우리는 베이즈 정리를 이용해 $P(F)$를 고려할 수 있게 되었다.

$P(F)$를 수학적 정의로 살펴보면 이 F(프랑스어) 문장이 존재할법한 문장인지를 확인하는 것이다. 이는 9장에서 다룬 언어 모델 중 '통계적 언어 모델'이다. 번역을 할 때 번역 자체와는 관련이 없는 단독 언어의 언어 모델을 활용하여 번역의 품질을 끌어올릴 수 있는 것이다. 이러한 번역 방법은 입력된 언어가 외국어가 아니라, 심하게 훼손된 언어를 단어 대치와 언어 모델을 통해 교정해나가는 것처럼 보인다고 해서 Noisy channel Model이라고 부른다.

문장을 분석하여 내놓을 수 있는 통계적 특징은 이 외에도 여러 가지가 있을 수 있으며, 위의 수식을 변형시키거나 적절한 함수를 구성하여 수식에 덧붙이는 형태로 그 특징을 번역 문장 선정에 기준으로 적용시킬 수 있다. 위의 Noisy channel Model이 일반화되었다고도 볼 수 있을 것이다. 이러한 기준들을 곱하여 계산하면 계산량이 지나치게 늘어나고 값의 범위가 너무 커지므로, 이를 log 함수를 사용하여 계산하는 것으로 정리한다. 이것이 Log-linear Model이다.

12.4 구 기반 번역

위에서 번역 과정을 설명할 때 우리는 기본적으로 모든 분석과 번역을 단어 단위로 진행했다. 하지만 언어에 따라 하나의 단어가 여러 개의 단어구로 번역되기도 하고, 입력/출력 언어가 바뀌면 그 반대도 충분히 가능하다. 또한 숙어나 관용구 등은 한 번에 번역되지 않으면 번역이 어색해진다. 따라서 문장을 단어 단위로 번역하는 것이 아니라, 구 별 경계를 나눈 다음 이것을 바탕으로 작은 단위에서부터 번역을 시작하는 방법이 제시되었다. 이것이 바로 Phrase-Based Model이다. Tomorrow I will fly to the conference in France. 라는 문장이 있다고 하자. to the conference라는 어구는 한국어로 번역될 때 '컨퍼런스에'라는 하나의 어절로 번역된다. 일반적으로 이 방법을 사용할 경우 출력 언어에 맞는 순서 조절이 가장 마지막 단계에서 이루어진다. 시작 문장을 먼저 구 별로 묶은 다음, 이를 번역한 후 다시 순서를 바꾸는 식이다.

12.5 통계 모델을 이용한 실제 문장 번역

위와 같은 수학적 내용들을 잘 조합하여 번역된 문장을 선정하는 통계적 모델을 생성하고 나면, 입력 문장을 모델에 투입하여 번역을 수행할 수 있다. [그림 12-4]는 통계 기반 기계 번역의 수행 과정을 간단하게 나타낸 것이다. 언어 모델에 지금까지 들어온 단어를 바탕으로 가장 적절한 다음 단어를 예측하는 기능이 있는 것처럼, 번역을 앞 단어에서부터 차례로 수행한 후, 이를 아래로 가면서 점차 재조합한다. [그림

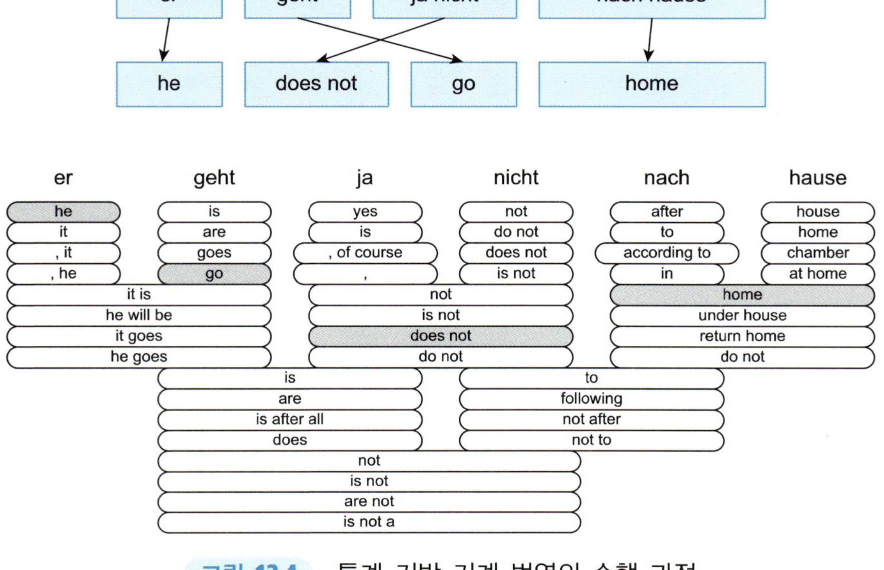

그림 12-4 통계 기반 기계 번역의 수행 과정

12-4][2]는 지금까지 설명한 통계 기반 기계 번역을 수행하는 과정을 보여주는 그림이다. 입력 문자나 구 단위로 번역 후보군을 나열한 다음 확률이 가장 높은 순서대로 조합해 가면서 전체 문장을 번역한 다음, 순서에 맞추어 재조립하는 것이다.

참고문헌

[1] Dorr, Hovy & Levin. NLP and MT Encyclopedia of Language and Linguistics. Machine Translation: Interlingual Methods.
http://citeseerx.ist.psu.edu/viewdoc/download?doi=10.1.1.58.5324&rep=rep1&type=pdf

[2] 일상생활 속으로 들어온 기계 번역, 김준석, 새국어생활 27권 4호
https://www.korean.go.kr/nkview/nklife/2017_4/27_0403.pdf

연 | 습 | 문 | 제

1. 규칙 기반 기계 번역의 품질이 좋지 않았던 이유는 무엇인가?

2. 통계 기반 번역이 규칙 기반 기계 번역에 비해 좋은 점은 무엇인가?

3. 문장별로 확률을 구하여 번역문을 찾는 것이 불가능한 이유는 무엇인가?

4. 베이즈 정리를 사용하여 번역을 위한 조건부 확률 식을 문장의 품질을 검사하는 언어 모델을 포함하는 식으로 변형하시오.

CHAPTER

13 자연어 생성

13.1 배경

자연어 생성은 분명한 수요가 존재하여 활발히 연구되는 분야이며, 동시에 어려움이 많은 작업으로 간주된다. 즉, 자연어 생성 기법은 작시(作詩), 이미지 캡셔닝(image captioning), 요약, 번역, 대화 시스템 등 다양한 작업에 핵심적인 모듈로 사용되는 한편, 오랫동안 까다로운 작업 중 하나로 여겨져 왔으며 아래와 같은 몇 가지 어려움이 존재한다.

먼저 일반적인 경우, 특히 입력이 자연어가 아닌 경우에 입력과 출력 사이에 정보 불균형이 존재한다. 입력값의 의미(semantic)는 대체로 명확하지만, 자연어 고유의 특징으로 인해 때로 모호성을 동반하기 때문이다. 이러한 점으로 인해, 자연어 생성 모델은 맥락 이해를 통해 입력 정보를 적절히 표현하고 목표 언어(target language)의 패턴을 파악할 수 있어야 한다.

또한, 자연어 생성 과정에는 문법적 복잡성이 존재한다. 문법적 복잡성 문제를 다루기 위해 복잡한 지식 기반 시스템이 연구되었다. 지식 기반 시스템 개발을 위해선 많은 노력이 요구됨에도 불구하고, 잘 디자인될 경우 해석 가능성과 안정성이 높기 때문에 상업적으로 여전히 널리 쓰이고 있다.

동해물과	백두산이	마르고	?

$$\prod_{k=1}^{n} P(\text{닳도록} \mid \text{동해물과, 백두산이, 마르고}) = 0.99$$

그림 13-1 N-gram 기반 자연어 생성 예시

초기 자연어 생성은 주로 통계 기반 N-gram 언어 모델로 처리되었다. N-gram은 연속된 N개 단어를 의미한다. [그림 13-1]을 예로 들면, "동해물과, 백두산이" 또는 "백두산이, 마르고"가 2-gram에 해당하고, "동해물과, 백두산이, 마르고"가 3-gram에 해당한다. N-gram 모델을 이용하여 이전 단어가 주어졌을 때 다음 단어를 예측함으로써 새로운 단어 시퀀스를 생성할 수 있다. 즉, 언어 모델로 활용할 수 있다. 예를 들어, "동해물과, 백두산이, 마르고, ?"라는 4-gram으로 "?"에 들어갈 수 있는 후보 단어들의 등장 확률을 모두 비교해 가장 높은 확률을 가진 단어를 생성할 수 있다. 표현상 약간의 모호성이 존재하여, 때론 N-gram이라는 표현 자체가 확률을 할당하는 예측 모델을 의미하기도 한다.

그런데 최근 몇 십년간 인공 신경망과 그 변형 모델들이 많은 작업에서 괄목할 만한 성능을 보임에 따라 자연어 생성 분야에서 인공 신경망 언어 모델(neural network language model, NNLM)[1]이 2003년에 최초로 제안되었다. NNLM은 N-gram 모델의 직접적인 확장 형태로 볼 수 있다. 정답 문장과 언어 모델이 주어졌을 때, 전형적인 NNLM은 아래 식(13.1)과 같이 근사할 수 있다.

$$\hat{P}(x_t \mid context) \approx P(x_t \mid x_{t-n+1}, x_{t-n+2}, \cdots, x_{t-1}) \tag{13.1}$$

이처럼 자연어 생성 문제에 인공 신경망을 적용하려는 시도가 급격히 증가하였으며, 이와 같은 배경에 따라 본 장에서는 인공 신경망 기반 자연어 생성 기법들을 세 종류의 학습 방식으로 나누어 설명한다. 지도 학습(supervised learning), 강화 학습(reinforcement learning), 적대 학습(adversarial learning)을 따르는 자연어 생성 기법들을 소개하고, 각 기법의 한계점과 극복 방안에 관해 서술한다.

13.2 지도 학습 기반 자연어 생성

13.2.1 최대 우도 추정(Maximum Likelihood Estimation)

전통적인 인공 신경망 언어 모델은 최대 우도 추정(maximum likelihood estimation, MLE)을 통해 학습된다. MLE는 자연어 생성 문제를 순차적 다중 레이블 분류(sequential multi-label classification)로 여김으로써 다중 레이블 크로스 엔트로피(multi-label cross entropy)를 직접 최적화할 수 있기 때문이다. MLE를 통해 학습되는 언어 모델의 목적 함수는 아래 식(13.2)처럼 표현된다. 여기서 s_0은 빈 문장을 뜻한다.

$$J_\theta(s_n) = -\sum_{t=0}^{n-1} \log \hat{P}(x_t | s_t) \tag{13.2}$$

대부분의 자연어 생성 모델은 MLE를 목적 함수로 채택하고 있다. 다른 학습 방법에 비해 안정적(robust)인 학습 양상을 보이며 수렴 확률이 높기 때문이다. 그러나 MLE 기반의 NNLM이 따르는 N-gram 패러다임은 이론적으로 장기 의존성(long-term dependency)을 파악할 수 없다는 한계가 존재한다.

13.2.2 순환 신경망 언어 모델 (Recurrent Neural Network Language Model)

장기 의존성 문제를 해소하고자 순환 신경망 언어 모델(recurrent neural network language model, RNNLM)[2]이 2010년에 제안되었다. 전형적인 RNNLM은 가변적인 길이를 갖는 이전 입력값을 은닉(hidden) 벡터로 자동-회귀적(auto-regressive)으로 표현하고, 이것을 다음 단어를 예측하는 데에 사용한다. RNNLM은 식(13.3), 목적 함수는 식(13.4)과 같이 표현할 수 있다.

$$\hat{P}(x_t | context) \approx P(x_t | RNN(x_0, x_1, \cdots, x_{t-1})) \tag{13.3}$$

$$J_\theta(s_n) = -\sum_{t=0}^{n-1} \log \hat{P}(x_t | RNN(s_t)) \tag{13.4}$$

RNNLM은 [그림 13-2]처럼 입력 문장을 인코더(encoder)를 통해 은닉 상태(hidden state)로 표현하고, 디코더(decoder)에서 주어진 은닉 상태를 입력받아 문장을 한 토큰(token)씩 생성한다. 은닉 상태로 변환한 뒤 표현할 경우, 입력 문장의 크기 M, 출력 문장의 크기 N에 대해 $M+N$ 만큼의 모델 크기만으로 자연어 생성을 처리할 수 있기 때문이다.

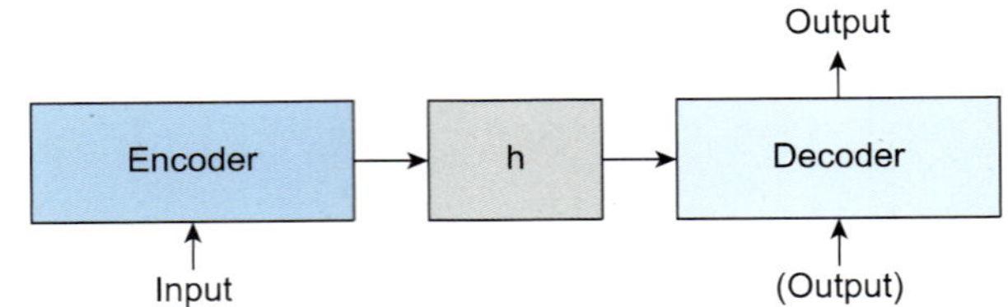

그림 13-2 인코더가 입력 문장을 은닉 상태로 표현하고, 디코더가 은닉 상태를 이용해 문장을 생성한다.

하지만 RNNLM처럼 MLE를 통해 입력 데이터의 분포를 학습하는 것은 **노출 편향**(exposure bias)에 의해 만족스러운 자연어 생성 결과로 이어지지 않는다는 문제가 여전히 존재한다. 노출 편향이란, 자동-회귀적(auto-regressive) 생성 모델이 학습 과정에서 정답(ground-truth) 문맥 정보를 제공받는 반면, 추론 과정에서 자신이 생성한 정보를 참조하는 데에서 발생하는 학습 환경과 추론 환경 간 불일치 현상을 의미한다. 이 문제는 생성된 문장이 길어질수록 더욱 분명하고 심각해지며, 긴 문장을 생성해야 하는 작업에 적용할 때 MLE의 효과성(effectiveness)이 약해지는 원인이 된다.

덧붙여, RNNLM에 LSTM, GRU 등 다양하게 변형된 RNN을 적용함으로써 장기 의존성 파악 능력을 강화할 수 있지만, LSTM, GRU 등 cell state를 가진 네트워크 구조를 이용하더라도 RNN 모델의 태생적 한계로 인한 경사도 소멸(gradient vanishing) 문제, 또 그로 인한 장기 의존성(long-term dependency) 문제를 완전히 해소할 수 없다. 또한, 데이터를 순차적으로 입력해야 하므로 병렬 처리가 불가능 하다는 구조적 한계도 존재한다. 위와 같은 한계점, 즉 노출 편향 문제와 병렬 처리 문제를 극복하고자 제안된 연구를 13.2.3절과 13.2.4절에서 각각 소개한다.

13.2.3 스케쥴 샘플링(Scheduled Sampling)

노출 편향 문제를 완화하기 위해 스케쥴 샘플링(scheduled sampling, SS)[3] 기법이 2015년에 제안되었다. 이 기법은 자동-회귀적 생성 모델이 학습 과정에서도 추론 환경을 미리 경험하도록 함으로써 학습 과정과 추론 과정의 차이를 줄인다.

아래 [그림 13-3]과 같이 자신이 생성했던 샘플을 다음 스텝의 입력값으로 제공하는 것을 샘플링이라 한다. 미리 설정한 확률에 따라 이와 같이 샘플링할지 혹은 정답 정보를 제공받을 것인지 결정한다. 여기서 샘플링 확률은 학습이 진행됨에 따라 점차 감소시킨다. 예를 들어, 학습 시작 시 샘플링 확률 ϵ_s을 0.25, 종결 시 샘플링 확률 ϵ_t을 0으로 설정할 수 있다. 그러나 이와 같은 스케쥴 샘플링 기법도 항상 좋은 성능을 보이지 않는다는 것이 금방 입증되었다.

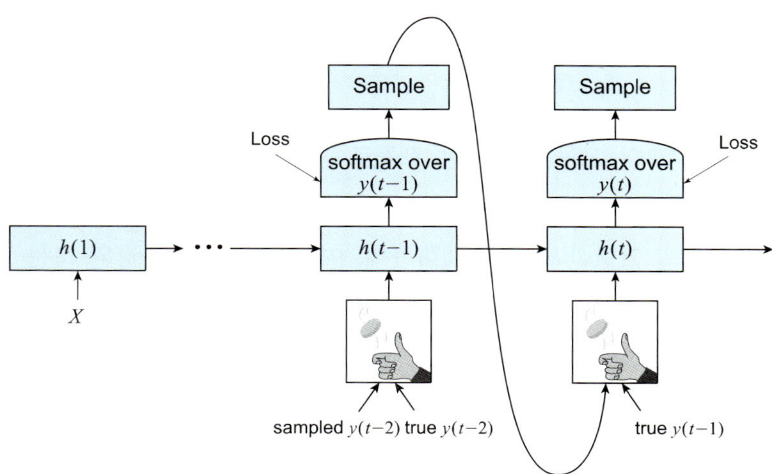

그림 13-3 샘플링 과정을 나타낸 도식. 스케쥴 샘플링은 설정된 스케쥴에 따라 샘플링 확률을 결정한다.

13.2.4 트랜스포머(Transformer)

셀프 어텐션(self-attention) 기반 모델의 경우 RNN과 달리 입력을 병렬 처리해 은닉 상태로 표현할 수 있다. 2017년에 제안된 **트랜스포머**(transformer)[4] 모델이 이에 해당한다.

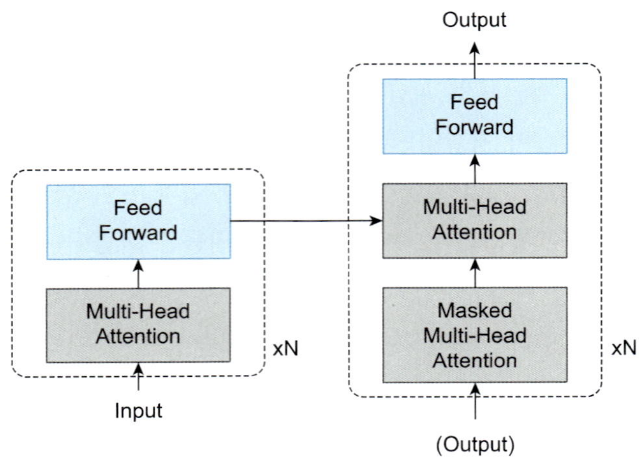

그림 13-4 트랜스포머 모델의 개략적 구조를 표현한 도식

트랜스포머는 인코더 모듈과 디코더 모듈로 구성되어 있고, [그림 13-4]에서 보이듯 각각 동일한 구조를 가진 인코더 N층과 디코더 N층으로 구성되어 있다. 인코더와 디코더 모두에 셀프 어텐션 층이 존재하는데, 여기서 입력된 문장의 모든 토큰이 서로 직접 비교한다. 따라서 일단 같은 문맥(context)으로 입력되었다면 토큰 간 거리에 따른 장기 의존성 문제는 완전히 없어진다. 그러나 여기서 디코더에서의 병렬 처리는 이뤄지지 않아, 트랜스포머의 추론 시간을 단축하기 위한 여러 기법이 제안되고 있다.

13.3 강화 학습 기반 자연어 생성

13.3.1 PG-BLEU

자연어 생성 문제를 마르코프 결정 과정(Markov decision process, MDP)을 이용해 풀 수 있다. 강화 학습은 이산(discrete) 행동 후보 중 최고의 보상을 얻는 행동을 에이전트(agent)가 선택하도록 행동 전략을 학습하는 방법이므로 자연어 생성에 사용하기 적합하다. PG-BLEU는 이처럼 강화 학습을 자연어 생성 분야에 적용한 기법이다. 구체적으로, REINFORCE 같은 강화 학습 정책-기울기(policy-gradient, PG) 알고리즘을 이용하여 BLEU로 대표되는 미분 불가능한 평가 지표를 최적화한다.

PG 알고리즘은 정책을 직접 모델링하고 최적화하는 것을 목표로 한다. 정책(policy)은 일반적으로 파라미터 θ에 대한 함수 $\pi_\theta(a|s)$로 정의된다. 보상(reward) 함수의 값은 이 정책에 의존적이며, 다양한 알고리즘이 최고의 보상을 얻도록 θ를 최적화시키는 데 적용된다.

BLEU(Bilingual Evaluation Understudy)는 자연어 생성 작업에서의 대표적인 평가 지표이다. BLEU 값은 식(13.5)처럼 표현된다.

$$BLEU = min\left(1, \frac{output\ length}{reference\,length}\right)\left(\prod_{i=1}^{N} precision\right)^{-N} \tag{13.5}$$

$$precision = \frac{True\,Positive}{True\,Positive + False\,Positive} \tag{13.6}$$

BLEU 점수는 N-gram 정밀도(precision)에 기반한다. N-gram 정밀도는 식(13.6)에서 보이듯 생성한 문장의 N-gram 시퀀스 중 정답 문장에 포함된 시퀀스의 비율을 의미한다. 단, precision만으로 성능을 표현할 경우 정답 문장에 포함된 소수의 단어만 포함된 아주 짧은 문장을 생성하더라도 BLEU 점수가 높게 책정된다. 따라서 문장 길이에 대한 패널티를 곱해준다.

PG-BLEU는 이처럼 REINFORCE를 이용해 BLEU 점수를 최적화하는 기법으로,

식(13.7)을 최소화함으로써 학습을 진행할 수 있다.

$$J_\theta(\hat{s}_n) = -\sum_{t=0}^{n-1} R_t \log \hat{P}(x_t | s_t) \quad (13.7)$$

그러나 근본적으로, PG-BLEU의 보상을 결정하는 BLEU는 계산 비용이 저렴하지 않은 평가 지표이기 때문에 상태(state)마다 보상을 계산해야 하는 강화 학습에 부적합하다. 또한, BLEU는 단지 통계적인 N-gram 유사도를 계산하기 때문에 자연어 생성의 성능을 평가하기에 완벽하지 않은 지표이다. 이 때문에 불필요한 편향이 PG-BLEU 모델에 전해진다. 게다가 강화 학습은 정확하게 알 수 없는 환경이나 보상 함수가 없이도 동작하는 기법이다 보니 활용(exploitation)과 함께 탐색(exploration)에 들이는 비용이 많다. 이에 따라 초반에 학습이 진행되지 않는 문제가 종종 발생한다. 따라서 강화 학습을 이용하더라도 지도 학습의 강점을 취할 필요성이 발생한다. 이러한 배경에서 모방 학습 방법이 조명되었다.

13.3.2 모방 학습(Imitation Learning)

모방 학습(imitation learning)은 강화 학습이 시작되는 초반에 지도 학습을 결합함으로써 강화 학습의 약점을 지도 학습의 강점으로 보완할 수 있는 학습 기법이다. 강화 학습의 관점에서, MLE는 정답(ground-truth) 데이터에서 샘플링된 에피소드를 이용한 오프-폴리시(off-policy) 학습이기 때문에 모방 학습은 지도 학습의 성격을 가진 강화 학습으로 볼 수 있다. 모방 학습의 목적 함수는 식(13.8)과 같다. 식(13.7)의 R_t가 1.0으로 고정된 상태에서의 학습 과정이라 생각하면 된다.

$$J_\theta(\hat{s}_n) = -\sum_{t=0}^{n-1} \log \hat{P}(x_t | s_t) \quad (13.8)$$

모방 학습은 실제로 많은 강화 학습 시나리오에서의 분산(variance)를 낮춰주는 역할을 한다. 많은 강화 학습 알고리즘이 학습 초반에 MLE와 같은 지도 학습을 통해 선행 학습(pre-training)을 진행하는 이유이다.

13.4 적대 학습 기반 자연어 생성

13.4.1 생성적 적대 네트워크(Generative Adversarial Networks)

생성적 적대 네트워크(generative adversarial networks, GAN)는 사실적인 결과물을 생성해내기 위해 두 개의 신경망이 서로 경쟁 관계에서 학습하는 기계 학습 모델이다. 두 개의 신경망은 각각 생성기(generator), 판별기(descriminator)라고 불린다. 생성기의 목표는 실제 데이터와 혼동될 정도로 사실적인 출력을 인위적으로 제조하는 것이고, 판별기의 목표는 입력값이 실제 데이터인지 혹은 생성기에서 만들어진 데이터인지를 정확히 판별하는 것이다. GAN의 피드백 루프가 계속됨에 따라 생성기는 점점 더 사실적인 데이터를 만들기 시작하고, 판별기는 데이터의 진위를 판단하는 작업에 더 능숙해진다. 결과적으로, 생성기는 잠재(latent) 벡터가 주어졌을 때 그에 따른 사실적인 데이터를 생성할 수 있게 된다.

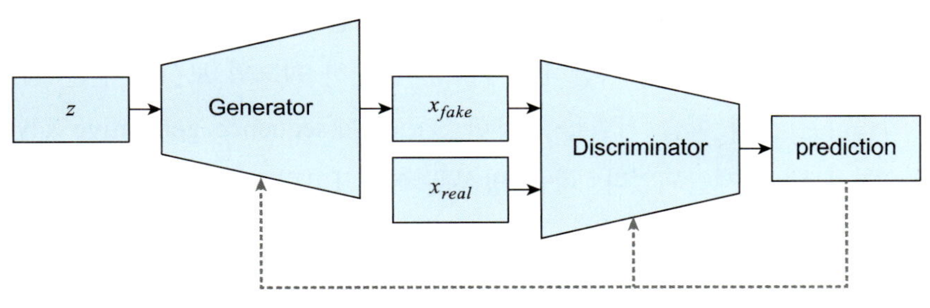

그림 13-5 생성적 적대 네트워크의 작동 방식을 묘사한 도식

학습은 판별기의 성능으로 구해진 손실에 따라 생성기와 판별기에 기울기를 전달함으로써 진행된다. GAN은 식(13.9)의 가치 함수를 최소화시키며 학습된다. 판별기에 관한 식(13.10)은 실제 데이터 구분에 대한 기댓값과 생성된 데이터 구분에 대한 기댓값의 합으로 구성되어 있고, 이를 최대화해야 함을 의미한다. 반면 생성기에 관한 식(13.11)은 생성된 데이터가 판별기에 의해 구분될 기댓값을 최소화해야 함을 의

미한다.

$$\min_G \max_D V(D,G) = E_{x \sim p_{data}(x)}[\log D(x)] + E_{z \sim p_z(z)}[\log(1 - D(G(z)))] \quad (13.9)$$

$$\max_D V(D) = E_{x \sim p_{data}(x)}[\log D(x)] + E_{z \sim p_z(z)}[\log(1 - D(G(z)))] \quad (13.10)$$

$$\min_G V(G) = E_{z \sim p_z(z)}[\log(1 - D(G(z)))] \quad (13.11)$$

이렇게 동작하는 GAN은 이미지 처리 분야에서의 좋은 성능으로 인해 학회와 현업에서 각광 받는 기법이 되었다. 이미지 생성 문제에 활용도가 높아 자연어 생성 분야에도 적용하면 좋은 성능을 얻을 것 같지만, GAN은 실제 연속적인(continuous) 데이터에 사용되도록 디자인된 기법이기 때문에 자연어 같은 이산적인(discrete) 데이터에 대해서는 모델에 경사도(gradient)를 전달하기 어렵다.

13.4.2 SeqGAN(Sequence Generative Adversarial Networks)

자연어 생성 문제처럼 이산적인 데이터를 사용하는 작업에 GAN을 직접 적용하기 어렵다는 문제를 해소하고자, 이산적인 후보군 중에서 최고의 보상을 얻는 행동을 취하도록 학습하는 강화 학습 기법을 적용한 SeqGAN(sequence generative adversarial networks)[5] 모델이 제안되었다. 학습 방식은 아래 [그림 13-6]과 같다.

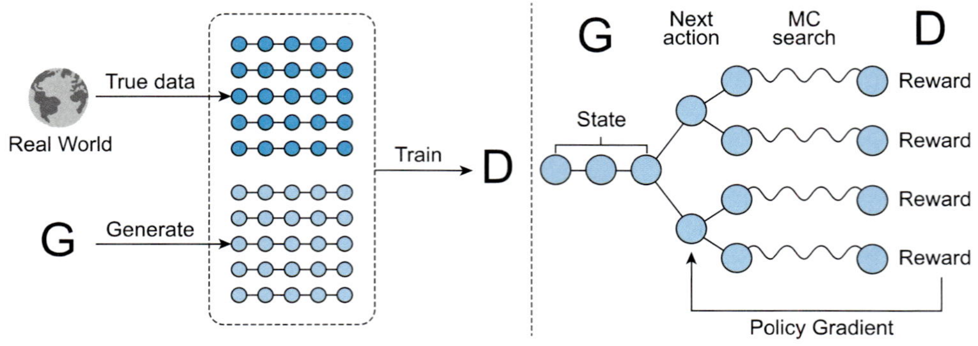

그림 13-6 자연어 생성 문제에 GAN 방식을 적용한 SeqGAN 모델

SeqGAN도 기존의 GAN과 마찬가지로 생성기와 판별기로 구성되어 있다. 생성기 모델로는 LSTM 모델을 사용하고, 판별기로는 CNN 모델을 사용한다. 본 학습에 앞서, 효과적인 강화 학습을 위해 모방 학습에서 소개된 것처럼 생성기와 판별기를 사전 학습(pre-raining)한다. 생성기는 MLE로 사전 학습하며, 판별기는 실제 데이터와 사전 학습된 생성기로 만든 가짜 데이터(negative sample)를 구분하도록 크로스 엔트로피 손실을 계산해 사전 학습한다. 이후, 생성기로 만든 문장으로 행동-가치 함수(action-value function)를 계산하고 정책 경사도(policy gradient)를 통해 생성기의 파라미터를 업데이트한다. 그리고 생성기로 만든 문장과 실제 문장을 잘 구분하도록 판별기의 파라미터를 업데이트한다.

13.4.3 GAN의 문제점과 해결방안

SeqGAN은 자연어 생성 문제에 GAN 개념을 적용했다는 데에 큰 의의가 있지만, 그로 인해 GAN의 고질적인 불안정성도 지닌다는 한계가 있다. 그 문제점은 크게 2가지로, 첫 번째는 생성기에 비해 판별기의 성능이 너무 강력할 때 생성기가 제대로 학습되기 어려워지는 경사도 소멸(gradient vanishing) 문제이다. [그림 13-7]이 GAN에서의 경사도 소멸 문제에 대한 예시이다. 또 다른 문제는 생성기가 판별기를 속이기 가장 쉬운 아웃풋만 반복적으로 생성하여 다양성이 낮아지는 모드 붕괴(mode collapse) 문제가 있다.

순위	Case A (경사도 소멸)	Case B (경사도 소멸 X)
나는 열심히 공부했다.	1.0	0.9
나는 공부 중이다.	0.9999	0.6
나는 중이다. 공부	1e-10	0.5
공부 나는 중이다.	1e-15	0.4

생성된 문장

그림 13-7 판별기가 생성된 문장을 입력받아 반환하는 수치에 따른 경사도 소멸 차이를 보이는 예시. 대개 Case A보다 Case B에서 수렴 안정성이 더 높고 수렴 속도가 더 빠르다.

경사도 소멸 문제를 해소하기 위한 기법으로서, 판별기에서 얻어지는 점수를 다시 스케일링(scaling)하는 MaliGAN[6] 모델, 점수를 순위에 따른 값으로 변환하는 RankGAN[7] 등이 제안되었다. 또한, 모드 붕괴 문제를 해소하기 위해 장기 의존성을 파악할 수 있도록 정보를 유출하는 LeakGAN,[8] 이산적인 표현 간 경사도 전달 문제를 해소하기 위한 검벨 소프트맥스 트릭(Gumbel softmax trick)[9] 등이 제안되었다.

참고문헌

[1] Bengio, Yoshua, et al. "A neural probabilistic language model." Journal of machine learning research 3.Feb (2003): 1137-1155.

[2] Mikolov, Tomáš, et al. "Recurrent neural network based language model." Eleventh annual conference of the international speech communication association. 2010.

[3] Bengio, Samy, et al. "Scheduled sampling for sequence prediction with recurrent neural networks." Advances in Neural Information Processing Systems. 2015.

[4] Vaswani, Ashish, et al. "Attention is all you need." Advances in neural information processing systems. 2017.

[5] Yu, Lantao, et al. "Seqgan: Sequence generative adversarial nets with policy gradient." Thirty-First AAAI Conference on Artificial Intelligence. 2017.

[6] Che, Tong, et al. "Maximum-likelihood augmented discrete generative adversarial networks." arXiv preprint arXiv:1702.07983 (2017).

[7] Lin, Kevin, et al. "Adversarial ranking for language generation." Advances in Neural Information Processing Systems. 2017.

[8] Guo, Jiaxian, et al. "Long text generation via adversarial training with leaked information." Thirty-Second AAAI Conference on Artificial Intelligence. 2018.

[9] Jang, Eric, Shixiang Gu, and Ben Poole. "Categorical reparameterization with gumbel-softmax." arXiv preprint arXiv:1611.01144 (2016).

CHAPTER

14 대화 시스템(Dialog System)

14.1 대화 시스템 개론

[그림 14-1]과 같이 당신이 어떤 실험에 참여하였다고 가정해보자.[1] 과학자의 안내에 따라 밀폐된 방 안으로 들어가자 컴퓨터 한 대가 놓여있다. 컴퓨터에는 카카오톡이 깔려있고 과학자는 카카오톡을 통해 옆 방에 있는 존재와 대화를 나누고, 사람인지 컴퓨터인지 판단하라고 한다. 당신은 어떻게 옆방에 있는 존재가 사람인지 컴퓨터인지 판단할 수 있을까? 1950년 엘런 튜링이 제안했던 튜링 테스트라는 시험이다. 이 시험은 컴퓨터가 얼마나 인간과 비슷하게 대화할 수 있는지 판단하는 기준으로 사용되었다. 컴퓨터가 인간처럼 대화할 수 있다면 인간처럼 사고한다고 볼 수 있다는 튜링의 관점에서 생각해본다면 완벽한 대화 시스템은 우리가 흔히 생각하는 인공지능과 가장 가까운 존재일 것이다.

대화 시스템은 자연어처리에서 굉장히 매력적인 분야 중 하나이고 동시에 현재 기업에서 가장 많이 서비스화 되고 있는 분야 중 하나이다. 이번 장에서는 최근 연구되고 있는 딥러닝 기반의 대화 시스템을 공부하기 전에 기존에 있던 대화 시스템의 정의, 대화 시스템 구현, 음성 대화 시스템에 대해서 이야기해보려 한다.

그림 14-1 튜링 테스트

14.1.1 대화 시스템이란

대화 시스템이란 무엇일까? 대화 시스템이란 [그림 14-2]와 같이 자연어를 사용해 인간과 대화하는 시스템이다. 대화 시스템은 크게 두 가지 종류로 나누어지는데 하나는 사용자가 주도하는 **사용자 주도 대화 시스템**이고 다른 하나는 시스템이 주도하는 **시스템 주도 대화 시스템**이다.

사용자: 아리아~

아리아: 띠링

사용자: 올림픽대로 경유해서 집으로 가는 가장 빠른 길 알려줘

아리아: 올림픽대로는 지금 많이 막혀서 경유하면 시간이 오래 걸릴거 같아요

사용자: 그럼 마포대교를 경유해서 가는길 알려줘

아리아: 마포대교를 경유해서 집으로 가는 경로는...

시스템: 안녕하세요 무엇을 도와드릴까요?

사용자: 어벤져스 엔드게임 예매하고 싶어요

시스템: 어느 상영관에서 관람하고 싶으신가요?

사용자: 왕십리에서 관람하고 싶어요. 시간은 오늘 저녁 7시요.

시스템: 오늘 저녁 7시 왕십리관으로 예약했습니다.

사용자: 고마워~

그림 14-2 사용자 주도 대화 시스템(왼쪽), 시스템 주도 대화 시스템(오른쪽)

대화 시스템의 대표적인 사례들은 [그림 14-3]과 같이 우리 주변에서 흔히 찾아볼 수 있다.[2] 스마트폰에는 삼성의 Bixby, 애플의 Siri, 구글의 Now, 마이크로소프트의 Cortana 등이 있다. 대화 시스템 제품으로는 가장 흔한 것이 인공지능 스피커제품일 것이다. 아마존, 구글의 제품들이 있고 국내에서는 KT의 기가지니, 네이버의 Clova 등이 있다.

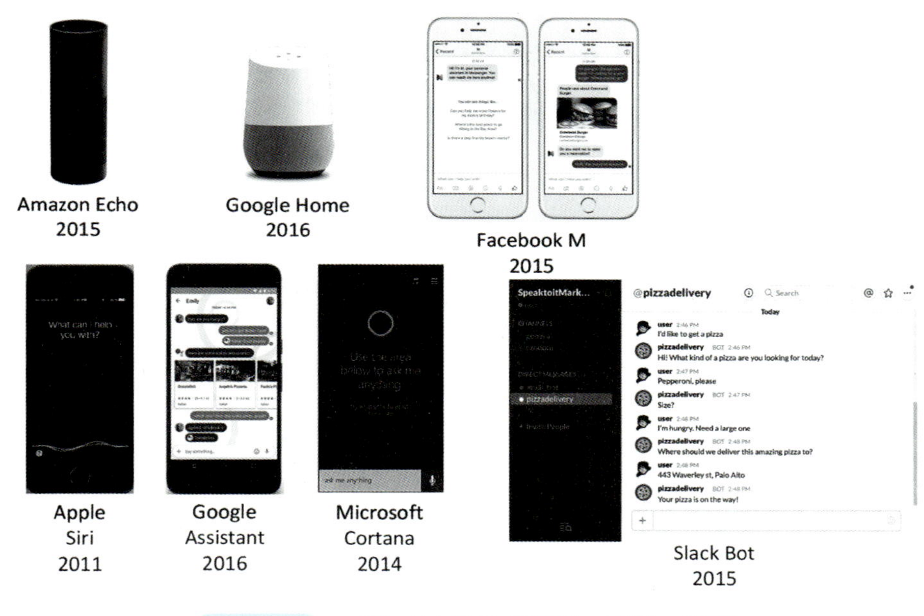

그림 14-3 대화 시스템이 적용된 다양한 제품들

그렇다면 대화 시스템은 어떻게 구성되어있을까? 어떻게 만들 수 있을까? 하는 궁금증이 생긴다. 한번 같이 알아보도록 하자.

14.1.2 대화 시스템의 구현

대화 시스템은 어떤 방식으로 구성되어있을까? [그림 14-4]는 대화 시스템의 전체 구성도이다. 먼저 사용자가 "어벤져스 엔드게임 예매하고 싶어요."라고 얘기하면 음성인식 시스템(Speech Recognition)으로 들어가 사용자의 음성신호를 텍스트로 변환한다. 이때 음성인식 시스템은 '예매'를 '애매'로 인식하면 안되기 때문에 대화 시스템에서는 정확한 음성인식 시스템을 필요로 한다.

텍스트로 변환된 사용자의 음성은 의미 분석을 위해 자연어 이해 시스템(Natural Language Understanding)으로 들어간다. 자연어 이해 시스템에서는 변환된 텍스트 문장을 [그림 14-5]와 같이 의미 표현으로 변환시킨다.

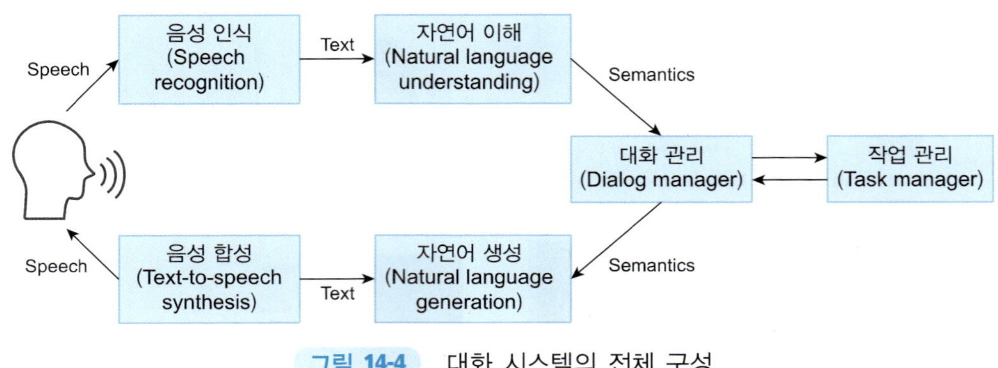

그림 14-4 대화 시스템의 전체 구성

의미 표현	
영화 정보	어벤져스
상영 장소	???
상영 시간	???
티켓 장 수	???
나이	???

그림 14-5 분석된 의미 표현

자연어 이해 시스템, 즉 NLU에서는 "어벤져스 엔드게임 예매하고 싶어요."라는 문장을 보고 예매 장소가 어디인지, 상영 시간은 몇 시인지, 티켓은 몇 장을 구매하는지, 성인인지 청소년인지 등의 슬롯(slot)을 만들고 그걸 채우는 형식으로 의미를 표현한다. 이를 **슬롯 채우기**(Slot Filling)이라고 한다.

의미 분석이 끝나면 분석 결과들을 대화 관리(Dialog Manager) 시스템으로 보낸다. 대화 관리 시스템은 관리를 도와주는 작업 관리 시스템(Task Manager)과 상호작용 하면서 여러 과정을 통해 시스템 발화정보를 생성한다. 즉, 대화 관리 시스템에서는 대화의 문맥, 흐름, 적용 도메인, 생략 복원, 중의성 해소, 예외처리 등을 담당한다. 대화의 문맥을 저장하는 방법과 활용 방법이 주로 고려되는 사항들이라고 할 수 있다.

대화 관리 시스템은 대화의 문맥을 분석하고 사용자가 무엇을 원하는지 파악한 뒤 자연어 생성 시스템(Natural Language Generation)에서 목적에 따른 자연어를 생성한다. 예를 들어, "어벤져스 엔드게임 예매하고 싶어요."라는 문장을 앞에서 분석한 뒤 시스템은 이 사용자가 "티켓 예매"라는 요청항목이 있다는 것을 파악하고 "어느 상영관에서 관람하고 싶으신가요?"라는 문장을 생성한다.

마지막으로 생성된 문장을 음성 합성 시스템(Text-to-Speech Synthesis)을 통해 사람과 유사하며 사용자가 듣기 편한 음성으로 변환하여 사용자에게 전달하게 된다.

실제 대화 시스템 연구에서는 각각의 시스템 모듈의 성능을 개선하기 위한 연구하는 사람이 따로 존재할 정도로 대화 시스템 연구는 매우 어려운 편이다. 각각의 모듈의 역할들은 직관적으로 이해되는 편이지만 대화 관리 시스템은 그렇지 않은 편이다. 이번에는 대화 관리 시스템에 대해 이야기 해보려고 한다.

대화 관리 시스템의 방식은 크게 규칙 기반 접근방법과 데이터 기반 접근방법으로 나누어진다. 규칙 기반 접근방법에는 우선 Finte State Automata(FSA)를 이용하는 방법이 있다. FSA를 이해하려면 베이지안 네트워크를 먼저 알아야 하기 때문에 여기서는 자세히 다루지 않겠다. 하지만 베이지안 네트워크와 FGA는 자연어처리에 있어서 정말 중요한 개념 중 하나이기 때문에 꼭 알아두는 것이 좋다. FSA의 구조를 보면 [그림 14-6]과 같다.

FSA를 이용한 대화 관리는 FSA로 대화 문맥 및 순서를 [그림 14-6]과 같이 표현하는 형식으로 이루어진다. 즉, 규칙 기반으로 모든 경우에 수에 대해 규칙(rule)을 정해두고 경우에 따라 대화의 문맥과 순서를 표현한다. [그림 14-7]과 같이 시스템이 "어떤 영화를 예매하시겠어요?"라고 물어보면 미리 정해진 규칙에 따라 질문을 수집하며 최종적으로 사용자에게 서비스를 제공하는 방식으로 이루어진다.

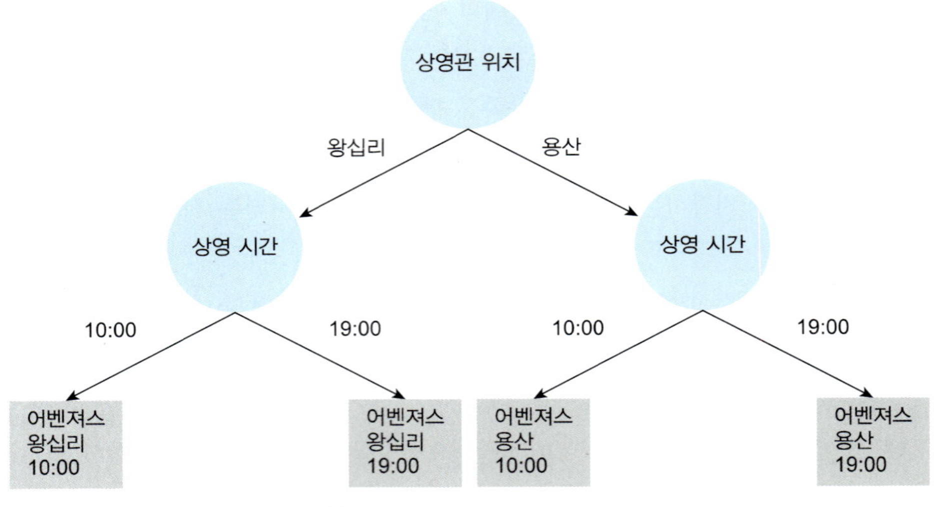

그림 14-6 FSA로 대화 문맥 및 순서 표현

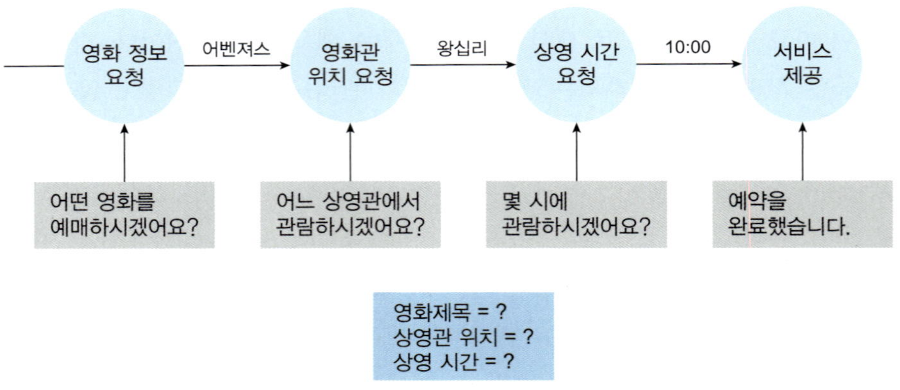

그림 14-7 FSA를 이용한 대화 관리 시스템

다음으로 Frame 기반의 대화 관리 시스템을 알아보도록 하자. [그림 14-8]은 시스템 주도형 Frame 기반 대화 관리 시스템이다.

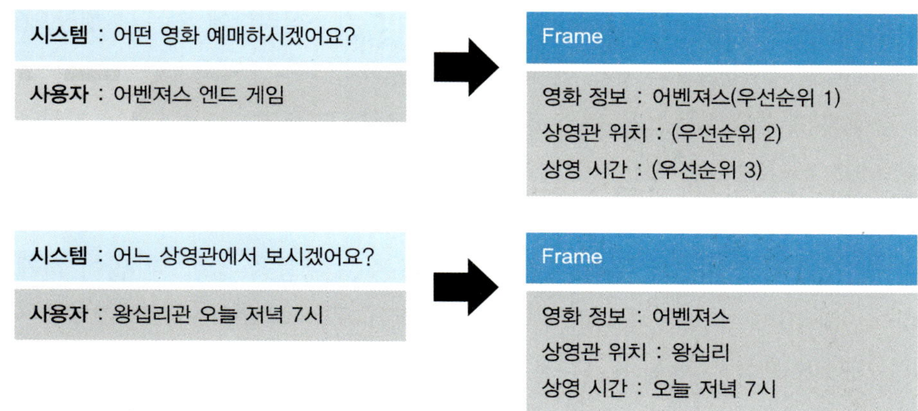

그림 14-8 Frame 기반 시스템 주도 대화 관리 시스템

이름 그대로 frame이라는 규칙과 규칙간의 우선순위가 있고 사용자에게 질문을 하며 문맥을 이해하는 형식으로 구성되어 있다. [그림 14-9]는 사용자 주도형 Frame 기반 대화 관리 시스템이다. 동작 방식은 사용자가 주도하여 정보를 요구하는 형식이다.

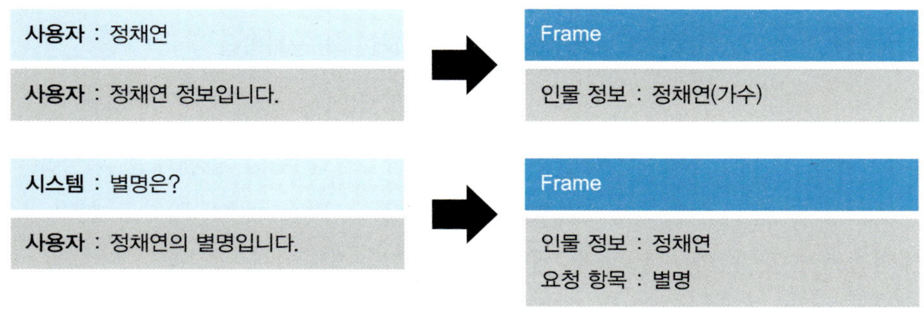

그림 14-9 Frame 기반 사용자 주도 대화 관리 시스템

여기까지 규칙 기반 대화 관리 시스템에 대해 간단하게 알아보았다. 이번에는 데이터 기반 접근방법에 대해 알아보겠다. 가장 대표적인 방법은 바로 강화학습을 이용한 방법이다. 설명을 위해 간단하게 강화학습에 대해 먼저 알아보도록 하자.

강화학습(Reinforcement Learning)을 이해하려면 행동심리학에 있는 시행착오(trial and error)라는 개념을 이해해야 한다. 우리는 살면서 많은 시행착오를 거치고 그 속에서 나에게 유리한 행동들을 점차 강화한다. 고기를 먹으면 맛있다 라는 보상을 얻을 수 있고 우리는 다음에도 맛있는 고기를 찾게 된다. 즉, 강화라는건 이전에는 몰랐지만 직접 시도하면서 행동과 그 결과로 나타나는 좋은 보상 사이의 상관관계를 학습하는 것이다. 그러면서 우리는 좋은 보상을 주는 행동을 점점 더 많이 하게 된다. [그림 14-10]에서 노란 동그라미 캐릭터가 작은 공과 과일을 먹으면 보상을 얻고 귀신을 만나면 보상을 빼앗긴다고 생각해보자. 노란 동그라미는 반복 학습을 통해 결국 귀신을 피하면서 공을 다 먹게 될 것이다.

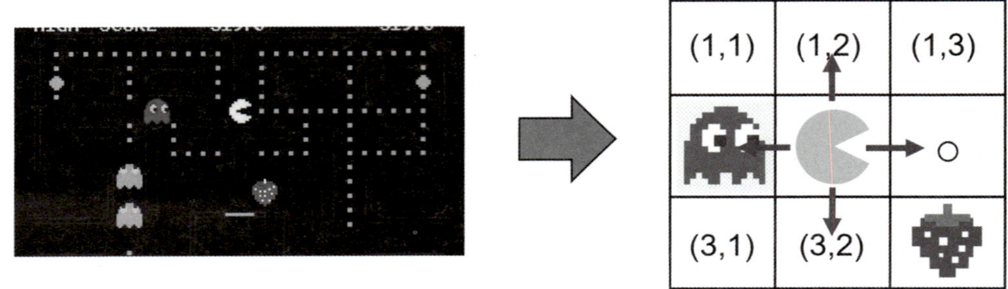

그림 14-10 팩맨(Pac-man)게임과 강화학습

강화학습에서 가장 중요한 것은 순차적인 학습과정을 위한 문제해결 과정을 정의하는 것이다. 이를 강화학습에서는 Markov Decision Process(MDP)라고 한다. MDP는 에이전트가 관찰 가능한 상태, 에이전트가 특정 상태에서 할 수 있는 행동, 환경이 에이전트에게 주는 보상정보, 에이전트가 어떠한 상태에서 어떠한 행동을 해서 다른 상태에 도달할 확률, 보상을 구분할 수 있게 해주는 감가율 총 다섯 가지로 구성되어있다. [그림 14-10]에서 상태는 에이전트가 있는 좌표(2, 2)를 포함해 각각의 요소들이 존재하는 좌표일 것이고 행동은 에이전트가 움직일 수 있는 네 가지 방향일 것이다. 보상은 공을 먹으면 +1, 딸기를 먹으면 +10, 귀신을 만나면 −100 등으로 정의할 수 있다. 강화학습은 지속적인 탐험을 통해 보상을 최대화 할 수 있는 방식으로 움직이게 된다.

그렇다면 대화 관리 시스템에서 강화학습은 어떻게 사용될까? [그림 14-11]에서 강화학습을 위한 MDP를 먼저 정의하였다. 상태는 영화의 제목, 상영관 위치, 상영 시간 등이 되고, 행동은 시스템과 사용자가 주고받는 대화가 될 것이다.

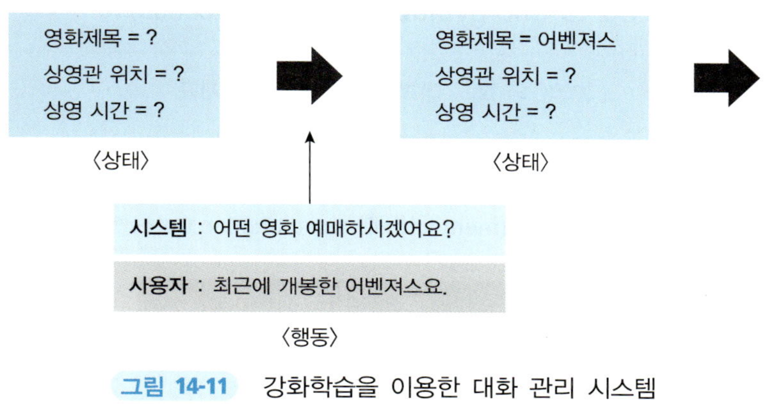

그림 14-11 강화학습을 이용한 대화 관리 시스템

14.1.3 대화 시스템의 평가

앞에서 우리는 대화 시스템의 기본적인 구성에 대해 알아보았다. 그렇다면 좋은 대화 시스템이란 무엇일까? 대화 시스템의 평가는 어떻게 이루어질까? [그림 14-12]와 같이 평가 방식은 크게 두 가지가 있다.[2] 첫 번째는 문장이 slot filling을 잘했는지 평가하는 Slot Error Rate이다. 두 번째는 대화가 잘 이루어졌는지 평가하는 End-to-end evaluation이다. [그림 14-13]에서 예를 들어 “Make an appointment with Chris at 10:30 in Gates 104”라는 문장이 있다고 해보자.[2] 슬롯을 아래의 표와 같이 채웠다고 했을 때 3개의 슬롯값 중 두 개는 맞고 하나는 틀렸다. 이때 Slot Error Rate는 예시와 같이 1/3이 된다. End-to-end evalutation은 예시에서 올바른 약속 정보가 달력에 잘 저장 되었는지 여부를 확인한다. 우리는 기본적으로 이 두 가지 평가 지표를 사용하여 대화 시스템을 평가할 수 있다.

1. Slot Error Rate for a Sentence

$$\frac{\text{\# of inserted/deleted/subsituted slots}}{\text{\# of total reference slots for sentence}}$$

2. End-to-end evaluation (Task Success)

그림 14-12 대화 시스템의 평가 지표

"Make an appointment with Chris at 10:30 in Gates 104"

Slot	Filler
PERSON	Chris
TIME	11:30 a.m.
ROOM	Gates 104

Slot error rate: 1/3
Task success: At end, was the correct meeting added to the calendar?

그림 14-13 대화 시스템의 평가 예시

14.2 대화 시스템의 분류

앞서 대화 시스템의 기본에 대해서 알아보았다. 이번에는 대화 시스템의 목적에 따른 분류와 그에 대한 예시를 들고자 한다. 대화 시스템은 크게 기능대화(Task-oriented dialog)와 일상대화(Social Conversation)로 나누어진다. [그림 14-14]은 각각에 대한 예시이다. 최근까지도 두 도메인 모두 연구가 활발하게 진행되고 있지만 두 분야를 연구하는 접근방법 자체가 아예 다르다. 본 장에서는 대화 시스템의 목적에 따른 두 분야의 기본적인 내용에 대해 다루어보고자 한다.

14.2.1 기능대화(Task-oriented dialog)

기능대화의 특징에 대해 알아보자. 우선 기능대화는 대화의 목적이 분명하다. 사용자는 원하는 목적(goal)이 분명하게 있고 시스템과 대화를 통해 어떠한 목적이 결과로 나타나길 바란다. 이를 Task-Completion이라고 한다. 대화의 목적은 고정되어 있는게 아니라 대화가 진행됨에 따라 다이나믹하게 변화한다. 예를들어 식당 예약을 하다가 주차공간이 있는지 물어보게 될 경우 이 restaurant booking에서 parking으로 바뀌게 된다. 이처럼 기능대화에는 목적이 분명하며 이는 대화가 진행되며 수시로 바뀌는 성질을 가진다. 다음으로 기능대화는 Domain-specific한 특징을 갖고 있다. 예를들어 비행기 티켓을 예매하는 것과 영화 티켓을 예매하는 것은 동일해보이지만 도메인은 각각 Airport와 Movie로 전혀 다르다. 이는 모델에 들어가서 학습될 때 중요한 영향을 미친다. 하지만 이렇게 도메인이 무작정 늘어나게 되면 처리하기 어렵기 때문에 최근에는 transfer learning 등을 활용한 domain adaptation 연구를 많이 진행되고 있다. 마지막으로 기능대화는 명확한 답이 반드시 존재한다. 사용자가 호텔을 예약하고 싶으면 답은 반드시 호텔 예약이 되어야 한다.

기능대화 : 겨울왕국2 예매하고 싶어
일상대화 : 야근하니까 너무 피곤해ㅠㅠ

그림 14-14 대화 시스템의 평가 예시

14.2.2 일상대화(Social conversation)

다음으로 일상대화에 대해 알아보자. 일상대화는 우선 기능대화와 다르게 대화의 대화 자체가 목적이다. 대낮에 카페에서 수다를 떨고 있는 두 여성을 생각해보자. 그들은 어떠한 목적을 이루기 위해 대화를 하는 것이 아닌 말 그대로 "수다"를 떨기 위해 대화를 나누고 있다. 인간은 사회성을 지닌 동물이고 사회적 관계를 유지하기 위해 이러한 잡담을 떤다. 다음으로 일상대화는 Domain-specific 하지 않고 Open-domain으로 이루어져 있다. 즉, 대화의 도메인이 정해져있지 않다. 오랜만에 친구들끼리 만나 밥을 먹으면서 이런저런 사는 얘기, 직장 상사 얘기, 여자친구 얘기 등 이런저런 잡담을 나누고 그 대화에 대한 도메인은 명확하지 않은 편이다. 마지막으로 기능대화와 다르게 여러 개의 정답을 가지고 있다. 가령 여자친구가 "자기야 오늘 너무 춥다ㅠㅠ"라고 했을 때 우리는 이 발화에 대해 정말 여러 가지 반응을 보일 수 있다. "춥지ㅠㅠ 가까운 카페로 들어가서 몸좀 녹이자"라고 할 수도 있고 "어쩌라고 누가 춥게 입고 나오래?"라고도 할 수 있다. 물론 후자로 반응하는 경우 다시 솔로가 될 가능성이 매우 크다.

기능대화와 일상대화의 특징을 정리하면 [그림 14-15]와 같다. 언뜻 비슷해 보이지만 두 분야는 학습 데이터부터 학습 모델 등 아예 다른 접근방법을 취하는 분야이다.

기능 대화 (Task-oriented Dialog)	일상 대화 (Social Conversation)
목적이 분명함	대화 자체가 목적임
Domain-specific	Open domain
답이 하나	여러 개의 정답

그림 14-15 대화 시스템 분류

여기까지 딥러닝 이전의 대화 시스템에 대해 알아보았다. 최근 대화 시스템의 연구 동향은 딥러닝을 활용한 연구가 압도적으로 많기 때문에 최신 트렌드에 대해서는 뒷장에서 다루도록 하겠다.

참고문헌

[1] http://www.alanturing.net/turing_archive/pages/Reference%20Articles/TheTuringTest.html

[2] https://web.stanford.edu/class/cs224s/lectures/224s.17.lec10.pdf

CHAPTER 15

문서 요약(Text Summarization)

15.1 문서 요약이란

웹 기반 환경의 많은 사용으로 인해 정보가 기하급수적으로 증가함에 따라 길이가 긴 문서를 핵심 내용으로 자동 요약하는 연구의 필요성이 많이 대두되고 있다. 문서 요약은 간단하게 말하면 텍스트의 의미를 유지하면서 텍스트의 내용을 간략하게 줄이는 것이다.[1]

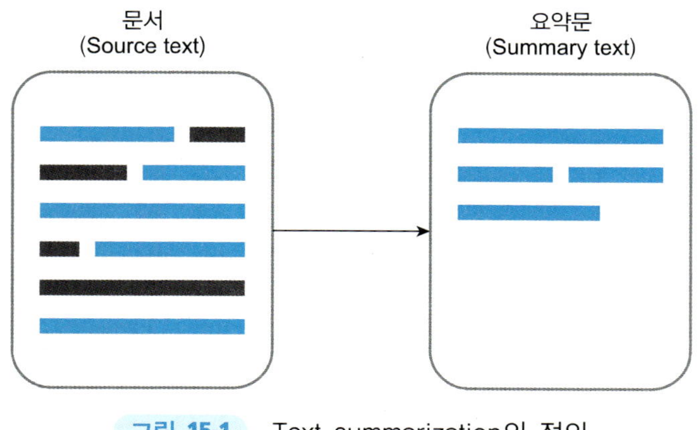

그림 15-1 Text summarization의 정의

문서 요약은 I(interpretation), T(transformation), G(generation) 세 가지 기본 과정으로 정의할 수 있다. I는 주어진 문서 텍스트(source text)를 해석(interpretation)하여 컴퓨터가 이해할 수 있도록 표현(representation)하는 것이다. 이 과정에서는 문장 표현(sentence representation)을 통해 더 큰 문서 단위로의 표현(document representation)도 포함된다. T는 문서 표현(source representation)을 요약문으로 표현(summary text representation)될 수 있도록 변형/가공(transformation)하는 것이다. G는 요약문에 대한 표현(summary representation)으로부터 최종 요약문(summary text)로 생성하는 것이다.

15.2 문서 요약 방법

문서 요약의 유형은 입력 문서, 출력 문서, 목적에 따라 [그림 15-2]처럼 방법을 분류할 수 있다.[2]

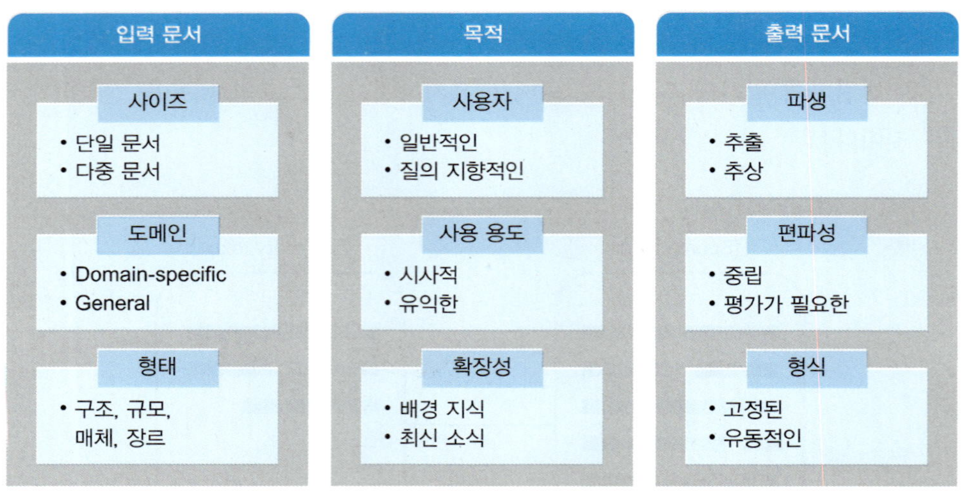

그림 15-2 여러 가지 기준에 따른 요약 시스템의 분류

15.2.1 입력 문서

입력 문서에 따라 요약 시스템(summarization system)이 다룰 수 있는 기준을 크게 세 가지로 분류할 수 있다. 사이즈, 도메인(domain), 형태(form)에 따라 분류가 가능하며, 사이즈는 얼마나 많은 양의 문서들을 시스템의 입력으로 사용하느냐이다. 즉, 문서의 크기를 말한다. 도메인은 요약 시스템이 특정 분야의 도메인을 다룰 수 있는가 또는 일반적인(general) 목적을 수행하는 시스템인지에 따라 나뉘어진다. 입력 문서의 형태는 구조적인(structure) 특성을 가지고 있는지, 작은 규모(low scale)인지 대량의 새로운(novel) 문서인지, 텍스트 또는 멀티미디어 문서인지, 같은 장르를 다루고 있는지에 대한 것이다.

문서의 크기

요약 시스템은 단일 입력 문서 또는 다중 입력 문서를 입력 문서로 가질 수 있다. 단일 문서 요약은 시스템이 학습 시 다른 리소스(resource)를 사용하였더라도 하나의 입력 문서만을 처리한다.

반면, 다중 문서 요약은 많은 신문 기사들에서 '자동차 사고'와 같이 같은 토픽에 있는 다수의 문서(뉴스기사)들을 입력으로 사용한다. 초기 다중 문서 요약에 대한 연구는 McKeown and Radev[3]의 연구에서 처음 시도되었으며, 다양한 정보의 리소스들을 이용한 요약을 수행하였다는 것이 장점이다. 하지만 다중 문서에서 같은 주제에 대해 공통적인 정보가 많이 존재하기 때문에 중복성 문제가 야기될 수 있다. 따라서, 단일 문서에 대한 요약을 수행하는지 다중 문서에 대한 자동 요약을 수행하는지에 따라 다양한 연구가 이루어질 수 있다.

문서의 도메인

자동 요약은 특정 도메인에 대한 요약을 생성하거나 일반적인 도메인의 요약을 생성할 수 있다. 입력 문서에 대해 동일한 도메인의 요약을 생성하고 싶다면, 요약 시스템 또한 입력 문서와 같은 특정 도메인으로 구성된 시스템을 사용하는 것이 적합할 것이다. 같은 도메인을 사용할 경우 용어에 대한 모호성(ambiguity), 문법의 사용, 서식 체계의 사용을 줄일 수 있는 장점이 있다. 일부 연구에서는 이런 장점을 활용하여 입력 문서에 대한 관련성을 향상시키기 위해 일부 리소스에서 파생된 특정 도메인에 대한 개념을 사용한다. 예시로, 바이오메디컬(biomedical) 분야의 텍스트 요약에서는 일반적으로 두 가지 방법을 이용하는데, 먼저 중요한 문장을 찾고, 필요없는 정보는 삭제한다.[4] 이런 방법은 바이오메디컬 리소스로부터 주요한 개념을 추출하여 최종 요약을 생성할 때 사용된다. 메디컬(medical) 텍스트 요약에서는 요약에 필요한 문장의 연관성을 결정하기 위해 다른 자질(feature)들과 결합된 특정 도메인에 대한 핵심 어구(cue phrase)를 사용한다.[5] 또 다른 특정 도메인에 대한 예시로 LetSumm 시스템[6]은 법률 문서로 특정 도메인의 요약을 생성한다.

형태

입력 문서는 구조(structure), 규모(scale), 매체(mediums), 장르(genre)에 기반하여 여러 가지 형태를 가질 수 있다. 입력 문서의 구조는 문서 내에서의 명시적인 구조를 말한다. 예를 들어 논문의 구성은 일부 파트로 나누어질 수 있는데, 서론, 관련 연구, 방법론, 실험, 결과로 구성될 수 있다. 이런 구조가 명시적인 구조라고 할 수 있다. 이런 구조들을 활용하면 각 파트마다 다르게 처리할 수 있어서 요약의 성능을 더 향상시킬 수 있다. 예를 들어, 문서의 도메인에서 언급한 LetSumm 시스템은 법률에 의거한 판결을 할 때 결정에 필요한 데이터, 서론, 문맥, 법률 분석, 결론으로 구성된 법률 주제 구조에 의거하여 요약을 생성한다. 각 법률 주제 구조에서는 법률문에 있는 일부 언어 표식기(linguistic marker)가 핵심 어구로 사용되는 데 영향을 받을 수 있다. 마지막으로, 각 법률 주제 구조마다 중요 기여율을 계산하고, 조합하여 최종 요약문을 생성하게 된다. 또 다른 구조의 예시로는 HTML 문서를 입력 문서로 사용하는 경우도 있다.[7] HTML 태그로 구성된 입력 문서에서 각 파트에 대해 추출하여, 문장으로 구성하고 문장들의 점수(score) 값을 뽑아내어 재구성하는 방식으로 요약문을 구성할 수 있다.

입력 문서의 규모는 요약 방법에 대한 다른 접근방식으로 볼 수 있다. 입력 문서는 문단(paragraph), 기사, 책 단위 등으로 구성될 수 있다. 대부분의 전통적인 요약 시스템에서는 용어 빈도 기반의 연관성 척도를 사용하기 때문에 입력 문서의 길이가 길어야만 한다. 여기에서는 중요한 단어는 계속 반복되어 등장한다는 것을 전제로 연관성 척도를 사용한다. 트윗(tweet)이나 소규모의 블로그(micro-blog)의 경우에는 텍스트 자체가 짧기 때문에 작은 규모의 요약으로 볼 수 있다. 이런 경우에는 텍스트 자체가 짧기때문에 요약을 할 때 일반적인 기술들을 사용할 수 없다. 이런 문제를 해결하기 위해 입력에 트렌드한 어구나 사용자에 특화된 어구를 입력으로 알고리즘을 구성하고, 이런 어구들은 요약을 생성하기 위해서 많은 양의 트윗을 수집하는데 사용함으로써 짧은 텍스트의 한계를 해결하는 연구도 있다.[8]

입력 문서의 매체는 요약 시스템에 정보를 전달하는 역할을 한다. 대부분의 요약 시스템은 텍스트 기반의 정보를 전달받는데 반해, 일부 연구에서는 이미지, 비디오와 오디오에 대한 요약을 하기도 하는데, 방대한 규모의 이미지와 비디오 데이터를 모두 사용하기 위한 요약 문제를 해결하려는 연구를 하기도 한다.[9]

요약 시스템은 입력 문서의 장르에 따라서 분류되기도 한다. 입력 문서의 장르에는 뉴스, 인터뷰, 리뷰, 소설 등이 있다. 문서의 장르에 따라 특정 알고리즘을 사용하여 점수를 부여하는 방법도 있는데, 입력 문서의 장르를 기계학습 방법을 통해 탐색하고, 각 장르마다 알맞은 요소들을 추정하기도 한다. 또 다른 활용은 장르에 따라 요약문을 생성하기도 한다.

15.2.2 목적

사용자

가끔은 사용자들도 입력 문서의 주요 아이디어가 무엇인지를 파악하기 보다는 사용자가 알고 싶어하는 정보의 요약을 필요로 하기도 한다. 이렇게 사용자의 선호도를 고려한 요약 시스템을 질의 지향(query-oriented) 요약 시스템이라고 한다. 반면, 그렇지 않은 경우를 일반적인(generic) 요약 시스템이라고 한다. 일반적인 요약 시스템은 입력 문서에 기반한 중요 정보를 보존하기 때문에 입력 문서 전반에 대해 무엇을 표현하고 있는지와 문서를 작성한 저자가 유도한 토픽에 집중한 시스템이라고 할 수 있다.

질의 지향 요약 시스템은 사용자의 선호도를 고려하는데, 예를 들어 사용자가 이야기 안에서 특정 사람에 집중하고 있다면 이 사람에 관련된 사건들이 이야기의 주요 흐름을 잃지 않으면서 요약문을 구성해야 한다. 각 문서들로부터 문장들의 연관성을 측정하는 척도는 유사한 문장들끼리의 클러스터(cluster)들을 구성하여 계산할 수 있다. 그런 다음, 질의어(query)에 따라 문장들간의 점수를 도출할 수 있다. 점수는 클러스터에서 가장 높은 점수를 가지고 있는 대표 문장을 추출하여 요약문을 구성하기 위해 사용된다.

사용 용도

요약문의 사용 용도는 사용자의 관심 분야를 결정해주기 위해 도와주는 수단으로 사용할지 원본 문서를 대표하는 요약문으로 대체할지를 탐색하는 것이다. 유용한 정보가 반영된(informative) 요약문은 원본 문서의 필수적인 정보를 담고 있으며, 사용자가 글을 읽은 후에 문서를 대표하는 주요 아이디어가 무엇인지를 말할 수 있는 수준을 가지고 있다. 이런 유형의 요약문은 저널, 연구 논문, 학위 논문 등에서 잘 반영되어 있다. 우리가 논문을 읽을 때 보는 요약(abstract)이 대표적인 예라고 볼 수 있다.

시사적(indicative) 요약문은 유익한 정보를 포함하고 있지 않고, 원본 문서의 전반적인 설명만을 포함한다. 이런 요약문에는 문서의 목적, 범위, 연구 방법들만을 포함하며, 원본 문서를 참조할지 말지를 결정하는데 도움을 준다. 책에서 머릿글 페이지의 요약문이라든지 레포트가 시사적 요약문의 대표적인 예이다. 시사적인 다중 문서 요약 시스템인 CENTRIFUSER[10]은 콘텐츠를 구상하는 문제를 기반으로 한다. [그림 15-3]은 '협심증(angina)'의 건강관리 주제에 대한 CENTRIFUSER의 요약 예시이다. 여기서 생성된 시사적 요약문은 문서의 토픽 분포 차이를 이용하여 다시 재구성하는 방식으로 생성되었다. 이 방법은 토픽과 관련된 선택된 문서의 묶음을 제공하는 문서의 컬렉션(collection)을 정보검색 시스템을 사용하여 검색하는 것이다. 그런 다음 문서의 컬렉션과 개별적으로 선택된 문서에서 일부 자질들을 추출하여 질의어와 함께 사용하여 시사적 요약을 생성한다.

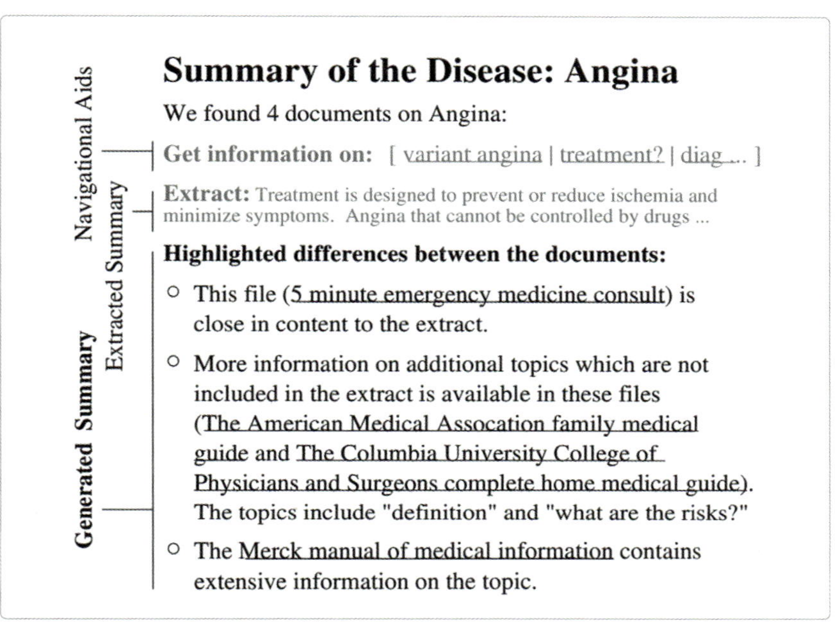

그림 15-3 CENTRIFUSER 요약 시스템에서 도출한 결과 예시[10]

확장성

생성된 요약문은 원본 문서의 배경(background)에 중점을 두거나 일부 과거 문서들과 비교하여 최신 소식를 제공할 수도 있다. 이런 특성을 확장성(expansiveness)이라고 한다. 배경 요약은 독자가 입력 텍스트에 대한 일반적인 설정의 요약문에 대해 적은 사전 지식을 가지고 있다고 가정하므로, 상황에 대한 장소, 시간, 관련된 행위자에 대한 설명 같은 설명 자료들을 포함하여 요약문을 구성한다. 반면에, 단순히 최신 소식을 제공하는 요약문은 독자들이 문맥에 대해 해석가능한 충분한 배경지식을 가지고 있다는 가정하에 새로운 주제들을 요약문에 포함한다.

최근에는 소셜 미디어의 많은 사용과 함께 새로운 정보들과 사용자의 관심이 실시간으로 등장함에 따라 최신 소식기반의 요약을 필요로 하는 요구가 많아졌다. 이런 경우에 요약을 생성할때는 이전 문서에서 포함하지 않은 정보를 새로운 문서로부터 생성한다. 다시 말해서, 시스템은 이전에 나타났던 것인지에 대한 사전 지식(prior knowledge)을 반드시 가져야 한다.

15.2.3 출력 문서

요약 시스템은 파생(derivation), 편파성(partiality), 형식(conventionality) 세 가지 기준을 사용하여 분류할 수 있다. 파생은 원본 문서로부터 관련 있는 부분을 추출하여 요약을 생성하는데 사용하거나 새로운 텍스트를 만들어내는 방법이다. 편파성은 원본 문서에서 찾은 중립적이거나 평가가 필요한 의견들을 처리하는 방법을 다룬다. 출력 문서의 형식은 요약문의 형태가 고정(fix)되어 있는지 유동적(floating)인지를 다루는 것이다.

파생

파생은 요약을 어떤 방식으로 유도하여 파생할지에 관한 것이다. 요약에서 콘텐츠가 선택되고 구성되는 방식에 따라 요약의 파생 방법은 추출(extraction)과 추상(abstraction) 두 가지로 분류된다. 추출 요약은 통계적 특징을 고려한 다음 추출된 문장을 정렬하여 요약을 작성함으로써 텍스트에서 가장 두드러진 문장을 찾는 기술이다. 반면, 추상 요약은 같은 의미의 다른 표현(paraphrasing)을 사용하거나 새로운 단어를 사용함으로써 새로운 문장을 생성하여 요약문을 생성하는 기술이다. 추상 요약

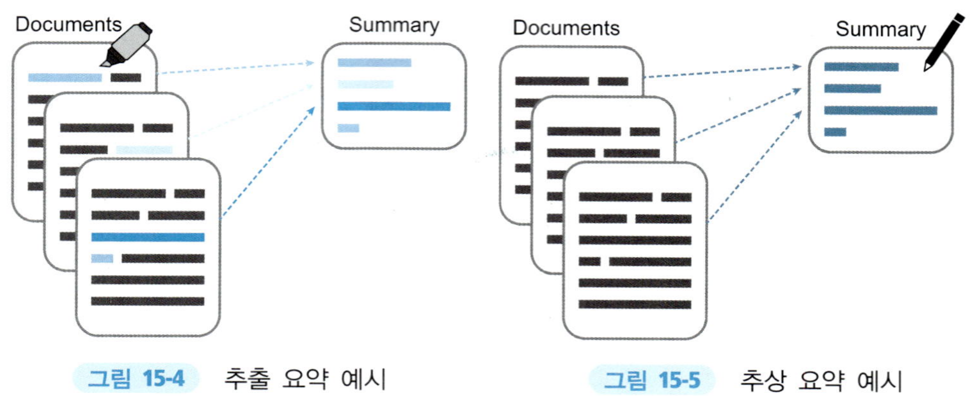

그림 15-4 추출 요약 예시

그림 15-5 추상 요약 예시

의 경우에는 텍스트의 내부적 표현은 텍스트에 대한 의미 정보를 분석하여 생성되며, 여기에는 일부 추론(reasoning) 및 심층 분석(deep analysis) 방법들이 사용되어 문서 텍스트에서 새로운 문장이 생성된다.[11]

편파성

편파성의 정의는 하나의 어떤 것이 다른 것을 선호하는 편견을 의미한다. 이런 편파성에 따라서 요약 시스템은 중립적이거나 평가가 필요한 의견이 반영될 수 있다. 중립적인 시스템은 입력 문서에 대해 어떠한 평가나 판단 없이 요약에 콘텐츠를 반영한다. 이런 경우에는 입력 문서에 어떤 판단이 포함되어 있어도 요약문에 어떠한 의견도 포함되지 않는다.

반면에 평가가 필요한 요약 시스템은 명시적(explicit)이든 묵시적(implicit)이든 간에 자동적으로 판단이 포함된다. 명시적인 판단에서는 의견이라고 보여지는 문장들이 포함되어 있으면 명시적 판단이라고 결론짓는다. 묵시적 판단은 편향(bias)을 사용하여 일부 자료를 포함하고 다른 자료는 생략한다. 예를 들어, 상품에 대한 고객의 의견을 트위터를 통해 얻고자할 때, 트윗 대화가 주어져있는 경우 대화 메시지의 극성(polarity)뿐만 아니라 다른 제품 기능을 효과적으로 추출하려고 시도할 수 있다.

형식

각 시스템에는 결과 요약을 표시하는데 사용되는 형태가 있다. 일부 시스템은 고정 형태를 사용하는 반면 다른 시스템은 사용자의 선호도 또는 사용자의 목적을 기반으로 요약을 제공한다. 다시 말해서 대부분의 시스템들은 문장들을 조합하여 고정된 형태의 요약문을 생성한다.

유동적인 형태의 요약 시스템은 다양한 설정을 통해 요약 내용을 독자들에게 다양한 목적으로 표시하려고 한다.

15.3 접근법

본 절에서는 자동 요약 시스템을 개발하기 위한 다양한 접근법에 대해 살펴보기로 한다. 본 절에서 다루는 접근법은 크게 통계적인 방법과 기계학습 기반의 접근법으로 나뉠 수 있다. 통계적인 방법에서는 토픽 표현 접근법을 기반으로 토픽 단어(topic words), 빈도 기반(frequency driven), 잠재 의미 분석(latent semantic analysis, LSA)을 통한 접근법들을 살펴본다. 기계학습 기반의 접근법은 다른 접근 방법들에서 얻을 수 있는 자질들과 결합하여 모델을 구성한다.

15.3.1 통계적 접근법

통계적 접근방법은 자동 요약 시스템에서 많이 사용되어왔다. 통계적 접근은 문서의 주요 주제나 사용자의 요청 사항에 대해 일부 자질들을 이용하여 텍스트간(일반적으로 문장단위)의 연관성 점수를 계산하는 방식으로 요약문을 구성한다. 여기서 나오는 연관성 점수들 중 최고 점수를 받은 문장들이 요약문으로 사용되는 것이다. 그러나 요약 시스템에서 몇 가지의 자질 조합들이 항상 좋은 성능을 야기하지만은 않는다. 다음에 나올 내용들은 통계적 접근법에서 주로 사용되는 자질들에 관한 것이다.

용어 빈도

용어 빈도(term frequency)는 가장 오래됐지만, 아직도 빈번하게 사용되는 자질 중 하나이다. 그럼에도 도메인과 관련된 단어에 대해서는 취약한 점이 있다. 예를 들어, '컴퓨터 과학'에 관한 문서에서 '컴퓨터'와 같은 특정 단어는 주요 주제를 나타내지 않더라도 빈도가 높다. 이런 문제를 해결하기 위하여 시도한 방법 중에는 두 가지의 임계값(threshold)을 사용하여 용어가 중요하지만 문서의 도메인과 관련이 없는지를 확인하는 방법이 있다.[12] 이 방법보다 더 진보된 방법은 Salton and Yang의 연구[13]에서 정의된 tf-idf(term frequency-inverse document frequency)를 사용하는 것이다. 용어 t에 대한 idf 수식은 다음과 같다.

$$idf(t) = \log \frac{|D|}{|d/tINd|+1} \tag{15.1}$$

식(15.1)에서 $|D|$는 코퍼스 D에서 문서들의 개수이며, $|d/tINd|$는 t를 포함하고 있는 문서들의 개수이다.

텍스트의 위치

텍스트에서 단어들과 문장들의 위치는 문서내에 중요한 정보를 파악하기에 잠재적인 조건을 가지고 있다. 이런 특성을 활용한 연구 중 Luhn[14]의 연구에서는 문장에서의 단어들의 위치를 가지고 어떤 종류의 그룹을 만들 때 사용한다. 각 그룹은 최대 5개에서 6개까지의 중요하지 않은 단어와 중요한 단어의 집합으로 구성된다. 그런 다음 가장 중요한 단어를 가진 그룹을 문장의 점수로 사용하며, [그림 15-6]과 같다. 텍스트에서 문장의 위치는 중요도를 알 수 있는 지표로 사용될 수도 있다. 예를 들어, 문서내에서 첫 번째와 마지막 문장은 다른 위치에 있는 문장들보다 중요도가 높은 경향이 있다.

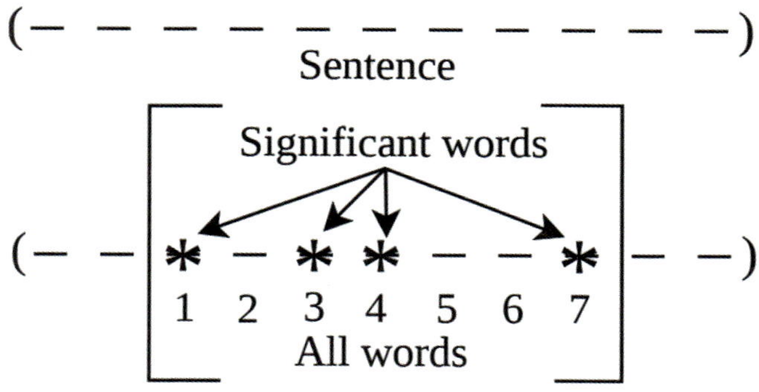

그림 15-6 단어 위치를 사용한 Luhn score[14]

단어의 위치는 단어가 본문의 앞 부분에 나타날 경우 더 유익하다는 가설을 기반으로 활용되기도 한다. 따라서 단어의 위치는 같은 문장내에 다른 단어들 뿐만 아니라 전체 텍스트에서 발생하는 경우에 대해서도 계산될 수 있다. 이를 위해서 네 가지의 정의된 function을 사용할 수 있다. Direct Proportion(DP), Inverse Proportion(IP), Geometric Sequence(GS), Binary Function(BF)이 있으며, DP는 처음 출현하였으면 점수가 1점이며, 마지막에 출현하였다면 $1/n$(n: 문장내의 단어의 개수)의 점수를 갖게 된다. IP는 $1/i$(i: 위치 번호)로 계산되며, 작은 위치에서 정도가 빠르게 감소한다. 이런 경우에는 선행되는 문장 위치가 유리하다. 앞의 DP와는 반대로 생각할 수 있다. GS는 단어에 대한 점수를 모든 단어에 대해 $(1/2)^{i-1}$으로 도출한 값들의 합을 사용하여 평가한다. BF는 단어의 첫 등장에는 더 중요한 가중치를 부여하고 다른 것은 덜 중요하게 판단한다. 그러므로 첫 번째로 등장하는 경우에는 점수가 1이고 다른 경우의 점수는 $\lambda \ll 1$로 부여한다. 최종 점수는 식(15.2)를 따른다.

$$Score(s) = \sum_{w_i INs} \frac{\log(freq(w_i)) * pos(w_i)}{|s|} \tag{15.2}$$

$pos(w_i)$는 앞서 언급한 네 가지의 function 중 하나이며, $freq(w_i)$는 단어 w_i의 빈도이다. $|s|$는 문장의 길이이다.

잠재 의미 분석

잠재 의미 분석(latent semantic analysis, LSA)는 문서들과 문서들에 포함된 용어들 사이의 관계성을 탐색하는 분석 방법이다.

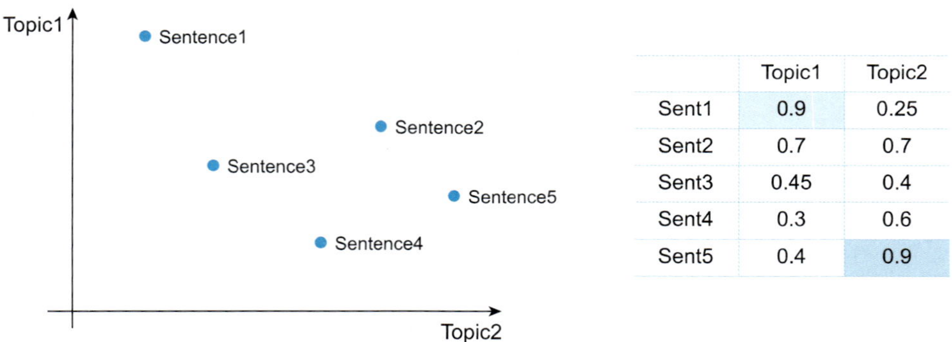

	Topic1	Topic2
Sent1	0.9	0.25
Sent2	0.7	0.7
Sent3	0.45	0.4
Sent4	0.3	0.6
Sent5	0.4	0.9

그림 15-7 LSA 기반의 문장 선택 예시[17]

알고리즘은 문서내의 용어들을 m개의 행(row)으로, n개의 열(column)을 문장으로 구성하여 행렬 A를 생성하는 것으로 시작한다. 여기서 $a_{i,j} \in A$는 문장 j에서의 용어 i의 빈도를 나타낸다. 그런 다음 행렬 A의 특이값 분해(singular value decomposition, SVD)는 식(15.3)을 따른다.

$$A = U \Sigma V^T \tag{15.3}$$

- $U = [u_{i,j}]$는 $m \times n$ 직교행렬 대각 행렬(column-orthonormal)의 열, 즉 왼쪽 특이 벡터(left singular vector)들로 구성된다.
- $\Sigma = diag(\sigma 1,\ \sigma 2,\ \ldots,\ \sigma n)$은 $n \times n$ 대각 행렬(diagonal matrix)의 대각 원소이며, 내림차순으로 정렬된 음수가 아닌 특이값 벡터(singular vector)로 구성된다.
- $V = [v_{i,j}]$는 $n \times n$ 직교 행렬(orthogonal matrix)의 열, 즉 오른쪽 특이 벡터(right singular vector)들로 구성된다.

그런 다음 식(15.4)에 따라 문장 k의 중요도를 계산한다.

$$s_k = \sqrt{\sum_{i=1}^{n} v^{2_{k,i}} \cdot \sigma^2} \tag{15.4}$$

15.3.2 기계학습 접근법

일반적으로, 기계학습 접근법은 다른 접근법들과 같이 사용하여 성능을 향상시키는 방향으로 활용된다. 앞선 통계적 접근법의 자질들과 결합하여 문제를 해결하는 방향으로 학습을 진행한다.

결정 함수

문서와 문서에 대한 추출 요약이 주어진 코퍼스에서의 기계학습 알고리즘 활용은 주로 문장이 요약문에 포함될지 아닐지를 결정하는 문제를 해결한다. 여기에는 베이지안 분류(Bayes classification)와 같은 기계학습 알고리즘을 이용하여 주어진 문장들에 대해 요약문에 포함될지에 대한 확률값을 구함으로써 분류 문제로 활용될 수 있다. 문장 s_i에 대해서 자질 벡터 $\vec{f}$를 이용하여 요약문 S에 포함될지를 구하는 확률 수식은 식(15.5)와 같다.

$$P(s_i INS|\vec{f}) = \frac{\prod_{j=1}^{|\vec{f}|} P(f_j | s_i INS) * P(s_i INS)}{\prod_{j=1}^{|\vec{f}|} P(f_j)} \tag{15.5}$$

$P(s_i INS)$는 상수 값이며, $P(f_j|s_i INS)$와 $P(f_j)$는 코퍼스로부터 추정된 값이다.

15.4 평가

요약 시스템에 대한 성능 평가(evaluation)는 가장 어려운 작업 중 하나이다. 사람마다 다른 요약들을 생성할 수 있고 우리는 이런 요약들에 대해 모두 좋다는 보장을 할 수가 없다. 또한 평가는 정확해야하며, 평가하는데 시간이 너무 많이 걸려서도 안 된다. 이런 이유에서 사람이 평가하는 평가방법보다는 자동적으로 수행하는 알고리즘을 택해서 성능 평가를 수행하는 경우가 많다.

ROUGE(Recall-Oriented Understudy for Gisting Evaluation)[15]은 기계번역에서 많이 사용하는 평가 척도인 BLEU(BiLingual Evaluation Understudy)[16]에서 영향을 받아 고안된 평가 방법이다. ROUGE는 정답 요약(reference summary)과 모델이 생성한 요약을 비교해서 자동적으로 요약 시스템의 성능을 측정한다. ROUGE의 알고리즘 아이디어는 시스템이 만들어낸 요약과 정답 요약, 그리고 recall 값에 대한 단위(N-gram)의 개수를 계산하는 방식이다. 텍스트는 많은 요약문을 가지고 있기 때문에 학습을 위해서는 정답 요약 또한 많이 필요하다. ROUGE에도 고려하는 단위의 길이에 따라 다양한 척도가 존재한다. 이는 ROUGE-N이라고 통용되며 식(15.6)과 같다.

$$ROUGE-(N) = \frac{\sum_{S \in \sum m_{ref}} \sum_{N-gram INS} Count_{match}(N-gram)}{\sum_{S \in \sum m_{ref}} \sum_{N-gram INS} Count(N-gram)} \quad (15.6)$$

N은 $N-gram$의 사이즈이며, $Count_{match}(N-gram)$은 후보 요약과 정답 요약에서 찾은 $N-gram$의 개수이다. $Count(N-gram)$은 정답 요약에 있는 $N-gram$의 개수이다.

참고문헌

[1] Jones, K. Sparck. “Automatic summarizing: factors and directions.” Advances in automatic text summarization (1999): 1-12.

[2] Eduard, Hovy, and Chin-Yew Lin. “Automated text summarization and the SUMMARIST system.” Proceedings of a workshop on held at Baltimore. 1998.

[3] McKeown, Kathleen, and Dragomir R. Radev. “Generating summaries of multiple news articles.” Advances in automatic text summarization (1999): 381-389.

[4] Reeve, Lawrence H., Hyoil Han, and Ari D. Brooks. “The use of domain-specific concepts in biomedical text summarization.” Information Processing & Management 43.6 (2007): 1765-1776.

[5] Sarkar, Kamal. “Using domain knowledge for text summarization in medical domain.” International Journal of Recent Trends in Engineering 1.1 (2009): 200.

[6] Farzindar, Atefeh, and Guy Lapalme. “Legal text summarization by exploration of the thematic structure and argumentative roles.” Text Summarization Branches Out. 2004.

[7] Pembe, F. Canan, and Tunga Güngör. “Automated querybiased and structure-preserving text summarization on web documents.” Proceedings of the International Symposium on Innovations in Intelligent Systems and Applications, İstanbul. 2007.

[8] Sharifi, Beaux, Mark-Anthony Hutton, and Jugal Kalita. “Summarizing microblogs automatically.” Human language technologies: The 2010 annual conference of the north american chapter of the association for computational linguistics. Association for Computational Linguistics, 2010.

[9] Kim, Gunhee, Leonid Sigal, and Eric P. Xing. “Joint summarization of large-scale

collections of web images and videos for storyline reconstruction." Proceedings of the IEEE Conference on Computer Vision and Pattern Recognition. 2014.

[10] Kan, Min-Yen, Kathleen R. McKeown, and Judith L. Klavans. "Applying natural language generation to indicative summarization." Proceedings of the 8th European workshop on Natural Language Generation-Volume 8. Association for Computational Linguistics, 2001.

[11] Rachabathuni, Pavan Kartheek. "A survey on abstractive summarization techniques." 2017 International Conference on Inventive Computing and Informatics (ICICI). IEEE, 2017.

[12] Luhn, Hans Peter. "The automatic creation of literature abstracts." IBM Journal of research and development 2.2 (1958): 159-165.

[13] Salton, Gerard, and Chung-Shu Yang. "On the specification of term values in automatic indexing." Journal of documentation 29.4 (1973): 351-372.

[14] Luhn, Hans Peter. "The automatic creation of literature abstracts." IBM Journal of research and development 2.2 (1958): 159-165.

[15] Lin, Chin-Yew, and Eduard Hovy. "Automatic evaluation of summaries using n-gram co-occurrence statistics." Proceedings of the 2003 Human Language Technology Conference of the North American Chapter of the Association for Computational Linguistics. 2003.

[16] Papineni, Kishore, et al. "BLEU: a method for automatic evaluation of machine translation." Proceedings of the 40th annual meeting on association for computational linguistics. Association for Computational Linguistics, 2002.

[17] https://miro.medium.com/max/701/1*L9cX64ZzcGqApQXEunX6rw.png

CHAPTER

16 텍스트 분류(Text Categorization)

텍스트 분류(Text Categorization)[2]는 자연어처리에서 가장 포괄적이면서 중요한 분야 중 하나이다. 사실 대부분의 자연어처리 시스템이 텍스트 분류 시스템이라고 해도 과언이 아니다. 스팸 메일을 분류하는 시스템을 생각해보자. 메일이 왔을 때 해당 메일이 스팸인지 햄 메일인지 텍스트를 분류하는 문제, 어떠한 영화평이 있을 때 해당 영화평이 긍정인지 부정인지 분류하는 문제, 문자가 왔을 때 해당 문자가 스미싱인지 아닌지 분류하는 문제 등 대부분의 일상과 관련된 자연어처리 문제들은 분류문제로 간주된다. 즉 자연어처리가 적용된 일상의 문제들은 상당 부분이 분류문제와 연관되어 있다. 본 장에서는 이렇게 일상과 밀접한 관련이 있는 텍스트 분류 문제에 대해서 살펴보고자 한다. 먼저 텍스트 분류가 일상에서 어떠한 사례가 있는지 먼저 살펴본 후 기술적으로 어떻게 텍스트 분류가 이루어지는지 살펴본다.

16.1 텍스트 분류란?

감정 분석이나 스팸 메일 필터링과 같은 자연어처리 응용 시스템들은 분류 문제로 간주될 수 있다. 예를 들어 감정분석 같은 경우 문서를 입력 받아 해당 문서가 긍정 부류인지 부정 부류인지를 결정하는 작업이라 할 수 있다. 스팸 메일 필터링은 입력 메일이 스팸 부류와 일반 부류 중 어떤 부류에 속하는 메일인지를 분류하여 스팸 메일일 경우 입력 문서를 필터링하는 시스템으로 생각할 수 있다. 텍스트 분류란 문장 또는 (문장들로 이루어진) 문서를 입력으로 받아 사전에 정의된 클래스 중에 어디에 속하는지 분류(Classification)하거나 각 데이터를 군집화(Clustering)하는 과정을 말한다.[1] 사전에 정의된 클래스 중 어디에 속하는지 분류하는 문제는 지도학습에 속하며, 자료를 자동으로 항목에 맞게 범주화하는 작업을 말한다. 군집화하는 과정은 비지도학습에 속하며, 주제들을 미리 정하여 항목별로 맞추는 것이 아니라 항목들 간의 유사 관계에 의하여 스스로 분류되는 것이다. [그림 16-1]에서는 기계학습 관점에서 분류와 군집화의 개괄과 대표적인 기법을 도식으로 표현하였다.[7]

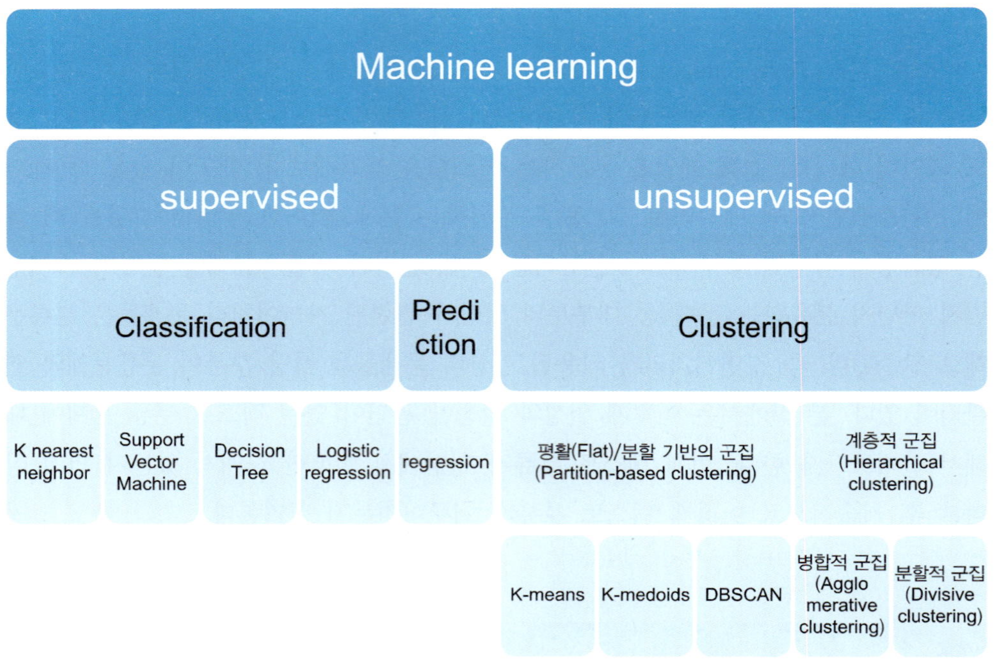

그림 16-1 기계학습 관점에서의 텍스트 분류의 개괄과 방법론

16.2 일상 속 텍스트 분류

먼저 일상에서 텍스트 분류가 어디에 적용되는지 먼저 살펴보자. 오바마 대통령 선거에서 빅데이터 감정분석을 이용했다는 이야기를 들어본 적이 있는가?

[그림 16-2]에서 알 수 있듯이, 공화당이 최근 발간한 보고서에 따르면 민주당과 오바마 캠프는 빅데이터를 적극 활용하였다고 한다.[9] 오바마는 대선 2년 전 빅데이터 분석팀을 설치하고 구매 가능한 모든 상업용 데이터 등 수집한 정보를 취합해 거대한 데이터베이스로 만든 뒤 정확한 분석을 통해 대선 로드맵을 도출하였다. 구체적으로는 정치헌금 기부명단, 각종 면허, 신용카드 정보, 소셜 네트워크 서비스(SNS) 등 다양한 빅데이터의 분석을 통해 유권자 개개인의 성향을 파악해 개인별 맞춤형 선거운동을 전개했다. 즉, 텍스트 분류의 예시 중 하나인 감정분석을 적용하였다. 오바마 캠프는 선거가 박빙일 것을 예측하고 경합주의 유권자 가구에서 개인의 성향까지 조사해 누가 자신들에게 투표할지까지 파악했으며, 경합 주에서 부동층 유권자를 흡수하는 데 성공한 것으로 평가된다. 이러한 예시로 볼 때 자연어처리의 텍스트 분류 기술 중 하나인 감정분석이 오바마의 당선의 상당한 영향력을 미쳤음을 알 수 있다.

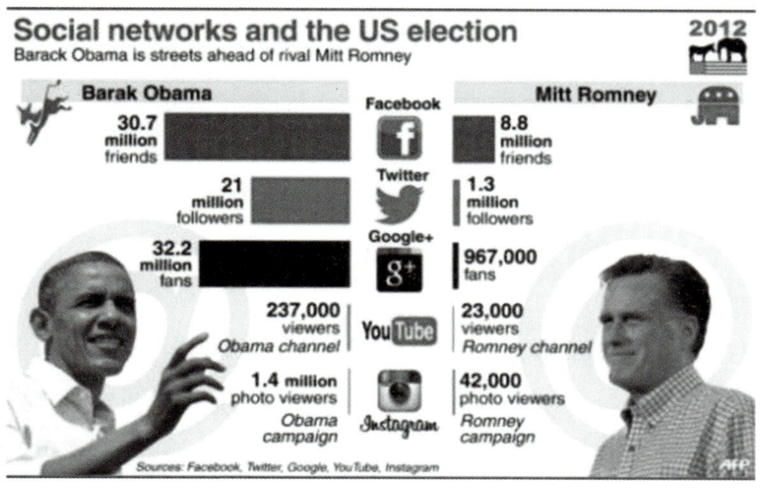

그림 16-2 일상에 적용된 텍스트 분류: 대통령 선거

16.3 감정분석이란 무엇인가?

감정분석이란 문장 또는 지문의 감정을 분석하는 것을 의미하며 자연어처리의 하나의 큰 분야이다.[1][10] 대표적인 예시로, 영화 리뷰를 보고 긍정적인 리뷰인지 부정적인 리뷰인지 분석하는 것이며 "이 영화는 최악의 영화이다"라는 문장을 분석한다면, 부정적인 리뷰로 분류하는 것을 의미한다. 즉 감정분석(Sentiment Analysis)은 텍스트에 나타난 사람들의 태도, 의견, 성향과 같은 데이터를 분석하는 기법으로, 오피니언 마이닝이라고도 불린다. 주로 소셜 미디어 분석, 영화평 분석 등에 이용한다.

사람이 생각하는 사고와 그에 따른 의견, 어떤 대상에 대하여 느끼는 감정 등을 감정(sentiment)이라 한다. 즉 이러한 과정을 통하여 사용자는 여론의 생각을 파악할 수 있으며 이에 따른 전략, 정책 등을 수립할 수 있다. 그러나 감정분석은 자연어처리 분야 중 상당히 어려운 분야로 손꼽힌다. 자연어에 담긴 사람의 주관을 파악하기는 어려운 일이며 비슷해 보이는 문장이라도 작은 변화로 긍정, 부정 의견이 갈릴 수 있다. 또한 중의적인 문장의 경우 이를 컴퓨터가 분석하기란 상당히 난해하다. 또한 주변의 상황적인 정보, 문맥에 따른 정보도 파악해야 하기에 감정분석은 상당히 난해한 분야로 손꼽힌다.

기존 감성 분석 연구는 사전 구축을 통하여 긍/부정 가중치를 계산하는 규칙 기반 모델이나, 문장에 긍/부정이 포함되어 있는지 판별하는 확률 모델이 진행되었다. 딥러닝 모델인 단어 임베딩과 CNN(Convolutional Neural Network), RNN(Recurrent Neural Network) 등을 이용한 감정 분석 모델이 연구되었으며, 좋은 결과들을 보이고 있다. 한국어 감정분석의 경우 Naver 영화 리뷰 데이터인 NSMC(Naver Sentiment Movie Corpus)[11]가 대표적으로 존재하며 이에 대한 다양한 연구들이 진행되고 있는 상황이다.

[그림 16-3]은 ETRI(한국전자통신연구원)이 인간의 감정을 20개로 나누어 놓은 예시이다. 해당 감정들 중 1개를 컴퓨터가 분류하는 시스템을 감정분석 시스템으로 이해할 수 있다. 감정분석에서 또한 중요한 것이 감정 사전을 구축하는 것인데 이에 대한 영어 데이터는 상당히 많은 편이다.

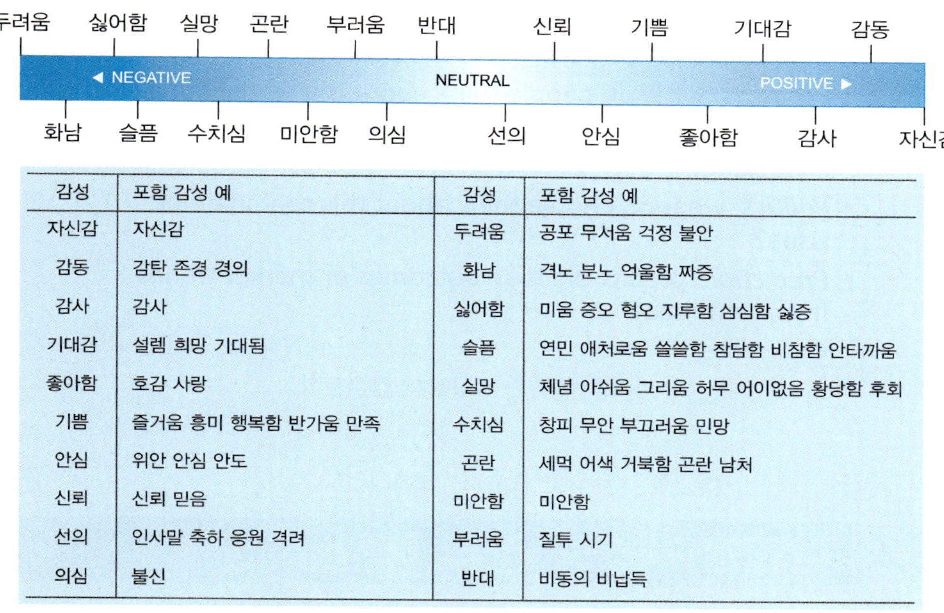

감성	포함 감성 예	감성	포함 감성 예
자신감	자신감	두려움	공포 무서움 걱정 불안
감동	감탄 존경 경의	화남	격노 분노 억울함 짜증
감사	감사	싫어함	미움 증오 혐오 지루함 심심함 싫증
기대감	설렘 희망 기대됨	슬픔	연민 애처로움 쓸쓸함 참담함 비참함 안타까움
좋아함	호감 사랑	실망	체념 아쉬움 그리움 허무 어이없음 황당함 후회
기쁨	즐거움 흥미 행복함 반가움 만족	수치심	창피 무안 부끄러움 민망
안심	위안 안심 안도	곤란	세먹 어색 거북함 곤란 남처
신뢰	신뢰 믿음	미안함	미안함
선의	인사말 축하 응원 격려	부러움	질투 시기
의심	불신	반대	비동의 비납득

그림 16-3 감정분석 분류 예시

WordNet	SentiWordNet	Opinion Lexicon	MPQA
• *Score*: **3.977** • (pos > 0, neg < 0)	• *Positive*: **0.75** • *Negative*: **0.0**	*Polarity*: **positive**	• *Polarity*: **positive** • *Strength*: **weaksubj**

• "awkward"

WordNet	SentiWordNet	Opinion Lexicon	MPQA
• *Score*: **0.0** • (pos > 0, neg < 0)	• *Positive*: **0.125** • *Negative*: **0.5**	*Polarity*: **negative**	• *Polarity*: **negative** • *Strength*: **strongsubj**

그림 16-4 감정분석 사전 종류

일상에서 감정분석을 적용해볼 수 있는 예시는 다음과 같다. 영화평이 긍정인지 부정인지, 해당 제품에 대한 대중평이 어떠한지, 대중들의 의견은 어떠한지, 정치적 의견은 어떠한지 등이 있다. 아래의 [그림 16-5]와 같은 예시들이 대표적이다.

- *Movie*: is this review positive or negative?
- *Products*: what do people think about the new iPhone?
- *Public sentiment*: how is consumer confidence? Is despair increasing?
- *Politics*: what do people think about this candidate or issue?
- *Prediction*: predict election outcomes or market trends from sentiment

그림 16-5 일상에서 감정분석

16.4 다양한 텍스트 분류 예시

16.4.1 카테고리 및 의도 분류

문장이나 지문을 카테고리 별로 분류하는 것을 카테고리 분류라고 말하며, 의도를 분류하는 것을 의도 분류라고 말한다. 카테고리 분류란 어떤 블로그의 글을 보고 그 글이 스포츠 관련 글인지, 정치 관련 글인지 등을 분류하는 것도 이 카테고리 분류로 볼 수 있고, 나에게 온 메일이 스팸 메일인지 햄 메일인지 분류하는 것도 카테고리 분류로 볼 수 있으며 다른 표현으로 도메인 분류라고도 한다. 의도 분류란 말 그대로 문장의 의도를 분류하는 것이다. 가령 챗봇에게 "오늘 영업하는 안암에 있는 식당 추천해 줘"라고 말을 했을 때, 챗봇에게 이 말이 어떤 의도를 갖고 한 말인지 분류하게 하는 것이다. 위의 경우에는 "식당 추천"이 의도가 될 것이고, 그러면 챗봇은 그 의도 안에서 "오늘 영업", "안암에 있는"이라는 두 구문을 잘 해석해서 답을 알려 줄 것이다.

16.4.2 스팸 햄 분류

메일이 왔을 때 해당 내용이 스팸 메일인지 아닌지 분류하는 것을 의미한다. 본 장에서 스팸, 햄 분류에 대한 실습을 진행해볼 예정이다. [표 16-1]은 스팸 햄 분류 항목에 대한 예시를 나타냈다.

| 표 16-1 | 스팸, 햄 메일 분류 예시

텍스트 (메일의 내용)	레이블 (스팸 여부)
어제 보내드린 보고서 확인 부탁드립니다.	정상 메일
마지막 혜택, 놓치지 마세요!	스팸 메일
답장 가능하세요?	정상 메일
(광고) 당신의 스타일을 찾아드립니다.	스팸 메일

16.5 텍스트 분류 프로세스

먼저 텍스트 분류에 대한 전반적인 프로세스에 대해서 살펴보자([그림 16-6]). 1단계로, 먼저 데이터를 준비한다. 한국어 감정분석을 할 경우 NSMC데이터를 준비하는 것을 예시로 들 수 있다. 텍스트 분류를 위한 오픈된 데이터는 상당히 많이 존재한다. 데이터가 준비가 되었으면 2단계로, 데이터 전처리를 진행한다. 불용어 제거, 특수기호 제거, Normalization 등을 진행한다. 불용어란 a, the와 같은 의미없는 단어를 말한다. NLTK라는 Natural Language Toolkit을 이용할 시 해당 작업을 쉽고 빠르게 진행할 수 있다. 전처리가 끝났으면, 3단계로는 특징값을 추출한다. 대표적으로, Bag

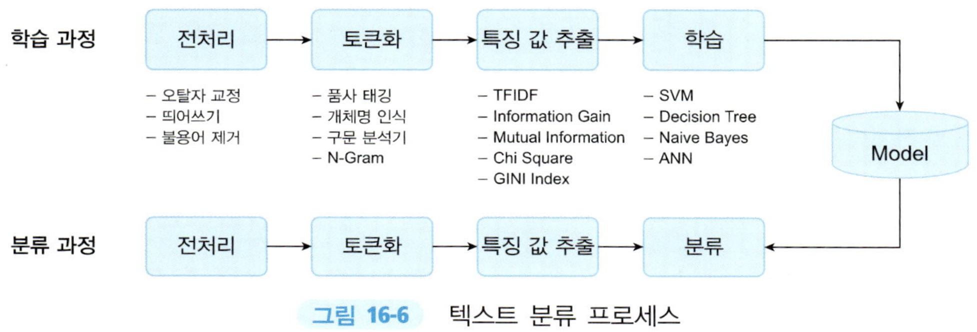

그림 16-6 텍스트 분류 프로세스

of Words라는 과정도 있는데([그림 16-7]) Bag of Words란 단어들의 순서는 전혀 고려하지 않고, 단어들의 출현 빈도(frequency)에만 집중하는 텍스트 데이터의 수치화 표현 방법이다. Bag of Words를 직역하면 단어들의 가방이라는 의미이며 가지고 있는 어떤 텍스트 문서에 있는 단어들을 가방에 전부 넣는 개념이다. 만약, 해당 문서 내에서 특정 단어가 N번 등장했다면 이 가방에는 그 특정 단어가 N개 있게 되는 것이며. 또한 가방 내에 단어를 섞었기 때문에 더이상 단어의 순서는 중요하지 않다.

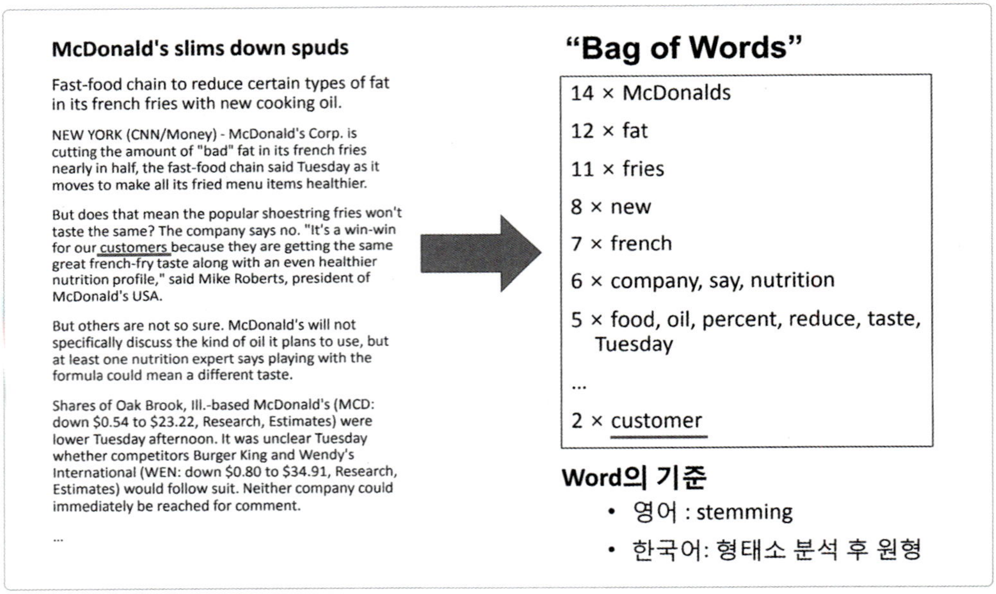

그림 16-7 Bag of words 예시

지금까지의 과정을 하나의 그림으로 나타내면 [그림 16-8]과 같다. 데이터를 준비하고 전처리를 진행(토큰화, 불용어제거, 어근추출, 구두점 제거)한 후 Bag of Words를 진행하게 된다.

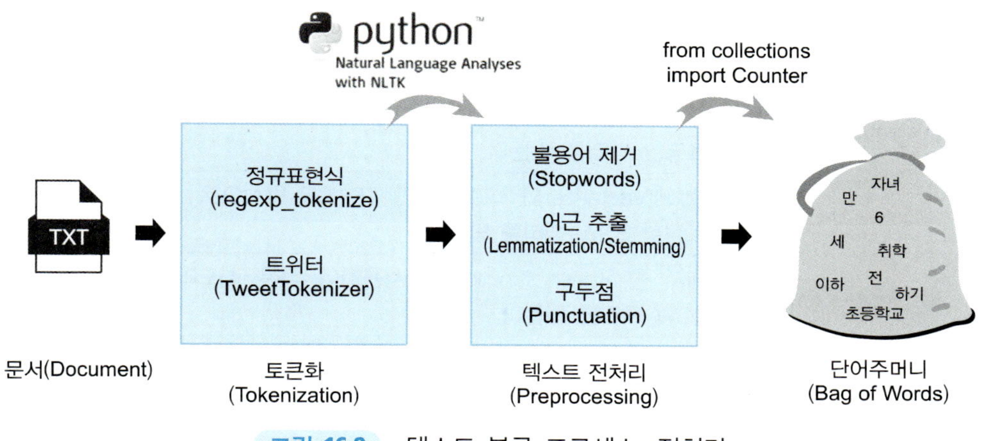

그림 16-8 텍스트 분류 프로세스: 전처리

또 다른 방법으로, TF-IDF vectorizer[15] 등이 있다. 즉 텍스트를 실수 벡터화시키는 과정이다. TF-IDF(Term Frequency-Inverse Document Frequency)는 단어의 빈도와 역 문서 빈도를 사용하여 DTM[16] 내의 각 단어들마다 중요한 정도를 가중치로 주는 방법이다. 사용 방법은 우선 DTM을 만든 후, TF-IDF 가중치를 부여한다. TF-IDF는 주로 문서의 유사도를 구하는 작업, 검색 시스템에서 검색 결과의 중요도를 정하는 작업, 문서 내에서 특정 단어의 중요도를 구하는 작업 등에 쓰일 수 있다. TF-IDF는 TF와 IDF를 곱한 값을 의미하는데 이를 식으로 표현해보겠다. 문서를 d, 단어를 t, 문서의 총 개수를 n이라고 표현할 때 TF, DF, IDF는 각각 다음과 같이 정의할 수 있다.

- $tf(d, t)$: 특정 문서 d에서의 특정 단어 t의 등장 횟수
- $df(t)$: 특정 단어 t가 등장한 문서의 수
- $idf(d, t)$: df(t)에 반비례하는 수. 식(16.1)

$$idf(d, t) = \log\left(\frac{n}{1+df(t)}\right) \tag{16.1}$$

그 외에 Feature Extraction 방법은 [표 16-2]와 같다.

| 표 16-2 | Feature Extraction 방법들

DictVectorizer	각 단어의 수를 세어놓은 사전에서 BOW 벡터를 만든다.
CountVectorizer	문서 집합에서 단어 토큰을 생성하고 각 단어의 수를 세어 BOW 인코딩한 벡터를 만든다.
TfidVectorizer	CountVectorizer와 비슷하지만 TF-IDF 방식으로 단어의 가중치를 조정한 BOW 벡터를 만든다.
HashingVectorizer	해시 함수(hash function)을 사용하여 적은 메모리와 빠른 속도로 BOW 벡터를 만든다.

그 후 4단계로, 다양한 텍스트 분류 알고리즘을 기반으로 학습을 진행하게 된다. 마지막으로 해당 모델에 대한 평가를 진행한다. 대표적으로 Precision, Recall, F-1 Score 등이 있다. 해당 과정을 거쳐 가장 좋은 성능을 보이는 모델을 선정하여 최종적으로 서비스할 모델을 선정하게 된다. 이제 다양한 텍스트 분류 알고리즘이 무엇이 있는지 살펴보자.

16.6 텍스트 분류, 군집화 알고리즘

먼저 대표적인 분류(classification) 알고리즘[1][5]을 살피겠다. Naive Bayes 알고리즘[1][6]이란 특성들 사이의 독립을 가정하는 Bayes(베이즈) 정리를 적용한 확률 분류기이다. 이 방법은 텍스트 분류에 사용됨으로써 문서를 여러 범주 중 하나로 판단하는 문제에 대한 대중적인 방법이다. Naive Bayes 분류기는 분류 작업에 사용되는 확률적 기계학습 모델이다. Bayes 분류기의 기반인 베이즈 규칙은 식(16.2)와 같다.

$$P(y|X) = \frac{P(X|y)P(y)}{P(X)} \tag{16.2}$$

베이즈 정리를 사용하면 B가 발생했을 때 A가 발생할 확률을 찾을 수 있다. 여기서 B는 증거이고 A는 가설이다. 여기에서 가정한 것은 예측 변수가 독립적이라는 것이다. 즉, 특정한 특성이 있으면 다른 특성에는 영향을 미치지 않는다. 베이즈 정리

는 다음과 같이 다시 바꾸어 볼 수 있다.

변수 y는 클래스 변수이며, 변수 X는 매개 변수를 나타낸다. X는 다음과 같이 주어진다.

$$X = (x_1,\ x_2,\ x_3,\ \cdots,\ x_n)$$

여기서 $x_1,\ x_2,\ \cdots,\ x_n$는 특성을 나타낸다. X를 대체하고 우리가 얻는 사슬규칙(chain rule)을 사용하여 확장함으로써 얻을 수 있는 식(16.3)과 같다.

$$P(y|x_1,\ \dots,\ x_n) = \frac{P(x_1|y)P(x_2|y)\cdots P(x_n|y)P(y)}{P(x_1)P(x_2)\cdots P(x_n)} \tag{16.3}$$

이제 데이터 집합을 보고 각 값을 방정식으로 대체하여 각 값을 얻을 수 있다. 데이터 세트의 모든 항목에 대해 분모가 변경되지 않고 정적으로 유지된다. 따라서 분모를 제거하고 비례하게 된다.

$$P(y|x_1,\ \dots,\ x_n) \propto P(y)\prod_{i=1}^{n} P(x_i|y)$$

변수 variable(y)에는 두 가지 결과(예 또는 아니오)만 있다. 분류가 다변량일 수 있는 경우가 있을 수 있다. 따라서 최대 확률로 클래스 y를 찾아야 한다.

$$y = \mathrm{arg}max_y P(y)\prod_{i=1}^{n} P(x_i|y)$$

위 함수를 사용하면 예측변수가 주어진다면, 클래스를 얻을 수 있다.

나이브 베이즈 분류기의 종류로는 다중분포 나이브 베이즈, 베르누이 나이브 베이즈, 가우시안 나이브 베이즈가 있으며, 다음과 같은 특징을 갖는다. 다중분포 나이브 베이즈 분류기는 주로 문서 분류 문제, 즉 문서가 스포츠, 정치, 기술 등의 범주에 속하는지 여부에 사용된다. 분류자가 사용하는 예측자는 문서에 존재하는 단어의 빈도이다. 베르누이 나이브 베이즈 분류기는 다중분포 나이브 베이즈와 유사하지만 예측

변수는 부울리언 변수(boolean variables)이다. 클래스 변수를 예측하는데 사용하는 매개변수는 예를 들어 텍스트에 단어가 나타나는지 여부와 같은 값을 yes 또는 no만 사용한다. 가우스안 나이브 베이즈 분류기는 예측 변수가 연속 값을 취하고 불연속적이지 않은 경우, 이 값은 가우스 분포에서 샘플링된 것으로 가정한다.

Support Vector Machine(SVM)[1][5]은 주어진 데이터 집합을 바탕으로 하여 새로운 데이터가 어느 카테고리에 속할지 판단하는 비확률적 이진 선형 분류 모델을 만든다. 만들어진 분류 모델은 데이터가 사상된 공간에서 경계로 표현되는데 그 중 가장 큰 폭을 가진 경계를 찾는 알고리즘이다. 즉 SVM 알고리즘은 초평면(hyperplane)의 법선 벡터(normal vector) 'w'와 편향 값(bias) 'b'로 표현되는 분류기(classifier)를 찾는다. 이러한 초평면(경계)은 가능한 최대 오차(margin)로 각기 다른 클래스를 분리된다. 즉 마진을 최대화하는 지점을 찾는 것으로 이해할 수 있다. [그림 16-9]를 참고해 보도록 하자.

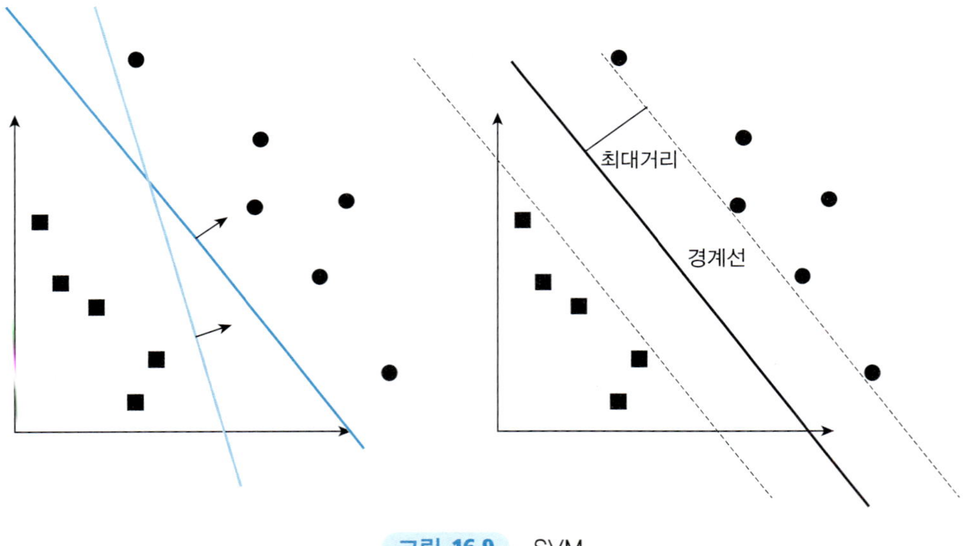

그림 16-9 SVM

그 외에 분류 알고리즘으로, KNN(K-nearest neighbors)[4]은 분류 및 회귀 예측 문제 모두에 사용할 수 있는 supervised 머신러닝 알고리즘 유형이다. 그러나 주로 산업의 분류 예측 문제에 사용된다. 다음 두 속성은 KNN을 잘 정의한다. 첫 번째로 지연학습 알고리즘-KNN은 특수 학습 단계가 없으며 분류하는 동안 학습에 모든 데이터를 사용하기 때문에 지연학습 알고리즘이다. 두 번째로 비모수적 학습 알고리즘 — KNN은 기본 데이터에 대해 아무 것도 가정하지 않기 때문에 확률 분포의 개념을 사용하지 않은 비모수적 학습 알고리즘이다. Decision Tree(결정트리)[12]란 의사결정 규칙과 그 결과들을 트리구조로 찾는 것이며 데이터 마이닝 분야에서 주로 사용된다. Stochastic Gradient Descent[13]란 데이터에 대한 매개변수를 평가하고 값을 조정하면서 손실함수(Loss Function)를 최소화하는 값을 구하는 방법이다. The Random Forest Algorithm[14]란 여러 개의 결정트리들을 임의적으로 학습하는 일종의 앙상블 학습방법이며 훈련과정에서 구성한 다수의 결정 트리로부터 분류 또는 평균 예측치(회귀 분석)를 출력함으로써 동작한다.

다음으로, 군집화(clustering)[1] 알고리즘에 대해 살펴보겠다. k-평균 알고리즘(K-means algorithm)[3]은 주어진 데이터를 k개의 클러스터로 묶는 알고리즘으로, 각 클러스터와 거리 차이의 분산을 최소화하는 방식으로 동작한다. k-평균 클러스터링 알고리즘은 클러스터링 방법 중 분할법에 속한다. 분할법은 주어진 데이터를 여러 파티션(그룹)으로 나누는 방법이다. 예를 들어 n개의 데이터 오브젝트를 입력받았다고 가정하자. 이때 분할법은 입력 데이터를 n보다 작거나 같은 k개의 그룹으로 나누는데, 이때 각 군집은 클러스터를 형성하게 된다. 다시 말해, 데이터를 한 개 이상의 데이터 오브젝트로 구성된 k개의 그룹으로 나누는 것이다. 그렇다면 그룹을 나누는 기준은 무엇일까?-평균 알고리즘은 각 그룹의 중심(centroid)과 그룹 내의 데이터 오브젝트와의 거리의 제곱합을 비용 함수로 정하고, 이 함수값을 최소화하는 방향으로 각 데이터 오브젝트의 소속 그룹을 업데이트함으로써 클러스터링을 수행하게 된다. k means의 목적함수는 식(16.4)과 같고, 군집화 과정은 [그림 16-10]과 같다.

$$V = \sum_{i=1}^{k} \sum_{j \in S_i} |x_j - \mu_i|^2 \tag{16.4}$$

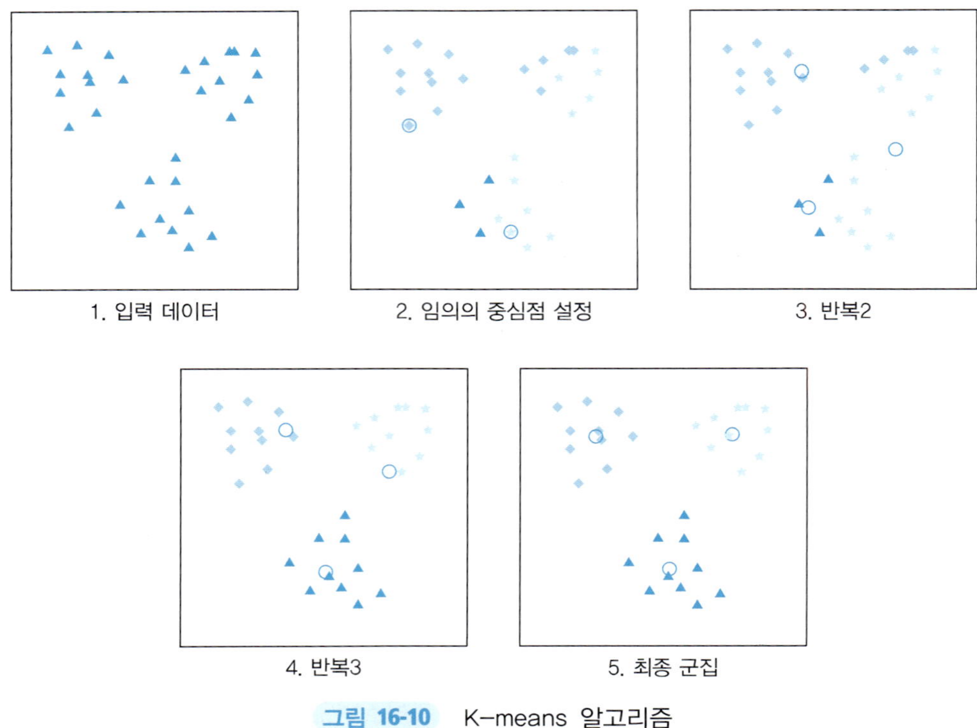

그림 16-10 K-means 알고리즘

지금까지 다양한 텍스트 분류 알고리즘에 대해서 살펴보았다. 그렇다면 이러한 것을 직접 본인이 구현하여야 할까? 이러한 알고리즘을 직접 구현하는 것은 상당한 시간과 노력이 투입되어야 한다. 다행히 오픈소스로 이러한 알고리즘들이 이미 구현이 되어있으며 학습자들은 해당 라이브러리를 사용하여 학습을 진행하면 된다. 이제 이러한 오픈소스 중 하나인 Scikit-learn을 살펴보도록 하자.

16.7 Scikit-Learn

Scikit-learn[8] [그림 16-11]은 2007년 구글 썸머 코드에서 처음 구현됐으며, 현재 파이썬으로 구현된 가장 유명한 기계 학습 오픈 소스 라이브러리이다. Scikit-learn의 장점은 라이브러리 외적으로는 scikit 스택을 사용하고 있기 때문에 다른 라이브러리와의 호환성이 좋다. 내적으로는 통일된 인터페이스를 가지고 있기 때문에 매우 간단하게 여러 기법을 적용할 수 있어, 쉽고 빠르게 최상의 결과를 얻을 수 있다. 라이브러리의 구성은 다음과 같다. 크게 지도 학습, 비지도 학습, 모델 선택 및 평가, 데이터 변환으로 나눌 수 있으며 지도 학습에는 서포트 벡터 머신, 나이브 베이즈(Naïve Bayes), 결정 트리(Decision Tree) 등이 있으며 비지도 학습에는 군집화, 이상치 검출 등이 있다. 모델 선택 및 평가에는 교차 검증(cross-validation), 파이프라인(pipeline) 등이 전부 지원되어 코드 1줄만으로 평가가 가능하다. 따라서 모든 기능을 사용자가 직접 구현할 필요없이 Scikit-learn에서 제공하는 라이브러리를 사용하는 것만으로 편리함을 느낄 수 있다. 해당 챕터의 실습문제로 Scikit-learn을 이용하여 스팸, 햄 분류를 진행하게 된다.

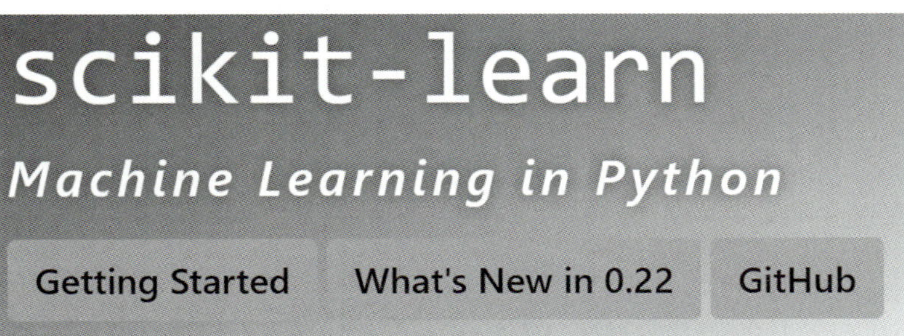

그림 16-11 Scikit-learn

16.8 데이터 시각화

지금까지 일상에서 텍스트 분류 예시와 다양한 텍스트 분류 알고리즘을 살펴보았다. 텍스트를 분류하여 의미있는 정보를 얻어내는 것이 중요한데 이럴 때 필요한 것이 바로 데이터 시각화[8]라는 분야이다. 데이터를 시각화하여 사람들은 다양한 Insight를 얻어낼 수 있으며 이를 통해 다양한 전략을 수립하거나 방향성을 잡아낼 수 있다. 데이터 시각화의 예시는 [그림 16-12]과 같다.

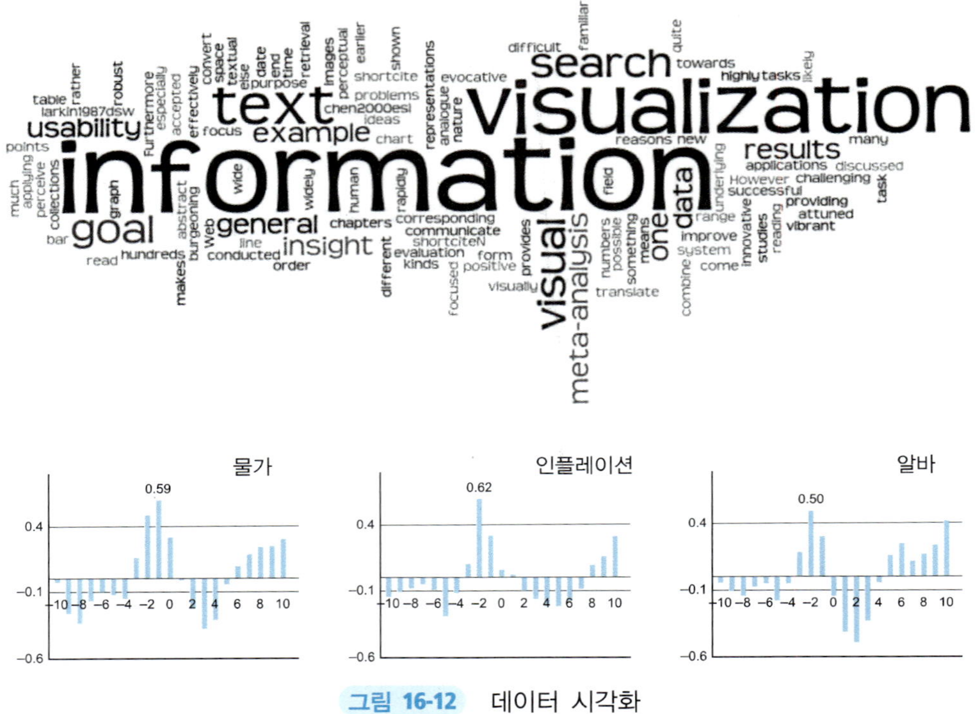

그림 16-12 데이터 시각화

데이터 시각화 같은 경우 Word Cloud나 Matplotlib 같은 라이브러리를 사용하여 진행해볼 수 있다. 데이터를 분석함에 있어서 데이터 시각화는 필수적인 과정이며 이를 통하여 사람들에게 의미있는 정보를 보기 쉽게 전달할 수 있으며 일반인들이 보기에도 훨씬 깔끔한 정보전달이 가능하다.

우리는 이번 장을 통해 먼저 텍스트 분류란 무엇인지 살펴보았다. 해당 영화평이 긍정인지 부정인지 분류하는 문제, 문자가 왔을 때 해당 문자가 스미싱인지 아닌지 분류하는 문제 등 대부분의 일상과 관련된 자연어처리 문제들은 분류문제로 간주 된다는 것을 알 수 있으며 텍스트 분류가 일상에서 어떠한 사례가 있는지 먼저 살펴보았다.

감정분석이란 무엇이지 살펴본 후 다양한 예시와 감성 사전 종류에 대해서 살펴보았다. 또한 카테고리 및 의도 분류, 스팸, 햄 분류 등과 같은 텍스트 분류 예시도 살펴보았다. 마지막으로 텍스트 분류 프로세스를 전반적으로 살펴보며 전처리, 특징추출, 다양한 텍스트 분류 알고리즘 등을 살펴보았으며 이를 이미 구현해 놓은 Scikit-learn이라는 라이브러리를 살펴보았다. 마지막으로 데이터를 분석하기 위해서 중요한 데이터 시각화기법에 대해서 살펴보았다.

참고문헌

[1] W. Bruce Croft, Domald Metzler, Trevor Strohman. 검색엔진 최신정보검색론

[2] FABRIZIO SEBASTIANI (2002). Machine Learning in Automated Text Categorization

[3] Khaled Alsabti & Sanjay Ranka & Vineet Singh (1997). An efficient k-means clustering algorithm

[4] Zhou Yong & Li Youwen & Xia Shixiong (2002). An Improved KNN Text Classification Algorithm Based on Clustering

[5] ZI-QIANG WANG, XIA SUN, DE-XIAN ZHANG, XIN LI (2006). AN OPTIMAL SVM-BASED TEXT CLASSIFICATION ALGORITHM

[6] I.Rish (2004). An empirical study of the naive Bayes classifier

[7] https://m.blog.naver.com/PostView.nhn?blogId=bluelemonsky&logNo=221196291247&proxyReferer=https%3A%2F%2Fwww.google.com%2F

[8] https://scikit-learn.org/stable/

[9] Obama and Romney's social media face-off https://phys.org/news/2012-10-obama-romney-social-media-face-off.html

[10] http://hosting02.snu.ac.kr/~snucss/wp-content/uploads/2016/04/11.11_신효필교수.pdf

[11] https://wikidocs.net/44249

[12] https://ko.wikipedia.org/wiki/결정_트리_학습법

[13] https://en.wikipedia.org/wiki/Stochastic_gradient_descent

[14] https://en.wikipedia.org/wiki/Random_forest

[15] https://en.wikipedia.org/wiki/Tf–idf

[16] https://wikidocs.net/24559

연 | 습 | 문 | 제

1. 텍스트 분류 알고리즘 3가지를 서술하시오.

2. SVM이란 무엇인지 서술하시오.

3. 텍스트 분류하는 프로세스를 순서대로 서술하시오.

4. 텍스트 분류의 예시를 2가지 들고 해당하는 내용을 자세히 서술하시오.

5. Scikit-learn의 특징을 서술하시오.

PART III

딥러닝 기반 자연어처리

CHAPTER 17

딥러닝의 소개

17.1 딥러닝 개요

[그림 17-1]은 인공지능, 기계학습과 딥러닝의 개념 및 관계를 나타낸다. 그림에 나타난 것처럼 딥러닝은 기계학습의 하위 분야로, 뇌의 구조와 기능에 착안한 인공신경

인공지능 주변 환경을 인식하고 이로부터 목표를 성취할 가능성을 최대화하는 일련의 행동들을 계획할 수 있는 알고리즘 및 장치를 개발하는 것을 목표로 한다.

기계학습 인공지능의 하위 분야로, 목표에 대한 명시적 프로그래밍 없이도 이를 수행할 수 있는 알고리즘을 개발하는 것을 목표로 한다.

딥러닝 기계학습의 하위 분야로, 두뇌를 모방한 인공신경망 구조를 가진 다양한 계층을 조합하여 데이터로부터 목표를 수행할 수 있는 방법을 학습할 수 있는 알고리즘을 개발하는 것을 목표로 한다.

그림 17-1 인공지능, 기계학습, 딥러닝의 비교

망(artificial neural network)으로 구성되어 있다. 따라서 딥러닝은 뇌와 비슷한 기능을 한다고 볼 수 있다. 딥러닝 알고리즘 또한 뇌의 작동 원리와 유사하게 뉴런들 간의 상호 연결 및 정보 전달을 바탕으로 동작한다. 딥러닝 모델은 여러 계층(layer)들로 이루어져 있으며, 계층이 많아 깊이가 깊다(deep)는 의미로 딥러닝이라 칭한다. 일반적으로 최소 세 개 이상의 계층이 존재하지만, 몇 개 이상의 계층이 있어야 딥러닝으로 분류되는지에 대한 명확한 기준은 존재하지 않는다.

각각의 계층은 이전 계층의 출력을 입력으로 받아 연산을 수행하고, 그 결과를 다음 계층으로 전달하는 역할을 맡는다. 이러한 과정은 모델의 입력부터 출력까지 반복된다. 이를 추상화하면, 딥러닝 모델은 임의의 데이터를 입력으로 받아 이를 점진적으로 변형하여 임의의 출력을 만들어내는 것으로 볼 수 있다. 예를 들어, 한국어 문장이 입력으로 주어졌을 때 영어 문장을 출력하는 식이다. 학습이 진행되지 않은 딥러닝 모델은 무의미한 영어 문장을 만들어내지만, 한국어 문장과 그와 동일한 의미의 영어 문장을 이용하여 충분히 학습을 진행하면 번역을 수행하는 딥러닝 모델이 만들어지게 된다.

[그림 17-2]는 딥러닝과 전통적인 기계학습 방법의 개념적 차이를 나타낸 것이다. 딥러닝 모델은 (기초적인 전처리를 거친) 입력과 해당 입력에 대해 이상적인 출력만

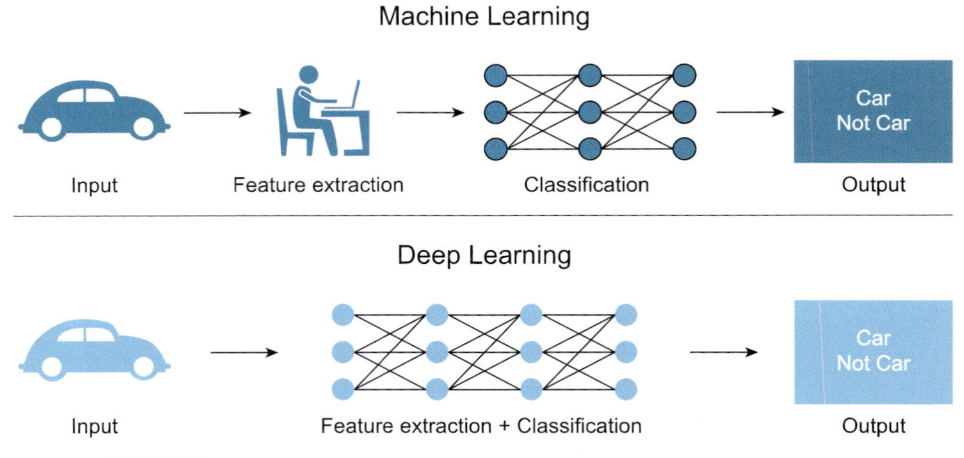

그림 17-2 전통적인 기계학습과 딥러닝의 비교(출처: xenonstack.com)

정의해주면 자동적으로 입력을 출력으로 변형하는 방법을 습득하게 된다. 예를 들어 한국어 문장과 해당 문장의 번역에 해당하는 영어 문장을 각각 입력과 출력으로 사용하는 식이다. 이를 종단간 학습(end-to-end learning)이라고 한다. 반면, 기존의 기계학습 알고리즘들은 특정 도메인의 전문가가 모델이 번역을 수행하는데 도움이 되도록 입력을 가공하고, 추가적인 지식(구문 구조, 형태소, 관용구 등)을 주입하였다. 또한, 이렇게 만들어진 입력을 목표 출력으로 변형하는데에도 전문가의 지식이 많이 반영되었다.

전문가 지식을 활용한 기계학습 모델의 구축은 학습에 필요한 데이터가 비교적 적게 필요하다는 장점이 있다. 하지만 이렇게 만들어진 모델은 이를 제작한 전문가의 실력을 넘어서기 매우 어렵고, 해당 전문가의 오류를 동일하게 반복하게 된다. 기존의 기계학습 알고리즘으로 제작된 모델이 인간을 능가한 경우(예: 체스 세계 챔피언을 이긴 딥블루)는 빠른 연산 속도를 바탕으로 인간보다 더 많은 경우의 수를 탐색한 것이지, 인간보다 '잘' 판단한 것은 아니다.

반면, 딥러닝을 이용한 모델은 학습에 사용할 데이터의 질이 좋고 양이 많으면 인간의 실력을 넘어설 수 있다. 판단 과정에서 인간의 편견이 개입할 여지가 적기 때문이다. 따라서 인간이 생각하지 못한 새로운 방법을 사용하기도 한다. 바둑에서 인간 챔피언을 누른 알파고가 그 대표적인 예이다. 이세돌과의 대결에서 알파고가 둔 두 번째 대결에서의 37수와 세 번째 대결에서의 78수는 인간 선수의 판단 기준으로는 예상치 못한, 실수라고 여겨진 수이지만, 결과적으로 이 대결들에서 알파고를 승리로 이끌었다. 이 외에도 딥러닝 모델들은 사진 분류(ImageNet), 질문 답변(Stanford QUestion Answering Dataset, SQUAD) 등 점점 더 많은 분야에서 인간보다 뛰어난 능력을 보여주고 있다.

17.2 딥러닝 모델의 핵심: 자동적인 계층적 자질 표상 습득

딥러닝 모델이 이렇듯 우수한 성능을 낼 수 있도록 해주는 핵심적 특징은 자동적으로 계층적 자질 표상(feature representation)을 습득한다는 것이다. 자질 표상이란 모델이 목적을 잘 수행할 수 있도록 도움을 주는 입력의 특징들을 말한다. 앞서 언급한 전문가 지식이 반영된 구문 구조, 형태소, 관용구 등 정보도 자질 표상에 해당한다. 사진 분류 모델의 경우에는 고양이의 꼬리, 비행기의 날개 등 개체를 구분 짓는 특징들이 그 예이다. 딥러닝 모델에서는 입력과 목표 출력이 주어지면 자동적으로 해당 출력을 만들어내기 위해 입력에서 중요한 부분들이 파악되고, 자질 표상으로 만들어진다. 더 나아가, 여러 계층으로 구성된 딥러닝 모델의 특성에 의해 이러한 자질 표상들은 계층적 특성을 띠게 된다. [그림 17-3]은 얼굴을 인식하도록 학습된 딥러닝 모델에서 이러한 계층적 자질 표상이 습득된 것을 보여준다. 입력에 가까운 계층은 원시적이고 저차원의 자질 표상을 습득하게 되는데, 사진으로 치면 다양한 각도의 직선 및 곡선, 색상 등이고, 언어의 경우에는 단순 문법 수준이 이에 해당된다. 그 다음 계층은 이러한 자질 표상들을 입력으로 받고, 이들을 분석 및 취합하여 조금 더 고차원적인 자질 표상(예: 눈, 코, 입 등)을 습득한다. 이와 같은 방식으로 출력에 가까운 계층일수록 고차원적이고 목표 출력을 만들어내는 데 도움이 되는 자질 표상을 습득하고, 출력 계층에서 이들을 바탕으로 원하는 출력을 만들어낸다.

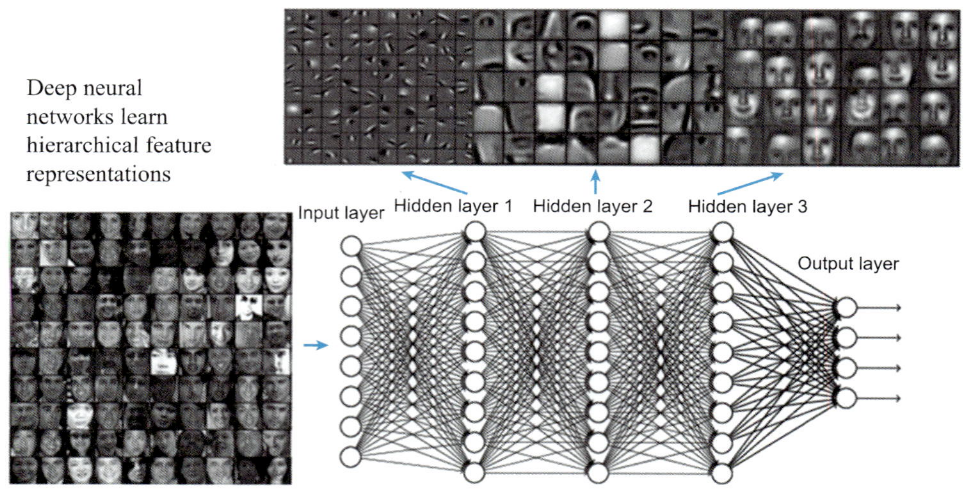

그림 17-3 얼굴을 분류하는 딥러닝 모델에서 각 계층별로 자질 표상이 습득된 모습[1]

17.3 딥러닝 시스템 구축을 위한 고려 사항: 데이터와 모델 구조

딥러닝 모델이 보편화되면서 전문가 지식의 필요성은 줄어들었지만, 모델을 학습시키는 데 필요한 데이터의 양은 기하급수적으로 증가하였다. 예를 들어, 기계학습 모델인 Support Vector Machine을 이용한 문장 분류 모델의 학습에는 수천 문장 정도면 충분하지만, 딥러닝 모델에는 수만 건 이상의 문장이 필요하다. 하지만 이는 딥러닝 기술의 단점인 동시에 장점이기도 하다. 기존 기계학습 모델은 일정량 이상의 데이터가 확보되면 그 이상은 모델의 성능 향상으로 이어지기 어렵다. 반면 딥러닝 모델은 동일한 구조와 알고리즘을 사용하더라도 학습에 사용한 데이터의 양과 질에 비례하여 성능이 결정된다. 두 기술의 이러한 특성을 학습 데이터의 양과 모델의 성능 간의 상관관계로 표현하면 [그림 17-4]와 같은 형태로 나타난다.

학습에 사용할 수 있는 데이터는 크게 지도학습(supervised learning)을 위한 것과 비지도학습(unsupervised learning)을 위한 것으로 분류할 수 있다. 비지도학습을 위한 말뭉치는 입력에 대한 이상적 정답을 인간의 노동 없이 자동적으로 부착할 수 있는 것을 의미한다. 대표적으로 입력과 출력이 동일한 auto-encoder 학습 방법(variational auto-encoder, denoising auto-encoder)이나, 입력의 상대적 위치를 이용하는 언어 모델링(language modeling, masked language modeling), 문장 순서 예측 등이

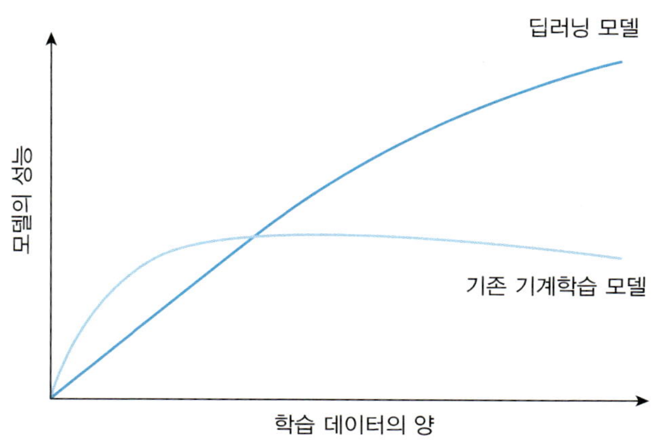

그림 17-4 학습 데이터의 증가에 따른 기존 기계학습 모델과 딥러닝 모델의 성능 차이

있다. 이러한 비지도학습 말뭉치는 손쉽게 대량으로 구축할 수 있다는 장점이 있지만, 일부 예외적인 경우를 제외하고는 실제 사용 가능한 수준의 성능을 낼 수 없다. 따라서 비지도학습은 지도학습을 보완하여 성능을 더욱 향상시키는 방법으로 사용된다. 최근 자연어처리 분야에서 각광받고 있는 사전 훈련된 언어 모델들(ELMo, BERT 등)이 이에 해당한다.

반면, 지도학습은 위와 같이 자동적으로 정답을 생성할 수 없는 데이터를 이용한 학습을 말한다. 이러한 데이터를 만들기 위해서는 인간의 노동력이 투입되어야 하며, 시간 및 금전적 비용이 발생하게 된다. 따라서 지도학습을 위한 데이터는 대량으로 구축하기 어렵고, 공개된 것도 상대적으로 적다.

대부분의 딥러닝 시스템 구축에는 지도학습 과정이 수반되어야 하므로 이를 위한 데이터 확보 방법에 대한 계획을 세우는 것이 중요하다. 하지만 이러한 시스템 구축을 시작하는 사람들 중 이에 대한 계획이 수립되어 있지 않은 경우를 많이 보아왔다. 이는 지도학습과 비지도학습 데이터의 구분에 대한 오해에서 비롯된 것인데, 기계학습 및 딥러닝 분야가 아닌 분야에서의 데이터는 대부분 비지도학습을 위한 것을 칭하기 때문이다. 따라서 딥러닝을 이용한 시스템을 제작할 때, 어떤 입력에 대해 어떤 출력을 만들 것인지를 정의하고, 이러한 입출력을 학습시키기 위해 어떤 형태의 데이터가 필요한지, 이를 어떻게 수집할 것인지 등의 계획을 가장 우선적으로 수립해야 한다.

데이터가 확보되었으면 어떤 구조의 모델을 사용할 것인지를 결정해야 한다. 이 또한 입력과 출력의 특성을 파악하는 것이 가장 우선이다. 입력 혹은 출력이 단일 혹은 고정 개수일 경우 완전연결층 혹은 합성곱 신경망을, 가변 개수일 경우 순환 신경망을 사용하는 식이다. [그림 17-5]에 입력의 수와 출력의 수에 따른 모델의 분류가 나타나 있다. 예를 들어, 이미지 분류 모델과 같이 하나의 입력(사진)에 대해 하나의 출력(분류 결과)이 나오는 경우는 1:1 모델에 해당한다. 이어질 장들에서 여러 신경망 구조의 구체적 특성 및 사용 예를 살펴볼 것이다. 오늘날에는 공개된 소스 코드가 광범위하고, 다양한 모델들 간의 성능 편차가 심하지 않기 때문에 연구 목적이 아닌 이상 선택의 폭이 넓다. 따라서 모델 구조의 선택은 데이터 확보 방법에 대한 고민보다는 중요도가 낮다고 할 수 있다.

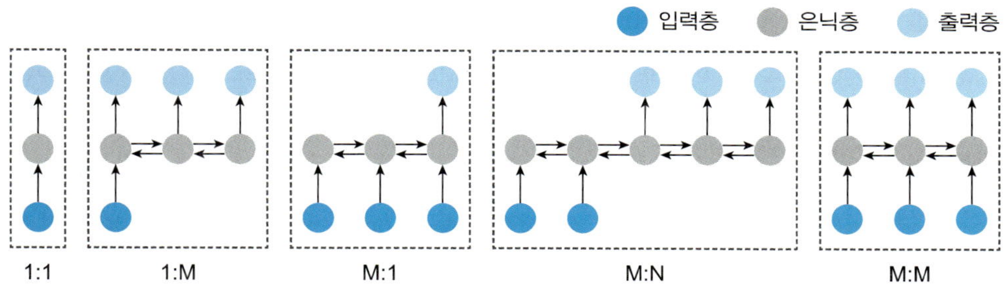

그림 17-5 입력과 출력의 형태에 따른 딥러닝 모델의 분류

17.4 딥러닝 모델의 뼈대: 퍼셉트론

딥러닝 모델의 기본 뼈대는 퍼셉트론(perceptron)이라 불리는 하나의 인공 뉴런이며, [그림 17-6]과 같은 구조를 가지고 있다. 퍼셉트론은 m개의 숫자 입력(m개의 단어, 픽셀 등)이 주어졌을 때, 각각의 입력값에 가중치를 곱한 후 이 값들과 편향(bias) 값을 더하여 1차 출력을 만든다. 이 1차 출력값에 비선형 활성 함수(non-linear activation function)를 적용하면 퍼셉트론의 출력이 된다. 퍼셉트론의 입력과 출력을 시

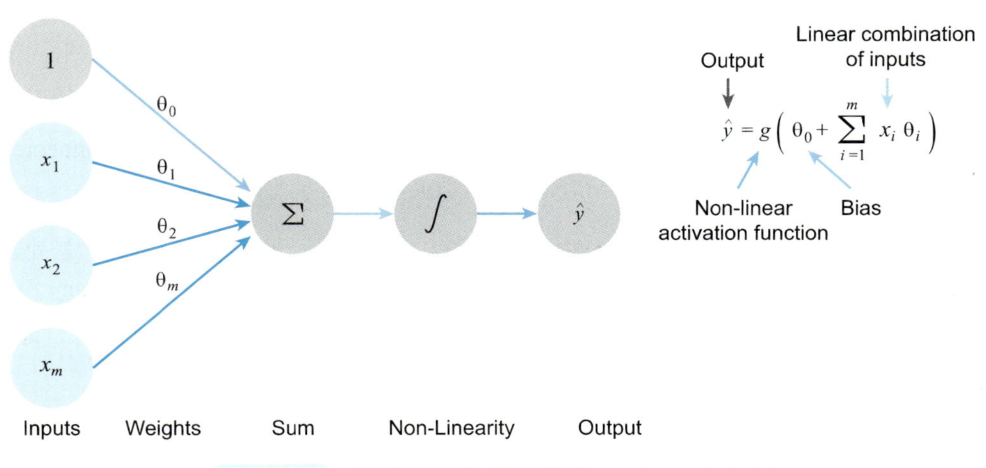

그림 17-6 퍼셉트론의 구조(출처: ziedhy.github.io)

각화해보면 그 역할을 더 잘 이해할 수 있다. [그림 17-7]에 두 개의 숫자를 입력으로 받고, 이를 O와 X 중 하나로 분류하는 퍼셉트론이 2차원 좌표 공간에 시각화되어 있는데, 가로축과 세로축은 두 개의 입력값을, O/X는 분류 결과를 나타낸다. 여기서 L로 표시된 점선을 기준으로 이보다 위에 있으면 O, 아래에 있으면 X로 분류되는 것을 볼 수 있다. 이러한 경계선을 결정 경계(decision boundary)라 칭한다. 앞서 언급된 편향 값은 결정 경계가 원점에서 벗어날 수 있도록 해준다. 이 예시에서는 결정 경계가 직선인데, 이러한 분류를 선형 분류라고 한다.

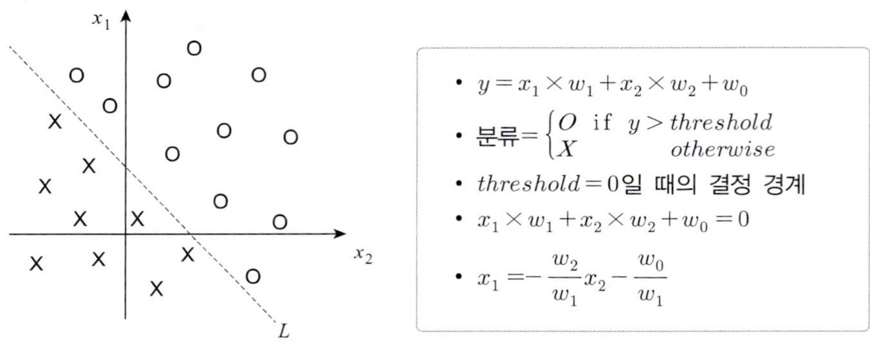

그림 17-7 두 개의 숫자를 입력받아 이를 O, X로 분류하는 퍼셉트론의 예

하나의 퍼셉트론은 하나의 출력값을 만들어내며, 딥러닝 모델에서 하나의 계층에는 다수의 퍼셉트론이 존재한다. 입력값의 개수(입력 차원수)가 m개이고 출력값의 개수(출력 차원수)가 n개인 계층은 m개의 숫자를 입력으로 받아서 하나의 값을 출력하는 퍼셉트론 n개가 결합된 것으로 볼 수 있으며, 이를 완전연결층(fully connected layer)라고 한다. 입력 데이터를 받아들이는 계층은 입력층(input layer)이라고 하며, 결과를 출력하는 계층을 출력층(output layer), 혹은 분류 모델의 경우에는 분류층(classification layer)라고 한다. 입력층과 출력층 사이의 계층들은 숨겨져 있다는 의미로 은닉층(hidden layer)라고 칭한다.

17.5 비선형 결정 경계와 활성 함수

실세계의 데이터는 대부분 선형 분류가 불가능한 것들이 많고, 따라서 결정 경계가 곡선인 비선형 분류가 요구된다. 딥러닝 모델에서 계층이 추가되면 이러한 비선형 결정 경계를 만들어낼 수 있으며, 계층의 수가 증가할수록 결정 경계의 구조도 복잡해진다. 활성 함수는 신경망이 비선형 분류를 할 수 있도록 해주며, 선형 활성 함수를 사용하면 계층의 수와 상관없이 전체 신경망도 선형 분류밖에 수행하지 못하게 된다.

비선형 활성 함수에는 매우 다양한 종류가 있는데, 그중 sigmoid, hyperbolic tangent(tanh), rectified linear unit(ReLU)이 가장 많이 쓰인다([그림 17-8]). 함수의 특징을 결정짓는 것은 출력값과 미분값이며, 출력값은 계층의 출력 특성에, 미분값은 계층의 학습 특성에 영향을 미친다. sigmoid 함수는 출력을 0과 1 사이 값으로, tanh는 −1과 1 사이로 축소시키는 특성이 있으며, 이러한 범위의 값이 필요한 계층(예: LSTM의 게이트들)에 사용된다. 하지만 미분값이 학습을 더디게 하는 특성이 있어 널리 사용되지는 않는다. 반대로, ReLU 활성 함수는 0보다 작거나 같은 입력은 0으로, 0보다 큰 입력은 동일한 값으로 출력한다. 따라서 계층의 출력값에 대한 통제력은 sigmoid나 tanh보다 떨어지지만, 미분값이 학습이 수월하게 진행될 수 있도록 돕기 때문에 가장 널리 사용되는 활성 함수 중 하나이다. 이 외에도 다양한 종류의 활성 함수들이 존재하며, 적절한 활성 함수 사용을 통해 성능 향상을 기대해볼 수 있다.

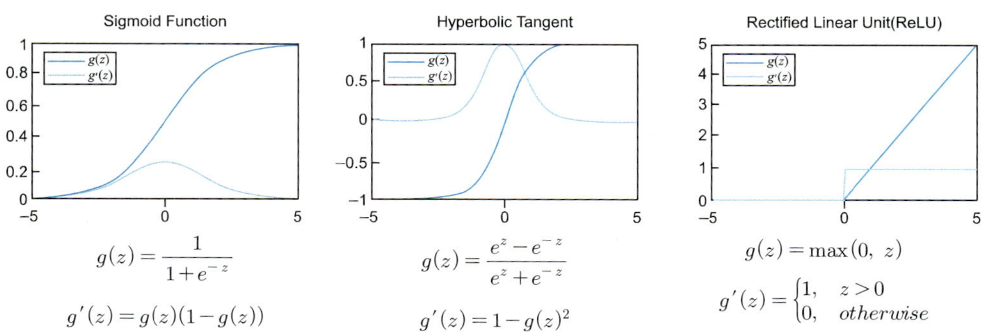

그림 17-8 대표적인 활성 함수들인 sigmoid, tanh, ReLU의 함수값 및 미분값
(출처: ziedhy.github.io)

17.6 딥러닝 모델의 학습

신경망 계층의 출력값은 계층을 구성하는 가중치들의 값에 의해 결정된다. m개의 입력을 받아 n개의 값을 출력하는 완전연결층은 $m \times n$개의 입력 가중치 값과 n개의 편향 가중치 값이 있다. 딥러닝 모델들에는 보통 수백 개의 입력과 출력이 사용되고, 계층의 수도 수십에서 수백에 이른다. 이 외에도 모델의 여러 특성들을 결정하는데 가중치 값들이 사용된다. 결과적으로 딥러닝 모델은 수천만에서 수억, 수십억 개 이상의 가중치들(파라미터)로 이루어져 있다. 딥러닝 모델이 사용자가 원하는 출력을 만들어내기 위해서는 모든 파라미터의 값을 정밀하게 조정해야 한다. 이렇게 파라미터들의 최적값을 찾아가는 과정을 학습이라고 한다.

앞서 언급한 것과 같이 딥러닝 모델의 학습은 입력과 목표 출력으로 구성된 데이터를 이용하여 이루어진다. 이러한 과정은 입력에 대해 모델이 예측을 하고, 예측과 정답 사이의 차이를 파악해서 이를 줄여나가는 것으로 설명할 수 있다. 이때, 입력으로부터 예측을 만들어내는 과정을 정방향 계산(forward pass), 예측과 정답 사이의 차이를 줄이는 방향으로 파라미터를 수정하는 과정을 역방향 계산(backward pass)라고 하며, 이 과정이 [그림 17-9]에 나타나 있다.

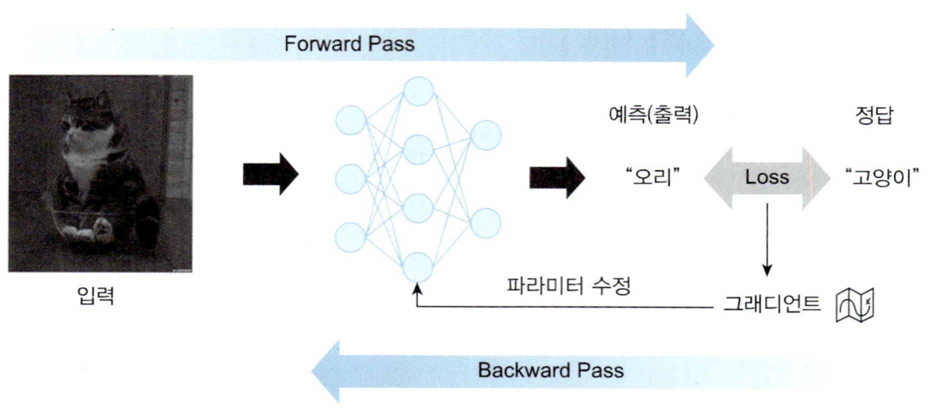

그림 17-9 딥러닝 모델의 정방향 계산과 역방향 계산

여기서 손실 함수(loss function)는 모델의 예측과 정답 사이의 차이를 수치화시켜 주는 함수이다. 이 손실 함수의 값을 각각의 파라미터들에 대해 편미분하면 그래디언트(gradient)를 계산할 수 있는데, 이는 파라미터가 나아가야 할 방향을 보여주는 지도에 비유할 수 있다. 이 그래디언트에 따라 파라미터들을 수정하면, 현재 입력에 대한 모델의 예측이 정답에 가까워진다. 이러한 과정을 모든 데이터에 대해 반복적으로 적용하는 것이 학습이다.

여러 계층이 있는 딥러닝 모델에서 손실 함수에 대한 입력층의 그래디언트는 편미분의 특성상 한 번에 계산할 수 없다. 따라서 손실 함수에 대한 출력층의 그래디언트를 계산하고, 이로부터 다시 이전층의 그래디언트를 계산하는 방식으로 연쇄 법칙(chain rule)을 이용하여 입력층까지 순차적으로 그래디언트를 계산한다. 이렇듯 출력에서 입력으로 계산이 역방향으로 진행되기 때문에 이러한 과정을 역전파(back-propagation)라고 한다. 따라서 딥러닝 모델의 학습에는 미분값이 큰 영향을 미치며, 활성 함수에 따라 학습의 특성이 달라지는 것도 이 때문이다. 또한, 손실 함수로부터 편미분값을 계산할 수 있는 가중치들만 역전파 알고리즘을 이용하여 값을 학습할 수 있기 때문에 딥러닝 모델의 계산 과정은 최대한 미분 가능해야 한다. 미분이 불가능한 계산 과정은 강화학습 등 다른 알고리즘을 이용하거나 사람이 직접 그 값을 찾아내야 하는데, 그 과정이 역전파 알고리즘에 비해 매우 느리다.

이러한 과정은 매우 복잡해 보이지만, TensorFlow, PyTorch 등 공개되어 있는 다양한 딥러닝 프레임워크들은 역방향 계산을 손쉽게 수행할 수 있도록 도와준다. 사용자는 입력으로부터 출력까지의 정방향 계산과 이에 대한 손실 함수 등 기본적인 것들만 정의하여도 딥러닝 모델을 학습시킬 수 있다.

참고문헌

[1] Lee, H., Grosse, R., Ranganath, R., & Ng, A. Y. (2009, June). Convolutional deep belief networks for scalable unsupervised learning of hierarchical representations. In Proceedings of the 26th annual international conference on machine learning (pp. 609-616). ACM.

연 | 습 | 문 | 제

1. 아래 문제들을 딥러닝 모델로 해결하고자 할 때, 각각이 다음 중 어느 모델 구조를 사용하는 것이 적절한지 선택하고 그 이유를 기술하시오.

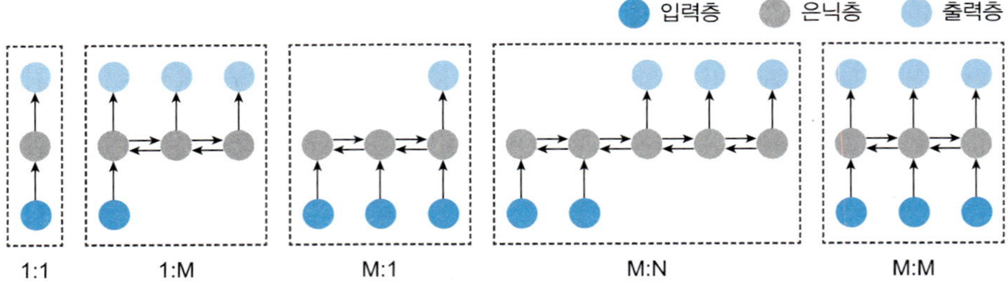

(a) 개체명 인식
(b) 이미지 캡셔닝
(c) 기계 번역
(d) 이미지 분류
(e) 문서 자동 요약
(f) 감성 분석

2. 2차원 좌표 평면에 AND와 OR 논리 게이트의 입력을 나타내고, 이를 분류할 수 있는 모델의 decision boundary를 그리시오.

3. 2차원 좌표 평면에 XOR 논리 게이트의 decision boundary를 선형 분류 모델로 나타낼 수 있는가? 가능하다면 decision boundary를 나타내고, 없다면 그 이유와 해결 방법을 기술하시오.

4. 아래와 같은 모델의 주어졌을 때, 이에 대한 Forward pass를 계산하고, 그에 따른 모델의 출력값을 기술하시오. 단, 은닉층(h1, h2)에는 hyperbolic tangent, 출력층(o1, o2)에는 sigmoid 활성 함수를 적용하시오.

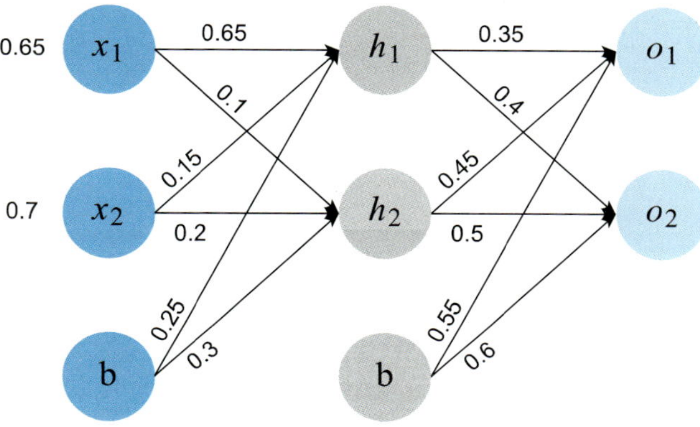

5. 딥러닝 모델의 학습에서 GPU(Graphics Processing Unit)의 역할과 중요성을 기술하시오.

CHAPTER

18 단어 임베딩

18.1 단어 임베딩이란?

앞선 장에서 딥러닝 모델은 숫자 입력들을 받아 숫자 출력들을 만들어내는 것임을 확인하였다. 하지만 자연어처리 시스템들은 언어인 문자열을 입력으로 받고, 문자열을 출력해야 한다(예: 기계 번역, 대화 시스템, 개체명 인식, 감성 분류 등). 따라서 문자를 숫자로, 숫자를 다시 문자로 바꾸는 방법이 필요하다. 넓은 의미에서 단어 임베딩은 문자를 숫자들의 배열인 벡터로 변환하는 방법들을 의미하며, 종종 이러한 방법으로 만들어진 단어 벡터를 가리키는 용어로 혼용된다.

단어를 벡터로 바꾸는 첫 단계는 각 단어에 고유 번호를 부여하는 것이다. 이를 위해 학습 데이터에 존재하는 단어들을 수집하여 "단어집(vocabulary)"을 만든 후, 등장 빈도순으로 순열을 부여한다. 이러한 순열을 벡터로 바꾸는 가장 단순한 방법은 원핫 인코딩(one-hot encoding)을 사용하는 것이다. 원핫 인코딩이란 단어집과 동일한 크기의 벡터의 값을 각 단어의 순열에 해당하는 위치만 1, 나머지는 0으로 채우는 방식이다. 예를 들어 ["사과", "딸기", "바나나", "배"]의 4개 단어로 구성된 단어집이 있을 때, "사과"=[1, 0, 0, 0], "딸기"=[0, 1, 0, 0], "바나나"=[0, 0, 1, 0], "배"=[0, 0, 0, 1]이 되는 식이다. 이렇게 만들어진 벡터를 m개의 출력값을 가지는 완전연결층의 입력으로 사용하면 해당 계층의 출력은 m 차원 벡터가 되며, 이것이 가장 기초적인 단어 임베딩이다. 이는 각 단어에 m 차원의 벡터를 할당해놓고, 각 단어에 할당된 벡터를 선택하는 것과 동일한 역할을 한다. 이렇게 단어를 임베딩으로 변환하는 계층을 임베딩 계층(embedding layer)이라고 한다.

이렇게 만들어진 단어 임베딩은 딥러닝 모델의 학습 과정에서 그 값이 함께 최적화된다. 따라서 단어를 입력받는 완전연결층은 자연스럽게 단어 임베딩을 수행할 수 밖에 없다. 그렇다면 왜 단어 임베딩이 자연어처리에서 이토록 주목받고, 수년째 최신 딥러닝 기술들을 이끌어오는 주역이 되었을까. 그 답은 비지도학습 방법을 이용한 사전 학습에 있다. 이는 단어 임베딩 열풍을 불러온 word2vec부터 최신 기술인 ELMo, BERT, ALBERT 등에 이르기까지의 공통점이기도 하다. 단어 임베딩 기술의 목표는 손쉽게 확보할 수 있는 대량의 원시 말뭉치와 인간의 노동력 투입이 불필요한 비지도학습 방법들을 결합하여 다양한 자연어처리 시스템에서 범용적으로 효과를 발휘할 수 있는 단어 벡터를 만드는 것이다.

사전 학습된 단어 임베딩이 자연어처리 시스템의 성능을 높이는 이유는 벡터 공간에서 임베딩된 단어 간의 상관관계를 통해 엿볼 수 있다. 원핫 인코딩 벡터로 표현된 단어에서는 단어의 의미가 사라지고, "사과"와 "배"의 차이는 "사과"와 "자동차"의 차이와 동일해진다. 반면, 학습된 단어 벡터들은 단어의 의미가 벡터 공간 상의 다양한 특성들(거리, 길이, 각도 등)로 표현된다. [그림 18-1]에 이를 시각화한 예시가 있다. word2vec을 대표하는 수식인 "왕 − 남자 + 여자 ≈ 여왕"이 이것을 잘 보여주는 예이다. 이 수식은 "왕"에 해당하는 벡터에서 "남자"에 해당하는 벡터의 값을 뺀 후

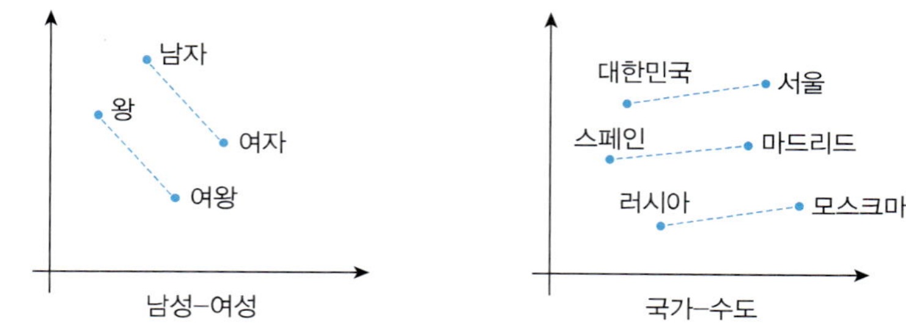

그림 18-1 단어들이 임베딩된 벡터 공간에서 의미적 관계들이 나타난 예시

"여자"에 해당하는 벡터를 더하면 "여왕"에 해당하는 벡터와 거의 같아진다는 것을 의미한다. 이 외에도 최신 단어 임베딩 기술들로 학습된 단어 벡터에는 문법에서 의존관계에 이르기까지 다양한 언어학적 지식들이 담겨 있다.

18.2 분포 가설과 언어 모델링

비지도학습 방법으로 단어 벡터를 학습시킬 수 있는 방법의 밑바탕이 되는 이론은 분포 가설(distributional hypothesis)이다. 이는 문맥이 유사한 단어들은 의미적 유사성을 지닐 것이라는 가설이다. 예를 들어 "나무에 열린 A가 맛있게 익었다.", "나무에서 딴 B를 맛있게 먹었다.", "C가 빠른 속도로 사라졌다."라는 세 개의 문장이 주어졌을 때, A와 B는 '나무에 열리는 먹을 수 있는 것'이라는 공통점을 가질 것으로 예상할 수 있지만, C는 A나 B와는 그 특성이 매우 다를 것이라고 예상할 것이다.

이러한 언어의 특성을 이용한 학습 방법이 언어 모델링(language modeling)이다. 좁은 의미에서의 언어 모델링은 이전 단어들이 주어졌을 때 다음 단어를 예측하는 것으로, 검색 엔진의 자동 완성 기능이나 스마트폰 키보드의 다음 단어 추천 기능 등에서 이를 확인할 수 있다. 하지만 오늘날에는 더 넓은 의미에서 문맥을 이용해 주변 단어들을 예측하는 방법들을 통칭하는 개념으로 사용되고 있으며, 일부 단어를 가리고 이를 예측하는 방법(masked language modeling)이나 문장의 단어들을 무작위 순서로 예측하는 모델(permutation language modeling) 등이 우수한 단어 임베딩 사전 학습 방법으로 확인되었다. 여기서 더 나아가 문장 단위로 예측을 수행하는 방법을 통해 문장 벡터를 학습하는 등 점점 더 다양한 곳에서 분포 가설이 활용되고 있다.

18.3 Word2vec 이전의 단어 임베딩

벡터 공간 모델(vector space model)은 벡터 공간에 문장, 문서 등을 표현하고, 이 공간상 다양한 특성들을 이용하여 검색 등을 수행하는 방법으로, 1990년대 초부터

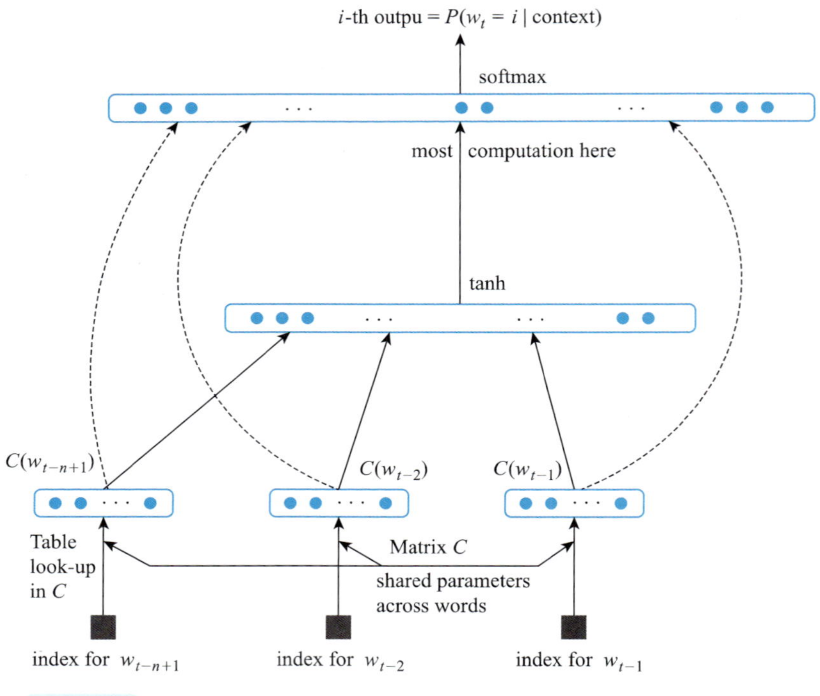

그림 18-2 Bengio 외의 2003년 연구에서 사용된 신경망 언어 모델[1]

널리 사용되었다. 자연스럽게 단어들을 어떻게 벡터 공간에 표현할 것인가에 대한 연구가 활발히 이루어졌으며, 이를 위해 잠재 의미 분석(latent semantic analysis, LSA), 잠재 디리클레 할당(latent dirichlet allocation, LDA) 등이 활용되었다. 최초로 단어 임베딩이라는 명칭이 사용된 것은 Bengio et al.의 2003년 연구[1]로, 신경망을 이용하여 언어 모델을 구성하고 이를 학습시켰다([그림 18-2] 참고). 이러한 단어 임베딩이 다양한 자연어처리 시스템에서 범용적으로 사용될 수 있다는 것을 보여준 것은 Collobert and Weston의 2008년 연구[2]인데, 이후 단어 단위 임베딩에 사용된 것과 유사한 신경망 모델을 만들어 이를 학습시켰다.

18.4 Word2vec부터 ELMo 이전까지의 임베딩: 단어 단위 임베딩

단어 임베딩 모델 중 가장 유명한 것은 아마도 word2vec일 것이다. Word2vec은 2013년도에 Mikolov et al.이 발표한 두 편의 논문[3, 4]에서 제안된 기술을 구현한 알고리즘의 이름으로, 다양한 자연어처리 시스템에서 성능 향상을 가져올 수 있음을 보여 단어 임베딩 열풍을 일으켰다. 다양한 딥러닝 기반 자연어처리 시스템에서 사용되기에 word2vec도 딥러닝 기술로 분류되기도 하지만, 학습에 사용되는 모델 자체는 두 개 계층을 사용하는 얕은 것이다. 기존 단어 임베딩 기술들과 비교했을 때, word2vec의 가장 큰 차이점은 단순한 학습 방법을 사용해서 계산량이 매우 적어서 더 많은 양의 데이터를 활용할 수 있었다는 점이다. 이는 모델의 복잡도보다 데이터의 양이 더 중요하다는 점을 보여주는 좋은 예이기도 하다.

Word2vec의 학습에는 두 종류의 모델 중 하나를 선택할 수 있는데, Continuous Bag-Of-Words(CBOW)와 Skip-gram이 그것이다. 언어의 문맥은 양방향 의존성을 가지고 있어서, 특정 단어의 의미는 그 단어의 이전에 등장한 것들 뿐만이 아니라 이후

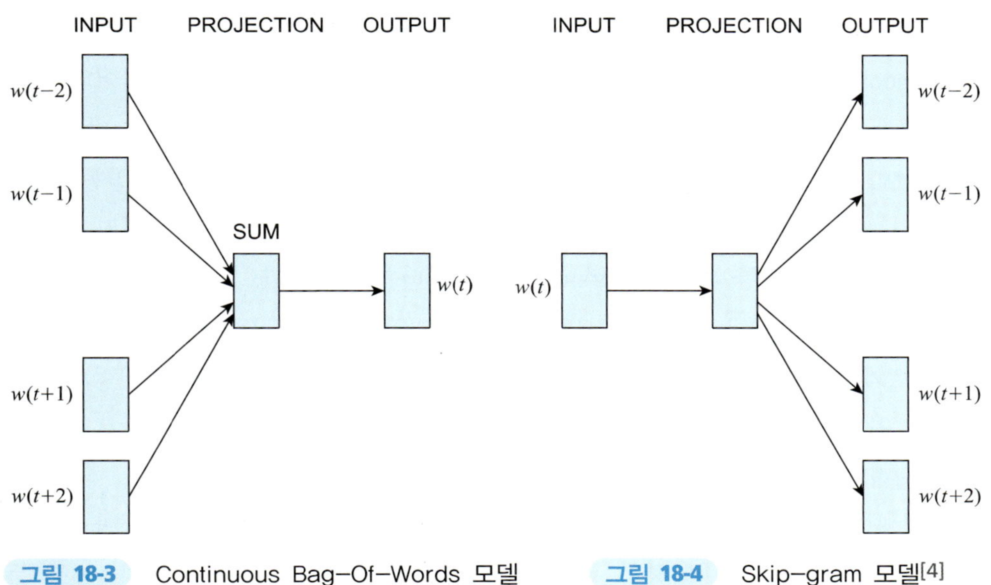

그림 18-3 Continuous Bag-Of-Words 모델

그림 18-4 Skip-gram 모델[4]

에 등장하는 것들에도 영향을 받는다. 하지만 전통적인 의미의 언어 모델링은 이전 단어들을 바탕으로 다음 단어를 예측해야 하므로 그 후에 등장하는 단어들의 의존 관계를 반영할 수 없다. 하지만 언어 모델링이 아니라 우수한 단어 벡터들을 학습하는 것이 목적이라면 이러한 제약을 받을 필요가 없고, word2vec의 두 모델들은 이러한 사실을 잘 활용하였다.

CBOW 모델은 특정 단어를 중심으로 이전 n개의 단어와 이후 n개의 단어가 주어졌을 때, 중심 단어를 예측하는 것을 목표로 한다([그림 18-3] 참고). 반대로, Skip-gram 모델은 중심 단어가 주어졌을 때 이전 n개의 단어와 이후 n개의 단어를 예측한다([그림 18-3] 참고). 또한, 확률적으로 더 먼 거리의 단어들을 선택함으로써 넓은 범위의 문맥을 단어 벡터 학습에 활용할 수 있도록 하였다.

GloVe는 Pennington et al.의 2014년 논문[5]에서 제안된 기술로, word2vec과 함께 가장 많이 쓰이는 단어 단위 임베딩 기술이다. GloVe와 word2vec의 가장 큰 차이점은, word2vec의 부산물이라고 할 수 있는, 단어 벡터 공간에서의 연산을 통한 의미 표현(예: 왕 − 남자 + 여자 ≈ 여왕)을 직접적인 학습 목표로 삼았다는 것이다. 이를 위해 단어 간 동시 발생 빈도의 비율이 벡터 공간상 차이로 나타나도록 단어 임베딩을 수행한다. 따라서 GloVe 벡터의 학습에는 단어 간 동시 발생 빈도만 필요하므로, 말뭉치에서 이를 추출한 후 학습에 활용한다.

Facebook Research에서 2016년도에 공개한 FastText는 각 단어가 한국어의 형태소와 같이 더 작은 단위로 나뉘어질 수 있다는 점에 착안한 단어 임베딩 방법이다. 예를 들어, "공부하였다", "공부한", "공부했던", "공부할" 등의 단어들은 공통적으로 "공부"라는 단어에서 파생된 것들이다. 이를 위해 FastText는 각 단어를 여러 n-gram들의 집합으로 분리한 후, 각 n-gram에 대한 벡터를 학습한다. 2-gram을 예로 들면 "공부하였다"는 ["<공", "공부", "부하", "하였", "였다", "다>"]로 나뉘는 식이다. 여기서 "<"와 ">"는 단어의 시작과 끝을 나타내기 위해 추가된 문자이다. 이렇게 학습된 후, "공부하였다"의 단어 벡터는 이를 구성하는 n-gram 벡터들의 합으로 나타낸다. 구체적인 학습 방법은 word2vec과 거의 동일하다.

이 외에도 수많은 단어 단위 임베딩 기술들이 개발되고 사용되었다. 하지만 이들은 모두 다의어를 제대로 반영하지 못한다는 공통적인 한계점을 가지고 있다. 예를 들어, "사과"라는 단어는 "사과가 맛있다"와 "실수에 대해 사과하였다"에서 전혀 다른 의미로 사용되지만, 단어 단위 임베딩에서는 모두 동일한 벡터로 표현된다. 따라서 이들을 구분하는 것은 단어 벡터를 입력으로 받는 딥러닝 모델의 몫이다.

18.5 ELMo 이후의 임베딩: 문장 단위 임베딩

동의어 처리가 안 되는 등의 단어 단위 임베딩에서 발생하는 문제를 해결하기 위해서는 같은 단어라도 문맥에 따라 다른 벡터를 만들어낼 수 있는 방법이 요구된다. 따라서 자연스럽게 문장 혹은 그 이상의 입력을 단위로 임베딩을 수행해야 한다. 다음으로 살펴볼 단어 임베딩 기술들은 문장, 혹은 그 이상의 수준에서 임베딩을 수행하고, 그 결과로 각 단어마다, 혹은 전체 입력에 대해 벡터를 만들어낸다. 따라서 같은 단어가 입력으로 제시되더라고 주변 문맥에 따라 다른 벡터로 임베딩된다.

이러한 접근 방법 중 처음으로 성공을 거둔 것은 ELMo(Embeddings from Language Models)로, 2018년 Peters et al.의 논문[6]을 통해 공개되었다. ELMo는 전통적인 의미의 언어 모델을 뼈대로 삼는다. 앞서 언급한 단방향 의존성 문제를 극복하기 위해, 문장을 정방향으로 예측하는 언어 모델과 역방향으로 예측하는 언어 모델을 각각 학습시킨 후, 각각의 언어 모델에서 얻은 벡터를 합치는 방법을 사용하였다([그

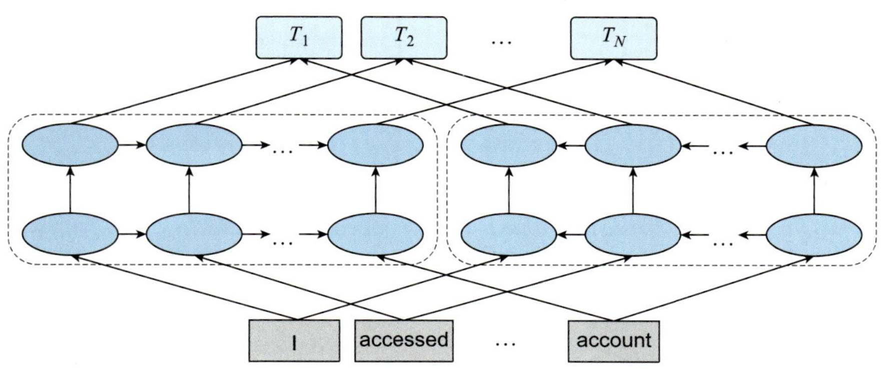

그림 18-5 ELMo가 문장을 임베딩하는 방법[7]

림 18-5] 참고). 또 다른 차별점으로, 입력을 단어 단위로 사용하지 않고 문자 단위로 CNN을 적용하여 사용하기 때문에 학습 시 존재하지 않았던 단어에 대해서도 임베딩을 수행할 수 있다.

ELMo는 이후에 다룰 다른 문장 단위 임베딩 기술들과 단어 벡터를 보는 시각이 다르다. ELMo를 사용하는 자연어처리 시스템은 ELMo를 통해 단어 벡터들을 얻고, 이후는 기존의 단어 단위 임베딩과 동일하게 작동한다. 다시 말해, ELMo의 역할은 단어 벡터를 만드는 것까지이고, 실제 자연어처리 작업을 수행하는 것은 이를 입력받은 모델의 역할이다. 따라서 학습이 끝난 ELMo 임베딩 모델은 이를 사용하는 자연

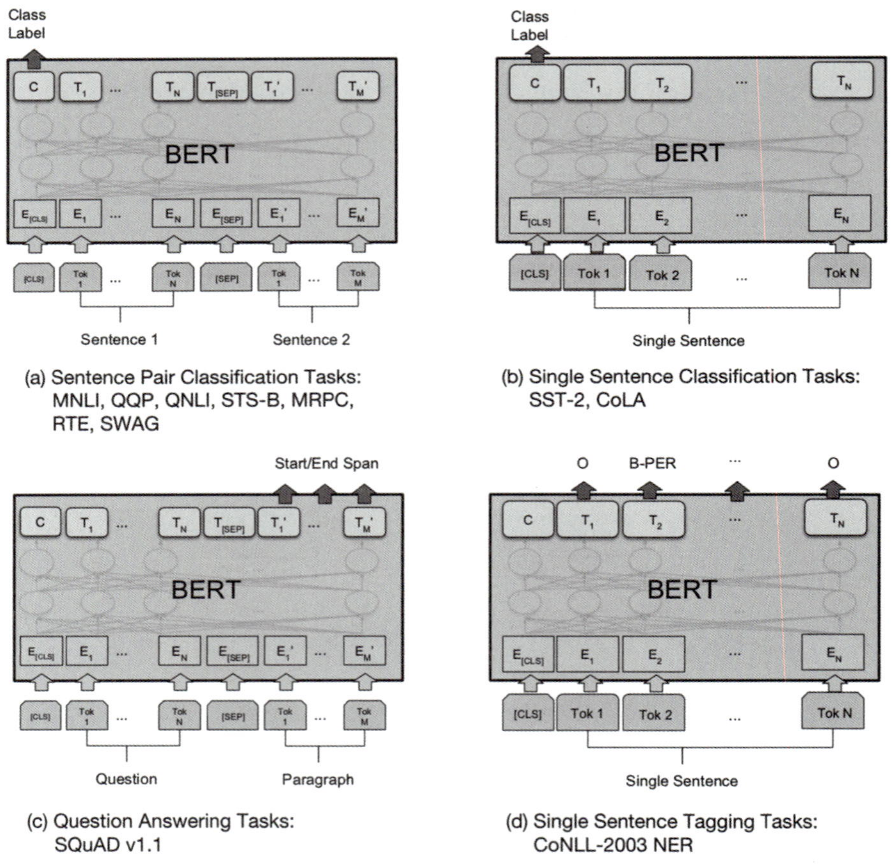

그림 18-6 BERT를 이용하여 다양한 자연어처리 시스템을 구성하는 예[7]

어처리 시스템이 학습될 때에는 학습에서 제외되며, 그 값도 변하지 않는다. 반면 이후 다룰 기술들은 임베딩 모델을 최대한 재활용하여, 사실상 임베딩 모델이 자연어처리 시스템이 되는 형태를 보인다. 실험적으로 후자의 접근 방식이 더 우수한 성능을 내는 것으로 나타났으며, ELMo는 단어 단위 임베딩과 문장 단위 임베딩의 과도기적 특성을 띈다고 볼 수 있다.

현재 가장 성공적인 단어 임베딩 모델은 BERT(Bidirectional Encoder Representations from Transformers)[7]라고 할 수 있다. 이후 BERT를 뛰어넘은 모델들인 RoBERTa, ALBERT 등도 그 이름에서 알 수 있듯이 BERT를 기반으로 하고 있다. BERT는 자연어처리 시스템이 작업을 수행하는데 필요한 지식을 비지도학습을 통해 대부분 습득할 수 있다는 것을 전제로 하고 있다. 따라서 학습이 완료된 BERT 모델에 최소한의 파라미터(완전연결층 2개 내외)만을 추가한 후, 지도학습 시 이 파라미터를 포함한 전체 BERT 모델을 추가 학습시키는 방식으로 동작한다([그림 18-6] 참고). 새로운 파라미터가 적으면 그만큼 지도학습을 위해 필요한 데이터도 줄어들기 때문에, BERT는 다른 딥러닝 모델 대비 데이터 효율이 좋은 것으로 알려져 있다.

ELMo는 단방향 모델 두 개를 결합하여 양방향 의존성 문제를 해결했던 것과 달리, BERT는 단일 모델로 양방향 의존성을 모두 학습한다. 하지만 단순히 단일 모델

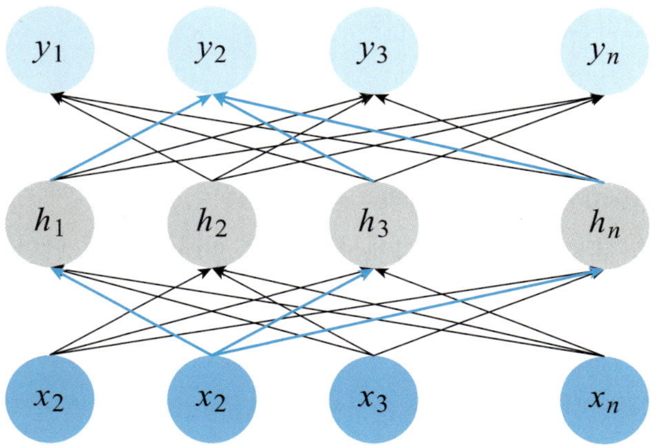

그림 18-7 단일 모델로 양방향 단어 예측을 수행했을 때, 예측해야 할 단어가 간접적으로 입력으로 주어지는 방식

을 통해 양방향 언어 모델을 학습하게 되면, 모델의 입력으로 예측해야 할 단어가 주어지기 때문에 제대로 학습이 되지 않는다([그림 18-7] 참고). 따라서 기존의 언어 모델 학습 방법을 변형해서, 입력의 단어를 일부 가리거나 다른 단어로 대체하고 이에 대해 예측을 수행하는 방법(masked language modeling)을 사용한다. 예를 들어, "서울은 대한민국의 수도이다"라는 문장이 주어졌을 때, "서울은 [?] 수도이다"나 "서울은 사과 수도이다"를 입력으로 주고, 이로부터 원래의 문장을 예측하는 식이다. 이에 추가로, 학습 시 두 개의 문장을 입력으로 주고 두 문장이 연속된 문장인지를 판단하는 작업을 추가하여 문장 단위 의미 파악도 가능하도록 하였다.

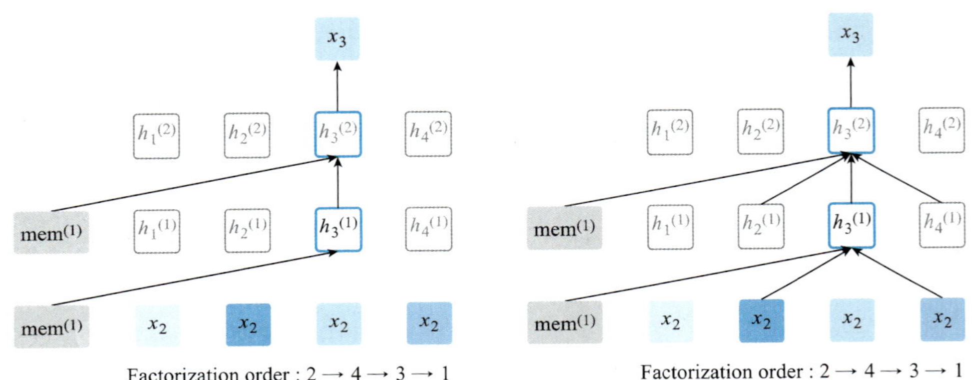

그림 18-8 Permutation language modeling에서는 같은 단어를 예측할지라도 단어가 섞인 순서에 따라 문맥이 다르게 주어진다.[9]

단일 모델로 양방향 의존성을 학습시키는 또 다른 방법으로 단어들을 무작위 순서로 예측하는 방법(permutation language modeling)이 있는데, 이는 XLNet을 학습시킬 때 사용한 방법이다. 이 학습 방법에서는 우선 입력 문장의 단어들을 무작위로 섞고("서울은 대한민국의 수도이다" -> "대한민국의 서울은 수도이다"), 이에 대해 정방향으로 다음 단어를 예측한다 ("대한민국의 서울은" -> "수도이다"). 따라서 같은 단어를 예측하더라도 단어가 섞이는 순서에 따라 주어지는 문맥이 달라지며, 이 문맥에는 원래 순서대로라면 뒤에 등장할 단어도 포함될 수 있다. 이 외에도 XLNet은 BERT보다 더 넓은 범위가 문맥에 포함될 수 있도록 하는 등의 개선점을 도입하여

BERT보다 뛰어난 성능을 보였다.

18.6 한국어의 단어 임베딩과 입력의 최소 단위

단어 임베딩을 비롯한 자연어처리 시스템들은 처리 가능한 입력의 종류에 비례하여 모델의 복잡도가 증가한다. 이는 각 입력의 종류마다 파라미터를 할당해야 하고, 이에 대해 계산을 수행해야 하기 때문이다. 따라서 문자 단위 처리를 하는 모델은 각 언어의 문자 수에 해당하는 입력만 처리하면 되기 때문에 상대적으로 간단하지만, 어절 단위의 처리를 하는 경우에는 존재하는 모든 어절에 대한 입력이 가능해야 하기 때문에 복잡도가 크게 증가한다. 이렇게 자연어처리 시스템의 입력 단위가 되는 것을 토큰(token)이라고 한다.

결국 자연어처리 시스템의 입력의 최소 단위를 선택하는 것은 각 언어를 표현할 수 있는 토큰들의 집합을 선택하는 것과 같다. 토큰의 수가 줄어든다는 것은 한 어절을 표현하는데 더 많은 토큰이 필요해짐을 의미한다. 예를 들어, “나는 자연어처리를 좋아한다”라는 문장이 있을 때, 한 어절을 토큰으로 사용하면 3개의 토큰으로 문장의 표현이 가능하지만, 한 음절을 토큰으로 사용하는 경우에는 토큰의 수가 14개로 증가한다. 토큰의 수가 증가하면 성능에 악영향을 미치기 때문에 성능과 모델의 복잡도 사이의 균형을 잡을 수 있는 토큰의 수를 선택하는 것이 중요하다.

최근 영어에서 가장 널리 사용되는 방법은 Byte Pair Encoding(BPE)과 같은 통계 기반 토큰화(tokenization) 기법인데, BERT 등이 이 기법을 활용한 대표적인 예이다. BPE는 문자 단위에서 출발하여, 학습 말뭉치에서 등장 빈도가 높은 n-gram을 하나의 토큰으로 묶는 방법을 통해 자동으로 토큰화 방법을 학습한다. 이는 최소 문자 단위에서 최대 어절 혹은 그 이상 단위까지 토큰의 수를 자유롭게 조절할 수 있다는 장점이 있다. 하지만 영어는 어절의 수가 비교적 적기 때문에 어절 단위의 처리도 큰 문제 없이 가능하며, 실제로 word2vec을 포함한 많은 기술들이 어절 단위 처리를 사용하고 있다.

반면, 한국어는 교착어(agglutinative language)에 속하며, 단어의 중심이 되는 형태소(어근)에 접두사와 접미사를 비롯한 다른 형태소들이 덧붙어 단어가 구성된다.[8] 반대로 대다수 단어 임베딩 연구가 가장 앞서 시도되는 언어인 영어는 분석적 언어(analytic language)로, 단어의 굴절이 상대적으로 매우 적다. 따라서 한국어는 형태소들의 조합에 따라 생성될 수 있는 어절의 수가 영어와 같은 분석적 언어에 비해 상대적으로 매우 많다. 이로 인해 어절 단위의 처리가 어려워지므로, 한국어는 자연어처리의 첫 단계로 형태소 분석을 통해 어절을 형태소 단위로 분해하는 과정이 우선적으로 이루어진다.

형태소 분석은 언어학적 지식이 필요한 작업이므로 비지도 학습은 어렵고, 따라서 지도 학습을 위한 말뭉치가 요구된다. 또한, 형태소 분석의 결과에 오류가 있을 경우 이 오류가 하위 시스템들에 악영향을 미치는 오류 전파(error propagation) 문제가 발생할 여지도 있다. 하지만 형태소 분석의 결과는 언어학적 근거가 있는 것이므로 단순 통계 기반 방식인 BPE보다는 더 우수한 결과를 기대할 수 있다. 또한, 기존의 한국어 자연어처리 시스템들은 대부분 형태소 분석된 결과를 입력을 사용하기 때문에 호환성을 위하여 형태소 분석이 필요한 경우도 많다. 이러한 장단점 및 최종적으로 수행하고자 하는 자연어처리 태스크의 특성에 따라 토큰 선택 방법을 선택하면 된다.

한국전자통신연구원(ETRI)에서 신청자에 대해 한국어 BERT 모델을 무료로 배포하고 있으며, 여기에는 형태소 분석을 이용한 토큰화와 BPE를 이용한 토큰화 방법을 사용한 두 가지 모델이 포함되어 있다. 신청은 아래 링크에서 가능하다.

ETRI 학습 모델 및 데이터 신청 URL: http://aiopen.etri.re.kr/service_dataset.php

18.7 최신 연구 동향

Word2vec이 단어 단위 임베딩의 뛰어난 가능성을 보여 수많은 후속 연구들을 낳았듯이, ELMo, BERT가 보여준 가능성에 힘입어 최근 수많은 문장 단위 임베딩 모델들이 속속 공개되고 있다. 이들에서 엿볼 수 있는 최신 연구 동향을 한 문장으로 요약하면 다음과 같다. “더 큰 모델로 더 많은 데이터를 학습시키면 성능이 향상된다”. 파라미터를 반복 사용하는 순환 형식의 모델들(ALBERT 등)의 경우 파라미터의 수는 비교적 적지만, 그만큼 더 많은 계산을 수행해야 하기 때문에 계산량은 비슷한 수준이거나 더 많아진다. 또한, Text-To-Text Transfer Transformer(T5) 모델은 학습 데이터가 수백 기가바이트에 이를 정도로 데이터의 양도 증가하고 있다. 물론 학습이 더 잘 되도록 해주는 새로운 비지도학습 방법들도 개발되고 있지만, 앞의 두 가지 요소보다는 덜 효과적인 것으로 나타나고 있다.

오늘날에는 새로운 임베딩 기술을 공개할 때 사전 학습된 모델도 함께 공개하여 이를 쉽게 활용할 수 있도록 하는 경우가 많다. 따라서 많은 시간과 고가의 장비가 요구되는 사전 학습 과정을 거치지 않아도 손쉽게 최신 성능의 자연어처리 시스템을 구축할 수 있다. 하지만 대부분 영어를 중심으로 연구가 이루어지고 있어 한국어와 같은 타 언어에서는 새로이 사전 학습을 진행해야 하고, 특정 도메인에 맞춰 다른 데이터를 이용해 사전 학습을 하고자 하는 경우도 생길 수 있다. 앞서 언급한 대로 모델의 복잡도와 필요 데이터의 양이 증가하는 추세이기 때문에 개인 혹은 소규모 단체에서 이러한 사전 학습을 진행하는 일이 갈수록 어려워지고 있는 것은 아쉬운 점이다.

참고문헌

[1] Bengio, Y., Ducharme, R., Vincent, P., & Jauvin, C. (2003). A neural probabilistic language model. Journal of machine learning research, 3(Feb), 1137-1155.

[2] Collobert, R., & Weston, J. (2008, July). A unified architecture for natural language processing: Deep neural networks with multitask learning. In Proceedings of the 25th international conference on Machine learning (pp. 160-167). ACM.

[3] Mikolov, T., Sutskever, I., Chen, K., Corrado, G. S., & Dean, J. (2013). Distributed representations of words and phrases and their compositionality. In Advances in neural information processing systems (pp. 3111-3119).

[4] Mikolov, T., Chen, K., Corrado, G., & Dean, J. (2013). Efficient estimation of word representations in vector space. arXiv preprint arXiv:1301.3781.

[5] Pennington, J., Socher, R., & Manning, C. (2014, October). Glove: Global vectors for word representation. In Proceedings of the 2014 conference on empirical methods in natural language processing (EMNLP) (pp. 1532-1543).

[6] Peters, M. E., Neumann, M., Iyyer, M., Gardner, M., Clark, C., Lee, K., & Zettlemoyer, L. (2018). Deep contextualized word representations. arXiv preprint arXiv:1802.05365.

[7] Devlin, J., Chang, M. W., Lee, K., & Toutanova, K. (2018). Bert: Pre-training of deep bidirectional transformers for language understanding. arXiv preprint arXiv: 1810.04805.

[8] https://en.wikipedia.org/wiki/Agglutinative_language

[9] Yang, Z., Dai, Z., Yang, Y., Carbonell, J., Salakhutdinov, R., & Le, Q. V. (2019). XLNet: Generalized Autoregressive Pretraining for Language Understanding. arXiv preprint arXiv:1906.08237.

연 | 습 | 문 | 제

1. BERT의 네 가지 모델에 대하여, 해결할 수 있는 문제의 종류와 그에 대한 입력과 출력의 예를 기술하시오.

2. 한국어에서 형태소 분석이 필요한 이유를 기술하고, 그 외에 어떠한 대안이 존재하는지 조사하시오.

3. 하나의 문장을 선택하고, 이 문장이 word2vec, FastText, BERT, XLNet에 어떠한 형태로 입력되는지 기술하시오.

4. Word2vec 벡터 공간에서 "language"와 가장 유사한 단어 5개와 각각에 대한 "language"의 벡터와의 코사인 거리를 나열하시오.

5. Word2vec 벡터 공간에서 "apple"과 가장 유사한 단어 5개를 나열하고, 이로부터 학습에 사용된 데이터에 대해 추측할 수 있는 점을 기술하시오.

CHAPTER

19 합성곱 신경망(Convolutional Neural Networks, CNN)

19.1 CNN 개념

본 장에서는 컨볼루션(합성곱) 신경망(Convolutional Neural Networks, CNN)에 대한 내용을 다룬다. CNN은 컴퓨터 비전 및 이미지 인식, 음성 인식, 그리고 자연어처리 등 다양한 분야에서 사용되며 특히 이미지 인식 분야에서 많이 활용된다. 대부분의 이미지 인식 분야에서 인공 신경망을 기반으로 하는 모델의 경우 기초 모델로 CNN을 사용한다. 이번 장에서는 CNN에 대한 기본 개념 및 자연어처리로의 활용(문장 분류)에 대해서 다룬다.

[그림 19-1]은 CNN을 기반으로 한 이미지 분류 모델의 구조도이다. CNN은 전통적인 인공 신경망 앞에 여러 층의 컨볼루션 층을 붙인 모양이며, 컨볼루션 층들은 이미지의 특징 및 패턴을 잘 포착할 수 있도록 학습된다. 이렇게 추출된 특징을 기반으로 최종적으로 완전 연결층을 통해 분류 클래스만큼 자질 정보를 다운스트림 사영(projection)을 진행하여 분류를 진행한다. 모델 구조를 순서대로 정리하면 1) 컨볼루션 연산 2) 풀링(pooling) 3) 완전 연결층(fully-connected layers)으로 분류할 수 있고 최종 이미지 분류를 진행하게 된다.

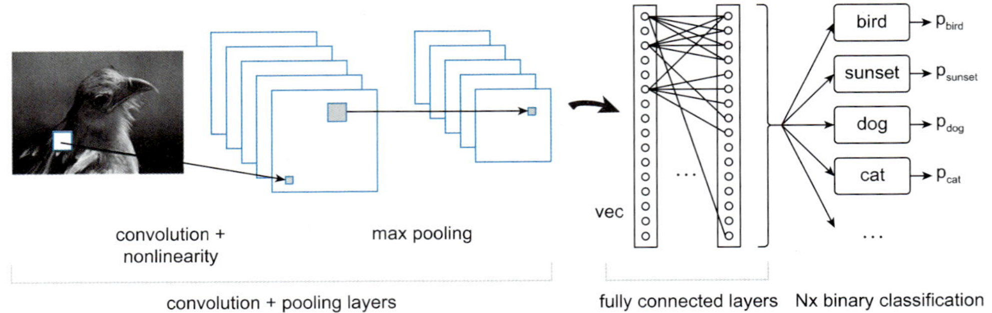

그림 19-1 CNN 기반의 이미지 분류 모델의 아키텍처[1]

19.1.1 컨볼루션 연산(Convolution)

컨볼루션 층에서는 컨볼루션, 패딩, 스트라이드와 같은 과정을 진행한다. 이러한 연산은 이미지 처리에서 말하는 커널을 사용한 필터 연산에 해당하며 이미지를 정해진 스트라이드에 맞게 슬라이딩하며 연산이 진행된다. 이미지는 일반적으로 1차원이 아닌 RGB 세 개의 채널을 가진 3차원 행렬로 구성되어 있다. 이러한 3차원 이미지를 구성하는 픽셀 값들은 각기 중요한 요소들 또는 특징들이 담겨 있으며, 컨볼루션 연산은 이러한 이미지의 특징이 담긴 주요 자질 정보들을 추출하는 작업을 진행한다.

[그림 19-2]는 컨볼루션 연산 과정을 순서별로 나타낸 것이다. 4 × 4 크기의 이미지에 대해 3 × 3의 컨볼루션 필터를 통해 스트라이드(stride) 1로 연산을 수행하는 것이다. 이렇게 연산을 수행하고 나면 4 × 4 이미지가 2 × 2로 압축된 형태로 자질 정보가 추출된다. 실제 딥러닝 학습을 진행하는 중에는 컨볼루션 필터의 가중치 값들이 역전파(backpropagation)를 통해 학습되며, 하나의 필터가 아닌 다양한 커널 사이즈에 대해 여러 개의 필터들을 사용하여 학습을 진행한다.

패딩과 스트라이드(Padding & Stride)

합성곱 연산을 수행하면 패딩(padding)과 스트라이드(stride)라는 용어가 자주 등장하게 된다. 패딩이란 입력 데이터 주변을 특정 값으로 채우는 것이며, 주로 출력의

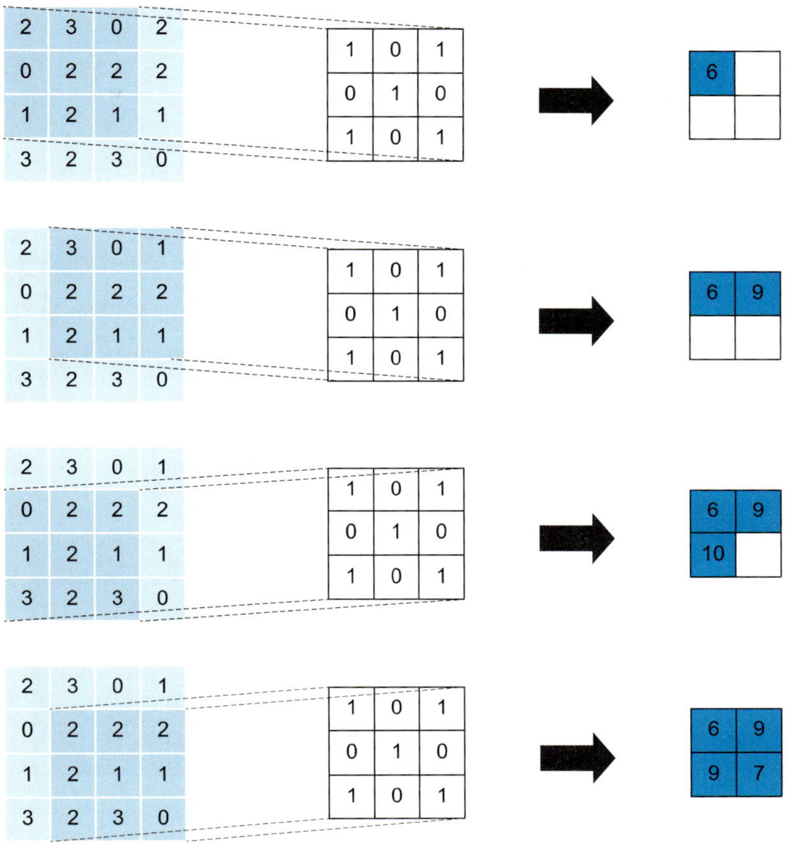

2	3	0	2
0	2	2	2
1	2	1	1
3	2	3	0

1	0	1
0	1	0
1	0	1

6	

2	3	0	1
0	2	2	2
1	2	1	1
3	2	3	0

1	0	1
0	1	0
1	0	1

6	9

2	3	0	1
0	2	2	2
1	2	1	1
3	2	3	0

1	0	1
0	1	0
1	0	1

6	9
10	

2	3	0	1
0	2	2	2
1	2	1	1
3	2	3	0

1	0	1
0	1	0
1	0	1

6	9
9	7

그림 19-2 컨볼루션 연산의 과정

크기를 조정할 목적으로 사용된다. 스트라이드는 컨볼루션 연산을 진행할 때, 이미지를 2차원 방향으로 얼마만큼의 간격을 가지고 연산을 수행할지를 정하는 것이다. 예를 들어, 이미지의 입력 크기가 N × N이고 필터 크기가 F일 때, 스트라이드에 따른 출력 크기는 {(N − F) / stride} + 1이 되게 된다. 간단하게 N이 7이고 F가 3인 예제를 살펴보면 스트라이드 크기에 따른 출력 크기는 아래와 같다.

$$\text{stride} = 1 : \{(7-3) / 1\} + 1 = 5$$

$$\text{stride} = 2 : \{(7-3) / 2\} + 1 = 3$$

$$\text{stride} = 3 : \{(7-3) / 3\} + 1 = 2.33 \ (x)$$

스트라이드가 1일 때는 출력 값이 5, 2일 때는 3으로 나누어 떨어지지만, 3일 때는 출력 값이 정확하게 나누어지지 않기 때문에, 해당 예제에서는 스트라이드를 3으로 설정할 수 없다.

패딩의 경우 주로 0으로 많이 채우며, 주어진 원본 이미지 주변에 값을 채우게 된다. 예를 들면, [그림 19-3]과 같이 5 × 5 크기의 이미지에 대해서 가장자리를 0으로 채운 것을 확인할 수 있다. 본 이미지에 대해 패딩 크기를 1, 스트라이드를 1로 하여 3 × 3 컨볼루션 필터를 사용해 연산을 진행하면 원본 이미지와 동일한 크기의 이미지가 출력되는 것을 확인할 수 있다. 패딩은 주로 이미지의 컨볼루션 출력 크기를 조장하기 위해 사용하며 원본 이미지의 정보가 압축하는 것을 막기 위해서 사용한다.

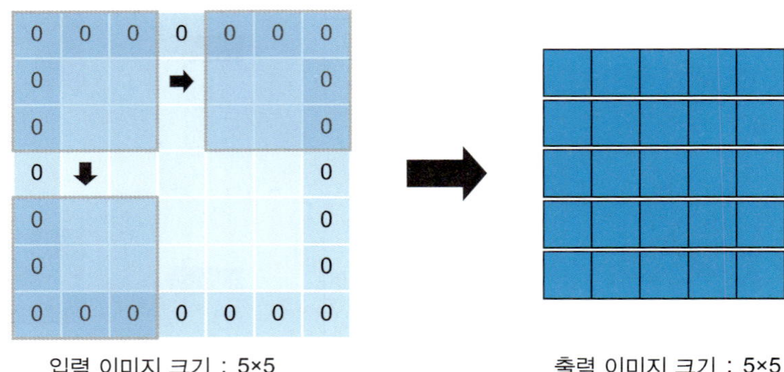

그림 19-3 패딩을 한 이미지에 대한 컨볼루션 연산 결과

19.1.2 풀링 연산(Pooling)

컨볼루션 연산을 통해 얻어진 이미지 자질들은 필요에 따라 풀링(pooling) 과정을 거치게 된다. 합성곱 계층을 통해 어느 정도 특징이 추출되었지만, 추출된 모든 특징을 고려하지 않는다는 한계가 있다. 예를 들어, 고해상도의 사진(많은 특징을 지닌 데이터)을 보고 물체를 판별할 수 있는 반면에 저해상도의 사진(적은 특징을 지닌 데이터)을 보고도 물체를 판별할 수 있는 원리이다. 풀링 연산은 추출한 자질에 대해 일

정 크기를 구분해 진행되며, 크게 두 가지 방식이 존재한다. 최대 값을 뽑는 최대 풀링(max pooling)과 평균 값을 뽑는 평균 풀링(average pooling)으로 구분되며, 실제 이미지 처리를 진행함에 있어서 최대 풀링이 평균 풀링보다 좋은 성능을 보인다. [그림 19-4]에 두 가지 풀링 기법의 예시가 제시되어 있다. 풀링 크기를 2 × 2 사이즈로 하였을 때 풀링 층에 들어오는 4 × 4 자질 정보들은 2 × 2 크기별로 나누어 최대 또는 평균 풀링을 진행하게 된다.

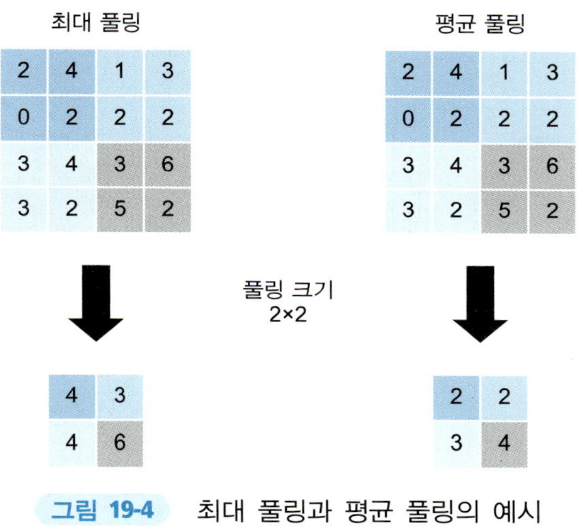

그림 19-4 최대 풀링과 평균 풀링의 예시

19.1.3 완전 연결층(Fully-Connected Networks)

이렇게 풀링을 진행하여 압축한 자질들은 최종 이미지 분류를 위한 완전 연결층으로 들어가게 되고, 최종적으로 소프트맥스 교차 엔트로피 목적함수를 이용해 학습을 진행하게 된다.

19.1.4 컨볼루션 층 깊이의 추가

지금까지 컨볼루션 연산, 풀링 연산이라는 단일 컨볼루션 층에 대해서 다루었다. 더욱 깊은 이미지 이해를 위해서 컨볼루션 층을 더 쌓을 수 있는데, 여러 개의 CNN

계층이 있을 때의 모델 구조는 [그림 19-5]와 같다. 본 그림에서는 컨볼루션 층을 2개 쌓아 기존의 28 × 28 이미지를 최종 완전 연결층으로 들어가기 전까지 4 × 4 × 필터 개수로 압축함을 보여준다. 이렇게 압축한 자질들은 완전 연결층의 입력으로 넣기 위해 1차원 벡터로 나열해주고 분류 학습을 진행하게 된다.

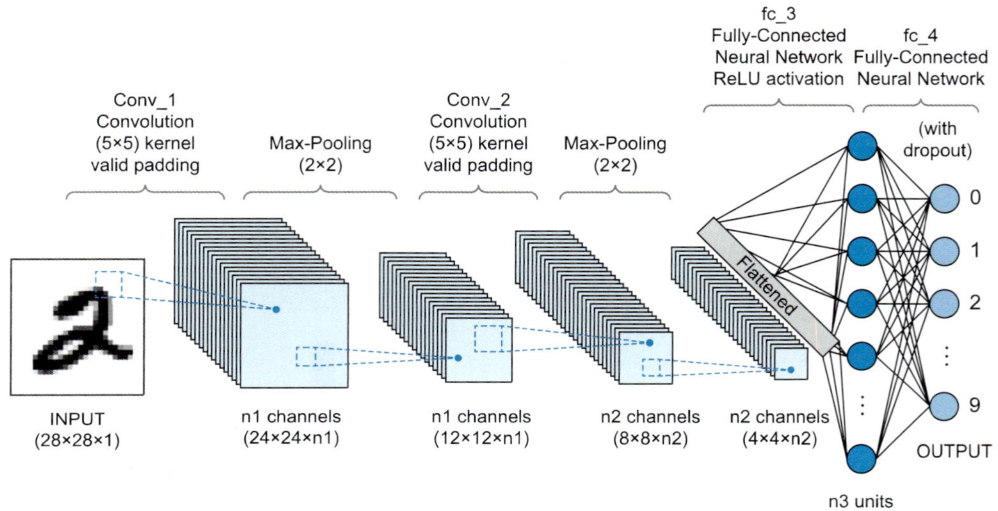

그림 19-5 컨볼루션 층을 추가한 모델 구조[2]

19.2 CNN을 이용한 문장 분류

이미지 처리 분야에서 기초 모델로 많이 활용되는 CNN은 순차 정보가 있는 자연어에도 적용이 가능하다. 딥러닝을 적용한 자연어처리 연구가 활발해 지면서 초창기에는 순환 신경망 기반의 모델을 통해 문장의 순차 정보를 반영한 자질을 추출하였는데, 2014년 문장 분류를 위한 CNN 연구가 제안되면서 자연어처리 분야에서 CNN의 적용한 연구가 급격히 증가하였다. [그림 19-6]은 CNN을 이용한 문장 분류를 진행하는 모델 아키텍처를 묘사한 것이다.

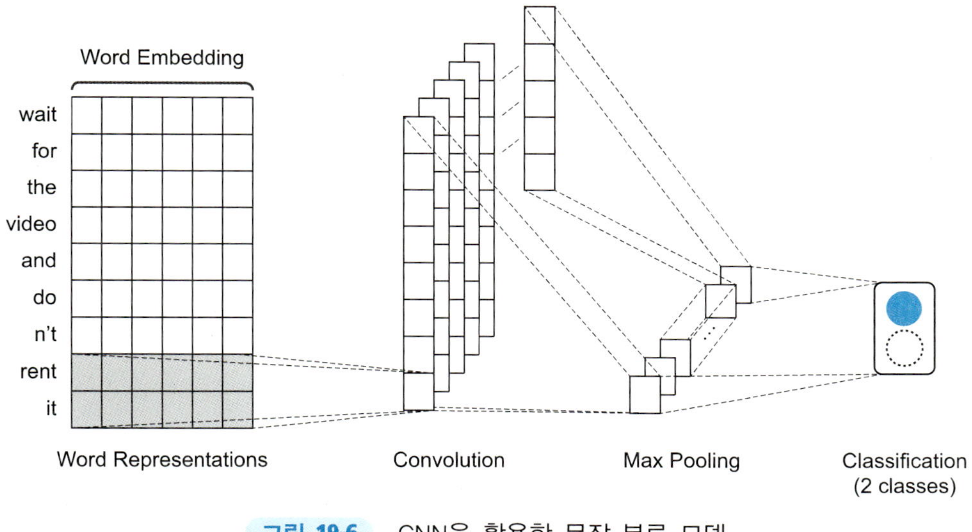

그림 19-6 CNN을 활용한 문장 분류 모델

이미지에서 CNN이 사용되는 것과 유사하지만 이미지에서 컨볼루션 필터가 이미지에서 2차원으로 CNN 필터와의 연산을 하는 것과 달리 자연어에서는 문장의 임베딩을 이어 붙인 행렬에 대해 수직 방향으로 1차원 연산을 진행하여 합성곱 자질을 추출한다. 추출한 자질을 최대 풀링하여 최종적으로 완전 연결층을 통과해 이진 분류를 진행한다.

19.2.1 단어 임베딩(Word Embeddings)

우리는 18장에서 단어 임베딩에 대해서 다루었다. 딥러닝 모델의 입력으로 넣을 단어들을 벡터로 표현하는 방법에는 원핫 인코딩과 같이 단어 사전 안에 있는 단어들만 표현하는 방법도 있으나, 말뭉치의 크기가 커지거나 단어의 수가 많아지게 될 경우 한 단어를 표현하는 벡터 크기가 너무 커지는 문제와 단어 간 관계를 내포하여 학습하는 데에는 한계가 존재한다. 따라서 앞장에서 다루었던 Word2Vec 및 GLoVE와 같은 대용량 말뭉치에 대해 사전 학습을 진행한 단어 임베딩을 사용해 초기화하여 이를 모델 학습 시 미세 조정(fine-tuning)하게 된다. 단어 임베딩 행렬은 (전체 단어의 개수, 임베딩 크기) 크기를 가지는 2차원 행렬이 되는데 일반적으로 코퍼스에 존재하는 단어의 수가 매우 많게 되면, 학습 데이터 내 단어들의 빈도 수에 따라 기준을 두어 빈도가 적은 단어에 대해서는 UNK(unknown) 토큰으로 대체하여 임베딩을 구성한다. 입력으로는 문장의 단어 토큰들을 나열하여 이어 붙여 단어 표현(word representations) 행렬을 구성한다. 문장 내 i번째 단어 토큰의 임베딩을 x_i라 했을 때 한 문장을 표현하는 임베딩 $x_{1:n}$은 식(19.1)과 같이 정의된다.

$$x_{1:n} = x_1 \oplus x_2 \oplus \cdots \oplus x_n \tag{19.1}$$

19.2.2 컨볼루션 연산(Convolution)

단어 임베딩 층에서 문장 내 단어 토큰들의 임베딩을 만들고 나면, 임베딩에 대해 컨볼루션 연산을 진행하게 된다. 이미지에서는 컨볼루션 필터의 슬라이딩이 2차원에 대해 진행하지만 자연어처리에서는 각 단어 임베딩 방향은 고정하고, 수직 방향으로만 1차원에 대해 슬라이딩이 진행된다. 아래 [그림 19-7]은 컨볼루션 필터의 윈도우 크기가 각기 다를 때 컨볼루션 자질(feature map)을 추출하는 것을 나타낸 것이다.

윈도우 크기 $h \in \{2, 3, 4, 5\}$와 임베딩 크기 k를 가지는 컨볼루션 필터 $W \in R^{hk}$

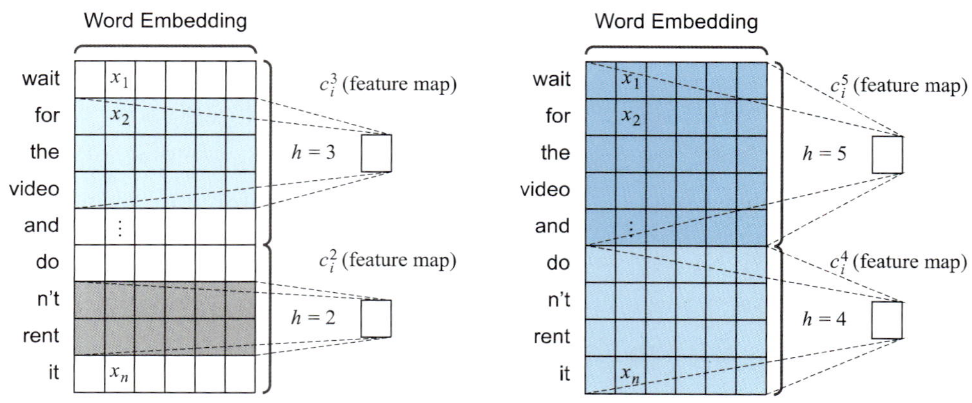

그림 19-7 컨볼루션 연산을 통한 컨볼루션 자질(feature map) 추출

에 대해 컨볼루션 연산을 진행하여 자질 c_i^h가 추출되는 과정은 식(19.2)와 같이 나타낼 수 있다.

$$c_i^h = \tanh(W \cdot x_{i:i+h-1} + b) \tag{19.2}$$

자질 c_i^h는 단어 임베딩들을 윈도우 크기 만큼 보고 컨볼루션 필터와의 곱 연산을 한 후에 최종적으로 비선형 활성화 함수 하이퍼블릭 탄젠트를 씌운 값이다.

19.2.3 패딩 연산

자연어처리에서의 컨볼루션 연산을 진행함에 있어 패딩의 방식이 이미지와는 조금 다르다. 자연어에서 패딩 처리를 해주는 목적은 문장에서 처음과 마지막에 위치하는 단어들에 대해 컨볼루션 연산하는 횟수를 다른 단어들과 동일하게 해주기 위함이다. 본 장에서 사용하고 있는 예를 통해 자세하게 살펴보면 "*wait for the video and do n't rent it*" 문장에 대해서 문장 처음의 wait과 문장 마지막의 it은 컨볼루션 필터의 윈도우 크기가 2일 때 연산을 "wait for"와 "rent it"을 통해 한 번만 수행된다. 윈도우 크기를 더 키우게 되면 이러한 연산을 적게 하는 단어의 수가 2 * (윈도우 크기 −1) 만큼 늘어나게 된다.

[그림 19-8]은 필터의 윈도우 크기가 2, 3, 4일 때 각각 패딩이 어떻게 진행되는지를 묘사한 그림이다. 패딩의 길이는 (윈도우 크기 −1) 만큼 문장 앞뒤에 붙여 주어

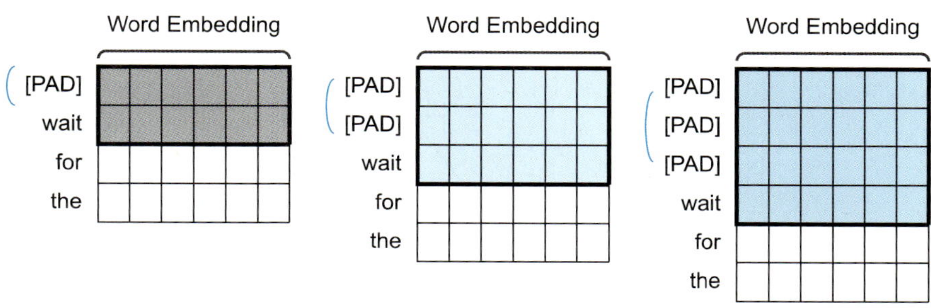

그림 19-8 컨볼루션 필터 윈도우 크기별 패딩

컨볼루션 연산을 진행한다.

19.2.4 최대 풀링과 완전 연결층

컨볼루션 층을 통해 추출한 자질들은 컨볼루션 필터 별로 존재하게 되며, 각각의 필터에서 얻은 자질 $c^h \in R^{n-h+1}$에 대해 최대 풀링(max pooling over time)을 진행하게 된다.

$$c^h = \{c_1^h,\ c_2^h,\ \ldots,\ c_{n-h+1}^h\} \tag{19.3}$$

$$\hat{c^h} = \max\{c^h\} \tag{19.4}$$

최대 풀링을 통해 얻은 여러 필터로부터 나온 자질들은 분류를 위해 완전 연결층의 입력으로 들어가게 된다. 완전 연결층에서는 가중치 행렬(weights)과 편향(bias)를 통해 분류 클래스만큼의 크기로 다운스트림 사영(projection)을 진행한다.

$$\hat{y} = \sigma(W \cdot \hat{c} + b) \tag{19.5}$$

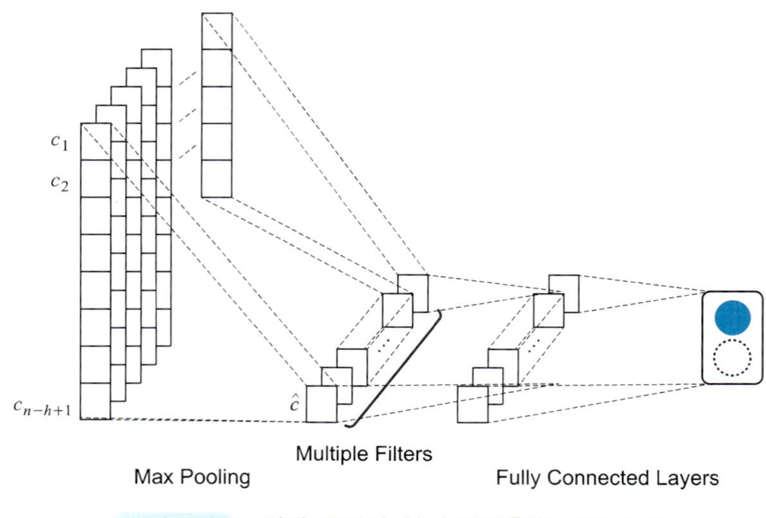

그림 19-9 최대 풀링과 완전 연결층을 통한 분류

[그림 19-9]는 컨볼루션 연산을 통해 나온 자질들을 최대 풀링하고 완전 연결층을 통한 분류 자질들을 얻는 과정을 나타낸 것이며, CNN을 통해 문장 분류를 진행할 준비가 거의 끝났다. 본 장에서의 예제에서는 감성 분석을 이진 분류로 진행하기 때문에 분류를 위한 목적함수는 교차 엔트로피로 설정할 수 있다.

$$Loss = -\sum^{N} y\log(\hat{y}) + (1-y)\log(1-\hat{y}) \tag{19.6}$$

CNN을 통한 문장 분류에 대한 연구는 순차 정보를 가지고 있는 자연어에서도 컨볼루션 연산이 가능하다는 것을 보여주었으며, 순환 신경망 계열의 모델들과 다르게 병렬처리가 가능하다는 점에서 속도가 굉장히 개선되었다. 뿐만 아니라, 순환 신경망 계열의 모델은 이전의 정보를 다음으로 넘김으로써 문장 길이가 길어질 경우 문장 중간에 있는 정보가 흐려질 수 있는 Long-term dependency 문제가 존재하는데 CNN을 사용하면 문장의 순서 정보를 반영함과 동시에 부분 자질(local features)을 잘 반영할 수 있는 장점이 있다.

참고문헌

[1] https://adeshpande3.github.io/A-Beginner's-Guide-To-Understanding-Convolutional-Neural-Networks/

[2] https://towardsdatascience.com/a-comprehensive-guide-to-convolutional-neural-networks-the-eli5-way

[3] Yoon Kim. 2014. Convolutional Neural Networks for Sentence Classification. In EMNLP 2014

연 | 습 | 문 | 제

1. 32×32 사이즈이며, 채널의 수가 3인 이미지가 입력으로 들어왔을 때, 컨볼루션 연산을 진행하려 한다. 10개의 5×5 필터를 사용하여 스트라이드는 1, 패딩의 크기는 2로 하려 한다. 이때, 컨볼루션 층의 학습 파라미터의 수는 얼마인가?

2. CNN을 사용한 감성 분석을 진행하려 한다. 입력 데이터가 배치 사이즈 16, 문장 최대 길이 80으로 들어왔을 때 윈도우 크기 2, 3, 4를 가지는 컨볼루션 100개 씩 사용하여 연산을 진행하려 한다. 컨볼루션 연산을 마친 후 윈도우 크기 별 출력 값들의 모양은 어떻게 되는지 서술하시오. (임베딩 크기는 300이다.)

CHAPTER

20 순환 신경망(Recurrent Neural Networks, RNN)

20.1 기본 순환 신경망(Vanilla Recurrent Neural Networks)

20.1.1 개념

같은 값이라도 입력된 시점에 따라 다른 의미를 지닌다. 신호 처리부터 거래 분석, 날씨 예측, 언어 분석까지 넓은 영역에서 이와 같은 특징이 강하게 나타난다. 이에 따라 해당 영역의 문제를 인공 신경망을 이용해 풀고자 시간 개념을 반영할 수 있는 모델의 수요가 발생했고, 1980년대에 순환 신경망(Recurrent Neural Networks, RNN) 개념이 처음 제안되었다.

RNN은 노드 간 연결이 시간 순서에 따라 방향 그래프(directed graph)를 형성하는 인공 신경망이다. 여기서 노드는 일반적으로 하나의 인공 신경망 셀(cell)을 의미하며, 시간 순서상 이전 셀에서 다음 셀로 정보가 전달되는 연결이 존재한다.

아래 그림을 보자. 다층 퍼셉트론(Multilayer Perceptron, MLP)과 같은 기존의 인공 신경망은 [그림 20-1]처럼 입력값 x와 파라미터 θ를 통해 결과값 $\hat{y}$을 반환한다. 반면 RNN은 [그림 20-2]처럼 출력값 $\hat{y}$을 다음 연산을 위해 은닉 상태(hidden state)로써 h_t를 다음 셀로 전달한다. 즉, RNN은 입력값 x와 이전 은닉 상태 h_{t-1}을 입력

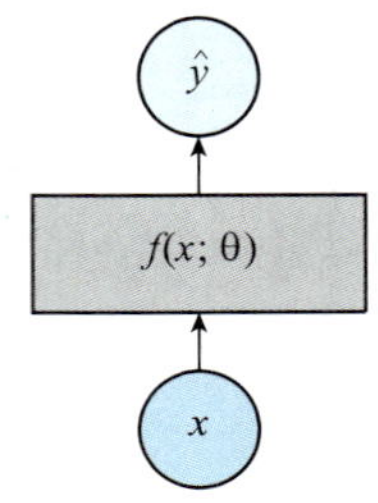

그림 20-1 기존 인공 신경망의 입출력 구조를 나타낸 도식. x를 입력받고, $\hat{y}$을 반환한다.

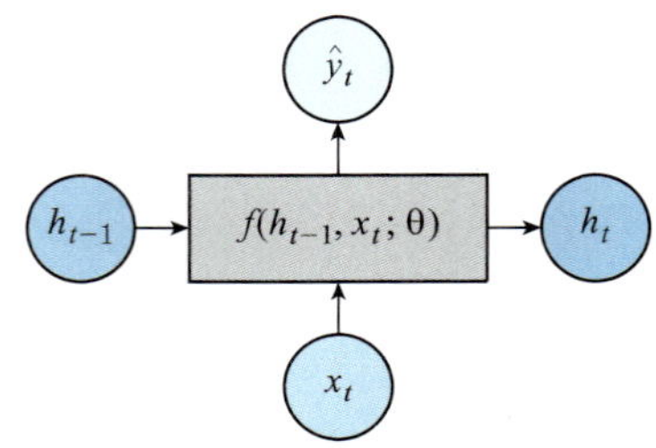

그림 20-2 RNN의 입출력 구조를 나타낸 도식. x_t와 h_{t-1}을 입력받고, $\hat{y}_t$과 h_t를 반환한다.

받아 파라미터 θ를 통해 결과값 $\hat{y}$과 현재 은닉 상태 h_t를 반환하는 구조를 갖는다.

RNN은 구조적 특징에 의해 다양한 이점을 가진다. 적은 파라미터 수와 순환적인 구조에 의해 길이의 제한 없이 정보를 처리할 수 있다. 무작위 길이의 정보를 처리할 수 있는 능력은 RNN이 자주 쓰이게 된 주된 이유 중 하나이다. 또한, 과거의 정보를 기억한 채로 현재 입력값에 대한 처리를 진행하기 때문에 문맥 정보를 반영할 수 있다는 장점이 있다. 이로 인해 RNN은 문맥 의존성이 중요한 작업에서 널리 쓰이게 되었다.

간혹 별개의 모델인 재귀 신경망(Recursive Neural Networks)와 혼동할 수 있다. 순환 신경망(RNN)이 자연어처럼 순차적인 데이터 모델링에 강점을 지니긴 했지만, 자연어는 단어와 단어가 계층적인 방식으로 재귀적으로 결합된 구조를 가진다는 특성도 있다. 이러한 자연어의 구조는 문장 구성성분 분석 트리로 표현될 수 있고, 이 때문에 문장의 문법적 구조 해석을 용이하게 하기 위하여 재귀 신경망과 같은 트리 구조 모델이 사용될 수 있다. 특히 재귀 신경망에서 각 노드는 자식 노드에 의해 결정된다는 특징이 있다.

20.1.2 학습 과정

본 절에서는 RNN에서의 기본적인 계산 방법과 구조적 특징에 기인한 back-propagation through time(BPTT)이라는 특수한 학습 방식을 소개한다. 또한, 과거의 기억을 은닉 상태로 저장해 다음 셀에 전달하는 RNN이 내재적으로 가지는 기울기 소실 문제(vanishing gradient problem)에 대해 다룬다.

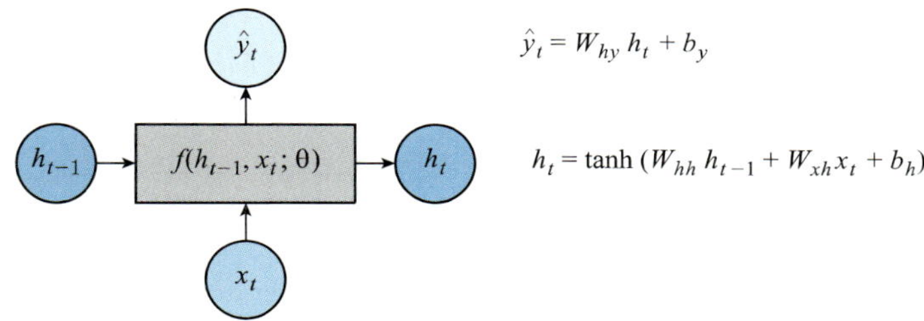

그림 20-3 순환 신경망에서의 순방향 연산 과정을 나타낸 도식

RNN 순방향 연산을 위한 내부의 대표적인 입출력 및 파라미터의 차원은 다음과 같다.

$$h_t \in \mathcal{R}^d, x_t \in \mathcal{R}^w, W_{hh} \in \mathcal{R}^{d*d}, W_{xh} \in \mathcal{R}^{d*w}, b_h \in \mathcal{R}^d \tag{20.1}$$

순방향 계산식은 식(20.2)과 같다. [그림 20-3]처럼 입력 x_t에 대하여 가중치 W_{xh}를 곱하고 b_{xh}를 더하고, 은닉 상태 h_{t-1}에 대하여 W_{hh}를 곱하고 b_{hh}를 더한다. b_h는 b_{xh}와 b_{hh}의 합이다. 이후 활성화 함수 tanh를 거쳐 현재 은닉 상태 h_t와 출력값 $\hat{y}$을 반환한다. 여기서 출력값 $\hat{y}$은 h_t와 동일한 값 또는 선형 레이어를 한 층 더 통과한 값이 될 수 있다.

$$\hat{y}_t = h_t = f(h_{t-1}, x_t; \theta) = \tanh(W_{hh} h_{t-1} + W_{xh} x_t + b_h) \tag{20.2}$$

위와 같은 순방향 계산을 마치면 역전파를 통해 RNN이 학습된다. 손실(loss)에 대하여 미분을 통해 역전파를 수행하게 되면, 현재 처리 중인 출력 부분까지의 모든 시간 스텝(time-step)에 적용되는 기울기(gradient)를 모두 계산해야 한다. 그런데 RNN 구조의 특성상 입력된 시간 스텝의 수는 깊은 피드포워드 인공 신경망(feedforward neural networks, FNN)이 거치는 층의 수와 같으므로 FNN과 동일한 방식으로 역전파를 처리할 수 있다. 시간 스텝에 따라 펼쳐진 RNN을 학습시킨다 하여 이 과정을 back-propagation through time(BPTT)이라 한다.

하지만 이와 같은 학습 방식을 따를 경우, 기울기 소실 문제(gradient vanishing problem)가 발생한다. 이는 RNN이 BPTT 과정에서 매우 깊은 신경망을 학습하는데, 활성화 함수로서 tanh 또는 sigmoid 함수를 이용하기 때문에 발생한다.

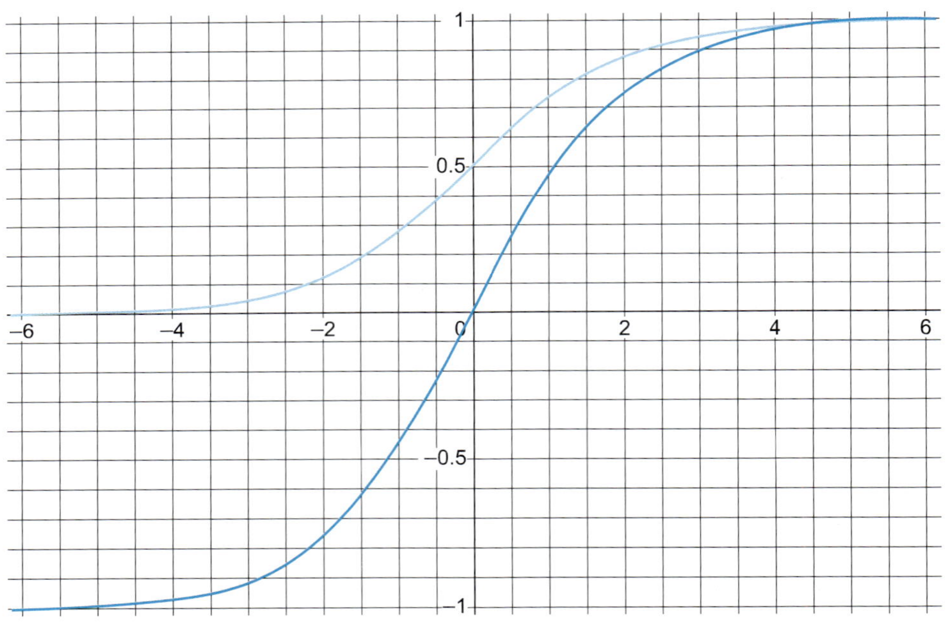

그림 20-4 tanh, sigmoid 함수의 그래프

활성화 함수 tanh와 sigmoid 함수의 정의는 각각 다음과 같고, 그래프의 형태는 [그림 20-4]와 같다. 도함수는 [그림 20-5]와 같으며 항상 1.0보다 작은 값을 출력한다.

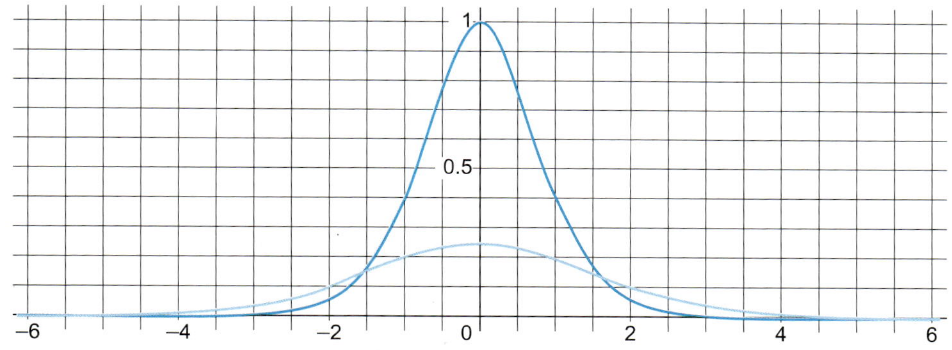

그림 20-5 tanh, sigmoid의 도함수 그래프

$$tanh(x) = \frac{1 - e^{-x}}{1 + e^{-x}} \tag{20.3}$$

$$sigmoid(x) = \frac{1}{1 + e^{-x}} \tag{20.4}$$

도함수 그래프에서 볼 수 있듯 tanh와 sigmoid의 기울기는 모두 0보다 크고 1보다 작거나 같다. 따라서 여러 층을 거치며 곱셈 연산을 반복할 경우 전달되는 값의 크기는 점차 작아지며, 이는 기울기 소실 문제로 이어진다. 따라서 깊은 신경망 또는 RNN 모델의 경우 기울기 소실 문제가 발생하기 쉽다. 이와 같은 문제를 해결하기 위해 제안된 RNN 모델들을 소개한다.

20.2 응용 순환 신경망(Advanced Recurrent Neural Networks)

20.2.1 장단기 메모리(Long Short-Term Memory)

장단기 메모리(Long Short-Term Memory, LSTM)[1] 네트워크는 RNN의 특별한 종류로서, 장기 의존성을 학습할 수 있는 인공 신경망이다. 1997년 Hochreiter에 의해 처음으로 소개되었으며, 여러 형태로 개량되어 널리 쓰이고 있다. LSTM은 장기 의존성 문제를 피하기 위하도록 [그림 20-6]과 같이 설계되어 정보를 오랜 기간 기억하는 방식을 기본으로 취하고 있다.

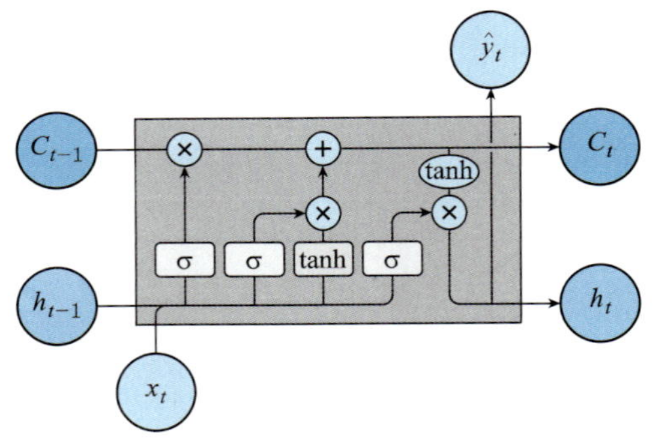

그림 20-6 장단기 메모리 네트워크의 구조도

모든 RNN은 반복되는 체인 형태의 신경망을 가지고 있으며 표준적인 RNN은 하나의 tanh 층을 가지고 있는 매우 단순한 구조를 보인다. LSTM 또한 RNN과 같은 반복되는 체인 구조를 가지지만, 반복되는 모듈이 다른 구조를 가진다. 표준 RNN의 단일 셀과는 다르게 LSTM 셀에서는 독특한 방식의 상호작용이 일어난다. 아래 [그림 20-7]은 LSTM에서 사용되는 연산을 나타낸다. 각 기호는 하나의 층, 해당 지점에서의 연산, 자료의 이동, 합침(concatenate), 복사를 의미한다.

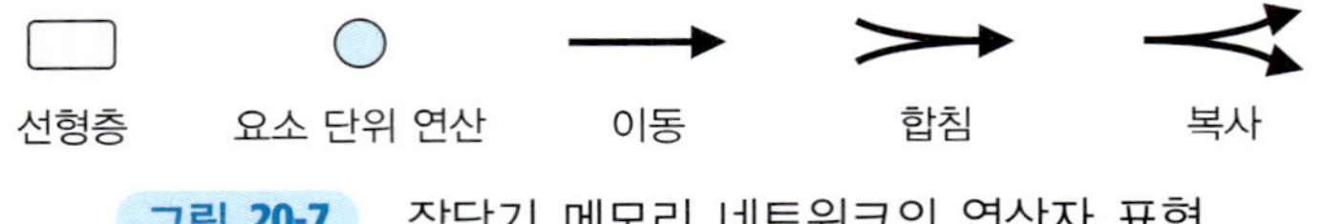

그림 20-7 장단기 메모리 네트워크의 연산자 표현

LSTM의 핵심은 은닉 상태(hidden state)를 조절하는 셀 상태(cell state)의 존재이다. [그림 20-6]에서 보이는 상단의 수평 방향 화살표를 따라 셀 상태가 전달된다. LSTM의 셀 상태는 약간의 선형 연산만으로 망각 게이트(forget gate)에서 정보를 망각하거나 인풋 게이트(input gate)에서 정보를 추가해가며 기억할 정보를 조절한다.

또한, LSTM에는 sigmoid와 tanh 두 종류의 활성 함수가 사용되는데, 주된 정보는 tanh를 통과하고 주된 정보를 조정하기 위한 값은 sigmoid를 통과한다고 볼 수 있다. LSTM에서 sigmoid를 통과한 값을 모두 곱셈 연산에 사용한 이유이다.

LSTM은 sigmoid 함수와 곱셈 연산의 조합으로 구성되어 있다. sigmoid 함수의 출력 범위는 [그림 20-4]에서 살펴보았듯 0에서 1 사이이며, 이것은 sigmoid 함수에 입력되는 값을 얼마나 통과시킬지 결정한다. 예를 들어, sigmoid의 값이 0에 근사하면 어떤 값도 통과하지 못함을 의미하며, 값이 1에 근사하면 모든 값이 통과됨을 의미한다.

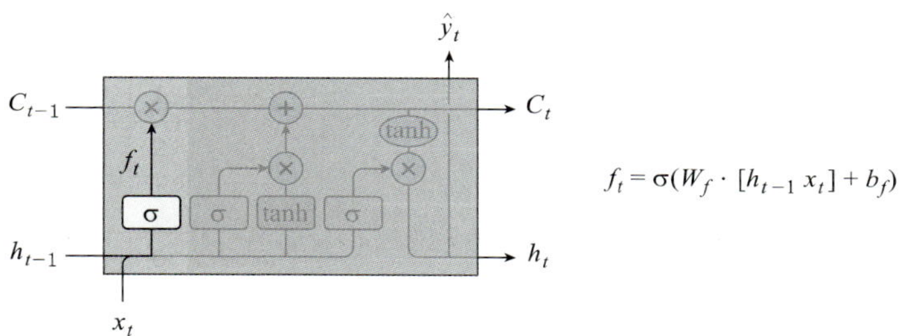

그림 20-8 망각 게이트에서의 연산

LSTM의 망각 게이트(forget gate)는 전달받은 정보를 셀 상태로부터 제거할 것인지 결정한다. [그림 20-8]에서처럼, 망각 게이트는 x_t와 h_{t-1}을 입력받아 C_{t-1} 내부의 값에 대해 0에서 1 사이의 값을 부여한다. 앞서 설명했듯, 이 과정은 0에서 1 사이의 값을 반환하는 sigmoid 함수에 의해 결정되며, 0은 입력받은 값을 완전히 버리는 것, 1은 완전히 유지하는 것을 의미한다.

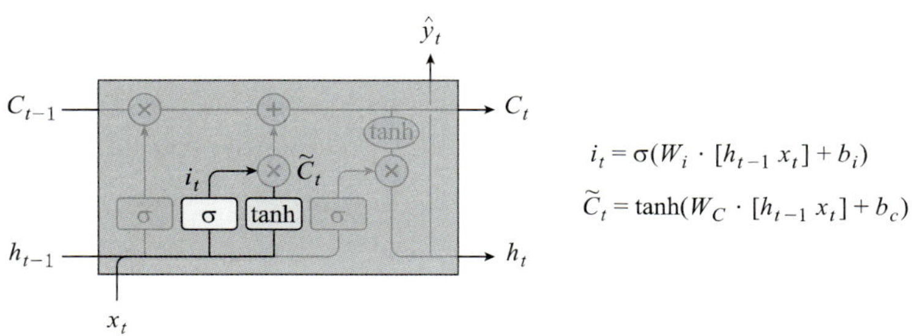

그림 20-9 sigmoid 층과 tanh 층을 이용한 입력 게이트에서의 연산

입력 게이트(input gate)는 [그림 20-9]에서 셀 상태에 어떤 정보를 새롭게 추가할지를 결정한다. 입력 게이트에서의 연산은 단계는 두 부분으로 이루어진다. 우선 sigmoid 층을 통해 어떤 값을 업데이트할지 결정한다. 이후 tanh 층으로 새로운 후보 값들의 벡터인 $\widetilde{C}_t$를 만들어낸다. 이 두 부분에 대한 곱 연산을 수행하면 상태에 대한 업데이트가 만들어진다.

셀 상태 C_{t-1}을 새로운 C_t로 업데이트하기 위해 망각 게이트와 입력 게이트로부터 얻어진 값을 이용한다. [그림 20-10]과 같이 C_{t-1}에 망각 게이트 층의 출력값인 f_t를 곱함으로써 불필요한 정보를 망각시킨다. 이후 입력 정보를 얼마나 받아들일지 반영된 입력 게이트 층의 출력값, 즉 i_t와 $\widetilde{C}_t$를 곱한 값을 셀 상태에 더한다.

마지막으로 출력을 결정한다. 출력값은 셀 상태에 기반해 생성되지만 그 값을 그대로 반환하지는 않는다. 대신 셀 상태와 현재 입력값이 함께 고려된 값을 반환한다. [그림 20-11]에서 보이듯, tanh 함수를 적용해 셀 상태를 -1에서 1 사이의 값으로 변

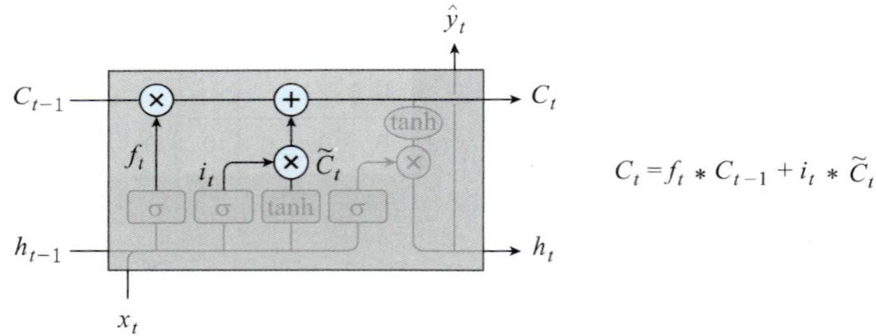

그림 20-10 망각 게이트와 입력 게이트를 거쳐 셀 상태 C_{t-1}을 C_t로 변환하는 과정

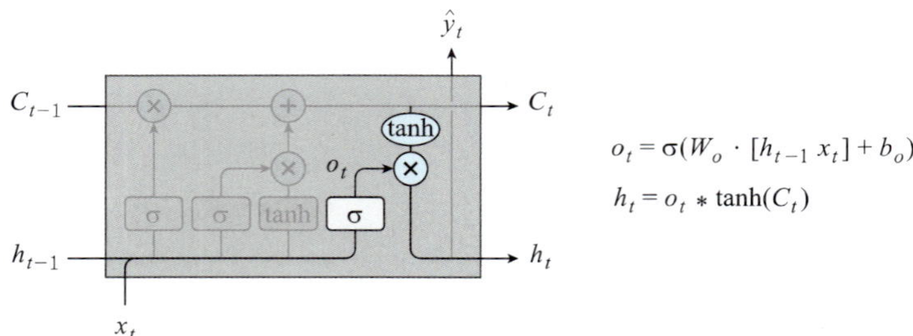

그림 20-11 업데이트된 셀 상태와 출력 게이트를 이용해 출력값을 결정한다.

환시킨 후 출력 게이트(output gate)인 sigmoid 층을 통해 셀 상태의 어떤 부분을 출력할지 결정한다. 이후 두 값을 곱하여 최종적으로 반환할 값이 결정된다.

20.2.2 게이트 순환 유닛(Gated Recurrent Unit)

RNN의 기울기 소멸 문제를 해소하기 위해 제안된 또 다른 모델로 **게이트 순환 유닛**(Gated Recurrent Unit, GRU)[2] 네트워크가 있다. GRU는 LSTM와 달리 별도의 셀 상태가 존재하지 않고 2개의 게이트만을 가진다. **리셋 게이트**(reset gate)에서 현재 입력값에 이전 은닉 상태를 얼마나 반영할지 결정하고, 하나의 컨트롤러인 **업데이트 게이트**(update gate)가 망각 게이트와 입력 게이트를 조정하는 형태를 취하고 있다. 구조는 [그림 20-12]처럼 묘사된다.

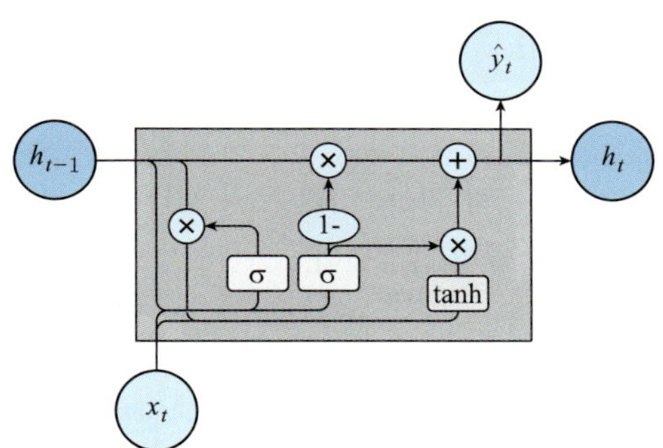

그림 20-12 게이트 순환 유닛의 구조도

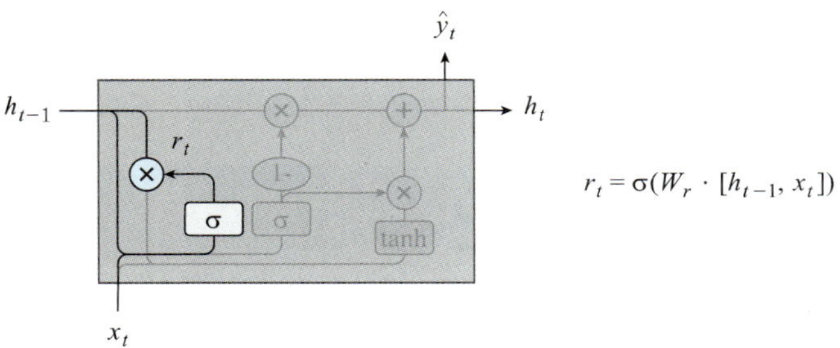

그림 20-13 리셋 게이트에서의 연산. 이전 은닉 상태 h_{t-1}과 현재 입력값 x_t를 고려하여, 이전 은닉 상태 h_{t-1}을 현재 입력을 나타내는 값에 얼마나 반영할지 결정한다.

리셋 게이트는 과거의 은닉 상태 h_{t-1}와 현재 입력값 x_t를 합쳐, 현재 입력을 나타내기 위한 연산에 과거 은닉 상태를 얼마나 포함시킬지 결정한다.

리셋 게이트를 통과하면 $\widetilde{h_t}$ 값을 얻는다. 이제 이 값과 이전 은닉 상태인 h_{t-1} 사이에 어떤 값에 더 가중치를 두어 최종 출력값을 생성할지 결정해야 한다.

결정을 내리기 위한 값은 업데이트 게이트에서 생성한다. 업데이트 게이트는 이전 은닉 상태 h_{t-1}과 현재 입력값 x_t를 입력받고, sigmoid 함수를 활성 함수로 갖는다. [그림 20-14]와 같다.

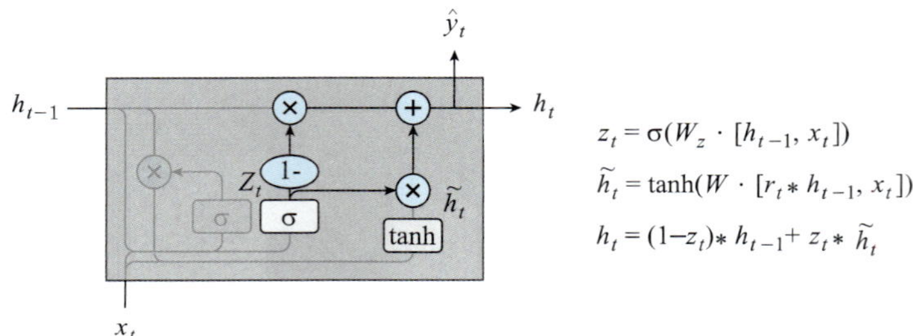

그림 20-14 업데이트 게이트에서의 연산. 이전 은닉 상태 h_{t-1}과 리셋 게이트로부터 생성된 값 $\widetilde{h_t}$ 중 어떤 값에 가중치를 둘지 결정한다.

여기서의 특징은 하나의 컨트롤러가 일종의 입력 게이트를 통과해 생성된 값 $\widetilde{h_t}$과 이를 망각시키는 망각 게이트를 동시에 조정하는 구조를 취한다는 점이다. 또한, GRU가 [그림 20-14]와 같은 구조를 취할 때 만약 리셋 게이트가 항상 1을 반환하고 업데이트 게이트도 항상 1을 반환한다면, GRU는 기본적인 RNN 구조와 동일해진다.

20.3 순환 신경망 기반 자연어 생성

20.3.1 시퀀스-투-시퀀스(Sequence-to-Sequence)

시퀀스-투-시퀀스(Sequence-to-Sequence, Seq2Seq)는 입력된 순차 데이터(sequence)

로부터 다른 순차 데이터를 출력하는 모델으로서, 생성 작업이 필요한 다양한 분야에서 활용된다. 기계 번역(machine translation), 요약(summarization), 챗봇(chatbot) 등이 대표적인 예이다. 입력 데이터가 한국어, 출력 데이터가 영어라면 한영 번역 모델을 만들 수 있다.

시퀀스-투-시퀀스는 일반적으로 인코더(encoder)와 디코더(decoder)로 구성된다. 여기서 인코더는 입력 데이터를 잠재 표현으로 인코딩하고, 디코더는 인코딩된 잠재 표현을 바탕으로 한 단어씩 출력 데이터를 생성하는 형태가 일반적이다.

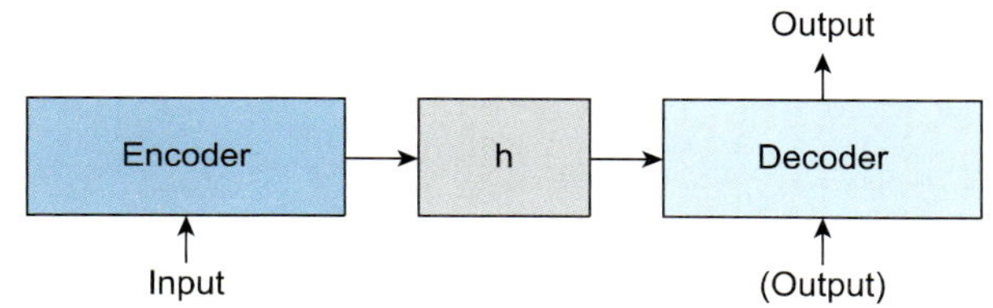

그림 20-15 시퀀스-투-시퀀스 모델을 추상화한 도식. 인코더와 디코더가 RNN으로 구축된 모델을 RNN 기반 Seq2Seq이라 한다.

시퀀스-투-시퀀스 모델의 인코더와 디코더를 앞서 배운 순환 신경망으로 구성할 수 있다. 하지만 기본 순환 신경망은 오래 전에 파악한 정보를 오랫동안 유지하기 어려워지는 장기 의존성(long-term dependency) 문제가 발생하기 쉽기 때문에, 앞서 배운 LSTM 혹은 GRU 네트워크를 이용해 인코더를 구축하는 편이 좋다.

한편, 디코더는 앞서 인코딩된 잠재 표현과 스스로 이전에 생성했던 단어를 종합하여 그 시점에 가장 적절한 단어를 하나씩 반환한다. 단, 맨 처음 단어를 생성할 땐 이전에 생성했던 단어가 없으므로 start-of-sentence라는 의미의 <SOS> 토큰(token)을 입력받고, 문장 생성의 종결 시점을 결정하기 위해 end-of-sentence라는 의미의 <EOS> 토큰을 출력한다. 이와 같은 방식으로 RNN의 기반의 Seq2Seq 모델을 구축할 수 있다.

하지만 LSTM이나 GRU를 이용하더라도 RNN 기반 Seq2Seq 모델은 태생적 한계로 인해 여전히 장기 의존성(long-term dependency) 문제에서 자유롭지 못하다. 이는 입력 문장과 출력 문장이 길어질수록 더욱 심각해진다. 이 문제를 해소하기 위해

RNN 기반 Seq2Seq 모델에 어텐션 네트워크를 적용한 모델이 제안되었다.

20.3.2 어텐션 네트워크를 적용한 시퀀스-투-시퀀스

앞서 다룬 RNN 기반 Seq2Seq 모델은 입력 문장에 대한 정보를 오직 인코딩된 잠재 표현으로만 파악할 수 있다. 그래서 기계 번역 등의 작업에서 디코더가 적절한 단어를 출력하기 위해 어떤 정보를 활용해야 하는지 불분명해지고, 문장이 길어질수록 앞서 입력받았던 정보의 유실이 발생한다.

어텐션 네트워크는 현재 요청(query)에 대해 주어진 값(value) 중 어떤 값에 집중해야 하는지 파악할 수 있도록 하는 모델이다. 이를 디코더와 인코더 사이에 직접 연결함으로써 디코더는 입력되었던 단어를 직접 파악할 수 있고, 요청으로서 현재 은닉 상태를 입력하여 어떤 단어에 집중해야 하는지 파악할 수 있다. 이를 통해 장기 의존성 문제를 크게 완화하고 자연어 생성 작업에서의 성능을 향상시킬 수 있다.[3]

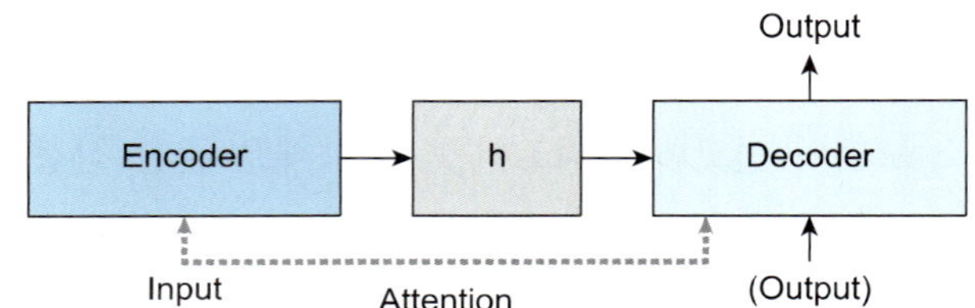

그림 20-16 어텐션 네트워크가 적용된 시퀀스-투-시퀀스 모델을 추상화한 도식

참고문헌

[1] Hochreiter, Sepp, and Jürgen Schmidhuber. "Long short-term memory." Neural computation 9.8 (1997): 1735-1780.

[2] Dey, Rahul, and Fathi M. Salemt. "Gate-variants of gated recurrent unit (GRU) neural networks." 2017 IEEE 60th international midwest symposium on circuits and systems (MWSCAS). IEEE, 2017.

[3] Bahdanau, Dzmitry, Kyunghyun Cho, and Yoshua Bengio. "Neural machine translation by jointly learning to align and translate." arXiv preprint arXiv:1409.0473 (2014).

CHAPTER

21 딥러닝 기반 한국어 형태소 분석과 품사 태깅

21.1 형태소 분석 품사 태깅 개요

형태소 분석은 형태소를 비롯하여 어근, 접두사, 접미사, 품사(POS, part-of-speech) 등 다양한 언어적 속성의 구조를 파악하는 것이다. 자연언어 분석의 첫 단계로, 입력 문자열을 형태소열로 바꾸는 작업을 한다. 품사 태깅은 형태소 분석을 한 결과를 토대로 태그를 다는 것이다. [표 21-1]은 세종 품사 태그에서 제공하는 형태소 태그 차트이다. 여기서는 한글 형태소의 품사를 크게 '체언, 용언, 관형사, 부사, 감탄사, 조사, 어미, 접사, 어근, 부호, 한글 이외'와 같이 나누고 그 안에서 각 세부 품사를 나눈다. [표 21-1]에서 자세한 품사를 확인할 수 있다.

형태소 분석은 어떠한 문자열이 주어졌을 때 그 문자열을 이루고 있는 형태소를 분석하는 것이다. 예를 들어 '나는 밥을 먹는다'라는 문장에 대하여 형태소 분석을 하면 [그림 21-1]과 같이 여러 형태소의 조합으로 분석이 된다. 품사 태깅 단계에서는 형태소 분석이 완료된 각 형태소에 그에 해당되는 태그를 붙이는 작업을 한다.

| 표 21-1 | 세종 품사 태그 차트[8]

대분류	세종 품사 태그		대분류	세종 품사 태그	
	태그	설명		태그	설명
체언	NNG	일반 명사	선어말 어미	EP	선어말 어미
	NNP	고유 명사	어말 어미	EF	종결 어미
	NNB	의존 명사		EC	연결 어미
	NR	수사		ETM	명사형 전성 어미
	NP	대명사		ETM	관형형 전성 어미
용언	VV	동사	접두사	XPN	체언 접두사
	VA	형용사	접미사	XSN	명사 파생 접미사
	VX	보조 용언		XSV	동사 파생 접미사
	VCP	긍정 지정사		XSA	형용사 파생 접미사
	VCN	부정 지정사	어근	XR	어근
관형사	MM	관형사	부호	SF	마침표, 물음표, 느낌표
부사	MAG	일반 부사		SP	쉼표, 가운뎃점, 콜론, 빗금
	MAJ	접속 부사		SS	따옴표, 괄호표, 줄표
감탄사	IC	감탄사		SE	줄임표
조사	JKS	주격 조사		SO	붙임표(물결, 숨김, 빠짐)
	JKC	보격 조사		SW	기타 기호
	JKG	관형격 조사	분석 불능	NF	명사추정범주
	JKO	목적격 조사		NV	용언추정범주
	JKB	부사격 조사		NA	분석불능범주
	JKV	호격 조사	한글 이외	SL	외국어
	JKQ	인용격 조사		SH	한자
	JX	보조사		SN	숫자
	JC	접속 조사			

형태소 분석 : 나 + 는 + 밥 + 을 + 먹 + 는 + 다

품사 태깅 : 나/NP + 는/JX + 밥/NNG + 을/JKO + 먹/VA + 는/EPT + 다/EFN

그림 21-1 품사 태깅

한국어 자연어처리 과제에서 형태소 분석은 중요한 역할을 갖는다. 영어에서는 대부분의 형태소가 어절 단위로 구분이 가능하다. 'I like cats.'와 같은 문장에서는 어절 단위로 나누면 각 어절이 형태소가 되고 마지막에 오는 'cats'만 'cat'과 복수를 나타내는 '-s'로 나누면 된다. 그러나 한국어는 교착어(膠着語, Agglutinative language)로 하나의 어근에 하나 이상의 접사가 붙어 단어가 이루어진다. 조사 혹은 여러 접사가 합쳐져 한 단어를 이루기 때문에 영어와 같이 어절 단위로 구분하는 것이 형태소 단위로 나누어 지지 않는다. 예를 들어 '잡히셨겠더라'라는 말은 하나의 어절이지만 그 안을 보면 '잡-', '-히-', '-시-', '-었-', '-겠-', '-더라'와 같이 여섯 개의 형태소로 나누어지는 것을 볼 수 있다. 또 '먹다'가 기본형인 어근 '먹-'은 문장 안에서 '먹어', '먹을', '먹고', '먹는', '먹기에' 등 다양한 조사와 합쳐져서 쓰이기 때문에 어절 단위로만 나누면 모두 다른 형태의 단어로 구분된다. 이와같이 한국어에서는 어근에 붙은 접사와 체언에 붙은 조사 등을 분리해야 그 뜻을 알 수 있다. 이러한 형태소 분석과 품사 태깅을 통해 여러 자연어처리 과제에서 언어가 가지는 의미를 정확하게 파악하고 그에 맞게 처리할 수 있다.

규칙기반 형태소 분석 및 품사 태깅은 언어학적인 다양한 규칙에 따라 형태소를 분석하고 그에 맞는 품사를 태깅하는 것이다. 형태소 분석에 대한 지식이 있는 전문가들이 문장을 보고 직접 형태소를 나누며 언어 규칙에 따라 진행한다. 언어학적 규칙이 많고 복잡하기 때문에 어렵고, 지식이 많이 필요하다는 단점이 있다. 형태소 분석기가 등장하기 전까지는 이와 같이 사람이 직접 하는 방법밖에는 없었다. 형태소 분석기 등장 이후에도 정교한 결과를 필요로 하는 형태소 분석에는 여전히 이러한 방법이 사용된다.

통계기반 형태소 분석 및 품사 태깅은 딥러닝(Deep Learning) 방식의 형태소 분석 및 품사 태깅이 도입되기 이전, 현재에도 많이 쓰이고 있는 방식이다. 통계 기반 한국어 형태소 분석 및 품사 태깅은 크게 두 단계로 나뉘어 진행된다. 먼저 입력된 문장의 모든 가능한 형태소 후보들을 생성하고, 그 후 모든 후보에 대해 별도의 품사 태깅을 하여 최적의 결과를 결정하는 방식이다. 본 장에서 소개할 KoNLPy 패키지의 형태소 분석기들이 이 방식을 사용하고 있다.

딥러닝 기반 형태소 분석 및 품사 태깅은 위 두 방법에 비해 비교적 최근부터 쓰이는 기술이다. 딥러닝 기반이다 보니 인공 신경망이 많은 양의 자료를 통해 형태소 분석 방법을 학습한다. 올바르게 형태소 분석이 된 자료들을 딥러닝에서 이용되는 RNN, CNN 등의 인공 신경망을 통해 분석할 수 있게 만든다. 딥러닝을 사용한 후 기계학습을 이용하여 선택적으로 후처리를 하기도 한다.

21.2 KoNLPy 형태소 분석 도구 소개[1]

딥러닝 기반 형태소 분석과 품사 태깅을 소개하기에 앞서, 한국어 자연어처리 과제의 형태소 분석에 가장 많이, 널리 쓰이고 있는 형태소 분석기에 대하여 알아보고 넘어갈 것이다. KoNLPy는 파이썬(Python) 언어 환경에서 한국어 형태소 분석을 할 수 있는 여러 형태소 분석기를 모아 편리하게 사용할 수 있도록 만든 패키지이다. 현재 KoNLPy에서는 한나눔(Hannanum), 꼬꼬마(Kkma), 코모란(Komoran), Mecab, Okt (이전 명칭 Twitter) 이렇게 다섯 개의 형태소 분석기를 제공하고 있다.

형태소 분석기 라이브러리에 따른 형태소 분석 결과는 5장에서 확인할 수 있다. 각 형태소 분석기의 품사 태그 종류와 방법이 모두 다르기 때문에 'Korean POS tags comparison chart'를 참고하면 품사 태그를 비교, 확인할 수 있다.

21.3 딥러닝 이전의 형태소 분석, 품사 태깅 소개

21.3.1 HMM: Hidden Markov Model

HMM(Hidden Markov Model)은 통계적 마르코프 모델의 하나로, 어떠한 결과를 야기하는 원인은 은닉(Hidden) 상태인 이전의 여러 연속된 사건들이라고 보는 모델이다. CRF(Conditional Random Field) 방식이 제안되기 이전에 품사 태깅에 많이 사용되었다. [그림 21-2]는 은닉 마르코프 모델의 일반적인 구조를 보여준다. 각 원은 확률변수를 나타내고 $x(t)$는 시간 t에서의 은닉 상태(Hidden state), $y(t)$는 시간 t

에서의 표면적으로 관측된 값이다. 각 상태는 조건부 의존성(Conditional Dependency)으로 이어져 있다. $x(t)$는 오직 바로 전 단계인 $x(t-1)$로부터만 직접적인 영향을 받는다. 그 이전의 상태들은 독립되지 않고 연속적으로 바로 다음 단계들에 영향을 미쳐 결국 결과값에는 연속적인 이전 상태들이 내재적으로 담겨있다.

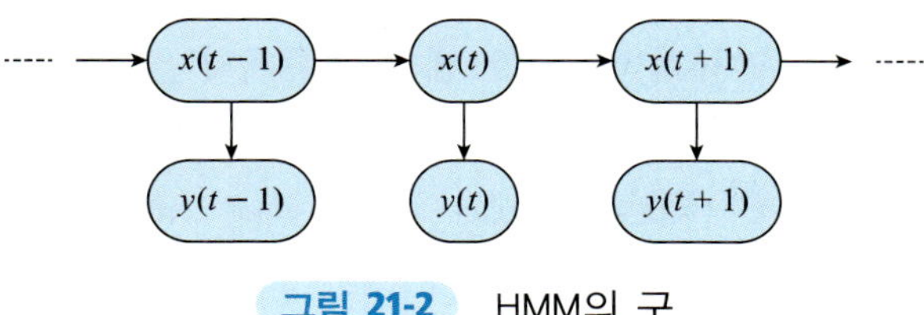

그림 21-2 HMM의 구

우리가 형태소 분석을 할 때는 주변의 단어와 형태소를 참고한다. HMM에서는 $x(t)$와 $x(t-1)$이 직접적인 연관성을 지니지만 우리가 관찰할 수 있는 $y(t)$와 $y(t-1)$은 그러하지 않기 때문에, 형태소를 분석하는 데에는 어려움이 있을 수밖에 없다.

21.3.2 CRF: Conditional Random Field

CRF(Conditional Random Field)는 어떠한 배열을 입력으로 받으면 그와 같은 길이의 결과를 반환하는 시퀀스 라벨링(Sequential Labeling)에 많이 이용된다. CRF에서는 특징 함수(Feature function)를 정의하여 사용한다. 특징 함수는 문장과 그 문장을 구성하는 단어들의 위치 정보 및 레이블 정보를 입력으로 받아서 어떤 레이블이 얼마나 적합한 레이블인지를 계산하여 결과를 출력하게 된다. HMM은 이전 상태의 값들이 은닉되어 있기 때문에 이전의 정보를 간접적으로만 알 수 있었지만, CRF는 이전 상태를 확인할 수 있다는 것이 장점이다. 따라서 CRF는 문맥을 직접적으로 이용하기 때문에 형태소 분석에서 더 좋은 성능을 보인다. 따라서 딥러닝 기반 형태소 분석과 품사 태깅이 연구되기 전까지는 CRF를 활용한 형태소 분석기가 가장 성능이 좋았고 현재에도 좋은 성능 때문에 많이 사용되고 있다.

21.4 딥러닝 기반 형태소 분석, 품사 태깅 소개

21.4.1 학습 데이터 소개[2]

한국어 형태소 분석과 품사 태깅에 가장 많이 사용되는 데이터는 '21세기 세종계획' 연구의 일환인 '세종 말뭉치'이다. '21세기 세종계획'은 1998년부터 2007년까지 시행된 한국의 국어 정보화 중장기 발전 계획이다. '세종 말뭉치'는 크게 '문어, 구어, 병렬(한영, 한일), 역사' 말뭉치로 구성되어 있는데, 형태소 단위의 정보가 추가된 '형태 분석 말뭉치'가 한국어 형태소 분석기의 학습에 기준이 되는 데이터로 많이 쓰이고 있다. 해당 코퍼스는 '국립국어원' 홈페이지[9]에서 내려받아 사용할 수 있다.

21.4.2 FFNN: Feed Forward Neural Network 방식의 형태소 분석과 품사 태깅[3]

딥러닝에 기반한 한국어 형태소 분석 및 품사 태깅 방법 중 가장 먼저 살펴 볼 방법은 FFNN(Feed Forward Neural Network) 방법이다. FFNN은 가장 오래되고 기본적인 유형의 인공 신경망으로 입력층(Input layer), 은닉층(Hidden layer), 출력층(Output layer)을 앞으로, 한 방향으로만 전파되는 인공 신경망이다. <딥러닝에 기반한 한국어 품사 태깅>에서는 이러한 FFNN 방식을 이용한 한국어 딥러닝을 이용한 한국어 형태소 분석기를 제안했다. 모델은 다음과 같다.

먼저 [그림 21-3]의 상단 부분처럼 태그를 붙일 형태소를 중심으로 주변의 N개의 형태소에 대하여 워드 임베딩을 한다. 이후 이를 은닉층(h(1)개 노드)과 출력층(h(2)개 노드), 즉 두 개의 FFNN 레이어 통과시킨다. 이 결과 값을 최종적으로 argmax를 계산하여 주어진 입력 문장의 모든 단어 중에 가장 높은 점수를 갖는 품사를 선택하여 해당 품사 태그를 단다.

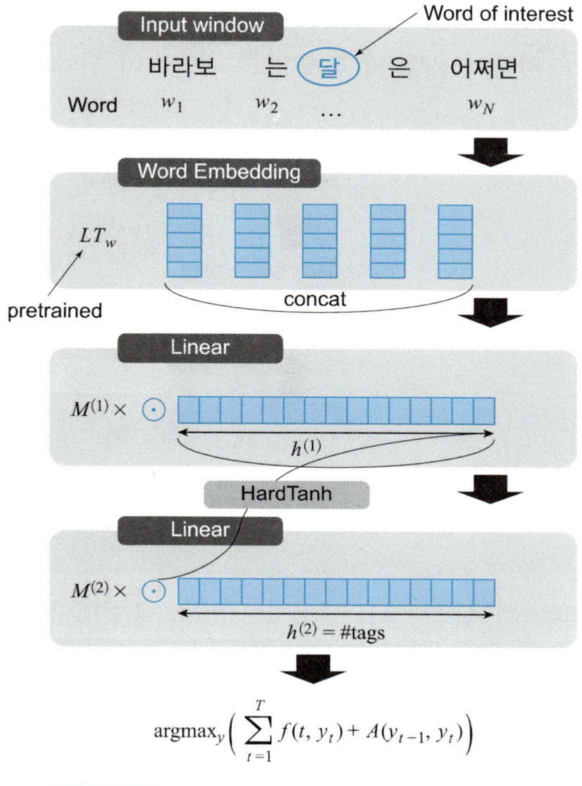

그림 21-3 FFNN을 이용한 형태소 분석기[3]

21.4.3 Sequence-to-sequence 방식의 형태소 분석과 품사 태깅[4]

Sequence-to-sequence 모델은 임의 길이의 한 종류의 시퀀스를 다른 한 종류의 시퀀스로 변환하는 확률 모델로 최근에 기계번역, 구문분석 등 다양한 분야에서 사용된다. 이 모델은 추가 정보에 의존하지 않고 직접 end-to-end의 방식으로 학습을 진행한다. 이러한 방식을 이용한 <Sequence-to-sequence 모델을 이용한 한국어 형태소 분석 및 품사 태깅>에서의 형태소 분석과 품사 태깅 방식에 대해 알아보도록 할 것이다. 어텐션 기반 인코더-디코더 모델(Attention-based encoder-decoder model)을 이용하여 한국어의 형태소를 분석하는데, 인코더-디코더 모델의 입력은 음절 단위로 분리된 한국어 원문이고 한국어 음절 및 품사 태그가 출력이 된다.

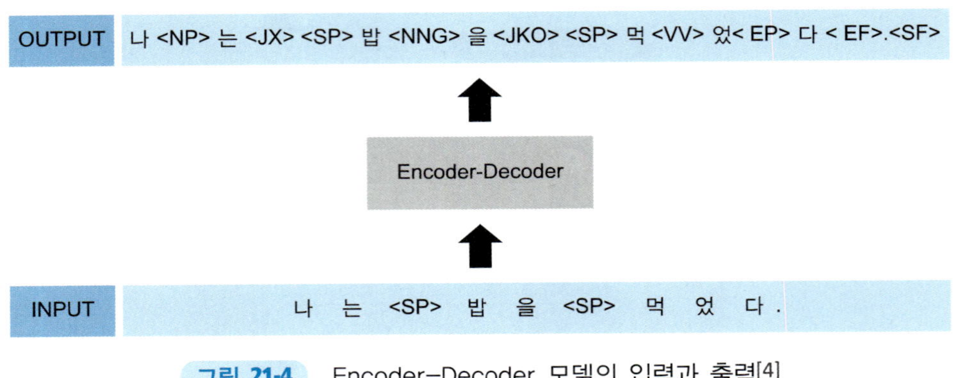

그림 21-4 Encoder–Decoder 모델의 입력과 출력[4]

인코더는 두 개의 순환 신경망으로 구성되어 있고 첫 번째 신경망은 입력된 한 문장의 전체 음절을 순차적으로 읽어 들이고 두 번째 신경망은 그 반대 방향으로 읽어 들인다. 인코더에서 생성한 두 개의 신경망이 각 음절에 대해 만든 은닉상태에 가중치를 주어 더하여진 값이 디코더로 전달된다. 디코더는 두 개의 은닉층을 가진 순환 신경망으로 GRU의 특성을 나누어 첫 번째 층은 빠르게 변화하는 정보를, 두 번째 층은 느리게 변화하는 정보를 구현한다. 이러한 과정을 통해 결과 값은 음절과 태그로 이루어진 시퀀스(sequence)가 된다. 이 연구에서는 이러한 Sequence-to-sequence 모델에 CRF 모델을 결합하면 더욱 높은 성능을 보인다는 결과를 말해주었다.

21.4.4 Character-Level Bidirectional LSTM-CRF방식의 형태소 분석과 품사 태깅[5]

일반적으로 한국어 품사 태깅은 단어 단위로 띄어쓰기가 완료된 문장을 입력으로 받는데, 띄어쓰기가 제대로 되지 않은 문장, 조사 및 어미가 붙어 본래의 형태로부터 형태가 변한 형태소 등을 처리할 때는 음절 단위를 입력으로 받아 형태소를 분석하는 모델이 좋은 성능을 보인다. <Rich Character-Level Information for Korean

Morphological Analysis and Part-of-Speech Tagging>[5]에서는 한국어에 대하여 입력으로 음절 단위에 추가적으로 띄어쓰기 단위와 같은 보조적인 특징(Auxiliary Attribute)값을 이어서(concatenated) 붙인 값을 받는다. Bidirectional LSTM은 양방향의 연속적 자질을 추출한다. 예를 들어 '리'라는 두 번째 음절의 경우 Forward LSTM 셀에서는 첫 음절이 '가'에 대한 자질값을 추가적으로 입력받고, Backward LSTM 셀에서는 '어'에 대한 자질값을 추가적으로 입력받는다. 이러한 양방향 값을 추가적으로 입력받아 해당 음절의 자질을 분석한 각 LSTM 셀의 결과 값은 [그림 21-5]에서와 같이 B-, I- 태그를 이용하여 형태소를 구분한 형태로 나온다. 이러한 음절 단위 결과값에 대하여 품사태깅을 하기 위하여 형태소별로 음절을 모은 후 한 번 더 Bi-LSTM 층을 통과시킨다. 결과값으로는 각 형태소에 대한 태깅 결과가 나온다.

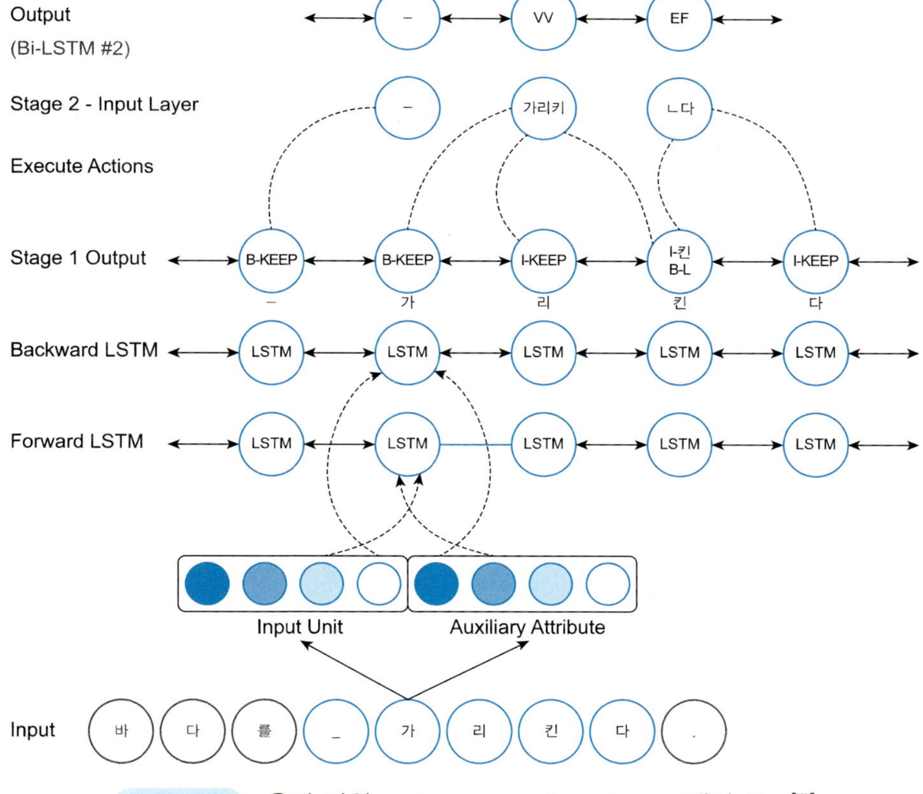

그림 21-5 음절 단위 Bidirectional LSTM CRF 모델의 구조[5]

21.4.5 CNN 방식의 형태소 분석과 품사 태깅[6, 7]

자연어처리에서는 LSTM과 RNN 같은 시퀀스 정보를 인식하는 인공 신경망이 많이 사용되는데 이는 속도 면에서 느리기 때문에 CNN 방식을 활용하여 형태소 분석과 품사 태깅을 하면 속도 면에서 좋은 성능을 낼 수 있다. 카카오의 <Kakao Hangul Analyzer iii> 모델에서는 이러한 CNN을 이용한 형태소 분석기를 보여준다. 이 모델 역시 음절 기반으로 입력을 받는다. 또한 윈도우 크기만큼 좌/우로 확장한 문맥을 사용한다. [그림 21-6]을 보면 각 음절에 대한 임베딩 크기는 5, 윈도우 크기는 7, 커널의 크기가 3인 4개의 필터를 사용한 컨볼루션(Convolution)을 이용한다. 크기가 [15, 5]인 문맥이 하나의 필터를 거치면 길이가 13인 벡터가 생성이 되고, 전체에 대해 최대 풀링(max pooling)을 적용하면 하나의 스칼라값(scalar value)이 된다. 4개의 필터를 사용했으므로 최종적으로 길이가 4인 벡터가 나온다. 이와 같은 방식으로 커널의 크기 2, 3, 4, 5에 대해 각각 길이가 4인 벡터를 연결하여 길이가 16인 벡터를 생성하고 이것이 은닉층과 출력층을 거쳐 최종적으로 태그가 결정된다.

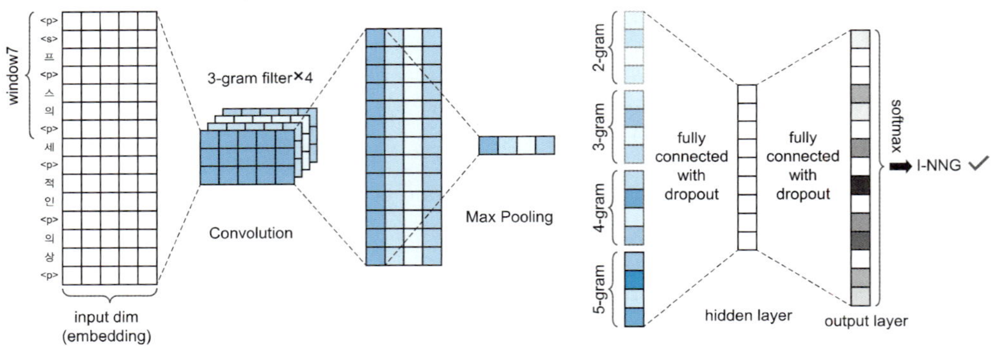

그림 21-6 CNN 모델을 이용한 형태소 분석[7]

참고문헌

[1] https://konlpy-ko.readthedocs.io/ko/latest

[2] 황용주, 최정도, 21세기 세종 말뭉치 제대로 살펴보기, 국립국어원

[3] 나승훈, 정상근, 딥러닝에 기반한 한국어 품사 태깅, 동계학술발표회, 2014

[4] 이건일, 이의현, 이종혁, Sequence-to-sequence 모델을 이용한 한국어 형태소 분석 및 품사 태깅, 한국정보과학회, 2018

[5] Andrew Matteson, Chanhee Lee, Heuiseok Lim, Young-Bum Kim. Rich Character-Level Information for Korean Morphological Analysis and Part-of-Speech Tagging. International Conference on Computational Linguistics (COLING 2018). 2018.08,

[6] https://github.com/kakao/khaiii

[7] https://brunch.co.kr/@kakao-it/308

[8] https://docs.google.com/spreadsheets/d/1OGAjUvalBuX-oZvZ_-9tEfYD2gQe7hTGsgUpiiBSXI8/edit#gid=0

[9] https://ithub.korean.go.kr/user/guide/corpus/guide1.do

CHAPTER

22 딥러닝 기반 한국어 단어의미 분석

22.1 한국어 의미역 분석

자연어처리를 위해 사용되는 대부분의 기계학습 알고리즘들은 사람이 추출한 특징(feature)을 입력으로 받고 이 특징들의 최적의 가중치(weight)를 구한다. 그러나 각 자연어처리 모듈 마다 적합한 특징을 추출하고 최적의 특징 조합을 구하는 것은 많은 시간을 필요로 한다. 이러한 문제를 해결하기 위해 특징들을 높은 수준의 표현으로 추상화시켜줄 수 있는 심층학습 기술이 최근 많이 연구되고 있다. 최근까지 가장 많이 연구되던 모델은 [그림 22-1]과 같은 LSTM 모델이다. Long Short-Term Memory(LSTM)를 이용한 순환신경망(Recurrent Neural Network, RNN)은 기존 순환신경망(Recurrent Neural Network,RNN) 모델의 그래디언트 소멸 문제(vanishing gradient problem)를 해결한 심층학습 모델이다. Long Short-Term Memory(LSTM) 모델은 순차적인 과정을 이루는 데이터들을 처리하는데 적합한 모델로써, 여러 자연어처리 분야에 높은 성능을 보였다.

Long Short-Term Memory(LSTM) 모델에는 입력으로 들어오는 문장에 나열된 단어들을 입력으로 분석할 수 있지만 높은 성능의 의미역 분석을 위해 가장 많이 사용되고 있는 특징은 구문 분석 정보이다. 술어와 논항 사이의 의존관계 정보를 포함하고 있기 때문에 의미역 결정에 높은 성능을 보였다. 하지만 구문 분석단계에서 발생하는 오류의 전파와 의미역 분석 이전에 구문 분석이 먼저 진행되어야 한다는 단점도 존재한다. 이러한 단점을 해결하기 위해서 형태소 분석 정보를 바탕으로 하는 특징들만 사용하는 방법도 제안되었다.[4]

Long Short-Term Memory (LSTM)은 순차 데이터를 처리하는데 적합한 모델로 구성되어 있으며, 입력 단어 열(x)과 노드 열(h), 의미역 태그열(y)을 정의하면, 식 (22.1)과 같다.

$$x = (x_1, \ldots, x_T),\ h = (h_1, \ldots, h_T),\ y = (y_1, \ldots, y_T) \tag{22.1}$$

Long Short-Term Memory(LSTM)의 식은 식(22.2) h_t로 정의할 수 있다.

$$\begin{aligned} i_t &= \sigma(W_{ix}Ex_t + W_{ih}h_{t-1} + W_{ic}c_{t-1} + b_i) \\ f_t &= \sigma(W_{fx}Ex_t + W_{fh}h_{t-1} + W_{fc}c_{t-1} + b_f) \\ c_t &= f_t \odot c_{t-1} + i_t \odot \tanh(W_{cx}Ex_t + W_{ch}h_{t-1} + b_c) \\ o_t &= \sigma(W_{ox}x_t + W_{oh}h_{t-1} + W_{oc}c_t + b_0) \\ h_t &= o_t \odot \tanh(c_t) \\ P(y_t \mid x) &= y_t^T g(W_{yh}h_t + b_y) \end{aligned} \tag{22.2}$$

위 식에서 σ는 Sigmoid 함수이고, $\odot$는 벡터 간의 element-wise product를 나타낸다. i, f, o, c는 각각 input, forget, output 게이트, memory cell 벡터이며, 각 벡터의 크기는 hidden layer 벡터 크기와 같다. 가중치 행렬의 아래 첨자는 연결된 각 노드를 나타낸다. [그림 22-1]의 왼쪽 구조는 memory cell의 구조를 나타내며, hidden layer는 memory cell에 의해서 갱신되기 때문에 이전 단어들의 정보와 현재 단어의 정보를 손실 없이 유지할 수 있어 그래디언트 소멸 문제를 보완한다. 이러한 Long Short-Term Memory(LSTM)의 모델을 그대로 사용할 수 있지만, 인접한 주변 정보를 활용하기 위해 출력 레이블의 인접성 정보를 바탕으로 현재 레이블을 추측할 수 있는 Conditional Random Field(CRFs)를 이용하여 Output Layer를 개선하는 연구도 진행되었다.

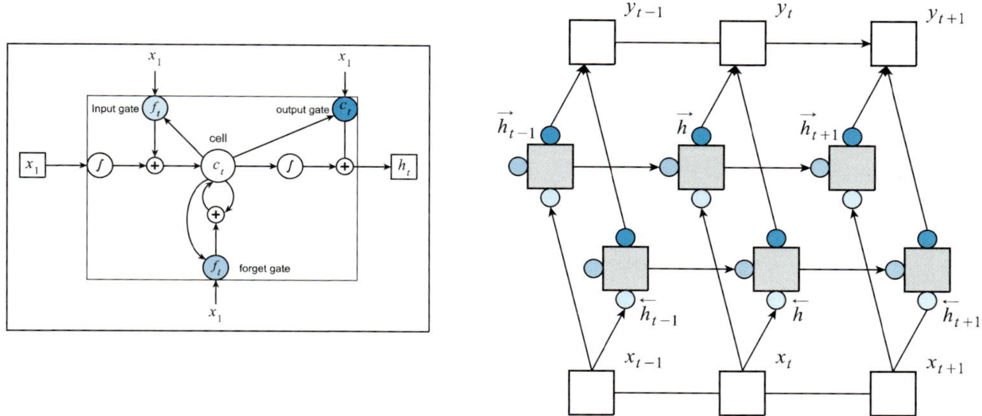

그림 22-1 Bidirectional LSTM-CRFs 모델

이러한 Long Short-Term Memory(LSTM) 모델과 Output Layer에 CRFs를 추가한 모델도 충분히 좋은 성능을 보이지만, [그림 22-2]와 같이 LSTM으로 구성된 hidden layer를 한 층 더 쌓아 첫 번째 hidden layer의 양방향으로부터 나온 h가 합쳐져 다시 두 번째 hidden layer에 z의 입력으로 사용되는 Stacked Bidirectional LSTM-CRFs 모델이 더 좋은 성능을 보였다.

최근에는 [그림 22-3]과 같이 여러 개의 트랜스포머 블록을 쌓은 양방향 인코더인 BERT 모델을 이용하여 기존의 의미역보다 높은 성능을 보였다.[5] BERT는 base, large 모델로 구글에서 공개하였는데, 각각 12개, 24개의 트랜스포머 인코더로 구성되어 있다. 트랜스포머 인코더는 멀티 헤드 어텐션(multi-head attention)과 Position-wise Feed Forward Neural Network로 이루어져 있다. 멀티 헤드 어텐션은 서로 다른 가중치 행렬을 이용해 헤드의 개수만큼 어텐션을 계산하고 이를 서로 concatenation한 결과를 가진다. 해당 과정은 식(22.3)과 같다.

$$MultiHead(Q, K, V) = [head_1; \dots ; head_n]\, W^0 \tag{22.3}$$
$$head_i = A(QW_i^Q, KW_i^K, VW_i^V)$$
$$A(Q_i, K_i, V_i) = softmax\left(\frac{Q_i K_i^T}{\sqrt{d_k}}\right) V_i$$

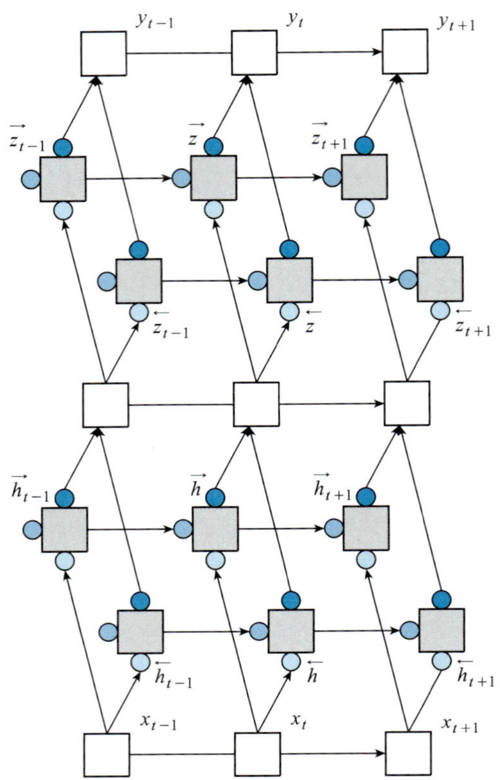

그림 22-2 stacked Bidirectional LSTM-CRFs 모델

BERT는 포지션 임베딩(Position Embedding)을 이용하여 문장 내 단어의 위치 정보를 나타내기 위해 사용하며, 트랜스포머 인코더와 달리 [SEP] 토큰으로 구분하는 두 개의 입력 문장을 받아 0,1로 구분하는 세그먼트 임베딩(Segment Embedding)을 만든다. 다음으로 BPE(Byte Pair Encoding)을 적용한 토큰 임베딩(Token Embedding)을 사용하고, 첫 토큰을 [CLS]로 구성하여 분류문제를 해결하도록 만들었다. 이렇게 세 개의 임베딩을 BERT의 입력으로 사용한다. 이렇게 학습된 BERT의 결과를 활용하여 의미역을 해결하기 위해 [그림 22-3]과 같이 LSTM-CRF의 입력으로 사용하였다. 그동안 의미역의 성능을 높이기 위해 입력문장으로부터 나오는 문맥정보들을 기준으로 술어와 논항 사이의 의존관계 특징을 추출하고 입력 단어의 표상 성능을 높

여왔다. 하지만, BERT는 두 가지 학습 조건인 Masked Language Model(MLM), Next Sentence Prediction(NSP)을 통해 기존의 단어 표상보다 높은 성능을 보여줬다. 특히 의미역의 경우 앞서 설명과 같이 술어와 논항 사이의 의존관계를 정확하게 파악하는 것이 중요한데 이러한 BERT의 학습 방법이 문맥 내 특징 간의 관계를 정확하게 이해시켰고 이전의 특징 기반 단어 표상 방법들보다 높은 성능을 보여주었다.

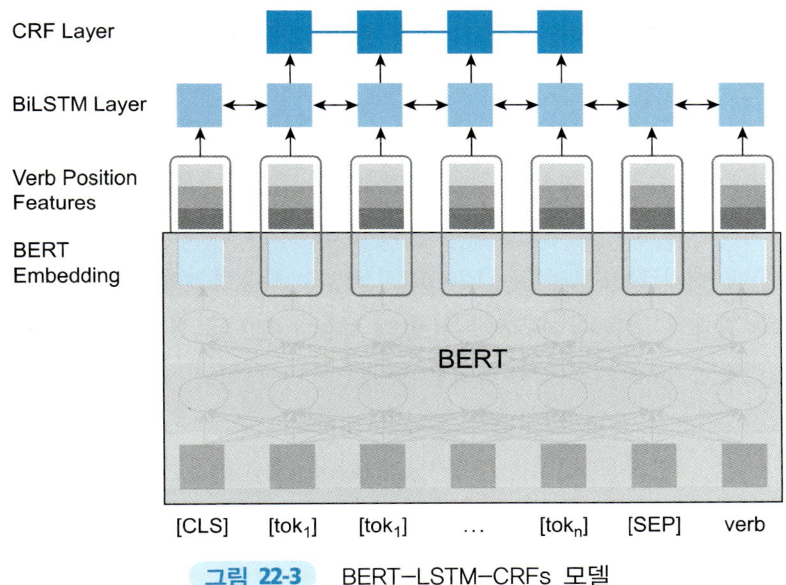

그림 22-3 BERT-LSTM-CRFs 모델

22.2 심층학습 기반 단어 중의성 해소

22.2.1 레이블(Labeling)된 데이터를 이용한 단어 중의성 해소 모델

심층학습을 이용하여 단어의 중의성 해소를 해결하기 위해서 맥락 벡터를 계산하는 신경망 모델이 활발히 연구되고 있다. 맥락 벡터를 표현하는 방법 중 가장 많이 쓰인 모델은 양방향 순환신경망(Bidirectional Recurrent Neural Network)이 많이 쓰였는데 순환신경망(Recurrent Neural Network; RNN)의 경우, 그래디언트 소멸 문제로 인해 Long Short-Term Memory(LSTM)과 GRU를 이용하여 문맥 벡터를 표현해 왔다. Gated Recurrent Unit(GRU)는 Long Short-Term Memory(LSTM) 과 같이 순환신경망(Recurrent Neural Network; RNN)에서 발생하는 그래디언트 소멸 문제로 인해 과거열 정보의 의존정보가 희미해지는 문제를 해결하기 위해 제안되었다. LSTM의 경우는 많은 매개변수를 포함하고 있어 시간이 오래 걸린다는 단점이 있다. 이러한 모델의 단점을 보완하고자 적은 매개변수를 가지며 LSTM과 비슷한 성능을 가지는 GRU도 많이 사용되고 있다. 김민호, et al.[3]의 논문에서는 Bi-GRU- Attention 기반 한국어 단어 중의성 해소 모델을 제안하였다. 단어 중의성 해소를 위해서는 순차 데이터 내 현재 정보의 클래스를 분류하기 위해서 과거의 정보와 미래의 정보를 포함하여 문맥 벡터로 표현해주는 Bi-GRU 모델을 사용하였다. 또한, 문장에서 단어끼리 얼마나 관계가 있는지 파악해주는 멀티 헤드 어텐션을 Bi-GRU 모델 위에 쌓아 중의성 단어가 문장에 어울리는 의미로 클래스가 분류되기 위해 문맥에 어떤 단어

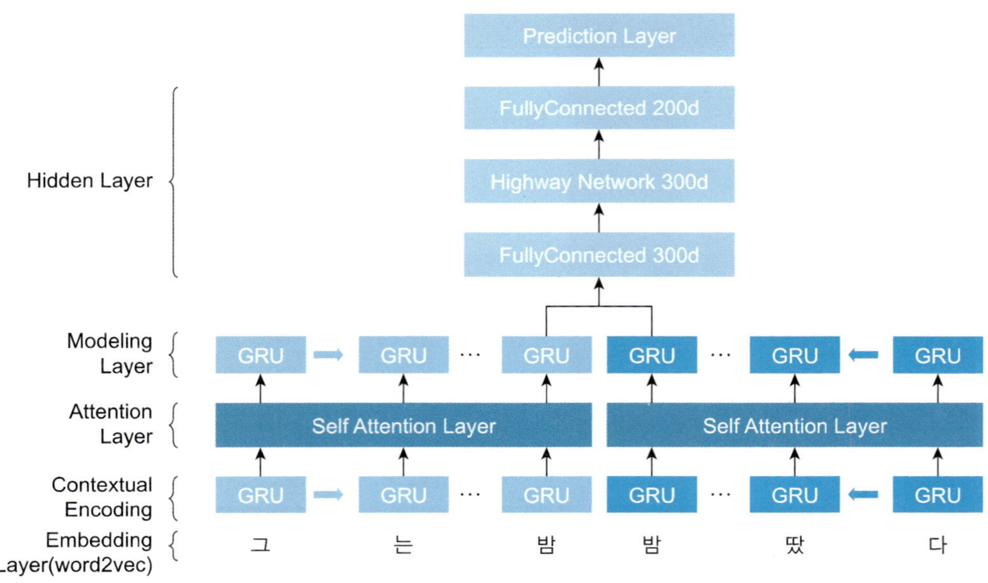

그림 22-4 Bi-GRU-Attention을 이용한 단어 중의성 해소 모델

정보와 어울리는지 정확하게 파악하였다. [그림 22-4]는 Bi-GRU-Attention 모델을 이용하여 중의성 어휘 '밤'이 나타난 문맥을 입력하였을 때 '밤'의 의미를 예측하는 과정이다. 해당 모델은 문맥 벡터를 앞서 설명한 Bi-GRU-Attention을 이용하여 표현하였고, 예측 모델을 하이웨이 네트워크(Highway Network), 완전 연결 계층, 예측 계층으로 이루어져 있다.

단어 중의성 해소 모델에서 현재 가장 높은 성능을 보이는 모델은 [그림 22-5]와 같은 BERT-kNN 모델이다.[6] 최근에는 ELMo, BERT 같은 Contextual Representation 방법이 단어 중의성 해소에도 높은 성능을 보여주고 있다. BERT는 22.1에서 설명한 것과 같이 양방향 트랜스포머 인코더 모델로 구성되어 있으며, MLM, NSP와 같은 학습 과정을 통해 문장에 나타난 문맥정보를 정확하게 파악하기 때문에 단어 중의성 해소를 위한 문맥 벡터를 표현해준다. BERT-kNN 모델은 BERT가 표현하는 문맥 벡터를 활용하는데 의미가 레이블링된 학습데이터를 BERT의 입력으로 넣고 해당 결과를 벡터로 출력한다. 문장 내 의미가 레이블링된 단어들은 원래 단어로 변환하여 입력 단어로 사용하고 해당 단어의 벡터가 출력되면 의미의 벡터로 치환한다. 이렇게 표현된 의미 벡터는 kNN을 이용하여 중의성 단어의 의미를 결정하는데 사용한다. 예를 들면, "나는 밤이 먹고 싶다."라는 문장을 BERT의 입력문장으로 넣으면,

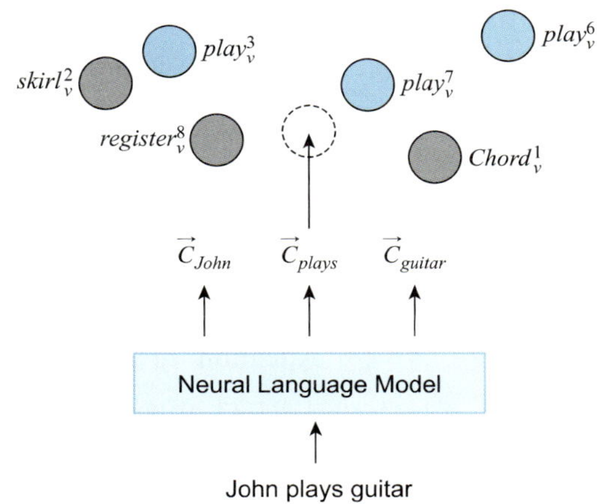

그림 22-5 BERT-kNN 모델을 이용한 단어 중의성 해소 모델

중의성 단어인 '밤'의 벡터가 표현되는데 이 단어의 벡터를 앞서 표현된 의미 벡터에서 '밤'이 가진 의미 벡터들 중 가장 가까운 의미 벡터를 해당 중의성 단어의 의미로 선택한다.

22.2.2 지식 상호 보완 단어 중의성 해소 모델

단어 중의성 해소 연구는 심층학습으로 다양한 방법들이 연구되어왔다. 22.1에서 설명한 것과 같이 레이블(Labeling)된 데이터를 사용하는 방법이 있고, 지식정보도 함께 사용하는 방법이 있다. 사람은 단어의 의미를 파악하기 위해서 위의 두 가지 방법을 상호 보완할 수 있지만, 기계는 그렇지 않다. 하지만 심층학습 연구가 활발하게 이루어지면서 상호 보완을 하는 연구가 진행되고 있다. Luo et al.[1] 논문에서는 두 가지 방법을 상호 보완하기 위해 [그림 22-6]과 같은 모델을 제안했다. 이 모델은 Context, Gloss, Memory, Scoring 4개의 모듈로 구성되어 있다. Context와 Gloss 모듈은 모두 Glove 벡터를 단어 입력 벡터로 사용하였다[2]. Context 모듈은 중의성 단어를 가지는 단어의 문장을 Bi-LSTM을 통해 순방향, 역방향으로부터 나온 벡터값을 concatenate하여 입력문장을 표상한다. Gloss 모듈은 중의성 단어의 뜻풀이(Gloss) 정보를 같은 방법으로 Bi-LSTM을 통해 표현하였다. 본 논문에서는 Gloss Expansion 방법을 사용하였고, 동사와 명사 품사를 가지는 상위어, 하위어의 모든 뜻풀이(Gloss) 정보들도 Bi-LSTM을 통해 표현한다. 상위어, 하위어의 정보는 BFS (Breadth First Search)를 통해 깊이 K만큼 추출하여 관련된 뜻풀이(Gloss) 정보를 Context 모듈과 같이 표현한다. 이와같이 표현된 뜻풀이(Gloss) 정보들을 Relation Fusion Layer을 통해 상위어는 순방향 LSTM에 나열하고, 하위어는 역방향 LSTM에 나열하여 벡터로 표현한 후 concatenate하여 표현한다. 메모리 모듈에서는 Context 모듈에서의 벡터 결과와 Gloss Expansion 모듈에서의 벡터인 두 개의 입력 벡터의 관계를 정확하게 파악하고 단어의 의미를 찾기 위해서 Attention 계산을 진행하고, 이전 메모리 정보를 이용하여 현재 메모리의 정보를 반복적으로 업데이트한다. Scoring 모듈에서는 Context 모듈에서의 벡터 결과와 Memory 모듈에서의 마지막 Attention 결과값을 사용하여 중의성 단어의 의미를 선택한다.

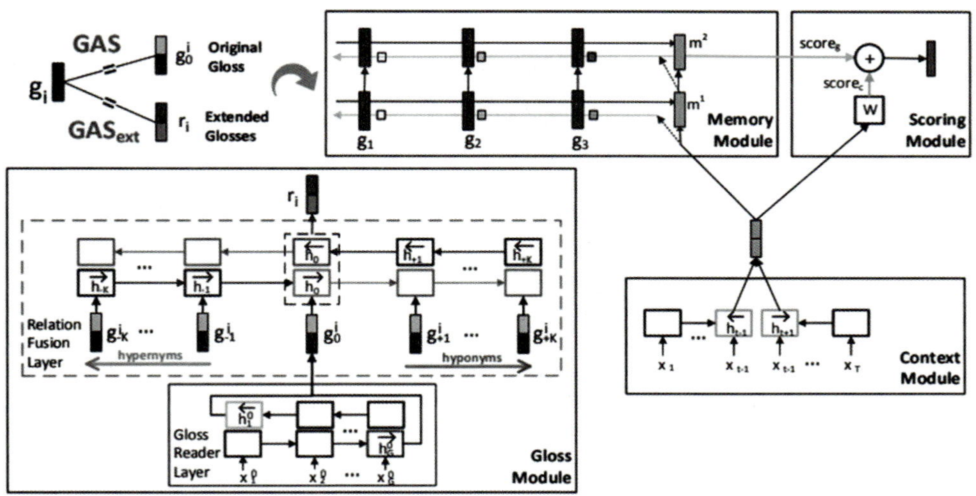

그림 22-6 입력문장 정보와 입력문장에 포함된 단어의 뜻풀이(Gloss) 정보를 활용한 모델

사전의 뜻풀이 정보를 이용한 심층학습 상호 보완 모델은 [그림 22-7]과 같이 Zero-Shot 기반으로 단어 중의성을 해소하는 방법도 제시되었다. 해당 모델은 학습데이터에 존재하지 않는 대상의 의미를 예측하도록 Zero-Shot 기법을 제안하였는데, 실제로 의미가 레이블링 되지 않은 데이터들이 많기 때문에 제안된 방법은 소모되는 많은 부분들을 보완할 수 있다. [그림 22-7]의 모델을 설명하자면, Attentive Context Encoder에서는 Bi-LSTM-Attention을 이용한 문맥 벡터를 표현한다. Definition Encoder에서는 각 의미가 가지는 뜻풀이 정보를 입력으로 의미 벡터를 표현한다. Knowledge Graph Embedding에서는 Definition Encoder로부터 표현된 각 의미 벡터를 기반으로 해당 의미를 상위어로 가지는 의미정보들을 ConvE 모델을 통해 그래프를 임베딩한다. ConvE는 Knowledge Graph를 임베딩하기 위한 Convolution Network이다.[7] Definition Encoder에서 Knowledge Graph Embedding 과정까지의 추론을 마치고 Definition Encoder에서 표현된 의미벡터 결과와 입력 문맥벡터의 내적을 통해 입력 문장의 중의성을 해결한다. 해당 모델은 입력문장의 중의성 단어의 의미들을 지식의 그래프 임베딩 추론과정을 통해 레이블링 된 학습데이터를 필요로 하지 않고 단어 중의성 해소를 한다는 점에서 중요한 모델이다.

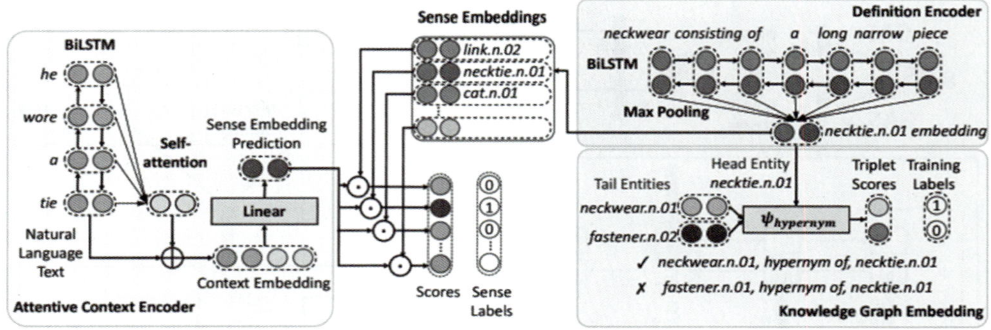

그림 22-7 Zero-shot 기반의 뜻풀이 파악을 이용한 단어 중의성 해소

참고문헌

[1] F. Luo, T. Liu, Q. Xia, B. Chang, and Z. Sui, "Incorpo-rating glosses into neural word sense disambiguation," arXiv preprint arXiv:1805.08028, 2018.

[2] https://nlp.stanford.edu/projects/glove/

[3] 김민호; 조상현; 권혁철. 양방향 순환신경망과 멀티 헤드 어텐션 기반 한국어 어의 중의성 해소 모형. 한국정보과학회 학술발표논문집, 2019, 593-595.

[4] 배장성; 이창기. Stacked Bidirectional LSTM-CRFs 를 이용한 한국어 의미역 결정, 2017.

[5] 배장성, et al. BERT를 이용한 한국어 의미역 결정. 한국정보과학회 학술발표논문집, 2019, 512-514.

[6] LOUREIRO, Daniel; JORGE, Alipio. Language Modelling Makes Sense: Propagating Representations through WordNet for Full-Coverage Word Sense Disambiguation. arXiv preprint arXiv:1906.10007, 2019.

[7] DETTMERS, Tim, et al. Convolutional 2d knowledge graph embeddings. In: Thirty-Second AAAI Conference on Artificial Intelligence. 2018.

CHAPTER

23 딥러닝 기반 개체명 인식 (NER)

23.1 딥러닝 기반 NER

신경망 구조를 활용한 NER 시스템은 2008년 사전 및 어휘로 구성된 벡터를 사용한 Collobert 논문에서 처음 소개되었다.[1] 이후의 연구의 전반적인 동향은 Word2vec이 처음 소개되면서 수동으로 구성된 자질 벡터에서 단어 임베딩으로 대체되었다.[2] 단어 임베딩의 중요성은 수많은 연구들을 통해 밝혀졌는데, 특히 문자 기반의 한국어, 중국어와 같은 단어가 존재하는 언어에서는 사전 훈련된 임베딩이 모델 성능에 매우 큰 영향을 미친다는 결과가 있다[3, 4]. 최근 NER의 신경망 구조는 문장에서 단어의 표현 방식에 따라 카테고리를 분류할 수 있다. 예를 들어, 자질로 사용되는 표현은 단어, 문자, 혹은 또 다른 하위 수준 단위의 조합이 될 수 있다.

23.2 단어 단위의 구조

신경망 아키텍처에서 문장의 단어는 순환 신경망(Recurrent Neural Network, RNN)에 입력으로 주어지고 각 단어는 아래의 그림과 같이 단어 임베딩으로 표시된다. 첫 번째 단어 수준의 NN 모델은 위에서 언급한 Collobert 논문에서 소개되었다.

[그림 23-1]은 단어 수준의 뉴럴 네트워크 아키텍처를 나타낸다. “Amazon’s CEO Jeff Bezos.” 문장은 먼저 단어 단위의 임베딩으로 변환되어 모델의 입력으로 들어가는데, 이때 단어 임베딩은 정방향(Forward)과 역방향(Backward)으로 한 번씩 들어간다. 데이터를 양방향으로 넣어주는 이유는 단방향의 정보만 포함하는 모델의 성능보다 양방향 정보를 활용한 모델에서 더 좋은 성능을 달성할 수 있었기 때문이다. 자세한 내용은 Bi-LSTM에 관한 이론 부분을 참고하길 바란다.

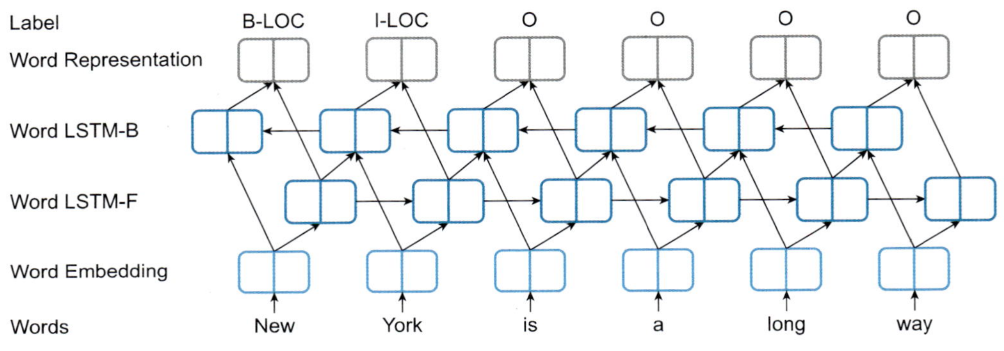

그림 23-1 단어 수준의 뉴럴 네트워크 아키텍처 기반 개체명 인식 시스템

23.3 문자 단위의 구조

[그림 23-2] 모델에서 문장은 일련의 문자 단위로 간주한다. 문자 단위의 연속적인 데이터는 RNN을 통해 전달되어 각 문자의 레이블을 예측하고 이후 모델의 처리를 통해 문자 레이블을 단어 레이블로 변환한다. 문자 단위 NER 모델은 2016년 Yoon Kim의 연구[5]를 통해 그 성능이 입증되었는데, 문자 시퀀스의 CNN을 통해 highway 네트워크를 사용한 다음 최종 예측을 위해 LSTM와 소프트맥스의 레이어를 사용했다. 해당 문자 모델에서 문자에 대한 태그 예측은 Viterbi decoder를 사용하여 스페인어에서 82.18%, 네덜란드어에서 79.36%, 영어에서 84.52%, 독일어에서 70.12% f-score를 달성하였다. 또한, 아랍어, 체코어, 터키어에서도 각각 78.72%, 72.19%,

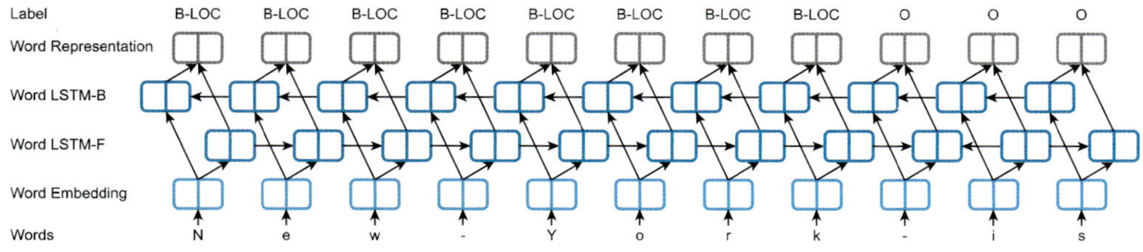

그림 23-2 문자 수준의 뉴럴 네트워크 아키텍처 기반 개체명 인식 시스템

91.30% f-score를 달성했다. 2015년 문자에 대해 Bi-LSTM을 사용한 단어 표현이 제안되었고,[6] 영어 PenTreeBank(PTB) 데이터셋에서 여러 언어로 해당 표현을 사용하여 97.78%의 정확도를 보이면서 POS task에서 최고 성능을 달성했다.

23.4 단어 + 문자 단위의 구조

이후 단어 + 문자 단위를 결합한 시스템은 도메인 별 지식이나 리소스를 따로 정의해 둘 필요 없는 강력한 NER 시스템으로 자리 잡았다. 해당 범주에는 두 가지의 기본 모델이 있는데, 첫 번째 유형의 모델은 단어 + 컨볼루션 조합의 문자를 하나로 표현한 다음 Bi-LSTM 레이어를 사용하여 마지막에 softmax 또는 CRF 레이어를 사용하는 방법이다. 라벨을 생성하는 Bi-LSTM 모델의 아키텍처 다이어그램은 문자 단위의 Bi-LSTM과 동일하거나 CNN으로 대체 가능하다. 2016년에는 해당 모델을 CoNLL 2003영어 데이터 세트에 활용하여 91.21% f-score를 달성했다.[7]

두 번째 유형의 모델은 [그림 23-3]처럼 각 단어에 해당하는 문자에 대해 LSTM으로 단어 임베딩을 연결하여 이 문장을 다른 문장 Bi-LSTM에 전달하고 마지막으로 softmax 또는 CRF 레이어를 사용하여 최종 태그를 예측하는 방법이다. Lample[8]에 의해 소개된 이 방법은 CoNLL 2002, 2003에서 스페인어, 네덜란드어, 영어 및 독일어 NER 데이터셋에 대해 각각 85.75%, 81.74%, 90.94%, 78.76% f-score를 달성했다.

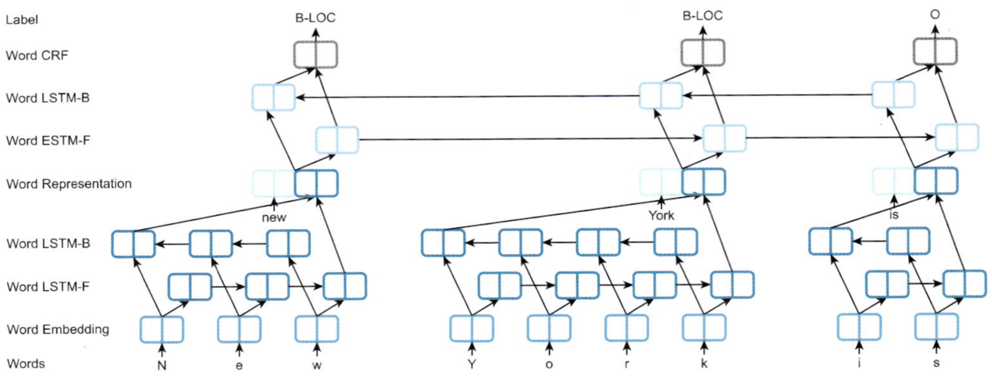

그림 23-3 문자 수준의 뉴럴 네트워크 아키텍처 기반 개체명 인식 시스템

본 장에서는 딥러닝 기반 NER 모델에 관한 내용을 다루었다. 단어 단위, 문자 단위, 그리고 단어 + 문자 단위 구조를 통해 개체명 시스템의 최근 전반적인 구조에 대해 알아보았다. 실습을 위한 자료(23장 딥러닝 기반 NER 실습)는 실습 파트에서 다루고 있으니 참고하길 바란다.

참고문헌

[1] A unified architecture for natural language processing: Deep neural networks with multitask learning

[2] Efficient estimation of word representations in vector space

[3] Deep learning with word embeddings improves biomedical named entity recognition

[4] Multi-granularity chinese word embedding

[5] Character-aware neural language models

[6] Finding function in form: Compositional character models for open vocabulary word representation

[7] End-to-end sequence labeling via bi-directional lstm-cnns-crf

[8] Neural architectures for named entity recognition

CHAPTER

24 딥러닝 기반 Question & Answering

24.1 딥러닝 기반 Question & Answering

정보의 홍수라고 불리는 시대에 제한된 시간 안에 모든 정보를 습득하기에는 어려움이 있다. 최근 인터넷의 발전과 함께 범람하는 정보 속에서 사용자의 질문에 대한 정답을 찾아 주는 시스템에 대한 연구가 활발히 일어나고 있다. 자연어처리 분야에서도 질의응답의 중요성이 나날이 늘고 있다. 이러한 이유로 다양한 분야에서 질의응답에 관한 연구가 활발히 진행되고 있다.

과거에는 규칙기반, 통계기반 방식의 질의응답 연구가 주를 이루었으나 현재는 대부분 딥러닝 기반 방식의 질의응답 시스템 연구가 이루어지고 있으며, 메모리 네트워크를 활용한 연구,[1] 트랜스포머를 활용한 연구[2] 등이 대표적인 예이다. 또한 질의응답을 위한 다양한 종류의 데이터셋이 공개되고 있으며 이에 따른 세계적인 질의응답 대회가 열리고 있는 실정이다. 따라서 앞서 11장에서 전통적인 질의응답에 대해 알아보았다면 이번 장에서는 딥러닝 기반 질의응답에 대해 소개한다.

질문과 정답후보가 여러 개가 있는 경우를 생각해보자. 예를 들어, “노벨상을 제정한 사람은 누구인가?”라는 질문이 있고, 아래 3개의 정답후보가 있다고 가정하자.

1. 노벨상은 100년도 전에 제정되었다.
2. 1936년에 제정된 Fields Medal은 종종 노벨 수학 상으로 묘사된다.
3. 노벨상은 알프레드 노벨에 의해 제정되었다.

3번째 정답후보가 정답이라고 생각할 수 있다. 위 예시는 단순히 질문과 정답후보 간의 단어 일치만으로는 정답을 고르는 것이 무리라는 것이다. 비록 모든 정답후보가 "제정", "노벨상"이라는 단어가 있지만 3번째 정답후보만 주어진 질문에 정확한 정답이 되기 때문이다. 검색된 문서 내에서 질문과 가장 관련된 문장을 식별하기 위한 정답 선택 혹은 정답 추출은 질의응답 시스템 상에서도 가장 중요한 요소이다. [그림 24-1]은 전형적인 질의응답의 처리과정을 나타낸다. 과거 전형적인 질의응답은 feature engineering, 형태소 분석, 개체명 분류 결과와 같은 언어학적 지식과 추가적으로 외부 리소스에 의존적이다. 최근, 딥러닝 기반 질의응답은 전통적인 기술의 성능을 능가할 뿐만 아니라, 초기 단어 임베딩을 학습하기 위해 레이블이 없는 큰 코퍼스 이외의 feature engineering이나 수작업으로 이루어진 외부 리소스가 필요하지 않다. 이어서 딥러닝 기반의 질의응답 모델들에 대해 알아보고 끝으로 질의응답 데이터셋에 대해 알아본다.

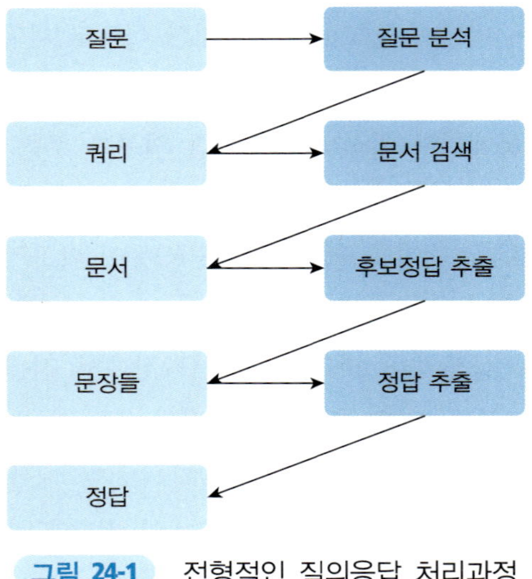

그림 24-1 전형적인 질의응답 처리과정

24.2 딥러닝 기반 Question & Answering 모델

딥러닝 기반의 질의응답 모델은 크게 3가지 모델이 존재한다. 샴 네트워크, 어텐션 메커니즘 기반 네트워크, Compare-Aggregate 네트워크가 있다. 먼저 샴 네트워크는 쌍둥이 네트워크라고도 불리며 문장 의미 유사도, paraphrase 식별 및 여러 문장 쌍 모델링 작업을 위해 제안된 네트워크[3]이다. [그림 24-2]는 샴 네트워크 모형을 나타낸다.

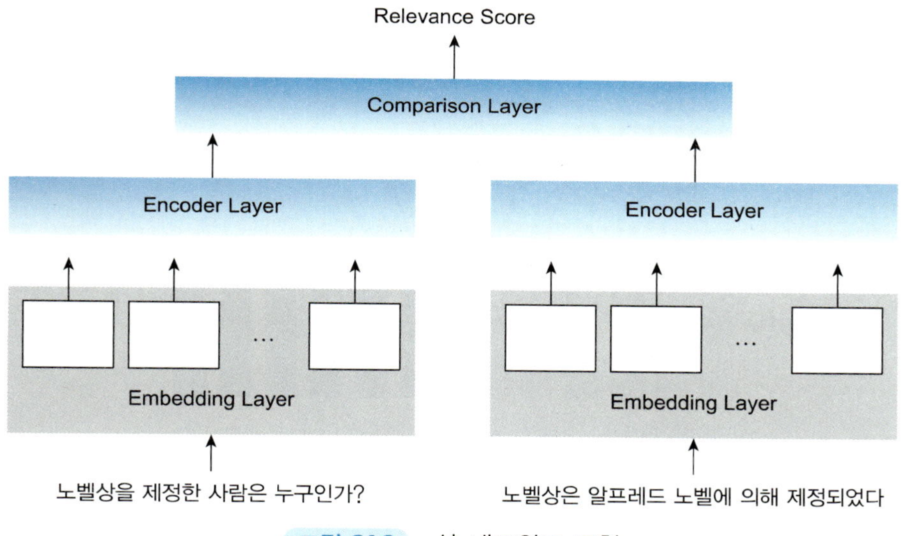

그림 24-2 샴 네트워크 모형

입력 문장은 각각 동일한 구조의 Encoder Layer를 통하여 vector representation으로 변환된다. 두 입력 문장을 인코딩 하는 과정에서 서로 상호작용을 하진 않는다. vector representation으로 변환 후 두 문장은 코사인 유사도, element-wise 연산 혹은 신경망기반의 가중합을 통해 질문과 정답후보간의 연관성 점수를 계산한다. 초기에는 embedding layer에서 얻은 word-level representation을 단순히 평균을 내서 문장을 표현하였지만, 딥러닝이 발전함에 따라 LSTM이나 GRU 혹은 CNN을 활용하여 문장을 표현하는 Encoder Layer을 사용한다.

샴 네트워크에서 입력 문장은 먼저 개별적으로 고정 길이의 벡터로 표현된 다음 질문과 정답후보간의 비교를 한다. 모델이 단순하다는 장점이 있음에도 불구하고, 문장 표현을 만들어 내는 encoder layer에서 질문과 정답후보간의 상호작용이 없다는 단점이 있다. 또한 예상되는 정답에 상관없이 질문은 항상 동일한 벡터로 매핑되며, 그 반대의 경우도 마찬가지다. 이러한 단점을 완화하기 위해 어텐션 메커니즘 기반 네트워크[4]가 등장한다. [그림 24-3]은 어텐션 메커니즘 기반 LSTM 네트워크를 나타낸다.

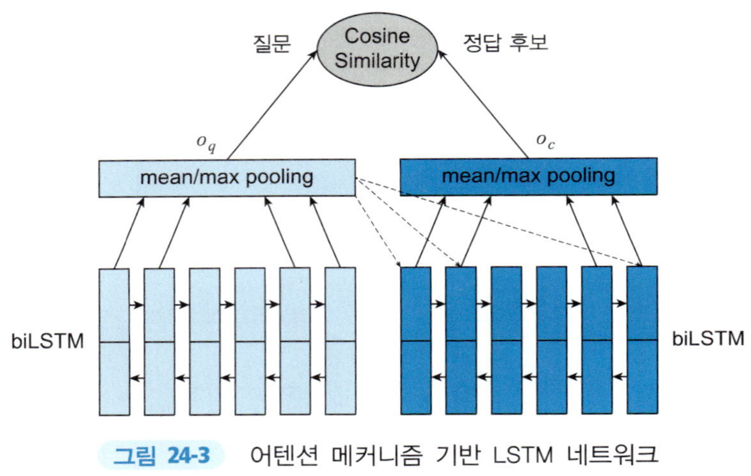

그림 24-3 어텐션 메커니즘 기반 LSTM 네트워크

해당 네트워크는 biLSTM과 pooling layer을 사용하여 질문 표현인 o_q를 만들고, pooling layer 이전에, 각각의 biLSTM 출력 벡터에 질문 표현으로부터 생성된 가중치가 곱해진다는 점을 제외하고, 정답후보 표현인 o_c를 만든다. 어텐션 메커니즘은 정답 후보 문장에 존재하는 단어 중 질문과 관련 있는 특정 단어에 가중치를 더 주는 방식이다. 이 경우 가중치가 질문에서 정답후보로 단일 방향만 존재하는데, 어텐션 메커니즘 기반 LSTM 네트워크[5]는 양방향도 존재한다.

어텐션 메커니즘 기반 LSTM 네트워크를 넘어서서 최근 가장 높은 성능을 보이는 네트워크들은[6] Compare-Aggregate 네트워크 계열이다.

[그림 24-4]은 Compare-Aggregate 네트워크를 사용한 Bilateral multi-perspective matching(BiMPM)네트워크[7]를 나타낸다.

해당 네트워크는 5개의 layer로 이루어져 있다. 먼저 word representation layer는 입력문장을 구성하는 단어를 일정 차원의 벡터로 만드는데 목적이 있다. character-composed embedding을 사용하거나 사전 학습된 GloVe, word2vec embedding을 사용한다. 다음으로 Context Representation Layer는 기존의 단어와 해당 단어의 위치 정보, 그리고 문맥 정보를 추가적으로 표현한 새로운 representation을 만든다. 이렇게 Context Representation Layer까지 지나고 나면, 질문, 정답 후보 문장 각각 문맥 정보를 지닌 word-level의 representation들이 생성되고, 각각을 비교하는 Matching Layer를 통과하게 된다. 두 문장의 Matching Layer 결과값은 다른 문장안의 모든 단어와의 문맥 일치 정도를 나타낸다. 이후 각각의 Matching Layer의 결과값을 결합하기 위해 biLSTM을 사용하여 새로운 벡터를 생성한다. 마지막으로 연관성 점수를 얻기 위해 softmax를 거쳐 최종 결과값을 얻는다.

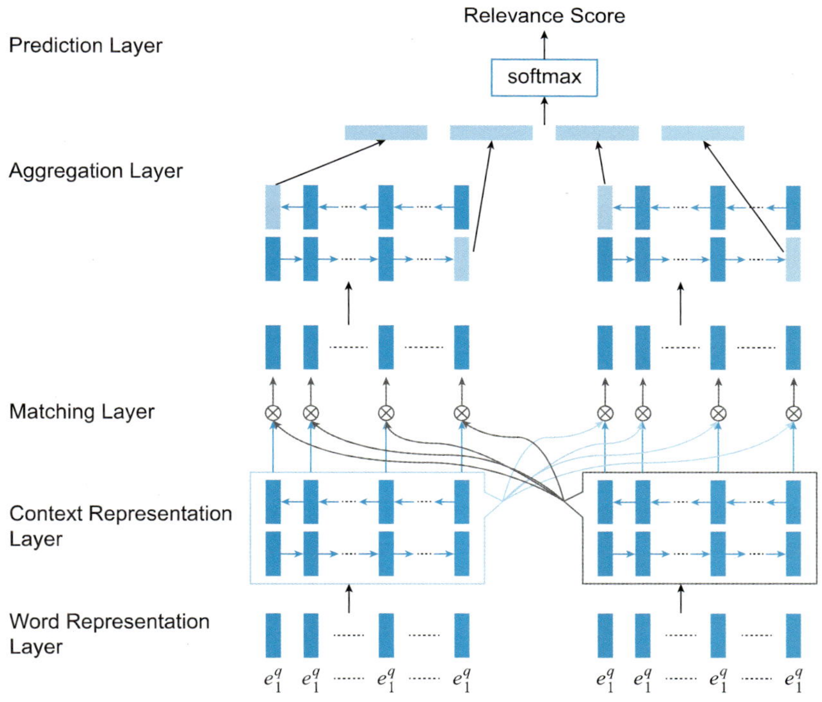

그림 24-4 Bilateral multi-perspective matching(BiMPM) 네트워크

24.3 시각 질의응답(Visual Question Answering, VQA)

TrecQA,[8] WikiQA,[9] InsuranceQA 등 QA 시스템의 Benchmarking으로 사용되는 데이터들이 새롭게 등장하고, 딥러닝 기술이 발전하면서, 새로운 문제들에 대한 해결책들을 찾는 시도들이 있어 왔다. 예시로서, VQA 데이터셋과 VQA Chanllenge [10]가 있다. VQA는 자유 형식의 이미지 데이터와 그 이미지에 대한 다양한 질문이 주어졌을 때, 해당 질문에 올바른 답변을 만들어내는 테스크이다. VQA Chanllenge는 2016년 CVPR(Conference on Computer Vision and Pattern Recognition)을 시작으로 매년 개최되며, 1년마다 발전된 기술을 평가하고 시상하고 있다.

2017년부터는 같은 질문에 비슷한 이미지를 보여주고 다른 답변을 하는 데이터를 VQA 2.0[11] 데이터셋을 통해 수집한 후 인공지능의 유효성을 평가한다. 예를 들어 '누가 안경을 쓰고 있나?'라는 질문에 비슷한 이미지가 주어지면 '남자'또는 '여자'의 답을 가질 수 있도록 데이터의 분포를 고려하는 것이다. VQA 2.0 데이터셋은 20만 개의 이미지에 대해 110만 개의 질문과 1100만 이상의 답을 가지며, VQA 1.0보다

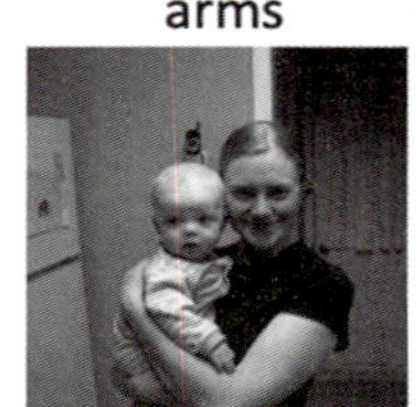

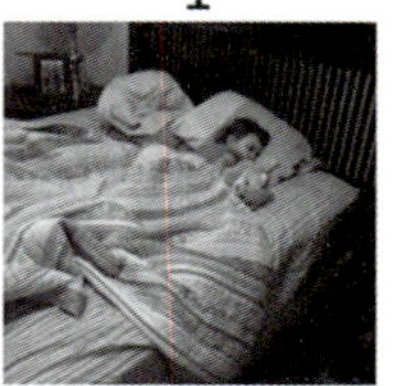

그림 24-5 VQA 2.0 데이터셋

1.8배의 데이터를 가지고 있다. [그림 24-5]는 VQA 2.0 데이터셋의 한 예시이다.

VQA는 개방형(Open-ended)과 다시선다형(Multiple-choice) 질문으로 이루어진다. 이미지와 함께 주어지는 개방형 질문의 예시로는, fine-grained recognition(세밀한 인식) : "피자위에 올려진 치즈 종류는 무엇입니까?", 물체인식(Object Detection): "자전거가 몇 대나 세워져있습니까?", 행동인식(Activity recognition): "이 남자가 웃고 있습니까?", 지식기반추론(Knowledge base reasoning): "이 피자는 채식주의자용인가요?", 그리고 일반상식추론(Commonsense reasoning): "저 사람의 시력은 1.0 인가요?", "이 사람은 친구를 기다리고 있나요?" 등이 있다. [그림 24-6]은 이미지와 함께 주어지는 개방형 질문이다.

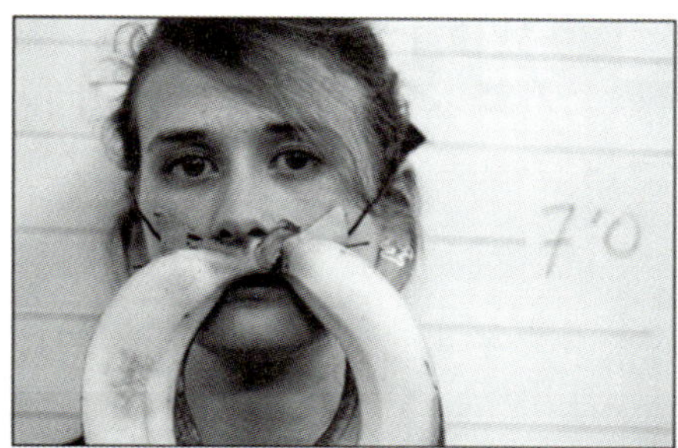

What color are her eyes?
What is the mustache made of?

How many slices of pizza are there?
Is this a vegetarian pizza?

Is this person expecting company?
What is just under the tree?

Does it appear to be rainy?
Does this person have 20/20 vision?

그림 24-6 이미지와 개방형 질문

따라서, VQA task를 성공적으로 수행하기 위한 시스템은 이미지 캡셔닝(Image Captioning)보다 더 높은 수준의 이미지 이해도와 함께 주어진 질문에 대한 통합적인 추론능력을 가져야 한다.

이미지와 텍스트를 모두 처리하기 위해 VQA 모델은 이미지 정보를 추출하는 모델과 텍스트 정보를 추출하는 모델이 모두 사용된다. [그림 24-7][12]은 VQA 기본 모델을 나타낸다.

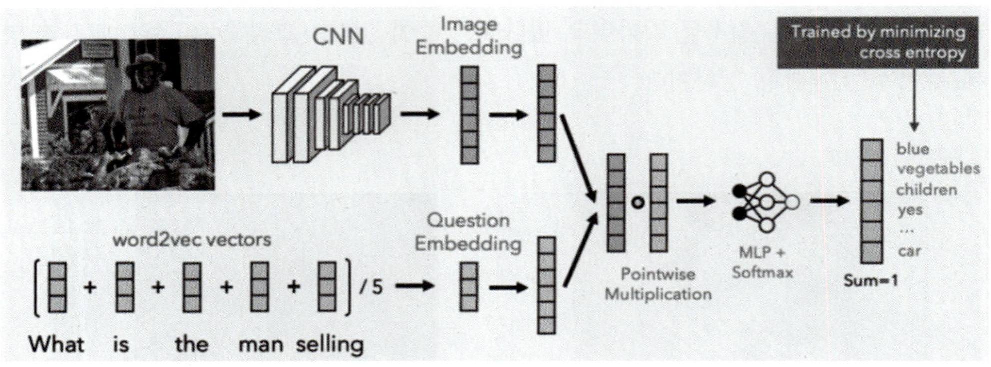

그림 24-7 VQA 기본 모델

먼저 이미지는 ResNet이나 VGGNet와 같은 CNN를 통과시켜 이미지의 정보를 담고 있는 이미지 임베딩을 얻는다. 텍스트 같은 경우 word2vec 모델을 사용하여 질문의 각 단어를 word-level로 임베딩하고 element-wise로 평균을 취한다. 이렇게 각기 다른 네트워크를 통하여 임베딩된 이미지 임베딩과 텍스트 임베딩은 서로 다른 차원을 갖게 되는데 같은 차원의 임베딩 차원으로 변환시키는 완전 연결층을 추가시켜 같은 차원으로 만들어 준다. 그 후 element-wise 곱을 하여 이미지와 텍스트를 결합시킨다.

마지막으로 MLP(Multi Layer Perceptron)와 softmax를 통과시켜 다지선다 K개에 대한 softmax 확률값을 얻게 된다. 개방형 질문의 경우 K개의 분류를 하는 작업에서 실제 정답과 생성된 정답의 크로스 엔트로피를 줄이는 방향으로 학습을 진행한다.

다지선다형 문제에 대한 정답을 구하는 방법으로 softmax 함수를 사용하는 방법

대신에, sigmoid함수를 사용하는 경우도 있다. [그림 24-8]은 다지선다형 문제의 이진 분류화를 나타낸다.

만약 주어진 문제의 선택지가 M개라면 M번의 이진 분류를 진행하고, 그 중 가장 확률값이 높은 정답 후보를 선택하는 방법이다.

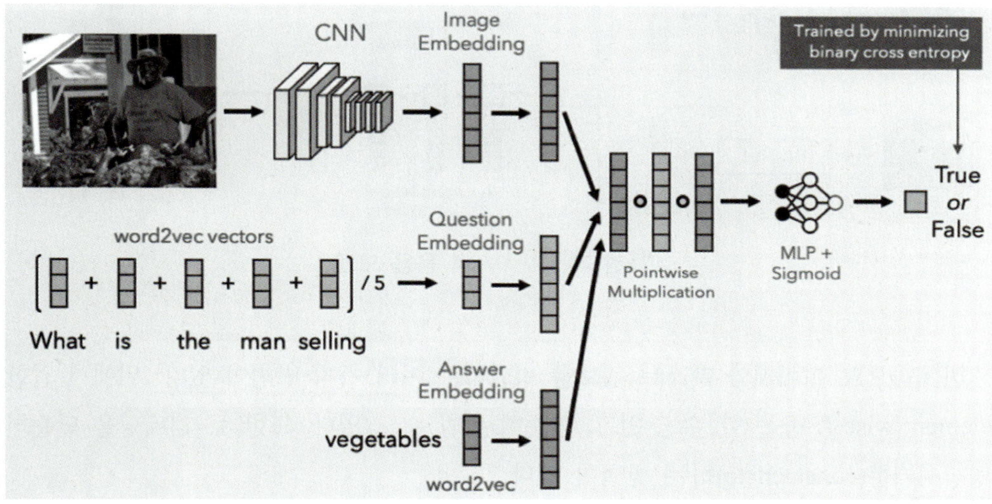

그림 24-8 다지선다형 문제의 이진 분류화

앞서, 이미지 임베딩을 얻기 위해 ResNet이나 VGGNet을 사용한다고 했다. 이때 사용되는 네트워크들은 대부분 이미지넷 데이터[13]를 사전 학습한 네트워크를 사용한다. 사전 학습한 네트워크를 사용하면 학습 속도가 빠르다는 장점이 있다. 또한 대용량의 데이터를 학습함으로써 네트워크의 성능이 어느 정도 보장이 된다.

추가적으로, VQA 기본 모델에 다양한 응용을 할 수 있다. [그림 24-9][14]은 VQA 응용 모델을 나타낸다. 그림과 같이 이미지 임베딩을 얻기 위해 AlexNet, VGGNet, GoogLeNet, ResNet 등 다양한 사전 학습된 네트워크를 사용할 수 있다. 다음으로 텍스트 임베딩을 얻기 위해 word2vec 모델 외에 Glove나 LSTM 네트워크를 활용할 수 있다. LSTM 네트워크 같은 경우 기존의 word-level을 단순히 평균내는 방식이 아니고, 단어의 순서 정보를 반영한다는 장점이 있다.

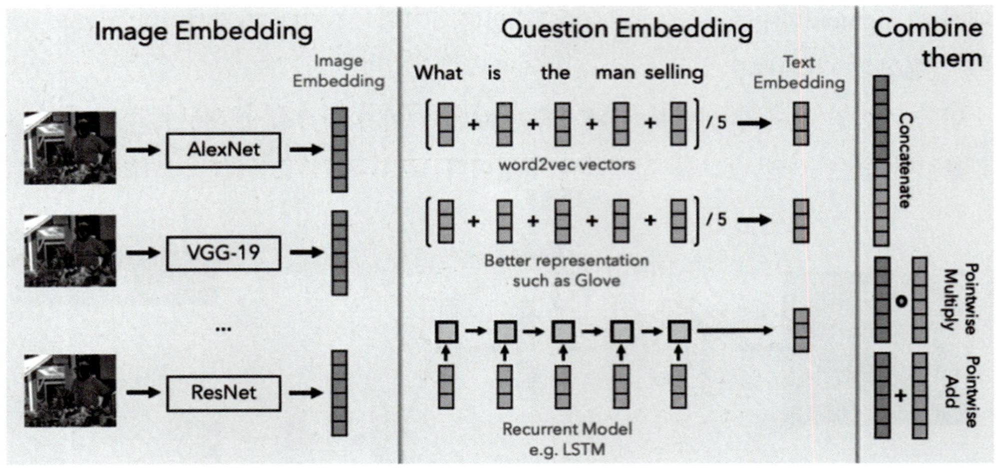

그림 24-9 VQA 응용 모델

마지막으로 이미지와 텍스트 정보를 병합하는 여러 가지 방법이 있다. 위에서 말한 element-wise로 곱을 할 수도 있고, 단순히 더할 수도 있다. 또한 두 임베딩을 단순히 병합시키는(concatenate)하는 방법이 있다.

참고문헌

[1] Sukhbaatar et al. "End-to-end memory networks." Advances in neural information processing systems. 2015.
Kumar et al. "Ask me anything: Dynamic memory networks for natural language processing." International conference on machine learning. 2016.

[2] Yang, Zichao, et al. "Stacked attention networks for image question answering." Proceedings of the IEEE conference on computer vision and pattern recognition. 2016.

[3] Mueller, Jonas, and Aditya Thyagarajan. "Siamese recurrent architectures for learning sentence similarity." Thirtieth AAAI Conference on Artificial Intelligence. 2016.

[4] Tan, Ming, et al. "Lstm-based deep learning models for non-factoid answer selection." arXiv preprint arXiv:1511.04108 (2015).

[5] Santos, Cicero dos, et al. "Attentive pooling networks." arXiv preprint arXiv: 1602.03609 (2016).

[6] Wang, Shuohang, and Jing Jiang. "A compare-aggregate model for matching text sequences." arXiv preprint arXiv:1611.01747 (2016), Tran, Quan Hung, et al. "The context-dependent additive recurrent neural net." Proceedings of the 2018 Conference of the North American Chapter of the Association for Computational Linguistics: Human Language Technologies, Volume 1 (Long Papers). 2018.

[7] Wang, Zhiguo, Wael Hamza, and Radu Florian. "Bilateral multi-perspective matching for natural language sentences." arXiv preprint arXiv:1702.03814 (2017).

[8] https://trec.nist.gov/data/qa.html

[9] https://www.aclweb.org/anthology/D15-1237/

[10] Antol, Stanislaw, et al. "Vqa: Visual question answering." Proceedings of the IEEE international conference on computer vision. 2015.

[11] Goyal, Yash, et al. "Making the V in VQA matter: Elevating the role of image understanding in Visual Question Answering." Proceedings of the IEEE Conference on Computer Vision and Pattern Recognition. 2017.

[12] https://medium.com/ai2-blog/vanilla-vqa-adcaaaa94336

[13] http://www.image-net.org/

[14] https://medium.com/ai2-blog/vanilla-vqa-adcaaaa94336

CHAPTER

25 딥러닝 기반 기계번역

12장에서 기계번역에 대한 전반적인 개념과 규칙 및 통계기반 기계번역에 대해서 학습하였다. 본 장은 딥러닝 기반 기계번역에 대해서 다루며 간단히 12장에 내용을 살펴본 후 심층적으로 딥러닝 기반 기계번역에 대해서 다루도록 한다.

25.1 기계번역 소개 및 흐름

기계번역이란 소스문장(Source Sentence)을 타겟문장(Target Sentence)으로 컴퓨터가 번역하는 시스템을 의미한다. 기계번역은 크게 3가지 흐름으로 변화했다.

> Machine translation is a sub-field of computational linguistics that investigates the use of software to translate text or speech from one language to another.
>
> From Wikipedia

그림 25-1 기계번역의 정의 – 기계번역은 원시언어를 목적언어로 컴퓨터가 변환하는 소프트웨어이다.

- **규칙기반 기계번역**(RBMT)은 언어학적, 문법적으로 언어를 번역하는 것을 의미하며 소스문장(source sentence)에 해당하는 언어를 형태소, 구문분석 등의 과정을 거쳐 타겟 언어(Target Language)의 문법적 규칙에 맞게 변환시켜서 번역을 진행하는 방법이다. 과거에 사용하던 방식으로 문법 규칙 추출이 어렵고, 언어학적인 지식이 많이 필요하다. 또한 번역 언어 확장이 어려우며 코드가 길다는 단점이 있다.
- **통계기반 기계번역**(SBMT)은 대용량 코퍼스(corpus)로부터 학습된 통계정보를 통하여 번역을 진행하는 방식이다. 간단히 생각해 확률을 이용하는 방식이다. 어느 정도 정확성 있는 기계 번역기를 만들려면 최소 200만개 이상의 말뭉치가 필요하며 말뭉치가 많으면 많을수록 성능이 향상된다. 번역모델과 언어모델로 구성되어 있으며 번역모델을 통하여 소스문장과 타겟문장의 Alignment를 추출하고 언어모델을 통하여 타겟 문장의 확률을 예측하게 된다.
- **인공신경망 기계번역**(NMT)은 가장 최신의 기술로서 알파고에 쓰인 기술로도 유명한 딥러닝(Deep Learning)을 이용하여 기계번역을 진행하는 방식이다. 딥러닝을 이용하여 입력과 출력의 문장을 하나의 쌍으로 두고 가장 적합한 표현과 번역결과물을 찾는 방식이다. 즉 딥러닝을 이용한 end-to-end 번역시스템이다.

25.2 딥러닝 기반 기계번역의 흐름

기계번역은 규칙기반 기계번역을 거쳐 단어 단위(Word-based), 구 단위(Phrase-based), 계층적 구 단위(Hierarchical Phrase-based), 구문 단위(Syntax based) 통계기반 기계번역(Statistical Machine Translation)을 거치며 발전했다. 여기까지의 흐름이 RBMT(Rule Based Machine Translation)와 SMT(Statistical Machine Translation)이다. 이후 Learning Phrase Representations using RNN Encoder-Decoder for Statistical Machine Translation(cho. 2014) 논문을 통하여 딥러닝 기반인 RNN을 사용하여 기계번역을 개발하기 시작했으며 2016년부터 본격적으로 NMT의 시대에 접

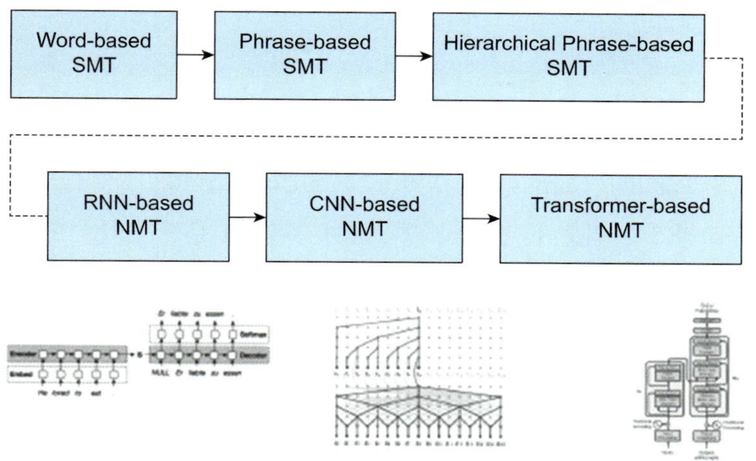

그림 25-2 딥러닝 기반 기계번역 흐름 – 단어기반 및 구기반 통계적 기계번역기를 거쳐 RNN 및 CNN 기반 인공신경망 기계번역기로 발전하였다. 현재는 Transformer 기반 기계번역기가 우수한 성능을 보이고 있다.

어들게 되었다. Neural Machine Translation By Jointly Learning to alingn and translate(Bahanau, 2016)의 논문에서 소개된 Attention이라는 개념을 통하여 SMT와 비교하여 눈에 띄는 성능 차이를 보이기 시작했다. 이후 GNMT(Google), Papago (Naver), PNMT(SYSTRAN) 등 실제 NMT를 이용한 상용화 기계번역 시스템이 개발되기 시작했다. 또한 최근에는 Attention is all you need라는 논문을 통해 소개된 Transformer라는 모델이 가장 좋은 성능을 보이고 있으며 현재 대부분의 기업에서 해당 모델을 채택하여 서비스를 진행하고 있다. 뿐만 아니라 Transformer를 통하여 Q&A, Languge Representation, Summarization 등 다양한 자연어처리 분야에서 좋은 성과를 보이고 있다. 본 장에서는 RNN 기반 NMT부터 Transformer까지 NMT의 기술 변화의 흐름을 자세히 살펴본다.

25.3 Sequence to Sequence 구조와 인코더 디코더

Neural Machine Translation(NMT)는 딥러닝 기반 기계 번역기이다. 학습에 필요한 것은 오직 Parallel Corpus 즉 병렬 코퍼스(Corpus)이다. NMT는 Sequence to Sequence 구조라고 불리운다. 간단히 생각하여 문장 to 문장이라는 표현이다. 즉 한국어-영어 번역기라면 "한국어 문장 to 영어 문장"으로 번역하니 문장 to 문장 즉, Sequence to Sequence인 것이다.

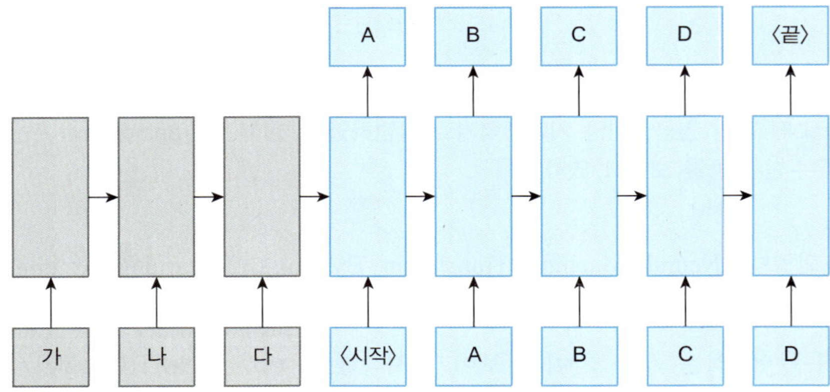

그림 25-3 인코더-디코더 구조: 기계번역은 인코더-디코더 구조이다.

Sequence to Sequence를 다르게 표현하면 바로 인코더-디코더 구조이다. 인코더란 컴퓨터가 이해할 수 있는 형태로 인간의 언어를 바꾸어주는 것이다. 컴퓨터는 숫자만 이해할 수 있으며 사람의 언어를 이해할 수 없다. 따라서 컴퓨터가 이해할 수 있는 지식표현 체계인 숫자로 바꾸어주어야 한다. 그 역할을 Encoder에서 진행하게 된다. 그렇다면 어떠한 숫자로 바꾸어주는가? 바로 고차원의 Vector 형태로 바꾸어 준다. 해당 내용에 대한 자세한 설명은 Language Representation 분야를 참고하기 바란다. 디코더는 인코더의 결과인 문장 임베딩 벡터와 이전 Time-step까지 번역하여 생성한 단어들에 기반하여, 현재 Time-step의 단어를 생성하는 작업이다. Encoder에서 딥러닝 학습을 할 수 있게 학습데이터를 변경해주고(고차원 벡터로, 워드임베딩), RNN을 통하여 Context Vector를 생성하고 이를 기반으로 디코더에서 번역을 진행하게 되는 것이다. RBMT, SMT처럼 복잡한 구조가 아닌 단순하게 병렬 코퍼스 데이터만 있으면 컴퓨터가 알아서 학습을 하게 된다. 즉, End to End 방식인 것이다. 인코더-디코더 구조는 기계 번역 뿐만 아니라 챗봇, 요약, 음성인식 등 다양한 분야에서 활용할 수 있다.

25.4 RNN 기반 Neural Machine Translation

본격적으로 딥러닝 기반 NMT에 대해서 설명한다. 현재 가장 많이 사용되면서 뛰어난 성능을 보이는 모델은 바로 Google에서 개발한 Transformer이다. 그 이전에는 RNN과 CNN 기반의 NMT를 많이 사용했기에 본서는 바로 Transoformer를 설명하는 것이 아닌 2014년부터 시작된 RNN 및 CNN 기반 NMT부터 Attention 기반 NMT 그리고 Transformer에 대해서 자세히 설명한다. NMT의 시작점이 한국인으로부터 시작되었다는 사실을 알고 있었는가? 현재 뉴욕대학교 교수이자 페이스북에서 근무하고 계시는 조경현 교수님의 논문이 NMT의 시작점이다. [그림 25-4]는 RNN 기반 기계번역 모델을 설명하는 그림이다. encoder는 입력의 각 아이템을 처리하여 정보를 추출한 후 그것을 하나의 벡터로 만들어낸다(흔히 context Vector라고 불림). 입력의 모든 단어에 대한 처리가 끝난 후 encoder는 context Vecotor를 decoder에게 보내고 출력할 아이템이 하나씩 선택되기 시작한다.

그러나 단순 RNN 기반 Sequence to Sequence 방식은 Encoder의 마지막 vector만의 정보를 이용한다는 한계점이 있다. [그림 25-4]를 보면 X_1부터 X_L까지 모든 입력이 C라는 벡터 한 개로 표현이 된다. 그 C를 Context Vector라고 한다.

위 방식은 긴 문장이 들어오면 번역이 잘 안되는 문제점이 있으며 학습데이터에 존재하지 않는 단어가 나오면 생략해버리거나, 앞부분에 대해 반복 번역을 진행할 때가 있다. 또한 Context Vector는 고정된 벡터인데 이러한 점 때문에 긴 문장을 잘 번역하지 못한다는 치명적인 한계점이 있다. 여기까지가 2014년에 나온 논문인 "Learning Phrase Representations using RNN Encoder-Decoder for Statistical

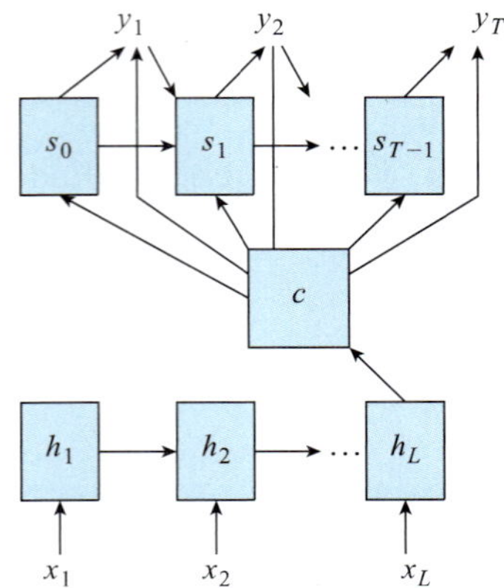

그림 25-4 RNN 기반 기계번역기: Learning Phrase Representations using RNN Encoder–Decoder for Statistical Machine Translation 논문에서 제안한 RNN 기반 기계번역기 구조도[1]

Machine Translation"에 대한 내용이다.

결론적으로 단순 RNN 및 LSTM을 기반으로 하는 NMT는 SMT와 비교하여 경쟁력있는 성능 차이를 보여주지 못하였다. 그러나 Bahadanau가 발표한 Neural Machine Translation By Jointly Learning To Align And Translation이라는 논문에서 Attention이 발표되면서 본격적으로 NMT가 빛을 보게 된다.

25.5 Attention의 등장

단순 RNN기반 NMT는 Context 벡터가 가장 큰 걸림돌인 것으로 밝혀졌다. 이렇게 하나의 고정된 벡터로 전체의 맥락을 나타내는 방법은 특히 긴 문장들을 처리하기 어렵게 만들었다. 이에 대한 해결 방법으로 제시된 것이 바로 "Attention"이다. Bahdanau et al., 2014 논문이 소개한 attention 메커니즘은 Sequence to Sequence 모델이 디코딩 과정에서 현재 스텝에서 가장 관련된 입력 파트에 집중할 수 있도록 해줌으로써 기계번역의 품질을 매우 향상시켰다. 스텝마다 관련된 부분에 더 집중할 수 있게 해주는 attention 모델은 attention이 없는 모델보다 훨씬 더 좋은 결과를 생

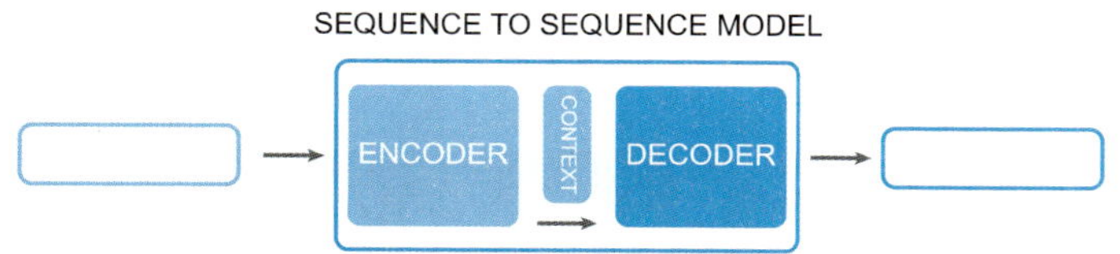

그림 25-5 RNN without Attention–Encoder의 모든 정보를 하나의 Context 벡터로 압축함[2]

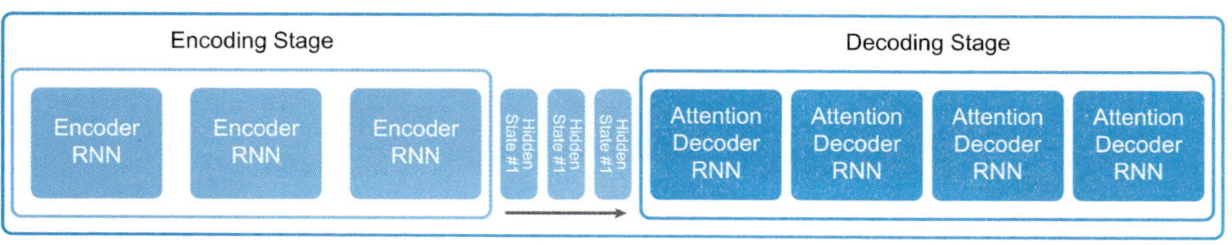

그림 25-6 RNN with Attention–Timestep마다 동적으로 Context Vector가 바뀜[2]

성한다. 어떠한 시점에 어떤 부분을 집중할지 그때 그때 동적으로 정하게 되는 것이 Attention의 핵심 개념이다. 그렇다면 단순 RNN 기반 NMT와 Attention 기반 NMT는 어떠한 차이가 존재할까? 기존 RNN 모델에서는 그저 마지막 스텝의 hidden state 즉 Context 벡터를 디코더에 넘겼던 반면 attention 모델에서는 모든 스텝의 hidden states를 decoder에게 넘겨준다. [그림 25-5]와 [그림 25-6]의 차이에서 알 수 있듯 Attention을 사용한 모델은 각 타임 스텝마다 동적으로 생성된 Context vector를 모두 디코더에 넘겨주게 된다. Attention을 이용하면 각 decoding 스텝에서 입력 문장에서 어떤 부분을 집중하고 있는지에 대해 볼 수 있다. [그림 25-7]은 이에 대한 예시이다. Attention에 대해 조금 더 자세히 살펴보자.

[그림 25-8]을 보면 인코더에서는 Bidirectional RNN을 사용하여 Forward Network와 Backward Network에서 Hidden State Vector Set을 각각 생성하여 각각의 단어별로 두 벡터를 합하여 하나의 벡터를 생성한다. 이를 Annotations라고 한다. 각 step의 Annotations와 디코더의 이전 state의 hidden vector를 가지고 Feed Forward Neural Network를 거쳐 energy(e_{ij})를 만든다. Energy는 일종의 점수라고 생각하면 이해하기 쉽다. 이 값에 Softmax 함수를 거쳐 어느 시점에 얼마나 집중을 할지에 대한 값을

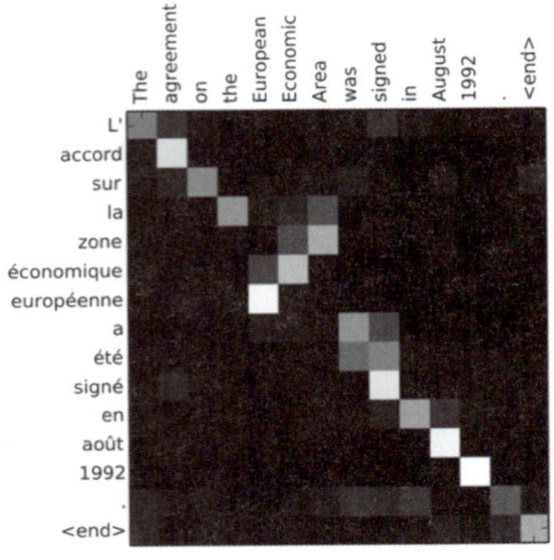

그림 25-7 Visualization Attention[1]

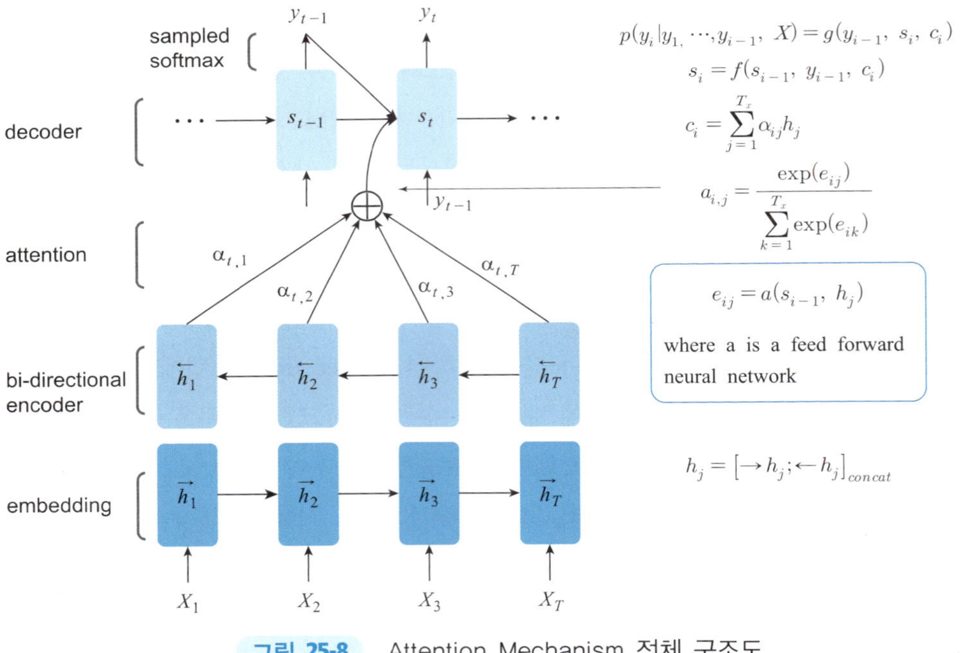

그림 25-8 Attention Mechanism 전체 구조도

도출해내고 이 값을 각 state에 Annotation에 곱해준 후 Summation을 해주게 되면

Context Vector를 구할 수 있게 된다. 이 Context Vector와 디코더의 이전 State의 hidden Vector 그리고 이전 시점의 출력을 가지고 다음 출력을 뽑아내게 된다.

결론적으로 Attention을 사용하여 NMT가 가지고 있던 기존의 단점들의 많은 부분을 극복할 수 있었다. 여기에서 더 나아간 것이 Attention is all you need 논문에서 소개된 Transformer이다. Transformer는 RNN은 철저히 배제하고 Attention만을 이용한 방식이다.

25.6 Transformer

Transformer은 Attention is All You Need이라는 논문을 통해 처음 발표되었다.

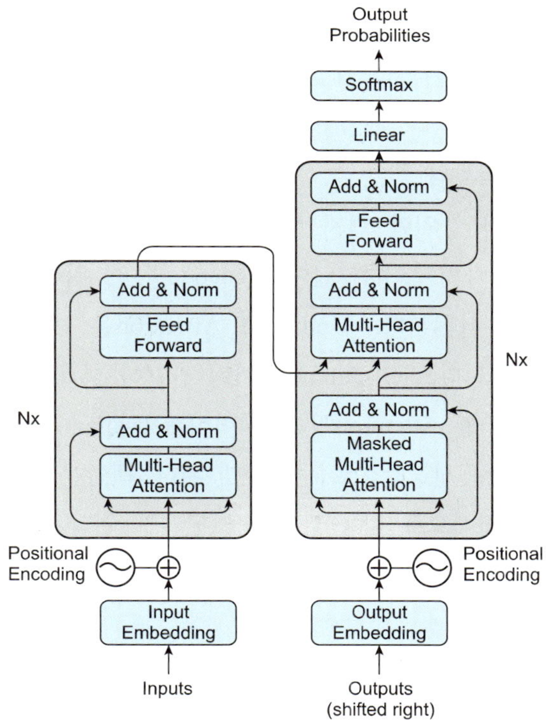

그림 25-9 Transformer 구조도[3]

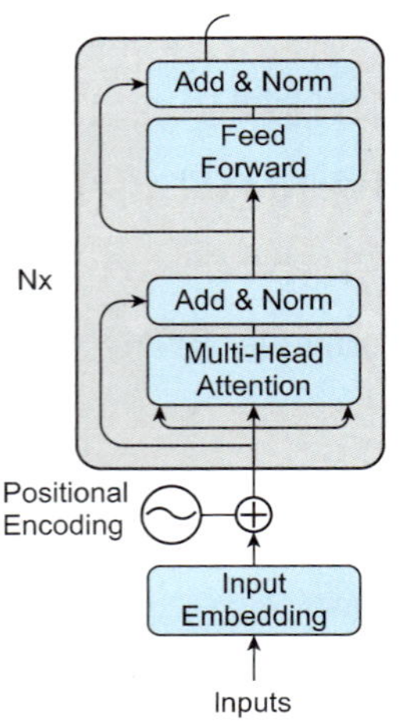

그림 25-10 Transformer Encoder 구조도[3]

논문제목에서 알 수 있듯 RNN과 CNN에 사용 없이 오직 Attention만을 이용한 모델이다. Transformer는 병렬화가 가능하고 학습속도가 상당히 빠르다. 기존에 1주일 걸리던 것이 2~3일이면 해결된다. Transformer도 결국 Encoder-Decoder 구조이다. 먼저 인코더의 구조를 살펴본다.

인코더에 들어온 입력은 일단 먼저 Multihead Attention 블럭을 지나가게 된다. 이 블럭은 encoder가 하나의 특정한 단어를 encode 하기 위해서 입력 내의 모든 다른 단어들과의 관계를 살펴본다. Multihead Attention은 Head 개수 만큼의 Self Attention 연산이 이루어진다. Self-Attention이란 간단히 생각하여 input 단어들 간의 Attention, 즉 자기들끼리의 Attention이다. 입력이 self-attention 층을 통과하여 나온 출력은 다시 feed-forward 신경망으로 들어가게 된다. 똑같은 feed-forward 신경망이 각 위치의 단어마다 독립적으로 적용돼 출력을 만들게 된다.

25.7 Self-Attention

self-attention 계산의 가장 첫 단계는 encoder에 입력된 벡터들로부터 각 3개의 벡터를 만들어내는 일이다. 각 단어에 대해서 Query 벡터, Key 벡터, 그리고 Value 벡터를 생성한다. 이 벡터들은 입력 벡터에 대해서 세 개의 학습 가능한 행렬들을 각각 곱함으로써 만들어진다.

x_1를 weight 행렬인 W^Q로 곱하는 것은 현재 단어와 연관된 query 벡터인 q_1를 생성한다. 같은 방법으로 입력 문장에 있는 각 단어에 대한 query, key, value 벡터를 만들 수 있다. self-attention 계산의 두 번째 스텝은 점수를 계산하는 것이다. A라는 단어와 입력 문장 속의 다른 모든 단어들에 대해서 각각 점수를 계산해야 한다. 이 점수는 현재 위치의 이 단어를 encode 할 때 다른 단어들에 대해서 얼마나 집중을 해야 할지를 결정한다. 점수는 현재 단어의 Query vector와 점수를 매기려 하는 다른 위치에 있는 단어의 Key vector의 내적으로 계산된다. 즉 Query와 Key 벡터를 곱해준다. 세 번째와 네 번째 단계는 이 점수들을 8로 나누는 것이다. 왜 8인가? 이 8이

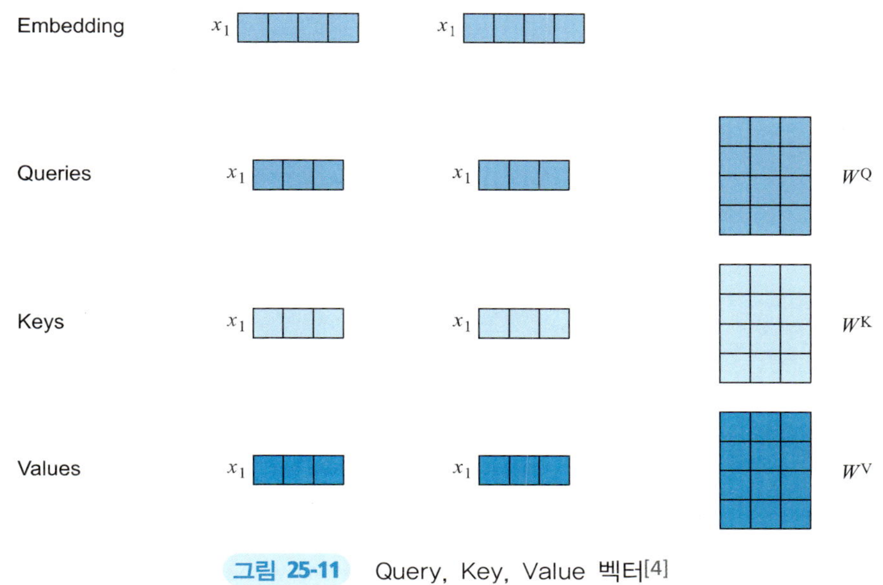

그림 25-11 Query, Key, Value 벡터[4]

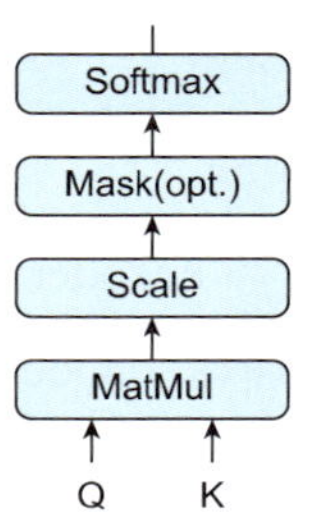

그림 25-12 Query와 Key의 내적[4]

란 숫자는 key 벡터의 사이즈인 64의 제곱근이라는 식으로 계산이 된 것이다. 이 나눗셈을 통해 더 안정적인 gradient를 가지게 된다. 그리고 난 다음 이 값을 softmax 계산을 통과시켜 모든 점수들을 양수로 만들고 그 합을 1로 만들어 준다. 이 softmax 점수는 현재 위치의 단어가 encoding에 있어서 얼마나 각 단어들의 표현이 들어갈 것인지를 결정한다. 당연하게 현재 위치의 단어가 가장 높은 점수를 가지며 가장 많은 부분을 차지하게 되겠지만, 가끔은 현재 단어에 관련이 있는 다른 단어에 대한 정보가 들어가는 것이 도움이 된다. 현재까지 진행과정을 그림으로 표현하면 [그림 25-12]와 같다.

다섯 번째 단계는 이제 입력의 각 단어들의 value 벡터에 이 점수를 곱하는 것이다. 이것을 하는 이유는 우리가 집중을 하고 싶은 관련이 있는 단어들은 그대로 남겨두고, 관련이 없는 단어들은 0.001과 같은 작은 숫자(점수)를 곱해 없애버리기 위함

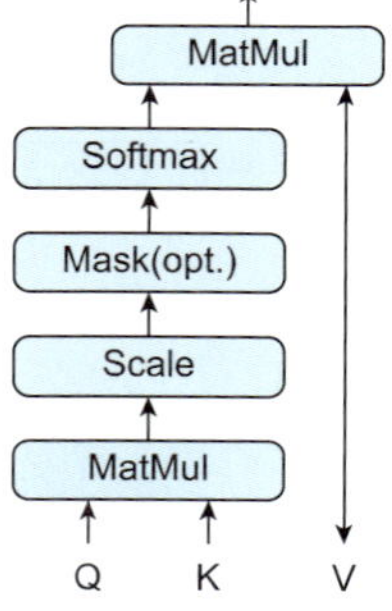

그림 25-13 Scaled Dot-Product Attention-Self Attention 계산과정[4]

이다.

마지막 여섯 번째 단계는 이 점수로 곱해진 weighted value 벡터들을 다 합해 버리는 것이다. 이 단계의 출력이 바로 현재 위치에 대한 self-attention layer의 출력이 된다. 현재까지 모든 진행과정을 그림으로 표현하면 [그림 25-13]과 같으며 현재까지의 작업을 Scale Dot Product Attention이라고 한다.

25.8 Multi Head Attention

Self-attention layer에 "Multi-head" attention이라는 메커니즘을 더해 성능을 더욱 개선할 수 있다. Multi-head attention을 이용함으로써 여러 개의 Query, key, Value weight 행렬들을 가지게 된다. 논문에서 제안된 구조는 8개의 Attention heads를 가지므로 각 encoder/decoder마다 이런 8개의 세트를 가지게 되는 것이다. 이러한 세트가 여러 개 있다는 것은 각 벡터들을 각각 다른 representation 공간으로 나타낸다는 것을 의미한다. Multi-head attention을 이용하기 위해서 각 head를 위해서 각각의 다른 Query, key, Value weight 행렬들을 모델에 가지게 된다. 이전에 설명한 것과 같이 입력 벡터들의 모음인 행렬 X를 W^Q, W^K, W^V 행렬들로 곱해 각 head에 대한 Query, key, Value 행렬들을 생성한다.

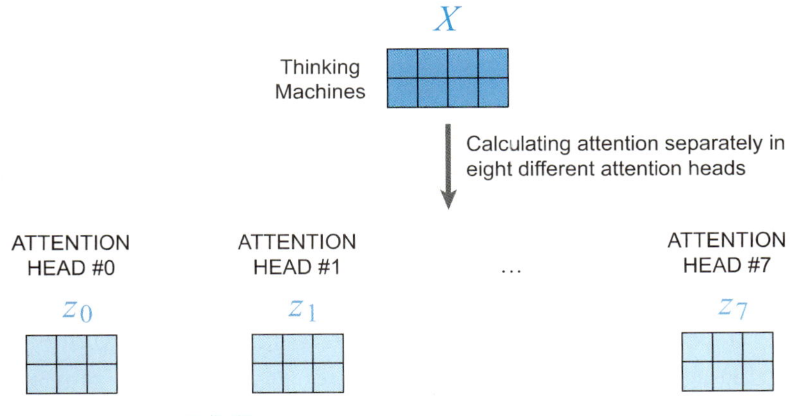

그림 25-14 Multi Head Attention 계산 과정[4]

위에 설명했던 대로 같은 self-attention 계산 과정을 8개의 다른 weight 행렬들에 대해 8번 거치게 되면, 8개의 서로 다른 Z 행렬을 가지게 된다. 간단히 생각하여 Self Attention을 8번 진행하여 각각 다르게 표현된 Attention Head를 얻게 되는 것이다. 그러나 문제는 이 8개의 행렬을 바로 feed-forward layer으로 보낼 수 없다.

feed-forward layer은 한 위치에 대해 오직 한 개의 행렬만을 input으로 받을 수 있다. 그러므로 이 8개의 행렬을 하나의 행렬로 합쳐야 한다. 어떻게 할 수 있을까? 일단 모두 이어 붙여서 하나의 행렬로 만들어버리고, 그 다음 하나의 또 다른 weight 행렬인 W_0을 곱해버리면 된다. 결국 1개의 행렬로 Multi Head Attention값이 표현되게 된다. 지금까지 진행된 과정을 총 정리해보면 아래 [그림 25-15]와 같다.

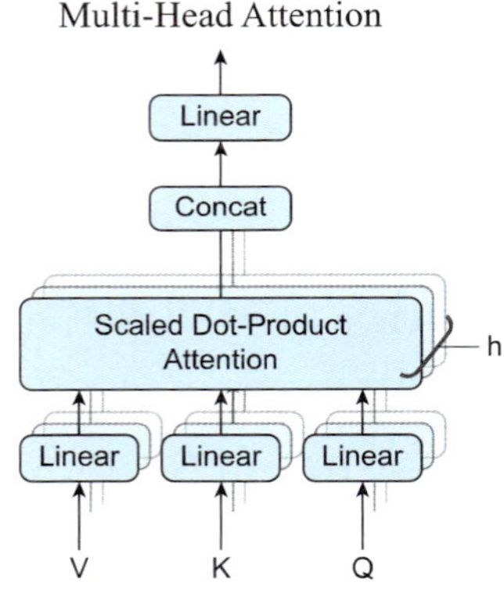

그림 25-15 Multi Head Attention 계산과정 구조도[3]

25.9 Positional Encoding

Transformer 모델에서 입력 문장에서 단어들의 순서에 대해서는 어떻게 고려할까? Transformer 모델은 각각의 입력 embedding에 "positional encoding"이라고 불리는 하나의 벡터를 추가한다. 이 벡터들은 모델이 학습하는 특정한 패턴을 따르는데, 이러한 패턴은 모델이 각 단어의 위치와 시퀀스 내의 다른 단어 간의 위치 차이에 대한 정보를 알 수 있게 해준다.

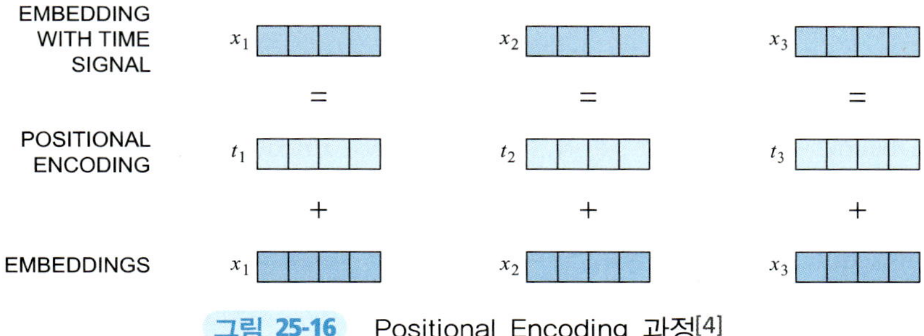

그림 25-16 Positional Encoding 과정[4]

25.10 Residual & Layer Normalization

각 encoder 내의 sub-layer가 residual connection으로 연결되어 있으며, 그 후에는 layer-normalization 과정을 거친다. 이 벡터들과 layer-normalization 과정을 시각화해 보면 다음과 같다.

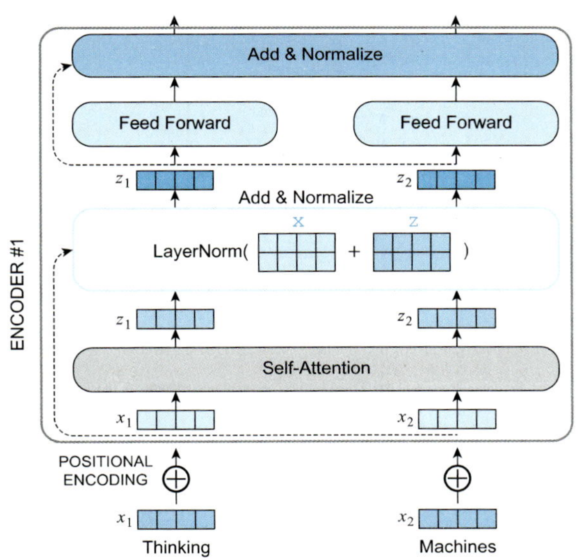

그림 25-17 Residual & Layer Normalization 과정[4]

이것은 decoder 내에 있는 sub-layer들에도 똑같이 적용되어 있다.

25.11 Decoder

이제 Decoder에 대해서 알아본다. 사실 이제까지 Encoder와 Decoder에 차이는 거의 없고 딱 2가지 면에서 차이가 존재한다. 첫째로 Decoder에서의 self-attention layer은 output sequence 내에서 현재 위치를 기준으로 이전 위치들에 대해서만 Attention을 진행할 수 있다. 이것은 self-attention 계산 과정에서 softmax를 취하기 전에 현재 스텝 이후의 위치들에 대해서 masking을 해줌으로써 가능해진다. 둘째로 Decoder의 Multi-Head Attention layer는 Encoder의 Multi-Head Attention과 한 가지를 제외하고는 똑같은 방법으로 작동한다. 그 한 가지 차이점은 Query 행렬들을 그 밑의 layer에서 가져오고 Key와 Value 행렬들을 encoder의 출력에서 가져온다는 점이다.

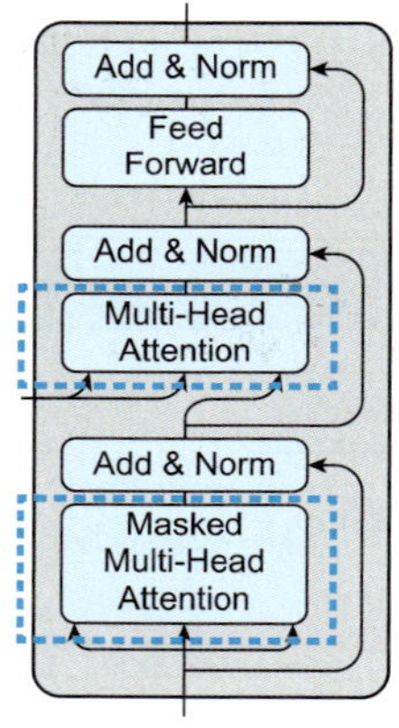

그림 25-18 Transformer Decoder 구조도[3]

25.12 Linear Layer & Softmax

여러 개의 decoder를 거치고 난 후에는 소수로 이루어진 벡터 하나가 남게 된다. 어떻게 이 하나의 벡터를 단어로 바꿀 수 있을까? 이것이 바로 마지막에 있는 Linear layer와 Softmax layer가 하는 일이다. Linear layer는 fully-connected 신경망으로

decoder가 마지막으로 출력한 벡터를 그보다 훨씬 더 큰 사이즈의 벡터인 logits 벡터로 투영시킨다.

우리의 모델이 training 데이터에서 총 10,000개의 영어 단어를 학습하였다고 가정한다. 그렇다면 이 경우에 logits vector의 크기는 10,000이 될 것이다. 이 벡터의 각 셀은 그에 대응하는 각 단어에 대한 점수가 된다. 이렇게 되면 우리는 Linear layer의 결과로서 나오는 출력에 대해서 해석을 할 수 있게 된다. softmax layer는 이 점수들을 확률로 변환해주는 역할을 한다. 셀들의 변환된 확률 값들은 모두 양수 값을 가지며 다 더하게 되면 1이 된다. 가장 높은 확률 값을 가지는 셀에 해당하는 단어가 해당 스텝의 최종 결과물로서 출력되게 된다. 이제까지 Transformer에 대해서 모든 설명을 진행해보았다. 이제 아래 그림을 보고 본인의 표현으로 직접 Transformer를 설명해보기 바란다.

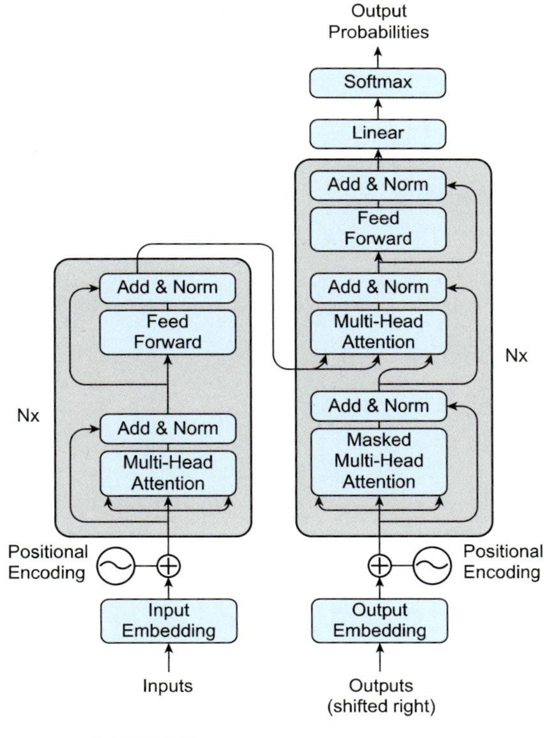

그림 25-19 Transformer 구조도[3]

이제까지 딥러닝 기반 기계번역에 대해서 살펴보았다. 본서로 학습한 이론을 바탕으로 직접 구현을 진행해보거나 오픈소스를 활용하여 직접 NMT를 만들어보기를 추천한다.

참고문헌

[1] Bahdanau, Dzmitry, Kyunghyun Cho, and Yoshua Bengio. "Neural machine translation by jointly learning to align and translate." arXiv preprint arXiv:1409.0473 (2014).

[2] https://jalammar.github.io/visualizing-neural-machine-translation-mechanics-of-seq2seq-models-with-attention/

[3] Vaswani, A., Shazeer, N., Parmar, N., Uszkoreit, J., Jones, L., Gomez, A. N., ... &Polosukhin, I. (2017). Attention is all you need. In Advances in neural information processing systems (pp. 5998-6008).

[4] http://jalammar.github.io/illustrated-transformer/

연 | 습 | 문 | 제

1. Attention이 나오기 전 NMT의 한계점에 대해서 서술하시오.

2. Transformer까지 기계번역의 흐름에 대해 서술하시오.

3. Self Attention이 무엇인지 수식과 함께 서술하시오.

4. Multi Head Attention이 무엇인지 수식과 함께 서술하시오.

5. 다음 그림을 보고 본인의 표현으로 해당 모델을 서술해보시오

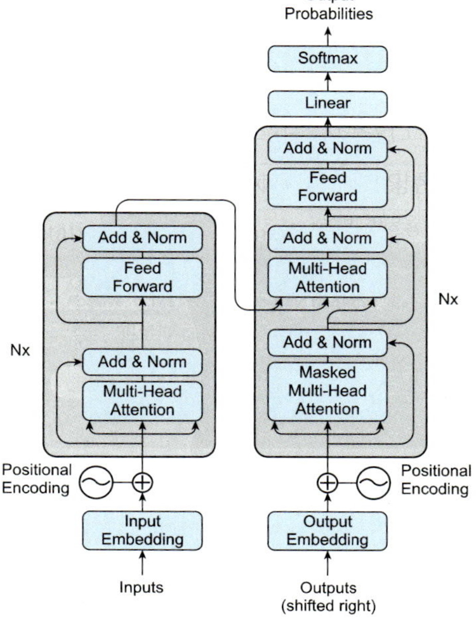

CHAPTER

26 딥러닝 기반 문장생성

우리는 앞서 9장에서 통계기반 언어 모델을 이용해 간단히 문장을 생성해보았고, 13장에서는 다양한 기계학습 모델로 문장을 생성하는 방법에 대해 알아보았다. 여기서는 딥러닝 기반 언어 모델을 이용해 문장을 생성하는 방법에 대해 알아보고 실습을 해보고자 한다.

앞서 살펴보았던 통계기반 언어 모델은 비교적 해석이 쉽고 가볍다는 장점이 있지만, 훈련 데이터인 코퍼스의 내용과 양에 따라 성능이 크게 좌지우지되고, 희소 문제에 대처하기 어려우며 훈련 데이터가 늘어난다 하더라도 모델의 성능이 특정 지점에서 임계치에 도달하여 크게 향상되지 않는다는 한계를 지닌다. 이와 같은 통계적 언어 모델의 다양한 한계로 인해 최근에는 인공신경망 기반의 언어 모델을 이용해 문장 생성 과제를 해결하려는 시도들이 이어지고 있다. 인공신경망, 특히 딥러닝 기반의 언어 모델은 최근 몇 년 사이에 빠르게 발전하였고 다양한 자연어처리 과제에서 괄목할만한 성능 향상을 보였다.

하지만 이러한 최근의 성과에도 불구하고 딥러닝 모델을 이용해 사람과 같은 수준으로 자연스러운 문장을 생성하는 일은 여전히 도전적인 과제이다. 사람과 같이 자연스러운 문장을 생성하려면 ① 생성되는 텍스트가 올바른 통사 구조를 지니고 있어야 하고(예: '나는 학교는 간다'라는 문장은 통사적으로 올바른 문장이 아니다), ② 의미적으로 말이 되어야 하며(예: '이 사과는 공부를 싫어한다.'라는 문장은 통사적으로는 문제가 없지만 의미적으로는 부자연스러운 문장이다), ③ 문장 내 단어들 혹은 문서 내 문장들이 통일된 문맥 내에서 고려되어야 한다(예: 만약 뉴스 기사글을 자동으로 생성하는 과제라면, '부산 경찰서는 지난 23일 김모씨를 불구속 입건했다고 밝혔다.'라는 문장 뒤에 '그런데 나는 20대의 절반을 부산에서 보냈다.'라는 문장이 올 경우 매우 부자연스러워진다는 것을 알 수 있다. 게다가 한국어에서는 '어머님 밥 먹어.'라는 문장이 매우 어색하듯이 존대 어휘와 하대 어휘가 문맥에 맞게 적절히 생성되어야 하는 문제도 있다). 이 세 개의 기본 조건 외에도 자연스러운 문장 생성을 위해서는 다양한 요소들이 고려되어야 한다.

사람 수준의 문장을 자동으로 생성하는 과제는 이처럼 도전적인 일이지만 언어 모델의 발전과 함께 꾸준히 성능이 향상되고 있는 추세이다. 일반적으로 문장 생성 과제는 언어 모델을 통해 이루어진다(이 장에서는 강화학습, 적대학습 등을 이용한 언어 생성 모델은 다루지 않는다). 언어 모델은 이전 토큰을 통해 다음 토큰을 예측하는 모델이다. 이를 바탕으로 언어 모델은 주어진 단어 혹은 문장을 기반으로 다음에 올 단어 혹은 문자열을 연속적으로 예측하여 새로운 문장을 생성할 수 있게 된다. 최근 몇 년간 N-gram 모델에서부터 시작하여 순환 신경망 언어 모델(recurrent neural network language model, RNNLM)에 이어 셀프 어텐션(self-attention) 기반 언어 모델에 이르기까지 다양한 언어 모델이 발전하면서 문장 생성 과제에서도 괄목할만한 발전이 이루어지고 있다.

26.1 순환 신경망 언어 모델을 이용한 문장 생성

딥러닝 기반 문장 생성은 순환 신경망 언어 모델의 등장으로 빠르게 발전하기 시작했다. 순환 신경망 언어 모델은 이전 은닉층의 정보가 다음 은닉층에 영향을 주는 재귀적인 순환 구조를 따르는 모델을 말한다. 이러한 구조 덕분에 순환 신경망 언어 모델은 자연어처리, 음성처리, 유전자 정보와 같은 열(sequence) 데이터를 다루는 데에 유용하게 사용된다. RNN 및 LSTM과 같은 순환 신경망 언어 모델에 대해서는

13장과 20장을 참고하길 바란다.

26.1.1 LSTM을 이용한 문장 생성

순환 신경망 언어 모델은 여느 언어 모델이 그러하듯이 이전 토큰을 기반으로 다음 토큰을 예측할 수 있다. 9장에서 살펴보았던 N-gram 모델과 마찬가지로 단어(혹은 문자)열을 예측하는데, 통계적 알고리즘이 아닌 딥러닝 알고리즘에 기반하여 단어(혹은 문자)열을 예측한다는 차이가 있다. 즉, 딥러닝 모델에서는 학습 데이터가 입력으로 주어졌을 때, 여러 개의 층(layer)을 통해 텍스트의 자질(feature)을 추출하고 이를 바탕으로 가능한 토큰들의 조합을 학습한다. 학습이 완료된 모델은 테스트 데이터가 주어질 때, 해당 데이터에 대한 별도의 통계 정보가 없어도 이전에 학습한 내용을 기반으로 가능한 토큰 조합을 추론할 수 있다. 구체적인 원리는 어떤 딥러닝 모델을 사용하느냐에 따라 다르다. 이 장에서는 순환 신경망 모델 중 하나인 LSTM의 문장 생성 원리를 설명하도록 하겠다.

LSTM은 Vanilla RNN 모델보다 데이터의 정보를 효과적으로 기억할 수 있으므로 장기 의존성 문제가 덜 발생하고 보다 높은 성능을 보일 뿐만 아니라 트랜스포머 모델만큼 많은 컴퓨팅 자원을 필요로 하지 않으므로 문장 생성 과제를 포함한 많은 NLP 과제에 다양하게 적용되곤 한다. 다음은 셰익스피어 데이터셋과 LSTM을 이용하여 문장을 생성한 예이다.

생성된 문장은 단어의 의미 정보와 문맥 정보가 고려되지 않았기 때문에 다소 부자연스러워 보인다. 한편 전체적인 구조는 훈련 데이터셋과 유사한 것을 알 수 있다. 생성된 문장이 의미적으로 자연스럽지는 않지만, 문자 단위로 생성하였음에도 실제 존재하는 일련의 단어들이 문장의 형태로 출력되었으며 비교적 문법적으로 올바른 문장이 생성되었다는 점으로 보아, 언어 모델로서 다음 토큰을 예측하고 출력한다는 것을 알 수 있다.

주어진 문자:
Q

생성된 문장:
QUEENE: I had thought thou hadst a Roman; for the oracle, Thus by All bids the man against the word, Which are so weak of care, by old care done; Your children were in your holy love, And the precipitation through the bleeding throne.

BISHOP OF ELY: Marry, and will, my lord, to weep in such a one were prettiest; Yet now I was adopted heir Of the world's lamentable day, To watch the next way with his father with his face?

ESCALUS: The cause why then we are all resolved more sons.

VOLUMNIA: O, no, no, no, no, no, no, no, no, no, no, no, no, no, no, no, no, no, no, no, no, it is no sin it should be dead, And love and pale as any will to that word.

QUEEN ELIZABETH: But how long have I heard the soul for this world, And show his hands of life be proved to stand.

PETRUCHIO: I say he look'd on, if I must be content To stay him from the fatal of our country's bliss. His lordship pluck'd from this sentence then for prey, And then let us twain, being the moon, were she such a case as fills m

그림 26-1 LSTM을 이용하여 생성한 문장 예

[그림 26-2]는 문자 단위로 텍스트를 출력하는 순환 신경망 모델의 구조를 간단하게 도식화한 것이다. 위 그림에서는 순환 신경망으로 LSTM을 사용했지만 데이터셋의 형태나 테스크에 따라 Vanilla RNN, GRU 등 다양한 순환 신경망 모델을 사용할 수 있다.

문장 생성에 사용되는 순환 신경망 언어 모델은 일반적으로 입출력이 여러개다. 각 타임 스텝에서 이전 출력층의 값은 다음 입력층의 값이 되며, 입력값은 LSTM 셀을 거쳐서 은닉층으로 전달된다. 이때 LSTM 셀은 이전 타임 스텝의 정보를 고려하여 이를 가중치로 반영한다.

모델은 학습 데이터를 바탕으로 토큰의 조합을 학습한다. 즉, 현재 타임 스텝의 입력 토큰(이전 타임 스텝의 출력 토큰)을 기반으로 다음 타임 스텝의 토큰을 예측하고 출력하는 법을 학습한다. 위 예시에서는 각 토큰이 문자 단위로 이루어지지만, 필요에 따라 단어 단위로 설정할 수도 있다. 문장 생성 모델을 구현하는 과정은 크게 다

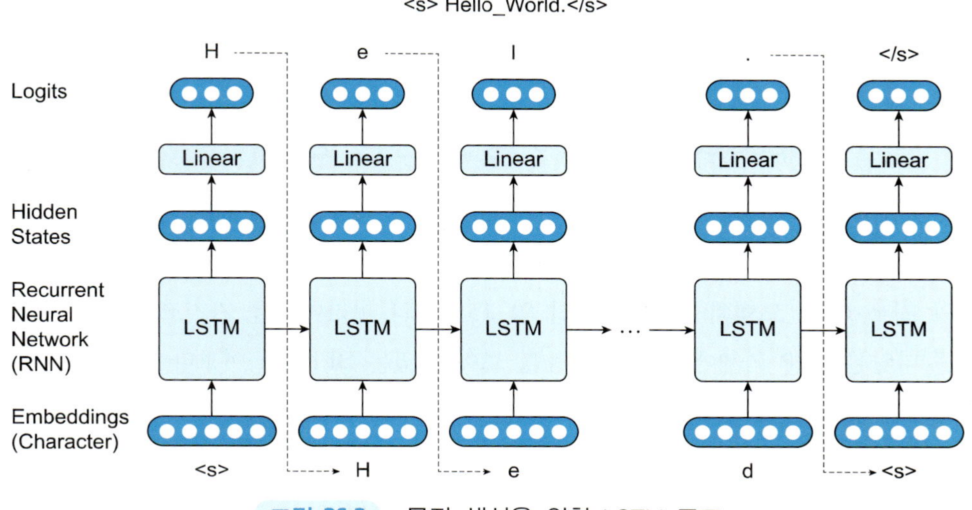

그림 26-2 문장 생성을 위한 LSTM 구조

음과 같다.

- **데이터셋 전처리**: 훈련 데이터셋과 테스트 데이터셋을 준비하고 필요에 따라 전처리를 진행한다.
- **모델 설계**: 배치, 어휘 사전(vocab), 임베딩 차원, RNN 유닛 개수 등을 설정하고 모델을 구성할 층을 설계한다. 어휘 사전을 구성하는 개별 토큰들은 문자 기반 모델인지 단어 기반 모델인지에 따라 달라진다.
- **모델 훈련**: 훈련에 필요한 옵티마이저와 손실 함수 등을 설정하고 훈련을 진행한다. 문장 생성을 위해 모델의 체크포인트를 저장하는 것을 잊지 말자.
- **문장 생성**: 저장된 모델의 체크포인트를 불러와서 테스트를 진행한다. 모델을 통해 각 타임 스텝별로 다음 토큰을 예측하도록 하며, 예측되는 모든 토큰들을 엮어 하나의 문장으로 생성되도록 한다.

이는 대략적인 내용이므로 자세한 문장 생성 방법은 실습을 통해 배워보도록 하겠다. 다음은 셀프 어텐션 기반 언어 모델을 이용한 문장 생성 방법을 소개하도록 하겠다.

26.2 셀프 어텐션 기반 언어 모델을 이용한 문장 생성

26.2.1 OpenGPT-2를 이용한 문장 생성

현재까지 나온 언어 모델 중에서는 OpenAI에서 공개한 OpenGPT-2[1]가 문장 생성 과제에서 가장 높은 성능을 보이고 있다. GPT-2는 GPT[2]의 후속 모델로, 풀 버전의 경우 GPT 모델의 10배 이상인 약 15억개의 파라미터를 가지고 있다. 참고로 최근 다양한 NLP 과제에서 높은 성능을 보이고 있는 BERT도 이보다 5배 적은 약 3억 5천만개의 파라미터로 구성되어 있으니, GPT-2가 얼마나 거대한 모델인지 짐작해 볼 수 있다. 다음은 GPT-2를 이용하여 자동으로 문장열을 생성한 예이다. 다음의 GPT-2는 주어진 문장에 이어서 새로운 문장을 생성한다.

생성된 연속된 문장들은 언뜻 보면 사람이 쓴 것처럼 매우 자연스럽다. 그러나 자세히 살펴보면 어딘가 맥락이 맞지 않거나 통사적으로 어색한 부분들을 발견할 수 있다. GPT-2는 언어 생성 과제에서 SOTA에 가까운 성능을 보이는데, 이전 순환 신경망 기반 언어 생성 모델에 비해 훨씬 자연스러운 결과를 출력하지만 매 시도마다 결과가 좋은 것은 아니다.

GPT-2의 특징은 비지도학습 방식으로 훈련된다는 것과 멀티테스크 러닝과 같이 다양한 도메인에 적용할 수 있는 포괄적인 언어 모델이라는 것이다. 그동안의 NLP 과제들은 BERT와 같이 사전 학습된 언어 모델을 과제에 맞게 지도 학습하여 파인 튜닝(fine-tuning)하는 방식으로 SOTA(State Of The Art)를 달성했다. 이러한 방식은 지도 학습이 요구되기 때문에 정제된 훈련 데이터셋을 다량으로 투입하지 않으면 높은 성능을 내기 어렵다는 단점이 있다. 그러나 GPT-2의 경우 커뮤니티 사이트(Reddit)에서 웹 스크래핑으로 수집한 기초 자료(raw data)를 훈련 데이터로 투입하여 비지도방식으로 언어 모델을 학습시켰다. 또한 과제에 맞추어 따로 파인 튜닝을 하지 않고도 문장 생성 과제를 포함한 다양한 NLP 과제에서 높은 성능을 보였다는 점에서 강력한 비지도학습 언어 모델임을 증명했다.

주어진 문장:

In a shocking finding, scientist discovered a herd of unicorns living in a remote, previously unexplored valley, in the Andes Mountains. Even more surprising to the researchers was the fact that the unicorns spoke perfect English.

생성된 문장:

The scientist named the population, after their distinctive horn, Ovid's Unicorn. These four-horned, silver-white unicorns were previously unknown to science.

Now, after almost two centuries, the mystery of what sparked this odd phenomenon is finally solved.

Dr. Jorge Pérez, an evolutionary biologist from the University of La Paz, and several companions, were exploring the Andes Mountains when they found a small valley, with no other animals or humans.

Pérez noticed that the valley had what appeared to be a natural fountain, surrounded by two peaks of rock and silver snow.

Pérez and the others then ventured further into the valley. "By the time we reached the top of one peak, the water looked blue, with some crystals on top," said Pérez.

Pérez and his friends were astonished to see the unicorn herd. These creatures could be seen from the air without having to move too much to see them – they were so close they could touch their horns.

While examining these bizarre creatures the scientists discovered that the creatures also spoke some fairly regular English. Pérez stated, "We can see, for example, that they have a common 'language,' something like a dialect or dialectic."

Dr. Pérez believes that the unicorns may have originated in Argentina, where the animals were believed to be descendants of a lost race of people who lived there before the arrival of humans in those parts of South America.

While their origins are still unclear, some believe that perhaps the creatures were created when a human and a unicorn met each other in a time before human civilization. According to Pérez, "In South America, such incidents seem to be quite common."

However, Pérez also pointed out that it is likely that the only way of knowing for sure if unicorns are indeed the descendants of a lost alien race is through DNA. "But they seem to be able to communicate in English quite well, which I believe is a sign of evolution, or at least a change in social organization," said the scientist.

그림 26-3 GPT-2를 이용하여 생성한 문장 예

GPT-2는 GPT와 동일하게 트랜스포머(Transformer)의 디코더(Decoder) 구조를 활용하며([그림 26-4]), 구조적으로나 알고리즘적으로는 특별한 개선이 없지만 매우 방

대한 양(약 40 GB)의 데이터셋을 활용하여 훈련을 한다.

그런 점에서 GPT-2의 높은 성능이 단순히 많은 양의 데이터셋과 모델 파라미터에서 기인한 것이 아니냐는 지적도 존재한다. 또한 GPT-2가 문장 생성에서 상당히 자연스러운 연속적인 문장을 만들어내는데 성공했지만, 언어 모델만으로 사람과 같이 지식이나 상식에 기반하여 창조적으로 문장열을 생성하는 일은 여전히 어려운 일이다. 이와 같은 한계는 앞으로의 문장 생성 과제에서 반드시 해결되어야 할 숙제이기도 하다.

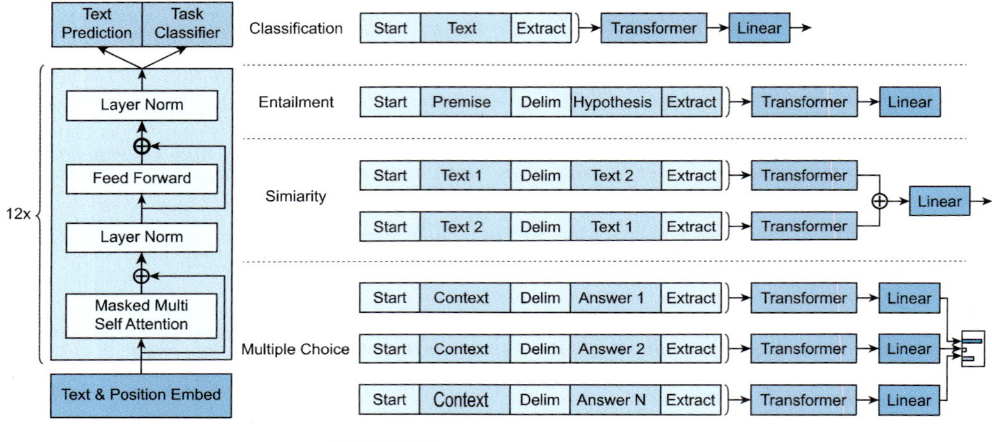

그림 26-4 GPT-2의 모델 구조

[그림 26-4]는 GPT-2의 모델 구조를 도식화한 것이다. GPT-2는 셀프 어텐션 기반의 트렌스포머 모델을 변형한 것으로, 기존 트랜스포머 모델의 디코더(decoder) 부분을 사용하였다. 모델에 대한 자세한 내용은 해당 논문을 참고하길 바란다. GPT-2는 모델 구조적으로는 이전의 셀프 어텐션 기반 언어 모델들과 큰 차이점이 없지만, 매우 방대한 양의 모델 파라미터로 방대한 양의 데이터셋을 학습함으로써 성능을 올렸다는 점이 특징이다. 15억개의 파라미터로 이루어진 GPT-2 전체를 학습하는 데에는 굉장한 컴퓨팅 자원이 필요하다. 때문에 OpenAI는 GPT-2를 모델 크기별로 Small (117M), Medium(345M), Large(762M), Extra Large(1542M) 네 개의 버전을 각각 공개하였다.

Parameters	Layers	d_{model}
117M	12	768
345M	24	1024
762M	36	1280
1542M	48	1600

그림 26-5 GPT−2 모델 크기별 구분

GPT-2-Small 버전의 경우 GPT-1과 비슷한 크기이며, GPT-2-Medium 버전은 BERT-Large와 비슷하다. GPT-2-Large 이상의 모델은 훈련에 상당한 컴퓨팅 자원이 사용되기 때문에 본서의 부록에서는 GPT-2-Medium 버전(345M)을 Colab 환경에서 실습하도록 한다.

참고문헌

[1] Alec Radford, et al. "Language Models are Unsupervised Multitask Learners." 2019

[2] Alec Radford, et al. "Improving Language Understanding by Generative Pre-Training." 2018

CHAPTER

27 딥러닝 기반 문서 요약 (Text Summarization)

27.1 딥러닝 기반 문서 요약의 동향

앞선 15장에서 문서 요약에 대한 기본적인 접근법들을 소개하였다. 본 장에서는 딥러닝 기반의 문서 요약을 다룬다. 딥러닝 기반의 문서 요약 또한 15장에서 학습하였던 유형에서 크게 벗어나지 않는다. 다만, 딥러닝 기반의 접근법들을 적용하였기 때문에 그동안 시도하기 어려웠던 자연어 생성(Natural Language Generation, NLG) 부분이 많은 두각을 나타내게 되면서 추상 요약(abstractive summarization)에 관한 연구가 많이 이루어지고 있다. 특히, 추출 요약(extractive summarization)에서는 여전히 요약문에 대한 가독성과 특정 단어가 계속 반복되는 문제에 대해 다루기에 부족한 여지가 있기 때문에 자연스럽게 추상 요약 분야에 많은 연구들이 시도되고 있다. 가독성 부분은 추출 요약이 가지고 있는 최대 단점 중 하나라고 볼 수 있다. 단지 추출을 통한 요약이기 때문에 요약문을 구성할 때 사람이 만든 것 같은 자연스러운 것에 대한 가독성이 떨어질 수 밖에 없다. 더욱이 이런 흐름에 따라 추상 요약이 더 많이 각광을 받으면서 딥러닝 기반 추출 요약 보다는 상대적으로 도전적인 연구 분야로 많은 연구들이 시도되고 있다. 따라서 본 장에서는 딥러닝 기반의 추상 요약에 대해 알아본다.

27.2 딥러닝 기반의 추상 요약

15장에서 소개했던 것처럼 추상 요약에 대한 연구는 꾸준히 되어왔었으나 딥러닝 기술들이 많이 등장하면서 추상 요약에도 큰 패러다임의 변화가 생기게 되었다. 특히, 이런 패러다임의 변화는 신경망 기계 번역(neural machine translation, NMT)에서 등장한 신경망의 인코더(encoder)-디코더(decoder)에 아이디어를 받아 딥러닝 기반의 인코더-디코더 추상 요약 모델이 등장하게 되었다. 기계번역은 한글-영어에 대한 번역을 인코더 디코더 모델을 사용해서 학습하는 것처럼 마찬가지로 추상 요약 또한 입력 문서에 대한 텍스트에 대한 요약문이 생성되는 것이므로 이런 모델 구조에서 아이디어를 받아 [그림 27-1]의 모델이 등장하게 되었다.

"Summarization is also a mapping from input sequence to a (shorter) output sequence"

TITLE	CITED BY	YEAR
A neural attention model for abstractive sentence summarization AM Rush, S Chopra, J Weston arXiv preprint arXiv:1509.00685	946	2015

Alexander Rush

그림 27-1 딥러닝 기반의 추상 요약의 등장

27.2.1 순환 신경망

딥러닝 기반의 추상 요약은 순환 신경망(RNN)의 등장으로 표준화된 방법으로 많이 사용되고 있다. 특히, [그림 27-2]처럼 seq2seq(sequence-to-sequence) 모델에 어텐션(attention)을 함께 사용한 모델이 추상 요약 모델에서 각광을 받으며 이와 관련된 많은 연구들이 수행되었다.[1]

[그림 27-2]에서 문서 텍스트(source text)는 뉴스 기사의 문장이 들어가게 된다. 여기서 입력 문장은 "Germany emerge victorious in 2-0 win against Argentina on

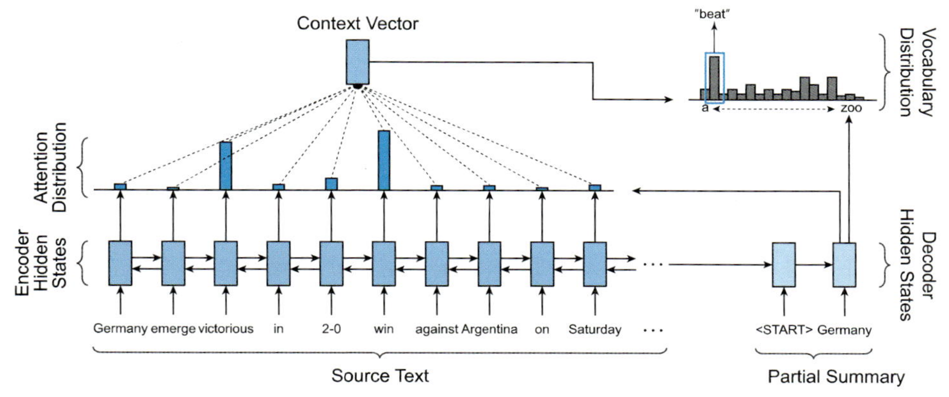

그림 27-2 seq2seq와 어텐션을 기반으로 한 추상 요약 기법 모델[2]

Saturday"가 되며 최종적으로 추상 요약이 생성하는 요약문장은 "Germany beat Argentina 2-0"이 나오도록 처리한다. 첫 번째로, 인코더 순환신경망(encoder RNN)에서는 문서 텍스트를 단어별로 읽어들이는 작업을 수행하며, 인코더 은닉 상태(encoder hidden state)에서는 시퀀스(sequence)를 만들어 낸다. 위의 그림에서 인코더는 양방향이기 때문에 화살표가 양방향으로 뻗어있는 것을 볼 수 있다.

인코더에서 전체 문서 텍스트에 대한 읽기 처리를 모두 마치면, 디코더 순환 신경망(decoder RNN)에서는 요약문의 형태를 만들어내기 위하여 단어들의 시퀀스들을 출력하기 시작한다. 각 단계에서 디코더는 요약문의 이전 단어를 입력으로 받게 되고(첫 번째 단계에서 <START>라는 특정 토큰을 사용하여 단어 생성의 시작을 알린다.), 입력 받은 단어를 사용하여 디코더 은닉 상태(decoder hidden state)를 업데이트하게 된다. 디코더 은닉 상태를 이용하여 문서 텍스트에 있는 단어들에 대한 확률 분포(probability distribution)인 어텐션 분포(attention distribution)을 계산하는데 사용된다. 직관적으로, 어텐션 분포는 다음에 나올 단어에 대해 네트워크가 어디에 집중해서 학습을 할지를 말해주는 지표로 사용할 수 있다. [그림 27-2]에서 디코더는 첫 번째 단어로 "Germany"를 생성하였고, 다음 단어 "beat"을 생성하기 위해서 "win"과 "victorious"에 집중한 것을 확인할 수 있다.

다음 단계에서 어텐션 분포는 인코더 은닉 상태의 가중 합(weighted sum)인 문맥 벡터(context vector)를 만들어내기 위해 사용된다. 문맥 벡터는 같은 단계의 디코더에서 문서 텍스트에서 읽어 왔던 것이 무엇인지를 나타낸다. 마지막으로, 문맥 벡터와 디코더 은닉 상태는 대용량의 고정된 사전에서 모든 단어에 대한 확률 분포인 사전 분포(vocabulary distribution)를 계산하기 위해 사용된다. 여기서 말하는 대용량의 고정된 사전은 전형적으로 1만 개 혹은 10만 개의 단어들로 구성된다. 큰 확률을 가진 단어(지금 단계에서는 "beat"이 해당된다.)는 모델의 출력으로 선택되고, 디코더는 다음 단계로 넘어가게 된다.

디코더는 어떤 순서로든 단어를 자유롭게 생산할 수 있기 때문에 국한되어있지 않으며, 문서 텍스트에 존재하지 않는 "beat"과 같은 단어를 포함할 수도 있다. 따라서, 이런 점으로 인해 seq2seq 모델은 추상 요약의 특성을 살려 강력한 잠재력을 발휘할 수 있다.

27.2.2 순환 신경망 기반 모델의 문제점

27.2.1에서 언급한 방법은 두 가지 큰 문제점을 가지고 있다.

- 문제 1: 요약문은 때때로 사실적인 세부사항을 부정확하게 재생산되는 경향이 있다. 이런 경우에는 특히 사전에 없는 단어(out-of-vocabulary)이거나 희귀(rare)한 단어인 경우에 잘 발생한다.

  예 *Germany beat Argentina* 3-2. (이 경우에는 '3-2'가 아닌 '2-0'이 맞는 결과이다.)

- 문제 2: 요약문은 때때로 같은 단어끼리 재반복해서 생산될 때가 있다.

  예 *Germany beat Germany beat Germany beat....*

이런 문제들은 순환 신경망 모델에서 공통적으로 발생하는 한계들이다. 딥러닝에서 항상 그렇듯이 성능은 잘 나올 수 있으나, 왜 이런 결과가 나오는지 또 왜 이런 문제점이 생기는지는 설명하기 힘든 한계가 있다. 그럼에도 이런 문제점이 발생할 수 있는 것에 대해 다음과 같이 해설할 수 있다.

문제 1에 대한 해설은 다음과 같다. seq2seq와 어텐션을 함께 사용한 모델은 문서 텍스트에 있는 단어 w를 그대로 가져오기에 너무 어렵다. 다시 말해서, 네트워크는 정보가 여러 개의 레이어들을 거치며 계산되는 과정이 있은 후에 원본 단어를 어떻게든 복구해야하는데, 이 과정이 어려운 것이다.

특히, 단어 w가 희귀한 단어여서 학습시에 빈번하게 나오지 않는 단어면 성능이 좋지 않는 단어 임베딩을 가지게 된다. 성능이 좋지 않은 단어 임베딩이라는 것은 결국 단어의 특성을 잘 반영하지 못한 것과 같다. 네트워크 입장에서는 단어 w를 많은 단어들 사이에서 구분하기가 쉽지 않게 되는 것이기 때문에 그대로 가져와야 할 단어를 재생산하는데 불가능해지는 것이다.

단어 w가 특성이 잘 반영된 단어 임베딩일지라도, 네트워크는 여전히 단어를 재생산해내는데 어려움을 가질 수 있다. 예를 들어, 순환 신경망 기반의 요약 시스템이 종종 하나의 이름을 다른 이름으로 대체하거나("Anna" -> "Emily"), 도시이름을 다른 도시로("Delhi" -> "Mumbai") 대체하기도 한다. 이런 결과가 발생하는 이유는 단어 임베딩에서는 예를 들어 여자 이름 또는 인도의 도시들끼리는 같은 클러스터로 취급하기 때문에 원본 단어를 재생산하는데 혼동이 있을 수 있다.

요컨대, 단순히 복사를 통해 해결할 수 있음에도 불구하고 앞에서 언급한 이유들로 인해 쉽지 않기 때문에 요약 시스템의 기본 작동을 필요 이상으로 어렵게 만드는 것이다.

문제 2에 대한 해설로 넘어가 보도록 하자. 반복문제는 디코더 상태(decoder state)에서 long-term 정보를 저장하기보다는 디코더의 입력(요약문에서 이전에 나온 단어)에 너무 의존적이기 때문에 발생할 수 있다. 즉, 반복되는 단일 단어는 공통적으로 계속되는 반복 순환을 유발한다는 것이다. 예를 들어, 단일 치환(substitution) 에러는 "Germany beat"에서 "Germany"가 "Germany beat Germany beat Germany beat..."과 같이 연속적인 에러를 초래하는 경우이다.

27.2.3 Combination 방법(Pointer-generator 네트워크)

27.2.2에서 언급한 문제 1은 pointer-generator 네트워크[1]로 해결할 수 있다. 문제

1에서는 부정확한 복사(inaccurate copying)가 문제였는데, 이를 해결하기 위해서 고정 어휘에서 단어를 생성하는 기능을 유지하면서 원본 텍스트로부터 포인팅(pointing)을 통해 해당 단어를 그대로 가져올 수 있도록 선택하는 하이브리드 네트워크를 사용하는 것이다.

[그림 27-3]은 디코더의 세 번째 스텝일 때, partial summary에서 "Germany beat"을 생성한 모델을 그려놓은 것이다. 물론 이전과 같이, 어텐션 분포와 사전 분포도 이미 계산하였다는 가정에서 시작한다. [그림 27-2]와는 다르게 p_{gen}이라는 0과 1 사이의 스칼라(scalar) 값인 생성 확률(generation probability)을 계산한다. 생성 확률은 원본 텍스트로부터의 복사(copying)한 단어 대 사전(vocabulary)으로부터 생성한 단어의 확률값을 나타내기 위해 사용한다. p_{gen}는 가중치(weight)로 사용되고 사전 분포 P_{vocab}(단어를 생성할 때 사용한다)와 어텐션 분포 a와 결합하여 최종 분포 P_{final}을 구성하며, 식(27.1)은 아래와 같다.

$$P_{final}(w) = p_{gen}P_{vocab}(w) + (1-p_{gen})\sum_{i:w_i=w} a_i \tag{27.1}$$

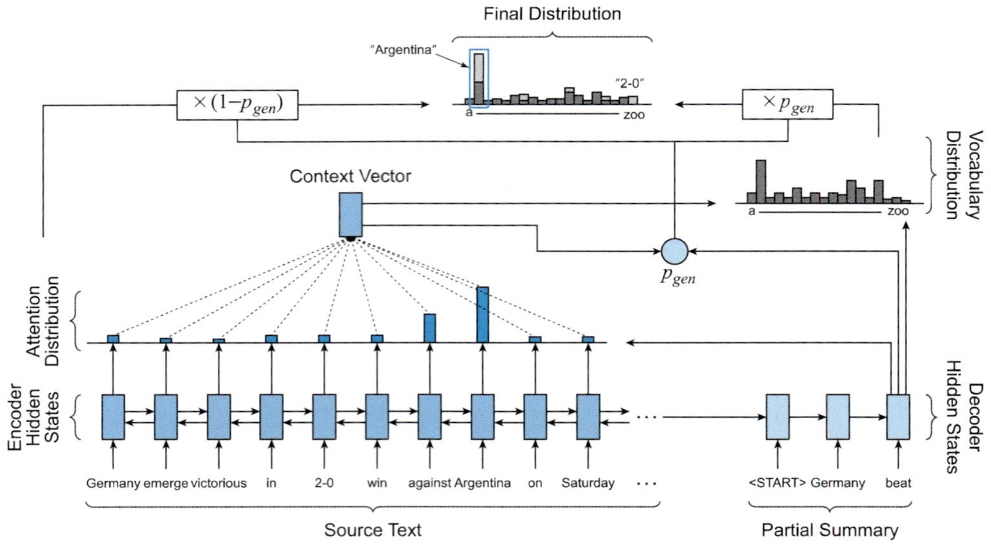

그림 27-3 Pointer-generator 네트워크 모델[2]

식(27.1)은 다음을 의미한다. 생성된 단어 w의 확률은 사전(생성 확률과의 곱)으로부터 단어가 생성될 확률과 같다. 뒤의 항은 원본 텍스트에서 나타나는 곳을 포인팅(pointing)할 확률을 더한 것이다(복사(copying) 확률과의 곱).

Seq2seq에 어텐션을 결합한 시스템과 비교하였을 때, point-generator 네트워크는 다음과 같은 장점을 가지고 있다.

- Pointer-generator 네트워크는 원본 텍스트로부터 단어들을 가져오기 쉽다. 네트워크는 관련 단어에 충분히 큰 어텐션을 사용하고 p_{gen}을 충분히 크게 만들어야 한다.
- Pointer-generator 모델은 원본 텍스트로부터의 OOV(Out-Of-Vocabulary) 단어에 대해서도 그대로 가져오는게 가능하다. 더욱이 적은 양의 사전을 사용할 때도 보이지 않는 단어(unseen word)에 대해 처리할 수 있다는 것이 가장 큰 장점이다. 이 부분은 적은 양의 계산량이 필요할 뿐만 아니라 저장 공간도 적을 수밖에 없어서 유용하다.
- Pointer-generator 모델은 seq2seq에 어텐션을 적용한 시스템으로 같은 성능을 뽑더라도 학습 반복이 적기 때문에 학습시에 빠르게 수행할 수 있다.

| 표 27-1 | OOV 문제에 대한 pointer-generator 적용 후 성능향상 예시

전	후
UNK UNK was expelled from the dubai open chess tournament	*gaioz nigalidz*e was expelled from the dubai open chess tournament
the *2015* rio olympic games	the *2016* rio olympic games

이런 이유 때문에, pointer-generator 네트워크는 생성(generating)을 통한 추상과 포인팅(pointing)을 통한 추출을 결합하여 좋은 성능을 도출할 수 있다.

27.2.4 Coverage

27.2.3에서는 문제 1에 대한 부정확한 복사(inaccurate copying)를 해결하는 방법을

살펴보았다. 본 장에서는 문제 2에 대한 반복되는 요약문에 대해 해결하는 방법을 설명한다. 이런 문제를 해결하기위하여 coverage 기술을 사용하는데, 살펴보기로 하자. coverage 기술의 아이디어는 다음과 같다. 어텐션 분포를 사용하여 단어들에 대해 cover해왔던 기록들을 꾸준히 추적하고, 같은 부분을 다시 집중한다면 penalty를 부과해보자는 것이다.

디코더에서의 각 단계 t에서, coverage 벡터 c^t는 모든 어텐션 분포 $a^{t'}$의 합으로 계산된다. 식(27.2)와 같다.

$$c^t = \sum_{t'=0}^{t-1} a^{t'} \tag{27.2}$$

즉, 원본에서 특정 단어의 coverage는 어텐션에서 받은 값의 합과 같다. 아래 [그림 27-4]에서 음영처리된 부분은 coverage의 강도를 나타낸다.

Source Text:	Germany emerge victorious in 2-0 win against Argentina on Saturday
Summary:	Germany beat Argentina 2-0

그림 27-4 Coverage 벡터를 사용하여 요약을 생성한 예시

마지막으로, coverage 벡터 c^t와 새로운 어텐션 분포 a^t사이에 중복되는 단어에 대해 penalty를 주는 loss는 다음과 같이 계산한다.

$$covloss_t = \sum_i \min(a^{t_i},\ c^{t_i}) \tag{27.3}$$

[그림 27-5]는 뉴스 기사에 대해 세 가지의 추상 요약 모델 결과를 비교해놓은 것이다. Baseline모델은 seq2seq와 어텐션을 결합한 모델로, 'UNK'처럼 OOV 문제를 겪고 있는 것을 확인할 수 있다. 'UNK'는 OOV 문제에서 흔히 처리하는 토큰이다. 실제 'UNK'로 대상이 된 단어는 '*muhammadu buhari*'인 것을 Pointer-generator 네트워크의 결과를 통해 확인할 수 있다. 또한 baseline 모델에서는 사실과는 다른 결과

Original Text (truncated): lagos, nigeria (cnn) a day after winning nigeria's presidency, *muhammadu buhari* told cnn's christiane amanpour that **he plans to aggressively fight corruption that has long plagued nigeria** and go after the root of the nation's unrest. *buhari* said he'll "rapidly give attention" to curbing violence in the northeast part of nigeria, where the terrorist group boko haram operates. by cooperating with neighboring nations chad, cameroon and niger, **he said his administration is confident it will be able to thwart criminals** and others contributing to nigeria's instability. for the first time in nigeria's history, the opposition defeated the ruling party in democratic elections. *buhari* defeated incumbent goodluck jonathan by about 2 million votes, according to nigeria's independent national electoral commission. **the win comes after a long history of military rule, coups and botched attempts at democracy in africa's most populous nation.**

Baseline Seq2Seq + Attention: **UNK UNK** says his administration is confident it will be able to **destabilize nigeria's economy**. **UNK** says his administration is confident it will be able to thwart criminals and other **nigerians**. **he says the country has long nigeria and nigeria's economy.**

Pointer-Gen: *muhammadu buhari* says he plans to aggressively fight corruption **in the northeast part of nigeria**. he says he'll "rapidly give attention" to curbing violence **in the northeast part of nigeria**. he says his administration is confident it will be able to thwart criminals.

Pointer-Gen + Coverage: *muhammadu buhari* says he plans to aggressively fight corruption that has long plagued nigeria. he says his administration is confident it will be able to thwart criminals. the win comes after a long history of military rule, coups and botched attempts at democracy in africa's most populous nation.

그림 27-5 Pointer-generator 네트워크 VS Pointer-generator 네트워크 + coverage 요약 시스템 예시(빨강: 문제 1, 초록: 문제 2, 파랑: 최종 요약문)[1]

가 나오기도 하고, 아무 의미가 없는 문장들이 생성되기도 하였다.

Pointer-generator 네트워크 모델의 경우는 baseline 모델에 비해 정확도가 많이 올라갔지만 단어가 계속 반복되는 문제가 있다. 이는 위에서 언급한 문제 2번의 경우로, 이 경우 역시 위에서 언급한 coverage를 통해 [그림 27-5] 맨 마지막 예시에서 문제가 해소되었음을 알 수 있다. 마지막으로, 파랑색 문장들이 조합되어 최종 요약문에 기여하게 된다.

참고문헌

[1] See, Abigail, Peter J. Liu, and Christopher D. Manning. "Get to the point: Summarization with pointer-generator networks." arXiv preprint arXiv:1704.04368 (2017).

[2] http://www.abigailsee.com/2017/04/16/taming-rnns-for-better-summarization.html

CHAPTER

28 딥러닝 기반 대화 시스템

본 장에서는 14장의 규칙 및 통계 기반 대화 시스템에 이어 딥러닝 기반의 대화 시스템에 대해서 다룬다. 대화 시스템은 크게 목적 지향 대화 시스템(Task-Oriented Dialogue System)과 챗봇으로 알려진 비목적 지향 대화 시스템(Non-Task-Oriented Dialogue System)으로 분류할 수 있다.

먼저, 목적 지향 대화 시스템은 특정한 목적 또는 작업을 수행하는 것을 목표로 하는 시스템이며, 작업으로는 음식 배달, 항공권 예약, 식당 및 호텔 예약, 음악 검색과 같은 것을 수행한다. 목적 지향 대화 시스템은 파이프라인 방식(Pipeline Methods)과 종단 간 학습(End-to-End learning)으로 분류할 수 있으며, 딥러닝 연구가 활발해진 이래로 종단 간 학습에 관한 연구가 많이 제안되고 있으나 여전히 파이프라인 방식의 대화 시스템이 좋은 성능을 보여주고 있다.

반면, 챗봇 시스템으로 알려진 비목적 지향 대화 시스템의 경우 시스템이 최대한 인간처럼 자연스럽고 일관적인 대화를 이루어 나가는 것을 목표로 하며 많은 경우 오픈 도메인에서의 대화로 이루어져 있다. 딥러닝을 활용한 챗봇 시스템은 일반적으로 두 가지 접근 방식을 취하고 있는데, 1) 검색 기반 방식과 2) 생성 기반 방식이다. 검색 기반 방식의 경우 기존 대화의 응답 저장소에서 주어진 대화와 가장 관련 있는 응답을 관련 순위가 높은 순서대로 제안해주기 때문에 생성 기반 모델보다 정확도

측면에서는 좋지만, 저장소 내에 정확한 정답이 존재하지 않는 경우 잘못된 응답을 제공할 수 있다. 반면 생성 기반 모델은 대용량의 저장소가 필요하지 않고 주어진 발화에 맞는 응답을 생성한다는 장점이 있으나 생성된 응답이 무의미하거나 완전한 문장을 생성해 내지 못하는 단점이 존재한다.

각 장에서는 대화 시스템을 구성하는 각 모듈의 역할에 대한 설명과 더불어 해당 작업의 데이터 셋과 다양한 최신 딥러닝 기반의 연구 및 학습 방법들을 소개하고자 한다.

28.1 목적 지향 대화 시스템(Task-Oriented Dialogue System)

28.1.1 파이프라인 방식(Pipeline Methods)

[그림 28-1]은 전통적인 파이프라인 방식의 목적 기반 대화 시스템의 흐름을 묘사한 도식도이다. 사용자가 말한 발화가 시스템에 들어오게 되면 음성 인식(Speech

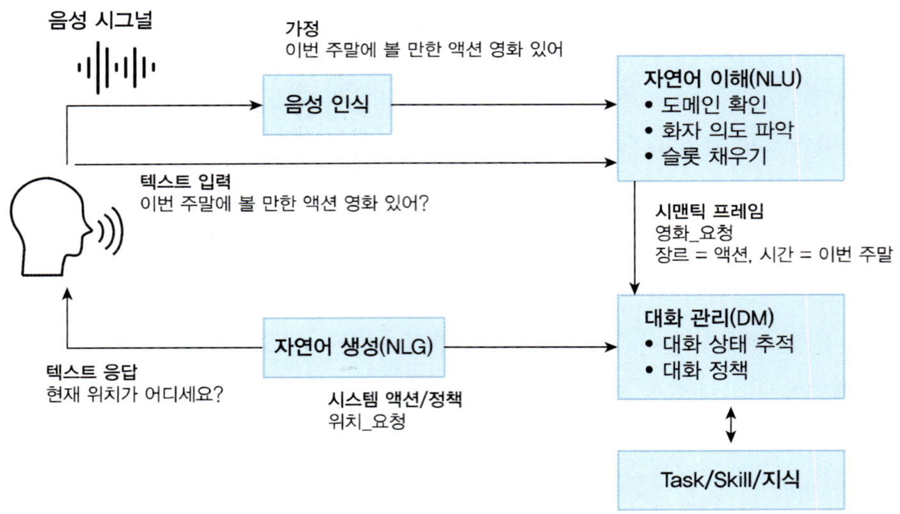

그림 28-1 전통적인 파이프라인 방식의 목적 기반 대화 시스템[1]

Recognition) 모듈을 통과하게 되고, 음성 인식 모듈이 변환한 텍스트는 크게 세 개의 대화 모듈을 거쳐 사용자에게 응답하는 제공한다. 해당 모듈은 1) 자연어 이해(Natural Language Understanding, 2) 대화 관리(Dialogue Management), 3) 자연어 생성(Natural Language Generation)으로 구성되며, 각 모듈의 역할은 다음과 같다.

1) **자연어 이해** : 사용자 발화로부터 사전에 정의된 도메인, 의도, 슬롯을 추출하고 채워 넣는다.
2) **대화 관리** : 이전의 대화 내용 및 현재의 발화를 통해 대화 추적 및 정책 학습을 진행한다.
3) **자연어 생성** : 선택된 시스템 액션 자질 정보를 기반으로 자연스러운 응답을 생성한다.

자연어 이해(Natural Language Understanding; NLU)

자연어 이해 모듈에서는 도메인 확인(Domain Identification), 의도 파악(Intent Detection), 슬롯 채우기(Slot Filling)를 진행하여 사전에 정의된 슬롯을 채워 넣는다. [표 28-1]은 자연어 이해에 대한 예로, 항공권 예약 도메인에서 예약을 목적으로 하는 발화에 대해 자연어 이해를 진행한 것이다. 본 작업에서는 토큰 단위의 슬롯 정보와 문장 단위의 도메인, 의도 정보를 추출하여 이를 채우는 것을 목표로 한다. 특히, 토큰 단위의 슬롯에 대해서 개체명 인식 작업과 유사하게 BIO(Begin, Inside, Outside) 스키마를 사용하여 각 엔티티를 정의하고 이를 찾아내는 작업을 진행한다.

자연어 이해를 위한 전통적인 데이터 셋 ATIS의 경우 도메인이 항공권 예약이라

| 표 28-1 | 목적 지향 대화 시스템에서의 자연어 이해 예시

Sentence	다음	주	출발	하는	미국	항공권	예약	해줘
슬롯	B-date	B-data	O	O	B-desti	O	O	O
의도	항공권 예약							
도메인	예약							

는 단일 도메인에 한정되어 있으나, [표 28-2]와 같은 SNIPS의 경우 가상 비서(Virtual Assistant)로부터 나온 데이터 셋의 경우 식당 예약, 음악 재생, 날씨 검색 등 다양한 도메인에 해당하는 의도가 존재한다.

| 표 28-2 | SNIPS 데이터의 의도별 발화 예시

의도	발화
PlayMusic	방탄소년단 노래 재생해줘.
GetWeather	오늘 오전에 서울 지역 비가 와?
BookRestaurant	다음 주 월요일 프랑스 식당 예약해줘.

주로 자연어 이해 모듈의 성능 향상을 위한 딥러닝 모델 연구는 의도 추출과 슬롯 채우기에 대한 연구가 많이 진행되고 있으며, 주로 CNN, LSTM, Attention 기반의 다양한 모델들이 제안되었다. 기존의 많은 연구들이 의도 추출과 슬롯 채우기를 위한 모델들을 개별적으로 제안했던 반면에, 최근 연구들은 두 작업에 대해 동시 학습(Joint Learning)을 진행하여 두 작업의 성능을 모두 향상시키는 추세이다. 본 장에서는 최근 최고 성능(state-of-the-art)의 성능을 보였던 동시 학습 모델을 소개하고자 한다.

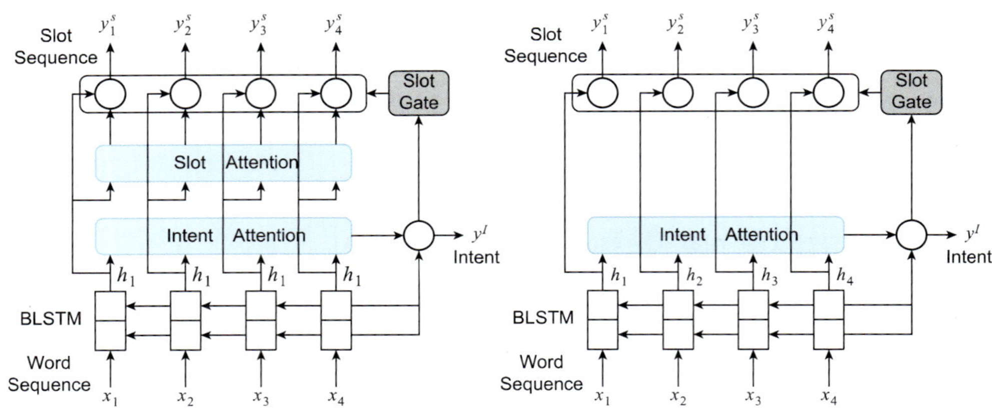

그림 28-2 발화 및 슬롯 Attention을 반영한 동시 학습 방식의 자연어 이해 모델[2]

동시 학습은 토큰 단위의 슬롯 채우기와 문장 단위의 의도 추출을 함께 학습을 진행함으로써 두 작업 모두의 성능을 올리는 방식으로 학습하는 것이다. [그림 28-2]는 이러한 동시 학습 모델 중 최고 성능을 보이고 있는 모델이며, 발화 및 슬롯에 대한 어텐션(attention)을 반영함으로써 좋은 성능을 보였다. 모델에서 사용하는 어텐션 방식에 대해서 간략한 수식을 아래에 첨부한다. 슬롯 채우기와 의도 파악을 위한 동시 학습 모델 구성은 다음과 같다. 먼저 슬롯 채우기의 경우 토큰 단위의 LSTM 출력값 h_i을 통해 각 토큰의 확률 c_i를 구하고 softmax를 취해 토큰 별 중요한 가중치를 정한다. 최종적으로 기존 LSTM 출력값 h_i와 가중합을 구하여 어텐션이 반영된 자질 정보를 추출한다. 의도 파악의 경우도 슬롯 채우기와 유사하다.

$$\alpha_{i,j}^{S} = \frac{\exp(e_{i,j})}{\sum_{k=1}^{T} \exp(e_{i,k})}, \quad e_{j,k} = \sigma(W_{he}^{S} h_k) \tag{28.1}$$

$$c_i^S = \sum_{j=1}^{T} \alpha_{i,j}^{S} h_j \tag{28.2}$$

이렇게 구한 어텐션 자질들은 최종 슬롯 및 의도를 예측하는데 사용되고 softmax를 통해 슬롯 토큰 및 의도 토큰의 추정값 y_i^S와 y^I를 구하고 최종 크로스 엔트로피 목적함수로 학습을 진행한다.

$$y_i^S = softmax(W^S(h_i + c_i^S)) \tag{28.3}$$

$$y^I = softmax(W^I(h_T + c^I)) \tag{28.4}$$

대화 추적(Dialogue State Tracking)

목적 지향 대화 시스템에서 대화 추적은 매우 중요한 역할을 담당한다. 대화 추적 모듈에서는 현재 들어온 발화와 지금까지 사용자와 시스템이 나눈 대화 히스토리 정보를 반영하여 대화 상태를 추적한다. 각 발화에서는 사용자는 시스템에게 정보를 주거나 특정한 요청을 할 수 있을 것이다. 예를 들어, 식당을 예약하는 대화를 가정해보자. 사용자는 시스템에게 이탈리아 음식을 먹고 싶다라는 정보를 주고, 이에 대한 식당 주소를 요청하는 작업을 할 수 있다. 이 때 시스템이 정의하는 슬롯과 그 값의 쌍은 (음식, 이탈리안), (요청, 주소)가 될 수 있다. [그림 28-3]은 사용자 발화가 들어왔을 때의 대화 상태 추적을 예로 든 것이며, 각각의 목표와 요청을 정확하게 추적하는 것이 대화 상태 추적 모듈의 역할이다.

강남에 있는 싸고 맛있는 식당에서 식사를 하고 싶어. 어떤 종류의 음식이 가능한지, 그리고 전화번호도 알려줄 수 있어?

Inform(가격=싼)
Inform(지역=강남)
Request(전화번호)
Request(음식)

Request(음식)

두 개의 싸고 괜찮은 식당을 찾았어요. 포르투갈과 중국 음식 중에 어떤 음식을 선호하세요?

그림 28-3 WOZ 데이터 셋의 예시. 점선으로 된 부분은 매 턴을 구분한 것이며, 사용자, 턴 단위 목표와 요청, 시스템 액션을 각각 나타냄[3]

자연어 생성(Natural Language Generation)

자연어 생성 부분은 시스템 액션으로 전달받은 내용을 사용자에게 자연스러운 발화로 생성하여 만들어 주는 모듈이다. 앞서 자연어 생성 부분에서 다루었듯이 순환 신경망 기반의 모델에서 발전하여, 최근에는 어텐션 기반의 모델들이 자연어 생성 부분에서 좋은 성능을 보이고 있다.

28.1.2 종단 간 학습(End-to-End Learning)

특히, 종단 간 자연어 생성 모델 연구가 활발해지고 발전되면서, 종단 간 학습 방식을 취하는 목적 지향 대화 시스템 관련 연구가 최근 많이 진행되고 있다. 기존의 파이프라인 방식의 경우에는 도메인 관련 지식이 필요한 hand-craft 자질들이 필요하고 이 경우 새로운 도메인으로의 확장이 어렵다는 단점이 존재한다. 종단 간 학습 모델에는 순환 신경망을 기반으로 한 종단 간 학습 방식들이 기존에 제안되었다. 종단 간 모델을 학습시키기 위해서는 많은 양의 대화 데이터셋이 필요하다는 단점이 존재하는데, Hybrid Code Network 모델[4]의 경우 특정 도메인에 해당하는 시스템 액션 템플릿을 정의하여 적은 양의 학습 데이터로도 학습이 가능할 수 있게 모델을 제안한 바 있다. 목적 지향 대화 시스템에서 파이프 라인이 종단 간 학습 모델과 비교하여 높은 성능을 보이지만, 최대한 hand-craft 자질들 없이도 학습이 가능한 종단 간 학습 모델들의 발전이 기대된다.

28.2 비목적 지향 대화 시스템(챗봇 시스템)

28.2.1 검색 기반 방식(Retrieval-based Methods)

검색 기반 방식의 대화 시스템은 주어진 대화에 대해 다음 발화를 예측할 때 기존 발화들의 저장소에서 가장 관련 있는 발화를 응답으로 제공해주는 방식의 시스템이다. 독자들의 쉬운 이해를 위해 아래의 예를 한 가지 살펴보고자 한다.

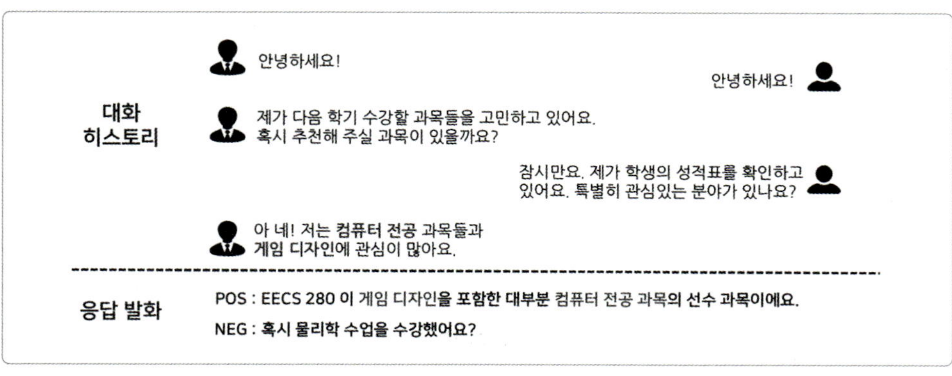

그림 28-4 검색 기반 대화 시스템을 위한 데이터의 예시

[그림 28-4]의 예시는 검색 기반 대화 시스템을 학습하기 위한 학생과 조언자의 대화 데이터[5]의 예시이다. 마지막 발화에서는 학생이 등록하고 싶은 수업 외에 다른 수업을 추천해줄 수 있냐는 질문을 하고 있는데, 대화 시스템은 앞선 대화 정보들을 기반으로 발화 저장소에서 가장 관련 있는 응답을 찾아 사용자에게 제공해주는 것을 목표로 한다. 본 예에서는 주어진 두 개의 보기 중 관련 있는 응답은 컴퓨터 전공과 관련된 과목을 추천해주는 발화가 알맞은 응답이라고 할 수 있다. 검색 기반 대화 시스템 학습을 위한 훈련 데이터는 일반적으로 대화와 정답 발화 1개, 오답 발화 1개로 구성되어 있다. 따라서 종단 간 학습을 진행하는 딥러닝 모델의 경우 <대화, 응답 발화, 정답 라벨>의 트리플렛을 구성하여 입력 데이터로 사용하고, 평가 시에는 대화와 N개의 응답 발화 셋을 구성하여 N개 중 1개의 정답 응답을 찾아내는 작업을 진행하게 된다. 이러한 검색 기반 대화 시스템을 학습시키기 위해서 다양한 데이터가 공개되어 있으며, 본 장에서는 두 가지를 소개하고자 한다.

- Ubuntu Dialog Corpus V1[6]: 우분투 운영체제를 사용하면서 발생한 문제를 포스팅하여 토론하고 문제를 해결하는 텍스트 기반 대화 데이터이며, 많은 검색 기반 모델들이 본 데이터를 통해 모델 검증을 진행함
- DSTC 7 Adivisng Corpus[7]: [그림 28-4]의 예시와 같이 수업에 대한 조언을 구하는 학생과 조언자 사이의 대화 데이터이며, 2018년 Dialog System Technology Challenges 7에서 새로 제공된 데이터

검색 기반 대화 시스템의 모델은 크게 1) 대화-응답 일치 모델 2) 발화 단위 어텐션 모델 3) Transformer 기반 모델 세 개로 구분할 수 있다.

대화-응답 일치 모델

Lowe et al.[8]의 연구에서 위에서 언급한 Ubuntu Dialog Corpus V1 데이터를 공개하면서 함께 제안한 모델이다. 순환 신경망 기반의 모델인 LSTM을 사용하였고, 각 대화 c와 응답 발화 r에 대한 문맥 자질을 LSTM을 통해 추출하여 각각의 마지막 출력 값인 h_c과 h_r의 최종 일치 확률을 구하는 방식으로 학습한다.

$$p(flag=1|c,r,M)=\sigma(h_c^T M h_r + b) \tag{28.5}$$

발화 단위 어텐션 모델

기존의 대화를 하나의 문장으로 보고 학습을 진행했던 대화-응답 일치 모델과 달리 대화에 구성하는 각 발화 별로 문맥 정보를 추출하여 개별적으로 자질을 구성하여 학습을 진행한다. [그림 28-5]은 발화 단위 어텐션 입력 데이터를 발화 단위 u_i와 응답 발화 r로 구분하여 GRU 인코더의 입력으로 넣어 대화 내 발화와 응답 발화 간의 어텐션을 진행한다. 어텐션 점수 행렬은 단어 임베딩과 GRU를 통한 문맥 임베딩을 통해 두 개의 채널의 행렬을 만들고, 합성곱 신경망을 통해서 발화의 자질을 만든다. 이렇게 만든 발화 자질들은 대화 전체를 표현하는 GRU를 통해 대화 전체의 문맥 정보를 얻어 이를 통해 주어진 응답 발화가 정답인지 아닌지 분류하는 문제로 해결한다. 이렇게 발화 단위로 나누어 어텐션을 통해 학습되는 모델 구조를 가짐으로써, 응답 발화와 대화 내 발화와의 관련성을 학습할 수 있다.

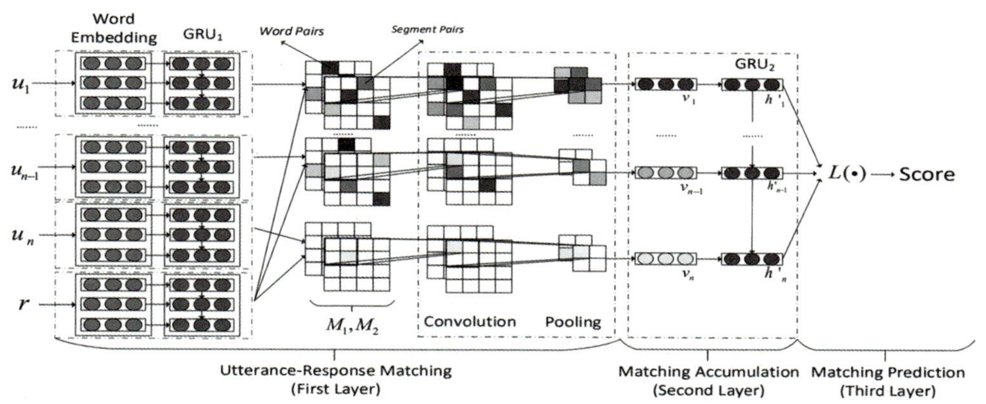

그림 28-5 발화 단위 어텐션 기반의 검색 기반 대화 모델 아키텍처[9]

Transformer 기반 모델

독자들은 앞서 25장 딥러닝 기반 기계 번역에서 다루었던 문장의 순차 정보를 어텐션만 가지고 모델을 구성한 "Attention is all you need"의 논문의 Transformer 모델을 기억할 것이다. Transformer 모델이 제안된 이후, 질의 응답, 문서 요약, 자연어 이해, 문맥 임베딩 등의 다양한 자연어처리의 작업에서 해당 모델이 적용되고 좋은 성능을 보여주었다. 검색 기반 대화 시스템 역시 예외는 아니었으며, 발화 단위 어텐션 모델 이후 제안된 모델이 Transformer의 모델 구조를 기반으로 한 대화 모델이다.

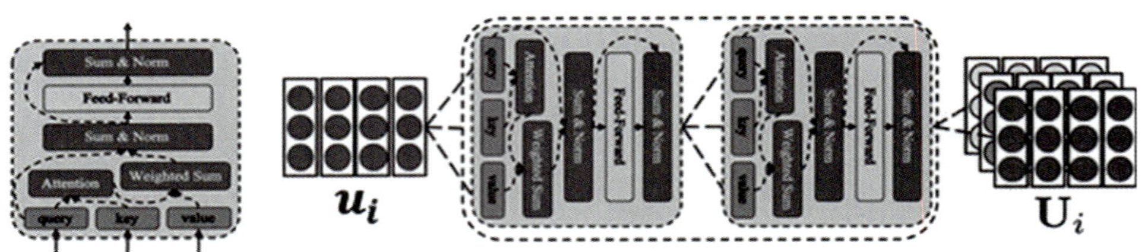

그림 28-6 Transformer의 Self-Attention 구조를 이용한 인코딩 방식[10]

[그림 28-6]을 보면 각 발화가 Transformer 모델로 query, key, value로 나누어져 입력으로 들어간다. 이렇게 발화 단위의 Self-Attention을 진행함으로써, 모델은 각 발화에서 중요한 단어에 높은 점수를 매기게 되고 발화 자질 U_i를 잘 표현할 수 있게 된다. 본 그림에서는 2개의 Transformer 인코더 층을 묘사했으나, 해당 논문에서는 인코더 층의 수를 4개로 했을 때 가장 성능이 좋았다고 명시하고 있다. 이렇게 추출한 대화 발화 임베딩과 응답 발화 임베딩은 Transformer의 Cross-Attention을 진행하게 되고 최종적으로 Self-Attention 자질과 Cross-Attention 자질을 함께 3D 합성곱 신경망의 입력으로 넣어 정답 여부를 판단하게 된다.

최근 사전 학습한 문맥 임베딩인 OpenAI GPT와 BERT를 사용하여 검색 기반 대화 시스템 데이터 셋에 대해 실험을 진행한 연구 또한 제안되었다. 자연어처리 내의 대부분의 분류 문제에서 최고 성능을 보였던 BERT 모델의 경우 검색 기반 대화 시스템에 대해서도 매우 뛰어난 성능을 보였다. 특히 BERT는 대화 코퍼스가 아닌 위키피디아와 같은 형식적인 문서로 학습을 진행하였기 때문에 트위터(Twitter) 또는 레딧(Reddit) 같은 대화 코퍼스에 대해 BERT를 학습한다면 보다 뛰어난 성능을 보일 것이라 기대된다.

28.2.2 생성 기반 방식(Generative Methods)

검색 기반 대화 시스템의 경우 주어진 대화 문맥에 알맞은 응답 발화를 사전에 정의된 저장소에서 가장 관련 있는 문장을 찾아 주는 방식이었다. 반면, 본 장에서 다루는 생성 기반 방식의 모델은 사전 정의된 저장소가 필요하지 않다는 장점이 있다. 생성 기반 방식의 단점으로는 정확도 측면에서검색 기반 방식의 모델 보다 떨어지며, 딥러닝 모델이 의미 없는 문장을 생성하거나 같은 단어를 반복해서 출력하는 문제들이 있다.

초기의 생성 기반 방식의 모델은 순환 신경망 기반의 인코더와 디코더를 구성해 기계 번역에서의 Sequence-to-Sequence(Seq2Seq) 모델의 구성을 가졌다. [그림 28-7]에서 볼 수 있듯이 대화 내 발화들을 모두 이어 붙인 것을 인코더의 입력으로 넣으면, 인코더의 가장 마지막 은닉층을 디코더의 입력으로 넣어 다음 응답을 생성해 내는 방식이다. 그러나 본 모델에서는 순환 신경망의 가장 마지막 은닉층이 대화의 모든 정보를 담기 때문에 대화 길이가 길어질 경우 순환 신경망 특성상 정보 손실이 커지는 단점이 존재한다.

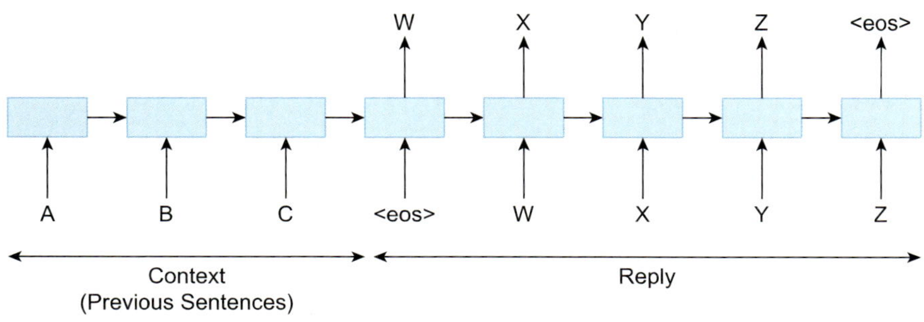

그림 28-7 Sequence-to-Sequence 방식의 생성 기반 모델[11]

이러한 단점을 보완하기 위해 [그림 28-8]과 같이 발화 별 인코더의 은닉층을 다음 발화의 은닉층에 가중치를 전달해주는 방식으로 대화의 발화 계층을 두어 학습하는 모델이 새로 제안되었다. 이와 같이 모델을 구성함으로써, 기본적인 Sequence-to-Sequence 모델보다 좋은 성능을 보였으며, 대화의 발화 단위로 대화 히스토리 자질을 받아오기 때문에 정보 손실이 적으며 모델이 보다 길고, 다양하며 의미 있는 응답을 생성하였다.

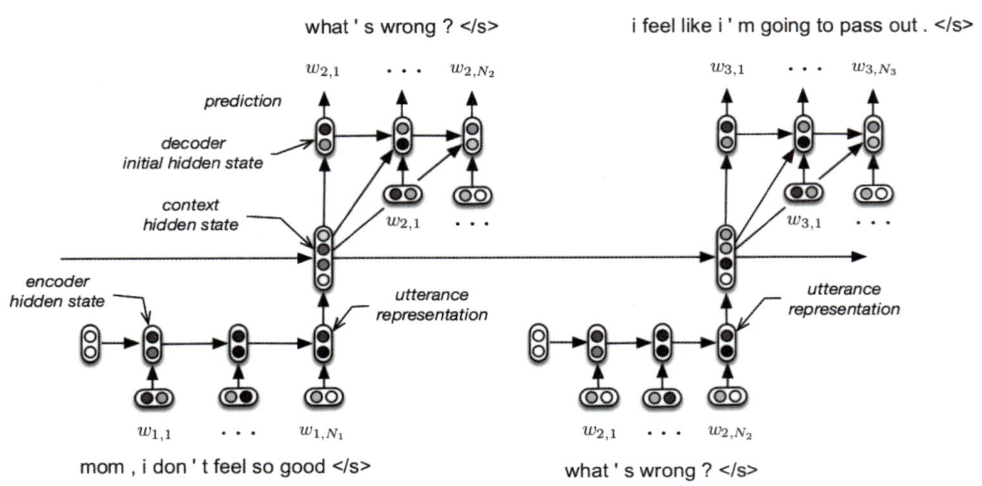

그림 28-8 계층 구조를 가지고 있는 순환 신경망 기반의 생성 모델[12]

28.2.3 검색-생성 혼합 방식(Hybrid Methods)

검색 방식과 생성 방식을 결합하는 것은 모델의 성능을 향상시키는데 많은 도움이 된다. 검색 기반의 모델들은 정확하지만 무딘 답변을 추출하고, 생성 기반의 모델들은 자연스럽지만 무의미한 응답을 하곤 한다. 이 두 방식을 결합한 최신 연구 중 하나는 검색 기반의 모델에서 얻은 후보들을 reranking 하는 방식으로 생성 모델이 정확한 문장을 생성할 수 있도록 보조하는 역할을 한다.

참고문헌

[1] S. Young (2000). "Probabilistic Methods in Spoken Dialogue Systems." Philosophical Trans Royal Society (Series A) 358(1769): 1389-1402.

[2] Goo et al. (2018). "Slot-gated modeling for joint slot filling and intent prediction." In ACL 2018 (pp. 753-757).

[3] Zhong et al. 2018. Global-locally self-attentive encoder for dialogue state tracking. In ACL 2018. (pp. 1458-1467).

[4] Williams et al. 2017. Hybrid Code Networks: practical and efficient end-to-end dialog control with supervised and reinforcement learning. In ACL 2017. (pp. 665-677).

[5] DSTC7 Task 1: Noetic End-to-End Response Selection

[6] http://dataset.cs.mcgill.ca/ubuntu-corpus-1.0/

[7] https://ibm.github.io/dstc7-noesis/public/index.html

[8] Lowe et al., 2015. The Ubuntu Dialogue Corpus: A Large Dataset for Research in Unstructured Multi-Turn Dialogue Systems. SIGDIAL 2015. (pp. 285-294).

[9] Wu et al. 2017. Sequential Matching Network: A New Architecture for Multi-turn Response Selection in Retrieval-Based Chatbots. In ACL 2017 (pp. 496-505).

[10] Zhou et al. 2018, Multi-turn response selection for chatbots with deep attention matching network. In ACL 2018 (pp. 1118-1127).

[11] Vinyals, O., & Le, Q. (2015). A neural conversational model. In ICML 2015 Workshop.

[12] Serban, I. V., Sordoni, A., Bengio, Y., Courville, A., & Pineau, J. (2016, March). Building end-to-end dialogue systems using generative hierarchical neural network models. In Thirtieth AAAI Conference on Artificial Intelligence.

[13] Qiu et al. 2017. Alime chat: A sequence to sequence and rerank based chatbot engine. In ACL 2017. (pp. 498-503).

연 | 습 | 문 | 제

1. 목적 지향 대화 시스템에서 자연어 이해에 해당하는 슬롯 채우기와 의도 분석을 순환 신경망 기반의 동시 학습 모델을 설계해 보시오.

2. 목적 지향 대화 시스템에서 최근까지 종단 간 학습 방식보다 파이프라인 방식을 많이 채택하고 있다. 이에 대한 이유를 서술하시오.

3. 비목적 지향 대화 시스템에서 생성 기반 모델이 검색 기반 모델에 비해 정확도가 떨어지는 이유가 무엇인지 서술하시오.

4. 단순 순환 신경망 기반의 생성 모델의 한계점이 무엇인지 서술하시오.

CHAPTER

29 딥러닝을 이용한 SNS (Social Network Service) 분석

29.1 SNS

29.1.1 SNS 개념

SNS(Social Network Service)는 인터넷을 매개로 하며, 특정 목적을 위해 타인과 정보를 공유하거나 사회적 관계 형성을 돕는 쌍방향 소통 서비스이다.[1] 한국방송전파진흥원에 따르면, SNS는 서비스 기능에 따라 8가지로 분류된다. 프로필 기반, 비즈니스 기반, 블로그 기반, 버티컬, 협업 기반, 커뮤니케이션 중심, 관심주제 기반, 마이크로블로깅이 바로 그것들이다.

29.1.2 SNS 이용 현황

KISDI(Korea Information Society Development Institute) STAT Report[2]의 SNS 이용추이 및 이용행태 분석에 따르면, SNS 이용률은 2014년까지 연평균 30%대의 증가세를 보이다가 2014년 이후 증가가 둔화되는 양상을 보이고 있으며, 2018년 기준 48.2%가 이용하는 것으로 드러나 조사응답자 2명 중 1명 꼴로 이용하는 것으로 나타났다. SNS 서비스별 이용률은 페이스북(34.0%)-카카오스토리(27.0%)-트위터(14.0%)-네이버 밴드(11.3%)-인스타그램(10.8%)으로 전년도와 순위는 동일했지만, 인스타그램 이용이 큰 폭으로 증가하였다. 하루 평균 SNS 이용 시간이 가장 많은 세대는 20대로 하루 평균 1시간 7분 정도 이용하는 것으로 나타났고, 그 다음으로 10대(1시간 1분), 30대(50분), 50대(46분)의 순으로 나타났다.

| 표 29-1 |

SNS 분류	기능	서비스
프로필 기반	특정 사용자나 분야의 제한없이 누구나 참여 가능한 서비스	싸이월드, 페이스북, 마이스페이스, 카카오스토리
비즈니스 기반	업무나 사업관계를 목적으로 하는 전문적인 비즈니스 중심의 서비스	링크나우, 링크드인, 비즈스페이스
블로그 기반	개인 미디어인 블로그를 중심으로 소셜네트워크 기능이 결합된 서비스	네이트통, 윈도우라이브스페이스
버티컬	사진, 비즈니스, 게임, 음악, 레스토랑 등 특정 관심분야만 공유하는 서비스	유투브, 핀터레스트, 인스타그램, 패스, 포스퀘어, 링크드인
협업 기반	공동 창작, 협업 기반의 서비스	위키피디아
커뮤니케이션 중심	채팅, 메일, 동영상, 컨퍼러싱 등 사용자간 연결 커뮤니케이션 중심의 서비스	세이클럽, 네이트온, 이버디, 미보
관심주제 기반	분야별로 관심 주제에 따라 특화된 네트워크 서비스	도그스터, 와인로그, 트렌드밀
마이크로블로깅	짧은 단문형 서비스로 대형 소셜네트워킹 서비스 시장의 틈새를 공략하는 서비스	트위터, 텀블러, 미투데이
관심주제 기반	분야별로 관심 주제에 따라 특화된 네트워크 서비스	도그스터, 와인로그, 트렌드밀
마이크로블로깅	짧은 단문형 서비스로 대형 소셜네트워킹 서비스 시장의 틈새를 공략하는 서비스	트위터, 텀블러, 미투데이

출처 : 한국방송통신전파진흥원(2012)

29.2 SNS 분석

29.2.1 SNS 분석 배경

국내에서는 스마트폰 이용의 증가와 다양한 유형의 서비스 등장으로 SNS 이용자 수가 폭발적으로 증가하였는데, 그 결과 무수히 많은 데이터가 인터넷 상에 등장하게 되었다. SNS 이용자가 업로드 하는 글, 해시태그, 사진, 동영상들을 통해 다양한 형태의 데이터를 분석하여 인사이트를 얻기 위해 여러 방법론이 등장했다.

29.2.2 SNS 분석의 어려움

SNS를 통해 생성되는 방대한 양의 데이터를 분석하려는 시도는 데이터의 형태, 즉 텍스트, 이미지에 따라서 다양하게 제시되었다. 기존에 텍스트 데이터를 분석하는 시도는 이미지 데이터를 분석하려는 시도에 비해 더 많았으며, 텍스트 데이터를 이용하여 해당 단어가 등장한 횟수에 따라 시각화 해주는 워드 클라우드, 데이터를 통해 주제 및 토픽을 추출하는 토픽 모델링, 연결성을 바탕으로 한 네트워크 분석이 바로 그 예시라고 할 수 있다. 하지만 이에 비해 이미지 데이터를 분석하려는 시도는 그보다 적었는데 그 이유는 일차적으로 데이터 수집의 문제일 것이다. 소셜 네트워크 상의 이미지 데이터는 텍스트 데이터보다 더 개인적인 정보이기에 공개되지 않은 경우가 대다수이고, 데이터를 수집하는 과정도 텍스트보다는 이미지가 더 어렵기 때문이다.

SNS 분석은 모두에게 공개된 소셜 네트워크 계정에 있는 데이터를 수집하는 일이기 때문에, 공개되지 않은 데이터를 수집할 수 없다는 것과 SNS를 사용하는 사람들의 데이터만 수집할 수 있다는 근본적인 한계가 있다. 또한, 공개된 데이터를 수집하더라도, SNS 홍보 및 광고 정보가 수집된 데이터에 포함되어있다는 점, 그리고 비속어 및 신조어가 다양하게 분포되어있다는 점에서 다양한 전처리 기술이 요구된다. 이러한 이유 때문에 SNS 분석은 데이터 수집에 익숙치 않은 사람들에게 굉장히 어려운 과제일 수 있다.

29.3 SNS 분석 기법

기존의 SNS 분석이 텍스트 데이터 위주로 이루어진 만큼, 그에 대한 몇 가지 사례와 분석 기법들을 소개하고자 한다. 텍스트로 이루어진 분석 기법들은 다양하지만, 본 단원에서는 제일 자주 쓰이는 워드 클라우드, 네트워크 분석, 통계기반 감성분석를 차례대로 소개한다.

29.3.1 워드 클라우드

워드 클라우드는 문서 혹은 문단에서 자주 사용되는 단어 빈도를 계산하여 단어들의 구름 형태로 시각화하는 기법을 말한다. 워드 클라우드에서는 빈도가 높고 핵심어일수록 큰 글씨로 중심부에 표현현된다. 이는 SNS 분석 초기 단계에서 많이 사용되며, 원하는 키워드와 자주 나온 단어가 무엇인지 쉽게 알아보기 좋은 분석 기법이다. 해당 기법은 수집된 단어들을 원하는 모양, 색, 크기로 시각화할 수 있다는 점에서 종종 마케팅, 디자인 분야에서 자주 쓰이기도 한다.

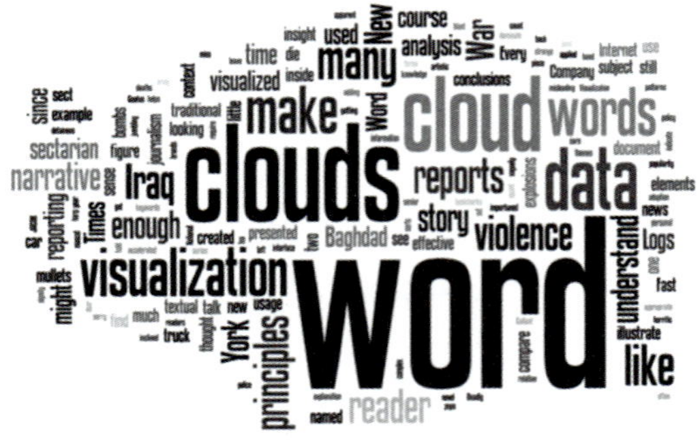

그림 29-1

한 예로, '텍스트 마이닝을 활용한 영화흥행 예측 연구'는 해당 워드클라우드 기법을 이용하여 연구를 진행하였다.[3] 해당 연구에서는 영화에 대한 리뷰 데이터를 워드 클라우드 기법에 사용하였다. 수집된 원시 데이터를 목적에 맞게 정제한 후, 추출된 단어들의 빈도를 통해 데이터를 시각화 하는 전형적인 워드클라우드 기법을 사용하였다. 워드 클라우드를 그리기 위해서 사용되는 패키지와 라이브러리는 R과 Python 모두 wordcloud라는 이름으로 되어있다.

29.3.2 네트워크 분석

네트워크는 인터넷 네트워크, 도로 네트워크, 인용 네트워크, 유전 정보, 통신망, 전력망과 같이 우리 주변에 구조화된 연결망으로, 하나 이상의 관계 유형에 의해 연결된 구성원의 집합이다. 즉 네트워크는 액터(Actor)의 집합이라고 할 수 있는 것이다. 사회체계는 액터들의 관계와 관계에 의해 형성되는 패턴에 의해 창조된다. 예를 들어, 스승과 제자라는 관계에 의해 가르침과 배움이라는 패턴이 형성되는 것이다. 네트워크는 오늘날 사회·경제 시스템을 움직이는 핵심적 환경을 제공하고 있기 때문에 네트워크 간 상호작용을 분석하는 작업은 주변의 여러 문제들을 해결하는 기반이 될 수 있다.

네트워크 분석이란 사회의 규칙적인 관계 패턴인 구조(Structure)를 측정하는 것이라고 할 수 있다. 네트워크 분석의 표현방법인 소시오그램은 노드와 링크로 구성되어 있다.

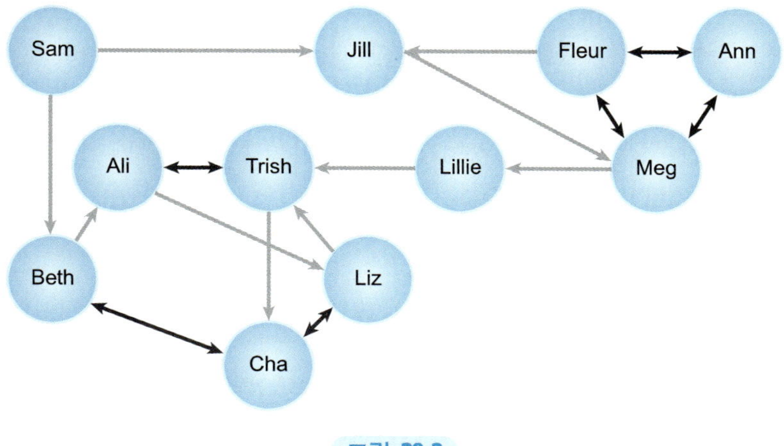

그림 29-2

노드는 그래프를 구성하는 점(vertex)이며, 액터를 표현해준다. 링크는 노드를 연결하는 선(edge)이며, 관계를 표현해준다.

	비방향 그래프	방향 그래프
이진 그래프	 ○───○	 ○───▶○
계량 그래프	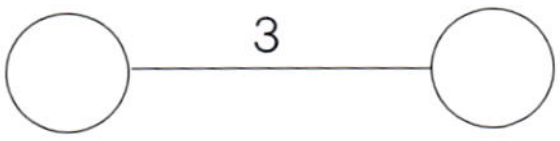 ○──3──○	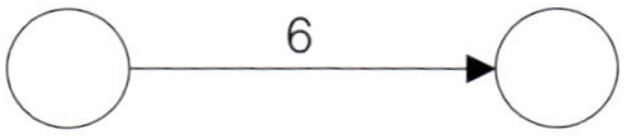 ○──6──▶○

비방향 그래프는 링크의 방향이 없는 그래프를 뜻하고, 방향 그래프는 링크의 방향이 있는 그래프를 뜻한다. 또한 이진 그래프는 관계에 강도가 없고 관계 유무만 표현된 그래프를 뜻하고, 계량 그래프에 관계의 강도가 있는 그래프를 뜻한다.

네트워크 분석에서는 중심성이라는 개념이 등장하는데, 이는 액터가 갖는 구조적 위치에 따른 상대적 중요성을 측정하는 정도이다. 중심성에는 1) 연결정도 중심성(degree centrality), 2) 근접 중심성(closeness centrality), 3) 매개 중심성(betweenness centrality), 4) 아이겐벡터 중심성(eigenvector centrality)이 있다. 먼저 연결정도 중심성은 연결 정도를 기반으로 측정한 중심성이다. 한 노드에 몇개의 링크가 있는지에 대한 정도라고 생각하면 쉬울 것이다. 근접 중심성은 연결망 내에서의 간접적 연결까지 고려하여 전체 네트워크에서 거리를 강조한 중심성이다. 매개 중심성은 직접 연결되지 않은 액터들 간 관계를 통제 또는 중개하는 정도이며, 아이겐벡터 중심성은 연결된 개수뿐만 아니라 중요도를 함께 고려함으로써 연결정도 중심성의 개념을 확장한 것이다. 이러한 중심성은 액터 자체가 어떤 역할을 해당 그래프 안에서 행하고 있는지 잘 알려주는 척도가 된다.[4]

29.3.3 감성분석

감성분석(Sentiment Analysis)은 텍스트에 나타난 사람들의 태도, 의견, 성향과 같은 데이터를 분석하는 기법으로, 오피니언 마이닝이라고도 불린다. 이는 현재 가장 많이 쓰이는 SNS 분석 기법이며, 사람들의 주관성을 이용하는 기법이기 때문에 소셜

마케팅, 정치 캠페인의 효과 측정, 주가 예측 등에 많이 이용된다.[5]

감성분석은 먼저 소셜 미디어 매체에서 데이터를 수집해야 한다. 데이터 수집은 주로 Selenium과 BeautifulSoup4 라이브러리가 많이 사용되며, 필요한 데이터에 따라서 크롤러를 다양하게 만들 수가 있다. 크롤러로 데이터를 수집하게 되더라도 사용자의 '감성'과는 관련이 없는 부분이 포함될 가능성이 크다. 그렇기 때문에 이를 따로 전처리하는 과정이 꼭 필요하다. 즉, 광고성 글이나, 주관성이 없는 텍스트, 그리고 텍스트 저자의 이름, 이메일 주소 같은 개인정보도 걸러주어야 한다. 그 다음 단계인 극성 탐지 단계에서는 주어진 데이터가 긍정인지 부정인지를 판단하게 된다. 이를 판단하는 기법은 머신러닝 모델부터 딥러닝 모델까지 다양하다.[6] 감성분석은 그동안 트위터 데이터를 위주로, 어휘기반(lexicon-based) 기법과 기계학습(machine learning) 기법을 주로 사용하여 진행되었지만, 최근에는 페이스북, 인스타그램 등의 데이터도 사용되고, 딥러닝 기법도 사용되어 다양한 분석이 진행되고 있다. 본 장에서는 딥러닝 기반의 감성분석들을 소개한다. 다음에 소개될 두 모델은 기존의 트위터 감성분석 접근 방법과 새로운 트위터 감성분석 접근 방법을 보여주기 때문에 선정하였다.[7]

① Deep Convolutional Neural Networks for Sentiment Analysis of Short Texts

본 논문에서 사용된 트위터 데이터 셋은 다음과 같다.

필드	데이터
0	트윗의 감성 정도(0 = 부정적, 2 = 중립, 4 = 긍정적)
1	트윗의 아이디(2087)
2	트윗 작성 날짜(Sat May 16 23:58:44 UTC 2009)
3	트윗 쿼리, 없으면 NO_QUERY
4	트윗 작성 계정(robotickilldozr)
5	트윗 텍스트

해당 논문에서 제시한 CharSCNN 모델을 요약하자면, 문장이 입력으로 들어오면, 각 감성 라벨에 따라 점수를 매기는 알고리즘으로, 문장의 단어 배열을 입력으로 받고, 이를 여러 층을 거치면서 복잡한 feature들을 추출한다.

모델의 첫 번째 층에서는 단어들을 형태학적, 문법적, 그리고 의미적 정보가 담긴 고정된 사이즈의 feature 벡터로 변환시킨다. 즉, 입력값으로 $N=\{w_1, w_2 \cdots w_N\}$ 개의 단어가 들어오게 되면, 각 단어는 제시한 모델에 의해 두 서브벡터 $u_n=[r^{wrd};r^{wch}]$로 변환되는데, 이는 각각 단어 레벨 임베딩과 문자 레벨 임베딩이다. 단어 레벨 임베딩은 문법 정보와 의미적 정보가 담긴 반면, 문자 레벨 임베딩은 형태적 정보를 담고 있다.

단어 레벨 임베딩은 임베딩 매트릭스 W^{wrd}의 각 열 벡터들로 인코딩되어 있고, 이후 학습이 진행되며 그 값이 업데이트된다.

$$r^{wrd}= W^{wrd}v^w$$

(W^{wrd}는 사전에 있는 단어의 임베딩이며, 학습할 때 업데이트되는 매트릭스, v^w는 인덱스 w의 값이 1이고 나머지는 0인 벡터)

문자 레벨 임베딩은 먼저 M개의 문자로 이루어진 단어 $w=\{c_1, c_2, \cdots, c_M\}$가 입력값으로 들어왔을 때, 임베딩 매트릭스 W^{chr}의 각 열 벡터로 인코딩되어 있고, 이후 학습이 진행되며 그 값이 업데이트된다.

$$r^{chr}= W^{chr}v^c$$

(W^{chr}는 사전에 있는 문자의 임베딩이며, 학습할 때 업데이트되는 매트릭스, v^c는 인덱스 w의 값이 1이고 나머지는 0인 벡터)

그 다음, 트위터 데이터에서 ('#SoSad', '#ILikeIt') 등의 해시태그와 'ly'로 끝나는 단어가 많다는 점에 착안하여 각 단어의 문자마다 local feature를 뽑기 위해 윈도우 사이즈를 정하고, 각 윈도우 사이즈만큼 컨볼루션 층을 통과시킨다. 그 다음, 벡터마다 최댓값을 추출하는 연산을 통해 고정된 사이즈의 문자 레벨 임베딩을 생성한다.

$$z_m=\left(r^{chr}_{m-(k^{chr}-1)/2}, \cdots, r^{chr}_{m+(k^{chr}-1)/2}\right)^T$$

(k^{chr}은 각 윈도우 사이즈)

즉, z_m은 m번째 문자 임베딩의 왼쪽, 오른쪽 이웃 임베딩에 대한 concatenation을 진행하여 생성된 최종 문자 레벨 임베딩이라고 할 수 있다.

매트릭스 W^{chr}, W^0, b^0는 학습되는 파라미터이고, 문자 임베딩의 사이즈인 d^{chr}, 컨볼루션 유닛(단어의 문자 레벨 임베딩에 해당) cl_u^0, 그리고 문자 context 윈도우 사이즈인 k^{chr}은 하이퍼 파라미터이다.

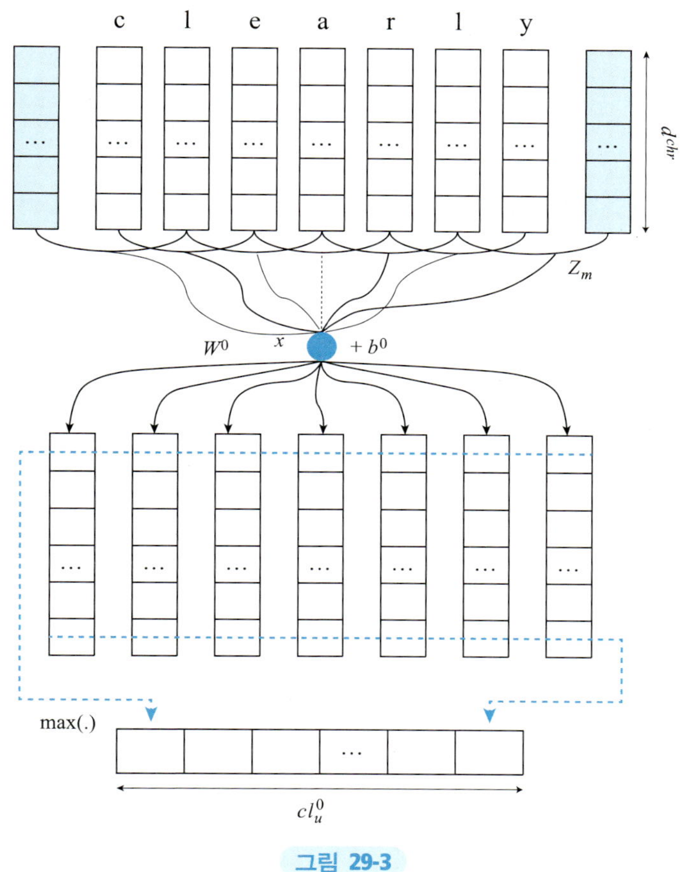

그림 29-3

이렇게 입력값으로 $N = \{w_1, w_2 \cdots w_N\}$이 들어왔을 때, 단어 임베딩과 문자 임베딩이 만들어지게 되면, 두 벡터를 concatenate 시킨 최종 단어 문자 결합 임베딩

$\{u_1, u_2, \cdots, u_N\}$이 생성된다. 그 다음 단계로는 문장 레벨 표현인 r_x^{sent}를 추출하는 과정이 있다. 이를 추출하는 과정은 앞서 진행했던 문자 임베딩 생성 과정과 유사하다.

$$z_n = \left(u_{n-(k^{wrd}-1)/2}, \cdots, u_{n+(k^{wrd}-1)/2}\right)^T$$

(k^{wrd}은 각 윈도우 사이즈)

즉, z_n은 나열된 k^{wrd} 임베딩을 concatenate한 값이며, 다음에 등장할 컨볼루션 층에 들어갈 입력값이 된다.

$$\left[r^{sent}\right]_j = \max_{1<n<N}\left[W^1 z_n + b^1\right]_j$$

(W^1은 컨볼루션 층의 가중치 매트릭스)

여기서 사용된 가중치 매트릭스는 주어진 문장의 각 단어 윈도우만큼 local features를 추출할 때도 사용이 된다. 문장의 각 단어 윈도우에서 최대 풀링을 진행하게 되면, 문장에 대한 고정된 사이즈의 global feature 벡터를 추출할 수 있게 된다.

매트릭스 W^1, b^0는 학습되는 파라미터이고, 컨볼루션 유닛(문장의 feature 벡터에 해당) cl_u^0, 그리고 단어 context 윈도우 사이즈인 k^{wrd}은 하이퍼 파라미터이다.

마지막으로 문장 x의 "global" feature 벡터인 r_x^{sent}는 2개의 신경망 층을 거치게 한 후, 한 단계 더 높은 임베딩을 추출한다. 또한 각 감성 라벨에 대해서 다음과 같이 점수를 계산한다.

$$s(x) = W^3 h(W^2 r_x^{sent} + b^2) + b^3$$

여기서 W^2, W^3, b^2, b^3 는 학습되는 파라미터이며 활성함수 h는 쌍곡선 함수이다.

이러한 네트워크는 학습 데이터 셋 D에 대해서 음수 가능도 함수를 최소화하는 방향으로 학습을 시키게 된다. 즉, 문장 x가 주어지면, 파라미터 집합 θ는 감성 라벨 τ에 대한 점수 $s_\theta(x)_\tau$를 계산하게 되고, 이 점수를 주어진 문장과 파라미터 집합 θ에 따른 조건부 확률분포로 표현하기 위해, softmax 함수를 취하게 된다.

$$p(\tau|x,\theta)=\frac{e^{s_\theta(x)_\tau}}{\sum_{\forall_i \in T} e^{s_\theta(x)_i}}$$

그 다음 로그함수를 취하게 되면 조건부 로그 확률 밀도함수를 도출하게 된다.

$$\log p(\tau|x,\theta)=s_\theta(x)_\tau-\log\left(\sum_{\forall i\in T} e^{s_\theta(x)_i}\right)$$

그리고 θ에 대해서 음수 로그 가능도 값을 줄이기 위해 Stochastic Gradient Descent 알고리즘을 사용하게 된다. 이런 모델을 통해 모델은 트위터의 텍스트가 긍정인지 부정인지 판단하는 것을 학습하게 되고 학습된 모델을 통해 특정 기간에 수집된 트윗들이 어떤 반응을 포함하고 있는지 판단할 수 있을 것이다.

참고문헌

[1] 이윤희. (2014). “국내 SNS 이용 현황과 주요 이슈 분석.” 한국인터넷진흥원, 인터넷 문화기획팀.

[2] 김윤화. (2018년 6월 2018일). “KISDI STAT REPORT.”

[3] 이상훈, 조장식, 강창완, & 최승배. (2015). 텍스트 마이닝을 활용한 영화흥행 예측 연구. “한국데이터정보과학회지”. 26, 페이지: 1259-1269.

[4] 김용연. (2016년 11월 8일). “네트워크 분석의 이론과 적용사례”

[5] 신수정. (2014년 6월). “글에서 감정을 읽다.”

[6] Kharde, V. A., & Sonawane, S. S. (2016). Sentiment Analysis of Twitter Data: A Survey of Techniques. International Journal of Computer Applicatioins. 139, p. 5-15.

[7] Kharde, V. A., & Sonawane, S. S. (2016). Sentiment Analysis of Twitter Data: A Survey of Techniques. International Journal of Computer Applicatioins. 139, p. 5-15.

CHAPTER

30 응용: 이미지 캡션 생성

30.1 이미지 캡션 생성 개요

30.1.1 이미지 캡션 생성이란

이전 장에서 우리는 LSTM을 이용하여 텍스트를 생성하는 법을 배웠다. 이번 장에서 우리는 한 층 더 어려운 문제인 이미지 캡션 생성 작업을 LSTM을 적용하여 구현하는 원리를 소개한다. 이미지 캡션 생성 작업은 주어진 이미지를 묘사하는 텍스트를 생성하는 작업으로, 이미지 프로세싱과 텍스트 생성작업이 결합되어 있는 다수의 하위 작업이 포함된 심화 응용작업이다. 이미지 캡션 생성에서는 먼저 훈련된 CNN을 이용하여 주어진 이미지의 속성을 올바르게 반영하는 벡터를 생성하게 시킨다. 이후 워드 임베딩을 응용하는 LSTM을 훈련시킴으로써 해당 이미지를 묘사하는 텍스트를 생성하는 과정으로 이루어져 있다. 즉 순수하게 텍스트 관련 작업만 수행했던 이전 응용 작업들과 다르게 서로 다른 매체의 것을 다루는 멀티모달 프로세싱인 것이다.

이미지 캡션 생성은 그 자체로 많은 가능성을 내포하고 있다. 대표적인 예로는 이미지 검색을 들 수 있는데, 현재의 이미지 검색은 순수하게 그와 동봉되어 있는 텍스트 또는 파일명을 기준으로 행해지나, 이미지 캡션 생성이 가능해진다면 이미지 자체를 분석하여 검색하는 작업을 수행할 수 있게 된다. 이는 한 층 더 정확한 이미지 검색이 가능하게 한다.

A person on a beach flying a kite.

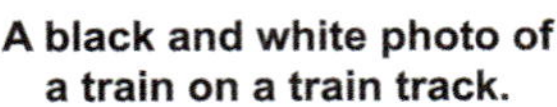

A person skiing down a snow covered slope.

A group of giraffe standing next to each other.

그림 30-1 이미지 캡션 생성 예시

30.1.2 필요 데이터 셋 설명

시작하기에 앞서 먼저 해당 작업을 수행하는데 필요한 데이터셋 2개를 소개한다.

- ILSVRC ImageNet 데이터셋(http://image-net.org/download)
- MS-COCO 데이터셋(http://cocodataset.org/#download)

첫 번째 ImageNet 데이터셋은 어디까지나 CNN 이미지 분류기의 훈련용이며 직접적으로 쓰이지는 않는다. 반대로 MS-COCO 데이터셋은 실제 훈련에 필요한 데이터셋으로 개별적인 이미지와 이에 맞추어진 문장들이 존재한다. 해당 데이터셋으로부터 직접적으로 모델을 학습시키는데 사용되어 CNN이 이미지 feature vector를 추출하고 LSTM이 캡션 생성한다.

필요 데이터셋 1: ILSVRC ImageNet dataset

ImageNet은 대략 백만 개의 이미지 및 이에 맞는 레이블로 구성된 데이터셋이다. 이 이미지들은 1000개의 다른 카테고리로 구성되어 있으며, 주변 일상생활에서 볼 수 있는 거의 모든 개체에 대한 이미지와 레이블을 지니고 있다. 그런 만큼 이미지 캡션에서 이미지 인코딩을 추출할 때 쓰일 CNN의 훈련에 사용하기 매우 적합한 데이터셋이다. CNN 자체의 성능도 이미지 캡션 생성 성능에 직접적인 영향을 끼치기 때문에, 어떠한 데이터셋으로 CNN을 훈련시키는지에 따라 간접적으로 이미지 캡션 생성에 영향을 준다. 다음 [그림 30-2]는 ImageNet에 존재하는 몇몇 데이터에 대한 예시다.

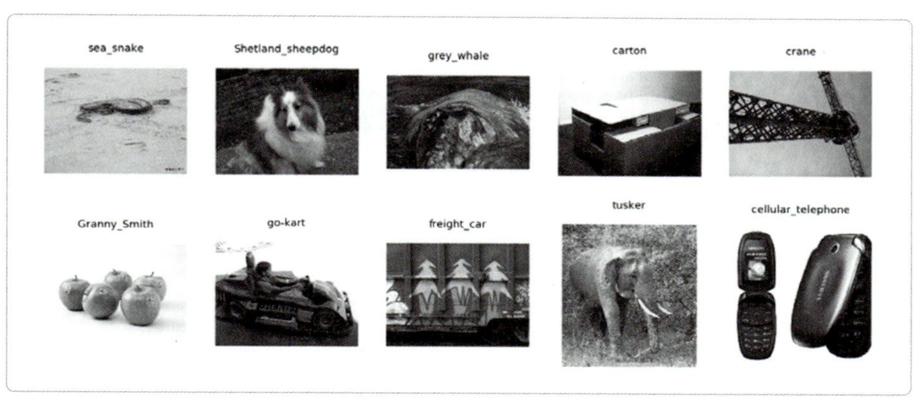

그림 30-2 ImageNet 데이터 예시

필요 데이터셋 2: MS-COCO Dataset

MS-COCO(Microsoft-Common Objects in COntext)는 이미지 캡션 생성의 훈련에 간접적으로 영향을 주는 ImageNet 데이터셋와 다르게 이미지 캡션 생성에 직접적으로 영향을 끼치는 데이터셋이다. 2014년도 기반의 데이터셋을 사용할 것인데, 해당 년도 데이터셋에는 각 이미지에 합당한 묘사가 곁들여진 텍스트 문장들이 짝지어져 있다. 해당 데이터셋은 120,000개의 샘플로 이루어진 15 GB의 거대한 데이터셋이며, 매년 새로운 이미지 데이터가 추가되며 업데이트가 진행된다. [그림 30-3]은 해당 데이터셋에 존재하는 몇몇 데이터의 예시를 보여준다.

A pink and green marker, next to another object.
A pair of red scissors on top of a desk.
A close up image of the finger holes on a pair of scissors and sharpie markers.
A close up of a red pair of scissors and a green sharpie marker.
A very close up view of some scissors and markers.

A bathroom that has magazine rack and small cabinet.
Compact bathroom area, tub, toilet, magazine area and sink.
Small residential bath room decorated in wood tones
A tissue box on top of a toilet in a bathroom.
an image of a clean full bathroom

A woman exercising a brown horse in a riding ring.
A woman is in a barn with a brown horse.
A woman training her beautiful brown horse.
A woman with a brown horse in a dirt area of building.
A woman and a horse in a barn with dirt floor.

Man in mid air reaching between his legs to reach a frisbee.
A man is doing tricks with a frisbee
A person is jumping with a Frisbee in the air.
a person jumping in the air while playing with a frisbee
A man in mid air attempting to catch a frisbee.

A grey motorcycle on dirt road next to a building.
A motorcycle is parked on a dirt road in front of an old farm truck selling produce.
there is a bike on a dirt road
Motorcycle sitting on a dirt road in front of a farm house advertising produce.
A motorcycle that is sitting in the dirt.

그림 30-3 MSCOCO 데이터 예시

30.2 이미지 캡션 생성 과정

30.2.1 이미지 캡션 생성 요약

이미지 캡션을 생성하기 위해서는 위에서 소개한 MS-COCO 데이터셋의 활용이 중요하다. 먼저 이미지 분류에 높은 성능을 보이는 CNN을 통하여 이미지의 인코딩을 추출한다. CNN은 고정된 크기의 이미지 입력을 받아서 알맞은 이미지 분류에 배정될 수 있도록 이미지 속성을 내포한 벡터 표현을 출력한다. 이미지 캡션 생성은 CNN에서 출력한 벡터 표현을 가상의 외국어로 취급하여 LSTM 번역기를 훈련시킴으로써 해당 외국어를 '번역'시키는 작업이다. 그러기 위하여 먼저 MS-COCO 데이터로 LSTM 번역기를 훈련시킨 뒤, 해당 모델이 훈련 때 접하지 못했던 이미지 셋(즉, 평가데이터셋)으로 캡션을 생성하여 성능을 평가한다.

다음 그림은 이미지 캡션 모델을 각각 나눠서 보여주는 그림이다. 먼저 각 부분의 정의 및 소개를 한 뒤 실제 응용 설명으로 이어진다.

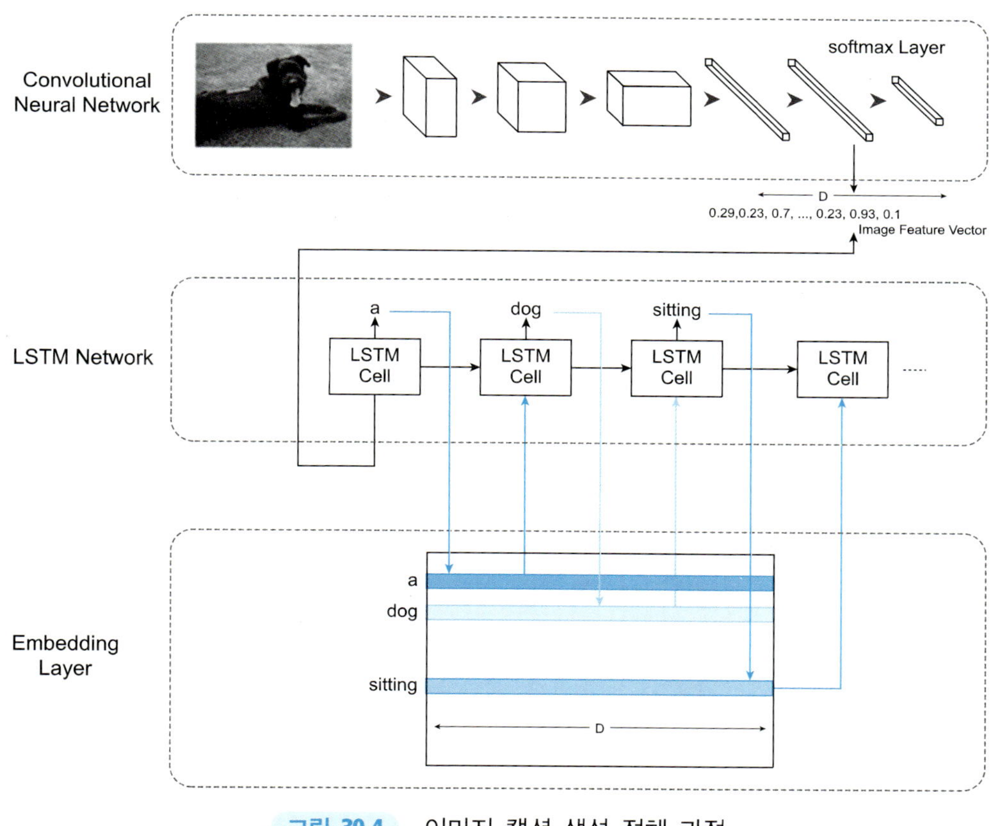

그림 30-4 이미지 캡션 생성 전체 과정

30.2.2 이미지 Feature 추출: CNN

이 구간에서는 모델의 전체적인 구조도를 바탕으로 CNN이 어떻게 쓰이는지 간단히 소개한다. CNN은 주어진 이미지로부터 이미지의 속성을 추출하여 벡터 표현을 얻는 것이 목적이므로, CNN 자체의 성능이 이미지 캡션 생성의 성능에도 큰 영향을 끼친다. 즉, CNN이 높은 수준의 이미지 분석 능력을 지닐 수 있도록 CNN의 훈련은 필수적이다. 또한 어떤 이미지 분석 방법을 사용하느냐에 따라 출력되는 벡터 표현의 형태 및 다루는 방법이 달라지는데, 이 책에서는 이미지 캡션 생성에 대한 기본적인 이해를 목표로 기재하기 때문에 가장 간단한 이미지 분류 기반으로 기술한다.

이 경우, 훈련된 CNN은 높은 성능의 이미지 분류를 수행할 수 있어야 한다. 이를 위해 직접 CNN을 훈련시키는 방법도 있으나, 인터넷에서 공개되어 있는 pretrained CNN을 사용하는 방법도 존재한다. 이미지 분류 모델은 비록 원리는 간단하더라도 그 훈련을 하는데 많은 시간과 비용이 요구됨으로, 이 책에서는 후자의 방법으로 ImageNet에 pretrained된 공개된 Inception v3 모델을 사용한다.

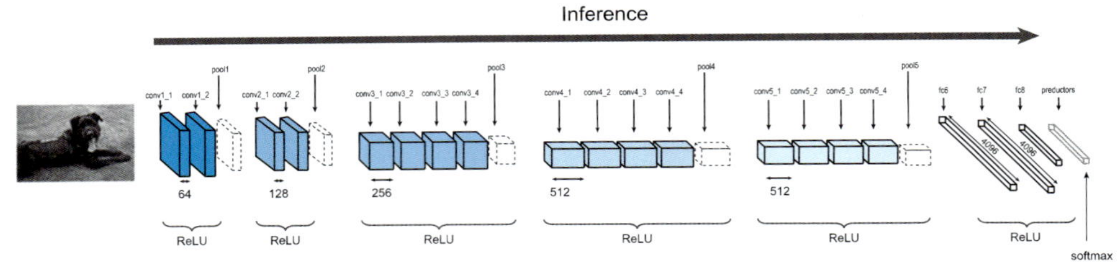

그림 30-5 CNN으로 이미지 Feature 추출하기

30.2.3 Feature의 번역: LSTM 번역기

이는 이전 장 LSTM을 이용한 번역기를 사용한 방법과 동일하다. 즉, 주어진 이미지 Feature를 외국의 언어라 가정하여 해당 언어를 번역하려고 하는 것이 이미지 캡션 생성의 핵심이다. 이에 더 자세한 것은 이전 장의 25.4 RNN 기반 Neural Machine Translation을 참조하기 바란다.

30.3 이미지 캡션 생성 모델: Show & Tell

이미지 캡션 생성 작업의 소개를 위하여 가장 기본적이며 동시에 높은 성능을 보인 모델을 소개한다. 2014년에 Google은 Show And Tell: A Neural Image Caption Generator라는 논문을 발표하였다. 해당 모델은 당시 MSCOCO 데이터셋에서 최고의 성능, 즉 state-of-the-art 성능을 자랑하는 이미지 캡션 모델이였으며 CNN + LSTM 모델을 기반으로 이미지 캡션을 생성했었다.

이 Show and Tell 모델은 encoder-decoder 기반 신경망으로 비교적 단순하되 높은 성능을 보여줌으로 해당 교과서의 적합한 예시로 선정됐다. 해당 모델은 이미지를 먼저 고정된 크기의 vector representation에 인코딩을 시행한 뒤, LSTM 번역기로 vector의 디코딩을 실행하여 자연어로 출력하는 방식을 선보인다.

다음 그림이 해당 Show and Tell 모델의 전체적인 구조를 나타낸다.

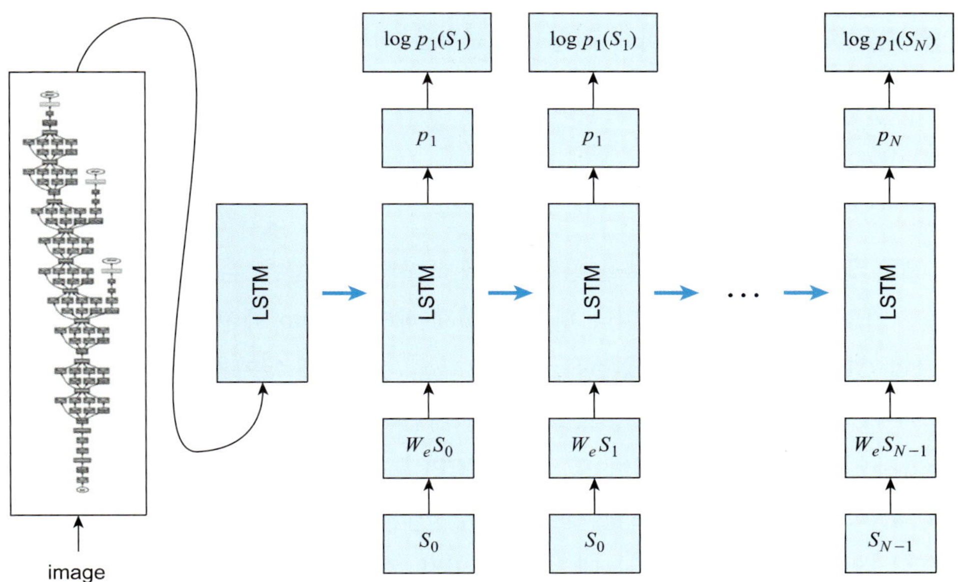

그림 30-6 A CNN-LSTM Image Caption Architecture

[그림 30-6]에서 다이어그램 $\{S_0, S_1, \ldots, S_{N-1}\}$은 캡션의 각 단어에 해당되며 $\{W_eS_0, W_eS_1, \ldots, W_eS_{N-1}\}$은 각 단어에 대응하는 워드 임베딩 벡터이다. 이로부터 나오는 LSTM의 출력인 $\{p_1, p_2, \ldots, p_N\}$은 모델로부터 다음 단어를 예측하기 위하여 생성되는 확률분포이다. 고로 이어지는 $\{\log p_1(S_1), \log p_2(S_2), \ldots, \log p_N(S_N)\}$은 각 단계에서 올바른 단어가 나올 최대우도함수이다. 그리고 이 항의 부정합을 최소화하는 것이 모델의 목표다.

첫 번째 훈련 단계에서는 Inception v3의 파라미터가 고정된 채로 진행한다. 이는 해당 모듈이 오로지 이미지 인코더로써 작동하기 때문이다. 이어서 이미지 임베딩을 워드 임베딩 벡터 공간으로 변환하기 위해 Inception v3 위에 단일 학습이 가능한 레이어가 추가한다. 이 모델은 워드 임베딩의 파라미터를 염두에 두면서 훈련을 진행하며 이후 이어지는 두 번째 단계에서는 inception v3를 포함한 모든 파라미터 이미지 인코더와 LSTM을 공동으로 미세 조정하며 학습한다.

이때 훈련된 모델과 이미지가 주어졌을 때 빔 검색을 이용하여 해당 이미지에 대한 캡션을 생성한다. 캡션은 단어 단위로 생성되며, 단계 t에서는 그전 $t-1$ 단계까지 생성되었던 문장을 사용하여 길이 t의 문장을 새로 생성하는 방식을 취한다. 이때 하이퍼파라미터 k는 빔 사이즈로 한다. 그리고 $k=3$일 때 최고의 성능을 보인다.

30.3.1 모델의 훈련에 앞선 전처리

실제로 Show and Tell 모델을 훈련하는데 소요되는 시간은 훈련을 돌리는데 사용되는 기기의 성능 및 용량에 따라 다르다. 실제 해당 Github 페이지에 소개된 훈련양은 단일 GPU로 약 2주간의 훈련을 토대로 나온 것이기에 독자가 수행할 때는 상황에 맞추어 훈련 양 및 세부설정을 조정하길 바란다.

추가적으로 해당 모델의 훈련 및 실행을 CPU를 기반으로 훈련 및 실행이 가능하긴 하나, 속도가 10배 이상 느릴 것이기에 추천되지 않는다. 모델을 훈련하기 위해서는 훈련 데이터를 가져와야 하는데, 이는 이미지, 캡션 그리고 이미지 id와 같은 메타데이터로 구성된다. 이때 각 캡션은 단어들의 나열로, 전처리 과정에서 각 단어를 정수 기반의 id에 배정하는 사전을 생성한다. 이후 각 캡션은 해당 단어의 id로 대체되어 인코딩한다. 이는 각 단어를 해당 agent가 실질적으로는 이해하지 않고 오로지 번호로 부여함으로써 다음으로 번역할 '단어'를 예측하여 출력한다는 뜻이기도 하다.

30.3.2 CNN 모델 준비하기

Show and Tell 모델은 하위 이미지 인코더 모델의 파라미터를 초기화하기 위해 미리 훈련된 이미지 분류 모델의 체크포인트 파일이 필요하다. 이때 일반적으로 이미지 분류 라이브러리에서 제공한 것을 사용함으로써 해당 라이브러리에서 미리 훈련된 다양한 이미지 분류 모델들을 제공 받는다. 이는 이미지 분류 라이브러리 구축을 위한 시간을 단축함과 동시에 공개된 라이브러리는 검증된 것이기에 더 질이 좋은 경우가 많다. 각각 제공되는 모델들의 특징과 차이점은 해당 라이브러리에서 확인할 수 있다. 이때 pretrained된 체크포인트 파일은 어디까지나 파라미터의 초기화에만 사용한다. 일단 Show and Tell 모델의 훈련이 시작되면 자체적인 체크포인트 파일이 따로 저장되며, 만일 훈련이 정지되었다가 재개된다면 새로 생성된 체크포인트 파일을 기반으로 시작한다. 즉, pretrained된 이미지 분류 모델의 체크포인트는 오로지 0 단계의 global step에서만 사용한다.

이후 마지막으로 해당 모델이 이미지 분류 및 감지를 제대로 수행하는지 확인해야 한다.

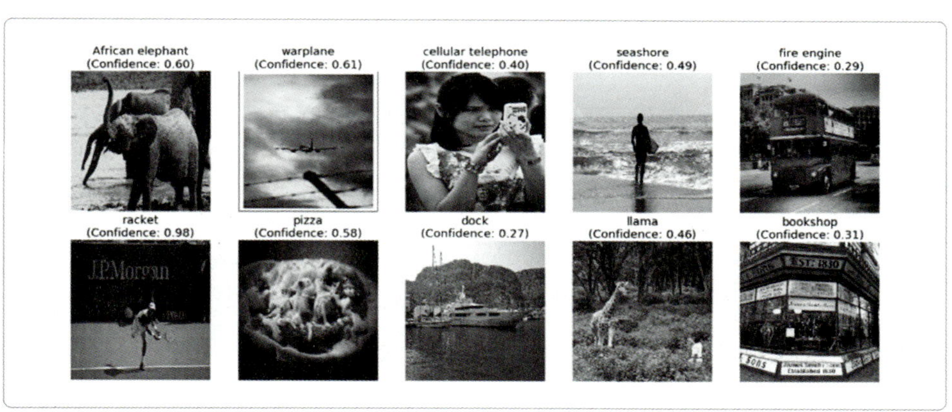

그림 30-7 inception v3 모델의 수행 여부 확인

30.3.3 모델의 훈련 및 Finetuning

주어진 데이터와 모델을 기반으로 첫 훈련이 끝나면 해당 Show and Tell 모델도 납득할 수준의 이미지 캡션을 생성할 수 있다. 이에 추가적인 성능향상을 위하여 두 번째 훈련을 통해 LSTM 모델과 이미지 분류 하위모델들의 파라미터를 공동으로 미세조정(fine-tune)한다면 추가적인 성능향상을 얻어낼 수 있다.

미세조정이 시작되면 이전 첫 번째 훈련보다 훈련이 훨씬 느리게 진행된다. 그리고 긴 시간에 걸쳐 소량의 성능 개선이 이루어진다. 이 성능 개선은 약 200만~250만 번의 횟수에 걸쳐서 지속적으로 성능향상을 이루다가 오버피팅(overfit)이 일어날 것이며, 이를 단일 GPU로 시행하려면 몇 주간의 시간이 소요된다. 추가적인 성능향상에 큰 관심이 없으면 넘어가도 되는 단계이며 또는 `--number_of_steps`을 조정하여 훈련시간을 조정할 수도 있다. 다만 해당 단계가 없어도 아래 [그림 30-8]과 같은 수준의 성능을 확인할 수 있다.

예시:

Captions for image COCO_val2014_000000224477.jpg:
  0) a man riding a wave on top of a surfboard . (p=0.040413)
  1) a person riding a surf board on a wave (p=0.017452)
  2) a man riding a wave on a surfboard in the ocean . (p=0.005743)

그림 30-8 결과 예시

비고: 같은 이미지라도 각각 다른 결과를 얻을 수 있다. 이는 훈련 간 오차로 인해 생긴 차이이다.

30.4 훈련에 따른 성능변화

훈련 경과에 따라 어떠한 캡션들이 출력되는지 살펴보도록 한다.

첫 100회 이후, 모델은 단순히 문장이 시작이 SOS 토큰으로 시작한다는 점을 학습했다는 것을 알 수 있다. 중간 중간 a와 SOS 토큰 외에도 EOS 토큰이 보이는 것을 확인할 수 있다.

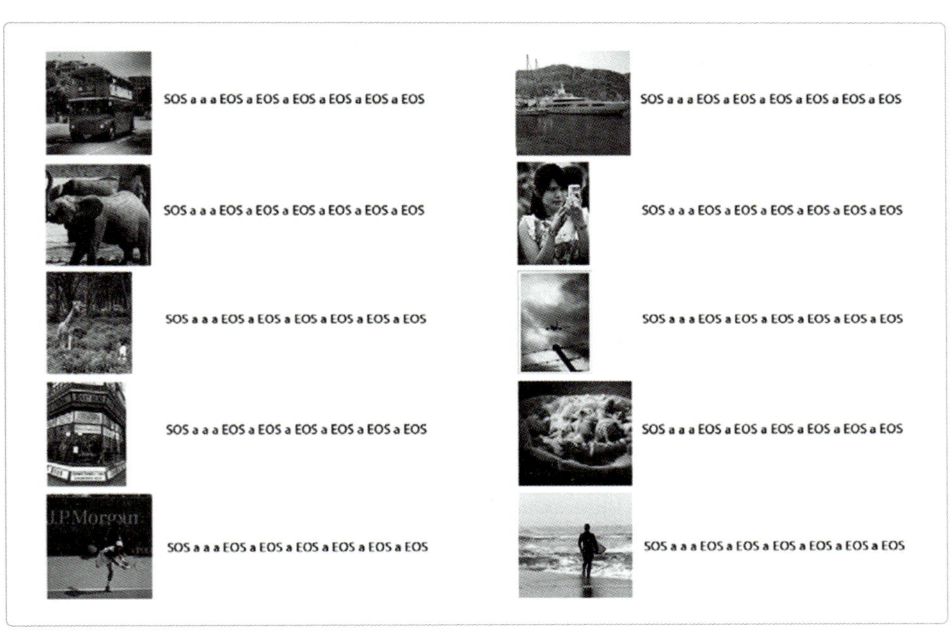

그림 30-9 훈련 100회 후 이미지 캡션 결과

1000회 이후 모델이 의미적인 내용을 함포한 문장들을 출력하기 시작한 것을 관찰할 수 있다. 그러나 여전히 올바르지 않게 묘사하거나 문법적으로 많은 오류를 보인다.

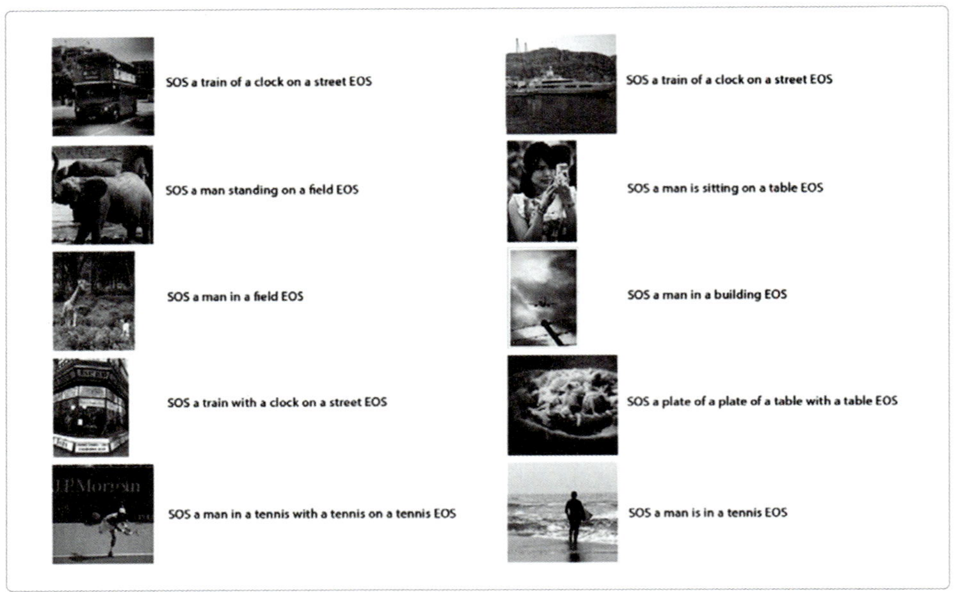

그림 30-10 훈련 1000회 후 이미지 캡션 결과

훈련 5000회 이후 이제 모델이 거의 대부분의 이미지를 제대로 인식하고 있다는 것을 확인할 수 있다. 또한 성능이 낮지만 비교적 의미적으로 정확하며 문법적으로도 월등히 나은 문장들을 출력한다. 그러나 아직도 곳곳에서 오류가 발견된다. 예를 들어 4번째 사진에서 묘사한 것에 따르면 'A man is holding a cell phone'이라고 하고 있지만 독자들은 해당 사진의 주제가 'man'이 아닌 'woman'이라는 것을 쉽게 파악할 수 있다. 또한 6번째 사진에서 비행기가 날아가는 사진을 연을 날리는 것으로 착각하는 등의 자잘한 오류들이 눈에 뜨인다.

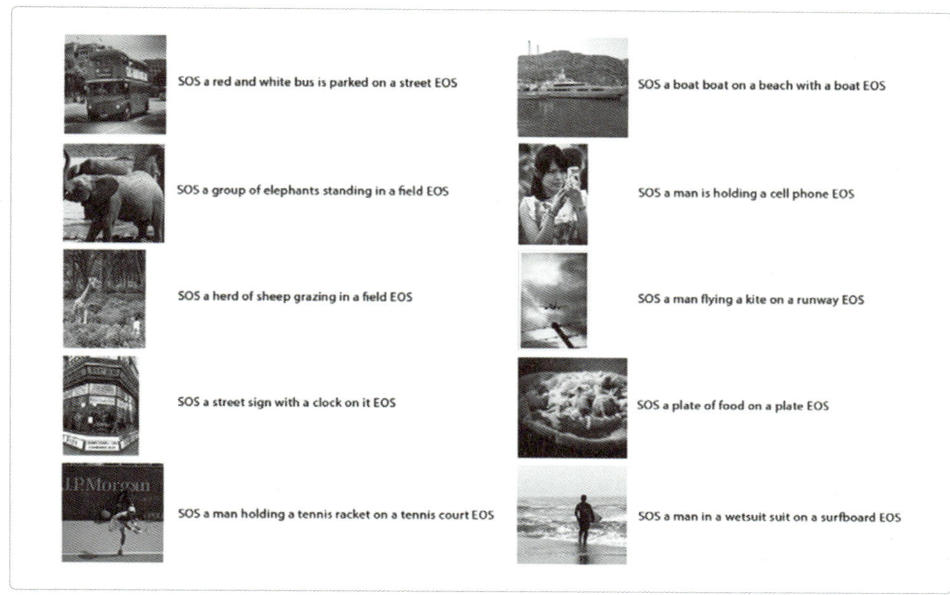

그림 30-11 훈련 5000회 후 이미지 캡션 결과

1만 번의 훈련 횟수 후, 훈련된 모델이 납득할 수준의 성능을 보인다. 대부분의 이미지를 옳게 묘사한 것을 관찰할 수 있으나, 8번째 사진에서 여전히 피자를 샌드위치라고 착각하는 등 소소한 오류들을 여전히 존재한다. 유의해야 할 것은 훈련 데이터에서 각 이미지를 묘사하는 여러 종류의 텍스트를 보유하고 있기 때문에 같은 이미지이더라도 모델이 출력하는 캡션은 그때그때 다르게 나온다는 점이다.

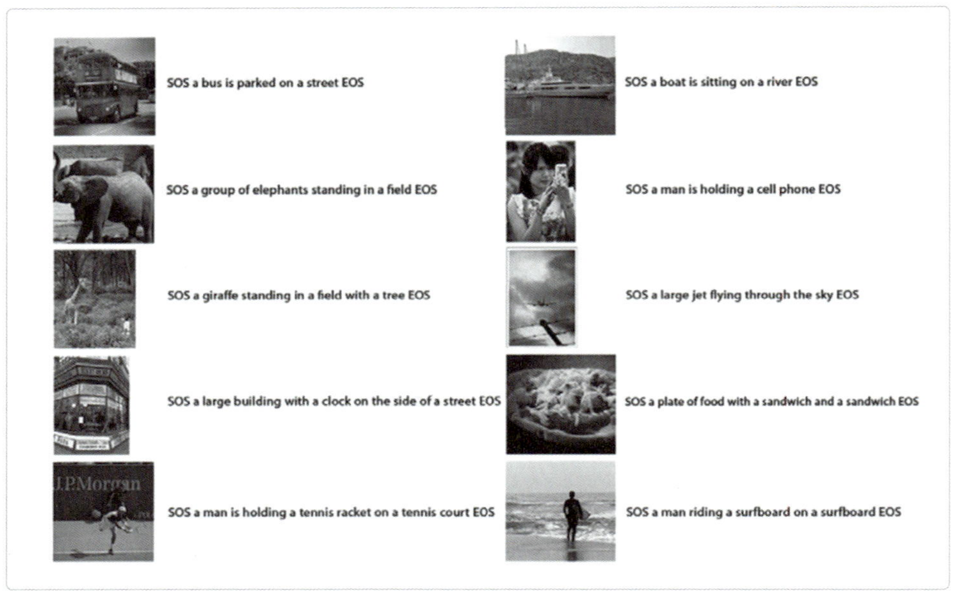

그림 30-12 훈련 10000회 후 이미지 캡션 결과

본 장에서는 CNN 기반 이미지 분류기와 LSTM 번역기를 응용하는 이미지 캡셔닝 기술을 간단히 다뤘다. 해당 기술에 대한 간단한 소개와 더불어서 이를 im2txt 모델을 통한 실습 또한 소개했다.

참고문헌

[1] Hossain, M. D., et al. “A comprehensive survey of deep learning for image captioning.” ACM Computing Surveys (CSUR) 51.6 (2019): 118.

[2] Deng, Jia, et al. “Imagenet: A large-scale hierarchical image database.” 2009 IEEE conference on computer vision and pattern recognition. Ieee, 2009.

[3] Lin, Tsung-Yi, et al. “Microsoft coco: Common objects in context.” European conference on computer vision. Springer, Cham, 2014.

[4] Xu, Kelvin, et al. “Show, attend and tell: Neural image caption generation with visual attention.” International conference on machine learning. 2015.

[5] Krizhevsky, Alex, Ilya Sutskever, and Geoffrey E. Hinton. “Imagenet classification

with deep convolutional neural networks." Advances in neural information processing systems. 2012.

[6] Hochreiter, Sepp, and Jürgen Schmidhuber. "Long short-term memory." Neural computation 9.8 (1997): 1735-1780.

[7] https://github.com/tensorflow/models/tree/master/research/im2txt

[8] Szegedy, Christian, et al. "Inception-v4, inception-resnet and the impact of residual connections on learning." Thirty-First AAAI Conference on Artificial Intelligence. 2017.

실습

실습 [5-1]

1. **실습명** : KoNLPy를 이용한 형태소 분석
2. **실습 목적 및 설명**

   형태소 분석기 오픈 라이브러리인 KoNLPy를 이용하여 형태소 분석 결과를 확인해보자.
3. **관련 장(챕터)** : 5.1.4 한국어 형태소 분석 오픈 라이브러리
4. **코드**

```
# konlpy 패키지 다운로드
!pip install konlpy

# konlpy 관련 패키지 import 및 함수를 변수로 저장
from konlpy.tag import Kkma
from konlpy.tag import Okt
from konlpy.tag import Hannanum
from konlpy.tag import Komoran
from konlpy.tag import Twitter

kkma = Kkma()
okt = Okt()
komoran = Komoran()
hannanum = Hannanum()
twitter = Twitter()

# konlpy 중 Kkma는 문장 분리가 가능 (다른 라이브러리는 되지 않음)
print ("kkma 문장 분리 : ", kkm.sentences('네 안녕하세요 반갑습니다.'))

# konlpy의 라이브러리 형태소 분석 비교
print ("okt 형태소 분석 :", okt.morphs(u "집에 가면 감자 좀 쪄줄래?"))
print ("kkma 형태소 분석 : ", kkma.morphs(u "집에 가면 감자 좀 쪄줄래?"))
print ("hannanum 형태소 분석 : ", hannanum.morphs(u "집에 가면 감자 좀 쪄줄래?"))
print ("komoran 형태소 분석 : ", komoran.morphs(u "집에 가면 감자 좀 쪄줄래?"))
print ("twitter 형태소 분석 : ", twitter.morphs(u "집에 가면 감자 좀 쪄줄래?"))
```

5. 결과

```
kkma 문장 분리 : ['네 안녕하세요', '반갑습니다.']
okt 형태소 분석 : ['집', '에', '가면', '감자', '좀', '쪄줄래', '?']
kkma 형태소 분석 : ['집', '에', '가', '면', '감자', '좀', '찌', '어', '주',
'ㄹ래', '?']
hannanum 형태소 분석 : ['집', '에', '가', '면', '감', '자', '좀', '찌', '어',
'줄', '래', '?']
komoran 형태소 분석 : ['집', '에', '가', '면', '감자', '좀', '찌', '어', '주',
'ㄹ래', '?']
twitter 형태소 분석 : ['집', '에', '가면', '감자', '좀', '쪄줄래', '?']
```

실습 [5-2]

1. **실습명** : KoNLPy를 이용한 품사태깅
2. **실습 목적 및 설명**

   오픈 라이브러리인 KoNLPy를 이용하여 품사태깅 결과를 비교해보자.
3. **관련 장(챕터)** : 5.2 품사태깅
4. **코드**

```
# konlpy 패키지 다운로드
!pip install konlpy

# konlpy 관련 패키지 import 및 함수를 변수로 저장
from konlpy.tag import Kkma
from konlpy.tag import Okt
from konlpy.tag import Hannanum
from konlpy.tag import Komoran
from konlpy.tag import Twitter

kkma = Kkma()
okt = Okt()
komoran = Komoran()
hannanum = Hannanum()
twitter = Twitter()

# konlpy 의 라이브러리 품사태깅 비교
print ("okt 형태소 분석 :", okt.pos(u "집에 가면 감자 좀 쪄줄래?"))
print ("kkma 형태소 분석 : ", kkma.pos(u "집에 가면 감자 좀 쪄줄래?"))
print ("hannanum 형태소 분석 : ", hannanum.pos(u "집에 가면 감자 좀 쪄줄래?"))
print ("komoran 형태소 분석 : ", komoran.pos(u "집에 가면 감자 좀 쪄줄래?"))
print ("twitter 형태소 분석 : ", twitter.pos(u "집에 가면 감자 좀 쪄줄래?"))
```

5. 결과

```
okt 형태소 분석 : [('집', 'Noun'), ('에', 'Josa'), ('가면', 'Noun'), ('감자',
'Noun'), ('좀', 'Noun'), ('쪄줄래', 'Verb'), ('?', 'Punctuation')]
kkma 형태소 분석 : [('집', 'NNG'), ('에', 'JKM'), ('가', 'VV'), ('면',
'ECE'), ('감자', 'NNG'), ('좀', 'MAG'), ('찌', 'VV'), ('어', 'ECS'),
('주', 'VXV'), ('ㄹ래', 'EFQ'), ('?', 'SF')]
hannanum 형태소 분석 : [('집', 'N'), ('에', 'J'), ('가', 'P'), ('면', 'E'),
('감', 'P'), ('자', 'E'), ('좀', 'M'), ('찌', 'P'), ('어', 'E'), ('줄',
'P'), ('래', 'E'), ('?', 'S')]
komoran 형태소 분석 : [('집', 'NNG'), ('에', 'JKB'), ('가', 'VV'), ('면',
'EC'), ('감자', 'NNP'), ('좀', 'MAG'), ('찌', 'VV'), ('어', 'EC'), ('주',
'VX'), ('ㄹ래', 'EF'), ('?', 'SF')]
twitter 형태소 분석 : [('집', 'Noun'), ('에', 'Josa'), ('가면', 'Noun'),
('감자', 'Noun'), ('좀', 'Noun'), ('쪄줄래', 'Verb'), ('?',
'Punctuation')]
```

실습 [6-1]

1. **실습명** : NLTK 패키지를 활용한 규칙 기반 구구조 구문 분석
2. **실습 목적 및 설명**
   - 구구조 구문 분석 규칙을 작성하고 NLTK 패키지를 이용하여 컴파일한다.
   - 작성한 문법 규칙에 따라 문장의 구구조 구문 구조를 분석한다.
3. **관련 장(챕터)** : 6.2.2 규칙 기반 구구조 구문 분석
4. **코드**

```
"""
NLTK 패키지 다운로드
"""
!pip install nltk==3.3
import nltk

"""
구구조 구문 분석 규칙 작성
"""
grammar = nltk.CFG.fromstring("""
S -> NP VP
NP -> NN XSN JK | NN JK
VP -> NP VP | VV EP EF
NN -> '아이' | '케이크'
XSN -> '들'
JK -> '이' | '를'
VV -> '먹'
EP -> '었'
EF -> '다'
""")

"""
규칙 기반 구문 분석기 생성 및 구구조 구문 분석 수행
제시된 ChartParser 외에도 ShiftReduceParser, RecursiveDescentParser 등
다양한 구문 분석 알고리즘이 제공된다.
"""
parser = nltk.ChartParser(grammar)
```

```
sent = ['아이', '들', '이', '케이크', '를', '먹', '었', '다']
for tree in parser.parse(sent):
  print(tree)
```

5. 결과

```
(S
  (NP (NN 아이) (XSN 들) (JK 이))
  (VP (NP (NN 케이크) (JK 를)) (VP (VV 먹) (EP 었) (EF 다))))
```

실습 [6-2]

1. **실습명** : Spacy를 이용한 의존 구문 분석
2. **실습 목적 및 설명**
   - Spacy를 이용하여 영어 문장의 의존 구문 분석을 수행한다.
   - 의존 구문 분석 결과를 시각화하여 분석한다.
3. **관련 장(챕터)** : 6.3 의존 구문 분석
4. **코드**

```
"""
Spacy 패키지 다운로드
"""
!pip install spacy==2.1.9
import spacy

"""
영어 문장의 의존 구문 분석 수행
Spacy 모델은 문장을 token들로 구성된 document로 처리한다.
각 token에는 품사, 의존 관계, 개체명 정보 등이 태깅된다.
이 예제에서 출력하는 정보들은 다음과 같다.

token.text: token 문자열
token.dep_: token과 token의 지배소 간의 의존 관계 유형
token.head: 지배소 token
"""
# 영어 multi-task 통계 모델
nlp = spacy.load('en_core_web_sm')
doc = nlp('The fat cat sat on the mat')
for token in doc:
  print(token.text, token.dep_, token.head.text)

"""
의존 구문 분석 결과를 시각화한다.
"""
from spacy import displacy
# Jupyter, Colab 등에서 동작
displacy.render(doc, style='dep', jupyter=True)
```

5. 결과

```
The det cat
fat amod cat
cat nsubj sat
sat ROOT sat
on prep sat
the det mat
mat pobj on
```

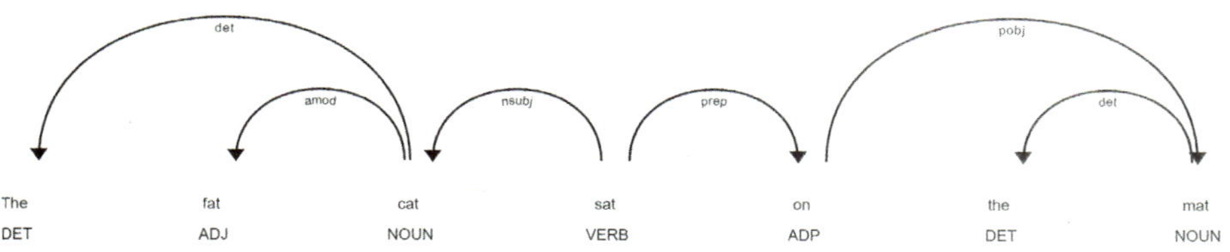

실습 [7-1]

1. **실습명** : Lesk 알고리즘을 이용한 단어 중의성 해소
2. **실습 목적 및 설명**
   - WordNet의 사전 정의 정보를 이용한 Lesk 알고리즘 실습
   - 간단한 알고리즘을 사용하여 단어 중의성 해소 실습
3. **관련 장(챕터)** : 7.2.1 단어 중의성 해소
4. **코드**

```
"""
nltk 패키지 다운로드
"""
!pip3 install nltk==3.3

"""
wordnet 관련 패키지 nltk import
"""
import nltk
nltk.download('wordnet')
nltk.download('punkt')
nltk.download('stopwords')
from nltk.corpus import wordnet
from nltk import word_tokenize
from nltk.corpus import stopwords
import sys

"""
단어와 문장에 나타난 단어에 대해 Best Sense 추출
"""
def disambiguate(word, sentence, stopwords):
        # Best sense 를 얻기위한 Lesk 알고리즘을 작성해보세요.
        return best_sense

"""
sense의 definition에 대한 모든 token 추출
"""
def tokenized_gloss(sense):
```

```
        tokens = set(word_tokenize(sense.definition()))
        for example in sense.examples():
            tokens.union(set(word_tokenize(example)))
        return tokens

"""
겹치는 단어 비교
"""
def compute_overlap(signature, context, stopwords):
        gloss = signature.difference(stopwords)
        return len(gloss.intersection(context))
"""
Main 함수
"""
# NLTK에서 지정한 영어 불용어 처리 ex) i, my, they...
stopwords = set(stopwords.words('english'))
sentence = ("They eat a meal")
context = set(word_tokenize(sentence))
word = 'eat'

print("Word :", word)
syn = wordnet.synsets('eat')[1]
print("Sense :", syn.name())
print("Definition :", syn.definition())
print("Sentence :", sentence)

signature = tokenized_gloss(syn)
print(signature)
print(compute_overlap(signature, context, stopwords))
print("Best sense: ", disambiguate(word, sentence, stopwords))
```

5. 결과

```
Word : eat
Sense : eat.v.02
Definition : eat a meal; take a meal
Sentence : They eat a meal
{';', 'a', 'meal', 'eat', 'take'}
2
Best sense:  Synset('eat.v.02')
```

실습 [8-1]

1. **실습명** : NLTK를 이용한 개체명 인식
2. **실습 목적 및 설명**
   - 본 장에서는 NLTK를 이용하여 개체명 정보를 추출하기 위한 실습을 진행한다.
   - NLTK(Natural Language Toolkit)는 교육 목적으로 개발된 자연어처리 분석 툴킷이다. 해당 사이트에는 50여 개가 넘는 말뭉치를 제공하며 자세한 내용은 다음 사이트를 참고하길 바란다.*

   NLTK 툴킷을 이용하여 개체명 정보를 추출하기 위해 다음의 몇 가지 단계를 진행한다.
   - 첫 번째, 입력으로 받은 문장을 토큰 단위로 분리시킨다.
   - 두 번째, 분리된 단어를 형태소로 분석한다.
   - 세 번째, 형태소로 분리된 단어를 개체명으로 분석한다.

   소스코드를 통해 바로 진행해보도록 하겠다.

3. **관련 장(챕터)** : 8.1 개체명 인식
4. **코드**

   분석할 문장을 입력으로 토크나이징을 진행한다. 우선 nltk 내에서 필요한 정보를 다운받기 위해 nltk.download를 통해 다운받는다. 아래 예시에서는 "Prime Minister Boris Johnson has said he will seek an early general election on 12 December." 문장을 입력으로 넣었을 때의 결과를 확인할 수 있다.
   문장을 단어별로 분리하기 위해서는 `nltk.word_tokenize()`를 사용한다.

* https://www.nltk.org

```
# -*- coding:utf-8 -*-
import nltk

#
nltk.download('punkt')
nltk.download('words')
nltk.download('averaged_perceptron_tagger')
nltk.download('maxent_ne_chunker')

sentence = "Prime Minister Boris Johnson had previously said the UK
would leave by 31 October."

tokens = nltk.word_tokenize(sentence)
print(tokens)
```

위 소스를 실행할 경우 나오는 결과는 다음과 같다.

```
[nltk_data] Downloading package punkt to /root/nltk_data...
[nltk_data]   Unzipping tokenizers/punkt.zip.
[nltk_data] Downloading package words to /root/nltk_data...
[nltk_data]   Unzipping corpora/words.zip.
[nltk_data] Downloading package averaged_perceptron_tagger to
[nltk_data]     /root/nltk_data...
[nltk_data]   Unzipping taggers/averaged_perceptron_tagger.zip.
[nltk_data] Downloading package maxent_ne_chunker to
[nltk_data]     /root/nltk_data...
[nltk_data]   Unzipping chunkers/maxent_ne_chunker.zip.
['Prime', 'Minister', 'Boris', 'Johnson', 'had', 'previously',
'said', 'the', 'UK', 'would', 'leave', 'by', '31', 'October', '.']
```

그러면 이제 형태소 정보를 출력해보도록 한다. 형태소 정보를 출력하기 위해서 nltk.pos_tag()를 사용한다.

```
tagged = nltk.pos_tag(tokens)
print(tagged)
```

형태소 정보 출력 결과는 다음과 같다.

```
[('Prime', 'NNP'), ('Minister', 'NNP'), ('Boris', 'NNP'),
('Johnson', 'NNP'), ('had', 'VBD'), ('previously', 'RB'), ('said',
'VBD'), ('the', 'DT'), ('UK', 'NNP'), ('would', 'MD'), ('leave',
'VB'), ('by', 'IN'), ('31', 'CD'), ('October', 'NNP'), ('.', '.')]
```

해당 리스트는 ('단어','형태소') 정보로 구성되어있다. 각 토큰화된 단어에 대해 형태소가 붙은 것을 확인할 수 있다.

다음으로 개체명 출력을 진행해보도록 한다. 개체명 정보를 출력하기 위해서 `nltk.ne_chunk()`를 사용한다. 개체명에 입력으로 들어가는 정보는 형태소 분리가 된 데이터를 넣는다.

```
entities = nltk.chunk.ne_chunk(tagged)
print(entities)
```

개체명 정보 출력 결과는 다음과 같다.

```
(S
  Prime/NNP
  Minister/NNP
  (PERSON Boris/NNP Johnson/NNP)
  had/VBD
  previously/RB
  said/VBD
  the/DT
  (ORGANIZATION UK/NNP)
  would/MD
  leave/VB
  by/IN
  31/CD
  October/NNP
  ./.)
```

5. 결론

위 결과를 통해 '단어/형태소' 단위 앞에 '개체명' 정보가 추가적으로 붙은 것을 확인할 수 있다. 개체명으로 인식된 것은 PERSON에 해당하는 Boris Johnson과 ORGANIZATION에 해당하는 UK로, 각각 사람과 조직에 해당하는 개체명 태그가 붙었다. 여기서 `word_tokenize`를 통해 분리되었던 Boris와 Johnson이 하나의 개체명으로 인식된 이유는 앞서 8장에서 설명한 BIO 태깅 기법에 맞춰 데이터가 구성되었기 때문이다.

실습 [9-1]

1. **실습명** : N-gram 언어 모델로 문장 생성하기
2. **실습 목적 및 설명**
   - 파이썬의 NLTK 패키지를 이용하여 N-gram 언어 모델을 구축한다.
   - 네이버에서 제공하는 nsmc 영화 리뷰 데이터셋을 이용하여 문장을 생성한다.
3. **관련 장(챕터)** : 9.2.2 N-gram 언어 모델(N-gram Language Model)
4. **코드**

```
"""
NLTK 패키지를 이용하여 입력 텍스트를 N-gram으로 바꾸고 단어의 빈도를 측정하여 조건부 확률을
추정한 후, 이를 바탕으로 단어열을 예측하고 생성하는 모델을 구축해본다. 데이터셋으로는 네이버에
서 제공하는 nsmc 영화 리뷰 데이터를 이용한다.
"""
import nltk
from nltk.util import ngrams
from nltk import word_tokenize
from nltk import ConditionalFreqDist
from nltk.probability import ConditionalProbDist, MLEProbDist
import codecs
from konlpy.tag import Okt
from tqdm import tqdm

# 한국어 처리에 필요한 konlpy 패키지를 설치하기 전에 선행 파일을 설치한다.
!apt-get update
!apt-get install g++ openjdk-8 -jdk python-dev python3-dev
!pip3 install JPype1-py3
!pip3 install konlpy
!JAVA_HOME="/usr/lib/jvm/java-8-openjdk-amd64"
from konlpy.tag import Okt

# NLTK 패키지를 이용하여 입력 텍스트를 N-gram 형태로 변환한다.
sentence = "나는 매일 아침 지하철을 탄다"

# NLTK 사용을 위하여 선행 패키지를 설치한다.
nltk.download('punkt')
```

```
> [nltk_data] Downloading package punkt to /root/nltk_data...
[nltk_data] Package punkt is already up-to-date!

# 입력 텍스트를 띄어쓰기 기준으로 토큰화한다.
tokens = word_tokenize(sentence)
print (tokens)

> ['나는', '매일', '아침', '지하철을', '탄다']

# 한국어의 단어는 띄어쓰기를 기준으로 하지 않기 때문에 konlpy를 이용해 형태소를 기준으로
토큰화한다.
tagger = Okt()
def tokenize (text):
  tokens = ['/'.join(t) for t in tagger.pos(text)]
  return tokens
tokens = tokenize(sentence)
print (tokens)

> ['나/Noun', '는/Josa', '매일/Noun', '아침/Noun', '지하철/Noun', '을/Josa',
'탄다/Verb']

# 토큰을 N-gram의 형태로 바꾸어준다.
# ngrams 함수의 두 번째 인자로 N값을 지정할 수 있다.
bigram = ngrams(tokens, 2)
trigram = ngrams(tokens, 3)

# N-gram을 출력해본다.
print ("bigram: ")
for b in bigram:
  print (b)
print ("\ntrigram: ")
for t in trigram:
  print (t)

> bigram:
('나/Noun', '는/Josa')
('는/Josa', '매일/Noun')
('매일/Noun', '아침/Noun')
('아침/Noun', '지하철/Noun')
('지하철/Noun', '을/Josa')
('을/Josa', '탄다/Verb')
```

```
trigram:
('나/Noun', '는/Josa', '매일/Noun')
('는/Josa', '매일/Noun', '아침/Noun')
('매일/Noun', '아침/Noun', '지하철/Noun')
('아침/Noun', '지하철/Noun', '을/Josa')
('지하철/Noun', '을/Josa', '탄다/Verb')

# padding을 통해 입력 데이터에 문장의 시작과 끝을 알리는 토큰을 추가한다.
bigram = ngrams(tokens, 2, pad_left=True, pad_right=True, left_pad_
symbol="<s>", right_pad_symbol="</s>")
print ("bigrams with padding: ")
for b in bigram:
  print (b)

> bigrams with padding:
('<s>', '나/Noun')
('나/Noun', '는/Josa')
('는/Josa', '매일/Noun')
('매일/Noun', '아침/Noun')
('아침/Noun', '지하철/Noun')
('지하철/Noun', '을/Josa')
('을/Josa', '탄다/Verb')
('탄다/Verb', '</s>')

# 문장 생성을 위하여 네이버 영화 리뷰 데이터셋을 다운로드한다.
%%time
!wget -nc -q https://raw.githubusercontent.com/e9t/nsmc/master/ratings_train.txt

> CPU times: user 21.3 ms, sys: 9.36 ms, total: 30.7 ms
Wall time: 1.54 s

# 다운로드 받은 데이터셋을 읽고 인덱스와 라벨을 제외한 텍스트 부분만 가져온다.
# codecs 패키지는 대용량 파일을 조금씩 읽을 수 있게 해준다.
with codecs.open ("ratings_train.txt", encoding='utf-8') as f:
  data = [line.split('\t') for line in f.read().splitlines()] # \n 제외
  data = data[1:] # header 제외
print ("데이터셋: ", data[:10])
docs = [row[1] for row in data] # 텍스트 부분만 가져옴
print ("텍스트 데이터:", docs[:5])
print ("문장 개수: ", len(docs)) # 총 15만개의 문장으로 이루어진 데이터셋임을 알 수
있다.
```

```
> 데이터셋: [['9976970', '아 더빙.. 진짜 짜증나네요 목소리', '0'], ['3819312',
'흠...포스터보고 초딩영화줄....오버연기조차 가볍지 않구나', '1'], ['10265843',
'너무재밓었다그래서보는것을추천한다', '0'], ….

텍스트 데이터: ['아 더빙.. 진짜 짜증나네요 목소리', '흠...포스터보고
초딩영화줄....오버연기조차 가볍지 않구나', '너무재밓었다그래서보는것을추천한다', ….

문장 개수: 150000

# 토큰화한 텍스트 데이터의 bigram을 모두 리스트에 추가한다.
sentences = []
for d in tqdm(docs):
  tokens = tokenize(d)
  bigram = ngrams(tokens, 2, pad_left=True, pad_right=True,
left_pad_symbol="<s>", right_pad_symbol="</s>")
  sentences += [t for t in bigram]

> 100%|██████████████████| 150000/150000 [05:49<00:00, 429.55it/s]

print (sentences[:10])
> [('<s>', '아/Exclamation'), ('아/Exclamation', '더빙/Noun'),
('더빙/Noun', '../Punctuation'), ('../Punctuation', '진짜/Noun'),
('진짜/Noun', '짜증나네요/Adjective'), ('짜증나네요/Adjective',
'목소리/Noun'), ('목소리/Noun', '</s>'), ('<s>', '흠/Noun'), ('흠/Noun',
'.../Punctuation'), ('.../Punctuation', '포스터/Noun')]

# sentences에 대한 단어별 등장 빈도를 측정한다.
cfd = ConditionalFreqDist(sentences)

# "<S>"다음에 가장 많이 오는 단어(즉, 문장 맨 처음에 가장 많이 오는 단어) 5개를 출력해본다.
print (cfd["<s>"].most_common(5))

> [('정말/Noun', 2718), ('이/Noun', 2371), ('진짜/Noun', 2232),
('이/Determiner', 2115), ('영화/Noun', 2069)]

# 주어진 토큰(c) 다음에 가장 많이 등장하는 n개의 단어를 반환하는 함수를 만든다.
def most_common (c, n, pos=None):
  if pos is None :
    return cfd[tokenize(c)[0]].most_common(n)
  else :
    return cfd["/".join([c, pos])].most_common(n)
```

```
print (most_common("나", 10 ))

> [('는/Josa', 831), ('의/Josa', 339), ('만/Josa', 213), ('에게/Josa',
148), ('에겐/Josa', 84), ('랑/Josa', 81), ('한테/Josa', 50), ('참/Verb',
45), ('이/Determiner', 44), ('와도/Josa', 43)]

# 단어별 등장 빈도를 기반으로 조건부 확률을 추정한다.
cpd = ConditionalProbDist(cfd, MLEProbDist)

# "." 다음에 "</s>"가 올 확률을 출력한다.
print (cpd[tokenize(".")[0]].prob("</s>"))

> 0.39102658679807606

# 토큰 c 다음에 토큰 w가 bigram으로 함께 등장할 확률을 구한다.
def bigram_prob (c, w):
  context = tokenize(c)[0]
  word = tokenize(w)[0]
  return cpd[context].prob(word)

print (bigram_prob("이", "영화"))

> 0.4010748656417948

print (bigram_prob("영화", "이"))

> 0.00015767585785521414

# 조건부 확률을 알게 되면 가장 확률이 높은 토큰열을 토대로 문장을 생성할 수 있다.
def generate_sentence (seed=None , debug=False ):
  if seed is not None :
    import random
    random.seed(seed)
  c = "<s>"
  sentence = []
  while True :
    if c not in cpd:
      break
    w = cpd[c].generate()
    if w == "</s>":
      break
```

```
    word = w.split("/")[0]
    pos = w.split("/")[1]

    # 조사, 어미 등을 제외하고 각 토큰은 띄어쓰기로 구분하여 생성한다.
    if c == "<s>":
      sentence.append(word.title())
    elif c in ["`", "\"","'","("]:
      sentence.append(word)
    elif word in ["'", ".", ",", ")", ":", ";", "?"]:
      sentence.append(word)
    elif pos in ["Josa", "Punctuation", "Suffix"]:
        sentence.append(word)
    elif w in ["임/Noun", "것/Noun", "는걸/Noun", "릴때/Noun",
               "되다/Verb", "이다/Verb", "하다/Verb", "이다/Adjective"]:
        sentence.append(word)
    else :
        sentence.append(" " + word)
    c = w
    if debug:
      print (w)
  return "".join(sentence)

print (generate_sentence(2))

> 도리까지 본 영화 너무... 뭔가.. 최고네요. 하지만.. 눈물 낫다는건 또 영화에 들지 않는다. 근데 뭐야 어떻게 그렇게 착했던 윤재랑은 에바 그린 드레스 소리 듣는거임""" 에리 욧의 미모로 합성 한 가수 노래와 흥행 놓친 영화다. 사투리 연기 하나 없는 '스피드 감 넘치는 스릴 넘치는 연기를 이해 되지 못 하시는 분보다 훨 재밌구만 평점을 망처 놓은 듯하다. 영화 보는이로 하여금 불편함을 느꼈을듯

generate_sentence(2, debug=True)

> 도리/Noun
까지/Josa
본/Verb
영화/Noun
너무/Adverb
.../Punctuation
뭔가/Noun
../Punctuation
최고/Noun
```

```
네/Suffix
요/Josa
./Punctuation
(…)
보는이로/Verb
하여금/Adverb
불편함을/Adjective
느꼈을듯/Noun

'도리까지 본 영화 너무... 뭔가.. 최고네요. 하지만.. 눈물 낫다는건 또 영화에 들지 않는다. 근데 뭐야 어떻게 그렇게 착했던 윤재랑은 에바 그린 드레스 소리 듣는거임""" 에리 욧의 미모로 합성한 가수 노래와 흥행 놓친 영화다. 사투리 연기 하나 없는 '스피드 감 넘치는 스릴 넘치는 연기를 이해 되지 못 하시는 분보다 훨 재밌구만 평점을 망쳐 놓은 듯하다. 영화 보는이로 하여금 불편함을 느꼈을듯'
```

5. 결과

위 예제는 코퍼스 내의 등장 빈도에 기반하여 문장을 생성한다. bigram 언어 모델로 생성한 것이기 때문에 인접한 두 단어는 그나마 자연스럽지만 멀리 떨어진 단어와는 전혀 무관한 모습을 보인다. 또한 생성된 문장의 전체적인 문맥이 부자연스러우며 통사적으로 부적절한 모습도 보인다. 이는 코퍼스 내의 정보만으로 제한된 단어 조합만을 고려하는 N-gram 언어 모델의 한계로 보인다. 위 예제는 단순화를 위해 전처리와 규칙 처리를 최소화하였는데, 데이터셋을 늘리고 한국어 특징에 맞게 전처리를 진행한다면 보다 향상된 결과를 얻을 수 있을 것이다.

[참고문헌]

https://datascienceschool.net/view-notebook/a0c848e1e2d343d685e6077c35c4203b/

실습 [10-1]

1. **실습명** : 정보추출에서 관계형 튜플 표현
2. **실습 목적 및 설명**
   - 대량의 비정형 텍스트에서 정보를 추출하기 위해서는 구조화된 데이터가 필요함
   - 구조화된 관계형 튜플 표현을 배워보고 활용해보자
   - [표 10-1]의 관계 정보 표현을 예로 구조화된 데이터를 입력하고, 서울에 있는 기관은 어디인지 코드를 통해 찾아보자

표 10-1 기관 이름과 지역 이름에 대한 관계 정보 표현

기관 이름	지역 이름	관계 표현
고려대학교	서울	('고려대학교', 'In', '서울')
Naver	성남	('Naver', 'In', '성남')
KT 위즈 (야구)	수원	('KT 위즈', 'In', '수원')
한화 이글스 (야구)	대전	('한화 이글스', 'In', '대전')
NC 소프트	성남	('NC 소프트', 'In', '성남')
삼성	서울	('삼성', 'In', '서울')

3. **관련 장(챕터)** : 10.1 정보추출이란
4. **코드**

```
# [표11-1]의 예를 바탕으로 한 구조화된 데이터
locs = [('고려대학교', 'In', '서울'),
        ('Naver', 'In', '성남'),
        ('KT 위즈', 'In', '수원'),
        ('한화 이글스', 'In', '대전'),
        ('NC 소프트', 'In', '성남'),
        ('삼성', 'In', '서울')]
```

```
# 서울에 있는 기관 출력
query = []
for (e1, rel, e2) in locs:
  if e2=='서울':
    query.append(e1)
print (query)
```

5. 결과

['고려대학교', '삼성']

실습 [10-2]

1. **실습명** : 정규식을 적용한 관계 추출 실습 1
2. **실습 목적 및 설명**

   일반적으로 사용하는 관계 추출 접근법은 위에서 설명한 튜플 형식인 (엔티티 1, 관계, 엔티티 2)를 찾는 것이다. 여기서 "관계"는 "엔티티 1"과 "엔티티 2" 사이에 있는 단어의 문자열이다. 이를 기반으로 정규표현식을 사용하여 찾고자 하는 관계를 나타내는 "관계"의 인스턴스를 뽑을 수 있다.
3. **관련 장(챕터)** : 10.3 관계추출(Relation Extraction)
4. **코드**

```
# 라이브러리 import 및 다운
import re
import nltk
nltk.download('ieer')

# 단어가 포함된 문자열을 검색할 때 사용되는 관계 추출의 특수 정규식은 (?!\b.+ing\b)임
IN = re.compile (r '.*\bin\b(?!\b.+ing)')
for doc in nltk.corpus.ieer.parsed_docs('NYT_19980315'):
  print ("doc : ", doc)
  for rel in nltk.sem.extract_rels('ORG', 'LOC', doc, corpus='ieer', pattern = IN):
    print (nltk.sem.rtuple(rel))
```

5. **결과**

```
[ORG: 'WHYY'] 'in' [LOC: 'Philadelphia']
[ORG: 'McGlashan &AMP; Sarrail'] 'firm in' [LOC: 'San Mateo']
[ORG: 'Freedom Forum'] 'in' [LOC: 'Arlington']
[ORG: 'Brookings Institution'] ', the research group in' [LOC:
'Washington']
[ORG: 'Idealab'] ', a self-described business incubator based in'
[LOC: 'Los Angeles']
[ORG: 'Open Text'] ', based in' [LOC: 'Waterloo']
[ORG: 'WGBH'] 'in' [LOC: 'Boston']
```

```
[ORG: 'Bastille Opera'] 'in' [LOC: 'Paris']
[ORG: 'Omnicom'] 'in' [LOC: 'New York']
[ORG: 'DDB Needham'] 'in' [LOC: 'New York']
[ORG: 'Kaplan Thaler Group'] 'in' [LOC: 'New York']
[ORG: 'BBDO South'] 'in' [LOC: 'Atlanta']
[ORG: 'Georgia-Pacific'] 'in' [LOC: 'Atlanta']
```

실습 [10-3]

1. **실습명** : 정규식을 적용한 관계 추출 실습 2
2. **실습 목적 및 설명**
   - conll2002 Dutch 코퍼스에는 명명 된 엔티티 주석뿐만 아니라 품사 태그도 포함되어 있다. 이를 통해 다음 예와 같이 이러한 태그에 민감한 패턴을 고안할 수 있다.
   - `method clause()` 메소드는 이진 관계 기호가 매개 변수 relsym의 값으로 지정되는 관계를 clausal 형식으로 인쇄한다.
3. **관련 장(챕터)** : 10.3 관계추출(Relation Extraction)
4. **코드**

```
# 라이브러리 import 및 다운
import nltk
from nltk.corpus import conll2002
nltk.download('conll2002')
import re

# 여러개 정규식 추가
vnv = """
 (
 is/V|
 was/V|
 werd/V|
 wordt/V
 )
 .*
 van/Prep
 """


# 정규식을 기준으로 전처리
VAN = re.compile (vnv, re.VERBOSE)
```

```
# conll2002 코퍼스에 대한 관계 추출
for doc in conll2002.chunked_sents('ned.train'):
  # print("doc : ", doc)
  for rel in nltk.sem.extract_rels('PER', 'ORG', doc,
                                   corpus='conll2002', pattern=VAN):
    # 네덜란드어의 관계
    print ("", nltk.sem.clause(rel, relsym="VAN"))
    """기본 10 단어 창 내에서 두 NE와 왼쪽 및 오른쪽 컨텍스트 사이에 개입하는 실제 단어가
      표시됨.
    네덜란드어 사전을 사용하면 결과 VAN ( 'annie_lennox' , 'eurythmics' ) 이 왜
      틀린지 알 수 있음"""
    # print (nltk.rtuple(rel, lcon=True , rcon=True ))
```

5. 결과

```
VAN("cornet_d'elzius", 'buitenlandse_handel')
VAN('johan_rottiers', 'kardinaal_van_roey_instituut')
VAN('annie_lennox', 'eurythmics')
```

실습 [13-1]

1. **실습명** : LSTM 네트워크를 이용한 자연어 생성
2. **실습 목적 및 설명**

   학습 데이터를 불러오고, LSTM 네트워크 구조를 선언하고, 딥러닝으로 네트워크를 학습하는 일련의 과정을 익힌다.
3. **관련 장(챕터)** : 13.2.2 순환 신경망 언어 모델(RNN)
4. **코드**

```
from __future__ import print_function
from tensorflow.keras.callbacks import LambdaCallback
from tensorflow.keras.models import Sequential
from tensorflow.keras.layers import Dense
from tensorflow.keras.layers import LSTM
from tensorflow.keras.optimizers import RMSprop
from tensorflow.keras.utils import get_file
import numpy as np
import random
import sys
import io

# 텍스트 파일 불러오기
fpath = get_file(
    'nietzsche.txt',
    origin='https://s3.amazonaws.com/text-datasets/nietzsche.txt')
with io.open(fpath, encoding='utf-8') as f:
    text = f.read().lower()

# 어휘 사전 생성
chars = sorted(list(set(text)))
char2index = dict((c, i) for i, c in enumerate(chars))
index2char = dict((i, c) for i, c in enumerate(chars))

# 음절 단위 학습 데이터 생성
maxlen, step = 40, 3
sentences, next_chars = [], []
```

```
for i in range(0, len(text) - maxlen, step):
    sentences.append(text[i : i + maxlen])
    next_chars.append(text[i + maxlen])
print ('The number of sentences:', len(sentences))
x = np.zeros((len(sentences), maxlen, len(chars)), dtype=np.bool)
y = np.zeros((len(sentences), len(chars)), dtype=np.bool)

for i, sentence in enumerate(sentences):
    for t, char in enumerate(sentence):
        x[i, t, char2index[char]] = 1
    y[i, char2index[next_chars[i]]] = 1

# 딥러닝 모델 선언
model = Sequential()
model.add(LSTM(128, input_shape=(maxlen, len(chars))))
model.add(Dense(len(chars), activation='softmax'))
optimizer = RMSprop(learning_rate=0.01 )
model.compile(loss='categorical_crossentropy', optimizer=optimizer)

# 입력된 확률값에 따른 다음 음절 샘플링
def sample(preds, temperature=1.0):
    preds = np.asarray(preds).astype('float64')
    preds = np.log(preds) / temperature
    exp_preds = np.exp(preds)
    preds = exp_preds / np.sum(exp_preds)
    probas = np.random.multinomial(1, preds, 1)
    return np.argmax(probas)

# 1회 (1 epoch) 학습
def on_epoch_end(epoch, _):
    print('\nEpoch: %d' % epoch)
    start_index = random.randint(0, len (text) - maxlen - 1 )
    for diversity in [0.2, 0.5, 1.0, 1.2]:
        print('\nDiversity:', diversity)
        generated = ''
        sentence = text[start_index : start_index + maxlen]
        generated += sentence
        print('Seed: %s' % sentence)
        sys.stdout.write(generated)
        for i in range (400 ):
            x_pred = np.zeros((1, maxlen, len(chars)))
```

```
            for t, char in enumerate(sentence):
                x_pred[0, t, char2index[char]] = 1.
            preds = model.predict(x_pred, verbose=0)[0]
            next_index = sample(preds, diversity)
            next_char = index2char[next_index]
            sentence = sentence[1:] + next_char
            sys.stdout.write(next_char)
            sys.stdout.flush()

print_callback = LambdaCallback(on_epoch_end=on_epoch_end)
model.fit(x, y,
          batch_size=128,
          epochs=60,
          callbacks=[print_callback])
```

5. 결과

```
Train on 200285 samples
Epoch 1/60
200192/200285 [============================>.] - ETA: 0s - loss: 1.9878
Epoch: 0

Diversity: 0.2
Seed:  shepherd has always need of a
bell-weth
 shepherd has always need of a
bell-wething the experience of the the have and and the experience
Diversity: 0.5
Seed:  shepherd has always need of a
bell-weth
 shepherd has always need of a
bell-wether with the long
and the man and god and disindervices. out and and sense and in the
indestind and the untrecaint the contempords and
man who thing one accordince of the some to mate own senfiction of
Diversity: 1.0
Seed:  shepherd has always need of a
bell-weth
 shepherd has always need of a
bell-wethought
memproualify having hhaketic as
```

실습 [15-1]

1. **실습명** : TextRank를 이용한 추출 요약

2. **실습 목적 및 설명**

   • 본 실습에서는 추출 요약기법에 관한 실습을 진행하고자 한다. 실습 과정에서 사용되는 알고리즘은 구글의 PageRank*를 text에 맞도록 변형된 TextRank 알고리즘**으로 문장에서 스코어 랭킹값을 이용하여 요약 문장을 추출해낸다. 본 실습에서는 단순히 주어진 문장들 중에서 추출된 문장이 요약문을 구성하는 결과를 통해 단순하고도 쉬운 과정으로 구성된다.

   • 본 실습 환경은 다음과 같다.
   Gensim library 설치 (colab환경에서는 gensim을 별도 설치하지 않아도 된다.)
   python3.x

3. **관련 장(챕터)** : 15.3 접근법

4. **코드**

```
>>> from gensim.summarization.summarizer import summarize
>>> text = '''Rice Pudding - Poem by Alan Alexander Milne
... What is the matter with Mary Jane?
... She's crying with all her might and main,
... And she won't eat her dinner - rice pudding again -
... What is the matter with Mary Jane?
... What is the matter with Mary Jane?
... I've promised her dolls and a daisy-chain,
... And a book about animals - all in vain -
... What is the matter with Mary Jane?
... What is the matter with Mary Jane?
... She's perfectly well, and she hasn't a pain;
... But, look at her, now she's beginning again! -
... What is the matter with Mary Jane?
... What is the matter with Mary Jane?
```

* https://en.wikipedia.org/wiki/PageRank
** https://arxiv.org/pdf/1602.03606.pdf

```
... I've promised her sweets and a ride in the train,
... And I've begged her to stop for a bit and explain -
... What is the matter with Mary Jane?
... What is the matter with Mary Jane?
... She's perfectly well and she hasn't a pain,
... And it's lovely rice pudding for dinner again!
... What is the matter with Mary Jane?'''
```

5. 결과

```
>>> print(summarize(text))
And she won't eat her dinner - rice pudding again -
I've promised her dolls and a daisy-chain,
I've promised her sweets and a ride in the train,
And it's lovely rice pudding for dinner again!
```

실습 [15-2]

1. **실습명** : 비지도 학습을 이용한 음식 리뷰 추출 요약
2. **실습 목적 및 설명**

본 실습에서는 이메일 또는 리뷰데이터와 같이 작은 규모의 문서들에 대한 추출 요약 모델을 실습하고자 한다. 이를 위해 Kaggle에 오픈되어 있는 아마존 음식 리뷰 데이터*를 이용한 추출 요약을 수행한다. 데이터는 하단 링크를 통하여 다운받을 수 있으며, 약 56만건의 고객 리뷰와 리뷰 내용에 대한 요약문으로 구성되어있다. 데이터에 대한 자세한 내용은 링크를 참고하길 바란다. 전체적인 실습의 개요는 다음과 같다. 각 문장에 대해 K-means 클러스터링을 통한 비지도학습을 통해 클러스터를 구성하고, 사전 학습된 워드 임베딩을 이용하여 클러스터에 속해있는 문장들의 평균값으로 수치화한다. 그런 후에 요약문장과의 비교를 통해 어느 클러스터가 요약문장과 유사한지를 계산한다.

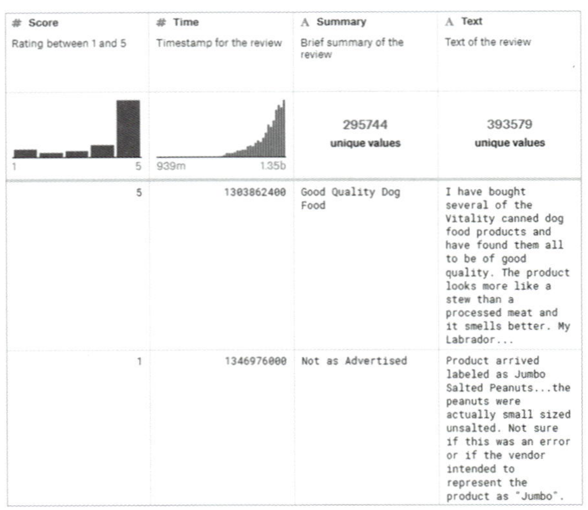

# Score Rating between 1 and 5	# Time Timestamp for the review	A Summary Brief summary of the review	A Text Text of the review
1 5	939m 1.35b	295744 unique values	393579 unique values
5	1303862400	Good Quality Dog Food	I have bought several of the Vitality canned dog food products and have found them all to be of good quality. The product looks more like a stew than a processed meat and it smells better. My Labrador...
1	1346976000	Not as Advertised	Product arrived labeled as Jumbo Salted Peanuts...the peanuts were actually small sized unsalted. Not sure if this was an error or if the vendor intended to represent the product as "Jumbo".

그림 15-8 아마존 음식 리뷰 데이터셋 예시

* https://www.kaggle.com/snap/amazon-fine-food-reviews

파일 선택 Reviews.csv

- **Reviews.csv**(application/vnd.ms-excel) - 300904694 bytes, last modified: 2019. 12. 12. - 1% done

Saving Reviews.csv to Reviews.csv

- 본 실습 환경은 다음과 같다. 본 실습은 colab 사용을 기반으로 한다.

  Python3.x

  데이터 다운로드*

  사전 학습된 Glove 다운로드**

3. 관련 장(챕터) : 17.3 접근법

4. 코드

```
import numpy as np
import pandas as pd
from matplotlib import pyplot as plt
import re
from nltk.tokenize import sent_tokenize
from keras.preprocessing.text import Tokenizer
from keras.preprocessing.sequence import pad_sequences
import gensim.models.keyedvectors as word2vec
import gc
import string
import nltk
nltk.download('punkt')

from google.colab import files
uploaded = files.upload() #colab에서 로컬환경의 데이터를 직접 업로드함. 하단 그림과
같이 뜬다면 잘 수행되고 있는 것임
```

* https://www.kaggle.com/snap/amazon-fine-food-reviews

** http://nlp.stanford.edu/data/glove.twitter.27B.zip

```
from google.colab import files
uploaded = files.upload()
```

파일 선택 Reviews.csv

- **Reviews.csv**(application/vnd.ms-excel) - 300904694 bytes, last modified: 2019. 12. 12. - 1% done

```
Saving Reviews.csv to Reviews.csv
```

```
import io
df = pd.read_csv(io.BytesIO(uploaded['Reviews.csv']))
# 데이터셋을 Pandas Dataframe에 저장
df.head(3) #데이터셋 확인

def split_sentences(reviews):
    """
    리뷰들을 각각의 문장들로 split
    """
    n_reviews = len(reviews)
    for i in range(n_reviews):
        review = reviews[i]
        #print(review)
        sentences = sent_tokenize(review)
        #print(sentences)
        for j in reversed(range(len(sentences))):
            sent = sentences[j]
            sentences[j] = sent.strip()
            if sent == '':
                sentences.pop(j)
        reviews[i] = sentences
rev_list = list(df['Text'])
split_sentences(rev_list)
# data frame에 split한 리뷰들 넣기
df['sent_tokens'] = rev_list
# 각 리뷰의 문장들의 길이를 계산
df['length_of_rv'] = df['sent_tokens'].map(lambda x: len(x))
choice_length = 5
df = df[df['length_of_rv']>choice_length]
df.shape # shape 확인

# 리뷰들의 최대 vocab의 개수를 5천개로 한정함
list_sentences_train = df['Text']
max_features = 5000
```

```
tokenizer = Tokenizer(num_words=max_features)
tokenizer.fit_on_texts(list(list_sentences_train))
list_tokenized_train = tokenizer.texts_to_sequences(list_sentences_train)
maxlen = 200
X_t = pad_sequences(list_tokenized_train, maxlen=maxlen)

def loadEmbeddingMatrix(typeToLoad):
        # 사전 학습된 glove를 임베딩한다.
        if(typeToLoad=="glove"):
            uploaded_glove = files.upload()
            EMBEDDING_FILE = io.BytesIO(uploaded['glove.twitter.27B.25d.txt'])
            EMBEDDING_FILE = 'glove.twitter.27B.25d.txt'
            embed_size = 25

        if(typeToLoad=="glove" or typeToLoad=="fasttext" ):
            embeddings_index = dict()
            # 파일의 모든 라인들에 대해 glove를 이용하여 수치화 한다.
            f = open(EMBEDDING_FILE, encoding='utf-8')
            for line in f:
                values = line.split()
                # 첫 번째 인덱스는 단어
                word = values[0]
                # 배열에 있는 나머지 값들은 새로운 배열에 저장한다.
                coefs = np.asarray(values[1:], dtype='float32')
                embeddings_index[word] = coefs #50 dimensions
            f.close()
            print('Loaded %s word vectors.' % len(embeddings_index))

        gc.collect()
        return embeddings_index # embedding_matrix

## 'glove' 로드, 이때, 다운받은 glove 파일 중 'glove.twitter.27B.25d.txt'를
선택한다.
emb_index= loadEmbeddingMatrix('glove')
```

```
## Loading 'glove' words
emb_index= loadEmbeddingMatrix('glove')
```

파일 선택 glove.twitter.27B.25d.txt

- **glove.twitter.27B.25d.txt**(text/plain) - 257699726 bytes, last modified: 2019. 12. 12. - 21% done

Saving glove.twitter.27B.25d.txt to glove.twitter.27B.25d.txt

```
def calculate_sentence_embedding(wordList):
    """
    전체 문장에 대해 단어들의 임베딩 평균값으로 문장 임베딩을 계산한다.
    """
    #wordList = re.sub("[^\w]", " ",  sent).split()
    #print(wordList)
    emb_li =[]
    for k in wordList:
        embedding_vector = emb_index.get(k)
        if embedding_vector is not None:
            if(len(embedding_vector) == 25):
                emb_li.append(list(embedding_vector))
    #print("Lost words in translation: ", len(wordList)-len(emb_li))
    mean_arr = np.array(emb_li)
    #print("done calculating sentence emb for you")
    return np.mean(mean_arr, axis=0)

def get_sent_embedding(mylist):
    """
    위에 미리 정의된 함수를 이용하여 문장에 대한 임베딩을 할당하고, 전처리 과정을 가진다.
    """
    sent_emb = []
    n_sentences = len(mylist)
    for i in mylist:
        #print("my sentence : ", i)
        #print("\nlower is", i.lower())
        i = i.lower()
        wL = re.sub("[^\w]", " ",  i).split()
        if(len(wL)>0):
            for k in wL:
                if(k in string.punctuation):
                    wL.remove(k)
            if(len(wL) <= 2):
                continue
        else:
            print("Sentence Removed: ",i)
            continue
        #print(wL)
        res = list(calculate_sentence_embedding(wL))
        sent_emb.append(res)
    return np.array(sent_emb)
```

```
from sklearn.cluster import KMeans
from sklearn.metrics import pairwise_distances_argmin_min
## 처음 5천건의 리뷰들에 대해 요약을 계산한다.
how_many_summaries = 5000
summary = [None]*how_many_summaries
for rv in range(how_many_summaries):
        review = df['sent_tokens'].iloc[rv]
        enc_email = get_sent_embedding(review)
        if(len(enc_email) > 0):
            n_clusters = int(np.ceil(len(enc_email)**0.5))
            kmeans = KMeans(n_clusters=n_clusters, random_state=0)
            kmeans = kmeans.fit(enc_email)
            avg = []
            closest = []
            for j in range(n_clusters):
                idx = np.where(kmeans.labels_ == j)[0]
                #print("IDX is: ", idx)
                avg.append(np.mean(idx))
            closest, _ = pairwise_distances_argmin_min(kmeans.cluster_
                                                  centers_,/ enc_email)
            ordering = sorted(range(n_clusters), key=lambda k: avg[k])
            summary[rv] = ' '.join([review[closest[idx]] for idx in ordering])
            print("Done for review # = ", rv)
        else:
            print("This is not a valid review")

df_5000 = df.iloc[:5000]
df_5000['PredictedSummary'] = summary
df_5000[['Text', 'PredictedSummary']].to_csv('top_5000_summary.csv')
```

5. 결과

모델이 수행한 결과는 다음과 같이 확인할 수 있다.

```
df_result = pd.read_csv('top_5000_summary.csv')
df_result.head(3)
```

	Unnamed: 0	Text	PredictedSummary
0	2	This is a confection that has been around a fe...	This is a confection that has been around a fe...
1	7	This taffy is so good. It is very soft and ch...	This taffy is so good. The flavors are amazing.
2	30	I have never been a huge coffee fan. However, ...	). The little Dolche Guesto Machine is su...

실습 [16-1]

1. **실습명** : 스팸 햄 분류 실습
2. **실습 목적 및 설명**
   - 텍스트 분류 예시 중 대표적인 스팸 햄 분류 실습을 진행한다.
   - Scikit-learn에 대해서 학습해본다.
   - 전처리, 모델 훈련, 성능 검증까지 직접 경험해 볼 수 있다.
3. **관련 장(챕터)** : 16. 텍스트 분류
4. **코드**

```
import nltk
from nltk.corpus import stopwords
from nltk.stem import WordNetLemmatizer
import csv
import np #pip install np

smsdata = open('SMSSpamCollection',encoding='utf8') #PATH SETTING


def preprocessing(text):   #Preprocessing
    # tokenize into words
    tokens = [word for sent in nltk.sent_tokenize(text) for word in
             nltk.word_tokenize(sent)]

    # remove stopwords
    stop = stopwords.words('english')
    tokens = [token for token in tokens if token not in stop]

    # remove words less than three letters
    tokens = [word for word in tokens if len(word) >= 3]

    # lower capitalization
    tokens = [word.lower() for word in tokens]

    # lemmatize
    lmtzr = WordNetLemmatizer()
```

```
    tokens = [lmtzr.lemmatize(word) for word in tokens]

    preprocessed_text= ' '.join(tokens)
    return preprocessed_text



sms_data = []
sms_labels = []
cnt = 0
sencsv_reader = csv.reader(smsdata,delimiter='\t')
for line in sencsv_reader:
    # adding the sms_id
    sms_labels.append(line[0])
    sms_data.append(preprocessing(line[1]))

smsdata.close()


trainset_size = int(round(len(sms_data)*0.70))  #Split Train data and Test data
print('The training set size for this classifier is ' + str(trainset_size) + '\n')
x_train = np.array([''.join(el) for el in sms_data[0:trainset_size]])
y_train = np.array([el for el in sms_labels[0:trainset_size]])
x_test = np.array([''.join(el) for el in sms_data[trainset_size+1:len(sms_data)]])
y_test = np.array(([el for el in sms_labels[trainset_size+1:len
(sms_labels)]]) or el in sms_labels[trainset_size+1:len(sms_labels)])

# TF-IDF vectorizer
from sklearn.feature_extraction.text import TfidfVectorizer
vectorizer2 = TfidfVectorizer(min_df=2, ngram_range=(1, 2),
             stop_words='english', strip_accents='unicode', norm='l2')
X_train = vectorizer2.fit_transform(x_train)
X_test = vectorizer2.transform(x_test)

# Naive Bayes
from sklearn.naive_bayes import MultinomialNB
clf_NB = MultinomialNB().fit(X_train, y_train)
y_predicted_NB = clf_NB.predict(X_test)

# Decision tree
from sklearn import tree
```

```
clf_DT = tree.DecisionTreeClassifier().fit(X_train.toarray(), y_train)
y_predicted_DT = clf_DT.predict(X_test.toarray())

# Stochastic gradient descent
from sklearn.linear_model import SGDClassifier
#clf_SGD = SGDClassifier(alpha=.0001, n_iter=50).fit(X_train, y_train)
clf_SGD = SGDClassifier(alpha=.0001).fit(X_train, y_train)
y_predicted_SGD = clf_SGD.predict(X_test)

# Support Vector Machines
from sklearn.svm import LinearSVC
clf_SVM = LinearSVC().fit(X_train, y_train)
y_predicted_SVM = clf_SVM.predict(X_test)

# The Random forest algorithm
from sklearn.ensemble import RandomForestClassifier
clf_RFA = RandomForestClassifier(n_estimators=10)
clf_RFA.fit(X_train, y_train)
y_predicted_RFA = clf_RFA.predict(X_test)


#성능 검증
from sklearn.metrics import confusion_matrix
from sklearn.metrics import classification_report
print (' \n confusion_matrix NB \n ')
cm = confusion_matrix(y_test, y_predicted_NB)
print (cm)
print ('\n Here is the classification report:')
print (classification_report(y_test, y_predicted_NB))


from sklearn.metrics import confusion_matrix
from sklearn.metrics import classification_report
print (' \n confusion_matrix DT \n ')
cm = confusion_matrix(y_test, y_predicted_DT)
print (cm)
print ('\n Here is the classification report:')
print (classification_report(y_test, y_predicted_DT))

from sklearn.metrics import confusion_matrix
from sklearn.metrics import classification_report
```

```
print (' \n confusion_matrix SGD \n ')
cm = confusion_matrix(y_test, y_predicted_SGD)
print (cm)
print ('\n Here is the classification report:')
print (classification_report(y_test, y_predicted_SGD))

from sklearn.metrics import confusion_matrix
from sklearn.metrics import classification_report
print (' \n confusion_matrix SVM\n ')
cm = confusion_matrix(y_test, y_predicted_SVM)
print (cm)
print ('\n Here is the classification report:')
print (classification_report(y_test, y_predicted_SVM))

from sklearn.metrics import confusion_matrix
from sklearn.metrics import classification_report
print (' \n confusion_matrix RFA \n ')
cm = confusion_matrix(y_test, y_predicted_RFA)
print (cm)
print ('\n Here is the classification report:')
print (classification_report(y_test, y_predicted_RFA))
```

실습 [18-1]

1. **실습명** : CNN을 이용한 문장 분류 모델에 GloVe 벡터 적용

2. **실습 목적 및 설명**
   - 본 실습은 단어 단위 임베딩 기술 중 하나인 GloVe 벡터를 CNN 기반 문장 분류 모델에 적용하는 것을 목표로 한다.
   - 이를 위해 기초적인 CNN 문장 분류 모델을 우선 만들어서 학습시켜본다.
   - 이 모델에 GloVe 벡터를 적용하여, 적용 전후의 성능 변화를 확인한다.

3. **관련 장(챕터)** : 18. 단어 임베딩

4. **코드**

```
Colab 노트북 링크:
http://bit.ly/2t3yNou
혹은
https://colab.research.google.com/drive/1EhwS8Xm_ThiMK-oW5t9rBuc3LJe
iSiw-

(Colab 노트북에 코드, 상세 설명 및 실행 결과가 포함되어 있습니다.)
```

실습 [18-2]

1. **실습명** : BERT를 이용한 문장 분류

2. **실습 목적 및 설명**
    - 본 실습은 BERT(Bidirectional Encoder Representations from Transformers)를 이용하여 문장 분류 모델을 학습시키는 것을 목표로 한다.
    - BERT 모델은 Tensorflow Hub에서 배포하는 모델을 다운로드 받은 후 사용한다.
    - 학습에는 BERT 논문에서 사용한 GLUE(General Language Understanding Evaluation) 데이터를 활용한다.

3. **관련 장(챕터)** : 18. 단어 임베딩

4. **코드**

```
Colab 노트북 링크:
http://bit.ly/2EZtRn4
혹은
https://colab.research.google.com/drive/1oHTJPfmhtZYa4ct2V1FZZmgaAh6
ngUYQ

(Colab 노트북에 코드, 상세 설명 및 실행 결과가 포함되어 있습니다.)
```

실습 [19-1]

1. **실습명** : CNN을 이용한 감성분석

2. **실습 목적 및 설명**

   • 본 실습은 이론 설명에서 소개된 CNN을 활용한 감성 분석을 위한 실습이다.

   • 사용된 데이터는 Kaggle에서 공개된 Amazon Review 데이터이며, 사용의 편의를 위해 학습데이터를 9:1 비율로 학습 데이터와 평가 데이터로 나누어 실습을 진행한다.

3. **관련 장(챕터)** : 19. CNN

4. **코드**

```
1. 데이터 다운
https://www.kaggle.com/bittlingmayer/amazonreviews

2. 패키지 선언
import os
import numpy as np
import nltk
import random
from keras.preprocessing.text import Tokenizer
from keras.preprocessing.sequence import pad_sequences

3. 학습 데이터와 평가 데이터
def read_dataset(dataset_type):
  max_seq_len = 0
  with open("/content/%s.txt" % dataset_type, "r", encoding="utf-8") as fr_handle:
    labels, sentences, tokenized_sentences = [], [], []
    for line in fr_handle:
      if line.strip() == 0:
        continue
      label = line.split(' ')[0]
      label = 0 if label == "__label__1" else 1 # 부정이면 0, 긍정이면 1

      sentence = ' '.join(line.split(' ')[1:])
      tokenized_sentence = nltk.word_tokenize(sentence)
```

```
    max_seq_len = max(max_seq_len, len(tokenized_sentence))

    labels.append(label)
    sentences.append(sentence)

  return labels, sentences, max_seq_len

TRAIN_LABELS, TRAIN_SENTENCES, TRAIN_MAX_SEQ_LEN = read_dataset("train")
TEST_LABELS, TEST_SENTENCES, TEST_MAX_SEQ_LEN = read_dataset("test")
MAX_SEQUENCE_LEN = max(TRAIN_MAX_SEQ_LEN, TEST_MAX_SEQ_LEN)

print("Train : ", len(TRAIN_SENTENCES))
for train_label, train_sent in zip(TRAIN_LABELS, TRAIN_SENTENCES[0:10]):
  print(train_label, ':' ,train_sent)

print()
print("Test : ", len(TEST_SENTENCES))
for test_label, test_sent in zip(TEST_LABELS, TEST_SENTENCES[0:10]):
  print(test_label, ':' ,test_sent)

print("MAX_SEQUENCE_LEN", MAX_SEQUENCE_LEN)
with open("/content/vocab.txt", "r", encoding="utf-8") as vocab_handle:
  VOCAB = [line.strip() for line in vocab_handle if len(line.strip()) > 0]

  print("Total vocabulary", VOCAB)

4. Keras를 통한 전처리 과정
1) Text를 tokenize하여 id 값으로 변경해 줍니다. (tokenizer.texts_to_sequences)
2) id로 변경해준 문장들을 모두 문장 최대 길이로 padding 처리해 줍니다. (pad_sequences)

tokenizer = Tokenizer(num_words=len(VOCAB), lower=True, char_level=False)
tokenizer.fit_on_texts(TRAIN_SENTENCES)
TRAIN_SEQUENCES = tokenizer.texts_to_sequences(TRAIN_SENTENCES)
TEST_SEQUENCES = tokenizer.texts_to_sequences(TEST_SENTENCES)
VOCAB_SIZE = len(tokenizer.word_index) + 1

print(TRAIN_SENTENCES[2])
print(TRAIN_SEQUENCES[2])

X_train = pad_sequences(TRAIN_SEQUENCES, padding='post', maxlen=MAX_SEQUENCE_LEN)
X_test = pad_sequences(TEST_SEQUENCES, padding='post', maxlen=MAX_SEQUENCE_LEN)
```

```
print("PAD_SEQUENCES COMPLETES")
print(X_train[0])
print(MAX_SEQUENCE_LEN)

5. 모델 설정
1) Random으로 초기화된 임베딩이 아닌 pre-trained 된 GLoVE 임베딩으로 학습하고자 합니다.
2) 따라서 학습 코퍼스에 있는 단어들 중 GLoVE 임베딩에 있는 단어들을 GLoVE 임베딩으로 초기화
   해줍니다.
3) 본 실험에서는 GLoVE 임베딩 크기가 50인 것과 100인 것을 통해 실험을 진행해 봅니다.

def create_embedding_matrix(filepath, word_index, embedding_dim):
    vocab_size = len(word_index) + 1  # Adding again 1 because of reserved 0 index
    embedding_matrix = np.zeros((vocab_size, embedding_dim))

    with open(filepath) as f:
        for line in f:
            word, *vector = line.split()
            if word in word_index:
                idx = word_index[word]
                embedding_matrix[idx] = np.array(
                    vector, dtype=np.float32)[:embedding_dim]

    return embedding_matrix

EMBEDDING_DIM = 50 #100
embedding_matrix = create_embedding_matrix(
    '/content/glove.6B.50d.txt',
    tokenizer.word_index, EMBEDDING_DIM)

5. Accuracy와 Loss 시각화
import matplotlib.pyplot as plt
plt.style.use('ggplot')

def plot_history(history):
    acc = history.history['acc']
    val_acc = history.history['val_acc']
    loss = history.history['loss']
    val_loss = history.history['val_loss']
    x = range(1, len(acc) + 1)

    plt.figure(figsize=(12, 5))
```

```
    plt.subplot(1, 2, 1)
    plt.plot(x, acc, 'b', label='Training acc')
    plt.plot(x, val_acc, 'r', label='Validation acc')
    plt.title('Training and validation accuracy')
    plt.legend()
    plt.subplot(1, 2, 2)
    plt.plot(x, loss, 'b', label='Training loss')
    plt.plot(x, val_loss, 'r', label='Validation loss')
    plt.title('Training and validation loss')
    plt.legend()
```

6. CNN 모델 선언
1) Convolution 필터를 앞서 배운 것처럼 여러 개를 사용해 봅시다.
2) 본 모델은 필터의 Window Size가 2, 3, 4, 5인 필터 각 100개씩을 사용해 모델을 학습합니다. 다양한 크기의 필터를 사용하면 성능이 더 올라갈까요?
3) 정답은 "올라갑니다." 입니다. Convolution 필터가 보는 단어의 갯수가 다양하게 되기 때문에 문장의 local 정보와 global 정보 모두를 학습할 수 있게 됩니다. 그럼 실험을 통해 확인해 볼까요?

```
from keras.models import Sequential
from keras import layers
from keras.models import Model

seq_input = layers.Input(shape=(MAX_SEQUENCE_LEN,), dtype='int32')
seq_embedded = layers.Embedding(VOCAB_SIZE,
                        EMBEDDING_DIM,
                        weights=[embedding_matrix],
                        input_length=MAX_SEQUENCE_LEN,
                        trainable=True)(seq_input)

filters = [2,3,4,5]
conv_models = []
for filter in filters:
  conv_feat = layers.Conv1D(filters=100,
                        kernel_size=filter,
                        activation='relu',
                        padding='valid')(seq_embedded)
  pooled_feat = layers.GlobalMaxPooling1D()(conv_feat)
  conv_models.append(pooled_feat)

conv_merged = layers.concatenate(conv_models, axis=1)
```

```
model_output = layers.Dropout(0.2)(conv_merged)
model_output = layers.Dense(10, activation='relu')(model_output)
logits = layers.Dense(1, activation='sigmoid')(model_output)

model = Model(seq_input, logits)
model.compile(optimizer='adam',
              loss='binary_crossentropy',
              metrics=['accuracy'])
model.summary()

#학습 시작
history = model.fit(X_train, TRAIN_LABELS,
                    epochs=10,
                    verbose=True,
                    validation_data=(X_test, TEST_LABELS),
                    batch_size=128)
# 결과 시각화
plot_history(history)
```

5. 결과

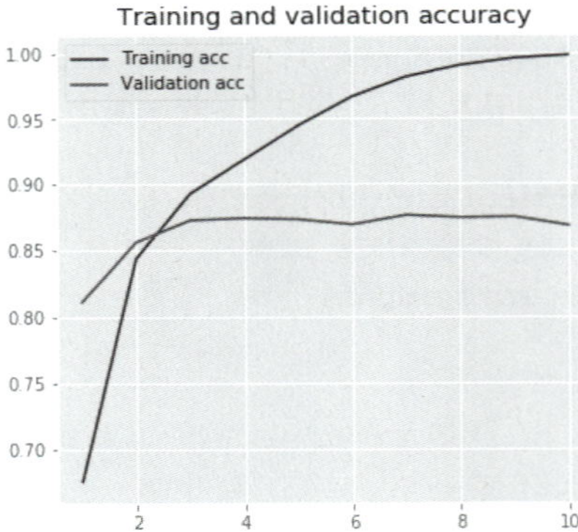

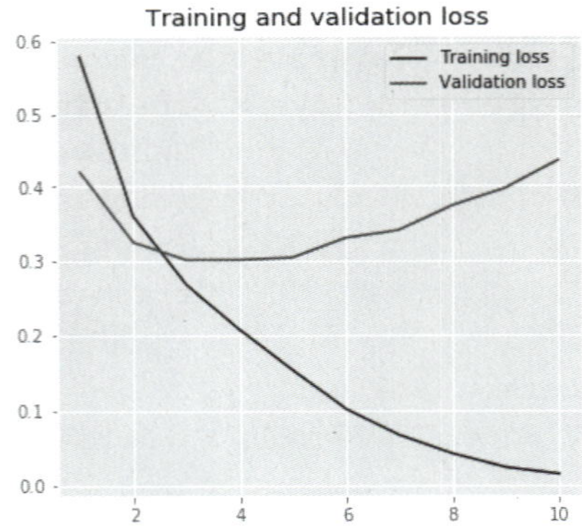

실습 [20-1]

1. **실습명** : 기본 순환 신경망(Recurrent Neural Networks, RNN)
2. **실습 목적 및 설명**
   - 기본 순환 신경망 구조를 최소한의 코드로 신속하게 구현하기 위하여 Keras 라이브러리를 이용한 RNN 사용법을 익힌다.
   - RNN 기반 분류 작업의 예시 코드는 Tensorflow 페이지에서 제공된다.*
3. **관련 장(챕터)** : 20.1. 기본 순환 신경망(Vanilla Recurrent Neural Networks)
4. **코드**

```
"""
어휘 사이즈는 1000, 은닉 벡터 사이즈는 64로 설정
RNN 내부 유닛은 128개, 출력 클래스의 개수는 10개로 설정
"""
import tensorflow as tf
from tensorflow.keras import layers

model = tf.keras.Sequential()
model.add(layers.Embedding(input_dim=1000, output_dim=64))
model.add(layers.SimpleRNN(128))
model.add(layers.Dense(10, activation='softmax'))
model.summary()
```

* https://www.tensorflow.org/tutorials/text/text_classification_rnn

5. 결과

```
Model: "sequential_1"
_________________________________________________________________
Layer (type)                 Output Shape              Param #
=================================================================
embedding_1 (Embedding)      (None, None, 64)          64000
_________________________________________________________________
simple_rnn_1 (SimpleRNN)     (None, 128)               24704
_________________________________________________________________
dense_1 (Dense)              (None, 10)                1290
=================================================================
Total params: 89,994
Trainable params: 89,994
Non-trainable params: 0
_________________________________________________________________
```

실습 [20-2]

1. **실습명** : 장단기 메모리(Long Short-Term Memory, LSTM)
2. **실습 목적 및 설명**
   - 장단기 메모리 네트워크의 프로토타입 구현을 위하여 Keras 라이브러리를 이용한 LSTM 사용법을 익힌다.
3. **관련 장(챕터)** : 20.2.1 장단기 메모리(Long Short-Term Memory)
4. **코드**

```
"""
어휘 사이즈는 1000, 은닉 벡터 사이즈는 64로 설정
LSTM 내부 유닛은 128개, 출력 클래스의 개수는 10개로 설정
"""
import tensorflow as tf
from tensorflow.keras import layers

model = tf.keras.Sequential()
model.add(layers.Embedding(input_dim=1000, output_dim=64))
model.add(layers.LSTM(128))
model.add(layers.Dense(10, activation='softmax'))
model.summary()
```

5. **결과**

```
Model: "sequential_2"
_________________________________________________________________
Layer (type)                 Output Shape              Param #
=================================================================
embedding_2 (Embedding)      (None, None, 64)          64000
_________________________________________________________________
lstm (LSTM)                  (None, 128)               98816
_________________________________________________________________
dense_2 (Dense)              (None, 10)                1290
=================================================================
Total params: 164,106
Trainable params: 164,106
Non-trainable params: 0
_________________________________________________________________
```

실습 [20-3]

1. **실습명** : 게이트 순환 유닛 (Gated Recurrent Unit, GRU)
2. **실습 목적 및 설명**
   - 게이트 순환 유닛 네트워크의 프로토타입 구현을 위하여 Keras 라이브러리에서 제공하는 GRU 사용법을 익힌다.
3. **관련 장(챕터)** : 20.2.2 게이트 순환 유닛(Gated Recurrent Unit)
4. **코드**

```
"""
어휘 사이즈는 1000, 은닉 벡터 사이즈는 64로 설정
GRU 내부 유닛은 256개, RNN의 내부 유닛은 128개, 출력 클래스의 개수는 10개로 설정
"""
import tensorflow as tf
from tensorflow.keras import layers

model = tf.keras.Sequential()
model.add(layers.Embedding(input_dim=1000, output_dim=64))
model.add(layers.GRU(256, return_sequences=True))
# GRU는 LSTM과 달리 (배치 크기, 타임 스텝, 은닉 사이즈)의 3D 텐서를 출력한다.
model.add(layers.SimpleRNN(128))
model.add(layers.Dense(10, activation='softmax'))
model.summary()
```

5. 결과

```
Model: "sequential_4"
_________________________________________________________________
Layer (type)                 Output Shape              Param #
=================================================================
embedding_4 (Embedding)      (None, None, 64)          64000
_________________________________________________________________
gru_2 (GRU)                  (None, None, 256)         246528
_________________________________________________________________
simple_rnn_2 (SimpleRNN)     (None, 128)               49280
_________________________________________________________________
dense_4 (Dense)              (None, 10)                1290
=================================================================
Total params: 361,098
Trainable params: 361,098
Non-trainable params: 0
_________________________________________________________________
```

실습 [21-1]

1. **실습명** : 카카오의 딥러닝 기반 형태소 분석기 khaiii(Kakao Hangul Analyzer)
2. **실습 목적 및 설명**
   - 한국어 형태소 분석 과제에 있어서 현재 KoNLPy가 가장 보편적으로 이용되고 있다. 그러나 딥러닝의 발달에 따라 딥러닝을 이용한 형태소 분석기 역시 다양한 모델로 개발되고 있다. 그 중 오픈소스로 공개된 카카오의 딥러닝 기반 형태소 분석기를 소개한다.
3. **관련 장(챕터)** : 21.4 딥러닝 기반 형태소 분석 품사 태깅 소개
4. **코드**

- khaiii(Kakao Hangul Analyzer)
- 카카오에서 CNN을 사용하여 만든 형태소 분석기로 RNN, LSTM 알고리즘보다 속도가 빠르다는 장점이 있다. 국립국어원의 21세기 세종계획 최종 성과물을 전처리한 후 학습한 모델이다. 코드는 아래의 주소에 공개되어 있어 사용 가능하다.
  https://github.com/kakao/khaiii

실습 [22-1]

1. **실습명** : ELMo Visualization을 통한 Contextual Representation의 중의성 해소 파악
2. **실습 목적 및 설명**
   - Contextual Representation의 필요성
   - Contextual Representation의 문맥에 따른 단어 의미 파악
3. **관련 장(챕터)** : 22.2 심층학습 기반 단어 중의성 해소
4. **코드**

```
"""
ELMO Visualization을 위한 파이썬 패키지 설치
"""
!pip3 install allennlp
!pip3 install sklearn
!pip3 install matplotlib
!pip3 install numpy

"""
패키지 import
"""
from collections import OrderedDict
import numpy as np
from allennlp.commands.elmo import ElmoEmbedder
from sklearn.decomposition import PCA

"""
ELMO 클래스 선언
"""
class Elmo:
    def __init__(self):
        self.elmo = ElmoEmbedder()

    # ELMO 벡터 반환 함수.
    # 입력 token들과 layer에 따라 반환
    def get_elmo_vector(self, tokens, layer):
```

```
        vectors = self.elmo.embed_sentence(tokens)
        X = []
        for vector in vectors[layer]:
            X.append(vector)

        X = np.array(X)

        return X

"""
2차원으로 표현된 벡터 png파일로 저장하는 함수
"""
def plot(word, token_list, reduced_X, file_name, title):
    import matplotlib.pyplot as plt
    fig, ax = plt.subplots()

    # plot ELMo vectors
    i = 0
    for j, token in enumerate(token_list):
        color = pick_color(j)
        for _, w in enumerate(token):

            # only plot the word of interest
            if w.lower() in [word, word + 's', word + 'ing', word + 'ed']:
                ax.plot(reduced_X[i, 0], reduced_X[i, 1], color)
            i += 1

    tokens = []
    for token in token_list:
        tokens += token

    # annotate point
    k = 0
    for i, token in enumerate(tokens):
        if token.lower() in [word, word + 's', word + 'ing', word + 'ed']:
            text = ' '.join(token_list[k])

            # bold the word of interest in the sentence
            text = text.replace(token, r"$\bf{" + token + "}$")
            plt.annotate(text, xy=(reduced_X[i, 0], reduced_X[i, 1]))
            k += 1
```

```
    ax.set_title(title)
    ax.set_xlabel("PCA 1")
    ax.set_ylabel("PCA 2")
    fig.savefig(file_name, bbox_inches="tight")

    print("{} saved\n".format(file_name))

"""
벡터에 표현된 point 색지정
"""
def pick_color(i):
    if i == 0:
        color = 'ro'
    elif i == 1:
        color = 'bo'
    elif i == 2:
        color = 'yo'
    elif i == 3:
        color = 'go'
    else:
        color = 'co'
    return color

"""
Main 함수
"""
if __name__ == "__main__":
    model = Elmo()
    # Bank에 대한 문장 선언.
#     banks = OrderedDict()
#     # 은행관련 문장
#     banks[0] = "One can deposit money at the bank"
#     # 강둑관련 문장
#     banks[1] = "He had a nice walk along the river bank"
#     # 은행관련 문장
#     banks[2] = "I withdrew cash from the bank"
#     # 강둑관련 문장
#     banks[3] = "The river bank was not clean"
#     # 은행관련 문장
#     banks[4] = "My wife and I have a joint bank account"
```

```
#       # Work에 대한 문장 선언.
#       works = OrderedDict()
#       # 명사로써 이해
#       works[0] = "I like this beautiful work by Andy Warhol"
#       # 동사로써 이해
#       works[1] = "Employee works hard every day"
#       # 동사로써 이해
#       works[2] = "My sister works at Starbucks"
#       # 명사로써 이해
#       works[3] = "This amazing work was done in the early nineteenth century"
#       # 동사로써 이해
#       works[4] = "Hundreds of people work in this building"

    # Plants에 관련 문장 선언.
    plants = OrderedDict()
    # 심는다의 의미.
    plants[0] = "The gardener planted some trees in my yard"
    # 심는다의 의미.
    plants[1] = "I plan to plant a Joshua tree tomorrow"
    # 심는다의 의미.
    plants[2] = "My sister planted a seed and hopes it will grow to a tree"
    # 식물의 의미.
    plants[3] = "This kind of plant only grows in the subtropical region"
    # 식물의 의미.
    plants[4] = "Most of the plants will die without water"

    words = {
#           "bank": banks,
#           "work": works,
        "plant": plants
    }

    # Elmo의 Layer마다의 출력 결과 비교.
    for layer in [1, 2]:
        for word, sentences in words.items():
            print("visualizing word {} using ELMo layer {}".format(word, layer))
            X = np.concatenate([model.get_elmo_vector(tokens=sentences[idx].split(),
                                                      layer=layer)
                                for idx, _ in enumerate(sentences)], axis=0)

            # 2차원으로 축소
```

```
    X_reduce = dim_reduction(X=X, n=2)

    token_list = []
    for _, sentence in sentences.items():
        token_list.append(sentence.split())

    file_name = "{}_elmo_layer_{}.png".format(word, layer)
    title = "Layer {} ELMo vectors of the word {}".format(layer, word)
    plot(word, token_list, X_reduce, file_name, title)
```

5. 결과

```
100%|██████████████████| 336/336 [00:00<00:00, 131610.58B/s]
100%|██████████████████| 374434792/374434792 [00:05<00:00, 66786891.20B/s]
visualizing word plant using ELMo layer 1
size of X: (47, 1024)
size of reduced X: (47, 2)
Variance retained ratio of PCA-1: 0.09539473801851273
Variance retained ratio of PCA-2: 0.07188064604997635
plant_elmo_layer_1.png saved

visualizing word plant using ELMo layer 2
size of X: (47, 1024)
size of reduced X: (47, 2)
Variance retained ratio of PCA-1: 0.10498975217342377
Variance retained ratio of PCA-2: 0.07778076827526093
plant_elmo_layer_2.png saved
```

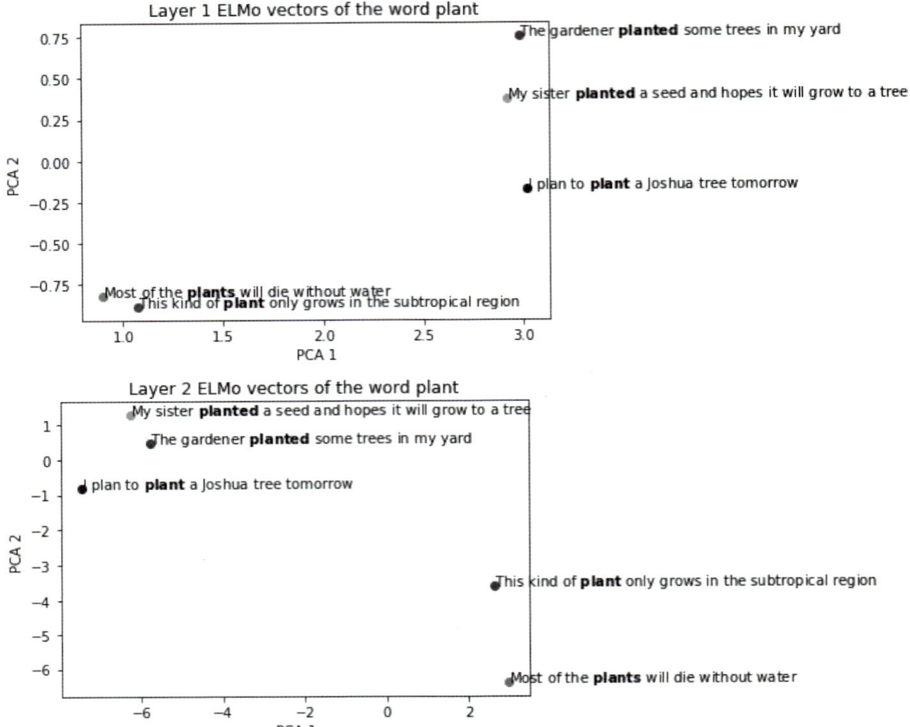
Layer 1 ELMo vectors of the word plant
The gardener planted some trees in my yard
My sister planted a seed and hopes it will grow to a tree
I plan to plant a Joshua tree tomorrow
Most of the plants will die without water
This kind of plant only grows in the subtropical region
PCA 1
PCA 2
Layer 2 ELMo vectors of the word plant
My sister planted a seed and hopes it will grow to a tree
The gardener planted some trees in my yard
I plan to plant a Joshua tree tomorrow
This kind of plant only grows in the subtropical region
Most of the plants will die without water
PCA 1
PCA 2

실습 [22-2]

1. **실습명** : 심층학습 기반 의미역(Semantic Role Labeling,SRL) 실습
2. **실습 목적 및 설명**
   - 심층학습 기반 의미역 실습
3. **관련 장(챕터)** : 22.1 딥러닝 기반 의미역 분석
4. **코드**

```
"""
Semantic Role Labeling 관련 패키지 설치
"""
!pip3 install allennlp
!pip3 install sklearn
!pip3 install matplotlib
!pip3 install numpy

"""
학습된 모델 다운로드
"""
from allennlp.predictors.predictor import Predictor
predictor_srl = Predictor.from_path("https://s3-us-west-2.amazonaws.
                com/allennlp/models/bert-base-srl-2019.06.17.tar.gz")

"""
결과 parsing 및 dict로 반환
"""
def srl_tag_result(predictor_srl, sen):
    dict_result = predictor_srl.predict(sentence=sen)
    result_dict_srl = dict()
    for idx_tag, tags in enumerate(dict_result["verbs"]):

        # print(tags["tags"])
        vals_dict = dict()
        alone_vnode = False
        start_node = 0
        str_temp_val = str()
        for idx_val, val in enumerate(tags["tags"]):
```

```
            if "-V" in val:
                start_node = idx_val
                str_temp_val = val
                alone_vnode = True
            else:
                if ("B-" in val) or ("I-" in val):
                    # val_sp = "-".join(val.split("-")[1:])
                    # vals_dict[idx_val + 1] = val_sp
                    vals_dict[idx_val + 1] = val
                    alone_vnode = False

        if alone_vnode is False:
            try:
                result_dict_srl[start_node + 1].update(vals_dict)
            except KeyError:
                result_dict_srl[start_node + 1] = vals_dict
    return result_dict_srl

"""
Main 함수
"""
import json

sen = "More than a few CEOs say the red-carpet treatment tempts them to
return to a heartland city for future meetings."
result_dict_srl = srl_tag_result(predictor_srl, sen=sen)
print(result_dict_srl)
        for word, sentences in words.items():
            print("visualizing word {} using ELMo layer {}".format(word, layer))
            X = np.concatenate([model.get_elmo_vector(tokens=sentences
                                            [idx].split(), layer=layer)
                                    for idx, _ in enumerate(sentences)], axis=0)

            # 2차원으로 축소
            X_reduce = dim_reduction(X=X, n=2)

            token_list = []
            for _, sentence in sentences.items():
                token_list.append(sentence.split())

            file_name = "{}_elmo_layer_{}.png".format(word, layer)
```

```
    title = "Layer {} ELMo vectors of the word {}".format(layer, word)
    plot(word, token_list, X_reduce, file_name, title)
```

5. 결과

```
{6: {1: 'B-ARG0', 2: 'I-ARG0', 3: 'I-ARG0', 4: 'I-ARG0', 5: 'I-ARG0',
7: 'B-ARG1', 8: 'I-ARG1', 9: 'I-ARG1', 10: 'I-ARG1', 11: 'I-ARG1', 12:
'I-ARG1', 13: 'I-ARG1', 14: 'I-ARG1', 15: 'I-ARG1', 16: 'I-ARG1', 17:
'I-ARG1', 18: 'I-ARG1', 19: 'I-ARG1', 20: 'I-ARG1', 21: 'I-ARG1', 22:
'I-ARG1'}, 12: {7: 'B-ARG0', 8: 'I-ARG0', 9: 'I-ARG0', 10: 'I-ARG0',
11: 'I-ARG0', 13: 'B-ARG1', 14: 'I-ARG1', 15: 'I-ARG1', 16: 'I-ARG1',
17: 'I-ARG1', 18: 'I-ARG1', 19: 'I-ARG1', 20: 'I-ARG1', 21: 'I-ARG1',
22: 'I-ARG1'}, 15: {13: 'B-ARG1', 16: 'B-ARG4', 17: 'I-ARG4', 18:
'I-ARG4', 19: 'I-ARG4', 20: 'B-ARGM-PRP', 21: 'I-ARGM-PRP', 22:
'I-ARGM-PRP'}}
```

실습 [23-1]

1. **실습명** : Bi-directional LSTM을 이용한 개체명 인식
2. **실습 목적 및 설명**
   - 본 장에서는 Bi-LSTM모델을 이용하여 NER 실습을 진행한다. 사용하는 개체명 인식 데이터는 CoNLL-2003 데이터셋으로 개체명 인식에서 자주 활용되는 영어 데이터 말뭉치이며, 데이터 전처리 과정을 통해 개체명 인식 모델을 만들어 보도록 한다.
   - 데이터 설명
     해당 데이터의 형태는 다음과 같이 구성되어있다.

```
-DOCSTART- -X- -X- O

EU NNP B-NP B-ORG
rejects VBZ B-VP O
German JJ B-NP B-MISC
call NN I-NP O
to TO B-VP O
boycott VB I-VP O
British JJ B-NP B-MISC
lamb NN I-NP O
. . O O

Peter NNP B-NP B-PER
Blackburn NNP I-NP I-PER

BRUSSELS NNP B-NP B-LOC
1996-08-22 CD I-NP O
```

그림 1 CoNLL–2003 데이터 샘플

우선 데이터 형식에 대해 알아보도록 한다.

1. 데이터는 [단어][품사][청크][개체명] 형식이다.
2. CoNLL-2003 데이터셋은 다음과 같은 4가지 개체명(사람(person, B-PER), 장소(location, B-LOC), 기관(organization, B-ORG), 기타(miscellaneous, B-MISC))에 대해 태깅한다.

- 첫 번째, 입력으로 받은 문장을 토큰 단위로 분리시킨다.
- 두 번째, 분리된 단어를 형태소로 분석한다.
- 세 번째, 형태소로 분리된 단어를 개체명으로 분석한다.

해당 데이터는 BIO 방법을 사용하기 때문에 [EU]의 경우 시작을 나타내는 'B'와 organization을 의미하는 org를 붙여 'B-ORG'로 태그한다. 다만, EU는 그 자체가 하나의 개체명이므로 뒤에 별도로 I 태그가 붙지 않고 그 뒤 단어는 O 태그가 붙는다. Peter Blackburn은 Peter와 Blackburn이 분리되어 있다. 여기서 Peter는 사람을 나타내는 개체명이므로 'B-PER' 태그가 태깅되었고 Blackburn은 Peter와 이어진 하나의 개체명을 의미하므로 'I-PER'가 태깅되었다. 이 분리된 단어는 하나의 개체명을 의미하기 때문에 B 태그 뒤에 I 태그로 그 의미를 이어 붙여주는 것이다. 이 외에 rejects, call과 같은 단어는 개체명으로 태그하지 않는 O 'Outside'가 태그되어 있다. [. . O O] 다음에 오는 공란은 문장과 문장을 구분해주는 구분자 역할을 한다.

해당 실습에서는 텐서플로우 1.x버전의 케라스로 진행하며, 본 소스는 따로 환경 설정을 요구하지 않는 google Colab 사용을 권장한다.

소스코드를 통해 바로 진행해보도록 하겠다.

3. 관련 장(챕터) : 23.1 딥러닝 기반 NER

4. 코드

해당 실습에서는 텐서플로우 1.x버전의 케라스로 진행하며, 본 소스는 따로 환경 설정을 요구하지 않는 google Colab 사용을 권장한다.

```
import tensorflow
import keras
print(tensorflow.__version__)
print("keras version:", keras.__version__)
```

```
> 1.15.0
> keras version: 2.2.5
```

실습에서 사용하는 텐서플로우 버전은 1.15, 케라스는 2.2.5 버전이다.

우선 필요한 라이브러리를 선언한다.

```
import re
import matplotlib.pyplot as plt
import numpy as np
from keras.preprocessing.text import Tokenizer
from keras.preprocessing.sequence import pad_sequences
from keras.utils import to_categorical
from sklearn.model_selection import train_test_split
```

CoNLL-2003 데이터의 train.txt 데이터를 읽어 전처리 과정을 수행한다. 해당 경로는 사용자의 컴퓨터 환경마다 다르니, 이 점을 유의하여 진행해주길 바란다. 본 예시에서는 소스를 저장한 디렉토리 내의 동일한 위치라고 가정한다.

```
sentences = []
buff_sentence = []

with open('./train.txt', 'r') as f_r:
    data = f_r.readlines()  # 문장을 불러옵니다.
    for sentence in data:  # 각 문장에 대한 처리가 진행됩니다.

        if len(sentence) == 0 or sentence.startswith('-DOCSTART-')
or sentence[0] == "\n":
```

```
        if len(buff_sentence) > 0:
            sentences.append(buff_sentence)
            buff_sentence = []
        continue

    splits = sentence.split(' ')
    splits[-1] = re.sub(r'\n', '', splits[-1])  # 줄바꿈 표시\n 제거
    word = splits[0].lower()  # 단어들은 소문자로 바꿔서 저장
    buff_sentence.append([word, splits[-1]])  # buff_sentence = 
단어, 개체명 태깅 정보
```

sentence는 현재 단어, 태깅 정보를 포함하고 있다. 저장된 sentences 데이터 중 하나를 예시로 뽑아본다.

```
print(sentences[0])
```

```
[['eu', 'B-ORG'], ['rejects', 'O'], ['german', 'B-MISC'],
['call', 'O'], ['to', 'O'], ['boycott', 'O'], ['british',
'B-MISC'], ['lamb', 'O'], ['.', 'O']]
```

결과는 다음과 같다. [단어, 개체명]으로 구성된 데이터의 상태를 확인할 수 있다. 모델 학습(training) 데이터로 만들기 위해서는 단어와 개체명을 따로 분리시키는 작업이 필요하다. 즉, 'eu'와 'rejects'를 같이 저장하고, 'B-ORG'와 'O'를 같이 저장해야 한다.

```
sentences_info = []      # sentences_info = 단어 변수
tags_info = []           # sentences_info = 태그 변수

for sent in sentences:
    word, tag = zip(*sent)  # zip 함수를 사용하여 word, tag를 분리

    sentences_info.append(list(word))    # 각 분리된 정보에서 word만 따로 저장
    tags_info.append(list(tag))          # 각 분리된 정보에서 tag만 따로 저장
```

단어 및 태그 저장 변수를 선언하고 zip함수를 사용하여 단어와 태그를 분리한다. 각각의 words, tags 변수에 저장하고 첫 번째 문장을 출력해본다.

```
print("첫 번째 문장:", sentences_info[0])
print("첫 번째 태그 정보:", tags_info[0])
```

결과는 다음과 같다.

```
첫 번째 문장: ['eu', 'rejects', 'german', 'call', 'to', 'boycott',
'british', 'lamb', '.']
첫 번째 태그 정보: ['B-ORG', 'O', 'B-MISC', 'O', 'O', 'O', 'B-MISC',
'O', 'O']
```

이번에는 인덱스 번호로 10번째에 존재하는 값을 출력해본다.

```
print("열 한 번째 문장:", sentences_info[10])
print("열 한 번째 태그 정보:",tags_info[10])
```

결과는 다음과 같다.

```
열 한 번째 문장: ['spanish', 'farm', 'minister', 'loyola', 'de',
'palacio', 'had', 'earlier', 'accused', 'fischler', 'at', 'an',
'eu', 'farm', 'ministers', "'", 'meeting', 'of', 'causing',
'unjustified', 'alarm', 'through', '"', 'dangerous',
'generalisation', '.', '"']
열 한 번째 태그 정보: ['B-MISC', 'O', 'O', 'B-PER', 'I-PER', 'I-PER',
'O', 'O', 'O', 'B-PER', 'O', 'O', 'B-ORG', 'O', 'O', 'O', 'O', 'O',
'O', 'O', 'O', 'O', 'O', 'O', 'O', 'O', 'O']
```

보다시피 첫 번째 결과와 두 번째 결과의 문장 길이가 다른 것을 확인할 수 있다. 이 뿐만 아니라 모든 데이터의 문장 길이가 전부 제각각일 것이다. 즉, 모델을 학습시키기 위한 데이터로 만들기 위해 서로 다른 길이의 데이터를 사용하는 것이 아닌, 패딩 과정을 거쳐 모든 문장의 길이를 맞춰서 입력 데이터로 활용해야 한다.

이제 케라스에서 제공하는 토크나이저를 통해 토큰화 및 정수 인코딩을 진행한다.

단어 vocabulary를 생성하기 위해 빈도수가 높은 5000개의 단어를 사용한다.

```
vocab_size = 5000
src_tokenizer = Tokenizer(num_words=vocab_size, oov_token='OOV')
# 문장 데이터
src_tokenizer.fit_on_texts(sentences_info)

tar_tokenizer = Tokenizer()                              # 태그 데이터
tar_tokenizer.fit_on_texts(tags_info)
```

각각의 src_tokenizer와 tar_tokenizer는 문장, 태그 데이터를 나타낸다.

다음으로 각 단어를 id값으로 변환시켜주기 위한 정수 인코딩 과정을 진행한다.

```
x_train = src_tokenizer.texts_to_sequences(sentences_info)
y_train = tar_tokenizer.texts_to_sequences(tags_info)
```

x_train은 문장 데이터에 대한 정수 인코딩 결과를, y_train은 태그 데이터에 대한 정수 인코딩 결과를 갖는다. 전체 데이터 수는 많으므로 첫 번째 인덱스에 들어있는 값을 출력해본다.

```
print(sentences_info[0])
print(tags_info[0])
```

출력 결과 :

```
['eu', 'rejects', 'german', 'call', 'to', 'boycott', 'british',
'lamb', '.']
['B-ORG', 'O', 'B-MISC', 'O', 'O', 'O', 'B-MISC', 'O', 'O']
```

이번에는 x_train, y_train의 값을 확인해본다.

```
print(x_train[0])
print(y_train[0])
```

출력 결과 :

```
[989, 1, 205, 629, 7, 3939, 216, 1, 3]
[4, 1, 7, 1, 1, 1, 7, 1, 1]
```

위 출력 결과에서 보다시피, vocabulary에 위 단어가 없는 경우, 해당 단어는 out-of-vocabulary(OOV)로 처리된다. 이를 정수에서 텍스트로 변환시키는 디코딩 과정을 통해 확인할 수 있다. 이 때에 index_word를 활용한다.

```
index2word = src_tokenizer.index_word
index2tag = tar_tokenizer.index_word

decoded = []

for index in x_train[0]:
decoded.append(index2word[index])

print("기존 문장: {}".format(sentences_info[0]))
print("Vocabulary에 없어 OOV 처리된 단어: {}".format(decoded))
```

출력 결과 :

```
기존 문장 : ['eu', 'rejects', 'german', 'call', 'to', 'boycott',
'british', 'lamb', '.']
Vocab에 없어 OOV 처리된 단어 : ['eu', 'OOV', 'german', 'call', 'to',
'boycott', 'british', 'OOV', '.']
```

위 출력 결과를 통해 'rejects'와 'lamb'가 단어사전에 존재하지 않기 때문에 OOV로 출력된 것을 확인할 수 있다.

다음으로 x_train 데이터와 y_train 데이터의 길이를 동일하게 맞춰주는 padding 과정을 진행한다. padding이란 단어나 태그가 존재하지 않는 공간을 전부 0으로 채워 모든 문장의 길이를 동일하게 맞춰준다. 해당 데이터의 길이는 80으로 맞추어 padding을 진행한다.

```
max_len = 80
x_train_padded = pad_sequences(x_train, padding='post', maxlen=max_len)
y_train_padded = pad_sequences(y_train, padding='post', maxlen=max_len)

print(x_train_padded[0])
print(y_train_padded[0])
```

패딩된 문장의 길이는 80으로, 첫 번째 인덱스에 존재하는 값의 출력 결과는 다음과 같다.

출력 결과 :

```
 [ 989    1  205  629    7 3939  216    1    3    0    0    0    0    0
    0    0    0    0    0    0    0    0    0    0    0    0    0    0
    0    0    0    0    0    0    0    0    0    0    0    0    0    0
    0    0    0    0    0    0    0    0    0    0    0    0    0    0
    0    0    0    0    0    0    0    0    0    0    0    0    0    0
    0    0    0    0    0    0    0    0    0    0]
[4 1 7 1 1 1 7 1 1 0 0 0 0 0 0 0 0 0 0 0 0 0 0 0 0 0 0 0 0 0 0 0 0 0 0 0 0
 0 0 0 0 0 0 0 0 0 0 0 0 0 0 0 0 0 0 0 0 0 0 0 0 0 0 0 0 0 0 0 0 0 0 0 0 0
 0 0 0 0 0 0 0 0]
```

이제 training 데이터와 test 데이터의 비율을 8:2로 분리한다.

```
x_train, x_test, y_train, y_test = train_test_split(x_train_
padded, y_train_padded, test_size=.2, random_state=555)

print(len(x_train))
print(len(y_train))
```

8:2로 분리된 학습 데이터 중 training 수는 다음과 같다.

출력 결과 :

```
11232
11232
```

다음으로 레이블에 해당하는 태깅 정보에 대한 one-hot-encoding 과정을 수행한다.

```
tag_size = len(tar_tokenizer.word_index) + 1
y_train = to_categorical(y_train, num_classes=tag_size)
y_test = to_categorical(y_test, num_classes=tag_size)
```

다음으로 각 데이터의 크기를 확인한다.

```
print('훈련 샘플 문장의 크기: {}'.format(x_train.shape))
print('훈련 샘플 레이블의 크기: {}'.format(y_train.shape))
print('테스트 샘플 문장의 크기: {}'.format(x_test.shape))
print('테스트 샘플 레이블의 크기: {}'.format(y_test.shape))
```

출력 결과 :

```
훈련 샘플 문장의 크기 : (11232, 80)
훈련 샘플 레이블의 크기 : (11232, 80, 10)
테스트 샘플 문장의 크기 : (2809, 80)
테스트 샘플 레이블의 크기 : (2809, 80, 10)
```

Bidirectional-LSTM을 이용한 개체명 인식 – 실습 Bi-LSTM 모델생성 과정

```
from keras.models import Sequential
from keras.layers import Dense, Embedding, LSTM, Bidirectional,
TimeDistributed
from keras.optimizers import Adam
```

sequential 모델은 레이어를 선형(linear)으로 구성하기 위한 도구이다. 해당 모델을 기본으로 그 위에 .add() 메소드를 사용하여 쉽게 레이어를 구성할 수 있다.

```
model = Sequential()
model.add(Embedding(input_dim=vocab_size, output_dim=128,
input_length=max_len, mask_zero=True))
model.add(Bidirectional(LSTM(256, return_sequences=True)))
model.add(TimeDistributed(Dense(tag_size, activation='softmax')))
```

mask_zero=True를 통해 조금 전 패딩에서 추가한 0을 연산에서 제외한다. 앞에서 정의한 max_len 만큼의 128 output_dim 크기의 임베딩을 model에 추가한다. 이후 Bidirectional을 통해 LSTM을 양방향으로 학습시킨다. 마지막으로 softmax 레이어를 통과시켜 0~1사이의 결과값으로 나타낸다.

```
model.compile(loss='categorical_crossentropy', optimizer=
Adam(0.001), metrics=['accuracy'])
```

Adam 옵티마이저를 사용했으며, learning_rate 비율은 0.001로 model.compile을 구동시킨다.

```
# 학습된 모델을hist 변수에 넣어.history를 통해loss와accuracy를 추출한다.
hist = model.fit(x_train, y_train, batch_size=128, epochs=1,
validation_data=(x_test, y_test))
```

model.fit을 하면 비로소 모델의 학습이 진행된다. 출력 결과의 1 epoch은 다음과 같다.

출력 결과 :

```
Train on 11232 samples, validate on 2809 samples
Epoch 1/1
11232/11232 [==============================] - 52s 5ms/step - loss:
0.8903 - acc: 0.8235 - val_loss: 0.6006 - val_acc: 0.8323
```

학습된 모델의 his.history()를 통해 loss, accuracy를 추출한다.

```
print("train loss: ", hist.history['loss'])
print("train accuracy: ", hist.history['acc'])
print("val loss: ", hist.history['val_loss'])
print("val accuracy: ", hist.history['val_acc'])
```

출력 결과 :

```
train loss:  [0.8903108397100725]
train accuracy:  [0.8235191048635038]
val loss:  [0.6005544806765933]
val accuracy:  [0.8323039198821446]
```

```
print("\n 테스트 정확도: %.4f" % (model.evaluate(x_test, y_test)[1]))
```

테스트 정확도 출력 결과는 다음과 같다.

```
2809/2809 [==============================] - 15s 5ms/step
테스트 정확도: 0.8309
```

본 실습에서는 텐서플로우의 Keras 프레임워크를 활용하여 CoNLL-2003 데이터셋을 학습 데이터로 실습해보는 시간을 가졌다.

실습 [24-1]

1. **실습명** : BERT를 활용한 KorQuAD 데이터셋 학습 및 평가
2. **실습 목적 및 설명**
    - 본 실습은 QA dataset 중 하나인 KorQuAD 데이터셋을 학습하고 평가하는 방법을 설명한다.
    - KorQuAD는 한국어 Machine Reading Comprehension을 위해 만든 데이터셋이다. 모든 질의에 대한 답변은 해당 Wikipedia 아티클 문단의 일부 하위 영역으로 이루어진다. Stanford Question Answering Dataset(SQuAD) v1.0과 동일한 방식으로 구성되었다.
    - NAVER에서 자연어처리와 관련한 패키지를 공개하여 해당 패키지인 CLaF* 를 사용한다.
3. **관련 장(챕터)** : 24. 딥러닝 기반 Question & Answering
4. **코드**

① 환경 세팅 - 필요한 패키지와 데이터셋을 다운로드 한다.

```
cd /root
!git clone https://github.com/naver/claf.git

cd /root/claf
pip install -r requirements.txt
!sh script/install_mecab.sh

import nltk
nltk.download('punkt')

mkdir data
cd data
mkdir korquad
cd korquad
```

* https://github.com/naver/claf

```
!wget https://korquad.github.io/dataset/KorQuAD_v1.0_train.json
!wget https://korquad.github.io/dataset/KorQuAD_v1.0_dev.json

cd /root/claf
```

② 모델 학습

train.py에 argument로 base_config를 주고, cuda 설정을 하는 코드이다.

```
!python train.py —base_config korquad/bert_base_multilingual_
uncased --cuda_devices '0' --batch_size 4
```

③ 모델 평가

학습이 다 이루어지고 난다면, /root/claf/logs/squad_bert/check-point 디렉토리에 모델 weight가 저장될 것이다. 저장된 weight를 불러와서, dev 셋으로 모델 평가를 한다.

```
# python eval.py <dataset path> <model_weight_path>
!python eval.py /root/data/korquad/KorQuAD_v1.0_dev.json /root/
claf/logs/squad_bert/checkpoint/model_48000.pkl --cuda_devices '0'
```

④ 모델 테스트

#학습된 모델에 다음과 같은 형식으로 argument를 주어, 학습된 QA 시스템의 성능을 확인 할 수 있다.

python predict.py <--model_weight_path> <--question> <--context>

```
!python predict.py
/root/claf/logs/squad_bert/checkpoint/model_50000.pkl --question
"88올림픽 개최지는?" --context "1988년 9월 17일부터 10월 2일까지 서울특별시와
경기도 일부 수도권 지역에서 개최된 하계 올림픽이자, 대회의 정식 명칭은 제24회 서울 올림픽
경기대회(Games of the XXIV Olympiad Seoul 1988)이다." --cuda_devices
'0'
```

실습 [25-1]

1. **실습명** : 딥러닝 기반 기계번역 실습

2. **실습 목적 및 설명**

   - Sequence to Sequence를 이용한 기계번역 모델 만들어보기.
   - 기계번역 모델을 만드는 전반적인 과정을 직접 실습을 통해 경험해본다.
   - 전처리, 모델 제작, 번역까지 직접 경험해 볼 수 있다.

3. **관련 장(챕터)** : 25. 딥러닝 기반 기계번역

4. **코드**

```
"""
실습으로는 OpenNMT Pytorch를 사용한다. OpenNMT Library를 사용하여 RNN기반 기계번역
기를 제작해본다.
실습은 Colab에서 진행하는 것을 추천한다.
먼저 전처리를 진행한다. Vocab size와 각 데이터 경로를 지정해주어야 한다.
"""

!onmt_preprocess -train_src OpenNMT-py/data/src-train.txt -train_tgt
OpenNMT-py/data/tgt-train.txt -valid_src OpenNMT-py/data/src-val.txt
-valid_tgt OpenNMT-py/data/tgt-val.txt -save_data OpenNMT-py/data/
data -src_vocab_size 10000 -tgt_vocab_size 10000

"""
기계번역 모델을 직접 제작해본다. RNN Encoder와 Decoder를 이용하여 간단한 기계번역 모델을
제작해본다.
"""

import torch
import torch.nn as nn
import onmt
import onmt.inputters
import onmt.modules
import onmt.utils
import logging
logging.basicConfig(level=logging.NOTSET)
```

```
"""
We begin by loading in the vocabulary for the model of interest.
This will let us check vocab size and to get the special ids for padding
"""

vocab_fields = torch.load("OpenNMT-py/data/data.vocab.pt") #vocab field 만들기
src_text_field = vocab_fields["src"].base_field #src field 만들기
src_vocab = src_text_field.vocab
src_padding = src_vocab.stoi[src_text_field.pad_token] #Padding
tgt_text_field = vocab_fields['tgt'].base_field #tgt field 만들기
tgt_vocab = tgt_text_field.vocab
tgt_padding = tgt_vocab.stoi[tgt_text_field.pad_token] #Padding

"""
Next we specify the core model itself.
Here we will build a small model with an encoder and an attention based
input feeding decoder.
Both models will be RNNs and the encoder will be bidirectional
"""

emb_size = 100
rnn_size = 500
# Specify the core model.
encoder_embeddings = onmt.modules.Embeddings(emb_size, len (src_vocab),
                                             word_padding_idx=src_padding) #src 임베딩
encoder = onmt.encoders.RNNEncoder(hidden_size=rnn_size, num_layers=1 ,
                                   rnn_type="LSTM", bidirectional=True ,
                                   embeddings=encoder_embeddings) #Encoder
decoder_embeddings = onmt.modules.Embeddings(emb_size, len (tgt_vocab),
                                             word_padding_idx=tgt_padding) #tgt 임베딩
decoder = onmt.decoders.decoder.InputFeedRNNDecoder(
    hidden_size=rnn_size, num_layers=1 , bidirectional_encoder=True ,
    rnn_type="LSTM", embeddings=decoder_embeddings) #Decoder
device = "cuda" if torch.cuda.is_available() else "cpu" #Device 설정
model = onmt.models.model.NMTModel(encoder, decoder) #Model 생성
model.to(device)

# Specify the tgt word generator and loss computation module
model.generator = nn.Sequential(
    nn.Linear(rnn_size, len (tgt_vocab)),
    nn.LogSoftmax(dim=-1 )).to(device) #Generator 부분
```

```
loss = onmt.utils.loss.NMTLossCompute(
    criterion=nn.NLLLoss(ignore_index=tgt_padding, reduction="sum"),
    generator=model.generator) #Loss 설정

"""
Now we set up the optimizer.
Our wrapper around a core torch optim class handles learning rate up-
dates and gradient normalization automatically.
"""

lr = 1
torch_optimizer = torch.optim.SGD(model.parameters(), lr=lr) #옵티마이저
optim = onmt.utils.optimizers.Optimizer(
    torch_optimizer, learning_rate=lr, max_grad_norm=2 ) #옵티마이저

"""
Now we load the data from disk with the associated vocab fields.
To iterate through the data itself we use a wrapper around a torchtext
iterator class.
We specify one for both the training and test data.
"""

# Load some data
from itertools import chain
train_data_file = "OpenNMT-py/data/data.train.0.pt" #학습데이터
valid_data_file = "OpenNMT-py/data/data.valid.0.pt" #검증데이터
train_iter = onmt.inputters.inputter.DatasetLazyIter
                                (dataset_paths=[train_data_file],
                                               fields=vocab_fields,
                                               batch_size=50 ,
                                               batch_size_multiple=1 ,
                                               batch_size_fn=None ,
                                               device=device,
                                               is_train=True ,
                                               repeat=True ,
                                               pool_factor=True
                                               ) #iterator 만들기
valid_iter = onmt.inputters.inputter.DatasetLazyIter
                                (dataset_paths=[valid_data_file],
                                               fields=vocab_fields,
                                               batch_size=10 ,
```

```
                                    batch_size_multiple=1 ,
                                    batch_size_fn=None ,
                                    device=device,
                                    is_train=False ,
                                    repeat=False ,
                                    pool_factor=True
                                    )

"""
Finally we train. Keeping track of the output requires a report manager.
"""
report_manager = onmt.utils.ReportMgr(
    report_every=50 , start_time=None , tensorboard_writer=None ) #리포트 매니저

trainer = onmt.Trainer(model=model,
                       train_loss=loss,
                       valid_loss=loss,
                       optim=optim,
                       report_manager=report_manager) #Trainer 생성

trainer.train(train_iter=train_iter,
              train_steps=400 ,
              valid_iter=valid_iter,
              valid_steps=200 ) #실제 학습진행

"""
직접 번역을 진행해본다.
"""

import onmt.translate
import logging
logging.basicConfig(level=logging.NOTSET)
src_reader = onmt.inputters.str2reader["text"]
tgt_reader = onmt.inputters.str2reader["text"]
scorer = onmt.translate.GNMTGlobalScorer(alpha=0.7 ,
                                         beta=0 .,
                                         length_penalty="avg",
                                         coverage_penalty="none")

gpu = 0 if torch.cuda.is_available() else -1
```

```
translator = onmt.translate.Translator(model=model,
                                       fields=vocab_fields,
                                       src_reader=src_reader,
                                       tgt_reader=tgt_reader,
                                       global_scorer=scorer,
                                       beam_size=1 ,
                                       gpu=gpu) #트랜스레이터 생성

builder =
onmt.translate.TranslationBuilder(data=torch.load(valid_data_file),
                                          fields=vocab_fields) #빌더 생성
for batch in valid_iter:
    trans_batch = translator.translate_batch(
        batch=batch, src_vocabs=[src_vocab],
        attn_debug=False ) #번역 진행

    translations = builder.from_batch(trans_batch)#배치만큼
    for trans in translations:
        print (trans.log(0 ))
```

5. 결과

a. 전처리 완료시

```
[2019-12-04 18:08:09,146 INFO] Extracting features...
[2019-12-04 18:08:09,147 INFO]  * number of source features: 0.
[2019-12-04 18:08:09,147 INFO]  * number of target features: 0.
[2019-12-04 18:08:09,147 INFO] Building `Fields` object...
[2019-12-04 18:08:09,147 INFO] Building & saving training data...
[2019-12-04 18:08:09,174 INFO] Building shard 0.
[2019-12-04 18:08:09,496 INFO]  * saving 0th train data shard to OpenNMT-py/data/data.train.0.pt.
[2019-12-04 18:08:10,103 INFO]  * tgt vocab size: 10004.
[2019-12-04 18:08:10,135 INFO]  * src vocab size: 10002.
[2019-12-04 18:08:10,226 INFO] Building & saving validation data...
[2019-12-04 18:08:10,290 INFO] Building shard 0.
[2019-12-04 18:08:10,373 INFO]  * saving 0th valid data shard to OpenNMT-py/data/data.valid.0.pt.
```

b. 학습 완료시

```
INFO:root:Start training loop and validate every 200 steps...
INFO:root:Loading dataset from OpenNMT-py/data/data.train.0.pt
INFO:root:number of examples: 10000
INFO:root:Step 50/  400; acc:  12.47; ppl: 1405.80; xent: 7.25; lr: 1.00000; 11807/11720 tok/s;      5 sec
INFO:root:Step 100/  400; acc:  14.04; ppl: 522.66; xent: 6.26; lr: 1.00000; 12679/12754 tok/s;      9 sec
INFO:root:Step 150/  400; acc:  15.30; ppl: 396.02; xent: 5.98; lr: 1.00000; 12981/12958 tok/s;     14 sec
INFO:root:Step 200/  400; acc:  17.17; ppl: 324.51; xent: 5.78; lr: 1.00000; 12541/12340 tok/s;     18 sec
INFO:root:Loading dataset from OpenNMT-py/data/data.valid.0.pt
INFO:root:number of examples: 3000
INFO:root:Validation perplexity: 190.358
INFO:root:Validation accuracy: 23.0118
INFO:root:Loading dataset from OpenNMT-py/data/data.train.0.pt
INFO:root:number of examples: 10000
INFO:root:Step 250/  400; acc:  18.62; ppl: 273.69; xent: 5.61; lr: 1.00000; 3961/3932 tok/s;     32 sec
INFO:root:Step 300/  400; acc:  19.19; ppl: 249.27; xent: 5.52; lr: 1.00000; 12828/12903 tok/s;     37 sec
INFO:root:Step 350/  400; acc:  20.37; ppl: 218.78; xent: 5.39; lr: 1.00000; 12576/12554 tok/s;     41 sec
INFO:root:Step 400/  400; acc:  21.67; ppl: 193.99; xent: 5.27; lr: 1.00000; 12647/12445 tok/s;     46 sec
INFO:root:Loading dataset from OpenNMT-py/data/data.valid.0.pt
INFO:root:number of examples: 3000
INFO:root:Validation perplexity: 155.593
INFO:root:Validation accuracy: 21.8265
<onmt.utils.statistics.Statistics at 0x7f40d94b6198>
```

c. 번역 진행시 - 실제 모델을 가지고 번역이 진행되게 된다.

```
SENT 0: ['It', 'actually', 'turns', 'out', 'to', 'be', 'good', 'for', 'the', 'game', ',', 'because', 'this', 'feature', 'does', 'not', 'get', 'to', 'be', 'boring:', 'within'
PRED 0: Es ist ein <unk> , die nicht , die nicht , die nicht , die nicht nur , die nicht in der <unk> , die nicht in der <unk> , die nicht in der <unk> , die nicht in der <u
PRED SCORE: -0.8896


SENT 0: ['The', 'driving', 'model', 'follows', 'the', 'footsteps', 'of', 'the', 'previous', 'parts', '.']
PRED 0: Die <unk> der <unk> der <unk> der <unk> der <unk> der <unk> der <unk> der <unk> der <unk> der <unk> der <unk> .
PRED SCORE: -0.0097


SENT 0: ['This', 'means', 'that', 'it', 'is', 'nothing', 'special', 'anymore', '.', 'but', 'it', 'cannot', 'be', 'considered', 'a', 'negative', '.']
PRED 0: Dies ist es , dass die <unk> , die nicht , die nicht nur , um eine <unk> , die nicht nur ein <unk> , die nicht nur ein <unk> , die nicht nur ein <unk> , die nicht nu
PRED SCORE: -2.4732


SENT 0: ['If', 'you', 'are', 'looking', 'for', 'a', 'real-to-life', 'simulation', '.', 'you', 'will', 'have', 'to', 'look', 'elsewhere', '.']
PRED 0: Wenn Sie uns , wenn Sie eine <unk> , die Sie in einem <unk> , die Sie in der <unk> , die Sie in der <unk> , die Sie in der <unk> , die Sie in der <unk> , die Sie in
PRED SCORE: -2.0857
```

[실습 URL]

https://github.com/Parkchanjun/OpenNMT_Library_Tutorial_Using_Colab

실습 [25-2]

1. **실습명** : Keras를 이용한 Transformer 실습
2. **실습 목적 및 설명**
   - Sequence to Sequence 모델 중 가장 대표적인 모델인 Transformer를 Keras를 이용하여 기계번역 모델 만들어보기.
   - 기계번역 모델을 만드는 전반적인 과정을 직접 실습을 통해 경험해본다.
   - 전처리, 모델 제작, 번역까지 직접 경험해 볼 수 있다.
3. **관련 장(챕터)** : 25. 딥러닝 기반 기계번역
4. **코드**

```
####################################################
학습하기
####################################################

!pip install keras-transformer #환경 설치



import numpy as np
from keras_transformer import get_model
#예시 문장
tokens = '안녕하세요 저의 이름은 박찬준입니다. 만나서 반갑습니다. 저는 자연언어처리를 전공으로 하고 있습니다.'.split(' ')
#토큰 딕셔너리 생성
token_dict = {
    '<PAD>': 0 ,
    '<START>': 1 ,
    '<END>': 2 ,
}
#예시문장 토큰화 및 딕셔너리화
for token in tokens:
    if token not in token_dict:
        token_dict[token] = len (token_dict)
#데이터 전처리 작업 (패딩 등)
```

```
encoder_inputs_no_padding = []
encoder_inputs, decoder_inputs, decoder_outputs = [], [], []
for i in range (1 , len (tokens) - 1 ):
    encode_tokens, decode_tokens = tokens[:i], tokens[i:]
    encode_tokens = ['<START>'] + encode_tokens + ['<END>'] + ['<PAD>']
* (len (tokens) - len (encode_tokens)) #패딩

    output_tokens = decode_tokens + ['<END>', '<PAD>'] + ['<PAD>'] *
(len (tokens) - len (decode_tokens))

    decode_tokens = ['<START>'] + decode_tokens + ['<END>'] + ['<PAD>']
* (len (tokens) - len (decode_tokens))#패딩

    encode_tokens = list (map (lambda x: token_dict[x], encode_tokens))
    decode_tokens = list (map (lambda x: token_dict[x], decode_tokens))
    output_tokens = list (map (lambda x: [token_dict[x]], output_tokens))

    encoder_inputs_no_padding.append(encode_tokens[:i + 2 ])
    encoder_inputs.append(encode_tokens)

    decoder_inputs.append(decode_tokens)
    decoder_outputs.append(output_tokens)

# 모델 생성 (keras_transformer 이용)
model = get_model(
    token_num=len (token_dict),
    embed_dim=30 ,
    encoder_num=3 ,
    decoder_num=2 ,
    head_num=3 ,
    hidden_dim=120 ,
    attention_activation='relu',
    feed_forward_activation='relu',
    dropout_rate=0.05 ,
    embed_weights=np.random.random((14 , 30 )),
)
#모델 컴파일
model.compile (
    optimizer='adam',
    loss='sparse_categorical_crossentropy',
)
```

```
#모델 써머리
model.summary()
# 모델 훈련
model.fit(
    x=[np.asarray(encoder_inputs * 1000 ), np.asarray(decoder_inputs * 1000 )],
    y=np.asarray(decoder_outputs * 1000 ),
    epochs=5 ,
)



#####################################################
번역진행하기
#####################################################
import numpy as np
from keras_transformer import get_model, decode
#소스 문장
source_tokens = [
    '안녕하세요 저의 이름은 박찬준입니다.'.split(' '),
    '저는 24살입니다.'.split(' '),
]
#타겟 문장
target_tokens = [
    list ('Hello My name is Park Chanjun.'),
    list ('I am 24 years old.'),
]
#토큰 딕셔너리화 함수
def build_token_dict (token_list ):
    token_dict = {
        '<PAD>': 0 ,
        '<START>': 1 ,
        '<END>': 2 ,
    }
    for tokens in token_list:
        for token in tokens:
            if token not in token_dict:
                token_dict[token] = len (token_dict)
    return token_dict

source_token_dict = build_token_dict(source_tokens) #딕셔너리화
```

```
target_token_dict = build_token_dict(target_tokens) #딕셔너리화
target_token_dict_inv = {v: k for k, v in target_token_dict.items()} #역으로.
# <START>,<END>와 같은 Special Token 추가
encode_tokens = [['<START>'] + tokens + ['<END>'] for tokens in source_tokens]
decode_tokens = [['<START>'] + tokens + ['<END>'] for tokens in target_tokens]
output_tokens = [tokens + ['<END>', '<PAD>'] for tokens in target_tokens]
# 패딩
source_max_len = max (map (len , encode_tokens))
target_max_len = max (map (len , decode_tokens))
encode_tokens = [tokens + ['<PAD>'] * (source_max_len - len (tokens))
for tokens in encode_tokens]
decode_tokens = [tokens + ['<PAD>'] * (target_max_len - len (tokens))
for tokens in decode_tokens]
output_tokens = [tokens + ['<PAD>'] * (target_max_len - len (tokens))
for tokens in output_tokens]
encode_input = [list (map (lambda x: source_token_dict[x], tokens))
for tokens in encode_tokens]
decode_input = [list (map (lambda x: target_token_dict[x], tokens))
for tokens in decode_tokens]
decode_output = [list (map (lambda x: [target_token_dict[x]], tokens))
for tokens in output_tokens]


#모델 생성
model = get_model(
    token_num=max (len (source_token_dict), len (target_token_dict)),
    embed_dim=32 ,
    encoder_num=2 ,
    decoder_num=2 ,
    head_num=4 ,
    hidden_dim=128 ,
    dropout_rate=0.05 ,
    use_same_embed=False, # Use different embeddings for different languages
)
#모델 컴파일
model.compile ('adam', 'sparse_categorical_crossentropy')
#모델 써머리
model.summary()
#모델 훈련
model.fit(
    x=[np.array(encode_input * 1024 ), np.array(decode_input * 1024 )],
```

```
    y=np.array(decode_output * 1024 ),
    epochs=10 ,
    batch_size=32 ,
)
# 번역 진행 (Predict)
decoded = decode(
    model,
    encode_input,
    start_token=target_token_dict['<START>'],
    end_token=target_token_dict['<END>'],
    pad_token=target_token_dict['<PAD>'],
)
print (''.join(map (lambda x: target_token_dict_inv[x], decoded[0 ][1 :-1 ])))
print (''.join(map (lambda x: target_token_dict_inv[x], decoded[1 ][1 :-1 ])))
```

5. 결과

```
Epoch 1/10
2048/2048 [==============================] - 12s 6ms/step - loss: 2.6283
Epoch 2/10
2048/2048 [==============================] - 4s 2ms/step - loss: 1.1428
Epoch 3/10
2048/2048 [==============================] - 4s 2ms/step - loss: 0.3127
Epoch 4/10
2048/2048 [==============================] - 4s 2ms/step - loss: 0.1062
Epoch 5/10
2048/2048 [==============================] - 4s 2ms/step - loss: 0.0513
Epoch 6/10
2048/2048 [==============================] - 4s 2ms/step - loss: 0.0311
Epoch 7/10
2048/2048 [==============================] - 4s 2ms/step - loss: 0.0214
Epoch 8/10
2048/2048 [==============================] - 4s 2ms/step - loss: 0.0157
Epoch 9/10
2048/2048 [==============================] - 4s 2ms/step - loss: 0.0121
Epoch 10/10
2048/2048 [==============================] - 4s 2ms/step - loss: 0.0096
Hello My name is Park Chanjun.
I am 24 years old.
```

[실습 URL]

https://github.com/Parkchanjun/Keras_Tutorial_PCJ/blob/master/Keras%20Transformer%20Tutorial.ipynb

실습 [26-1]

1. **실습명** : LSTM으로 문장 생성하기
2. **실습 목적 및 설명**
   - 텐서플로우를 이용하여 LSTM 모델을 구축한다.
   - 네이버에서 제공하는 nsmc 영화 리뷰 데이터셋을 이용하여 모델을 훈련한다.
   - 훈련된 모델을 통해 문자를 기반으로 새로운 문장을 생성한다.
3. **관련 장(챕터)** : 26.1.1 LSTM을 이용한 문장 생성
4. **코드**

```
"""
텐서플로우를 이용하여 LSTM 모델을 간단하게 구축하고 네이버 오픈소스 데이터인 nsmc 영화 리뷰
데이터셋을 이용하여 모델을 훈련한다. 훈련된 모델을 통해 문자 기반 문장 생성을 진행한다.
"""
# Colab 환경에서 실행할 경우 빠른 모델 훈련을 위해 런타임 유형을 GPU로 설정하는 것이 좋다.
%tensorflow_version 2.x
import tensorflow as tf

from __future__ import absolute_import, division, print_function, unicode_literals
import numpy as np
import os
import time

# tf.keras.utils.get_file 함수를 통해 데이터셋을 불러온다.
# tf.data.TextLineDataset 함수로 데이터를 읽는다.
url =
'https://raw.githubusercontent.com/e9t/nsmc/master/ratings_train.txt'
text_path = tf.keras.utils.get_file('ratings_train.txt', origin=url)
ds_file = tf.data.TextLineDataset(text_path)

> Downloading data from
https://raw.githubusercontent.com/e9t/nsmc/master/ratings_train.txt
14630912/14628807 [==============================] - 0s 0us/step

# tfds.features.text.Tokenizer()를 이용하여 입력 텍스트를 토큰화할 수 있다.
tokenizer = tfds.features.text.Tokenizer()
```

```
print (tokenizer.tokenize("나는 매일 아침 지하철을 탄다"))

> ['나는', '매일', '아침', '지하철을', '탄다']

# 데이터셋의 구성을 확인한다.
for sample in ds_file.take(3 ):
  tokens = tokenizer.tokenize(sample.numpy())
  # 텍스트 부분만 출력한다.
  print (tokens[1 :-1 ])

> ['document']
['아', '더빙', '진짜', '짜증나네요', '목소리']
['흠', '포스터보고', '초딩영화줄', '오버연기조차', '가볍지', '않구나']

# 데이터셋에서 텍스트 부분만을 리스트에 담아 훈련에 사용할 텍스트 데이터셋을 만든다.
docs = []
with open (text_path, 'r',encoding='utf-8') as f:
  next (f)
  for line in f:
    text = line.split('\t')[1 ]
    docs.append(text)
print ("문장 개수: ",len (docs))
print (docs[:5])

> 문장 개수: 150000
['아 더빙.. 진짜 짜증나네요 목소리', '흠...포스터보고 초딩영화줄....오버연기조차 가볍지
않구나', '너무재밓었다그래서보는것을추천한다', '교도소 이야기구먼 ..솔직히 재미는
없다..평점 조정', '사이몬페그의 익살스런 연기가 돋보였던 영화!스파이더맨에서 늙어보이기만
했던 커스틴 던스트가 너무나도 이뻐보였다']

# 텍스트 데이터셋에 포함되는 모든 고유 문자로 vocab을 구축한다.
whole_text = ' '.join(docs)
vocab = sorted (set (whole_text))
print ("고유 문자수 {}개".format (len (vocab)))

> 고유 문자수: 3004개

# 데이터셋에 포함된 모든 문자를 숫자로 치환하여 임베딩한다.
# 이를 위해 우선적으로 문자-인덱스 사전을 구축한다.
char2idx = {u:i for i, u in enumerate (vocab)}
idex2char = np.array(vocab)
```

```
# 텍스트 데이터셋을 숫자 벡터로 임베딩한다.
text_as_int = np.array([char2idx[c] for c in whole_text])

# 각 문자가 어떤 숫자로 매핑되었는지 확인할 수 있다.
print ('{')
for char,_ in zip (char2idx, range (20 )):
  print (' {:4s}:{:3d},'.format (repr (char), char2idx[char]))
print (' ...\n}')

> {
' ' : 0,
'!' : 1,
'"' : 2,
'#' : 3,
'$' : 4,
'%' : 5,
'&' : 6,
"'" : 7,
'(' : 8,
')' : 9,
'*' : 10,
'+' : 11,
',' : 12,
'-' : 13,
'.' : 14,
'/' : 15,
'0' : 16,
'1' : 17,
'2' : 18,
'3' : 19,
...
}

# 마찬가지로 데이터셋의 텍스트가 어떻게 숫자로 매핑되었는지 확인할 수 있다.
print ('입력 문장: \n{}\n\n숫자 매핑: \n{}'.format (repr (whole_text[:20 ]),
text_as_int[:20 ]))

> 입력 문장:
'아 더빙.. 진짜 짜증나네요 목소리 '

숫자 매핑:
```

```
[1954 0 974 1593 14 14 0 2327 2342 0 2342 2321 789 844 2091 0 1387 1757 1312 0]

# 샘플 길이와 epoch 길이를 정하고 훈련 샘플을 만든다.
seq_length = 100
examples_per_epoch = len (whole_text)//seq_length
print (examples_per_epoch)
char_dataset = tf.data.Dataset.from_tensor_slices(text_as_int)
for i in char_dataset.take(5 ):
  print (idex2char[i.numpy()])

> 54356
아

더
빙
.

# 훈련 샘플을 배치 크기로 변환한다.
# 샘플 문장의 다음 문자를 예측하도록 훈련해야 하므로 배치 사이즈는 샘플 길이+1로 설정한다.
sequences = char_dataset.batch(seq_length+1 , drop_remainder=True )
for item in sequences.take(5):
  print (repr (''.join(idex2char[item.numpy()])))

> '아 더빙.. 진짜 짜증나네요 목소리 흠...포스터보고 초딩영화줄....오버연기조차 가볍지
않구나 너무재밓었다그래서보는것을추천한다 교도소 이야기구먼 ..솔직히 재미는 없다..평점 조정'
'사이몬페그의 익살스런 연기가 돋보였던 영화!스파이더맨에서 늙어보이기만 했던 커스틴 던스트가
너무나도 이뻐보였다 막 걸음마 뗀 3세부터 초등학교 1학년생인 8살용영화.ㅋㅋㅋ...별반'
'개도 아까움. 원작의 긴장감을 제대로 살려내지못했다. 별 반개도 아깝다 욕나온다 이응경 길용우
연기생활이몇년인지..정말 발로해도 그것보단 낫겟다 납치.감금만반복반복..이드라마는 가족'
'도없다 연기못하는사람만모엿네 액션이 없는데도 재미 있는 몇안되는 영화 왜케 평점이 낮은건데?
꽤 볼만한데.. 헐리우드식 화려함에만 너무 길들여져 있나? 강인피니트가짱이다.진짜짱이다♥'
' 볼때마다 눈물나서 죽겠다90년대의 향수자극!!허진호는 감성절제멜로의 달인이다~ 울면서 손들고
횡단보도 건널때 뛰쳐나올뻔 이범수 연기 드럽게못해 담백하고 깔끔해서 좋다. 신문기사로만'

# 학습 샘플에서 입력 텍스트와 타깃 텍스트 부분을 명시하는 함수를 만든다.
# map 메서드를 이용해 해당 함수를 각 배치에 적용한다.
def split_input_target (chunk ):
  input_text = chunk[:-1 ]
  target_text = chunk[1 :]
  return input_text, target_text
dataset = sequences.map (split_input_target)
```

```
# 데이터셋에서 입력 텍스트와 타깃 텍스트가 잘 분리 되었는지 확인한다.
for input_example, target_example in dataset.take(1):
  print ('입력 텍스트: ', repr
(''.join(idex2char[input_example.numpy()])))
  print ('타깃 텍스트: ', repr
(''.join(idex2char[target_example.numpy()])))

> 입력 텍스트: '아 더빙.. 진짜 짜증나네요 목소리 흠...포스터보고
초딩영화줄....오버연기조차 가볍지 않구나 너무재밓었다그래서보는것을추천한다 교도소 이야기구먼
..솔직히 재미는 없다..평점 조'
타깃 텍스트: ' 더빙.. 진짜 짜증나네요 목소리 흠...포스터보고 초딩영화줄....오버연기조차
가볍지 않구나 너무재밓었다그래서보는것을추천한다 교도소 이야기구먼 ..솔직히 재미는 없다..평점
조정'

# 모델은 임베딩 된 문자 입력이 들어올 때 다음 문자를 예측해서 출력해야 한다.
# 훈련 샘플을 통해 이를 확인할 수 있다.
for i, (input_idx, target_idx) in enumerate (zip (input_example[:5 ],
target_example[:5 ])):
  print ("{:4d}단계".format (i))
  print ("입력: {} ({:s})".format (input_idx, idex2char[input_idx]))
  print ("예상출력: {} ({:s})".format (target_idx,
idex2char[target_idx]))

>    0단계
입력: 1954 (아)
예상출력: 0 ( )
   1단계
입력: 0 ( )
예상출력: 974 (더)
   2단계
입력: 974 (더)
예상출력: 1593 (빙)
   3단계
입력: 1593 (빙)
예상출력: 14 (.)
   4단계
입력: 14 (.)
예상출력: 14 (.)

# 훈련 epoch 당 다루게 될 시퀀스 데이터를 배치 데이터로 만든다.
# 이때 모델의 일반화 능력을 높이기 위해 데이터셋을 섞는다.
```

```
# 매 epoch 당 100개 문자로 이루어진 64개의 데이터를 훈련하게 된다.
BATCH_SIZE = 64
BUFFER_SIZE = 10000
dataset = dataset.shuffle(BUFFER_SIZE).batch(BATCH_SIZE, drop_remainder=True )
dataset

> <BatchDataset shapes: ((64, 64, 100), (64, 64, 100)), types: (tf.int64, tf.int64)>

# 모델 설계를 위해 vocab size, embedding dimension, rnn units number를
설정한다.
vocab_size = len (vocab)
embedding_dim = 256
rnn_units = 1024

# tf.keras.Sequential을 이용해 구성 층을 이루고 모델을 정의한다.
# tf.keras.layers.Embedding은 문자 데이터를 임베딩 벡터 상에 정수 형태로 매핑하는
임베딩 층이다.
# tf.keras.layers.LSTM은 n개의 rnn_units으로 이루어진 순환 신경망 층이다. LSTM
대신 GRU를 사용할 수도 있다.
# tf.keras.Dense는 vocab_size의 크기를 갖는 출력층으로, 출력 결과는 vocab 내의
문자로 이루어진다.
def build_model (vocab_size , embedding_dim , rnn_units , batch_size ):
  model = tf.keras.Sequential([
                    tf.keras.layers.Embedding(vocab_size, embedding_dim,
                                batch_input_shape=[batch_size, None ]),
          tf.keras.layers.LSTM(rnn_units, return_sequences=True ,
stateful=True , recurrent_initializer='glorot_uniform'),
          tf.keras.layers.Dense(vocab_size)
  ])
  return model

# 훈련을 위해 모델을 빌드한다.
model = build_model(
    vocab_size = vocab_size,
    embedding_dim = embedding_dim,
    rnn_units = rnn_units,
    batch_size = BATCH_SIZE
)

# 훈련에 앞서 배치 크기와 시퀀스 길이, 어휘 사전 크기를 출력하여 모델이 설정한대로 동작하는지
확인한다.
```

```
# 모델은 각 배치당 출력 시퀀스에 대한 문자별 확률 분포를 가진다.
for input_example_batch, target_example_batch in dataset.take(1 ):
  example_batch_prediction = model(input_example_batch)
  print ("배치 크기, 시퀀스 길이, 어휘 사전 크기:
",example_batch_prediction.shape)

> 배치 크기, 시퀀스 길이, 어휘 사전 크기: (64, 100, 3004)

# 모델 정보를 확인한다.
model.summary()

> Model:
"sequential_1"__________________________________________________________
_____________Layer (type) Output Shape Param #
==========================================================================emb
edding_1 (Embedding) (64, None, 256) 769024
__________________________________________________________________________lst
m_1 (LSTM) (64, None, 1024) 5246976
__________________________________________________________________________den
se_1 (Dense) (64, None, 3004) 3079100
==========================================================================Tot
al params: 9,095,100Trainable params: 9,095,100Non-trainable params:
0_________________________________________________________________________

# 모델을 통해 실제 예측값을 얻고 문자를 생성하기 위해 출력 시퀀스에 대한 범주형 분포로부터
문자 인덱스를 얻는다.
# tf.random.categorical 함수 첫 번째 인자에 로짓, 두 번째 인자로 예측할 샘플의 개수를
정한다.
sampled_indices = tf.random.categorical(example_batch_prediction[0
], num_samples = 1 )
sampled_indices = tf.squeeze(sampled_indices, axis=-1 ).numpy()

# 각 타임 스텝(time step)에서 다음 문자 인덱스에 대하여 예측할 수 있다.
print (sampled_indices)
> [2318 1993 382 1764 1196 2116 1639 2224 1929 155 871 1481 1280 1266
1570 2896 938 1846 67 2510 554 264 1357 2961 2766 2337 1494 257 1908
2689 2437 2015 1985 2934 276 2472 2686 2900 568 504 1471 699 51 1150 609
12 2760 690 383 2256 2512 2584 1989 1397 1401 2885 1339 2118 484 679 635
2948 760 2149 264 3003 2800 2882 369 1753 944 1015 109 1248 1447 818
2388 1598 2782 305 315 1896 2179 1128 2584 1381 1596 2368 448 2690 388
967 691 23 650 2833 2542 1231 21 851]
```

```
# 입력 시퀀스에 대하여 예측된 인덱스를 문자로 표현한다.
# 훈련 전 모델이므로 랜덤한 문자 조합이 예측되었음을 알 수 있다.
print ("입력: \n", repr ("".join(idex2char[input_example_batch[0 ]])))
print ("\n예측된 다음 문자: \n", repr
("".join(idex2char[sampled_indices])))

> 입력: '어울리지도않고영화선택의시간으로 돌리고싶네요...비강추... 난 과연 정상인걸까,
구속과 자유 자유와 구속에 대해 다시 한번 생각을 하게 해 준, 처음 만나는 자유. girl, in

'예측된 다음 문자:
'즐양戰숍랅월뽀점쐤ㅇ눏바룽래뷔형닥싢c충격ㄹ먹흐펜짖벚ㄲ쏨토참엌약훋ㅉ첼텡혹곗강백껐S뚠궁,펌
꺼手좀췬켤얌뫘몸헸막윘霆꺴귿훸뀨은ㄹ¯품혬後세닯동ㅠ렉밍낵쭊빡폴三佑쎘잌뗗켤몃빝쨉美톡日댁꺽7
김핡칰렘5녯'

# 모델 훈련을 위해 손실함수를 설정한다.
# tf.keras.losses.sparse_categorical_crossentropy 손실함수는 이전 차원의
예측과 교차 적용되기 때문에 이 문제에 적합하다
def loss (labels , logits ):
  return tf.keras.losses.sparse_categorical_crossentropy(labels,
logits, from_logits=True )
example_batch_loss = loss(target_example_batch, example_batch_prediction)
print ("예측 배열 크기(shape): ", example_batch_prediction.shape, " #
(배치 크기, 시퀀스 길이, 어휘 사전 크기")
print ("스칼라 손실: ", example_batch_loss.numpy().mean())

> 예측 배열 크기(shape): (64, 100, 3004) # (배치 크기, 시퀀스 길이, 어휘 사전 크기)
스칼라 손실: 8.008081

# 모델을 컴파일하여 훈련 과정을 설정한다.
# 옵티마이저는 adam optimizer로 하였다.
model.compile (optimizer='adam', loss=loss)

# 훈련을 실행한다.
# 전체 epoch 값은 빠른 훈련을 위해 10으로 설정하였다.

EPOCHS = 10
history = model.fit(dataset, epochs=EPOCHS,
callbacks=[checkpoint_callback])

# 문장 생성에 앞서 가장 마지막에 저장된 체크포인트를 확인한다. (이는 모델 테스트에 사용된다.)
tf.train.latest_checkpoint(checkpoint_dir)
```

```
# 문장 생성을 위해 모델을 다시 빌드하고 최신 체크포인트를 복원한다.
# 이때 예측 단계를 단순화하기 위해 배치 사이즈를 1로 한다.
# RNN의 상태값은 이전 타임 스텝에서 다음 스텝으로 연속적으로 전달되는 방식이므로 모델은 한번
빌드된 고정 크기를 사용한다.
# 다른 배치 크기로 모델을 실행하려면 모델을 다시 빌드하고 체크포인트에서 가중치를 복원해야 한다.
# 체크포인트를 복원
model = build_model(vocab_size, embedding_dim, rnn_units, batch_size = 1 )
model.load_weights(tf.train.latest_checkpoint(checkpoint_dir))
model.build(tf.TensorShape([1 , None ]))

model.summary()

# 학습된 모델을 이용하여 텍스트를 생성한다.
def generate_text (model , start_string ):
  # 생성할 문자의 수
  num_generate = 500
  # 시작 문자열(입력 문자)을 숫자로 변환하여 벡터화한다.
  input_eval = [char2idx[s] for s in start_string]
  input_eval = tf.expand_dims(input_eval, 0 )
  # 결과를 저장할 리스트
  text_generated = []
  # temperature값을 통해 생성된 텍스트의 예측 가능성을 설정할 수 있다.
  # 값이 높으면 예측 가능한, 즉 훈련 데이터셋에 가까운 텍스트가 되며,
  # 값이 낮으면 예측이 어려운, 랜덤성이 높은 텍스트가 된다.
  # 여러 번의 실험을 통해 적절한 값을 찾을 수 있다.
  temperature = 1.0
  # reset_states() 함수는 실행하려는 모델이 이전에 실행한 모델과 무관할 때 사용한다.
  # 예측을 위해 앞서 지정한 배치 사이즈 1의 모델을 빌드하였으므로 이전 훈련 모델을 초기화한다.
  model.reset_states()
  for i in range (num_generate):
    predictions = model(input_eval)
    # 배치 차원을 제거한다.
    predictions = tf.squeeze(predictions, 0 )
    # 범주형 분포를 사용하여 모델에서 리턴한 단어 예측한다.
    predictions = predictions / temperature
    predicted_id = tf.random.categorical(predictions, num_samples=1 )
[-1 ,0 ].numpy()
    # 예측된 단어를 다음 입력으로 모델에 전달한다.
    # 은닉층의 상태값 역시 다음 타임 스텝으로 전달된다.
    input_eval = tf.expand_dims([predicted_id], 0 )
    text_generated.append(idex2char[predicted_id])
```

```
  return (start_string + ''.join(text_generated))

# 시작 문자열을 설정하고 문장을 생성해본다.
print (generate_text(model, start_string="영화"))
```

[참고문헌]

https://www.tensorflow.org/tutorials/text/text_generation

실습 [26-2]

1. **실습명** : GPT-2로 문장 생성하기
2. **실습 목적 및 설명**
   - GPT-2-Simple 코드를 이용해 GPT-2 Medium 모델을 파인튜닝 해본다.
   - nltk에서 제공하는 영화 리뷰 데이터셋을 이용하여 문장을 생성한다.
   - 입력 데이터로는 어떠한 전처리도 거치지 않은 원본 텍스트를 사용한다.
3. **관련 장(챕터)** : 26.2.1 OpenGPT-2를 이용한 문장 생성
4. **코드**

```
"""
본 실습에서는 GPT-2 Medium 모델(355M)로 문장 생성을 진행한다. GPT-2 모델은 전체
파라미터 훈련에 상당한 시간이 소요되지만 Colab 환경 특성상 런타임 제약이 존재하므로 간단히
사전 학습된 모델을 불러와 특정 데이터셋으로 파인튜닝(fine-tuning) 후 문장을 생성하도록
한다. 코드는 MIT의 Max Woolf(@minimaxir)가 배포한 gpt-2-simple 모델을 사용한다.
gpt-2-simple 모델을 통해 OpenAI에서 배포한 GPT-2모델을 간편하게 사용할 수 있다.
gpt-2-simple의 원본 소스 코드는
'https://github.com/minimaxir/gpt-2-simple'에서 확인할 수 있다.
"""
# Colab 환경에서 실행할 경우 빠른 모델 훈련을 위해 런타임 유형을 GPU로 설정하는 것이 좋다.
# gpt-2-simple의 경우 현재 텐서플로우2.0을 지원하지 않으므로 tensorflow_version
1.x로 설정한다.
%tensorflow_version 1.x
import tensorflow as tf
!pip install -q gpt-2 -simple
import gpt_2_simple as gpt2
import nltk
nltk.download('punkt')
nltk.download('movie_reviews')
from nltk.corpus import movie_reviews
import gpt_2_simple as gpt2
import os

> [nltk_data] Downloading package punkt to /root/nltk_data...
[nltk_data] Package punkt is already up-to-date!
[nltk_data] Downloading package movie_reviews to /root/nltk_data...
```

```
[nltk_data] Package movie_reviews is already up-to-date!

# 데이터셋을 가져와 내용을 확인한다.
raw_data = movie_reviews.raw()
print (raw_data[:150 ])

plot : two teen couples go to a church party , drink and then drive .
they get into an accident .
one of the guys dies , but his girlfriend continue

# 데이터셋을 txt 파일로 만들어 현재 위치(/content/)에 저장한다.
data_file = "movie_review_file.txt"
with open (data_file, 'w') as f:
  f.write(raw_data)

# GPT-2 모델을 다운로드 받은 후 데이터셋 파일을 이용해 파인 튜닝을 진행한다.
model_name = "355M"
if not os.path.isdir(os.path.join("models", model_name)):
  print (f "Downloading {model_name} model...")
  gpt2.download_gpt2(model_name = model_name)
sess = gpt2.start_tf_sess()
# 파라미터는 필요에 맞게 설정한다.
# 본 실습에서는 빠른 진행을 위해 스텝(steps) 값을 100으로 설정하였다.
gpt2.finetune(sess, data_file, model_name = model_name,
              run_name = 'run1', print_every=1 , sample_every=10 ,
              save_every=50 , learning_rate=0.0001 , sample_length=500 ,
              optimizer='adam', steps=100 )

Loading checkpoint models/355M/model.ckpt
INFO:tensorflow:Restoring parameters from models/355M/model.ckpt

  0%|          | 0/1 [00:00<?, ?it/s]
Loading dataset...

100%|██████████| 1/1 [00:11<00:00, 11.07s/it]

dataset has 1844986 tokens
Training...
[1 | 100.67] loss=3.00 avg=3.00
[2 | 187.04] loss=3.27 avg=3.14
[3 | 273.48] loss=3.30 avg=3.19
```

```
(…)

# 훈련 모델을 저장하는 경우
# 모델을 gdrive에 마운트한다.
from google.colab import auth
auth.authenticate_user()
gpt2.mount_gdrive()

# 체크포인트를 gdrive에 복사한다.
gpt2.copy_checkpoint_to_gdrive()

# 테스트(문장 생성)를 위해 글로벌 변수를 초기화한 후 문장을 생성 한다.
# 훈련시 사용한 run_name을 명시하고 문장을 시작할 문자열을 정한다.
init = tf.global_variables_initializer()
sess.run(init)
gpt2.generate(sess, run_name='run1', prefix= 'this movie')
```

[참고문헌]

https://github.com/minimaxir/gpt-2-simple

실습 [27-1]

1. 실습명 : Seq2seq 요약 모델
2. 실습 목적 및 설명
   - 본 실습에서는 기본적인 seq2seq기반의 요약 모델의 실습을 해보고자 한다. 본 실습에서 사용하는 데이터셋은 Gigaword 데이터셋을 이용한다.* 또한 데이터를 다운받고 나면, 하단 실습코드 다운로드 URL에서 data.py와 `data_convert_example.py`를 통해 데이터를 전처리하는 과정을 가져 학습에 필요한 데이터를 완성해보도록 한다.

Gigaword

Example Summary: Seve *gets* invite to US Open
Start of Article: Seve Ballesteros will be playing in next month's US Open after all. The USGA decided Tuesday to give the Spanish star a special exemption. American Ben Crenshaw was also given a special exemption by the United States Golf Association. Earlier this week [...]

그림 1 Gigaword 데이터셋 예시

   - 본 실습 환경은 다음과 같다.

   Tensorflow 1.0

   Bazel

   실습 코드 다운로드**

3. **관련 장(챕터)** : 27.2.1 순환 신경망

---

* https://github.com/harvardnlp/sent-summary
** https://github.com/tensorflow/models/tree/master/research/textsum

4. 코드

```
# cd to your workspace
# 1. 실습 코드 다운로드 링크에 대해 git clone을 수행하고 workspace 디렉토리 이름을
  textsum으로 명명한다.
# 2. workspace에 'WORKSPACE'라는 이름의 빈 파일을 생성한다.
# 3. train/eval/test에 있는 데이터를 workspace에서 data디렉토리로 이동시킨다.
#    다음에 나오는 예제에서 data 이름은 training-*, test-*으로 사용하였다.
#    데이터파일 이름이 다르면, --data_path에 알맞은 경로를 수정하길 바란다.
#    data from the textsum/data/data to the data/ directory in the workspace.
$ ls -R
data  textsum  WORKSPACE

./data:
vocab  test-0  training-0  training-1  validation-0  ...(omitted)

./textsum:
batch_reader.py       beam_search.py       BUILD    README.md
                  seq2seq_attention_model.py  data
data.py  seq2seq_attention_decode.py  seq2seq_attention.py       seq2seq_lib.py

./textsum/data:
data  vocab

$ bazel build -c opt --config=cuda textsum/...

# 학습 하기
$ bazel-bin/textsum/seq2seq_attention \
    --mode=train \
    --article_key=article \
    --abstract_key=abstract \
    --data_path=data/training-* \
    --vocab_path=data/vocab \
    --log_root=textsum/log_root \
    --train_dir=textsum/log_root/train

# 평가하기
$ bazel-bin/textsum/seq2seq_attention \
    --mode=eval \
    --article_key=article \
    --abstract_key=abstract \
```

```
    --data_path=data/validation-* \
    --vocab_path=data/vocab \
    --log_root=textsum/log_root \
    --eval_dir=textsum/log_root/eval

# 학습이 완료된 후 decoder 수행
$ bazel-bin/textsum/seq2seq_attention \
    --mode=decode \
    --article_key=article \
    --abstract_key=abstract \
    --data_path=data/test-* \
    --vocab_path=data/vocab \
    --log_root=textsum/log_root \
    --decode_dir=textsum/log_root/decode \
    --beam_size=8
```

5. 결과

```
article: the european court of justice ( ecj ) recently ruled in lock v
british gas trading ltd that eu law requires a worker 's statutory
holiday pay to take commission payments into account - it should not be
based solely on basic salary . the case is not over yet , but its
outcome could potentially be costly for employers with workers who are
entitled to commission . mr lock , an energy salesman for british gas ,
was paid a basic salary and sales commission on a monthly basis . his
sales commission made up around 60 % of his remuneration package . when
he took two weeks ' annual leave in december 2012 , he was paid his
basic salary and also received commission from previous sales that
fell due during that period . lock obviously did not generate new sales
while he was on holiday , which meant that in the following period he
suffered a reduced income through lack of commission . he brought an
employment tribunal claim asserting that this amounted to a breach of
the working time regulations 1998 .....deleted rest for readability...

abstract: will british gas ecj ruling fuel holiday pay hike ?

decode: eu law requires worker 's statutory holiday pay
```

실습 [27-2]

1. **실습명** : Pointer-generator network

2. **실습 목적 및 설명**

- 본 실습에서는 앞서 설명한 pointer-generator 네트워크에 대한 실습을 진행한다. 본 실습에서 사용하는 데이터셋은 요약 태스크에서 일반적으로 사용되는 뉴스 기사 데이터를 사용한다. 뉴스 기사 데이터로 CNN/DM을 많이 사용하는데, 뉴스의 머릿글, 하이라이트, 본문으로 구성된다. 데이터셋은 다음 URL에서 다운받길 바란다.* 다운로드 링크에 들어가면 CNN과 Daily Mail 의 전처리된 데이터셋을 제공받을 수 있다.

STORY HIGHLIGHTS

Trump will head to Texas on Tuesday

The White House has yet to say where Trump will travel

Washington (CNN) — President Donald Trump struck a unifying tone Monday as he addressed the devastation in Texas wrought by Hurricane Harvey at the top of a joint news conference with Finland's president.

"We see neighbor helping neighbor, friend helping friend and stranger helping stranger," Trump said. "We are one American family. We hurt together, we struggle together and believe me, we endure together."

Trump extended his "thoughts and prayers" to those affected by the hurricane and catastrophic flooding that ensued in Texas, and also promised Louisiana residents that the federal government is prepared to help as the tropical storm makes its way toward that state.

"To the people of Texas and Louisiana, we are 100% with you," Trump said from the East Room of the White House.

그림 1 CNN/DM 데이터셋 예시

- 본 실습 환경은 다음과 같다.

  Tensorflow 1.0

* https://github.com/JafferWilson/Process-Data-of-CNN-DailyMail

Python3.x (python2.x는 다음 URL을 참고하길 바란다.*)

실습 코드 다운로드**

3. 관련 장(챕터) : 27.2.3 Combination(pointer generator 네트워크)

4. 코드

```
model.py
def _calc_final_dist(self, vocab_dists, attn_dists):
    """ pointer-generator모델을 위해 final distribution을 계산하기 위한 함수이다.
    Args:
      vocab_dists: The vocabulary distributions. List length
      max_dec_steps of (batch_size, vsize) arrays. The words are in the
      order they appear in the vocabulary file.
      attn_dists: The attention distributions. List length max_dec_
      steps of (batch_size, attn_len) arrays
    Returns:
      final_dists: The final distributions. List length max_dec_steps
          of (batch_size, extended_vsize) arrays.
    """
    with tf.variable_scope('final_distribution'):
      # 이 부분에서 vocabulary distribution와 attention distribution을 계산하
        게 된다.
      vocab_dists = [p_gen * dist for (p_gen,dist) in zip(self.p_gens,
                           vocab_dists)]
      attn_dists = [(1-p_gen) * dist for (p_gen,dist) in zip(self.p_gens, attn_dists)]

      extended_vsize = self._vocab.size() + self._max_art_oovs
      extra_zeros = tf.zeros((self._hps.batch_size, self._max_art_oovs))
      vocab_dists_extended = [tf.concat(axis=1, values=[dist, extra_
                                    zeros]) for dist in vocab_dists]

      # 이 부분에서는 attention distribution을 final distribution에 알맞도록
        전사(project)시키는 작업을 수행한다.
      batch_nums = tf.range(0, limit=self._hps.batch_size) # shape (batch_size)
      batch_nums = tf.expand_dims(batch_nums, 1) # shape (batch_size, 1)
```

* https://github.com/abisee/pointer-generator

** https://github.com/becxer/pointer-generator/

```
attn_len = tf.shape(self._enc_batch_extend_vocab)[1] # number of
                    states we attend over
batch_nums = tf.tile(batch_nums, [1, attn_len]) # shape
                    (batch_size, attn_len)
indices = tf.stack( (batch_nums, self._enc_batch_extend_vocab),
                    axis=2) # shape (batch_size, enc_t, 2)
shape = [self._hps.batch_size, extended_vsize]
attn_dists_projected = [tf.scatter_nd(indices, copy_dist, shape)
                  for copy_dist in attn_dists] # list length max_
                  dec_steps (batch_size, extended_vsize)

# 이 부분에서 vocab distribution와 copy distribution을 추가하여 final
  distribution을 구성하게 된다.
final_dists = [vocab_dist + copy_dist for (vocab_dist,copy_dist)
                 in zip(vocab_dists_extended, attn_dists_projected)]

return final_dists
```

- 모델 학습하기

```
$ python run_summarization.py --mode=train
  --data_path=/path/to/chunked/train_* --vocab_path=/path/to/vocab
  --log_root=/path/to/a/log/directory --exp_name=myexperiment
  # terminal 창에 다음과 같이 쿼리를 실행시켜보자. 그 전에 위에서 미리 다운받았던
  데이터를 —data_path와 —vocab_path 에 알맞은 경로로 설정해준다. 또한 —log_root
  경로과 —exp_name 경로도 설정해줘야한다.
```

- 모델 평가하기

```
$ python run_summarization.py --mode=eval
  --data_path=/path/to/chunked/val_* --vocab_path=/path/to/vocab
  --log_root=/path/to/a/log/directory --exp_name=myexperiment
  # 실제 학습에서 제일 낮은 loss를 기록한 모델을 저장하도록 하는 부분이다.
  # terminal 창에 다음과 같이 쿼리를 실행시켜보자. 그 전에 위에서 미리 다운받았던
  데이터를 —data_path와 —vocab_path 에 알맞은 경로로 설정해준다. 또한 —log_root
  경로과 —exp_name 경로도 설정해줘야한다.
```

5. 결과

```
INFO:tensorflow:REFERENCE SUMMARY: manuel pellegrini has been criticised following two consecutive defeats . manchester city
lost to barcelona in europe then liverpool in the league . city are five points behind chelsea , who have a game in hand . pe
llegrini denies that he is under pressure to win a trophy this season .
INFO:tensorflow:GENERATED SUMMARY: manchester city face leicester at home on wednesday . manuel pellegrini says he does n't n
eed to win trophies to save his job . barclays premier league champions city face leicester at home . city 's owners are desp
erate to think about the future .
```

```
INFO:tensorflow:REFERENCE SUMMARY: dialogue suggests jet was hit with russian-made buk missile over ukraine . also indicates
weapons system was then smuggled back across the border . dutch prosecutors appeal for witnesses who saw rocket before and af
ter .
INFO:tensorflow:GENERATED SUMMARY: the intercepted dialogue strongly suggests a russian military crew was accompanying a buk
missile smuggled into eastern ukraine . it also indicates the weapons system was smuggled back over the border to russia afte
rwards . the disclosures support an earlier mailonline story highlighting the use of a volvo truck to transport the buk .
```

```
INFO:tensorflow:REFERENCE SUMMARY: on sunday , starbucks ceo howard schultz sent out letter saying that baristas will not wri
te the messages on cups after march 22 . coffee chain 's ` race together ' campaign , was slammed on social media and was acc
used of using racial tensions to boost its bottom line . starbucks spokesman jim olson said ` nothing is changing ' and phase
 out is part of __cadence__ of timeline the company originally planned . schultz wrote that while there has been criticism of
 initiative , the company ` did not expect universal praise ' six-time nba champion has spoken out in defense of schultz and
the company 's ` race together ' campaign .
INFO:tensorflow:GENERATED SUMMARY: the last day workers will write the messages is on march 22 as the initiative , which was
accused of using racial tensions to boost its bottom line . the campaign , announced on tuesday , received much criticism inc
luding that it was opportunistic and inappropriate , as it came in the wake of racially charged events such as national prote
sts over police killings of black males .
```

실습 [28-1]

1. **실습명** : 딥러닝 기반 대화 시스템 실습
2. **실습 목적 및 설명**
   - 본 실습은 이론 설명에서 소개된 딥러닝 기반 대화 시스템 중에서 비목적 지향 대화 시스템(챗봇)을 위한 실습이다.
   - 본 실습에서는 최신 딥러닝 기반의 검색 기반 대화 시스템과 생성 기반 대화 시스템의 Github 저장소를 소개하고자 한다.
3. **관련 장(챕터)** : 28. 딥러닝 기반 대화 시스템
4. Github **저장소**

■ 검색 기반 대화 시스템(Retrieval-based Dialog System)

1) 대화-응답 일치 모델 데이터셋 소개

Lowe et al., 2015. The Ubuntu Dialogue Corpus: A Large Dataset for Research in Unstructured Multi-Turn Dialogue Systems. SIGDIAL 2015. (pp. 285-294).

데이터 셋 : https://www.cs.mcgill.ca/~jpineau/datasets/ubuntu-corpus-1.0/

DSTC 데이터 셋 : https://ibm.github.io/dstc-noesis/public/index.html

2) 발화 단위 어텐션 모델

Wu et al. 2017. Sequential Matching Network: A New Architecture for Multi-turn Response Selection in Retrieval-Based Chatbots. In ACL 2017 (pp. 496-505).

저장소 : https://github.com/MarkWuNLP/MultiTurnResponseSelection

3) Transformer 기반 모델

Zhou et al. 2018, Multi-turn response selection for chatbots with deep attention matching network. In ACL 2018 (pp. 1118-1127).

저장소 : https://github.com/baidu/Dialogue

■ 생성 기반 대화 시스템(Generative-based Dialog System)

1) Seq2Seq 기반 모델

Vinyals, O., & Le, Q. (2015). A neural conversational model. In ICML 2015 Workshop.

저장소 : https://github.com/macournoyer/neuralconvo

2) 계층 구조를 가지고 있는 인코더-디고더 기반 모델

Serban, I. V., Sordoni, A., Bengio, Y., Courville, A., & Pineau, J. (2016, March). Building end-to-end dialogue systems using generative hierarchical neural network models. In Thirtieth AAAI Conference on Artificial Intelligence.

저장소 : https://github.com/julianser/hed-dlg-truncated

실습 [29-1]

1. **실습명** : WordCloud 분석
2. **실습 목적 및 설명**
    - 본 실습은 이론 설명에서 소개된 Word Cloud를 제공된 데이터로 그려보는 실습이다.
    - 사용된 데이터는 STS(Stanford Twitter Sentiment) Dataset으로, 29장의 소개된 데이터셋과 같다.
3. **관련 장(챕터)** : 29. 딥러닝을 이용한 SNS 분석
4. **코드**

```
1. 환경 세팅
from matplotlib import rcParams
from collections import Counter
from wordcloud import WordCloud
from wordcloud import STOPWORDS

import pandas as pd
import matplotlib as mpl
import matplotlib.pyplot as plt
import matplotlib.font_manager as fm
import pytagcloud
import random
import webbrowser

from krwordrank.word import KRWordRank
from krwordrank.hangle import normalize

2. 데이터 전처리
# 데이터를 로드한다. 인코딩은 latin-1으로 되어 있다.
train_data = pd.read_csv('/content/sample_data/sns_analysis/
             train_wordcloud.csv', encoding='latin-1', header=None)
test_data = pd.read_csv('/content/sample_data/sns_analysis/
            test_wordcloud.csv', encoding='latin-1', header=None)
```

```
train_data.columns = ['semantic', 'id', 'date', 'QUERY', 'p_id', 'text']
train_data['day'] = train_data['date'].apply(lambda x:x[0:3])

# 요일별로 워드클라우드를 그리기 위해 함수를 만든다.
day_list = train_data['day'].unique()
def article_per_day(day_list):
    total = dict()
    for i in day_list:
      label = str(i)
      print(label)
      target = pd.DataFrame(train_data.loc[train_data['day']==label])
      total[label] = target['text'].to_list()

    return total


3. 워드클라우드
def make_wordcloud(day): # ['Mon', 'Tue', 'Wed', 'Thu', 'Fri', 'Sat', 'Sun']
  total = article_per_day(day_list)
  text = ''

  for i in total['Tue']:
    text = text+i

  # nltk stopwords
  stopwords = {"i", "me", "my", "myself", "we", "our", "ours",
"ourselves", "you", "your", "yours", "yourself", "yourselves", "he",
"him", "his", "himself", "she", "her", "hers", "herself", "it", "its",
"itself", "they", "them", "their", "theirs", "themselves", "what",
"which", "who", "whom", "this", "that", "these", "those", "am", "is",
"are", "was", "were", "be", "been", "being", "have", "has", "had",
"having", "do", "does", "did", "doing", "a", "an", "the", "and",
"but", "if", "or", "because", "as", "until", "while", "of", "at",
"by", "for", "with", "about", "against", "between", "into", "through",
"during", "before", "after", "above", "below", "to", "from", "up",
"down", "in", "out", "on", "off", "over", "under", "again", "further",
"then", "once", "here", "there", "when", "where", "why", "how", "all",
"any", "both", "each", "few", "more", "most", "other", "some", "such",
"no", "nor", "not", "only", "own", "same", "so", "than", "too",
"very", "s", "t", "can", "will", "just", "don", "should", "now"}
```

```
wordcloud = WordCloud(
    # font = font_path
    width = 800,
    height = 800
)


wordcloud = WordCloud(stopwords=stopwords, background_color=
                                        "white").generate(texts)
fig = plt.figure(figsize=(10, 10))
plt.imshow(wordcloud, interpolation="bilinear")
plt.show()

4. 함수 실행
make_wordcloud('Wed') # Mon, Tue, Wed, Thu, Fri, Sat, Sun
```

5. 결과

실습 [29-2]

1. **실습명** : 네트워크 분석
2. **실습 목적 및 설명**
   - 본 실습은 위의 이론에서 언급했던 네트워크 분석 기본을 시각화와 함께 배워 보는 실습이다.
   - 사용된 데이터는 Social circles from Facebook이라는 데이터로, Stanford Large Network Dataset Collection이라는 곳*에서 다운받을 수 있다.
3. **관련 장(챕터)** : 29. 딥러닝을 이용한 SNS 분석
4. **코드**

```
1 환경 세팅 및 데이터 로드
import networkx as nx
import matplotlib.pyplot as plt
from statistics import mean

# Draw the graph to screen
facebook_G = nx.read_edgelist("/content/drive/My Drive/Colab Notebooks/
자연어 교재 실습/facebook_combined.txt", create_using = nx.Graph(), nodetype = int)

2 그래프 탐색
print(nx.info(facebook_G))

3 degree of the centrality 및 노드 시각화
G = nx.algorithms.centrality.degree_centrality(facebook_G)
G_mean = mean(G[k] for k in G)
G_overlist = []
for i in G:
  if G[i] > G_mean:
    G_overlist.append(i)

pos = nx.spring_layout(facebook_G)
plt.figure(figsize=(8,8))
```

* snap.stanford.edu/data/

```
plt.axis("off")
nx.draw_networkx(facebook_G,
                pos = pos,
                with_labels = False,
                node_size = 20,
                node_color= np.array(list(G.values())),
                node_list=G.keys(),
                cmap=plt.cm.Reds_r)


4 eigenvector centrality 노드 시각화
G = nx.algorithms.centrality.eigenvector_centrality(facebook_G)
G_mean = mean(G[k] for k in G)
G_overlist = []
for i in G:
  if G[i] > G_mean:
    G_overlist.append(i)
pos = nx.spring_layout(facebook_G)
plt.figure(figsize=(8,8))

plt.axis("off")
nx.draw_networkx(facebook_G,
                pos = pos,
                with_labels = False,
                node_size = 20,
                node_color= np.array(list(G.values())),
                node_list=G.keys(),
                cmap=plt.cm.Reds_r)

5 closeness centrality 탐색 및 시각화
G = nx.algorithms.centrality.closeness_centrality(facebook_G)
G_mean = mean(G[k] for k in G)
G_overlist = []
for i in G:
  if G[i] > G_mean:
    G_overlist.append(i)
pos = nx.spring_layout(facebook_G)
plt.figure(figsize=(8,8))

plt.axis("off")
```

```
nx.draw_networkx(facebook_G,
                 pos = pos,
                 with_labels = False,
                 node_size = 20,
                 node_color= np.array(list(G.values())),
                 node_list=G.keys(),
                 cmap=plt.cm.Reds_r)

6 closeness centrality
G = nx.algorithms.centrality.betweenness_centrality(facebook_G)
G_mean = mean(G[k] for k in G)
G_overlist = []
for i in G:
  if G[i] > G_mean:
    G_overlist.append(i)
pos = nx.spring_layout(facebook_G)
plt.figure(figsize=(8,8))

plt.axis("off")
nx.draw_networkx(facebook_G,
                 pos = pos,
                 with_labels = False,
                 node_size = 20,
                 node_color= np.array(list(G.values())),
                 node_list=G.keys(),
                 cmap=plt.cm.Reds_r)
```

5. 결과

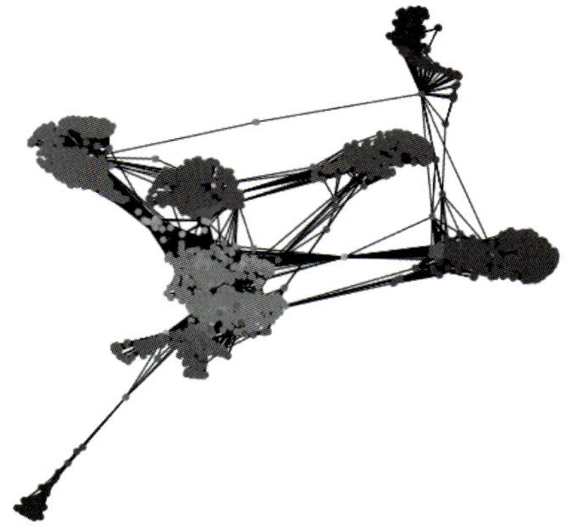

실습 [29-3]

1. **실습명** : 딥러닝을 이용한 감성분석
2. **실습 목적 및 설명**
   - 본 실습은 매우 간단한 MLP 구조를 이용하여 트위터 사용자들의 트윗들이 긍정인지 부정인지 분류하는 실습이다.
   - 사용된 데이터는 https://github.com/nlpai-lab에서 확인할 수 있다.
3. **관련 장(챕터)** : 29. 딥러닝을 이용한 SNS 분석
4. **코드**

```
1 환경 세팅
import json
import os
import nltk
import numpy as np


from tensorflow.keras import models
from tensorflow.keras import layers
from tensorflow.keras import optimizers
from tensorflow.keras import losses
from tensorflow.keras import metrics

2 데이터 로드 함수
def read_data(filename):
    with open(filename, 'r') as f:
      data = [line.split(',', 2 )[1:] for line in f.readlines()]
    return data
3 트레인, 테스트 데이터 로드 함수
def gen_data():
    train_data = read_data('/content/drive/My Drive/Colab Notebooks/
                            자연어교재실습/train_sentiment.csv')
    test_data = read_data('/content/drive/My Drive/Colab Notebooks/
                            자연어교재실습/test_sentiment.csv')
    train_data = train_data[1:]
    test_data =  test_data[1:]
```

```
    train_docs = [(row[1].split(' '), row[0]) for row in train_data]
    test_docs = [(row[1].split(' '), row[0]) for row in test_data]

    return train_data, test_data

4 토큰 생성 함수
def count_token(train_docs):
    tokens = []
    print('train_docs', train_docs)
    for y in train_docs: # ['0','heelo, you know']
      tokens.extend([x for x in y[1].split(' ')])

    print("토큰수를 세기위한 샘플 토큰")
    print(tokens[0])
    print()
    text = nltk.Text(tokens)
    print(text, 'here')

    # 전체 토큰의 개수
    print("전체 토큰의 개수")
    print(len(text.tokens))
    print()
    # 중복을 제외한 토큰의 개수
    print("중복을 제외한 토큰의 개수")
    print(len([x for x in text.tokens]))
    # 출현 빈도가 높은 상위 토큰 10개
    print("출현 빈도가 높은 상위 토큰 10개")
    print(text.vocab().most_common(10))
    print()
    return text
5 모델 설정 및 필요한 유틸 생성
def term_frequency(doc, selected_words):
    return [doc.count(word) for word in selected_words]


def set_input(text, train_docs, test_docs):

    selected_words = [f[0] for f in text.vocab().most_common(100)]
    print(selected_words)

    train_x = [term_frequency(d, selected_words) for _, d in train_docs]
```

```
    test_x = [term_frequency(d, selected_words) for _, d in test_docs]
    train_y = [c for c, _ in train_docs]
    test_y = [c for c, _ in test_docs]


    # data 형 변환
    x_train = np.asarray(train_x).astype('float32')
    x_test = np.asarray(test_x).astype('float32')
    y_train = np.asarray(train_y).astype('float32')
    y_test = np.asarray(test_y).astype('float32')
    return selected_words, x_train, x_test, y_train, y_test


def set_model():
    model = models.Sequential()
    model.add(layers.Dense(64, activation='relu', input_shape=(100,)))
    model.add(layers.Dense(64, activation='relu'))
    model.add(layers.Dense(1, activation='sigmoid'))
    model.compile(optimizer='adam',
                  loss='binary_crossentropy',
                  metrics=['accuracy'])
    return model

def train_model(model, x_train, y_train):
    print("\n training part")
    model.fit(x_train, y_train, epochs=10, batch_size=32)
    return model
def eval_model(model, x_test, y_test):
    print("\n evaluation part")
    results = model.evaluate(x_test, y_test)
    print(results)

6 메인 함수
if __name__ == '__main__':


    train_docs, test_docs = gen_data()
    # 학습데이터 샘플
    print(train_docs[0])

    text = count_token(train_docs)
```

```
selected_words, x_train, x_test, y_train, y_test = set_input(text,
                                                  train_docs, test_docs)

model = set_model()

# 입력데이터 표현
# x_train, y_train
print("입력데이터 표현")
print(x_train[0])
print(y_train[0])
print()

model = train_model(model, x_train, y_train)
eval_model(model, x_test, y_test)
```